Klaus Roß

Sprecherziehung statt Rhetorik

Klaus Roß

Sprecherziehung statt Rhetorik

Der Weg zur rhetorischen Kommunikation

Westdeutscher Verlag

Die Deutsche Bibliothek – CIP-Einheitsaufnahme

Roß, Klaus:
Sprecherziehung statt Rhetorik: [der Weg zur rhetorischen Kommunikation] / Klaus Roß. – Opladen: Westdt. Verl., 1994
ISBN 3-531-12559-1

Der Westdeutsche Verlag ist ein Unternehmen der Verlagsgruppe Bertelsmann International.

Umschlaggestaltung: Christine Huth, Wiesbaden
Druck und buchbinderische Verarbeitung: Lengericher Handelsdruckerei, Lengerich
Gedruckt auf säurefreiem Papier
Printed in Germany

ISBN 3-531-12559-1

Diese arbeit ist all denen gewidmet,
die mich auf *andere* gedanken gebracht haben.

Inhalt

Simply as a mental exercise,
without any assertion that it is true,
let me indicate a possible line of thought.
It is, I admit, mere imagination;
but how often is imagination the mother of truth?
Sherlock Holmes

Vorrede[1]

Am 20. juni 1991 beschloß der Deutsche Bundestag mit knapper mehrheit, den regierungssitz nach Berlin zu verlegen. In den letzten monaten wird immer deutlicher, daß die BRD seither nicht nur geographisch näher an Weimar gerückt ist. Wenige wochen nach dem umzugsbeschluß des Bundestages wurde die vorliegende dissertation[2] abgeschlossen, an deren ende (vgl. 8.5.4) auf die gefährdung der demokratie durch einen 'extremismus der mitte' hingewiesen wurde. Der rechtsextremismus und die zunehmenden rassistischen tendenzen in Deutschland wären nicht möglich ohne zustimmung aus der sich zunehmend nach rechts verschiebenden sogenannten 'mitte der gesellschaft'. Der 'extremismus der mitte', zu dessen kennzeichen ein fehlender anti-faschismus gehört, könnte wieder einmal mithelfen, das fundament der demokratie zu zerstören. Angesichts dieser gesellschaftlichen entwicklung wäre (politische) bildung nötiger denn je. Aber gerade jetzt regiert im kultur- und bildungsbereich der rotstift noch intensiver als in den jahren zuvor. Sogar die berufliche weiterbildung findet nur im reduzierten umfang statt. Ungebrochen ist dagegen der glaube, insbesondere soziale kompetenzen würden benötigt. Hanns-Eberhard Meixner betont, "daß soziale Kompetenz neben dem Fachwissen gerade in angespannten Zeiten ihren unverrückbaren Stellenwert" habe, ja soziale kompetenz sei "heute nötiger denn je." (Meixner 1993,58f). Meixner gibt den studierenden auch hinweise, wie sie sich auf diesem gebiet qualifizieren können:

> 'Dabei können Rhetorikseminare, Seminare zur Gesprächs- und Verhandlungsführung, zur Selbsterfahrung, zur Kommunikation und Mitarbeiterführung, zum Konfliktmanagement, zur Streßbewältigung (...) bis hin zum Selbstmanagement ein erster Einstieg sein. Was in diesen Seminaren vermittelt wird, ist für die persönliche Selbstentfaltung und Selbstverwirklichung wichtig, und diese Inhalte gehen somit [!] über den beruflichen Bereich hinaus." (Meixner 1993,60).

Es dürfte kein zufall sein, daß Meixner rhetorikseminare an erster stelle aufführt. Glaubt man den versprechungen des autors, so ist bei der verbesserung der sozialen kompetenz die verbindung von beruflicher und allgemeiner bildung ge-

---

1 Durch die verwendung der gemäßigten kleinschrift soll eine alternative zur großschreibung in erinnerung gerufen werden, denn die behauptung, die deutsche sprache erfordere die großschreibung der substantive, ist "erwiesenermaßen falsch" (Stetter 1989,39; vgl. Drewitz/Reuter 1974)

2 Sie trug den titel 'Die aufgabe der rhetorik in der sprecherziehung' und wurde im februar 1993 im fachbereich 3 der Universität Duisburg angenommen.

glückt. Skepsis ist angebracht, und zwar auch dann, wenn eine neue wirtschaftsrhetorik (Brandt 1992) auf der sprechwissenschaftlichen grundlage Geißnerscher gedanken angekündigt wird. Dieter Brandt beklagt in seinem artikel, daß die "Ansätze eines sprechwissenschaftlich fundierten Rhetorik-Begriffes, der nach dem Krieg erarbeitet wurde und überzeugend und umfassend Wirtschaft und Gesellschaft vorliegen sollte, ... kaum zur Kenntnis genommen" (Brandt 1992,49) würden. Brandt ist offenbar weder darüber informiert, daß Geißners theorie 'rhetorischer kommunikation' ihre wurzeln in der sprecherziehung vor dem zweiten weltkrieg hat, noch scheint er zu sehen, daß sich gerade Geißners 'fünfsatz' in der redepädagogik besonderer beliebtheit erfreut. Das fehlen einer fachgeschichte hat bisher verdeckt, welche gemeinsamkeiten es zwischen Geißners 'rhetorischer kommunikation' und den auffassungen seiner vorgänger gibt.

Das hauptaugenmerk der arbeit wird auf die redepädagogik in der erwachsenenbildung gelegt. Einerseits liegt mit Eberhard Ockels dissertation 'Rhetorik im Deutschunterricht' (Ockel 1974) eine arbeit vor, die sich mit redepädagogik in der schule beschäftigt, und andererseits ist die redepädagogik der sprecherzieher (heute) vornehmlich für den außerschulischen bereich konzipiert. "Im Unterrichtsgeschehen der Schule und Hochschule und in der Berufsausbildung bleibt ... Rhetorik ... noch immer nahezu unberücksichtigt. ... So läßt sich die Lücke gegenwärtig nur durch Selbststudium oder den Besuch einschlägiger Kurse der Erwachsenenbildung schließen." (Panzenböck 1979,4) An dieser situation hat sich in den letzten jahren nichts wesentliches geändert. Roland W. Wagner schließt seinen artikel, in dem er die defizite an rhetorischer kommunikation in der lehrerausbildung, in den lehrplänen und sprachbüchern aufgezeigt hat, mit dem 'trost':

> "Solange die beschriebene Misere der Gesprächs- und Redepädagogik an Schulen und Hochschulen bestehen bleibt, wird der 'Run' auf entsprechende Angebote im Rahmen der Erwachsenenbildung unter Garantie nicht nachlassen!" (Wagner 1987,138)

Für Ilse Schweinsberg-Reichart sind die "Kurse und Schriften ein Spiegelbild dessen ..., was auf dem Markt an Rhetorikverständnis gehandelt wird. Und dieser Markt bietet ein zwiespältiges Bild." (Schweinsberg-Reichart 1978a,10) Aus dem erfolg bestimmter angebote sind rückschlüsse auf das rhetorikverständnis der bevölkerung möglich. Der 'rhetorikboom' der letzten jahre führte zwar zu einer vervielfältigung der angebote, aber die vielfalt der angebote wird weniger von fachwissenschaftlichen und didaktischen als vielmehr von wirtschaftlichen gesichtspunkten bestimmt. Im gegensatz zur "Vermittlung von Praktiken und Fertigkeiten, die das individuelle berufliche Fortkommen erleichtern, das Selbstwertgefühl steigern, [und] eine Art 'Persönlichkeitsbildung' darstellen im Sinne angepaßter Verhaltensmechanismen" (Schweinsberg-Reichart 1978a,10), verstehen Hellmut Geißner und Ilse Schweinsberg-Reichart ihre redepädagogik vornehmlich als politische bildung, die mündigkeit fördern soll. Die beschäftigung mit der sprecherziehung führt in die gegenwärtige rhetorikdiskussion und soll die frage beantworten helfen, ob durch die förderung der mündlichkeit mündigkeit gefördert wird, wie sprecherzieher hoffen (vgl. z.b. Geißner 1981a,157; Lange 1975,81; Lotzmann, 1985,91f; Schweinsberg-Reichart 1966,53), oder unmündigkeit gefestigt wird, wie Raimund Hethey (1988) argwöhnt.

Hellmut Geißner (vgl. z.b. Geißner 1969d,11; 1975a,203f; 1977b,294; 1979a,12; 1989a,6f) bezieht sich auf Theodor W. Adorno, wenn er 'kritische mündigkeit' als ziel seiner redepädagogik formuliert. Nach Adorno gehören mündigkeit und demokratie zusammen, denn: "Mündig ist der, der für sich selbst spricht, weil er für sich selbst gedacht hat und nicht bloß nachredet; der nicht bevormundet wird. Das erweist sich aber in der Kraft zum Widerstand gegen vorgegebene Meinungen und, in eins damit, auch gegen nun einmal vorhandene Institutionen, gegen alles bloß Gesetzte, das mit seinem Dasein sich rechtfertigt." (Adorno 1977,785) Das zitat stammt aus einem aufsatz, der den titel 'Kritik' trägt und in dem Adorno sich unter anderem mit der häufig vertretenen meinung beschäftigt, daß nur der kritisieren dürfe, der bereits besseres zu bieten habe. Demgegenüber verweist Adorno unter bezugnahme auf Gottfried Keller darauf, daß schon viel gewonnen sei, "wenn dort, wo ein schlechtes Gewordenes Licht und Luft versperre, der Muff weggeräumt würde." (Adorno 1977,792) In diesem sinne soll die arbeit zunächst platz schaffen für eine andere rhetorik, ohne daß bereits eine neue konzeption vorgelegt werden könnte. Indem autoritäre reste aufgedeckt und problematische annahmen aufgezeigt werden, werden veränderungen möglich. So kann verhindert werden, daß abhängigkeit gefördert wird, wo unabhängigkeit gefordert ist. Hans Tietgens verweist auf die schwierigkeit der erwachsenenbildung, unter den heutigen hochgradig abstrakten lebensbedingungen einen beitrag zum kritischen bewußtsein zu erbringen. Er findet es verführerisch, die

> "Abstraktheit der Lebensbedingungen zu verteufeln, eine Aufklärung abzulehnen, die es nie gegeben hat, und das antiintellektuelle Potential zu mobilisieren, um Emotionen auszulösen. Nur problemangemesen ist dies nicht. Es sollte allmählich aufmerken lassen, wieso immer noch gegen eine 'Verkopfung' polemisiert werden ... kann, obwohl seit eh und je von allen Seiten verhindert worden ist, den Kopf wirklich zu gebrauchen." (Tietgens 1981,32)

In dieser sich als postmodern verstehenden zeit, die im begriff ist, abschied von der moderne und ihren idealen zu nehmen, hat es aufklärung zunehmend schwerer, einerlei ob sie sich auf Kant (Kant 1923) bezieht oder auf Adorno (1977; 1986).

Zunächst ein grober abriß des textes:

Das erste kapitel soll dem leser die sprecherziehung etwas bekannter machen. Neben einigen bemerkungen zur entstehung des faches werden wichtige grundbegriffe vorgestellt.

Das zweite kapitel zeigt den weg, den Ewald Geißler ging, als er sich von der antiken rhetorik löste und die weichen für eine deutsche redekunst stellte. Erich Drach zielte mit seiner sprecherziehung zunächst auf die schule und erweiterte sein programm später um eine redeschulung für erwachsene.

Das dritte kapitel zeichnet die entwicklung der sprecherziehung während der nationalsozialistischen zeit nach. Es wird versucht, den plötzlichen aufstieg der sprecherziehung verständlich zu machen. Dabei wird auch aufzuzeigen sein, wie intensiv und erfolgreich sich sprecherzieher um die förderung ihres faches bemühten. Dabei wird die fehlende auseinandersetzung der sprecherzieher mit ihrem beitrag zur nationalsozialistischen erziehung aufgedeckt.

Im vierten kapitel wird gezeigt, daß diese form der vergangenheitsbewältigung dazu geführt hat, daß bei Maximilian Weller und Fritz Schweinsberg gedanken aus der nationalsozialistischen redeerziehung nach 1945 weiterverwendet werden. Auch Christian Winklers ansichten sind nicht als ein neuanfang aufzufassen.

Im fünften kapitel steht die gegenwart der sprecherziehung im mittelpunkt. Dabei wird besonders das bemühen der sprecherzieher untersucht, mittels rhetorischer kommunikation zur demokratisierung der gesellschaft beizutragen. Neben Ilse Schweinsberg-Reicharts auffassung von redekunst steht Hellmut Geißners verständnis von rhetorischer kommunikation im vordergrund. Geißner machte nicht nur mit seinem 'fünfsatz' und seinen vorschlägen zur redepädagogik schule, mit seiner auffassung von sprechwissenschaft bestimmt er maßgeblich die richtung der heutigen sprecherziehung.

Das sechste kapitel wirft einen blick auf die entwicklung von sprecherziehung und sprechwissenschaft in der DDR und versucht zu ermitteln, was unter anderen gesellschaftsbedingungen aus der sprecherzieherischen redekunst wurde.

Im siebten kapitel wird der für die sprecherziehung zentrale begriff des sprechdenkens analysiert, um herauszufinden, was dabei über das verhältnis von sprechen und denken gesagt wird.

Im achten kapitel werden zunächst einige grundannahmen sprecherzieherischer redeauffassung herausgearbeitet, bevor dann nach gründen gefragt wird, warum 'rhetorik' wieder wichtig wurde. Abschließend werden die bedingungen der erwachsenenbildung skizziert, unter denen rhetorische kommunikation heute gelehrt wird und welche erwartungen an diese schulung gestellt werden.

Im neunten kapitel wird versucht, zentralpunkte moderner rhetorikauffassung aufzuzeigen und deutlich zu machen, daß eine rückbesinnung auf die antike rhetorik erforderlich ist.

Die dissertation wurde für die veröffentlichung gekürzt und überarbeitet. Das bot die möglichkeit, auf einige neuerscheinungen einzugehen, die nach abschluß des manuskripts (sommer 1991) erschienen sind. Hier sind vor allem Marita Pabst-Weinschenks arbeiten zu nennen, die sich mit den anfängen der sprecherziehung befaßte. Trotz des beschränkten seitenumfanges war es notwendig, mehrfach auf ihre arbeiten einzugehen, um auf weitere belege aufmerksam zu machen und unterschiedliche einschätzungen von Drachs werk zu verdeutlichen. An einigen punkten war es außerdem sinnvoll, auf zusätzliche literatur zu verweisen, damit der stellenwert meiner kritik deutlicher wird.

Danken möchte ich professor Siegfried Jäger für die freiheit, die er mir bei der allmählichen verfertigung meiner gedanken ließ, und die unterstützung, die ich während des nicht immer einfachen promotionsverfahrens erhielt. Ausdrücklich möchte ich auch privatdozent Ulrich Schmitz für die bereitschaft danken, als weiterer gutachter tätig zu werden. Wichtige hilfen bei der erstellung der druckvorlage verdanke ich Peter Bals-Lassen. Mein dank gilt auch Dr. Schäbler, der bereit war, meine arbeit in das programm des Westdeutschen Verlages aufzunehmen und der die gemäßigte kleinschreibung tolerierte, obwohl er ausdrücklich lieber die übliche groß- und kleinschreibung gesehen hätte.

Duisburg, im dezember 1993

1. Unbekannte sprecherziehung

1.1 Sprecherziehung und rhetorik

Die ware 'rhetorik' verkauft sich gut. Was im deutschen sprachraum bis in die sechziger jahre "gleichsam unter dem Ladentisch wie ein nicht ganz anständiger, doch notwendiger Artikel gehandelt [wurde]" (Bartsch 1974a,5), kann heute in jeder volkshochschule gelernt werden. Und aus einer 'welle auf dem buchmarkt' (vgl. den untertitel bei Dieckmann 1976) ist mittlerweile eine solche woge geworden, daß es schwer fällt, nicht in der informationsflut zu ertrinken. Das gilt auch dann, wenn man sich auf den teilbereich 'redepädagogik' beschränkt.

Bernd Spillner unterscheidet an der gegenwärtigen rhetorikdiskussion vier auffassungen (vgl. Spillner 1977,94):

1. rhetorik als technik der praktischen gesprächsführung,
2. rhetorik als theorie sprachlicher vertextungsmöglichkeiten,
3. rhetorik als instrumentarium der textanalyse,
4. rhetorik als medium der erkenntnisgewinnung.

Spillner betont, daß diese konzeptionen der rhetorik "nicht distinkt voneinander" seien (Spillner 1977,94), sie würden aber von den einzelnen an rhetorik interessierten disziplinen in unterschiedlichem maße aufgegriffen. Während bei der literaturwissenschaft die auffassungen 2 und 3 im vordergrund stehen (z.b. Lausberg 1960, 1990; Plett 1985), befassen sich philosophische hermeneutik und handlungstheorie mit auffassung 4 (z.b. Kopperschmidt 1973). Bernd Spillner sieht "Sprechwissenschaft, Sprecherziehung und Sprachdidaktik ganz überwiegend mit der Auffassung (1) befaßt." (Spillner 1977,94)

Diese arbeit konzentriert sich auf auffassungen von rhetorik aus dem kreise der sprecherziehung.[3] Sprecherzieher befassen sich vordringlich im sinne des ersten punktes (Geißners sprechwissenschaft teilweise auch im sinne des vierten punktes) mit anleitungen zur mündlichen kommunikation. Da diese arbeit sich mit der rhetorikauffassung der sprecherziehung befaßt, ist sie auf den deutschsprachigen raum und das 20. jahrhundert beschränkt, denn Maximilian Weller dürfte recht haben mit seiner ansicht, ein besonderes fach 'sprechkunde und sprecherziehung' hätte sich "in diesem Zuschnitt und mit dieser Breitenwirkung innerhalb eines nationalen Bildungswesens alleine in Deutschland entwickeln können ..., weil alle Dinge der gesprochenen Sprache bei uns zeitweilig, vor allem

---

3 Dazu werden personen gezählt, die in Wellers 'Sprechlexikon' (Weller 1957) als solche ausgewiesen sind. Aus der neueren zeit werden dazu personen gerechnet, die das fach an hochschulen vertreten oder durch ihre veröffentlichungen zum kreis der sprecherzieher gehören.

im letzten Drittel des 19. und im ersten des 20. Jh. vernachlässigt worden waren" (Weller 1957,225f).

Die antike rhetorik, die in mehr oder minder abgewandelter form über viele jahrhunderte tradiert wurde (vgl. Ueding/Steinbrink 1986,11 - 156), verliert ab dem achtzehnten jahrhundert ihren stellenwert unter den wissenschaften. Ueding/Steinbrink sehen im neunzehnten jahrhundert einen "bis heute auch nicht annähernd überwundenen Einschnitt in der Geschichte der Rhetorik", denn sie "verliert ihren wissenschaftlichen Einfluß in Hochschule und Schule" (Ueding/ Steinbrink 1986,134). Sie vermuten beim bedeutungsverlust der rhetorik einen zusammenhang mit der spezialisierung der wissenschaften. Sie meinen aber, für den besonders krassen niedergang der rhetorik in Deutschland kämen noch spezifische ursachen hinzu, für die schlagworte wie 'fehlende demokratische überlieferung', 'kultur der innerlichkeit' und 'zerstörung der vernunft' nur teilerklärungen lieferten (vgl. Ueding/Steinbrink 1986,134). Im folgenden wird generell darauf verzichtet, arbeiten zur antiken rhetorik anzuführen, da hier weder der raum ist, die antike rhetorik zureichend darzustellen, noch die möglichkeit, zwischen der antiken rhetorik und ihrer tradierung zu differenzieren.

Schon an dieser stelle ist ausdrücklich zu betonen, daß die sprecherziehung mehr umfaßt als rhetorik (rhetorische kommunikation), weil sie sich auch mit fragen der poetik (ästhetische kommunikation) und sprachtherapie (therapeutische kommunikation) befaßt, aber nur *eine* variante der heute vertretenen rhetorikauffassung darstellt. Allerdings beanspruchen sprecherzieher, eine zeitgemäße auffassung der rhetorik zu vertreten. Erich Drach beschrieb als aufgabe der sprecherziehung, sie habe "das Erbe der antiken Rhetorik in neuzeitlichem Geiste anzutreten" (Drach 1920a,238). Sprecherziehern wie Hellmut Geißner gilt rhetorik "als Teilgebiet der Sprechwissenschaft" (Geißner 1981a,54). Auch in der DDR wurde die meinung vertreten, "die Rhetorik [sei in Deutschland] seit etwa 50 Jahren Teilgebiet der Sprechwissenschaft" (Kurka 1970,26). Geißner unterscheidet zwischen technokratischen auf der einen und pragmatischen rhetorikauffassungen auf der anderen seite. Bei den pragmatischen rhetorikauffassungen unterteilt Geißner in

> "apriorisch konstruierende *universalpragmatische* und in der konkreten Gesellschaft situierte *sozialpragmatische*. Sprechwissenschaft hat eine sozialpragmatische Theorie rhetorischer Kommunikation entwickelt, auf die gegründet die praktische Rhetorik der Sprecherziehung arbeiten kann." (Geißner 1989a,14)

Gegenüber universalpragmatischen rhetorikauffassungen (z.b. Kopperschmidt 1973) betont Geißner die praxisnähe seiner sozialpragmatischen rhetorik (vgl. Geißner 1981c,80; 1975a,203ff; 1977a,231f) und gegenüber der literarischen rhetorik (z.b. Lausberg 1960, 1990; Plett 1985), die sich insbesondere mit der elocutio[4] befaßt, die politische dimension seines rhetorikverständnisses (vgl. Geißner 1975a,187f; 1979a,11). Gegenüber den zahlreichen populären redelehren[5] mit ih-

---

4 Eine gute einführung in die - vornehmlich aus dem lateinischen stammenden - fachausdrücke der rhetorik sowie den zusammenhang der rhetorischen teilgebiete untereinander gibt der von Gert Ueding und Bernd Steinbrink verfaßte "Grundriß der Rhetorik" (Ueding/Steinbrink 1986).

5 Unter redelehren werden hier ratgeber verstanden, die sich auf praxisorientierte anleitungen beschränken, aber oft genug ein zureichendes verständnis von sprache, kommunikation und rhetorik

rer technokratischen rhetorikauffassung betonen sprecherzieher die wissenschaftlichkeit der rhetorischen kommunikation sowie ihren beitrag zur mündigkeit. Aus der orientierung auf den bereich der redepädagogik leiten sprecherzieher eine art[6] "Alleinvertretungsanspruch" (Hethey 1988,133) ab. Walther Dieckmann meinte mit blick auf den gesellschaftlichen bedarf an rhetorik, bei Geißner liege "der relevanteste und nützlichste [!] Rhetorikbegriff vor", auch wenn sein "emanzipatorischer Anspruch dem technologischen Interesse zu widersprechen schein[e]" (Dieckmann 1976,42). Wie zu zeigen sein wird, ist Dieckmanns verdacht gerechtfertigt.

Bei der beschäftigung mit den veröffentlichungen Geißners und Schweinsberg-Reicharts erwies es sich als sinnvoll, auch zu den quellen zu gehen, aus denen sie schöpfen. Schritt um schritt entwickelte sich diese arbeit zu einem gang durch die fachgeschichte der sprecherziehung bis zu ihren anfängen am beginn dieses jahrhunderts. Da eine geschichte der sprecherziehung[7] noch nicht vorliegt - sie wird von Geißner ausdrücklich als "Desiderat" (Geißner 1980a,28) bezeichnet - erschien es mir sinnvoll darzustellen, was ich über den entwicklungsgang der sprecherziehung und ihres teilgebiets 'rhetorische kommunikation' herausgefunden habe.[8] Die herausbildung der sprecherziehung als fach muß im zusammenhang mit der politischen entwicklung in Deutschland in diesem jahrhundert gesehen werden. Die sprecherziehung entstand zu einer zeit, als die humanistische bildung durch eine deutsche bildung abgelöst werden sollte und im deutschunterricht die abkehr vom traditionellen (an der rhetorik orientierten) aufsatzunterricht gesucht wurde. Es ist darauf zu achten, daß oberflächliche gemeinsamkeiten nicht den blick für tiefgreifende unterschiede verdecken sollten: "Ganz im Sinne der rhetorischen Tradition sieht E. GEISSLER zu Beginn des 20. Jahrhunderts das Zusammenwirken von innerer und äußerer Beredsamkeit." (Steinbrink 1992,71) Bernd Steinbrink übersieht in seinem artikel über die 'actio', daß zu Geißlers redekunst eine - der antike fremde - rassistische auffassung von körperlicher beredsamkeit gehört. Während Ewald Geißler gar nicht erwähnt wird, berichten Ueding/Steinbrink in ihrer rhetorikgeschichte über Erich Drach nur, daß er "schon in den 20er Jahren die Bedeutung der Rhetorik für den gesamten Schulun-

---

vermissen lassen. Diese bücher werden von fachleuten als unseriös eingestuft (vgl. Ueding/Steinbrink 1986,184f; Dyck 1977,8), machen aber den größten teil des heutigen buchangebotes im bereich 'rhetorik' aus. Eine kritische auswertung solcher ratgeber legte Albert Bremerich-Vos vor (Bremerich-Vos 1991).

6 Dazu paßt, daß sich der von Drach gegründete sprecherzieherverein als geistige führung in fragen der sprecherziehung verstand. Drach baute "mit dem DAfSuS eine Organisation mit Monopolabsichten auf", in der "die fachliche Oberschicht" sich zusammenschließen sollte, um so "eine stabile Grenze zwischen FachvertreterInnen und sog. 'Pfuschern' zu ziehen" (Pabst-Weinschenk 1993a,324).

7 Nach abschluß des manuskripts erschienen arbeiten von Marita Pabst-Weinschenk, die sich vor allem mit der person Erich Drachs und der gründungsphase der sprecherziehung beschäftigen (vgl. Pabst-Weinschenk 1993a und 1993b) sowie einige aufsätze, die sich beispielsweise mit der nachkriegsgeschichte (Teuchert 1992a) und der sprecherziehung in der DDR befassen (Heilmann 1992; Wachtel 1992; vgl. auch Beck 1991). Eine umfassende geschichte der sprecherziehung steht aber nach wie vor aus.

8 Die längeren zitate dienen dazu, kaum bekannte quellen der öffentlichkeit zugänglich zu machen und einen einblick in die denkweisen der sprecherzieher zu vermitteln.

terricht erkannte" (Ueding/Steinbrink 1986,177). Wie Drachs vorstellungen im einzelnen aussahen, ist außerhalb eines engeren kreises von sprecherziehern zumeist unbekannt. Daß Drachs gedanken und die seiner kollegen während des nationalsozialismus eine blütezeit erlebten, dürfte den wenigsten bewußt sein und wird von sprecherziehern gerne verschwiegen. Stefan Wachtel beklagte unlängst, daß es über die sprache des Dritten Reiches eine vielzahl von arbeiten gebe, aber sehr wenig "über die Rolle der Altvorderen der Sprechkunde/Sprecherziehung in dieser Zeit." (Wachtel 1991,40) Als Hellmut Geißner vor einigen jahren das fehlen einer fachgeschichte beklagte, forderte er, daß eine geschichte des faches

> "die Verstrickung der teilweise 'sprachbiologisch' argumentierenden Sprechkunde und Sprecherziehung in den allgemeinen NS-Biologismus, besonders aber in die NS-Rhetorik ebenso aufzuarbeiten [hätte] wie die fachliche Entwicklung nach 1945" (Geißner 1980a,28).

Im folgenden soll versucht werden, dieser forderung für das teilgebiet rhetorische kommunikation zu entsprechen. Dabei wird zu zeigen sein, daß Geißners behauptung, der "biologistische 'Staat der Rede' ... [habe] die junge ... Wissenschaft 'in Dienst' [genommen]" (Geißner 1979b,80), an den tatsachen vorbeigeht, da sich bereits vor 1933 ideologische gemeinsamkeiten finden lassen. Anliegen der vorliegenden arbeit ist es nicht, über den grad der persönlichen schuld[9] einzelner sprecherzieher bei ihrer beteiligung an der ns-zeit zu urteilen. Vielmehr soll die bisher verleugnete beteiligung der sprecherziehung als fach an der ns-erziehung aufgezeigt werden, um damit die überfällige auseinandersetzung der sprecherzieher mit der eigenen fachgeschichte und problematischen traditionen einzufordern. Wie Elmar Bartschs reaktion auf die vorliegende arbeit zeigt, ist diese auseinandersetzung aber auch heute noch unerwünscht.

Die mentalität des 'persilscheins' verhinderte in der nachkriegszeit der BRD eine wirkliche aufarbeitung der eigenen geschichte (vgl. 3.4):

> "Subjektiv hat das Entnazifizierungsverfahren viele Deutsche daran gehindert, zu erkennen, daß sie objektiv ein mehr oder weniger wichtiger Teil der Maschinerie des totalitären Nazistaates waren, ohne den das Dritte Reich niemals hätte entstehen können. Das Verfahren hat die Tendenz begünstigt, die NS-Vergangenheit und den Anteil, den man als einzelner oder als soziale Gruppe daran hatte, zu verdrängen." (Sontheimer 1989,25)

Der sprecherziehung ist es bisher gelungen, als fach einer kritischen analyse zu entgehen. Entscheidend dürfte dazu beigetragen haben, daß sprecherziehung weitgehend unbekannt ist und vor allem als teil der deutschdidaktik wahrgenommen wird. Der anspruch und einflußbereich der sprecherziehung geht aber über den schulischen deutschunterricht hinaus.

Zu den kontinuitäten in der sprecherzieherischen redelehre gehört es, ein technologisches rhetorikverständnis mit den jeweils passenden erziehungszielen zu kombinieren. Drach spricht bereits 1920 davon, "den Gebrauch des Wortes in Redekunst und Redekampf" von einer "neutralen technischen Basis aus, die seine Lehrgrundlage bildet", zu lehren (Drach 1920a,238). Die anpassung an den gesellschaftlichen status quo gehört gewissermaßen zum programm der sprecherzieherischen redekunst, die so der jeweils herrschenden ideologie dienen kann.

---

9 Stefan Wachtel (1991) und Olaf Umlauft (1991) kommen bei Richard Wittsack zu einer stark unterschiedlichen beurteilung.

Marita Pabst-Weinschenk charakterisiert Erich Drachs einstellung als 'chamäleonismus': "Ein Chamäleon bleibt ein Chamäleon, egal in welcher Farbe es - angepaßt an seine Umgebung - erscheint. Also: Ob 'rote' oder 'braune' SK [=Sprechkunde]/SE [=Sprecherziehung], SK/SE bleibt SK/SE." (Pabst-Weinschenk 1993a,344; vgl. 1993b,72)

Nach Hellmut Geißners meinung haben Ewald Geißler (vgl. 2.1) und Erich Drach (vgl. 2.2) mit ihrer 'funktionalistischen' rhetorik "ein Problemverständnis [exponiert], das noch immer - wenn auch mit veränderten Begründungszusammenhängen - gegenwärtige Auseinandersetzungen bestimmt." (Geißner 1980a,28) Außerdem sieht Geißner "Geißlers und Drachs Ansatz bei der Sprechtätigkeit" aktuell bestätigt durch "die Arbeiten der sowjetrussischen Sprachpsychologen" (Geißner 1980a,29). Hier beachtet Geißner allerdings nicht, daß sprechtätigkeit am beginn des jahrhunderts eine andere bedeutung hatte (vgl. 1.3).

Hinter verschiedenen in dieser arbeit verwendeten begriffen (z.b. sprache, kommunikation, didaktik, rolle, situation, handeln, erwachsenenbildung) verbergen sich wissenschaftliche diskussionen, die zahlreiche bücher füllen. Solche begriffe werden hier nur insoweit geklärt, wie es für den argumentationsgang der arbeit jeweils notwendig ist. Somit wird bewußt in kauf genommen, daß die meinung des autors teilweise nur indirekt aus der ablehnung einer als unzulänglich eingeschätzten sichtweise deutlich wird. Außer betracht bleiben neben anderen ansätzen der rhetorik auch der rhetorik verwandte gebiete (z.b. die diskursanalyse, die pragmalinguistik, die kommunikationsforschung). Außerdem wird nicht auf arbeiten zur propagandatheorie oder zur politischen sprache eingegangen, da das den umfang dieser arbeit gesprengt hätte.

Mit dem verzicht auf 'weibliche schreibweisen' soll ausgedrückt werden, daß die sprecherzieher vielfach tatsächlich nur männer gemeint haben dürften. Außerdem wäre für ein besseres miteinander wenig gewonnen, wenn statt 'der redner' nun 'der redner/die rednerin' verwendet würde, aber nach wie vor mit der rede ein machtanspruch gegenüber den zuhörenden durchgesetzt werden soll. Daß das durchsetzen von macht nicht eine domäne der männer ist, während frauen qua geschlecht besser miteinander umgehen, zeigen erfahrungen aus der unterrichtspraxis. Katrin Dahmen berichtet, daß sie viel wut abbekam,

> "wenn Frauen in der Arbeit deutlich wurde, wieviel Brutalität auch in einer Frauengruppe zu Tage treten kann und daß menschliches Miteinanderumgehen gelernt und erarbeitet sein will, da es Frauen nicht durch das Geschlecht mit in die Wiege gelegt ist." (Katrin Dahmen 1987,20)

Die erfahrungen, die Katrin Dahmen in kommunikationskursen der politischen bildung mit frauen gemacht hat, sind sicherlich nicht repräsentativ, verweisen aber darauf, daß miteinandersprechen auch von frauen erlernt werden muß. Die frage, ob es eine spezielle 'rhetorik für frauen' gibt[10] oder ob redeschulung für

---

10 So legt beispielsweise Gertrud Heck-Weinhart das Geißnersche konzept zugrunde (vgl. Heck-Weinhart 1989,68 anmerkung 1), und auch an unerwarteter stelle hat Geißners ansatz einfluß. Christiane Tillner und Norbert Franck stützen sich in ihrem rhetorikbuch für frauen mit dem titel 'selbstsicher reden' in den kapiteln 'in diskussionen bestehen' und 'jetzt rede ich - vortrag, rede' auf Wolfgang Fricke. Dieses buch halten sie für eine "empfehlenswerte Ergänzung", obwohl Fricke auch nur "redende Männer" kenne (Tillner/Franck 1990,170). Fricke seinerseits hatte betont, daß ihm die bücher Geißners viele anregungen gegeben hätten (vgl. Fricke 1983,6).

frauen zwar dieselben ziele zu verfolgen hätte, aber eine andere methodik erforderte, setzte eine intensive auseinandersetzung mit geschlechtsspezifischer kommunikation voraus.

1.2 Sprecherziehung bildet sich

"Der Begriff 'Sprecherziehung', seit Jahren in die pädagogische Gedankenwelt eingeführt, ist doch vielen Amtsgenossen noch nicht völlig klar" (Drach 1935b,4), klagt Erich Drach, jahre nachdem er den begriff erstmals benutzte (vgl. Drach 1920b). Auch heute ist der umfassende anspruch der sprecherziehung außerhalb des fachgebietes nur bruchstückhaft bekannt. Der sprachwissenschaftler Walther Dieckmann führt die geringe bedeutung der sprechwissenschaft an universitäten unter anderem darauf zurück, daß vielfach noch sprechkundler am werk seien, die ihre tätigkeit auf stimm- und ausspracheübungen sowie gedichtvorträge beschränkten. Viele studenten wüßten deshalb "nicht einmal ..., was Sprechwissenschaft denn eigentlich ... [sei], und [hielten] das 'e' nur für einen Druckfehler" (Dieckmann 1976,41). Im großen und ganzen dürfte sich die bekanntheit der sprechwissenschaft in den letzten jahren nicht wesentlich erhöht haben.

Weitgehend unbemerkt von der akademischen öffentlichkeit versuchen sprecherzieher, seit dem beginn dieses jahrhunderts das (miteinander)sprechen der menschen zu verbessern. Aus den aussagen von Ewald Geißler (vgl. Geißler 1935a,13) und Maximilian Weller (vgl. Weller 1937b,347) wird deutlich, daß ihre kollegen[11] an der hochschule mit dem neuen fach wenig anzufangen wußten. Nach einer blütezeit während des nationalsozialismus fiel das fach wieder in eine "hochschulpolitische Unterprivilegierung" (Bartsch 1974a,12). Den schlechten äußeren bedingungen zum trotz arbeiteten die sprechkundler unverdrossen weiter, und zwar, "oft genug den anderen Hausbewohnern nicht einmal bekannt", unter dem dach des großen hauses universität (Winkler 1954,8). Fünfzehn jahre später erinnert Hellmut Geißner an die arbeit der sprechkundler in den dachkammern der hochschulen, um darauf hinzuweisen, daß dort oftmals seit jahren rhetorik gelehrt und erforscht wurde (vgl. Geißner 1969a,30).

Nach und nach wurde aus der sprechkunde ein fach mit ausdrücklich fachwissenschaftlichem anspruch. Das läßt sich unter anderem daran ablesen, daß die 'theorie' der sprecherziehung zunächst als 'sprechkunde' bezeichnet wurde und erst seit einigen jahren mit dem anspruch auftritt, eine spezifische 'sprechwissenschaft' entwickelt zu haben.

> "Genau betrachtet kann von Sprech*wissenschaft* (im deutschen Sprachgebiet) noch nicht lange gesprochen werden, zuvor war es an Praxis orientierte Sprech*kunde*, die der Sprech*erziehung* Begrün-

---

11 Abgesehen von der zeit des nationalsozialismus, als an mehreren hochschulen lehrstühle für das fach sprecherziehung eingerichtet wurden, arbeiten sprecherzieher vorwiegend als lektoren im rahmen der lehrerausbildung an den hochschulen. Lediglich in einigen ausnahmefällen kann 'sprechwissenschaft' an deutschen hochschulen als eigenes (neben)fach studiert werden. Bedeutender ist die als verbandsprüfung der DGSS (Deutsche Gesellschaft für Sprechwissenschaft und Sprecherziehung) durchgeführte 'sprecherzieherprüfung', die als qualifikationsnachweis gilt. Informationen zu den ausbildungsmöglichkeiten zum sprecherzieher/zur sprecherzieherin bieten die blätter für berufskunde 3 - III E 07 (= Schweinsberg-Reichart 1991).

dungen lieferte, mit der diese wieder auf schulische und außerschulische Praxis einwirkte." (Geißner 1989a,10; vgl. zu den stufen der fachentwicklung Geißner 1981a,8f; 1969b,31ff)

Die schwerpunktsetzungen wechseln im laufe der jahre in abhängigkeit von den zielen des deutschunterrichts und den erziehungszielen der schule allgemein. Geißners forderung, der schulische deutschunterricht sollte durch ein "spezielles Fach 'Sprecherziehung' für das gesamte Lernfeld mündliche Kommunikation" ergänzt werden (Geißner 1982a,9), dürfte, nicht nur wegen des mangels an fachlehrern, zur zeit wenig aussicht auf erfolg haben. Der beruf des sprecherziehers (Blätter zur Berufskunde 3-III E 07 = Schweinsberg-Reichart 1991, Allhoff 1991) ist nach wie vor wenig bekannt. Neben der sprecherziehung in der schule gehört die sprecherziehung mit erwachsenen ebenfalls zu ihrem arbeitsgebiet und gewinnt immer größere bedeutung. Insbesondere im bereich der rhetorischen kommunikation herrscht stetige und steigende nachfrage. Nach Geißners meinung spiegelt der bedarf, der auf dem gebiet der rhetorikschulung in der erwachsenenbildung offenbar wird, "nur zu deutlich, was Schule und Hochschule den Bürgern auf diesem Gebiet vorenthalten" (Geißner 1979b,84). Neuerdings[12] empfehlen sich sprecherzieher verstärkt der wirtschaft als experten für rhetorische kommunikation (vgl. Erika Weber 1991,36).

Nach einschätzung von Elmar Bartsch mußte die "wissenschaftliche und didaktische Theoriebildung der Sprecherziehung ... in der ersten Hälfte dieses Jahrhunderts gleichsam im Alleingang (fast ohne Hilfe von Literatur- und Sprachwissenschaft) grundgelegt werden." (Bartsch 1974b,49f) Das hatte zur folge, daß die sprecherziehung sich zu einem fach mit eigener tradition und terminologie entwickelte. So sah sich beispielsweise Hellmut Geißner in seiner 'Sprechwissenschaft' [und nicht nur da !] "nach Lage der Dinge" außerstande zu vermeiden, "'ungebührlich' oft auf eigene Arbeiten ein[zu]gehen" (Geißner 1981a,51). Bereits früh gab es bei den sprecherziehern bestrebungen, die terminologie des faches zu vereinheitlichen und ein handwörterbuch zu veröffentlichen. Außer Wellers 'Sprechlexikon' (Weller 1957), das von Christian Winkler ausdrücklich als "Privatarbeit" (Winkler 1983,11) eingestuft wird, liegt keine veröffentlichung vor, in der die terminologie der sprecherziehung erläutert wird. Wellers buch ist veraltet und behandelt nur die anfänge der sprecherziehung. Wichtige einblicke in die entwicklung der sprecherziehung bieten (neben der von Dieter Allhoff herausgegebenen zeitschrift 'sprechen') die beiträge der alle zwei jahre von der DGSS veranstalteten fachtagungen. Sie werden zusammen mit anderen aufsätzen in der von Hellmut Geißner betreuten reihe 'Sprache und Sprechen' dokumentiert.

Nicht unwichtig für die entwicklung des faches 'sprecherziehung'[13] dürfte es gewesen sein, daß die vaterländische begeisterung im gefolge der freiheitskriege 1813 und 1815 dazu anregte, das deutsche wesen zu suchen. Nach Irmgard Weithases einschätzung führte

---

12 Die jahrestagung 1993 fand in Duisburg unter dem titel 'Sprechwissenschaft und Unternehmenskommunikation - Sprechen, Führen, Kooperieren in Betrieb und Verwaltung' statt.

13 Vgl. zur (vor)geschichte der sprecherziehung: Winkler 1969,22 - 26; 1983; Weller 1935a,25 - 57; 1957,78 - 86; 1969,21ff; Schweinsberg 1946,35 - 41; Geißner 1979b,79f).

"das Wissen um die Bedeutung der Nationalsprache zu dem Wunsch, in den Schulen Sprechkunst zu pflegen, um dem heranwachsenden Geschlecht eine Ahnung von der Eigentümlichkeit seiner Muttersprache zu geben und es dadurch [!] seinem Vaterlande enger zu verknüpfen." (Weithase 1940,2)

Nachdem der deutschunterricht am ende des 19. jahrhunderts vor allem zur denkschulung befähigen sollte (vgl. Frank 1976,151ff), entsprach die schule ab dem beginn dieses jahrhunderts zunehmend den rufen nach einer "nationalen Sprechpflege" (Weller 1957,80). Daß die forderung nach (mündlicher) sprachpflege anfang des jahrhunderts nichts ungewöhnliches war, läßt sich daraus ersehen, daß Drach in seinem buch 'Sprecherziehung' darauf verzichtet, "die Notwendigkeit mündlicher Sprachpflege darzutun", weil das genügend andere besorgt hätten, er will "vielmehr dem als notwendig Erkannten die geradesten Bahnen weisen" (Drach 1922,3). Das sprachpflegerische moment der sprecherziehung darf auf keinen fall übersehen werden (vgl. Drach 1920a,241; 1920b,429; 1934b,380f; Weller 1957,226), denn nur so wird verständlich, daß 'sprecherziehung' zu einem "Kampfwort" (Reumuth 1941,60) werden konnte.

Für die entstehung der sprecherziehung nach der jahrhundertwende sind verschiedene gründe maßgeblich. Die entwicklung von phonetik und stimmheilkunde spielen ebenso hinein wie impulse der kunsterzieherbewegung[14], die zur reformpädagogik gehörte (vgl. Kirsch 1980,224 - 227). Für Winkler bahnt sich die wende zur sprecherziehung von diesen beiden seiten her an, denn zum "physiologisch-hygienischen Strom der Stimmbildung kam ein ästhetischer, die Vortragskunst" (Winkler 1969,24). Auch Weller schätzt die lehre des künstlerischen vortrags als einen "hochbedeutsame[n] Quellstrom" ein (Weller 1957,80) und sieht in der vortragslehre "eine Grundlage für das Gebäude der Sprecherziehung" (Weller 1935a,41). Auf der zweiten kunsterziehertagung in Weimar (1903), die sich mit sprache und dichtung beschäftigte, wurde für den deutschunterricht gefordert, der jugend die dichtung nahezubringen. Als geeignetes mittel dazu wurde ihre nachgestaltung im gesprochenen wort empfohlen (vgl. Winkler 1969,24). Die ersten lektorate für sprecherziehung[15] an den universitäten beschäftigten sich folgerichtig vorwiegend mit dem vortrag von dichtkunst (vgl. Lebede 1930b,14f). Außerdem bemühten sich die sprecherzieher darum, den studierenden einwandfreie sprechtechnik und die sogenannte hochlautung beizubringen.

In der anfangszeit entstand das vorurteil, es ginge bei sprecherziehung hauptsächlich darum, die stimme gesund zu erhalten und schön zu sprechen. Aus Hellmut Geißners überzeichnung wird ein auf die technik eingeschränktes verständnis des unterrichts im sprechen deutlich: "Nur wer ein lautrichtiges 'o' bilden kann, darf 'Mond' sagen, nur wer 'klangerfüllt' Mond sagen kann, schließlich auch 'Der Mond ist aufgegangen' sprechen." (Geißner 1982a,17) Schon früh lehnen sprecherzieher solche rein mechanischen stimmübungen ab (vgl. Drach 1920a,236f; 1922,4; 1925a,112f und 1925b,6). Ausdrücklich wurde statt einer be-

---

14 Pabst-Weinschenk faßt Drachs sprecherziehung als eine "pragmatisierte Kunsterziehung" auf (Pabst-Weinschenk 1993a,15; vgl. 1993b,100f).

15 Die bezeichnung war zu anfang uneinheitlich, denn es waren auch 'stimmkunde und sprachkunst' (vgl. Drach 1920a) bzw. 'vortragskunst' (vgl. Drach 1920c) gebräuchlich. Erst nachdem Drachs buch 'Sprecherziehung' (Drach 1922) erschienen war, wurde die bezeichnung 'sprecherziehung' allgemein üblich.

schäftigung von schauspielern die besetzung der hochschulstellen mit germanisten oder psychologen gefordert (vgl. Drach 1920a,241f; 1925a,114f). Aus sorge um eine ordnungsgemäße und fachgerechte ausbildung des nachwuchses des faches wurde 1931 als verbandsprüfung[16] für die sprecherziehung die sogenannte 'sprecherzieherprüfung' eingerichtet (vgl. Winkler 1983,10f).

Das ende der 'technisch-artistischen' phase begann, als Erich Drach von der preußischen schulverwaltung damit beauftragt wurde, nach wegen für die verbesserung muttersprachlicher ausdrucksfähigkeit zu suchen. Damit kam der entscheidende anstoß, der zur etablierung der sprecherziehung als eigenständigem fach führte. Drach sollte und wollte (vgl. Drach 1925a,114) Rudolf Hildebrands dritte hauptforderung für den deutschunterricht: "Das Hauptgewicht soll auf die gesprochene Sprache gelegt werden" (Hildebrand 1962,23) mit leben erfüllen. Sprecherzieher sehen sich in aller regel in der nachfolge Rudolf Hildebrands. Für Drach war Hildebrand ein "begeisterter Anwalt des gesprochenen Wortes" (Drach 1922,2), und für Christian Winkler hat er "auf das Hauptübel des Deutschunterrichts, die Verschriftung" (Winkler 1969,24) hingewiesen. Eberhard Ockel widmet Rudolf Hildebrands forderungen einen längeren abschnitt in seiner dissertation, weil dieser vielen deutschdidaktikern als beispielgebender reformer gilt. Ockel selber sieht in den bahnbrechenden forderungen Hildebrands "ein Plädoyer für eine emanzipatorische Erziehung" (Ockel 1974,62). Hellmut Geißner schließlich widmet 1968 seinen bekannten aufsatz zur redepädagogik des fünfsatzes dem hundertsten geburtstag von Hildebrands noch immer unerhörten forderung, das hauptgewicht auf die gesprochene sprache zu legen (vgl. Geißner 1968,258; 1982a,8f). Geißner ist sich bewußt, daß Rudolf Hildebrand zu den wegbereitern völkischen denkens gehörte, er meint aber, das entwerte seine forderung nach dem primat der gesprochenen sprache nicht (vgl. Geißner 1989a,10f). Auch in der DDR sah sich die sprecherziehung nach wie vor in der nachfolge Hildebrands, der von Eduard Kurka als 'bürgerlicher demokrat und fortschrittlicher pädagoge' eingeschätzt wird (vgl. Kurka 1970,201; vgl. auch Schinke 1963, 1938b).

Erich Drachs einsatz ist entscheidend für die etablierung von sprecherziehung und sprechkunde in schule und hochschule. Drach war auch geschäftsführer einer arbeitsgemeinschaft der hochschullektoren, die sich bemühte, das anliegen der sprecherziehung der fachöffentlichkeit bekannt zu machen: "Die wissenschaftlich gebildeten Fachvertreter der Stimmkunde, Vortragslehre und Sprachkunst, die meist unter der Bezeichnung 'Lektor für Vortragskunst' an deutschen Universitäten tätig sind", schließen sich 1920 zu einer arbeitsgemeinschaft zusammen, mit dem zweck, "im Zusammenwirken ihr in der Entwicklung begriffenes Lehrfach zu fördern und nach außen zu vertreten" (Drach 1920c,235). Zu dieser arbeitsgemeinschaft gehörten neben Drach folgende lektoren: Ewald Geißler und

16 Die damals vom Deutschen Ausschuß für Sprechkunde und Sprecherziehung beschlossene prüfungsordnung ist bei Maximilian Weller dokumentiert (vgl. Weller 1935a,59 - 64; als faksimile nun auch in Pabst-Weinschenk 1993a,312 - 317). Eine unwesentlich veränderte fassung ist in Wellers 'Sprechlexikon' abgedruckt (vgl. Weller 1957,145 - 149). Pabst-Weinschenk beschreibt die sprecherzieherprüfung als zentrales anliegen des DAfSuS und verweist darauf, daß die grundlinien der bereiche von damals bis heute erhalten geblieben sind (vgl. Pabst-Weinschenk 1993a,311). Die heute gültige fassung der prüfungsordnung kann von der DGSS bezogen werden.

dessen lehrer Martin Seydel, Richard Wittsack, Albert Fischer und der oberlehrer Friedrich Buch (vgl. Drach 1920c,236). Die mitglieder dieser arbeitsgemeinschaft bestimmten die anfangsphase der sprecherziehung, auch wenn einige namen in vergessenheit gerieten[17]. Im rückblick nennt Weller vier lektoren, die aus seiner sicht hauptsächlich die sprechkunde und sprecherziehung begründeten: Erich Drach, Richard Wittsack, Fritz Gerathewohl und Maximilian Weller, wobei das "Hauptverdienst" Drach zukomme (Weller 1969,21). In Wellers aufzählung fehlt Ewald Geißler, der wichtige vorarbeiten leistete und insbesondere für die redekunst weichen stellte. Gerathewohl und Weller wurden erst später, insbesondere während des nationalsozialismus, für die sprecherziehung einflußreich. Während Gerathewohls ansichten nach dem kriege keine große bedeutung mehr hatten, wurden Wellers bücher in hoher stückzahl gedruckt.

1.3 Sprecherziehung und sprechkunde

"Den neuen Ansatzpunkt finden! Muttersprache vom Sprechen her begreifen und lehren!" (Drach 1935b,7) Das sind, kurz gefaßt, die aufgaben von sprechkunde und sprecherziehung. Im rückblick verweist Drach darauf, daß mit der einführung der 'sprecherziehung' an die stelle "vieler nützlicher, aber eng umgrenzter Kleinarbeit an Stimme, Sprachfertigkeit und Vortragskönnen ... ein übergeordnetes Größeres [getreten sei]: Erziehung zur Muttersprache und Erziehung durch die Muttersprache." (Drach 1934c,59f) Drach will den praktikern hilfestellungen geben, wie die ausdrucksfähigkeit in der schule gefördert werden könne. Sprecherziehung als unterrichtsprinzip[18] ist nicht auf den deutschunterricht beschränkt und soll in allen fächern der schule verwirklicht werden. So arbeiten alle lehrer in die gleiche richtung, um sprecherziehung als lehrgrundsatz zu verwirklichen, "geradeso wie wir den Schüler beispielsweise zur Pünktlichkeit oder Wahrheitsliebe zu erziehen streben, ohne darum etwa ein Fach 'Pünktlichkeit' oder 'Wahrheit' in den Stundenplan zu setzen" (Drach 1969,7).

Soll sprecherziehung als unterrichtsprinzip in der ganzen schule angewendet werden, so bleibt die "oberste Stufe, sprecherisches Verlebendigen des Dichtwerkes und Übung in der Kunst der Rede" (Drach 1969,7) auf den deutschunterricht beschränkt. Den zukünftigen deutschlehrern sollte schon während der ausbildung das wissen und können vermittelt werden, das sie für ihre berufspraxis benötigen.

> "Der praktische Schulmann kann von seinem Einzelpunkt aus unmöglich die ganze unendlich verzweigte Materie überschauen .... Da bedarf es der zusammenfassenden Sprechkunde als Mittlerin: sie löst aus der Überfülle von Detailergebnissen das Wesentliche und Wissenswerte heraus, sucht die zahllosen Widersprüche zwischen den Ergebnissen zu bereinigen, die Lücken zwischen den Betrach-

---

17 Pabst-Weinschenk hat in ihrer faktenfachgeschichte zusammengestellt, was über die anfänge der sprecherziehung und die in dieser zeit tätigen personen bekannt ist (vgl. Pabst-Weinschenk 1993a,20ff). Weller gibt in seinem 'Sprechlexikon' (Weller 1957) nicht nur auskunft über die entwicklung des faches und wichtige fachausdrücke, sondern auch über die personen, die für die anfangsphase des faches besonders wichtig waren. Allerdings sind Wellers angaben für die zeit des nationalsozialismus nicht zuverlässig (vgl. für einige beispiele 3.4).

18 Geißner nennt dieses allgemeine prinzip 'mündliche kommunikation im unterricht' (vgl. Geißner 1982a,7).

tungsgebieten durch eigene Forschung zu schließen; sie durchdenkt und erprobt die sprecherzieherischen Lehrverfahren und bietet sie in bestmöglicher Anwendbarkeit der Schulpraxis dar." (Drach 1925a,114)

Die bausteine für ihr fach findet die sprechkunde in verschiedensten feldern und faßt sie unter einer einheitlichen perspektive zusammen. Auskunft über die gesunde wirkungsweise der sprechorgane findet sie in ärztlicher forschung, ergänzt um phonetik und physik, daneben bietet die sprechkunst der bühne mit ihren lehrübungen reiche anregung.

'Die Sprachpsychologie erforschte die seelischen Zusammenhänge des Sprechvorganges und ließ dadurch Gesichtspunkte gewinnen für seine zielsichere Beeinflussung ... . Endlich hat die experimentelle und pädagogische Psychologie die Beurteilung vieler Einzelfragen gelehrt." (Drach 1922,3f = 1969,5)

Die ergebnisse dieser verschiedenen wissenschaftszweige sollen zu einem "in sich geschlossenen Lehrfach, der Sprechkunde" (Drach 1925a,112), verbunden werden. Sprechkunde kann gewissermaßen mit einer fachdidaktik gleichgesetzt werden, denn Drach definiert sprechkunde 1925 als "Didaktik [!] der muttersprachlichen Denk- und Ausdrucksfähigkeit in Wort und Schrift" (Drach 1925a,112). Sprechkunde zielt hier auf eine umfassende kommunikationsbefähigung und wird nicht nur auf das beherrschen des mündlichen ausdrucks beschränkt. Nur an wenigen stellen macht Drach deutlich, daß sprecherziehung sich auf alle gebiete muttersprachlicher leistung beziehen soll. Er schlägt sogar den umfassenderen ausdruck '*sprach*erziehung' vor, um deutlich zu machen, daß es sein anliegen ist, sprechen und schreiben zu verbessern (vgl. Drach 1934b,381). Daß sprecherziehung ursprünglich auch die schriftliche ausdrucksfähigkeit fördern sollte, ist mittlerweile in vergessenheit geraten. So schlägt Drach in seinem buch 'Redner und Rede' (vgl. Drach 1932,116ff) beispielsweise zur verbesserung der ausdrucksfähigkeit mündlich-schriftliche übungen vor. Heute wird sprecherziehung nur noch auf mündliche kommunikation bezogen (vgl. Naumann 1979,456; Schweinsberg 1946,10; Weller 1935a,11; 1957,5f; vgl. die untertitel von Geißner 1981a und 1982a).

Geißner geht davon aus, daß Drach das für das fach "grundlegende Theorie-Praxis-Verständnis" entwickelte (Geißner 1980a,27). Das verhältnis von theorie und praxis soll seit den anfängen der sprecherziehung außerordentlich eng sein, denn Drach wollte "beides vereinen" (Winkler 1985b,8). Drach verstand sein buch 'Sprecherziehung' auch als sprechkunde (vgl. Drach 1969,4). Aus Wellers sicht gab Drach mit diesem buch "dem Deutschunterricht aller Schularten und der akademischen Lehre ein Gedankengerüst und legte gleichzeitig damit den wissenschaftlichen Grund des Faches" (Weller 1957,83). Nach und nach entwickelte sich die sprechkunde aus der sprecherzieherischen praxis.

'Ursprünglich übertraf die Praxis der Sprecherziehung die Theorie an Gewicht durchaus. Erst allmählich begann man, sich auf die Grundlagen der Sprecherziehung und ihrer Verfahren zu besinnen. Es war (und ist) ja auch weit einträglicher, praktische Sprechkurse abzuhalten, als sich mit spitzer Feder vor ein leeres Blatt Papier zu setzen." (Winkler 1983,12)

Als Winkler 1949 einen überblick über die entwicklung der sprechkunde in den letzten jahren geben will, machen seine ausführungen deutlich, daß sich sprechkunde und sprecherziehung nicht im gleichklang entwickelt haben: "In der sprecherzieherischen Praxis hat sich, seit Drach nicht mehr mit uns arbeitet [1935, K.R.], wenig gewandelt, in der Sprechkunde umso mehr" (Winkler 1949b,228). Es ist also möglich, daß die sprecherzieherische praxis gleich bleibt, während sich die begründungen und ansichten der theorie ändern. Für Weller sind sprecherziehung und sprechkunde noch in den fünfziger jahren "nicht randscharf voneinander zu trennen" (Weller 1957,225). Geißner trennt heute, äußerlich an der verteilung auf zwei bücher (Geißner 1981a und 1982a) sichtbar, sprechwissenschaft und sprecherziehung. Beide bleiben aber aufeinander bezogen, denn sprecherziehung soll "angewandte Sprechwissenschaft" sein (Geißner 1982a,11).

Nach Drachs einschätzung betrachten sprachkunde und sprechkunde die sprache aus zwei verschiedenen gesichtspunkten. Die sprachkunde sehe sie als entwicklungsergebnis und die sprechkunde als persönlichkeitsleistung. Diese unterscheidung bezieht Drach auf Humboldts unterscheidung von 'ergon' und 'energeia'. Gleichzeitig erwähnt er die im französischen übliche unterscheidung [Saussure wird nicht genannt und war Drach wohl unbekannt] in 'la langue' und 'la parole' bzw. im englischen in 'the language' und 'the speech'. Sprachkunde und sprechkunde könnten durchaus dasselbe sprachereignis untersuchen, würden aber mit unterschiedlichen verfahren unterschiedliche gesichtspunkte herausarbeiten. Für Drach bleiben sprachwissenschaft und sprechkunde trotz gegenpoliger betrachterstandpunkte untrennbar aufeinander bezogen (vgl. Drach 1935b,5). Geißner meint anfang der achtziger jahre, es wäre viel gewonnen, wenn sprechwissenschaft und sprachwissenschaft "zwar nicht konvergierten, wohl aber kooperierten" (Geißner 1981a,60).

Maximilian Weller besteht darauf, daß derjenige, der sprechkunde und sprecherziehung an die sprachwissenschaft "anlagern" wolle, "Wesen und Eigenständigkeit des Faches" verkenne (Weller 1957,6). Weller sucht immer wieder die beziehung zu Wilhelm von Humboldts sprachauffassung, wenn er sprachwissenschaft und sprechkunde gegenüberstellt (vgl. Weller 1935a,31 - 33; 1954,86f; 1957,216 - 218; 1969,14 - 16). In dem, was Humboldt 'energeia' nennt (vgl. Humboldt 1979,418), sieht Weller "im Kern" (Weller 1935a,31) das aufgezeigt, was die sprecherziehung ausmache. Daß es Weller um sprachpflege und nationalpolitische (vgl. auch Drach 1920a,241; 1934c,60; 1937) erziehung geht, wird an dem deutlich, was er schreibt, nachdem er Humboldts unterscheidung zwischen 'ergon' und 'energeia' zitiert hat:

> *"Das Verhältnis des Deutschen zur Muttersprache und damit [!] seine gesamte nationalpolitische Erziehung wäre inniger und fruchtbringender geworden, wenn die deutsche Sprachwissenschaft diese Unterscheidung fruchtbar gemacht und die Arbeit an der Sprache als energeia nicht derart vernachlässigt hätte"* (Weller 1935a,32f).

Wellers erklärung der begriffe 'ergon' und 'energeia', die er in einer späteren veröffentlichung gibt, verdeutlicht, wie er Humboldts unterscheidung mißversteht[19]:

19 Leo Weisgerber verweist in seinem buch 'Das Tor zur Muttersprache' darauf, daß Humboldts gedanken häufiger mißverstanden wurden. Was Weisgerber dort schreibt, trifft auf Weller und andere sprecherzieher zu: "Gar manche hatten aus Humboldts Wort von der Sprache als Energeia herausgelesen, daß Sprache im wesentlichen Tätigkeit sei, und daß die Hauptform sprachlicher Tätigkeit das Sprechen sei, und daß demnach die Schulung des rechten Sprechens im Mittelpunkt des

"1. Die Sprache als leiblich-seelischen *Vorgang*, die Sprache als Sprechen oder besser noch als *Sprechtätigkeit*. Die Sprache ist hier Handlung, Ausübung, Wollen und Wirken. ...
2. Die Sprache als vom Menschen losgelösten und optisch erstarrten *Niederschlag*, die Sprache als geschriebenes und gedrucktes, somit dinglich vorliegendes *Ergebnis*. Die Sprache ist hier Zustand, Ruhe, Gegenstand" (Weller 1957,227).

Weller setzt bei dieser gegenüberstellung 'ergon' mit dem geschriebenen dokument gleich, das von der historischen sprachwissenschaft untersucht wird. Diese zuordnung wird an anderer stelle noch deutlicher:

"Im deutschen Bildungswesen stand bis etwa zum Ersten Weltkriege fast ausschließlich die wissenschaftlich-historische Art der Sprachbetrachtung und Sprachbehandlung in Blüte. Sprache war das, was geschrieben, vornehmlich, was gedruckt und zwischen zwei Buchdeckel gebracht wurde. Sprache war im Sinne einer grundlegenden Unterscheidung Humboldts das *ergon*, das Werk, das festumrissen und bleibend Geschaffene, im Gegensatz zur *energeia*, zur schaffenden Tätigkeit. ... An den Tätigkeits- oder Sprechcharakter knüpft die zweite Art der Sprachbetrachtung an. Sie sieht die Sprache als eine Individualfunktion, als etwas vom Sprecher tätig Geübtes, vom einmaligen lebendigen Menschen nicht Wegzudenkendes an" (Weller 1969,14f).

Damit ergibt sich für Weller die kurzschlüssige gleichung ergon = geschriebenes = totes ergebnis, vom menschen trennbar im gegensatz zur energeia = sprechen = tätiges leben, an den einzelnen sprecher gebunden[20]. So betont auch Christian Winkler, die sprechkunde habe es nicht mehr "mit dem abgelösten Kulturgut Sprache zu tun ..., sondern recht eigentlich mit dem sprechenden Menschen" (Winkler 1957a,7).

Zeitweise scheinen sprecherzieher über ihr bemühen um das lebendige sprechen und die kraft der rede (vgl. kapitel 3) vergessen zu haben, daß 'sprache' nicht mit schrift gleichzusetzen ist. 1939 warnt Wilhelm Esser, daß die trennung von sprachwissenschaft und sprechkunde "viel zu weit" ginge, wenn sprache "fast mit den Erzeugnissen der Stoffwelt auf eine Stufe" gestellt würde (Esser 1939,7f; vgl. auch Roedemeyer 1941,655). Zur gleichen zeit meinte Irmgard Weithase, mit seiner eindeutigen definition der energeia habe Humboldt die aufgabe des sprecherziehers "klar umrissen", denn es dokumentiere "die Priorität des ursprünglichen Sprechens", und der sprecherzieher habe "die Erhaltung der Sprache in der Schrift durch den lebendigen Vortrag dauernd zu versinnlichen, er ... [habe] dafür zu sorgen, daß das ursprüngliche Sprechen nicht durch die mumienhafte Aufbewahrung in der Schrift in die zweite Linie zurückgedrängt ... [werde]" (Weithase 1940,62).

Wenn sprecherzieher regelmäßig auf die unterscheidung von 'ergon' und 'energeia' verweisen, beweist das nicht, daß sie Humboldts gedanken folgen. Ihre auffassung ist maßgeblicher durch Leo Weisgerbers sprachtheorie beeinflußt. So meint Elmar Bartsch beispielsweise, daß Weller mit seinem buch 'Gesprochene Muttersprache' (= Weller 1935a) den sprachtheoretischen ansatz Leo Weisgerbers übernahm, und merkt in einer fußnote an, daß damit endlich die sprachtheorie Humboldts rezipiert wurde (vgl. Bartsch 1974a,12 und fußnote 41 auf seite 35).

Sprachunterrichts stehen müsse. Die Folgerung geht so weit an dem Wesentlichen vorbei wie die Verflachung von Humboldts Begriff der Sprache als Energeia selbst." (Weisgerber 1963,55).

20 Wellers auffassung von Humboldts sprachtheorie prägte auch Schweinsbergs auffassung von sprechen und schreiben (vgl. Schweinsberg 1946,29 - 35; 1947,226 - 230; 1948,13; vgl. dazu auch abschnitt 4.2.2).

Christian Winkler berichtet, daß Drach durch Weisgerbers schriften (besonders Weisgerber 1929) zu einer beschäftigung mit dem deutschen satzbau angeregt wurde (vgl. Winkler 1985,9). Winkler selber betont ausdrücklich, daß seine "Darstellung auf der Sprachtheorie Humboldt-Weisgerbers und zugleich der Bühlers" fuße (Winkler 1954,10 = 1969,11). Die unterschiede in den sprachauffassungen der drei bei Winkler genannten autoren sind erheblich. Wenn Winkler später in einem rückblick nur Bühler und Weisgerber erwähnt, dann deutet das darauf hin, daß ihm Humboldt weniger wichtig erscheint als die anderen beiden autoren (vgl. Winkler 1983,14). Hellmut Geißner griff die bei Winkler begonnene (vgl. bereits Winkler 1934) rezeption von Bühlers sprachtheorie (Bühler 1934) auf und führte sie weiter (vgl. Geißner 1969b,34ff; 1975a,93ff; 1981a,55ff).

Als übersetzung für Humboldts ausdruck 'energeia' war bei sprecherziehern der ausdruck 'sprechtätigkeit' verbreitet. Aus der namensgleichheit auf eine verwandtschaft mit der sprechtätigkeitstheorie in der nachfolge Wygotskis zu schließen, wäre ein mißverständnis, dem aber Geißner (vgl. Geißner 1980a,29; siehe oben 1.1) zu erliegen scheint. Gutenberg warnte 1981 ausdrücklich davor, "aus der Identität des Ausdrucks auf die Identität der Begriffe schließen zu wollen. 'Tätigkeit' in diesem Abschnitt der sprechkundlichen Tradition meint, vor allem in der Betonung einer 'leibseelischen Ganzheit', die Tätigkeit des Sprache Aktualisierens" (Gutenberg 1981,186).

Klaus Schüle hatte schon vor einigen jahren einen zusammenhang zwischen sprecherziehung und sprechtätigkeitstheorie gesehen (vgl. Schüle 1975). In der letzten zeit gibt es einige versuche, einsichten der sprechtätigkeitstheorie für die sprecherziehung fruchtbar zu machen. Norbert Gutenberg bemüht sich darum, gedanken aus der sprechtätigkeitstheorie zu verarbeiten (vgl. Gutenberg 1985a,122f und 126f; 1986), und hofft, mit hilfe der dort erarbeiteten kategorien könnten "Kernbegriffe der westdeutschen Sprechwissenschaft erheblich präzisiert werden" (Gutenberg 1986,153). Gutenberg möchte so insbesondere Geißners bestimmungen des miteinandersprechens weiterentwickeln (vgl. Gutenberg 1986,156). Auch Frank Lüschow greift auf gedanken der sprechtätigkeitstheorie zurück (vgl. Lüschow 1989). Es bleibt abzuwarten, zu welchen ergebnissen diese bemühungen im einzelnen führen.

1.4 Sprecherziehung ist mehr als sprechbildung

Häufig wird sprecherziehung mit ihrem teilgebiet 'sprechbildung' gleichgesetzt. Schon Drach hatte mit diesem vorurteil zu kämpfen. Für Drach stellte sprechtechnik lediglich eine selbstverständliche grundlage, "eine bloße Kulturtechnik dar - nicht mehr. ... Aber mit Sprech-Erziehung ... [habe] das genau eben soviel zu tun, wie das Geläufigmachen des Einmaleins mit den Bildungswerten der Mathematik" (Drach 1934b,385). Einige jahre zuvor hatte Drach die muttersprachliche sprechdenkschulung mit dem bildungswert der mathematik und der lateinischen grammatik auf eine stufe gestellt (vgl. Drach 1925b,12). Christian Winkler betont ausdrücklich, der sprecherziehung ginge es um "Menschenbildung", was bedeute, "nicht über die Sprache als solche zu reflektieren, sondern zum sprachlichen Tun anzuleiten und d.h. eben vor allem zum Sprechen." (Winkler 1957a,8)

Winkler vergleicht die mechanische schulung der anfangszeit mit "einem besseren Zähneputzen und Zungenturnen" (Winkler 1957a,7). Um die abgrenzung von diesem verständnis deutlich zu machen, wird das gebiet der "ganzheitlich ausgerichteten Atem-, Stimm- und Lautbildung", für das früher der ausdruck 'sprechtechnik' geläufig war, heute als "*Sprechbildung*" bezeichnet (Winkler 1954,455; vgl. auch Roedemeyer 1941,655). Zum teil scheinen sprecherzieher das mißverständnis selber gefördert zu haben, 'sprecherziehung' und 'sprechbildung' seien dasselbe. So trägt ein von Hans Lebede herausgegebener sammelband den titel 'Sprecherziehung - Rede - Vortragskunst' (Lebede 1930a). Sprecherziehung wird im sinne von 'sprechbildung' neben die beiden anderen teilgebiete gestellt und nicht als oberbegriff für diese drei gebiete verwendet[21].

Aus Carl-Ludwig Naumanns sicht hat gerade der terminus 'sprechbildung' "das Mißverständnis gefördert (z. B. Helmers), dies sei die *ganze* Sprecherziehung" (Naumann 1979,457). Die geänderte bezeichnung für das teilgebiet 'sprechtechnik' hat also nicht verhindert, vielleicht sogar gefördert, daß via einer weitverbreiteten deutschdidaktik der verwechslung von teil und ganzem vorschub geleistet wurde. Naumann vermeidet in seinem artikel den mißverständlichen ausdruck 'sprechbildung' und unterscheidet 'elementare fertigkeiten', 'sprechkunst/ ästhetische kommunikation' sowie 'beredsamkeit/rhetorische kommunikation' (vgl. Naumann 1979,456ff).

Sind namensgebung[22] und zuordnung einzelner teilleistungen auch schwankend, so werden sprecherziehung und sprechkunde bzw. sprechwissenschaft in der regel dreifach unterteilt. Folgende teilgebiete konstituieren dabei die sprecherziehung: "Innerhalb der Sprechkunde und Sprecherziehung ... [ergebe] sich hergebrachtermaßen eine Dreiteilung", schreibt Weller und präzisiert die teile als "das *stimmsprachliche*, das *sprechkünstlerische* und das *rhetorische* Teilgebiet" (Weller 1969,20; vgl. auch die übersicht 1957,230 als weiterentwicklung von 1937b,349). Insofern die sprechtherapie nicht wie bei Weller unter das stimmsprachliche teilgebiet gerechnet wird (vgl. Weller 1957,230), sondern als eigenes teilgebiet aufgeführt wird (vgl. Pawlowski 1976b,511; Lange 1975,79; Schweinsberg-Reichart 1991,3f; Allhoff 1991,5f), erweitert sich die dreiteilung zu einer vierteilung.

Da sprechbildung in der praxis der sprecherziehung häufig das hauptgewicht hatte (vgl. den hinweis bei Winkler 1983,12), scheint dies das vorurteil gefördert zu haben, sprechtechnik/sprechbildung sei die ganze sprecherziehung. Elmar Bartsch wendet sich gegen die bei vielen lehrern herrschende vorstellung, rhetorische kommunikation sei kein teil der sprecherziehung, weil sie dieses fach

21 Am rande sei darauf hingewiesen, daß in diesem sammelband auch ein beitrag Erich Drachs erschien (Drach 1930).

22 Während in der anfangszeit der sprecherziehung die ausdrücke 'vortragskunst' bzw. 'sprechkunst' und 'beredsamkeit' bzw. 'redekunst' [als verdeutschung von rhetorik] gebräuchlich waren, haben sich seit einigen jahren die von Hellmut Geißner eingeführten ausdrücke 'ästhetische' und 'rhetorische' kommunikation weitgehend eingebürgert (vgl. Geißner 1981a,148ff; vgl. zum begriff 'rhetorische kommunikation' abschnitt 5.3.2).

"nur als Ausspracheübung, Hochlautungslehre und Rezitationskunst" kennten, da die sprecherzieherische ausbildung "meistens auf exakte Lautbildung und Vortragskunst beschränkt [blieb]" (Bartsch 1974b,45). Gefestigt werden solche vorurteile durch bücher wie Siegfried Krauses 'Leitfaden zur Sprecherziehung' (Krause 1971). Der autor bemüht sich nach eigenen aussagen, "das Wesen und die Bedeutung der Sprecherziehung für Lehrer und Studierende in gedrängter Kürze darzulegen" (Krause 1971,124). Krause kennt nur zwei teilgebiete, nämlich 'sprechtechnik' und 'ausdrucksschulung' (vgl. Krause 1971,9). Zunächst soll durch sprechtechnik der "Körper zu einem zuverlässigen und disziplinierten Werkzeug" gemacht werden, um damit die voraussetzungen für die ausdrucksschulung zu schaffen (Krause 1971,10). Ausdrucksschulung heißt bei ihm sinnfassend lesen und therapieren von sprechfehlern im spiel; für rhetorische kommunikation ist in Krauses buch kein platz.

Hellmut Geißner als der heute bedeutendste theoretiker der sprecherziehung unterscheidet drei teilgebiete, für die es jeweils theorie (sprechwissenschaft) und didaktik (sprecherziehung) gibt: rhetorische kommunikation, ästhetische kommunikation und elementarprozesse der mündlichen kommunikation (vgl. Geißner 1982a,18). Sprechtechnik/sprechbildung findet bei Geißner unter dem titel 'elementarprozesse des sprechens' nur noch im anhang seines buches 'Sprecherziehung' platz (vgl. Geißner 1982a,199ff). Damit ist der veränderte stellenwert dieses teilgebietes auch äußerlich dokumentiert. Sprechbildung ist nicht mehr "unentbehrlich" (Lebede 1930b,15) und "Grundlage" (Weller 1969,24) für alle weiteren bemühungen, sondern nur noch bei bedarf zu schulen.

In den anfängen der sprecherziehung war die sprechbildung das fundament, auf dem aufgebaut wurde, bis schritt für schritt der gipfel der dichtkunst erreicht wurde: "Ihre Krönung erhält die Sprecherziehung in der ... *künstlerischen Anregung des Sprechens von Lehrer und Schüler.*" (Drach 1920b,427) Winkler bestätigt bei seinem rückblick auf die geschichte der sprecherziehung, daß die "eigentliche Liebe der ersten Sprecherzieher, die sie zu dieser Arbeit führte, ... der Vortragskunst" galt (Winkler 1983,12). Wenn in der praxis die sprechbildung überwog und die offene oder heimliche vorliebe der vortragskunst galt, dann konnte unter diesen bedingungen das dritte teilgebiet, die redekunst, leicht vergessen werden. Das heißt aber nicht, daß sprecherzieher auf diesem gebiet nicht tätig waren: "Die Unterweisung im freigesprochenen Wort, in der Beredsamkeit, gewann erst in den 30er Jahren größere Bedeutung. Und auch hier wieder kam die Theorie der Rhetorik oder, wie wir heute sagen, der rhetorischen Kommunikation, beträchtlich später" (Winkler 1983,13). Wieder folgen sprecherzieher dem bewährten muster, erst die praxis, dann die theorie voranzutreiben. Nach 1945 standen, besonders bei den lektoren, die vom theater kamen, wieder stimmbildung und rezitation von texten im vordergrund, und die redekunst "wurde wieder in den Hintergrund gedrängt" (Bartsch 1974a,13).

Daß die redekunst von der sprechkunde "mit wenigen Ausnahmen vernachlässigt" (Weller 1969,26) wurde, verwundert um so mehr, weil sich die sprecherziehung als fortsetzung der antiken und mittelalterlichen rhetorik begreift. Den sprecherziehern ging es nicht um eine wiederbelebung der antiken rhetorik, vielmehr um eine zeitgemäße redekunst. Das wird aus Schweinsbergs eindringlichen worten deutlich:

> "Eins aber, was die Sprecherziehung nicht ist, muß ... noch besonders deutlich hervorgehoben werden: Sie ist kein Abklatsch von der Rede-'Kunst' des Altertums und ihren Regeln ... Wir können die Rhetorik des Altertums ebensowenig übernehmen wie ihre Poetik. Die Sprecherziehung will gerade *das nicht*, was früher wesentlich schien und Gegenstand höchster Bewunderung war: möglichster Abstand vom Alltagsgespräch!" (Schweinsberg 1946,27; vgl. Geißler 1918,24)

Betrachtet man die entwicklung von sprechwissenschaft und sprecherziehung ab dem ende der sechziger jahre, so hat Weller mit seiner einschätzung recht behalten, daß rhetorik das "*zukunftsträchtigste Feld der Sprechkunde*" sei (Weller 1969,30). Im einklang mit der entdeckung von kommunikationsmodellen für den deutschunterricht und der wiederentdeckung der rhetorik entwickelte sich die rhetorische kommunikation mittlerweile zum wichtigsten zweig der sprechwissenschaft. Wie wichtig der rhetorische teilbereich für die sprecherziehung nun ist, wird an neueren aussagen zum verhältnis von sprechwissenschaft bzw. sprecherziehung zur rhetorik deutlich. Aus Elmar Bartschs sicht besteht heute "kein Zweifel mehr darüber, daß Mittelpunkt [der sprecherziehung] die 'Gesprächsführung' und die 'freie Rede' sein [müsse]" (Bartsch 1974b,46) und daß 'rhetorik' "Zentrum der Sprechwissenschaft" sei (Bartsch 1974a,16). So bezeichnet der sprecherzieher Roland W. Wagner 'rhetorische kommunikation' als eines der "Hauptgebiete" von sprechwissenschaft und sprecherziehung (Wagner 1987,138). Hellmut Geißner schätzt anfang der achtziger jahre, daß rhetorik in form der 'gesprächsrhetorik' als teilgebiet "zum pars pro toto" für die sprechwissenschaft werden könnte (Geißner 1981a,54; vgl. auch Gutenberg 1980,207ff). Rhetorische kommunikation ist zum zentralen thema für die sprecherziehung geworden.

Insbesondere Hellmut Geißner bemüht sich seit vielen jahren um theorie und praxis des rhetorischen teilgebiets der sprecherziehung. Geißner betont immer wieder den zusammenhang, den er zwischen der förderung der rhetorischen kommunikation und der förderung der demokratie sieht:

> "Die parlamentarische Demokratie verlangt demokratische Haltung von ihren mündigen Bürgern, verlangt von ihnen die Fähigkeit der Rede und des Gesprächs. ... Während die Inhalte im Geschichtsunterricht und im staatsbürgerlichen Unterricht vermittelt werden, fällt dem Deutschunterricht im besonderen Maße die Aufgabe zu, auch den mündlichen Ausdruck zu entwickeln, eben die Denk-, Gesprächs- und Redefähigkeit. Gerade in diese Aufgabe zielt seit Beginn dieses Jahrhunderts, genau seit Ewald Geisslers 'Rhetorik' von 1910, das Bemühen eines Faches, das ungeachtet seiner schwierigen Stellung an unseren Universitäten für die Begründung der Redepädagogik sehr viel getan hat, wenn auch für die wissenschaftliche Arbeit auf rhetorischem Gebiet ... das meiste noch zu tun ist." (Geißner 1968,260f)

Das von Geißner angesprochene fach ist die 'sprecherziehung' mit ihrem teilgebiet 'rhetorische kommunikation'.

2. Eine deutsche rhetorik soll es sein

2.1 Ewald Geißlers redende künste[23]

2.1.1 Vorläufer

1906 nimmt Ewald Geißler in Halle seine lehrtätigkeit als lektor für vortragskunst auf. Fünfundsiebzig jahre später erscheint dort ein sammelband mit dem titel "Hallesche Standpunkte zur gesprochenen Sprache" (Krech u.a. 1981) und erinnert an dieses ereignis. Dieser sammelband verdeutlicht die entwicklung der sprechwissenschaft in Halle von Geißlers dienstantritt bis zur gegenwart. Günther Richter sieht in Geißlers ansichten die "Inkarnation von typischen Positionen der Rhetorik jener Zeit", bezüglich der sprechtechnik sogar einen "Höhepunkt in den ersten 20 Jahren dieses Jahrhunderts" (Richter 1981,119 bzw. 126). Die Hallenser sprechwissenschaftler behandeln in ihrem buch aus Geißlers werk nur die jahre 1906 - 1918, also die zeitspanne, die dieser in Halle verbrachte. Deshalb (?) bleiben seine national(sozial)istischen ansichten ausgeklammert, die er überdeutlich erst in seiner Erlangener zeit aussprach. Ihre anfänge reichen aber bis ins jahr 1914 zurück (besonders 1914b, 1915; vgl. dazu unten den exkurs). In diesem kapitel wird deutlich werden, daß es nicht möglich ist, Geißlers deutsche redekunst von seinen politischen ansichten zu trennen.

Zwar verwendete schon Adolf Philippi in seinem buch 'Die Kunst der Rede' (Philippi 1896) den untertitel 'Eine deutsche Rhetorik', aber sein buch folgt den regeln der antiken rhetorik. Anders dagegen Ewald Geißler, der sich bemüht, "eine neue, eine deutsche Rhetorik" zu schaffen, die als "neues Stück deutscher Bildung" dem deutschen seine muttersprache näherbringen soll "als Stimme und Laut!" (1920,4) Der lehrgang der rhetorik muß sich durch Geißler nicht nur gefallen lassen, äußerlich umgekehrt zu werden (vgl. 1918,7f), denn Geißler stellt das von "Deutschen als 'Nur-technisch' ... verächtlich von oben behandel[te] ... in den Mittelpunkt" (1918,35), sondern auch völkisch akzentuiert zu werden. Geißler wendete sich mit seinen rhetorikbüchern an ein breites publikum und traf auf ein entsprechendes interesse.[24]

---

23 In kapitel 2.1 werden veröffentlichungen von Ewald Geißler lediglich durch die angabe des erscheinungsjahres nachgewiesen.

24 Die bücher erschienen in der populärwissenschaftlichen reihe 'Aus Natur und Geisteswelt'. Zunächst erschien nur ein abgeschlossener band (reihennummer 310) mit dem titel 'Rhetorik - Richtlinien für die Kunst des Sprechens'. Dieses buch zur sprechkunst wurde 1914 um einen zweiten teil ergänzt (reihennummern 455 und 456), der die redekunst behandelte. Vom ersten band wurden in drei auflagen [1910, 1914 und 1920] 16.000 exemplare gedruckt (vgl. 1920, titelblatt). Geißler erwähnt (vgl. 1934a,383), daß vom zweiten band in zwei auflagen [1914 und 1918] 10.000 exemplare gedruckt wurden. Die beiden auflagen der redekunst erwiesen sich bei einem textvergleich

Nach Wellers einschätzung legte Geißler "den Grund für eine moderne Redeschulung", denn er habe "als erster und ein für allemal gezeigt, daß die nach dem antiken Vorbereitungsschema gebaute Rede falsch ist und das Bild des vor der Hörerschaft sprechenden Menschen den Ausgangspunkt darstellt." (Weller 1957,73 bzw. 1954,192) Für Fritz Schweinsberg warf Geißler mit seiner rhetorik den "Lehrgang der Alten: inventio, dispositio, elocutio, memoria, actio ... 1914 für unsere Sprecherziehung in kopernikanischer Kühnheit" um, und zwar "so durchschlagend ..., daß *alle Fachgelehrten ihr bis heute rückhaltlos beigetreten sind."* (Schweinsberg 1946,27 bzw. 358) Worin die änderung[25] bestand, mit der Geißler in einer "'pragmatischen Wende'" - so lautet Hellmut Geißners ausdruck anstelle Schweinsbergs 'kopernikanischer wende' - die "Rhetorik vom Kopf auf die Füße" stellte (Geißner 1980a,26), wird unten dargelegt (vgl. besonders abschnitt 2.1.7.1).

Hellmut Geißner sieht in Geißlers rhetoriktheorie einen versuch, "die actio (das Halten der Rede) als das spezifisch Rednerische ... hervorzuheben" (Geißner 1969b,70). Geißner teilt zwar Ewald Geißlers "Emphase für die 'körperliche Beredsamkeit'" nicht, er meint aber, daß dort "Gedanken formuliert ... [seien], die sich in der gegenwärtigen Rhetorik-Diskussion wieder oder noch immer" fänden (Geißner 1980a,27). Es ist keineswegs nur aus historischem interesse lohnend, sich mit Geißlers rhetorikauffassung zu beschäftigen, denn Geißler gilt als "Vorläufer" (Winkler 1954,18; vgl. Geißner 1981a,8) der sprecherziehung und beeinflußte insbesondere deren rhetorikauffassung[26]. So verweist Hellmut Geißner noch heute ausdrücklich auf die anfänge sprechwissenschaftlicher rhetorik bei Geißler, und gelegentlich betont er auch gemeinsamkeiten mit ihm (vgl. Geißner 1980a,29 und 1982c,14).

Ewald Geißlers grundstein für eine 'moderne rhetorik' soll gleichzeitig auch der grabstein für die 'alte rhetorik' sein[27]. Geißlers ansicht der antiken rhetorik ist beeinflußt von dem bild, das in den rhetorikbüchern seiner zeit vermittelt wurde. Die "ausgeprägte Berufung" auf die rhetorik der griechischen und römischen antike war aber "mehr ein formal-eklektizistischer Akt denn eine wirkliche inhaltliche Bezugnahme", bemerkt Richter über die zeit um die jahrhundertwende (Richter 1981,127). Mag Geißlers vorstellung von der antiken rhetorik auch

---

(ausgenommen das vorwort) als textlich identisch, aber unterschiedlich umfangreich, da seitengröße und -zählung verschieden sind.

25 Pabst-Weinschenk spricht in ihrer arbeit bei Geißler von einer 'inversion der klassisch-antiken rhetorik' und meint, Geißler bleibe "der klassisch-antiken Rhetorik im Bereich seiner Redekunst verpflichtet, auch wenn er die Reihenfolge umkehr[e]." (Pabst-Weinschenk 1993a,49; vgl. zu Geißlers ansatz insgesamt 1993a,41 - 61).

26 Pabst-Weinschenk verweist darauf, daß man die "praktische Rhetorik GEISSLERs ... als wesentliche Vorarbeit für DRACH betrachten [müsse]." (Pabst-Weinschenk 1993b,43) Sie betont dann aber, daß Drach Geißler nicht bei der ästhetischen überbetonung der sprache und dem national(sozial)istischen engagement für die sprachreinigung gefolgt sei.

27 Wenn Geißler und andere sprecherzieher von 'alter rhetorik' reden, meinen sie pauschal alle älteren ansätze vor der sprecherziehung. Weder wird genügend zwischen den verschiedenen rhetorikauffassungen der antike unterschieden, wenn teilweise sophistische und antike rhetorik gleichgesetzt werden, noch wird differenziert zwischen antiker rhetorik und ihrer tradierung, so daß manchmal die rhetorik des 19. jahrhunderts als *die* 'alte rhetorik' schlechthin angesehen wird.

falsch gewesen sein, es ist einer der gründe, warum er nach einer neuen rhetorik strebt.

Erstmals[28] legt Geißler ansätze seiner konzeption im artikel 'Rhetorik' vor, den er für die zweite auflage des von W. Rein herausgegebenen 'Encyklopädischen Handbuchs der Pädagogik' verfaßte (1908). Nach Geißlers einschätzung ist aus einem "Hauptfaktor der griechischen Kultur" ein schimpfwort geworden, das "etwas recht Unerfreuliches" meint, nämlich "einen leeren Menschen, der redet, ohne daß er etwas zu sagen hat." (1908,500; vgl. 1910,1 - 4) Geißler meint, daß es auf dauer nicht so bleiben könne, denn es sei nur eine frage der zeit, bis die rhetorik als wissenschaft wiederersteht, denn "eine Wiedererstehung der Rhetorik muß [!] früher oder später erfolgen" (1908,501). Geißler will rhetorik nicht in ihrer alten form wiederbelebt sehen, denn wenn wir "an einer modernen Rhetorik bauen wollen, ... dürfen wir" nach seiner ansicht "die Bausteine nicht in Griechenland und Rom suchen, sondern ... müssen von den modernen Wissenschaften und Kulturverhältnissen ausgehen." (1908,501)

Geißler sieht mehrere unterschiede zwischen damals und heute, die ihn darin bestärken, daß die alte rhetorik nicht mehr in die neue zeit passe. Geißler gruppiert die "Kulturverschiedenheiten von einst und jetzt" in "politisch-soziale, ... künstlerische und ... sittliche" unterschiede (1914a,2).

Auf *politisch-sozialem* gebiet sieht Geißler den hauptunterschied darin, daß dem öffentlichen leben ein anderer stellenwert zugemessen wird. Der mensch der antike strebte danach, sich am leben des staates zu beteiligen, während der moderne mensch "viel mehr privater Natur" (1910,4) sei. Viel wichtiger sei, daß "das gesprochene Wort in allen öffentlichen Angelegenheiten einen mächtigen Mitbewerber und Nebenbuhler bekommen [habe], den die Antike noch gar nicht kannte: die Druckerpresse." (1910,5) Das öffentliche leben sei deshalb nicht mehr alleine auf öffentliches reden angewiesen, sondern könne sich auch gedruckter medien bedienen. Bei den gebildeten habe das gedruckte wort das gesprochene weitgehend verdrängt, und erst in jüngster zeit gewinne das gesprochene wort den massen gegenüber wieder an bedeutung. Unter den sich verändernden politischen bedingungen werde "die mündliche Rede ... von neuem ein Machtmittel. Darum ist der Ort, wo man im antiken Sinne wieder praktisch Rhetorik zu treiben beginnt, die Sozialdemokratie. ... Wenn auch der Erfolg dieser Bemühungen über ein unverfrorenes Schlagwörtertum kaum hinausgeht, so zeigen sie doch, wie gut die Sozialdemokraten ihre Zeit verstehen." (1910,11) Geißler macht aus seiner ablehnung der SPD keinen hehl, meint aber, die übrigen parteien sollten sich ein beispiel an dieser partei nehmen und ebenfalls redeschulung betreiben. Neben der SPD kennt Geißler "noch andere Gegner oder vielmehr Rivalen ..., nämlich die Engländer", von denen auf diesem gebiet zu lernen sei (1910,11).

Auf *künstlerischem* gebiet (vgl. 1910,5 - 8) sieht Geißler einen noch wesentlicheren unterschied zum altertum, denn kunst stehe heute nicht mehr "im Mittelpunkte der ganzen Kultur" (1910,5). Die kunst habe in unserem nüchternen zeitalter, das den schwerpunkt auf wissenschaft, technik und kaufmännisches wesen

---

28 Er übernimmt längere passagen aus diesem aufsatz wörtlich in den ersten band seiner rhetorik (1910, 1914a, 1920).

lege, ihren stellenwert eingebüßt. So hinge die zustimmung zu einer rede nicht von ihrer schönen form ab, diese könne sogar gegen den redner einnehmen (vgl. 1914a,4). Die sprache als mittel der täglichen verständigung sei aber "der Schmückung und Veredlung und Stilisierung fähig" (1910,13 und 1914a,7).

Auf *sittlichem* gebiet gälten heute andere maßstäbe, weil überreden und überzeugen scharf geschieden werden. Die alte rhetorik wollte nach Geißlers ansicht überreden "um jeden Preis, vor allem durch Aufrufen der Leidenschaften." (1910,17) Heute sei die menschheit so weit fortgeschritten, daß sie überreden als sittlich verwerflich empfände, weil dabei die sittliche freiheit der menschen mißachtet werde. Für die erregung der leidenschaften "gab die alte Rhetorik Anweisungen, die als Seelenkunde ebenso fein wie sittlich unbekümmert" waren, meint Geißler tadelnd (1914a,3). 1908 warnt er ausdrücklich davor, überzeugungen durch sophistische überredungskünste erreichen zu wollen, denn das sei "nicht nur sittlich verwerflich, sondern auch rhetorisch unzweckmäßig", weil diese künste "sehr schnell bankrott machen." (1908,511) Geißlers bemühen um eine sittlichen maßstäben entsprechende rhetorik ist deutlich, denn die uneingeschränkte freiheit der alten beredsamkeit[29] soll beschränkt werden und "nun tieferen Kräften des sittlichen Willens weichen" (1914a,8).

Geißler will für "die antike Scheinrhetorik einen rechtmäßigen Nachfolger" schaffen (1910,18). Um eine verwechslung auszuschließen, sucht Geißler nach einem neuen namen, bleibt aber letzten endes dabei, das wort 'rhetorik' beizubehalten, weil es durch das wort 'redekunst' nicht zu ersetzen sei (vgl. 1910,18). Die übersetzung von 'rhetorik' mit 'redekunst' hält er für zu eng, denn rhetorik "heißt 'Redende Kunst', heißt Sprachkunst überhaupt" (1934a,217). Geißler hält trotz bedenken am fremdwort fest, weil er keinen ersatz für das wort 'rhetorik' gefunden hat, das "Sprechkunst und Redekunst zusammenfaßt" (1914a, vorwort und 1920,4).

2.1.2 Mitteilungen

Nach Geißlers auffassung sind es besonders zwei wissenschaften, die den boden für die 'moderne rhetorik' bereiten: sprachwissenschaft und völkerpsychologie (vgl. 1908,501; 1910,9f). Bei der sprachwissenschaft hat er insbesondere die phonetik im blick. Die bedeutung der völkerpsychologie für die rhetorik sieht er vor allem darin, "daß sie den Gefühls- und Affektswert der Sprache aufzeigt neben der bis dahin wissenschaftlich zu einseitig beachteten Logik." (1908,501) Eberhard Stock weist darauf hin, daß Geißler Wilhelm Wundts ausdruckstheorie (vgl. Wundt 1900) mißverstanden habe, und sieht darin den grund dafür, daß Geißlers sprechkunst mit ihrer betonung des körperlichen "partieenweise zu einer theistisch untersetzten Naturheillehre gerät" (Stock 1981b,33). Stock findet es "befremdlich", daß Geißler die zu seiner zeit "bekannten und zum Teil lebhaft

29 In Gudrun Feys dissertation (Fey 1990) läßt sich nachlesen, daß in der antike keineswegs sittlich so unbekümmert verfahren wurde, wie Geißler das unterstellt, der die antike rhetorik in der hand der sophisten sah (vgl. 1914a,3).

diskutierten Werke der germanistischen Sprachwissenschaft ... nicht zu Rate zieht." (Stock 1981b,35) Auch Günther Richter hat den eindruck, daß Geißler die sich "mit Vehemenz verändernde linguistische Szene seiner Zeit kaum wahrgenommen hat." (Richter 1981,128)

Die erkenntnisse von phonetik und völkerpsychologie sind für Geißler deshalb so wesentlich, weil er meint, man bräuchte "nur" die von ihnen gefundenen "Eigenschaften [des gesprochenen wortes] zu Forderungen zu machen ... so hätte man eine neue Rhetorik." (1910,10) Ab 1914 erweitert Geißler für seine redekunst das spektrum der bezugswissenschaften um die massenpsychologie. Außerdem will er forschungsergebnisse zur suggestion heranziehen, weil sie "Ausblicke in die Eigenart rednerischer Wirkungen" eröffneten (1914a,11 und 1920,15).

Geißlers gegenstandsbestimmung verdeutlicht sein rhetorikverständnis und den einfluß seiner sprachauffassung:

> "Die Rhetorik hat zum Gegenstande die Sprache oder besser das Sprechen oder noch besser mit einem Ausdrucke, der den praktischen Zweck alles Sprechens ganz allgemein bezeichnet: die Mitteilung. Und zwar sucht sie das Wesen der Mitteilung darzustellen und ist insofern eine Theorie." (1908,501)

Aus Geißlers bestimmung wird ersichtlich, daß rhetorik zur kommunikationstheorie wird, denn mitteilung ist der deutsche ausdruck für kommunikation, und eine theorie der mitteilung ist folglich eine kommunikationstheorie[30]. Für Geißler liegt der "wahre Sinn des Wortes 'mitteilen' ... in der ursprünglichen Verbindung: von etwas mitteilen, z.B. er teilt den Armen mit von seinen Schätzen. In der Rhetorik handelt es sich um die Mitteilung seelischer Schätze" (1910,21). Geißler vergleicht das teilen von seelischen schätzen mit dem teilen eines realen schatzes. Sowenig bei realen schätzen alles gold ist, was glänzt, so wenig ist Geißlers erklärung sprachlicher kommunikation für bare münze zu nehmen. Während der reale schatz geringer wird, wenn sein besitzer ihn mit anderen teilt, nimmt der erfahrungsschatz nicht ab, wenn andere daran teilhaben.

Geißler unterscheidet einen physiologischen, einen akustischen und einen psychologischen teilbereich. Diese drei bereiche bestimmen auch Geißlers verfahrensweise, mit der die sprechkunst dem ziel vollendeten sprechens zustrebt (vgl. 1914a,26ff). Erst wenn dieses ziel erreicht ist, soll im anschluß daran die redekunst gelehrt werden.

Sprechkunst und redekunst sind von den wörtern 'sprechen' und 'reden' abgeleitet. Geißler trennt *sprechen* als "etwas Leib-seelisches" vom *reden*, das "etwas Nur-seelisches bezeichnet." (1910,19) Diese aufteilung entspricht der einteilung der beiden teilbände seines rhetorikbuches. Der erste teilband befaßt sich mit der sprechkunst und der zweite mit der redekunst. In seiner rhetorik bildet die sprechkunst die grundlage für die redekunst und rückt wegen ihres besonderen gewichts an den anfang der rednerausbildung.

---

30 Wenn sprecherzieher in Geißnerscher terminologie heute von 'rhetorischer kommunikation' statt von 'rhetorik' sprechen, dann ist diese ausdrucksweise ihrer gegenstandsbestimmung angemessen, da sie vor allem am kommunikationsprozeß interessiert sind. So charakterisiert Pabst-Weinschenk Geißners "Anliegen" als "die Darstellung der heutigen SW [sprechwissenschaft], ihrer Gegenstandssicht und Abgrenzung von anderen [!] kommunikationstheoretischen Ansätzen." (Pabst-Weinschenk 1993b,18)

2.1.3 Vortragskünste

Rhetorik ist für Geißler der medizin vergleichbar, die auch auf verschiedene wissenschaften zurückgreift und sie anwendet, "um einen Zweck [zu] erreichen, der mit Wissenschaft gar nichts zu tun hat: die Heilung des kranken Menschen." (1908,501; vgl. 1914a,20f) Der vergleich mit der medizin ist nicht nur oberflächlich zu sehen, denn Geißler will ebenfalls den 'kranken' menschen heilen, und zwar mit den heilenden kräften der sprache.

Geißler unterscheidet eine weitere und eine engere fassung der vortragskunst. Im weiteren sinne ziele die vortragskunst darauf, "jede sprachliche Mitteilung in angemessener Weise zum Ausdruck zu bringen", und im engeren sinne strebe sie an, "das papierne Fragment zum lebendigen Kunstwerke" zu vollenden (1908,507 und 510). Erst in der engeren fassung werde vortragskunst im eigentlichen sinne zur kunst.

Die erste aufgabe der vortragskunst liegt nach Geißler in der lösung vom schriftbild, weil der kulturmensch des 'papierenen zeitalters' die sprache als etwas gedrucktes und gelesenes erlebt. Die von "der Druckerschwärze und der unseligen Logik verwirrten Kulturmenschen" hielten sprechweisen für angemessen, die sich das "natürliche Sprachgefühl" nicht gefallen lassen würde (1908,509). Die menschen haben das richtige sprechen verlernt, weil sie sprache als ein mittel intellektueller mitteilung ansehen, bei dem aussprache und betonung zugaben sind. Nach Geißlers meinung lebt eine sprache aber nur, wenn sie wirklich gesprochen wird, denn ihr "eigentliches Leben" liege "in der 'Lautgebärde'" (1914a,11). Zwischen sprechen und 'richtig sprechen' liegt eine kluft, die ein moderner kulturmensch, der 'mit dem auge hört', nicht überwinden kann, weil er "das wundervolle Leben der Sprache in eine tote Folge schwarzer Lettern verwandelt" hat (1908,508). Die vortragskunst erhält nun die aufgabe, wieder leben in dieses tote gebilde zu hauchen. "Man kann ... das Schriftbild ohne Übertreibung mit einem schematischen Knochengerüst vergleichen, das erst durch die Zauberkräfte der Vortragskunst in einen blühenden Leib verwandelt wird." (1908,509)

Geißler sieht eine aufgabe der vortragskunst darin, die menschen wieder zu ausdrucksvollem sprechen anzuleiten. Die vortragskunst "muß [!] es" nach seiner meinung "als ihre Hauptaufgabe betrachten, die Sprache dem Papiere wieder zu entreißen und in ihr eigentliches Heimatsgebiet, die Welt des Klanges, zurückzuführen." (1908,508) Dieser kampf gegen die 'papiersprache' ist Geißlers herzensanliegen und bestimmt sein lebenswerk. Geißlers 'kreuzzug' gegen den 'sprachverfall' entwickelt im laufe der jahre immer fanatischere züge, bis schließlich aus der sprachpflege eine rassenpflicht wird (vgl. 1937a und 1938b). "Von der überfremdeten, entleerten Allerweltslässigkeit des 19. Jahrhunderts müssen wir hinüber zu dem, was der Nationalsozialismus selbst meint und ist: zum deutsch-volkhaften Ursprünglichkeitswort." (1935a,22) Diese enge verbindung von sprach- und volkspflege ermöglichte den schnellen aufstieg der sprecherziehung, denn 'natürlichkeit' war beiden prinzip (vgl. dazu kapitel 3.1 und 3.2).

Geißlers sprachauffassung nimmt pseudoreligiöse züge an, wenn er meint, "schon jeder Laut [habe] seine eigene Seele" (1908,508). Der sprecher soll seine empfindung aber nicht alleine haben, sondern sie mit seinen zuhörern teilen, denn die "Aufgabe der Vortragskunst ist es, sie [die seele der laute, K.R.] durch die Art des Sprechens zum Ausdruck zu bringen und den Hörer zu zwingen [!], sie zu empfinden." (1908,508) Ausnahmen sieht Geißler nicht als widerlegung der lautsymbolik, sondern als eine bestätigung ihrer reichhaltigkeit. Drach wirft den "schöngeistigen Schwärmern" vor, etwas in die wörter der muttersprache hineinzuhören, denn die "Spitzfindeleien, was ein e, ein o, ein ei alles 'bedeute', entbehren jeder objektiven Wirklichkeit" (Drach 1930,52). Damit erteilt Drach spekulationen, wie sie sich bei Geißler immer wieder finden lassen (z.b. 1914a,73; vgl. das kapitel 'Lautbeseelung' in 1934a,239ff), zu recht eine deutliche absage.

Was für die laute gilt, wiederholt sich bei Geißler auf der wortebene, denn auch hier schreibt er jedem wort eine seele zu. Diese seele gilt es zu empfinden, aber die "seelische Luft, in die jedes Wort eingehüllt ist, offenbart [!] sich nur dem, der das Wort spricht, wirklich spricht, nicht nur oberflächlich darüber hinhuscht" (1908,508). Dem richtig gesprochenen wort schreibt Geißler eine besondere kraft zu, die beim üblichen sprachgebrauch nicht empfunden wird. Für Geißler gilt, daß die sprache "ein Organismus ist voll blühendsten, anschaulichsten Lebens." (1908,514) Die gegenüberstellung von gutem, lebensvollem sprechen auf der einen seite und schlechter, toter schrift findet sich als durchgängiges motiv bei Geißler und bestimmt letztlich auch seine umstellung des antiken redelehrgangs, weil dieser "wieder einmal das Leben gemordet [hat]" (1918,31).

2.1.4 Persönlichkeitsentwicklung

Der pädagogische wert der rhetorik soll allen menschen zukommen und nicht nur denen vorbehalten bleiben, die von berufs wegen viel reden müssen. Geißler sieht vorteile durch ihren hygienischen, ästhetischen und sittlichen wert (vgl. 1908,512 - 516). Die förderung auf diesen drei gebieten entspricht seiner unterscheidung in die drei bereiche der rhetorik und ihren zielen, sprechgesundheitslehre, sprechschönheitslehre sowie innerlichkeit (vgl. 1914a,18f).

Den *hygienischen* wert sieht Geißler darin, daß erkrankungen der sprechorgane vermieden werden. Die atem- und sprechübungen stünden sportlichen übungen wie schwimmen und rudern im gesundheitlichen wert für den ganzen körper nicht allzuweit nach, wobei sie ohne kosten leicht durchzuführen seien. Die schulung des sprechens stelle deshalb ein ebenso billiges wie effektives mittel zur förderung der volksgesundheit dar (vgl. 1908,513; 1914a,96f).

Der *ästhetische* wert soll in das alltägliche leben eingegliedert werden und hinausführen aus dem zeitalter der bloßen wissenschaft und bloßen technik (vgl. 1908,513). Geißler fragt nicht nach den gründen für die veränderungen der gesellschaft, sondern sieht nur auf die sprache. Durch eine 'ästhetisierung' der sprache will er den vorrang von technik und wissenschaft beseitigen.

> "Die Sprache, die wir Kinder einer wissenschaftlich-technischen Zeit zueinander reden, ist eine logische Institution, ein Apparat intellektueller Mitteilung, ein Vehikel, das Begriffe von einem Ohre ins andere zu tragen hat, weiter nichts. Andererseits aber ist gerade in [!] der Sprache am leichtesten das Heilmittel [!] gegen diese Einseitigkeiten zu entdecken, die Kraft, die über die Logik und den Verstand hinausgeht: künstlerisch erlebbare, anschauliche Lebensfülle." (1908,514; ähnlich 1914a,7 und 1920,11)

Die schlechte wirklichkeit soll durch die *in* der sprache liegenden guten möglichkeiten geheilt werden. Schon jahre vor Georg Schmidt-Rohr (vgl. Schmidt-Rohr 1933,49) sieht Geißler in der muttersprache heilende kräfte für das deutsche volk liegen.

Der *sittliche* wert der rhetorik für die persönlichkeit zeigt sich für Geißler in mehrfacher weise. Zunächst bereichere rhetorik die persönlichkeit, weil sie dem menschen die muttersprache schenke. Die rhetorik "enthüllt ihm das blühende Leben, mit dem sich die deutsche Sprache auf ihrem jahrhundertelangen Wege von Herz zu Herz erfüllt hat, und das für den, der sie nur oberflächlich schwätzt, statt sie zu sprechen, ewig tot und verschüttet bleibt." (1908,515) Das richtige sprechen der sprache vollbringt wahre kunststücke, weil sich auf diesem wege 'offenbaren' soll, womit generationen von sprechern die deutsche muttersprache bereichert haben. Geißler schreibt hier blühenden unsinn, der von sprachgeschichtlichen kenntnissen über die veränderung von wortbedeutungen ungetrübt ist. Geißlers sprachmagische kräfte sind damit noch nicht erschöpft:

> "Indem der Mensch jedes einzelne Wort aufschließt, so daß er es gewissermaßen von innen sehen lernt, macht er nicht nur das Wort, sondern auch das mit ihm bezeichnete Ding [!] zu seinem geistigen Eigentume. ... [Der] Name ... kann ... für den, der ihn zu sprechen weiß, *wie er gesprochen sein will*, zu dem Zauberwort werden, das das Wesen [!] enthüllt, zu einer Herrschaft [!] über das Wesen und damit [!] zu einer sittlichen Kraft." (1908,515; hervorhebung K.R.)

Geißlers glaube an die zauberkraft eines richtig gesprochenen wortes erinnert an die magischen kräfte des 'Sesam öffne dich' im märchen.

Geißler sieht eine direktere sittliche kraft der rhetorik darin, daß sie die ausdrucksmöglichkeiten der menschen erweitere. Ein erster wert der freieren selbstdarstellung liege in der damit gesteigerten wirksamkeit. Das sei eine voraussetzung für den erfolg, "denn wer sich seinen Mitmenschen tiefer offenbaren ... [könne] als andere, der ... [habe] das Geheimnis persönlichen Erfolges ... zum guten Teil ergriffen." (1908,515; vgl. 1914a,109) Da es sich um ein geheimnis handelt, kann es nur er- nicht be-griffen werden. So liegt denn der "zweite und fast noch größere Wert ... in der Rückwirkung auf den Sprechenden selbst. Das Bewußtsein [!], seine Persönlichkeit freier darstellen zu können als bisher, hat *unmittelbar* eine freiere Entfaltung der Persönlichkeit zur Folge." (1908,515, hervorhebung K.R.; vgl. 1914a,109) Geißler stützt die annahme, die persönlichkeit könne durch sprechen unmittelbar beeinflußt werden, darauf, daß jemand, der den anschein des zornes erwecken sollte, wirklich zornig wurde. Welche befunde das experiment[31] wirklich erbrachte, scheint Geißler nicht wichtig zu sein. Das läßt sich daraus entnehmen, wie Geißler den 'befund' innerhalb weniger zeilen vom zorn auf alle stimmlichen gebärden erweitert. Formuliert Geißler zu beginn noch vorsichtig 'warum soll man nicht ...?', so wird aus der vermutung bald eine tatsache:

> "Jede [!] stimmliche Gebärde hat [!] eine rückwirkende Kraft, durch die sie, obwohl sie ursprünglich die Folge eines seelischen Zustandes war, zu seiner Ursache werden kann, und es ist nicht einzusehen,

31 1908 verweist Geißler darauf, daß es Wilhelm Wundt war, der das in einem experiment bestätigte, was bereits Lessing behauptet hatte. Später erwähnt Geißler nur allgemein 'klangfarbenübungen', ohne auf Wundt hinzuweisen (vgl. 1908,516; 1914a,110 und 1920,119).

warum sich diese Tatsache [!] ... nicht auch pädagogisch verwerten lassen soll." (1908,516; vgl. 1914a,110, 1920,119f)

Das experiment bezog sich nur auf den ausdruck des zorns; daran schloß sich ein gedankenexperiment an, und am ende steht fest, daß *jede* stimmliche gebärde eine rückwirkende kraft hat.[32] Für Geißler ist erwiesen, daß rhetorik "ein sehr wichtiges Stück ... der körperlichen und geistigen Selbstzucht" ist und "bei der innigen Beziehung, in der die Sprache zu allem seelischen Geschehen steht, fast von selbst auch zur Beherrschung der übrigen persönlichen Kräfte" führt (1908,516; vgl. 1914a,110; 1920,120).

2.1.5 Deutsche bildung

Sprechbildung 'veredelt' nicht nur die einzelne mitteilung, sondern den ganzen menschen. Das hat für die deutschen eine besondere bedeutung, denn in der "Zeit der verschärften Völkergegensätze" haben sich die deutschen stämme auf ihr "gemeinsames Deutschtum besonnen", und mit dem politischen leben wurde ein gedanke wiederbelebt, "der nur zu lange geschlafen hatte: das allgemeine Vaterlandsbewußtsein." (1910,12) In dieser zeit komme der muttersprache eine besondere bedeutung zu, weil sie die nation vereine und von allen anderen nationen unterscheide. Geißler wünscht sich deshalb, daß der deutsche seiner muttersprache mit mehr aufmerksamkeit und ehrerbietung begegnen möge. In den bemühungen des Allgemeinen Deutschen Sprachvereins, dessen vorstand er später angehört, sieht er richtige ansätze, die auf das schriftliche beschränkt blieben, aber gerade beim sprechen fehle es den deutschen an wohlklang (vgl. 1910,12f).

Aus bemühungen um die ausdrucksfähigkeit einzelner sprecher wird bei Geißler immer stärker ein bemühen um das wohl des deutschen volkes. Die pflege der sprache wird "erneute Ehrenpflicht", denn der deutsche verdanke mehr als andere "sein Vaterland der gemeinsamen Sprache." (1914a,6) Nach dem verlorenen ersten weltkrieg fühlt Geißler diese "alte deutsche Geschichtstatsache" besonders und erklärt die sprachpflege zur "Pflicht der Ehre und des Lebens" (1920,10). Nun ist die sprechkunst eine frage geworden, die wohl und wehe der ganzen nation betrifft.

Redekunst und erfolgskunst sind auf geheimnisvolle weise miteinander verknüpft. Im täglichen daseinskampf der menschen und der völker ist dieses erfolgsgeheimnis für die redekunst lebensnotwendig. "Die Rede ist für jeden eine notwendige Waffe [!] im Kampf ums Dasein geworden, in dem der, dem die Zunge gelöst ist, ein unendliches Übergewicht hat vor dem Stummen und Unbeholfenen." (1914a,5) Wer sich in diesem kampf nicht richtig ausdrücken kann, hat keine möglichkeit, siegreich zu sein. Geißler sieht durch den krieg bestätigt, wie wichtig die redekunst für die bildung der deutschen sei.

"Daß auch die Redekunst dazu gehören muß, konnte gerade dieser Krieg lehren. Denn seine bitterste [!] Erfahrung, die Verkennung deutschen Wesens in aller Welt, ... [wurde] doch nur dadurch

32 Auch Drachs sprecherziehung beruht auf der vermutung, daß sich durch eine entsprechende sprechweise der ganze mensch ändern lasse (vgl. Drach 1969,100).

> [möglich], daß im Deutschen die Fähigkeit, sich vor anderen zu geben und auszuwirken als den, der er in Wahrheit ist, noch allzu wenig entwickelt ist. Der Ausdruck des Deutschtums - der Ausdruck, nicht sein Wesen - ist vielfach noch unausgeglichen. Ein Teil jener Kunst aber, die Werte des Inneren nach außen zu strahlen, so daß sie auch Fremde überzeugen, ist die Redekunst." (1918,3)

Die deutschen können nur noch nicht richtig ausdrücken, welch 'großartiges' wesen sie haben und werden deshalb von der ganzen welt verkannt.

Das deutsche wesen ist im gegenteil von außen bedroht. Für Geißler liegt das land mit seinen offenen grenzen schutzlos vor "den Einströmungsmächten aus Ost und West: vor der *Proletariergewaltherrschaft* und vor der *Zivilisation*. Von beiden droht Überfremdung auch für die Sprechweise. Oder drohte; denn inzwischen ist mit der *deutschen Erhebung* eine dritte Kraft aufgestanden, in unserer eigenen Brust, und sie ist berufen, die ersten zwei wieder zurückzuwerfen" (1934a, 171) schreibt Geißler ein jahr nach der machtübernahme der nationalsozialisten. Bis zu ihrer machtübernahme drohte das durch industrie und technik entstandene proletariat, mit seiner aus dem osten stammenden proletarischen kultur, das 'bürgerbildungsdeutschland' und seinen ganzen überlieferungsschatz zu verdrängen. Aus dem westen bedrohte der an technik orientierte mensch mit seiner zivilisation die deutsche seele. Der auf technik orientierte mensch ist für Geißler die letzte stufe einer entwicklung, bei der die innere (religiöse) mitte immer weiter nach außen verschoben wurde (vgl. 1934a,171 - 179). Die retter des 'echten deutschtums' sind die nationalsozialisten. Diese begnügten sich bei ihrer "Einsicht in die völkischen Notwendigkeiten" nicht mit "dem inneren Bewußtsein des Recht*habens*", wie es die nationalen, bürgerlichen parteien taten, sondern sie kämpften ihre einsichten durch "bis zum auch äußerlichen Recht*behalten*!" (1940,50) Für Geißler "bleibt" die welt "Kampf, solange sie steht, Kampf nicht nur der Waffen und der Ellenbogen, sondern auch der Worte. Es gibt Redeschlachten, die durchzufechten einfach Pflicht ist, und zwar solange, bis der Endsieg auch vom ehedem böswilligsten Gegner anerkannt werden muß ... . Und steht heute bei uns nicht mehr Volksgenosse gegen Volksgenosse, so sind dafür neue, größere Aussprachen entbrannt: von Volk gegen Volk" (1940,50). Diese völkische begeisterung ist bei Geißler schon viele jahre vorher zu finden. Aus seiner sicht (vgl. 1934a,428) begann der 'deutsche umsturz' schon im jahr 1914. Das war das jahr, in dem er seine deutsche redekunst in erster auflage vorlegte. Das war aber auch das jahr, in dem er sich fragte: Was ist deutsch?

EXKURS: "Was ist deutsch ?"

Unter diesem titel veröffentlicht Geißler 1914 eine schrift, die den untertitel trägt "Versuch einer Selbstbesinnung im Deutschen Kriege" (1914b). In dieser broschüre offenbart Geißler bereits seine rassistische haltung. Er entdeckte, daß reichlich "fremdes Blut" in den "längst nicht mehr reingermanischen Adern" floß und vermutete, daß wir als "ein Gemisch aus mannigfachstem Blut, keine so sichtbare Rasseneigenart haben, wie sie z.B. den Angelsachsen ohne weiteres kenntlich" mache. Mit dem einfluß des blutes erklärt er, daß Wilhelm Raabe auf "Nichtdeutsche nur formlos" wirke und "selbst von Fremdblütigen innerhalb unseres Volkes" nicht verstanden werde (1914b,39, 45 bzw. 8).

Für Geißler heißt "Deutscher sein ... sich zum Deutschen machen", und das gelte auch für die sprache, die wir uns "in ihrer Hochform ... erst schaffen [müßten]." (1914b,45) Der krieg kommt zuhilfe, denn der ist gleichermaßen dienst am vaterland und an der sprache. In der mobilmachung sieht Geißler die "großartigste Völkerwanderung der Geschichte" und im "Militarismus ... eine der besten Stilschulen" überhaupt (1915,100). Was der krieg nicht vollenden konnte, versuchen uniformierte kräfte in friedenszeiten fortzusetzen. Den "deutsche[n] Umsturz unterm Sonnenrad" deutet Geißler 1934 als einen "Versuch, Volkstum zu wecken aus dieser tiefsten Bahnung unseres Wesens empor", und ihm erscheinen "Führertum und Gefolgschaftswesen als die uns gemäßen Formen der Gemeinschaft ... Blut und Charakter als stil- und geistformende Mächte *vor* Verstand und Wissen" und "ein Streben nach unserem Ur. Und zwar nicht nur im Rassisch-Körperlichen, sondern auch in geistiger Haltung." (1934a,183) Dieses rückbesinnen auf das eigentliche, urtümliche wesen bleibt nicht ohne auswirkung auf die sprache. Mit einer schlecht klingenden sprache hat die deutsche kultur keine chance, die welt zu erobern. Geißlers rassismus und seine sprachauffassung verbinden sich in der körperlichen beredsamkeit, die im mittelpunkt seiner redekunst steht. Die 'körperliche beredsamkeit' ist nur aufgrund "leib-seelischer Einheit möglich. Und die eignet bloß dem blutmäßig mitgeborenen Wort, nicht dem von außen gegebenen. Dem humanistischen Sprachbewußtsein, mit seiner Herkunft aus überlichter Gelahrtheitsabsicht, hatte sich auch im Deutschen das natürliche Band von Erlebnis und Wort gelockert." (1934a,73) Hier zeigt sich, daß Geißlers völkische ansichten nicht von seiner sprach- und rhetorikauffassung zu trennen sind.

Aus anlaß des von deutschen angezettelten ersten weltkrieges erläutert Geißler sein geschichtsbild. Aus der 'mittellage' leitet er für die deutschen ein besonderes schicksal ab:

> "Da wir also nicht seitab für uns leben wie die Randvölker ..., so bleibt uns nur die Wahl zwischen zwei gegensätzlichen Schicksalen, dem niedrigsten und dem höchsten. Der Mittelweg ... ist uns verwehrt. Wir müssen herrschen und gewinnen, oder dienen und verlieren, leiden oder triumphieren, Amboß oder Hammer sein. *Entweder* wir sind eine Beute zu ständiger Aufsaugung durch die Nachbarn ringsum ... . *Oder* wir machen aus der Mittellage der Geographie auch eine Mittellage der Bedeutung. Wir werden der Kern des Ganzen." (1914b,38)

Geißlers wahl fällt auf das 'oder', denn die deutschen sind zu höherem berufen. Um zu wissen, wohin die geschichte vorwärtsschreiten soll, brauchen wir deutschen aber "entweder einen Führer, der uns die Entscheidung über uns selbst einfach abnimmt, oder eine Not, die uns hineinzwingt. ... [Denn] kein Volk versumpft so leicht in den Gefahren des Friedens. Die Veräußerlichung durch Wohlleben, die Verzankung durch Parteiungen trifft deutsche Art am tötlichsten [sic]." (1914b,15) Im frieden droht dem deutschen wesen gefahr, wenn nicht ein führer dem deutschen volk die entscheidungen abnimmt. Der deutsche läßt sich "willig führen von der Persönlichkeit, die er anerkennt als zum Führen geboren [!]." (1914b,36) Wenn kein krieg stattfindet, kann Geißler deshalb nur auf einen führer hoffen, der sprache und rede der deutschen zur neuen höhe führt.

Der krieg gab den deutschen "eine weltgeschichtliche Parole, die ... bisher ... so sehr gefehlt hatte. Das *größere* Deutschland!" (1914b,35) So schließt er seine schrift mit einem bekenntnis zur 'deutschen sendung':

> "So wagen wir es, in diesem deutschen Krieg wider alle Welt uns nicht nur als Kämpfer zu fühlen für ein größeres Deutschtum, sondern auch für ein freieres Menschsein. Unsere Feinde selbst haben uns den stolzen Posten solchen Vorkämpfertums aufgezwungen. Wir müssen kriegen wider das Barbarentum Asiens. ... Und wenn wir gar den Mut haben, von einer deutschen *Sendung* in der Welt zu sprechen, so meinen wir damit zunächst eine *Befreiung* der Welt: Befreiung vom *Engländertum*! ... Sonst ist deutsch nur der Zorn, ja die Wut - England aber hassen wir." (1914b,50)

Dieser kampf, bei dem die deutschen vorkämpfer einer besseren welt sein wollen, hört nicht auf, wenn der krieg beendet ist:

> "Friede heißt: die eine Art Kampf ist vorbei. Aber sie war nichts für sich, ihr Sinn war, neue Bahn zu schaffen, damit die andere anhebe. Und die ist: *das Ringen der Kulturen*. Für uns: der deutschen Kultur, um ihre Stellung in der Welt. Jede Kultur ist kämpfende Kraft. Deshalb, weil sie wirklich wird nur in den Formen eines Volkes. 'Menschheitskultur' ist ein Begriff, abgezogen vom einzelnen. ... Seit der französischen Revolution werden bis ans Ende aller Tage '*die* Menschenrechte' zusamt der 'Göttin der Vernunft' in der Luft hängende Gespinste bleiben. Was nicht geschichtlich geworden ist sondern gewaltsam gemacht, zerbricht die natürliche Entwicklung." (1914b,3)

Der kampf der kulturen hebt an, wenn die waffen verstummt sind. Wie im politischen bereich kennt Geißler auch beim geistigen leben "kein Mehr oder Minder", sondern nur ein alles oder nichts, denn das geistige leben "atmet in der Sprachlust, die ihm zugehört, oder es vertrocknet ins Nichts" (1935b,66). Mit der richtigen sprechkunst kann der deutsche geist in der welt herrschen: "Der Geist ist's, der die Welt beherrscht!" (1914b,11) Das ist durchaus nicht auf die seelen beschränkt, sondern entfaltet seine materielle gewalt, wenn der leib dem vorausgeeilten geist folgt, entsprechend dem motto 'Die grenzen meiner muttersprache sind die grenzen meines vaterlandes':

> "Weil im lautenden Wort die drei Reiche Geist, Seele und Leib sich so innig durchdringen wie nirgends sonst, fordert das gesteigerte Geist-Seelentum dieser Zeit auch gesteigertes Leibtum. Und wenn unser in allen Himmelsrichtungen verstümmeltes Reich zu eng ist für ein Volk, dessen Grenzen so weit draußen liegen, als seine bluthafte Sprache klingt, dann wird auch dies Dienen an ihrer Kraft zum Dienen an Bestand und Zukunft des deutschen Wesens." (1934a,439)

2.1.6 Deutsche redekunst

2.1.6.1 Wissen

Mit dem zweiten teil seines rhetorikbuches, das sich mit der deutschen redekunst beschäftigt, will Geißler dem leser wissen vermitteln, wie dieser seine beredsamkeit verbessern kann. In den gutgehenden geschäften derer, die persönlichen erfolg wie eine ware verkaufen wollten, sieht Geißler ein anzeichen dafür, daß dieses jahrhundert nach persönlichkeit hungere.

> "Die Kraft der Persönlichkeit wird wieder gespürt. Wie sich im großen die Völkerpersönlichkeiten mit neuer Schärfe gegenüberstehen - nachdem die Aufklärung sie bereits ins Weltbürgertum aufgelöst zu haben glaubte -, so wird der Zauber der Einzelpersönlichkeit mit ihren unwägbaren Kräfteausstrahlungen erlebt wie noch nie" (1918,30).

Geißler hält denen, die rede auf wissenschaftliches darlegen beschränken wollen, vor, sie seien nicht modern, sondern von gestern, denn "was trennt uns nicht alles vom waschechten Aufklärer!" (1918,29) Die zeit der aufklärung und des weltbürgertums ist vorbei, und der verstand wird nicht mehr gebraucht. Geißler sieht in einer neuen sprachphilosophie, die "aus dem 'Biozentrum' statt aus dem 'Logozentrum' ... aus den Tiefen der Ir-ratio statt aus der Fläche des Verstandes" kommt, eine überwindung "jenes Aufklärungsdenken(s), das ... dem westlerischen Demokratismus und Marxismus zugrunde lag" (1935a,19). Gemäß seiner sprachauffassung hält Geißler eine redekunst für notwendig, die nicht von der wahrheit alleine leben soll. Die menschen vertrauten "mehr als der scheinbaren Folgerichtigkeit der Gründe - die erschlichen und erlogen sein können - ... den Tiefen des Unbewußten, deren Wegweiser das Unwillkürliche ist ... den Urlauten des überzeugten Menschen, die in ihrer eigenen Untrüglichkeit tönen und klingen - als aus jener Tiefe kommend, wo eitel Wahrheit lebt, und die hinreißen durch unmittelbar ansteckende Kraft." (1918,30) Auch wenn diese untergründe nicht aussprechbar sind, ein redner muß wissen, was er redet, und zwar ein vielfaches von dem, was er in seiner rede ausspricht.

Bevor der redner den mund aufmacht, hat er "die Wahrheit gesucht mit dem ganzen rücksichtslos-königlichen 'um ihrer selbst willen'. ... Reden heißt nicht: Wahrheit suchen. Wahrheit muß gefunden sein ..., und dann heißt reden: Wahrheit wirksam machen. Wahrheit in die Welt tragen." (1918,17) Wenn Geißler schreibt, daß wahrheit in die welt hineingetragen werden soll, dann ist das durchaus wörtlich zu verstehen: Die deutsche wahrheit soll in der ganzen welt verbreitet werden, denn die anderen völker können keine wahrheit finden, weil sie die wahrheitssuche vorzeitig abbrechen und nicht nach deutscher art zu-ende-denken. Der redner braucht eine "Sauberkeit des Denkens und Selbstzucht, die die Launen der Einfälle in feste Bahnen lenkt" (1918,16). Diese 'sauberkeit des denkens' ist gebunden an eine art des denkens, die dem deutschen geist eigen ist.

> "Wir [das deutsche volk, K.R.] wollen nicht unsern ganzen Geist verrednern lassen - nicht die Dichtung, auch nicht die Wissenschaft. Wir sind nicht der Meinung des Engländers (es ist die Meinung seiner Demokratie), daß notwendig Wahrheit erzeugt wird, wenn mehrere Köpfe darüber hin- und herreden, mit einer Disputierkunst, die in Amerika schon die Schulen lehren. ... (D)ie deutscheste Wahrheit erschließt sich nur dem Einsamen. Sie ist Zu-Ende-denken, von uns selbst, für uns selbst. Und das vorzeitige Abbrechen des Denkens durch Entschluß der Willkür, weil man nicht weiter *will*, ist Begriffsstutzigkeit, die in England Charakter heißt, aber nicht in Deutschland." (1923,137f; vgl. auch 1935a,17)

Wie wichtig Geißler die (deutsche) wahrheit nimmt, wird auch daran deutlich, daß er die antike rhetorik unter anderem deshalb zurückwies, weil sie keine wahrheit kannte (vgl. 1910,17). Demokratie und gemeinsame wahrheitssuche widerstreben Geißler gleichermaßen.

2.1.6.2 Wollen

Zum wissen muß der wille hinzukommen, andere am eigenen wissen teilhaben zu lassen. Der redner muß zunächst wissen, "was er will, dann aber wollen, was er weiß. Je stärker, um so hinreißender im Erfolg. Wollen steckt an, unmittelbar; sicherer als die lückenlosesten Gründe packen die Strahlungen seiner suggestiven Kräfte." (1918,19) Dieses suggestive wollen vermißt Geißler bei den gelehrten, denn sie stellten nur dar und überließen es dem hörer, ob er das wissen annehmen wolle oder nicht. Daß der hörer das gesagte annehme, mag zwar der wunsch des wissenschaftlers sein, "aber sein persönlicher Wunsch und [bleibt] darum ohne Einfluß auf die Darstellung" (1918,16f). Der redner habe dagegen absicht, und die sei in wissenschaft und kunst verpönt. Geißler geht davon aus, daß wissenschaft ganz um ihrer selbst willen betrieben werde und nicht in einer rede behandelt werden könne.

Bereits 1908, als er seine redekunst noch nicht entwickelt hatte, hielt Geißler die absicht für das wesentliche an einer rede. Er warnte davor, rede und freies sprechen zu verwechseln, und hielt weder die darlegung eines wissenschaftlichen tatbestandes noch das erzählen einer geschichte für eine rede (vgl. 1908,511). Wenn etwas eine wissenschaftliche oder künstlerische rede genannt werde, dann sei das ausdruck eines ungenauen sprachgebrauchs, "der jeden einen 'Redner' nennt, der vor einigen Menschen zusammenhängend spricht, auch den, der nur ein 'Vortragender' heißen kann" (1918,19). Der vortragende wende sich mit seinen beweisen nur an den verstand, nicht an den darunter befindlichen willen, den "Träger auch von Verstand und Gefühl" (1918,19).

2.1.6.3 Glauben

Geißler hält den willen für etwas ganz entscheidendes, das bei einer rede auf keinen fall fehlen dürfe. Er verweist darauf, daß alle großen redner willensmenschen gewesen seien. "Diesem Willen verheißt schon die Schrift (sie nennt ihn Glaube): er wird Berge versetzen." (1918,20) Was Geißler mit 'wille' bezeichnet, wird bei ihm in der biblischen ausdrucksweise auch 'glaube' genannt. Der glaube ist die kraft, von der Geißlers redekunst angetrieben wird:

> "Glauben steckt an; so sei du selbst dein erster Gläubiger. Dann brauchen die anderen keinen neuen Weg zu suchen, sondern nur zu folgen, wo ein erster schon geht. Durch nichts wirbt ein Verkündiger anschaulicher, als wenn er zeigt: *einen* Jünger hab ich schon, einen, der mit mir durch dick und dünn geht: mich selbst." (1918,109)

Die ausdrucksweise erinnert an christliches gedankengut. Daß Geißler der christliche glaube und seine kirchliche verkündigung nicht fern liegt, wird sogleich deutlich werden[33]. Als ein beispiel verweist Geißler immer wieder auf den mystiker Meister Eckhart. Das sei jemand, dem man glauben könne, weil er unbeirrt an der wahrheit festhalte (vgl. 1918,21f), und der zur not einem opferstock predigen

---

33 Geißlers auffassung dürfte davon beeinflußt sein, daß er zunächst theologie studiert hat, bevor er sich dann germanistik und philosophie zuwandte. Außerdem dürfte es nicht ohne bedeutung sein, daß er bei Martin Seydel assistent war (vgl. Stock 1981a,4). Aus der widmung in seiner 'sprechkunst' geht hervor, daß Martin Seydel "Lektor für Vortragskunst und Liturgie an der Universität Leipzig" (1920,3) war. Der einfluß Seydels war sogar noch direkter, denn über den ersten teil seiner rhetorik schreibt Geißler rückblickend, daß er in der darstellung "einige Male bis ins Wörtliche" den "von echter Sprech- und Erzieherweisheit" getragenen anweisungen seines lehrers Martin Seydel gefolgt sei (1934a,326 fußnote 1).

würde (vgl. 1918,37; 1923,136, 1935a,23; 1939a,20). Dieser mystiker scheint für Geißler die inkarnation des idealen redners zu sein, an der er seine redekunst orientiert. Dazu dürfte auch beigetragen haben, daß Meister Eckhart "deutsch predigte" (Geißner 1969a,8) als in der katholischen kirche die lateinische sprache üblich war.

Vergleichbar dem prediger, der seine legitimation direkt aus dem göttlichen auftrag ableiten kann, beruft sich der weltliche prediger auf die wahrheit. Wahrheit kann nach Geißler aber nur 'deutsche' wahrheit sein, denn nur die deutschen haben wirklich zu-ende gedacht. Das deutsche volk ist deshalb berufen, die anderen völker an seiner wahrheit teilhaben zu lassen. Es ist kein zufall, daß Geißler die rede als wahrheits*bekenntnis* auffaßt, denn dahinter steht das modell der christlichen predigt. Als beispiel einer rede, bei der die hörer von der persönlichkeit des redners in den bann gezogen werden, verweist er auf die bergpredigt.

> "Der eine gegen die Tausende. Und doch nicht der eine, sondern der, der *'Auftrag'* hat. Der da Vollstrecker ist eines Größeren, der hinter ihm steht: Gott selber ist es, der durch ihn spricht mit der ganzen Unentrinnbarkeit göttlichen Zwanges. Jeder [!] große Redner ist ein Prophet, ist der Mund einer Botschaft Gottes. So wird die Erziehung zum Redner die Erziehung zum Menschen und damit die Erziehung zu Gott. Fühlst auch du Gott in dir brennen mit einer Verkündigung, die in die Welt will? Das ist die größte der Voraussetzungen zur Beredsamkeit." (1918,22)

Geißler wiederholt 1935 den bereits früher ausgedrückten gedanken, daß ein redner prophet sein müsse:

> "Denn was *hinter aller Schulung* den Redner macht, ist dies, daß er etwas vom Propheten habe, im Sinne des An-sagers, der innen ein Gesicht hat und der die Schau einer Wahrheit nun in Worte zu übersetzen sucht. Eben dies trägt der Redner des Dritten Reiches in sich. Sein Rednertum lebt von einem Wesensbesitz, der letztlich unwortbar in der Tiefe ruht und in immer neuen Anstößen sich zu geworten, sich kundzutun sucht. Ein bloßes Wieder-abrollenlassen verstandhaft gewußter Vorstellungsreihen ist noch nicht Rede. Nur das packt die Menschen, aus dem ein im Quell Unableitbares vortönt - während Worte aus zweiter Hand, seien sie noch so tatsachenklug und geschmacksgefügt, letztlich tot bleiben. Sie sind bloß Erzeugnisse und zeugen nicht selbst. ... Rede ist ein Strömen, davon man spürt: hier ist Unausschöpfbares. Dieser Mann könnte sich nie zu Ende offenbaren, denn was er gibt, sind Proben aus einem Etwas das mehr ist als er selber! ... Der aus sich redet, ist Lügenprophet; durch dessen Mund die Gottheit kündet, und der dann für seinen Gott eifert, nur der ist echt." (1935a,24)

Der nationalsozialistische redner verkörpert das modell, das Geißler beschrieben hatte, als er auf Meister Eckhart verwies: "Was ihn bewegt - in der Rede erst wird es ihm wahrhaft lebendig. ... So wird ihm die Rede Rausch, Entrückung, Lebenshöhe. Das sind die Könige unter den Rednern. Könige nicht nur, weil sie befehlen [!] dürfen nach außen, sondern weil sie dabei zugleich in sich selbst ruhen" (1918,37). Diese beschreibung könnte auch verfaßt worden sein, nachdem Geißler einer rede von Hitler oder Goebbels zugehört hatte. Bezeichnend ist es, daß Weller die nationalsozialistischen reden der kampfzeit als verkündigungsreden bezeichnet wissen will (vgl. Weller 1939,181).

Wie die kirchliche verkündigung speist sich auch das nationalsozialistische rednertum aus dem glauben an ein höheres wesen, das sich in Geißler konzeption des führerstaates findet. Geißler geht davon aus, daß über der befriedigung des einzelnen der erhalt des ganzen steht. Im befehlen wie unterordnen werde gleichermaßen ein darüber anerkannt. "Denn auch die Führenden fühlen sich in dieser Weltanschauung als Abhängige, als Beauftragte eines Höheren, der den Beruf in ihre Hände gab." (1923,140) Die nationalsozialisten sind die beauftragten eines höheren wesens, denn sie haben ihren deutschen geist am besten gehört, weil sie am besten in sich hineingehorcht haben, ohne den 'zerstörerischen verstand' einzuschalten. Sie sind deshalb die großen redner, die prophetisches zu verkünden haben. Geißler ist sich sicher, daß die "Führer des neuen Deutschland zugleich herausgehobene Redner [sind], nicht nur personhaft nebenbei, sondern sachlich notwendig." (1935a,21)

Von diesen 'großen vorbildern' gilt es im kleinen zu lernen. Wer sich ausdrücken will, der muß zunächst sein sprechen bilden, denn wer ein wort nur hervorholt, "wenn er es 'braucht', als nützlichen Gegenstand für äußere Zwecke ... [dessen] Rede mag ein geschicktes Verknüpfen werden, nie aber eine Offenbarung. Wem jedoch das Wort ein gewachsenes Stück der Seele ist, dessen Rede ist Offenbarung [!], für andere wie für ihn selbst." (1918,37; vgl. 1908,508) Wenn ein wort falsch gesprochen wird, dann verhindert es, daß die dinge erkannt werden. Wird es dagegen mit leben gefüllt, und das heißt mit klang und lautgebärde, dann entfaltet es seine eigentümliche kraft, die redner und hörer gleichermaßen an der 'offenbarung' teilhaben läßt. "Soll sich also die Redekunst aufbauen auf die '*actio*', auf die Tätigkeit wirklichen Sichaussprechens, so muß diese auch wirklich eine *Tätigkeit* sein ... ein wirkliches Sichausleben im Wort, Sichauswirken im Wort, ein Hineinströmen der ganzen Seele in das Wort" (1918,39). Auf dieser bedeutung der tätigkeit im rednerischen vortrag baut Geißler seine redekunst auf: "Keimzelle der Redekunst ist das leibhaft tönende Vortragswort!" (1935a,19)

2.1.6.4 Glauben machen

Geißler denkt dabei vor allem an eine bestimmte redeart, denn seine redekunst bezieht sich "natürlich ... [auf] die eigentliche Rede, die richtunggebend eingreifen will in persönliches Wohl und Wehe." (1918,25) Ausgeklammert werden deshalb sowohl die 'festrede' als auch der 'vortrag' von wissenschaftlichen ergebnissen, denn in beiden fällen fehlt der wille des redners, auf den hörer einzuwirken. Die gerichtsrede, als die urform der rede im altertum, hat nach Geißlers meinung ihre bedeutung eingebüßt, weil objektive normen (gesetze) die gerichte bänden. Deshalb sei die gerichtsrede "eine nicht sonderlich gepflegte Nebengattung" (1918,84). Geißler bezieht sich mit seinen ausführungen, ohne daß er es ausdrücklich so nennt, auf die politische rede. Daß ihm diese redeform besonders am herzen liegt, wird nur implizit deutlich. Geißler bestätigt später aber ausdrücklich, daß er von der politischen rede ausgeht: "Redebetrachtung wie -schulung [hat] heute ebenso von ihr [der politischen rede, K.R.] auszugehen ..., wie in Altgriechenland die gerichtliche und im früheren Deutschland die geistliche und dann die akademische Rede als führende Gattung zu würdigen ist." (1935a,18; vgl. auch 1923) Daß Geißler politische rede nach dem muster der christlichen verkündigung auffaßt, wurde oben gezeigt. Geißler selber versteht die politische volksrede vor allem als gegenstück zu den volksfernen professorenreden der Paulskirche (vgl. 1923,128f; 1935a,12).

Für diese 'eigentliche rede' sei der wille entscheidend betont Geißler, seit er sich mit redekunst befaßt (vgl. 1908,511). "Rednertum, das sei immer neu verkündet, ist Kampf von Wille zu Wille, dann erst Weide für Auge und Ohr. Schlachten aber schlägt man nicht in Paradeuniform." (1918,47) So wie der kämpfer durch seine uniform behindert wird, so würde der redner behindert, wenn er sich seine beweglichkeit durch einen festgelegten wortlaut und bestimmte stilvorschriften einengte. Der redner findet die richtigen worte sowie den richtigen tonfall im augenblick des reden (vgl. 1939a,17f). Auch ein redner, der sich seines glaubens sicher ist, muß wissen, was passiert, wenn einer vielen gegenüber tritt und sie (ver)führen will. Kenntnisse aus psychologie und massenpsychologie erleichtern den richtigen einsatz der kräfte, denn man muß nicht nur einen willen haben, sondern auch wissen, wo der wille wirken soll: "Wie jeder Willensvorgang enthält auch der rednerische dreierlei: einen Gegenstand als den Stoff des Einwirkens, einen Zweckbegriff als das Ziel, und eine Kraft als das Mittel" (1918,17).

Der redner wird versuchen, sich schritt um schritt seinem großen ziel zu nähern, das er nicht aus den augen verliert, allen widerständen der hörer zum trotz.

> "Das Endziel aber, dem der Redner über alle Widerstände hinweg zudrängt, ist: daß die Hörer so werden, wie er sie haben will. So denken, so fühlen, so wollen, so handeln. Alles [!] Reden strebt zum Überreden. Das Überreden aber ist um so vollständiger, je weniger es durch spätere Einwirkungen wieder aufgehoben werden kann, je tiefer es in jenen Kern der Seele greift, der das Dauernde bleibt im Wechsel." (1918,18)

Je tiefer das überreden gegriffen hat, um so mehr ist verhindert, daß es durch spätere einwirkungen wieder aufgehoben werden kann.

> "Auch das Herrschen muß sich einstellen auf den zu Beherrschenden. Mit jedesmal neuen Eigenschaften. Denn wenn die Hörer der Stoff des Redners sind, der Seelenstoff, so ergibt sich ohne weiteres, daß er in dem *Zweckbegiff*, nach dem er sein Gebilde gestaltet, nicht beliebig frei ist. Die Natur des Stoffes legt ihm Beschränkungen auf" (1918,17f)

Kenntnisse über die seelen der beherrschten liefert die seelenkunde, auf die Geißler dankbar zurückgreift.

> "Wir haben eine Seelenkunde, ... die einerseits bis ins kleinste geht, gesondert die Kräfte errechnet und mißt, die für den Redner entscheidend sind ... , und die anderseits auch die Veränderungen durch große Zusammenhänge nicht außer acht läßt. So wird die Seelenkunde des einzelnen ergänzt durch die der Masse: wir erkennen, unter wie verschiedenen Bedingungen der Hörer steht, je nachdem er allein ist oder inmitten von hundert anderen. Wir spüren den Wirkungsweisen der Suggestion nach" (1918,6).

Daß die entstehung der massenpsychologie am ende des neunzehnten jahrhunderts nicht so zufällig ist, wie es auf den ersten blick erscheinen mag, zeigt Jaap van Ginneken (vgl. van Ginneken 1984, besonders 68f). Durch die (massen) psychologie wird es Geißler möglich, seine 'neue rhetorik' zu schaffen, bei der die "angewandte Psychologie ... untersuchend und ratend" eingreifen soll (1918,8; vgl. auch 1918,6).

2.1.7 Reden lernen

2.1.7.1 Kursänderung

Am ende der rednerausbildung soll der redner sich so 'natürlich' vor den vielen äußern, als hätte er es nie anders getan: "Einfachheit ist nicht Anfang, sondern

Ziel" und muß "in unermüdlicher Zucht herausgearbeitet sein ... bis sie schließlich 'wieder die Natur wird'." (1918,25) Der redner von heute hat einen schwierigen weg vor sich, weil er einerseits redekunst erwerben soll und andererseits zusätzlich die kunst lernen muß, sie zu verstecken, damit die bewunderung, die auf die kunst fällt, nicht der zustimmung zur sache verloren geht (vgl. 1918,25f).

Geißler beschreibt als das wesentliche merkmal einer rede, daß sie 'zwiegespräch' sein müsse, auch wenn äußerlich nur einer spräche und viele zuhörten. Der redner dürfe nicht überhören, welche rückwirkungen von den hörern ausgehen, denn "Rede ist Zwiegespräch" (1939a,18; vgl. 1918,17 und 50). Dieses 'zwiegespräch' soll der redner auch mit einer masse führen und "zu den Hunderten nicht wesentlich anders reden als zu jedem einzelnen!" (1918,24) Das bezieht sich zunächst auf die ausdrucksweise des redners, denn er soll darauf verzichten, durch die verwendung von schmückenden redemitteln einen künstlichen abstand zum alltäglichen sprechen zu suchen, wie es das bestreben der antiken redekunst war (vgl. 1918,24). Damit ist aber auch gemeint, daß der redner alle zuhörer ansprechen und wie eine einheit behandeln soll.

Zunächst wollte Geißler die moderne rhetorik an das äußere gerüst des antiken schemas anlehnen. Das müsse sie aber, von ausnahmen abgesehen, "mit ganz neuem Inhalte erfüllen" (1908,511). Bereits 1910 ist er überzeugt, die reihenfolge der fünf teile der antiken rhetorik stelle "die Wirklichkeit auf den Kopf" (1910,19). Eine begründung erhält der leser dafür noch nicht. Erst in seiner redekunst erläutert Geißler, warum er die "Notwendigkeit [sieht], die überlieferte Folge gründlich umzudrehen." (1918,30) Mit der überlieferten folge meint Geißler hier den *lehrgang* und die abfolge der schritte, in der schüler zum reden erzogen werden sollen:

> "Seit zwei Jahrtausenden nimmt sie diesen Weg: Zuerst, o Schüler, mußt du lernen [!], deinen Stoff aufzufinden und herbeizuschaffen: *inventio*. Dann mußt du dir die Kunst zu eigen machen [!], ihn wohl aufzureihen auf die Schnur eines sauber erdachten Planes: *dispositio*. Zu dritt mußt du fähig [!] werden, dies Gerippe mit blühendem Wortfleisch zu umkleiden, die Gedanken auseinanderzulegen und in gute Sätze zu fassen: *elocutio*. Zu viert mußt du Mittel wissen, ein solches Gebilde dem Gedächtnis einzuprägen: *memoria*, um schließlich zu fünft imstande [!] zu sein, möglichst schön vorzutragen: *actio*. (1918,30f).

Hier faßt Geißler die fünf schritte von der inventio bis zur actio als die abfolge eines lehrgangs auf, den ein schüler fortlaufend von schritt eins bis fünf durchläuft. Geißlers umstellung des überlieferten stufengangs, bei dem der redner zuerst sprechen lernen soll, beruht letztlich darauf, daß der seit der antike überlieferte stufengang "rednerisch ein Unding" sei, das "nur zu papiernen Ergebnissen" führen könne (1938a,263). Geißler fragt sich, ob wirklich jemals "ein lebendiger Mensch" den fünf stufen in dieser reihe gefolgt sei, und wenn ja, ob "das Erzeugnis eine Rede sein [konnte]" (1918,31). Geißler unterscheidet insgesamt nicht deutlich zwischen dem lehrgang, den ein schüler durchlaufen soll, und der redevorbereitung:

> "Denn was kann einleuchtender sein, als daß jemand, *der eine Rede halten will*, erst seinen Stoff sammle, ihn alsdann gliedere, dann ausarbeite, dann auswendiglerne und schließlich hersage? Weil das so einleuchtend ist, darum fällt der Anfänger immer wieder darauf hinein." (1918,31; hervorhebung K.R.)

Nun interpretiert Geißler die fünf schritte als eine reihenfolge, die der redner bei seiner redevorbereitung durchläuft. Geißler schlägt vor zu beobachten, was ein wirklicher redner tut, wenn er die vorbereitung seiner rede beginnt.

> Der redner "sieht die Menge, zu der er sprechen wird, die tausend Gesichter, die erwartungsvoll zu ihm aufblicken. ... Diese Vorstellung ... ist der fruchtbare Keim, aus dem sich alles Folgende entwickelt. Das Vortragen, das wirkliche Sichaussprechen vor einer bestimmten Hörerschaft, ist also das *erste!* Nicht das letzte, wie die Überlieferung will!" (1918,31f)

Geißler stellt nun umstandslos die vorstellung des vortrags und den tatsächlichen vortrag auf eine stufe und hat es mit dieser gleichsetzung von potentialität und aktualität geschafft, die actio an die erste stelle zu bringen. Diese vorstellung der masse wird den redner während der gesamten vorbereitung und im redelehrgang leiten.

> "Wir gehen nicht vom Inhalt aus - der ist selbstverständlich, ist eine Voraussetzung der Beredsamkeit, nicht ein Teil von ihr, und wer mit solcher 'Erfindung' [das ist Geißlers übersetzung für inventio, K.R.] anhebt, versandet rasch im Unwahren und Hohlen. Sondern uns entwickelt sich die Redekunst aus der Tätigkeit des Redners selbst, aus der Eigentümlichkeit seiner Ausdrucksmittel. Von ihnen her entscheiden sich dann - in umgekehrter Folge! - die weiteren Fragen" (1918,32).

Geißler weist ausdrücklich darauf hin, daß mit seiner umstellung die abfolge, in der die fünf stufen gelernt werden sollen, nicht die tatsächliche redevorbereitung berührt werde, denn "natürlich [bleibe] die Reihenfolge, in der die Vorbereitung einer Rede *tatsächlich* geschieht, etwas ganz anderes als die hier gegebene grundsätzliche Darstellung, die eine Stufe aus der andern entwickelt, um zu zeigen, welche die zeugende ist, von der die übrigen ihre Gesetze empfangen." (1918,35) Wenn Geißler meint, die reihenfolge der tatsächlichen vorbereitung sei etwas ganz anderes als die ableitung ihrer gesetzmäßigkeiten, wie kann er dann sicher sein, daß sein modellredner tatsächlich damit beginnt, sich seine zuhörer vorzustellen?

Geißler stellt dem redner frei, seine rede so vorzubereiten, wie es der persönlichen gewohnheit beliebt, wenn er den "Grundgedanken begriffen hat: die ganze [!] Redekunst muß sich ableiten lassen aus der einen Tatsache, daß einer vor hunderten steht, und ihren Geist zu lenken unternimmt durch klingende Laute seines Mundes!" (1918,35) Die politische rede wird zum pars pro toto, und zwar genauer die politische massenrede. Da sich die ganze redekunst mit ihren gesetzmäßigkeiten aus dieser speziellen art des rednerischen vortrags ableiten lassen soll, bleibt das nicht ohne folgen für die redevorbereitung.

2.1.7.2 Machtwille

Wer gewohnt ist, rede "vom Vorgang des wirklichen Haltens der Rede aus zu begreifen", der beschränkt sich auch inhaltlich, weil er nur die wahl hat "alle zu packen, oder keinen" (1918,101). Der redner wird deshalb von anfang an alles tun, um das 'zwiegespräch' in die rechten bahnen zu lenken. Der redner muß bedenken, daß es nicht hundert einzelne sind, die auf sein wort reagieren sollen, sondern daß es sich um eine masse handelt. Am ende soll eine einheit entstehen, denn "das Ziel aller [!] Beredsamkeit ist: *ein* Denken, *ein* Fühlen" (1918,43). Dieses ziel bestimmt die ausdrucksweise des redners ebenso wie seine beziehung zu den hörern.

Die erregung der gefühle ist ein wichtiges kapitel in Geißlers redekunst (vgl. 1918,106ff). Der hörer darf nur "nicht merken, wenn ein Gefühl in ihm erweckt werden soll. ... Der Verstand läßt sich mit sehenden Augen besiegen, die Empfindung nur, wenn sie nichts merkt. So kommt in das ganze Verfahren etwas wie Betrug. Zumal die Gefühle benutzt werden können, um den Verstand zu verdunkeln." (1918,108) Geißler hielt eine rhetorik, die auf die erregung blinder leidenschaften baut und den verstand verdunkelt, für unvereinbar mit dem fortgeschrittenen sittlichen bewußtsein (vgl. 1914a,4; vgl. oben 2.1.1). Er legitimiert die erregung der gefühle durch die vorausgesetzte wahrheit der sache, die ein redner vertritt. Selbst Geißler gibt zu, daß "diese ganze Wirkungsart von der planmäßigen Volksverführung in gefährlichster Weise mißbraucht werden kann ... , wenn sie nämlich mehr sein will, als sie sein darf: Ergänzung und Verstärkung eines inhaltlich Wahren." (1918,40) Sofern es sich um ein inhaltlich wahres handelt, darf der redner die möglichkeiten der massenbeeinflussung nutzen, um seine sache voranzutreiben. Der redner braucht die erregung der gefühle vor allem deshalb, weil es ihm darum geht, den ganzen menschen zu gewinnen, mit "all den Untergründen, die den Verstand erst tragen und nähren." (1918,106)

Sofern die worte richtig vorgetragen werden, erregt der redner damit unmittelbar die richtigen gefühle bei seinen hörern, denn eine richtige sprechweise "zündet durch sich selbst" (1918,39). Geißler verweist auf beispiele, in denen ein sprecher, der keinen inhalt hatte (z.b. *ein* wort auf die unterschiedlichste weise aussprach), seine wörter so ausdrucksstark vortrug, daß seine hörer an einen inhalt glaubten. Das solle nur veranschaulichen, welche macht dem stimmlichen ausdruck zukomme, versichert Geißler und betont, dies sei "natürlich um so weniger vorbildlich, je öfter es in Wirklichkeit ... [vorkomme]" (1918,39). Diese distanzierung ist halbherzig, denn Geißler erhebt keine grundsätzlichen einwände dagegen, daß ein redner seine hörer auf diese art zu beeinflussen sucht.

Die zündende sprechweise hat nicht nur wirkungen auf die hörer, sondern wirkt auf den redner selber zurück. So rät Geißler dem redner schon bei der vorbereitung der rede seine gedanken auszusprechen, also das sprechdenken (vgl. 7.2) anzuwenden. Wenn wir "das Wort 'Deutsche Erhebung' vor uns hinsprechen ... merken wir alsbald beglückt, wie sich etwas in uns aufregt: dem Geist ... strömen die ersten Einfälle zu, die dem Keimwort entsprechen und zugehören." (1934a,416) Aus dem zwang heraus, vor dem publikum weiterreden zu müssen, könne der redner über sich selbst hinauswachsen und nun aus höchster anspannung heraus in worte fassen, was zu hause bei der vorbereitung nicht faßbar war (vgl. 1918,40ff). Geißler erklärt das mit der körperlichen beredsamkeit. Sie sei einerseits ausdruck des geistes, sie könne aber andererseits "Treiberin des Geistes werden", weil die bewegungen der sprechwerkzeuge, die im alltag nur klein und andeutend sind, "in schwungvoller Rede zu weitausgreifenden, großen Gebärden werden" (1918,44). Damit die seele des redners von seinen körperlichen bewegungen angeregt werden kann, muß er zunächst seinen körper geschmeidig machen und bewegungsfreudig werden. Wenn der redner sich von der leidenschaft seiner eigenen stimme fortreißen läßt, "macht er wahre Glücksfunde von Worten und Gedanken", denn "lebt das Leibliche recht, so weckt es auch das Seelische, daß es mitlebt." (1918,44)

Geißler hält die tatsache, daß ein redner in starke wallung gerät, für ein zeichen, durch das die wichtigkeit seines anliegens verbürgt werde. Der redner zeigt seinen hörern, durch anschauung seines eigenen empfindens, wie sie bei der sache empfinden müßten. Der redner muß dazu vor allem fest an sich und seine sache glauben, denn nur dann wird er durch seine vortragsweise seine hörer dazu bringen können, ähnlich zu fühlen. So hatte Geißler erklärt, daß "wahre Überzeugung, *welch Kauderwelsch sie auch rede*, ... eine Sprache [!]" sei, "die alle Menschen" verstünden und der sie mit "Achtung, ja Ehrfurcht" zuhörten (1918,20; hervorhebung K.R.).

Dem einwand, die hörer verfügten über ein unterschiedliches maß an einfühlsamkeit und ließen sich deshalb im unterschiedlichen maße anregen, hält Geißler entgegen, daß dies nur gelte, wenn ein hörer dem redner alleine zuhöre.

> "Das Eingebettetsein in eine Masse, wo sich nicht nur jeder einzelne am Vortragenden ansteckt [!], sondern die Ansteckung [!] von Nachbar zu Nachbar anschwellend weitergibt, das verhundertfacht die Einwirkung bis zu einer Unwiderstehlichkeit, der sich auch der Unbewegteste schwer entzieht." (1918,40)

Wie eine krankheit weitergegeben wird, so stecken die hörer sich beim gefühl gegenseitig an. Die einfühlungsbegabten sind in einer masse der katalysator, der den einfühlungsprozeß auch bei den weniger begabten ingang setzt.

Die masse sei sehr empfindlich für den gesamteindruck des redners, und je weniger sie "den Gegenstand selbst nachprüfen ... [könne], um so mehr ... [ließe] sie sich, unwillkürlich, beeinflussen durch die Wesensart [!] dessen, der ihn vorträgt - wie ein Kind glaub[e] und gehorch[e] auf die Person hin, ohne sachlich zu prüfen." (1918,108) Der redner erwirbt sich das vertrauen der hörer für seine person, damit dieses vertrauen dem inhalt seines vortrags zugute kommt. Die masse darf nicht merken, daß sie geführt wird, darin liegt die kunst des redners. "Wir wollen bezwungen werden vom Redner, das ist der Genuß beim Anhören, aber wir wollen keinen gewollten Zwang spüren - dann regt sich der Widerspruch, und der Redner hat alle Macht über unsere Seelen verloren." (1918,90)

Die beziehung vom redner zu seinen hörern solle ein zwiegespräch sein, hatte Geißler dargelegt. Dieses 'zwiegespräch' hat aber wenig gemeinsamkeiten mit einem wirklichen gespräch: "Ein Redner ist wie ein Tierbändiger: er darf die Bestie [!] nicht aus den Augen lassen, sonst verliert er die Gewalt über sie". Aus dieser tatsache folgert Geißler, daß die ganze haltung des redners eine leichte neigung nach vorne bekommen müsse, "als Wunsch zur Gemeinschaft." (1918,49) Was Geißler beschreibt, hat weniger mit gemeinschaft als mit herrschaft zu tun. Der redner soll die hörer zu einer einheit zusammenfassen, denn

> "(w)er nicht alle hat, kann auch die wenigen nicht halten. ... (B)leiben einige ungepackt ..., so gehen mit ihnen allmählich auch die übrigen verloren. ... Kritik senkt sich nieder, tödliche - der Bann [!] ist gebrochen. Unter Umständen genügen zwei oder drei Fremdkörper [!], um eine ganze Versammlung zu durchseuchen [!] und zu sprengen." (1918,50)

So wie die rassistische politik gefahren für den volkskörper abwehren will, sieht Geißler den gemeinschaftsgeist der zuhörer durch die 'seuchengefahr' einer abweichenden meinung gefährdet. Der redner stehe vor der wahl, alle zu packen oder keinen, denn sein ziel soll sein, "die verschiedenen Köpfe auf einen 'Generalnenner' zu bringen. Was hinderlich ist für dies Sichfinden im Umfassenden, was die Vereinzelung stärkt statt sie zu lösen, das ... ist unbedingt zu tilgen." (1918,101f) Wenn der redner will, daß aus hundert hörern eine einheit wird, die als "*ein* Geist und *ein* Leib" unter seinem bann steht, dann muß er das 'gesetz der massenseele' beachten, daß nämlich "ein paar Ausgeschlossene den ganzen Zauber brechen und auch die Ergriffensten herausreißen können." (1918,101) Geißler rät dringend, sich die dümmsten einzustellen, denn "im Redegespräch bestimmen ... die Untersten den Ton. Werden sie ausgeschaltet, so gehen nicht nur sie selbst leer aus, sondern ... die Einheit wird verfehlt." (1918,102)

2.1.7.3 Sprachpflege

Damit der redner ohne festgelegten wortlaut sein ziel erreicht, braucht er einen merkzettel (stichwortzettel) und einen möglichst großen wortschatz. Die rede muß zwar das notwendige sagen, aber am besten "*in der Form des Zufälligen.*" (1939a,20) Hinter dem zufall steckt bei Geißler methode, und vieles gibt sich nur den anschein des zufälligen, ist in wirklichkeit vorher festgelegt worden. Gerade für die höhepunkte seiner rede braucht der redner formulierungen, die seine gedanken am besten ausdrücken können. Diese formulierungen wird der redner "vorher sorgfältig erwägen." (1918,64) Diese vorarbeit versteckt der redner vor seinen hörern und erweckt den eindruck, als ob er die passende formulierung just in dieser minute fände. Dem redner, der eine treffende formel gefunden hat, rät Geißler: "man lege sie seinen Hörern nicht gar so selbstverständlich vor! Man ... taste sich erst in Umschreibungen und wie in Anläufen zu ihr hin! Denn der Hörer will Zeuge des Schauspiels sein, wie der Geist sich 'gewortet' ... das erst eben in seine letzte Gestaltung tretende oder - zu treten scheinende ist das lebendige Rednertum." (1939a,20) Die freie rede ist also nicht immer das augenblickserzeugnis, als das sie sich dem hörer darbieten soll.

Der redner sei im vergleich mit einem schriftsteller reicher an ausdrucksmitteln, weil er außer dem wort auch seine persönlichkeit einsetzen kann. Das darf den redner aber nicht dazu verleiten, nachlässig mit seiner sprache umzugehen. Ihm fehlen bei seiner rede korrekturmöglichkeiten, und kleinere nachlässigkeiten werden darum erlaubt. Diese kleinen abweichungen sollen zwar beschränkt werden, sind aber "anderer Art als jener Frevel wider das innere Heiligtum. Wem der von Herzen zuwider ist, dem entschlüpft er auch nicht im erregtesten Hingenommensein: gewisse Wörter und Wendungen und Satzformen nimmt er einfach nicht in den Mund." (1918,72) Geißler setzt voraus, daß der redner seine muttersprache beherrscht. Wer mit dem deutschen stil nicht vertraut ist, den verweist er an die "heilsamen Lehrbücher" (1918,68) der sprachpfleger.

Selbstverständlich darf ein redner keine fremdwörter verwenden, denn er soll aufhören, seine muttersprache zu mißhandeln. Hinter Geißlers liebe zur muttersprache und sorge um ihre "Mißhandlung" steht "*nationaler Stolz*" (1934b,1). Dieser nationalstolz ist gepaart mit einer ablehnung alles fremden, weil darin eine gefahr für das deutschtum gesehen wird. Geißler meint, deutsche könnten ein fremdwort "mit dem Gehirn verstehen, aber nicht herznah umfühlen", weil es "nicht von unserem eigenen Blute durchpulst" werde (1935b,67; vgl. 1942,50). Ruth Römer weist darauf hin, daß "Sprachpflege und Sprachpurismus ... in der angeblichen Bedrohung der Rasse eine neue Begründung [fanden]." (Römer 1989,146) Auf Ewald Geißler paßt diese beschreibung genau, denn er meint während des nationalsozialismus, das judentum sei schuld an einer entfremdung von der eigenen art, an der "Erschütterung der Triebsicherheit zur eigenen Art, darunter unser heutiges Deutsch leidet." (1938b,79; vgl. 1937a)

2.1.7.4 Stoffwechsel

Der gedanke der einheit durchzieht die rede von der vorbereitung bis zum letzten wort. Dabei muß der redner die grundregel der kriegskunst beachten und wie der soldatische führer vom gegner aus denken. Das ziel hat er "unverrückbar im Auge. Aber die Wege zum Ziel ... ändert [er] ... geschmeidig je nach dem Bild, das sein unablässig beobachtender Blick auf den Gegner ihm zeigt." (1940,52) Geißler glaubt, den redekampf durch flexibilität und wiederholung gewinnen zu können. Der redner muß "wieder und wieder auf dieselbe Stelle schlagen, bis sich ein Gedanke den Seelen einhämmert." (1918,76) Damit den hörern nicht sofort auffällt, daß es immer derselbe gedanke ist, den sie zu hören bekommen, braucht der redner einen großen wortschatz. So läßt er den einen grundgedanken in hundert verschiedenen gewändern auftreten (vgl. 1918,81f und 1940,52f).

Äußerlich soll die rede reich an variationen sein und inhaltlich zugleich einfach. "Rednerisch am glücklichsten ist die Einfachheit, wenn sie auf ein Entweder-oder gebracht wird ... Dann wird die Rede ein *Kampf*, ein Ringen zweier Gedanken: wer ist der Stärkere?" (1918,83) Vor den augen und ohren der zuhörer inszeniert der redner den kampf zweier meinungen. Für ihn selbst ist der kampf entschieden, aber er wird das vor seinen hörern zu verbergen suchen. Die ganze rede strebt gezielt auf den höhepunkt zu, bei dem ein wohlvorbereiteter schlag seiner seite den sieg sichert. Der "fesselndste Kunstgriff" sei es, "wenn der Sinn [!] einer Rede bis zum Schluß unvollständig gehalten wird." (1918,84) Wenn die rede zuvor auf die einfache alternative 'entweder - oder' gebracht wurde, scheint am ende eine einfache entscheidung für eine der beiden seiten möglich. Die hörer müssen genau wissen, "was sie tun sollen", denn es handelt sich "nicht nur um Beifall und Mißfallen, sondern um Entschluß und Beschluß, zu fassen unmittelbar unter dem Eindruck der Rede." (1918,89) Die hörer dürfen am ende der rede nicht darüber nachdenken, was sie tun sollen, denn dann fiele der bann, unter den sie der redner zu zwingen suchte.

Gemäß dem gesetz der spannung soll die folge 'behauptung dann beweise' umgekehrt werden:

> "zuerst eine Häufung der Beweise, und dann erst die Enthüllung dessen, worauf sie hinauswollen. Solche Anschwellung der Kraft ist namentlich da vonnöten, wo der Zielsatz den Hörern widerstrebt ... . Da muß man ihm erst den Weg bereiten in die Seelen, muß ihn durch eine Reihe vorbereitender Wahrheiten in immer milderem und milderem Lichte erscheinen lassen" (1918,85).

Der weg für die behauptung wird vor allem durch die erregung der gefühle geebnet, nicht durch beweise, die sich an den verstand wenden. Geißler warnt den redner davor zu glauben, mit der zahl der beweise wüchse die überzeugende kraft der darstellung. Zuviele beweise erweckten den eindruck,

> "als seien sie gesucht und erkünstelt. ... Einer ist zuweilen mehr als zwei und stets mehr als zehn. Und dieser eine ... braucht durchaus nicht der gedanklich kräftigste zu sein. Der Gesichtspunkt, nach dem er ... ausgewählt wird, ist der der augenblicklichen Seelenlage: was gerade diesen Hörern ... die größte Suggestionskraft [!] hat, das ist das Überzeugungsstärkste." (1918,85f; vgl. 1940,53f)

Dem kampfredner schlägt Geißler sogar vor, es sich mit der "Überzeugungsgewalt" seiner 'beweisführung' noch einfacher zu machen: Es sei schließlich nicht zu leugnen,

> "daß oft am meisten Glauben findet, wer überhaupt nicht beweist, sondern einfach keck behauptet. Frisch behauptet ist halb bewiesen! Was bewiesen werden muß, kann am Ende auch widerlegt werden; von der einfachen Behauptung aber, wenn sie nur zuversichtlich auftritt, geht eine bannende Macht aus." (1940,53f)

Geißler sind die untersten überzeugungen "aus völkischer oder religiöser Tiefe ... überhaupt nicht zu *beweisen*. Man zerrt sie, wenn man es versucht, nur in die Flachheit des Verstandtums." (1940,54) Hier schließt sich der kreis. Die grundlage seines glaubens läßt sich Geißler nicht in frage stellen. Für ihn ist selbstverständlich, daß glaubensstarke zeiten bestimmte grundsätze der diskussion entziehen. "Denn an dem Tag, wo ein Grundsatz beredet wird, kann ... seine Geltung dahin sein. Erst die Aufklärung hat das 'Recht', an allem und jedem den Schnabel zu wetzen, als Inbegriff menschlicher 'Freiheit' verkündet." (1940,49) Geißler lehnt aufklärung und rationalität ab, weil damit glaubenssätze auf ihre geltung befragt werden könnten, an denen er festhalten möchte.

Weil es bei der rede nicht um den verstand geht, empfiehlt Geißler folgenden kunstgriff, um an alle heranzukommen: "greife durch die Bildungsschichten hindurch in jenen Kern, der allem Menschlichen gemein ist. Dann fallen die Unterschiede des Wissens ab wie dünne Schalen. Packe nur tief genug, und alle Ungleichheiten sind wie mit einem Schlage aufgehoben." (1918,103; vgl. 1923,141f) Da rede auf die schichten zielen soll, die den verstand tragen, schafft sich der redner so die besten voraussetzungen, um am ende seiner rede die einheit bei seinen hörern zu vollenden. Jeder hörer soll sich als teil der deutschen gemeinschaft verstehen. Das ist der versuch, soziale ungleichheiten in der rede auszublenden und gleichheit auf völkischer ebene herzustellen. So ist es kein zufall, daß Geißler die politische rede nach 1933 als volksrede bezeichnet. Sie sucht das volksgefühl weniger dort, "wo Menschen sich scheiden, in Denken und Wissen, als dort, wo sie eins sind: im wallenden Blut." (1935a,18) Dieses durchgreifen auf den 'menschlichen kern', d.h. den 'deutschen kern' im 'deutschen blut', gelingt nur dem redner, der daran glaubt:

> "Frei aufgerichtet nach allen Seiten, fest und oft breitbeinig eingerammt auf die wohlgegründete dauernde Erde, und mit Lust an starker Gebärdung, so steht der neue Redner da. Er ist der äußerste Gegensatz zu dem alten Professoralen, der sich hinter ein schirmendes Rednerpult wie in eine Schanze einklammerte, um seinen Blätterstoß zu durchwühlen. Für das Lehren der Redekunst liegt damit vor aller Augen, was vor zwei Jahrzehnten noch als Blüffeinfall erschien: der schulbetrieblich ... überlieferte Stufengang ... ist rednerisch ein Unding. Er kann nur zu papiernen Erzeugnissen führen." (1935a,18f)

2.1.8 Zeitfragen

Geißlers sorge um die deutsche sprache und das deutschtum sind ausdruck einer politischen haltung, die das nationale als obersten wert ansieht. Die körperliche beredsamkeit steht bei seiner 'biozentrischen' sprachauffassung (vgl. 1935a,19) im mittelpunkt. In diesem zentrum treffen seine ästhetische und rassistische auffassung (vgl. 1937a; 1937b; 1938b) zusammen. Die bessere darstellung der inneren werte soll den deutschen im kampf mit anderen völkern zugute kommen. Zu beginn dieses jahrhunderts ging es aber nicht nur um den deutschen geist, sondern auch um markt und macht, d.h. um einen anteil an der weltherrschaft. Das wird bei Geißler in nebensätzen deutlich. Nach dem verlorenen weltkrieg, den Geißler als nationale demütigung sieht, fragt er sich, ob angesichts der vorherrschaft des angelsachsentums in allen erdteilen "unser Erdentraum, davon auch nur das Kleinste *abmarkten zu wollen"*, ausgeträumt sei (1923,135; hervorhebung K.R.).

Den zusammenhang von internationalem konkurrenzkampf und nationalismus im zeitalter des imperialismus zeigt Reinhard Kühnl auf (vgl. Kühnl 1990). Um gegen die konkurrenten der außenwelt besser bestehen zu können, sollte die nation zu einem einheitlichen ganzen zusammengefaßt werden. Die abgrenzung gegen andere nationen wurde über die 'natürliche gemeinschaft' des 'gemeinsamen volkscharakters' und die 'gemeinsame abstammung' versucht. Da es in der sozialen wirklichkeit keine homogene nationale gemeinschaft gab, "konnte sie [die volksgemeinschaft, K.R.] nur noch durch Berufung auf Natur konstituiert werden." (Kühnl 1990,24) Der weg zum rassismus war damit bereitet. Zwar nahm der nationalismus um diese zeit in allen entwickelten europäischen ländern einen starken aufschwung, aber der deutsche nationalismus wies einige besonderheiten auf (vgl. Kühnl 1990,24ff). Die nationale identität wurde in der deutschen vergangenheit gesucht und erfolgte in verbindung mit einer abgrenzung nach westen, d.h. einer abgrenzung von aufklärung, liberalismus und parlamentarismus. Daneben verband sich äußerste ökonomische effizienz mit vordemokratischen und vorhumanistischen normen. Das weltbild der herrschenden machtgruppen wurde zunehmend vom mythos und von innerlichkeit geprägt.

> "Die Maßlosigkeit des deutschen Imperialismus hat als weltanschaulich-philosophischen Hintergrund den Kult des Irrationalen, der sich nun ... als Kult des Willens, der Tat und des Tatmenschen darstellte." (Kühnl 1990,26)

In Geißlers redekunst fanden die leser zugleich ihr bedürfnis nach dem wahren, guten, schönen, wie auch ihre handfeste orientierung auf den erfolg wieder. Geißler ästhetisiert in seiner modernen redekunst die zweckmäßigkeit und schafft es so, erfolg und schönheit zu zwei seiten desselben zu machen. Geißler fragt sich, welche beredsamkeit der modernen zeit entspräche, denn jede zeit habe ihre besondere beredsamkeit. Er meint damit nicht die tatsächlich ausgeübte beredsamkeit mit ihren mängeln und zufälligkeiten. Ihm geht es um die beredsamkeit, "die wir als unser *Ziel* empfinden ... [als] vollkommenen Ausdruck jenes Zeitgeistes, für den wir ... [den] Namen 'modern' gebrauchen." (1918,23) Auf den ersten blick erscheint es, als käme diese moderne zeit ohne jegliche redekunst aus. Dem "minutensparenden Geschlechte, *das gewöhnt ist an die Zweckmäßigkeit der Ma-*

schinen mit ihrem blitzenden Glanz und Gang", fehlt für rednerischen aufwand "schon das Nötigste: Zeit." (1918,23; hervorhebung K.R.) Fälschlicherweise werde angenommen, daß der sache von außen etwas hinzugefügt werde, aber die beredsamkeit habe im gegenteil das glaubenerweckende aus dem vortrag herauszuholen: "Durchscheinen gesteigerten Innerlichseins ..., das durch sich selbst verbürgt, was es ist: Wahrheit." (1918,28) Neben dieser 'wahrheit' kennt Geißler noch die zweckmäßigkeit. Auch wenn die redemittel künstlerisch bewertet werden könnten, so sollten sie "zuerst wahr sein, und ferner wahr auf dem kürzesten Wege, wahr in der Zweckmäßigkeit. ... Unsere Reden sollen hager sein wie die Sportvollkommenheit unserer Leiber: Muskeln und Nerven, aber kein Fett." (1918,27) So wie der körper abspecken soll, um die beste leistung zu vollbringen, so soll auch die rede auf ihren kern der willenslenkung zurückgeführt werden.

Geißler orientiert sich gerade an ökonomie und technik, der er mit seiner sprechkunst entgegentreten wollte. Aus dem satz vom geringsten kraftmaß entwickelt Geißler den grundsatz:

> "Kräfte sind dann vernünftig gebraucht, wenn mit möglichst geringem Aufwand eine möglichst große Wirkung erzielt wird. Dieser Grundsatz gilt in der Rhetorik wie in aller Technik so selbstverständlich wie das Gesetz von Ursache und Wirkung in der Naturwissenschaft ... Und ... er ist die ständige Voraussetzung alles Folgenden." (1914a,22)

Der mitteleinsatz in der technik liefert Geißlers rhetorik die vorbilder. Hier wie dort gilt der grundsatz, mit den kräften ökonomisch umzugehen. Bei seiner willensdurchsetzung versucht der redner, die masse mit möglichst geringem aufwand an sein ziel zu führen. Statt des verstandes spricht er vornehmlich das gefühl seiner hörer an. Vergleichbar der massenproduktion ist der erfolg für den redner dann am größten, wenn er auf differenzierungen verzichtet, um sich so die zustimmung möglichst vieler hörer zu sichern, denn "Massenhaftigkeit heißt [für Geißler] stets Vergewaltigung des Feineren, innere Vergewaltigung." (1918,51) Differenzierungen und schmückende worte werden ein opfer der neuen zeit: "Wenn auch ... der Telegrammstil, heute vielfach Modenarrheit geworden ist - er fühlt den Puls unseres Lebens besser als die 'Periode': die gehört Jahrhunderten, die mehr Zeit hatten" (1918,75).

Die orientierung an der wirtschaftswelt und ihrem motto 'zeit ist geld' geht noch weiter, denn der redner soll daran gewöhnt werden, auf seine zeit zu achten: "Ist Überschreitung der üblichen Zeit unstatthaft, selbst wo sie Wertvolles [!] bietet, so wird sie zur Unverschämtheit, wo sie mit Nichtigkeiten hinhält." (1918,105) Als eine unverschämtheit kann eine überschreitung der redezeit nur dem gelten, der zeit als ein wertvolleres gut ansieht als einen wertvollen gedanken. Aus Geißlers blickwinkel bringen die hörer dem redner

> "ein kostbares Opfer, das keine Ewigkeit wiedergibt: eine Stunde ihres Lebens; ... für diese hohe Bezahlung [!] ... können sie verlangen, daß der Gegenwert sich lohnt. Sie sind mit Recht entrüstet, wenn sie betrogen werden bei einem Handelsgeschäft, für das sie solchen Preis zahlen. Es ist *Pflicht* des Redners, haushälterisch umzugehen mit dem höchsten Gut vergänglicher Menschen, mit der Zeit." (1918,105f)

Der zeitaufwand muß sich für redner und hörer gleichermaßen lohnen. Die hörer müssen das gefühl haben, der redner habe ihnen neues gesagt und nicht nur schön geredet. Der redner andererseits würde um seinen redeerfolg 'betrogen', wenn die hörer ihrer wege gingen, anstatt seinen vorschlag tatkräftig zu unterstützen. So wie Geißler seine redekunst konzipierte, ist bei diesem 'tauschgeschäft' der verstand der preis. Geißlers 'moderne redekunst' mit ihrer orientierung an der volksgemeinschaft und ihrer ästhetik der zweckmäßigkeit wird so zum ausdruck eines neuen zeit-geistes.

2.2 Erich Drach - durch sprechen erziehen[34]

2.2.1 Sprecherziehung

2.2.1.1 Grundlagen

"Als Vorläufer ... gilt uns heute *Ewald Geißler* ... . Begründer der deutschen Sprechkunde in unserem umfassenden Sinn wurde *Erich Drach* ... durch sein Buch *Sprecherziehung. Die Pflege des gesprochenen Wortes in der Schule.*" (Winkler 1954,18; vgl. auch Winkler 1969,25; 1985b,7; Weller 1957,51) Erich Drachs[35] enge beziehung zum theater und zur dichtkunst blieb nicht ohne einfluß auf seine auffassung von sprechkunde und sprecherziehung und beeinflußte auch seine redepädagogik. Mit dem erscheinen von Drachs 'Sprecherziehung' (1922), die der sprachwissenschaftler Ernst Otto als "richtungsweisende Schrift über Sprecherziehung" einstuft (Otto 1942,50), wird der grundstein[36] für das neue fach gelegt. Hellmut Geißner sieht Drachs verdienst vor allem darin, "einige um die Jahrhundertwende auseinanderstrebende Ansätze in seinem Entwurf der 'Sprecherziehung' wieder integriert und theoretisch begründet zu haben." (Geißner 1982a,7) An anderer stelle zählt Geißner die von Drach aufgegriffenen

---

34 In kapitel 2.2 werden veröffentlichungen von Erich Drach lediglich durch die angabe des erscheinungsjahres nachgewiesen.

35 Erich Drach (1885 - 1935) studierte deutsche philologie und besuchte dann zwei jahre Max Reinhardts schauspielschule. Danach spielte Drach in verschiedenen theatern mit und führte regie. 1915 wechselte Drach in den höheren schuldienst und arbeitete gleichzeitig am Berliner Zentralinstitut für Erziehung und Unterricht. Zwei jahre später, 1917, wurde Drach als lektor für sprechkunde an die Berliner Universität berufen. Drach war außerdem leiter der 'Arbeitsgemeinschaft von Lektoren der Vortragskunst an deutschen Universitäten` (vgl. 1920c) und gründete 1930 den 'Deutschen Ausschuß für Sprechkunde und Sprecherziehung', eine vorläuferorganisation der heutigen DGSS (Deutsche Gesellschaft für Sprechwissenschaft und Sprecherziehung).
Zu leben und werk Drachs liegen seit kurzem zwei umfangreiche arbeiten von Marita Pabst-Weinschenk (1993a; 1993b) vor (vgl. außerdem Winkler 1985b, 1959 sowie Weller 1957,51). Pabst-Weinschenk erweiterte (vgl. Pabst-Weinschenk 1993a,425 - 431 bzw. 1993b,201 - 207) die liste der von Drach bekannten veröffentlichungen, die Christian Winkler zusammengestellt hatte (vgl. Winkler 1985a,167 - 171). Dennoch ist die veröffentlichungsliste nach wie vor unvollständig.

36 Pabst-Weinschenk spricht mehrfach davon, daß Drachs konzept "im Nucleus" (Pabst-Weinschenk 1993a,15 und 113 sowie 1993b,36f und 52) bereits in seiner 'Sprecherziehung' von 1922 enthalten war. An anderer stelle weist sie darauf hin, daß Drachs sprechkunde und sprecherziehung "kein konsistentes, theoretisches System" sei (Pabst-Weinschenk 1993b,182). Da Drach vordringlich an der praktischen umsetzung seiner sprecherziehung interessiert war, erklärt sich wohl, daß er auf unterschiedliche (und nicht immer vereinbare) theorien zurückgriff. Drachs konzept der sprecherziehung ist als "pragmatisierte Kunsterziehung" (Pabst-Weinschenk 1993a,15 und 151; vgl. auch 1993b,100f) zutreffend beschrieben.

gebiete auf: "Stimmkunde, Lautlehre, Leselehre, Vortragslehre und Redelehre" (Geißner 1969b,33).

Drach kündigt sein buch über die sprecherziehung bereits 1920 an, als er das gefühl hat, "ein gewisser Abschluß [sei] erreicht; das Ganze steh[e] übersichtlich in seinen wesentlichen Möglichkeiten und Notwendigkeiten vor uns." (1920b,424) Drachs 'Sprecherziehung' erscheint zwei jahre später (1922) als band drei zum "Handbuch der Deutschkunde". Geißner ordnet Drachs buch als band drei einem 'handbuch des deutsch*unterrichts*' zu (vgl. Geißner 1979b,79 und 1982a,16) und verdeckt durch diesen falschen titel, daß Drachs buch teil der *deutschkunde* war. Die zuordnung zur deutschkunde signalisiert neben einer fachlichen einordnung auch eine politische richtung[37]. Die deutschkunde entstand aus "Bemühungen um eine aus Deutschem entwickelte Bildung: der deutsche Unterricht weitete sich zur Deutsch*kunde*, zu einer Kulturkunde, die der deutschen Sprachmeisterung erst den vertieften Unterbau geben sollte. Eine neue Verlebendigung alles Spracherlebnisses wies auch der Mündlichkeit eine immer bedeutungsvollere Mitwirkung an der Erziehung zu." (Geißler 1934a,170) Hasko Zimmer rechnet in seinem überblick über die entwicklungen des deutschunterrichts die deutschkunde "politisch und ideologisch dem antidemokratischen Interessenspektrum der Weimarer Republik" zu (Zimmer 1983,53). Daß die einordnung im antidemokratischen bereich zu recht erfolgte, wird durch Drachs aussagen untermauert. Nach 1933 sieht Drach als ziel der schule, "den nationalen sozialen deutschen Menschen, den völkischen Menschen, heranzubilden. Unterlage [!] der Arbeit bieten die deutschkundlichen [!] Fächer, die religiöse, nationale, sittliche Wertungen aufrichten." (1934b,381) Im mittelpunkt dieser arbeit sieht Drach eine vertiefte beschäftigung mit der muttersprache.

In der ersten auflage der 'Sprecherziehung' strebte Drach nur die erziehung zum sprechen an, ohne diese formulierung explizit zu verwenden (vgl. 1922,4). Die den sprecherziehern heute geläufige formel 'erziehung zum sprechen/erziehung durch sprechen' fügt Drach erst in der zweiten auflage des buches ein (vgl. 1926b,5). Sie ist also weder bereits 1922 vorhanden, wie Geißners formulierungen nahelegen (vgl. z.b. Geißner 1969c,71; 1979b,79; 1982a,16; 1982c,14), noch ist diese ergänzung erst in der sechsten auflage erfolgt, wie Winkler schreibt (vgl. Winkler 1969,411). Winkler geht davon aus, mit der 'erziehung durch sprechen' sei "ein neuer Gedanke" (Winkler 1969,411) hinzugekommen. Dieser 'neue gedanke' hat allerdings keine entscheidenden änderungen an Drachs konzeption nach sich gezogen. Es scheint, als habe die 'erziehung durch sprechen' unausgesprochen bereits von anfang an in Drachs sprecherziehung gesteckt. Ernst Otto hat den eindruck, beide gesichtspunkte gingen "in der Darlegung durcheinander" und erziehung bedeute "wesentlich ... normgemäße Behandlung der muttersprachlichen Rede." (Otto 1942,50)

In der fünften auflage, die 1935 erscheint, ergänzt Drach den text um einige nachträge (insgesamt 5 seiten), die er wegen des reproduktionsverfahrens nicht in

37 Vgl. zu Drachs beziehung zur deutschkunde nun Pabst-Weinschenk 1993b,175 - 178. Sie meint, Drachs schwerpunkt habe "immer auf dem Aspekt des Sprechens" gelegen und "extrem [!] völkisch-rassistische Tendenzen" hätten ihm fern gelegen (Pabst-Weinschenk 1993b,176). Eine ausführliche darstellung der deutschkunde an den höheren schulen in Preußen gibt Elke Peters (Peters 1972).

den text einfügen kann. Dieser auflage entspricht, bis auf das vorwort, das leicht umformuliert wurde, auch die 10. auflage aus dem jahre 1943. Als Winkler 1949 die 11. auflage der 'Sprecherziehung' herausgibt, arbeitet er Drachs ergänzungen nur zum teil in den text ein[38]. In den beiden photomechanischen nachdrucken dieser auflage (1953 und 1969) fehlt nicht nur Winklers übersicht über entwicklungen der sprechkunde nach Drachs tod (Winkler 1949b), sondern auch sein vorwort (Winkler 1949a), in dem er seine eingriffe in den text beschreibt: "Nur unwesentlich wurde der Text Drachs ergänzt, berichtigt und gekürzt, wo das Gewinn schien." (Winkler 1949a) Winkler nahm sich die freiheit, eine reihe von wörtern zu verdeutschen (vgl. seinen hinweis in Winkler 1985b,11) und z.b. 'sprechsituation' durch 'sprechlage' zu ersetzen. Zu diesen 'kleinen' änderungen gehörte auch das weglassen der aussagen, in denen Drach die übereinstimmung der sprecherziehung mit der nationalsozialistischen pädagogik betont hatte. Norbert Gutenberg, der in einem aufsatz aus dem jahre 1988 die 13. auflage für eine unveränderte auflage der ausgabe von 1922 hält (vgl. Gutenberg 1988,23), irrt in diesem punkt wahrscheinlich nicht als einziger sprecherzieher.[39]

Mit zunehmendem abstand verändert sich Winklers einschätzung von Drachs gedanken. Anfangs sieht er grenzen in Drachs sprechkundlicher position, weil dieser sich auf Wilhelm Wundts ansichten stützte (vgl. 1922,87ff; 1969,117ff). Und auch "im Praktisch-Pädagogischen scheint Drach heute überholt", meinte Winkler in den fünfziger jahren (Winkler 1954,9). Fünfzehn jahre später erscheinen Winkler zwar die "Grundlagen" von Drachs sprecherziehung "zumeist veraltet", aber bezüglich des sprecherzieherischen teils hat sich Winklers einschätzung gewandelt, denn hier sieht er nun den "Hauptwert" von Drachs arbeit (Winkler 1969,25). Und als Winkler 1985 auszüge aus Drachs schriften herausgibt (= Winkler 1985a) hofft er, daß dieses buch das wieder zugänglich gemachte gedankengut aus der "Frühzeit der Sprechkunde/Sprecherziehung ... zu neuer Wirkung" führe (Winkler 1985b,11). Das zeigt nicht nur eine sich verändernde einschätzung bei Winkler, es macht auch deutlich, daß Drachs gedanken wieder aktuell werden könnten. Ein beispiel aus jüngster zeit ist Pabst-Weinschenk, die mit ihren büchern die verdienste Drachs in erinnerung rufen will: "[Ihres] Erachtens ist gerade auch seine Gesamtkonzeption für die SW [Sprechwissenschaft] von heute von Bedeutung. Sie vermittelt ein Verständnis für Traditionen, in denen die SW steht, und kann Orientierung vermitteln für zukünftige Entscheidungen." (Pabst-Weinschenk 1993b,180) Es ist also nicht nur historisches interesse, wenn die anfänge der sprecherziehung untersucht werden. Der einfluß, den Drach auf seine nachfolger(innen) ausübte, ist dabei noch außer acht gelassen. Heute dürfte der entscheidende einfluß eher von Hellmut Geißner ausgehen, obwohl Drachs gedanken noch weiterwirken.

---

38 Winklers grundlage für die neuauflage war also nicht - wie Pabst-Weinschenk schreibt (vgl. 1993a,425 bzw. 1993b,202) - die zweite auflage von 1926!

39 Wenn in dieser arbeit in der regel trotzdem aus der 13. auflage zitiert wird, dann deshalb, weil die nachkriegsausgaben leichter zugänglich sind und weil die seitenzählung, bedingt durch ein anderes buchformat, von früheren ausgaben abweicht. Wenn aus früheren auflagen der 'Sprecherziehung' zitiert wird, dann dient das dazu, eine zeitliche einordnung von Drachs aussagen zu ermöglichen.

2.2.1.2 Ausbildung

Was Drach in seinem aufsatz 1920 andeutete (vgl. 1920b), stellt er in seinem buch 'Sprecherziehung' ausführlich dar. Am krönenden abschluß der sprecherziehung durch dichtungsprechen hat sich nichts geändert, denn freisprechen und vorlesen sind vorbedingung für ausdruckbewegtes wortgestalten eines gedichts (vgl. 1969,205; 1925b,14). Die sprecherziehung folgt "dem Gang der natürlichen Spracherwerbung" und führt in "einheitlich geschlossenem Stufenbau aufwärts: hygienische Sprechtechnik heißt die unterste Stufe, sinnvolles Wortgestalten die nächste, freie Rede und freier Vortrag die höchste, deren jede auf der vorausliegenden sich aufbaut. Denn das körperlich Natürliche ist ausnahmslos das technisch Zweckmäßigste; das technisch Zweckmäßigste gleichzeitig das sinnvoll Klare, und dieses wieder der Ausgangspunkt zum geistig Überzeugenden und ästhetisch Befriedigenden" (1922,4f = 1969,6). Hinter diesem weg des anübens steht der grundsatz, daß der normalvorgang "möglichst zweckmäßig nach dem Gesetz des kleinsten Kraftaufwandes" (1922,4 = 1969,6) ablaufen soll. So wie Geißler (vgl. 2.1.8) setzt auch Drach auf den grundsatz des kleinsten kraftaufwandes.

Drachs einflußnahme bleibt dabei nicht auf den äußeren ablauf des sprechens beschränkt, denn die lautsprache sei

> "durch ihre sensorische Rückwirkung ein so maßgeblicher Faktor der inneren Sprache, daß auf ... ihre pädagogische Auswertung nicht verzichtet werden soll. ... Eingehen auf den Sprechdenkvorgang des Schülers in seinen psychischen Bedingungen, durch die Lautsprache auf die mit ihr unlöslich verbundenen inneren Vorgänge Einfluß gewinnen - hierin liegt der Kern aller sprecherzieherischen Tätigkeit. Eine Reihe der sprecherzieherischen Probleme lösen sich dann von selbst: sinnvolles Lesen und freie Rede." (1920b,426)

In kürze ist hier das programm der sprecherziehung beschrieben: durch verändern der äußeren sprache das sprechdenken der schüler zu verändern (vgl. unten 2.2.2.6). Auf diese weise soll auch die freie rede erreicht werden, und zwar ohne besondere redeübungen, denn wenn der unterricht "methodisch zweckmäßig angelegt wird", soll die 'erziehung zum freien sprechen' "ungemein einfach" werden (1920b,427).

In einem zweiteiligen kapitel erhält der deutschlehrer in Drachs 'Sprecherziehung' hinweise, wie dichtung vorzutragen sei (vgl. 1969,185ff); lediglich ein kurzes kapitel dieses buches ist ausdrücklich redeübungen gewidmet (vgl. 1969,217 - 225). Wenn ein deutschlehrer zur freien rede oder zur diskussion erziehen will, sucht er bei Drach zu dieser zeit vergeblich nach genauen anleitungen. Statt methodischer handreichungen erfährt der lehrer, daß straffe rhetorische zügelung "die Redeübung unterscheiden [müsse] von dem uferlosen Durcheinanderquatschen, in dem oftmals neuere, zwar gutmeinende, aber sprachpsychologisch ungeschulte Reformer mit ihren Klassen zu ertrinken pflegen" (1925b,12). Jahre später veröffentlicht Drach ein buch, das sich ausschließlich mit der rednerausbildung befaßt. Dieses buch mit dem titel 'Redner und Rede' (1932) ist für erwachsene bestimmt, die nachholen wollen, was sie in der schulzeit nicht lernen konnten.

2.2.1.3 Zielsetzungen

Das ziel der sprecherziehung ist "Erziehung zu körperlicher und geistiger [!] Gesundheit und Zweckmäßigkeit des Sprechens" (1969,7). Damit ist ein programm umrissen, bei dem anfangs die persönlichkeitsbildung betont wurde, bei dem die nationalerziehung immer mehr in den vordergrund rückte. Neben der persönlichkeitsbildenden funktion redete Drach zusammen mit seinen kollegen von anfang an von der gemeinschaftsbildenden funktion der muttersprache, dem "höchsten nationalen Gut und Bindemittel der Stammesgenossen" (1920c,235f).

1920 hatte Drach den bedarf an praktischer rhetorik mit der notwendigkeit öffentlichen redens begründet (vgl. 1920a,238). Am schluß der ersten auflage seiner 'Sprecherziehung' ist dieses anliegen noch greifbar:

> "Solche Redeübungen rechne ich [Drach] zu den stärksten formalen Bildungsmitteln der Oberstufe. Sie lehren den künftigen Staatsbürger, die wirklich gedanklich begründete Rede vom hohlen Versammlungsgeschwätz zu unterscheiden; der Wirkung der blendend vorgetragenen Phrase unterliegt am leichtesten, wer selbst nicht zu reden versteht. Steigerung sprachlichen Ausdrucksvermögens und Sprachbeurteilens ist Steigerung geistigen Erfassens und Auswirkens, ist Persönlichkeitserhöhung im weitesten Sinne." (1922,172)

Ab der vierten auflage [1931] hebt Drach die gemeinschaftsbildende seite der sprache besonders hervor:

> "Solche Redeübungen rechne ich [Drach] zu den stärksten Bildungsmitteln der Oberstufe. Sie bleiben nicht formaler Selbstzweck: ihr Rückgrat haben sie in den Inhalten, die rednerisch zu bewältigen sind. Alles was an Volkskunde und Heimatkunde, an Wissen um Natur und Mensch, um Vergangenheit und Gegenwart unseres Volkes bildungswertig ist, gibt ihnen Fülle und Kraft. In [!] der Muttersprache sind diese Werte gedanklich faßbar gemacht; in gehörten und geredeten, gelesenen und gedachten muttersprachlichen Worten werden sie dem Einzelnen lebendig. Durch die Sprache wird der Mensch, und durch die Menschen die Sprachgemeinschaft gebildet. Hineinwachsen in die lebendige [!] Muttersprache bedeutet darum Hineinwachsen in die Volksgesamtheit [!]. Steigerung sprachlichen Ausdrucksvermögens und Sprachbeurteilens ist Steigerung geistigen Erfassens und Auswirkens, ist Gefühlsbereicherung und Willensformung - ist zugleich Persönlichkeits - und Nationalerziehung." (1969,224f)

Was zu Drachs zeit unter nationalerziehung verstanden wurde und was ihn beeinflußt haben dürfte[40], läßt sich in Philipp Hördts buch 'Muttersprache und

---

40 Bereits in einem aufsatz aus dem jahre 1929 verwies Drach zur vertiefung nicht nur auf seine 'Sprecherziehung', sondern nannte als eines von vier weiteren büchern ausdrücklich Hördts buch (vgl. 1929,169; ähnlich. 1931,722; vgl. auch 1935b,29 und 1969,227 [ab der dritten auflage 1929]). Außerdem nennt Drach Hördt, um den pädagogischen ort der sprecherziehung zu bestimmen (vgl. 1935a,190). In Hördts buch findet sich ein längeres kapitel über mündliche ausdruckspflege (vgl. Hördt 1926,107ff), in dem Drach ausdrücklich genannt wird (vgl. Hördt 1926,112). Um der 'wahrheit' im "Fall' *Drach*" (Geißner 1989a,11) auf die spur zu kommen, ist Drachs zuwendung zur nationalerziehung zu berücksichtigen (vgl. 1937). Dieser posthum veröffentlichte aufsatz entspricht dem bei Pabst-Weinschenk (1993a,348 - 351) abgedruckten dokument aus dem jahr 1933, von dem sie sagt, es sei "[p]rogrammatisch für die ns Orientierung des DAfSuS [=Deutscher Ausschuß für Sprechkunde und Sprecherziehung]" (Pabst-Weinschenk 1993a,346). Es reicht also nicht aus, wie Hellmut Geißner das als reaktion auf Raimund Hetheys vorwürfe (vgl. Hethey 1988,137) tat, gedanken Drachs aus einer veröffentlichung des jahres 1920 [1920a,238] zu zitieren, um Drachs demokratische gesinnung zu belegen, um dann davon auszugehen, diese haltung habe Drach auch bei seinen späteren veröffentlichungen geleitet (vgl. Geißner 1989a,11). Pabst-Weinschenk hat Drachs zuwendung zum nationalsozialismus und seine auseinandersetzung mit Weller ausführlich dargestellt (vgl. Pabst-Weinschenk 1993a,337ff und 1993b,69 - 73; 1992,10 - 13) und dabei aufgezeigt, daß Geißner bei der darstellung dieser auseinandersetzung eine verkürzte faktenschau betrieben hat.

Volkserziehung' (Hördt 1926) nachlesen. Schon ende des 19. jahrhunderts war der gedanke der nationalerziehung in konkurrenz zur volksbildungsbewegung entstanden und zielte auf das allen angehörigen einer nation gemeinsame ab. "Einheit in der Bildung, im nationalen Denken, Fühlen und Wollen unter Wahrung der bestehenden Gesellschaftsordnung: das war die Maxime der Nationalerziehung." (Frank 1976,598) Philipp Hördt weist darauf hin, "daß der Deutschunterricht zugleich im höchsten Sinne staatsbürgerliche Erziehung" sei (Hördt 1926,27). Für Hördt ist das wesen des staatsbürgers vor allem eine sittliche haltung gegenüber der gemeinschaft:

> "Einordnung [!] in die Zwecke des Ganzen, Unterordnung [!] der eigenen Interessen unter das Wohl des Volkes, Hingabe [!] an die Gemeinschaft bis zur Aufopferung [!] des eigenen Ichs - das sind die Wesenszüge des Staatsbürgers. ... Ohne Staatsbürgergesinnung keine Staatsbürger; ohne Staatsbürger kein Staat." (Hördt 1926,27)

Durch vollendetes deutschtum vollendet der einzelne gleichzeitig auch seine persönlichkeit - persönlichkeitsbildung und volkbildung sind zwei seiten desselben vorgangs. Hans-Christian Kirsch rechnet Philipp Hördt zusammen mit Ernst Krieck, auf den sich Drach auch zustimmend bezieht (vgl. 1934b,382; 1935a,190), zu den wegbereitern der faschistischen erziehungslehre (vgl. Kirsch 1980,251 und 253).

1935 verweist Drach stolz darauf, er habe "(v)om ersten Tag ab, da dies Buch [gemeint ist seine 'Sprecherziehung', K.R.] erschienen ist, ... als Ziel des Deutschunterrichtes genannt, '*den Schüler deutsch reden und schreiben, deutsch denken, fühlen und wollen zu lehren*'; und als wirksamstes Mittel zur Erreichung dieses Zieles die tätige Pflege der lebendigen Muttersprache dargestellt." (1935a,190) Drach irrt in diesem punkt, denn dieses zitat aus den preußischen richtlinien[41], die 1925 erschienen, konnte erst in der zweiten auflage aus dem jahre 1926 auftauchen (vgl. 1926b,3 und 5 bzw. 1969,6 und 3). Das ändert nichts daran, daß Drach rückblickend seine eigene konzeption immer schon diesem ziel verpflichtet sieht. Es macht deutlich, daß Drach von anfang an durch den muttersprachenunterricht echte deutsche erziehen will (vgl. 1934b,382; 1937,424). Als die zeit der nationalsozialistischen pädagogik gekommen ist, fällt es Drach deshalb leicht, darin eine bestätigung seines wollens zu sehen und seine sprecherziehung darzustellen als eine überwindung der formalen zielsetzung der nachkriegspädagogik, "die auf bloße Fähigkeitsweckung bei schwankender Wertsetzung hinsteuerte." (1935a,190)

Die verstärkte zuwendung zur volkbildenden seite der sprache war wahrscheinlich auch der grund, daß Drach sich um die wende zu den dreißiger jahren dem deutschunterricht für ausländer zuwandte. Drach veröffentlichte im jahre 1931 ein buch zur deutschen aussprachelehre, das ursprünglich für den deutschunterricht im ausland bestimmt war, "daneben für die vom Stamm abgetrennten, durch Sprachvermengung bedrohten Schulen des Auslanddeutschtums." (1935a,191)

---

41 Drach verfaßte für diese richtlinien die passagen zur 'lautlehre' und zu 'lesen, vortrag, freie rede' (vgl. Pabst-Weinschenk 1993a,137 - 139).

2.2.1.4 Freisprechen

Der von Drach konzipierte 'Lehrgang der Stimm- und Sprechbildung' (vgl. 1969,8 bis 100) sollte lehrpersonen kurzgefaßt das vermitteln, was sie vom gebiet der sprechkunde wissen müssen und was sie sprecherisch können sollen. Drachs vorliebe für die künstlerische seite des deutschunterrichts wird hier deutlich. "Gelingt die Probe, daß der Sprecher beliebige, ihm noch unbekannte Verse [!] auf den ersten Anhieb im technischen [!] Sinne richtig liest ..., so wird es Zeit, die körperliche mit der seelischen Sprecherziehung zu verbinden." (1969,91) Zwar weist Drach in einer fußnote [1969,91; die in der ersten auflage fehlt! vgl. 1922,68] darauf hin, daß die körperliche und seelische sprecherziehung am besten immer schon verbunden seien, aber seine eigenen ausführungen zeigen, daß er in seiner 'Sprecherziehung' nicht über die sprechtechnik hinausgelangt. Der entscheidende schritt zum freisprechen kommt, wenn das ausdruckslesen eines "noch ungeübten Prosatextes technisch [!] anstandslos gelingt". Zu anfang werde der sprecher "in die Fehler seines ungepflegten [!] Alltagssprechens zurück[fallen]" (1969,92), doch bald werde er in der lage sein, die gedanken einer geschichte frei weiterzusprechen.

> "Sodann stellt man ihm die Aufgabe, technisch [!] richtig etwas ganz Einfaches zusammenhängend in kurzen Sätzen zu erzählen... Auf den Inhalt des Gesprochenen kommt es zunächst nicht an, nur auf die technische [!] Zweckmäßigkeit. ... Bald kann ein kleines Gespräch zwischen zwei Schülern angeregt werden, dem ein dritter als Wächter [!] zuhört, mit der Aufgabe, technische [!] Fehler zu rügen (dabei aber selber keine zu machen!). Schließlich werden kurze Vorträge von wenigen Minuten Dauer über beliebigen Inhalt geübt. Schon im Amte stehende Lehrer können nun viele Gelegenheiten ... dazu verwenden, die Sprechbildung [!] allmählich auf das Alltagssprechen zu übertragen." (1969,92f)

Sprechbildung (vgl. oben 1.4) befaßt sich mit der korrekten aussprache, insofern ist Drachs bezeichnung zutreffend.

Die trennung von form und inhalt wird auch deutlich, wenn Drach wichtige ergebnisse der sprachpsychologie für den unterricht fruchtbar machen will, denn sie habe erkannt, daß "*die bescheidenste Gabe ... in 'ansprechender' Darbietung*" anregt (1969,96f). Es ist also nur konsequent, wenn so viel wert auf *form*vollendetes sprechen gelegt wird. Drach redet zwar nicht einer einfachen trennung der form vom inhalt das wort, aber immer wieder muß der inhalt gegenüber der form zurückstehen, so daß der unterricht systematisch zu einer trennung von form und inhalt erzieht (vgl. 1969,147 und 219). Bei der redekritik sollen die schüler sich beispielsweise daran gewöhnen, "Form und Inhalt scharfsichtig zu scheiden. Rede- und Sachbeurteilung sind darum genau zu trennen." (1969,224; vgl. auch 1932,13 und 178) Das sprechen wird nicht um seiner selbst willen verbessert, sondern soll der charakterlichen erziehung der schüler dienen. Drach stellt es in der erzieherischen wirkung auf eine ebene mit den körperlich-technischen fächern 'turnen' und 'werkarbeit', auf die Meumann und Kerschensteiner hingewiesen haben. "Das allernächst liegende körperlich-technische Fach 'Sprechen' haben sie beide [Meumann und Kerschensteiner] übersehen. Und doch wüßte ich [Drach] keines, das in höherem Grade zu Ausdauer und Genauigkeit, Sorgfalt und Folgerichtigkeit, Selbstbeherrschung und Überblick heranbildet als planvolle leiblich-geistige Sprecherziehung." (1969,148)

Der grundriß der sprecherziehung (vgl. 1969,101 - 225) ist ausdrücklich sowohl für die volksschule als auch für die höhere schule gedacht. Drach meinte, die bedürfnisse beider schulformen könnten auf dem sondergebiet der sprecherziehung gleichgesetzt werden. "Sie unterscheiden sich bisweilen in der Höhe des Zieles, aber nicht in dem zu beschreitenden Weg." (1969,101) Drach will mit seiner sprecherziehung dem natürlichen weg der spracherwerbung folgen. Sprachentstehung und spracherwerb beim kind werden parallelisiert, phylogenese (vgl. 1969,128) und ontogenese (vgl. 1969,134) folgen der gleichen schrittfolge. Nach Drachs meinung bilden sich im spracherwerb nacheinander die drei grundleistungen der sprache heraus: affektentladung, mitteilung und gedankendarstellung (vgl. 1969,134; 1926a,7-15; 1932,36f). Aus dem urquell affekt entsteht die dialogische leistung der mitteilung. Erklang der schrei zunächst, "*weil* das Kind Unlust verspürte, so wird er jetzt bewußt ausgestoßen, *damit* die Mutter herbeieile." (1932,36) Auf diesen beiden grundkräften aufbauend, wird die sprache zum werkzeug des denkens. "Mit jedem neugelernten Wort der Muttersprache, unlösbar [!] an dieses Klangsymbol geknüpft, wird der zugehörige Begriff verstanden, dem Denkbereich [!] einverleibt, und bei Bedarf im Sprechdenken verwendet." (1932,36) Drach wirft der älteren schule vor, beim üben der höchsten stufe, "Fassen und Darstellen von Gedanken in zweckhaft geformter Rede", die beiden unteren leistungen der sprache ausgeschlossen zu haben (1969,134). Die schule hat deshalb aus seiner sicht nicht nur ihr ziel verfehlt, sondern das gegenteil erreicht. Deshalb fordert er, sprecherziehung in der schule müsse darauf abzielen, den ausdrucks- und mitteilungswillen wachzuhalten und die sprachliche darstellung aus "dem Zweckwillen des Verstandenwerdens hervorzulocken" (1969,135).

Die aufgabe, den mitteilungswillen wachzuhalten, setzt Drachs sprecherziehung in beiden schulgattungen unterschiedlich um:

> "In der Volksschule, wo das umfängliche Sachwissen keine so unbedingt ausschlaggebende Rolle spielt, kann die Forderung, oft Selbstgewähltes aus eigenem Erleben berichten zu lassen, sehr weitgehend erfüllt werden. In der höheren Schule, die auf jeden Fall ein vollgerüttelt Maß an Sachwissen vermitteln muß, wird man oft um teilnahmloses Sprechen, den Bericht über das allen Bekannte, nicht herumkommen." (1969,135)

Drach nimmt es ohne es zu problematisieren als gegeben hin, daß in der volksschule wissen nicht so wichtig ist, solange die erlebniswelt in ordnung ist und stoff für die schülerrede bietet. Sprechen für alle - redeübungen für die oberen klassen, wobei die oberen klassen der schule den gesellschaftlich oberen entsprechen. Die rede als "Werkzeug des Wirkens im öffentlichen Leben" steht nämlich erst auf dem stundenplan, wenn die volksschüler bereits im arbeitsleben stehen und "die Reiflinge unserer höheren Lehranstalten" (1969,217) alleine vor der aufgabe stehen, das wort an ihre klassenkameraden zu richten. Die redeübungen, die Drach beschreibt, sind auf die oberstufe der höheren schule ausgerichtet, in der die jünglinge siebzehn bis neunzehn jahre alt sind (vgl. 1969,218; vgl. auch die klassenangaben 1969,217ff).

Drach will der überzeugungsrede aus "*erzieherischen und praktischen Gründen*" ebensoviel raum einräumen wie dem lehrvortrag (1969,221f). Auch in seinem redelehrgang fordert Drach, die mehrzahl der reden sollten überzeugungsreden sein (vgl. 1932,11f). Nach seiner meinung gelingt "von Natur aus leichter die

Überzeugungsrede, in der der Redner für oder gegen etwas, das ihn beschäftigt, Stellung nimmt, einer Sache Freunde oder Feinde zu werben sucht ... Der rein lehrhafte Vortrag stellt nicht, wie allgemein geglaubt wird, geringere, sondern weit größere Anforderungen an die rhetorisch-technische Sicherheit des Sprechers" (1969,221). Daß die überzeugungsrede 'von natur aus' leichter gelingt, hat damit zu tun, daß die schüler durch themen wie 'was ist hellenismus?', 'die rezeption des römischen rechts' überfordert wurden. Die schwierigkeit liegt also nicht in der redeart selber, sondern in der themenstellung der schule.

Bei der ausarbeitung warnt Drach die schüler eindringlich davor, einen aufsatz zu schreiben, weil aus "zwingenden sprachpsychologischen Gründen ... ein niedergeschriebener Aufsatz nie und nimmer eine gute Rede abgeben [könne]" (1969,222), da völlig unvermeidlich schreibstil einträte. Die vorbereitung der rede soll deshalb anhand von stichworten erfolgen, damit - ähnlich wie beim ausdruckslesen (vgl. 1969,159f) - das lebendige wort erst im augenblick des aussprechens geschaffen wird.

Mit seinem buch zur sprecherziehung hat Drach seine gedanken zu einem "Kernstück des Deutschunterrichtes" (1969,4) vorgelegt. Da der bisher vernachlässigt wurde, gab es nach Drachs einschätzung in weiten kreisen des deutschen volkes "ein beinahe unglaubliches Maß von Wortungeschicklichkeit, das heute oftmals reife Männer dazu treib[e], in Rednerkursen das Nötigste an Sprachbeherrschung mühselig nachzuholen." (1969,2) Auch heute gibt es den wunsch, in der erwachsenenbildung nachzuholen, was in der schule nicht gelernt wurde, und zwar auch von frauen (vgl. Katrin Dahmen 1987; Heck-Weinhart 1989).

2.2.2 Rednerschulung

2.2.2.1 Redeerfolg

Bei den meisten 'volksgenossen' vermißt Drach "selbst die bescheidensten Anfänge" von "der Fähigkeit der freien, menschengewinnenden, gemeinschaftsformenden Rede" (1934b,380). Was in der schule nicht auf dem stundenplan stand, können sie mithilfe von Drachs buch 'Redner und Rede' (1932) nachholen.[42] Weller sieht in diesem buch ein "hervorragende[s] Werk" (Weller 1960,117), und Geißner meint, Drachs buch biete "eine Fülle hervorragender redepädagogischer Einsichten und Anleitungen" (Geißner 1968,261). Drach begreift sein buch 'Redner und Rede' als weiterführung der sprachbildnerischen gedankengänge, die er in seinen früheren arbeiten geäußert hat (vgl. 1932,236). Er konzipiert sein buch wegen des mangels an fachlehrern so, daß kein ausgebildeter lehrer notwendig ist, lediglich ein 'anordner'. Dazu sei "jeder bewährte Gruppenvorstand, Gauleiter [!], jeder lehrgeübte Dozent einer Volkshochschule" geeignet (1932,7).

Der zweck des buches ist es, "*einen Redekurs zu ermöglichen, der einzig von der Gemeinschaftsarbeit seiner Mitglieder getragen wird.* Geben soll es: nicht rhetorischen Wissensstoff, nicht platte Tricks und Kniffe des Versammlungs-

42 Zwei jahre später erscheint die kurzfassung 'Redner-Schulung' (1934a) (vgl. dazu unten).

schwätzers - sondern *methodisch durchdachte Anleitung zu denk- und redeschulender Gemeinschaftsarbeit*" (1932,4). Das buch gliedert sich in vier große kapitel: Im ersten kapitel (1-32) wird der grundriß des übungsplans vorgestellt, und es werden anleitungen zur kursgestaltung gegeben. Im zweiten kapitel (33-80) wird das wesen der rede erläutert. Die erläuterungen beziehen sich auf gedankliches, sprachliches und versammlungstechnisches der rede. Das dritte kapitel (81-176) ist das umfangreichste und befaßt sich mit übungen zur inneren und äußeren sprachbildung. Nach kurzen abschnitten zu lautreinem sprechen und sinnfassendem lesen wird auf achtzig seiten dargestellt, wie das sprechdenken gefördert werden kann. Das abschließende vierte kapitel (177-234) bietet eine sammlung von reden, damit auch an beispielen gelernt werden kann.

Für Drachs buch hat nicht so sehr "die zweitausendjährige ehrwürdige klassische Rhetorik ... Pate gestanden", die ihm mit ihren "spitzfindigen Begriffsspaltungen rednerischer Floskeln" für die analyse einer fertigen rede überflüssig erscheint und "völlig nutzlos [!]" sei für die anleitung zum schaffen einer neuen rede (1932,5), sondern die psychotechnik. Drach scheint die klassische rhetorik weitgehend mit der figurenrhetorik gleichzusetzen. Die redelehrer des altertums, Cicero und Quintilian, liefern nach Drachs einschätzung zwar dauergültiges, aber die meisten anregungen entstammen der jüngsten zeit. Die leitbilder für seinen kurs liefern Drach "die moderne Psychotechnik mit ihren geistig-körperlichen Anlernverfahren, und der moderne Arbeitsunterricht der Schule." (1932,5) Drach orientierte sich bereits früher an diesen beiden leitbildern. 1923 meint er, aus verschiedenen ansätzen, sich mit der stimme zu befassen, rundete sich "eine neue Disziplin: Psychotechnik des Sprechens" (1923,45). 'Sprecherziehung' und 'psychotechnik des sprechens' sind für Drach zu dieser zeit offenbar gleichbedeutend. Zwei jahre später faßt er die sprecherziehung als "eine besondere Erscheinungsform der modernen Psychotechnik" auf (1925a,113).

Die psychotechnik[43] entstammt dem wirtschaftsleben und erforscht, wie die psychophysischen faktoren, aus denen sich eine berufstätigkeit zusammensetzt, systematisch geübt werden können. So wie die psychotechnik im labor herausfinde, wie handgriffe "am zweckfördernsten, doch energiesparsam vorzunehmen" seien, so sollen dem redner 'denkgriffe' gezeigt werden, mit denen er seinen redestoff meistern kann (1932,6; vgl. auch 1923,45). Diese 'denkgriffe' werden ergänzt um die "psychotechnischen Hilfsmittel freier Rede", die Drach unter anleitung des lehrers auch in der schule vermittelt sehen wollte, nämlich "Stichworthilfe, vorauseilende Aufmerksamkeit, Verbenwahl" (1925b,11).

Wie eng erfolg und redenkönnen zusammenhängen, wird dem leser gleich im ersten satz des buches bedeutet:

"*Reden können*, auf Menschen einwirken, Menschen gewinnen können, ist unentbehrliches Rüstzeug jedes Einzelnen, der in Politik und Wirtschaft eingreifen, für Standes- und Interessengemeinschaften tätig sein will. Es gibt heute auf diesen Feldern kaum mehr einen Erfolg, der nicht abhinge von der

43 Die psychotechnik wurde von Hugo Münsterberg begründet, der die wesentlichen gedanken in seinen büchern "Psychologie und Wirtschaftsleben" (Münsterberg 1913) sowie 'Grundlagen der Psychotechnik' (Münsterberg 1914) veröffentlichte.

Wirkungskraft, sich durchzusetzen, Hörer zu überzeugen, Verhandlungspartnern gewachsen zu sein." (1932,1)

Der einsatz wirksamer rede ist nicht nur die bedingung für den erfolg des einzelnen, sondern auch "Grundlage des Erfolges in der Oeffentlichkeit ... für jede Organisation" (1932,1). Entscheidend ist, ob das angestrebte ziel erreicht wurde. Die wirkung begründet sich aus sich selbst ["*Was rednerisch gut wirkt, ist rednerisch richtig* - eben weil es gut wirkt." (1932,20)] und liefert dem redner gleichzeitig den maßstab dafür, was rednerisch empfehlenswert ist. Drach geht soweit, die redewirkung zum naturgesetz zu verklären: "*Daß die Rede wirken, den Hörer überzeugen will, ist ihr Naturgesetz.*" (1932,75; vgl. auch 1930,32) Diese einordnung ins zeitlos-naturgesetzliche trennt die rede von ihren gesellschaftlichen bedingungen und faßt die 'zweckrede' als rede schlechthin auf. Bei der 'zweckrede' betont Drach selber den politischen hintergrund und die besonderen entstehensbedingungen.

"Die echte Zweckrede wurde in Deutschland durch die politischen Kämpfe geschaffen, die von den Ereignissen des Jahres 1848 ausgingen. ... Was in der Paulskirche zu wetterleuchten begann ..., wurde in den Gewittern der folgenden Jahrzehnte Wirklichkeit: *das lebendig gesprochene Wort* als schärfste Waffe zu Angriff und Verteidigung *im Ringen der Weltmächte und Weltanschauungen.*" (1932,193, vgl. auch 1932,33)

Drei dinge braucht die rede: einen *ansatzpunkt*, einen denkplan und einen zielpunkt. Vom ansatzpunkt ist die einleitung zu unterscheiden. Die einleitung sammelt die 'zerstreuten geister' auf eine stelle und erfüllt deshalb für die rede die aufgabe, die im unterricht der einstimmungsphase zukommt. Der ansatzpunkt soll den zuhörern einen denkreiz geben und sie begierig machen auf das folgende. Von diesem ansatzpunkt aus will sie der redner mit seinem denkplan zum zielpunkt führen (vgl. 1932,38 und 49f). Die reihenfolge, in der die gedanken den zuhörern vorgetragen werden, wird vom *denkplan* bestimmt. Der denkplan muß sich sowohl am stoff orientieren (anordnung) als auch an den hörern (aufbau). Nur wenn beide blickrichtungen bedacht werden, wird die rede planmäßig zum erwünschten ziel führen. Der *zielpunkt* muß eindeutig klar sein und wird am besten in einem zwecksatz formuliert, der zusammenfaßt "was die Hörer als erreichtes Denkziel anerkennen sollen" (1932,39). Der redner muß also für seine rede wissen, was er von den zuhörern will, um den erfolg seiner rede beurteilen zu können. Nur bei einem definierten ziel ist der soll/ist-vergleich durchführbar, der aufschluß über den erfolg der rede liefert. "Die Brauchbarkeit einer Rede beruht in ihrer Wirkung, auf dem Uebereinstimmen des gewollten und des erzielten Eindrucks." (1932,4) Redenlernen und reden werden zu einem optimierungsproblem, bei dem der erfolg entscheidet.

2.2.2.2 Redevorbereitung

Bei der vorbereitung einer rede unterscheidet Drach zwischen anordnen und aufbauen (vgl. 1932,40 - 48). Weller ist der meinung, Drach übersehe bei dieser unterscheidung den entscheidenden unterschied zwischen sachvortrag und überzeugungsrede. "Zweckgerichtetes Zuspitzen entfällt beim Sachvortrag, bei der Überzeugungsrede muß die Gedankenordnung von vornherein zweckgerecht sein!" (Weller 1939,121)

Die erste aufgabe des redners heißt *anordnen*, und das bedeutet, "aus der Bedingtheit des Stoffes heraus ... Gedankenmassen sichten und gliedern - sachgemäß sein!" (1932,38) Der redner soll stoff sammeln und nach hauptgedanken und einzelheiten sortieren. "Die Hauptgedanken werden mit einander [sic] verglichen, abgewogen, *nach Bedürfnis* verschmolzen oder zerschlagen." (1932,41; hervorhebung K.R.) Aus Drachs formulierungen wird deutlich, daß es subjektive tat des redners ist, den stoff in einen denkverlauf zu bringen. Manchmal "fügt" sich der stoff als zeitliches nacheinander, manchmal "ordnet er sich" in ein ursächliches nacheinander, und für die anderen fälle bietet Drach eine reihe "förderlicher Denkgriffe" aus gegensatzpaaren, mit denen der bearbeiter den tatsachenstoff "begrifflich aufzuspalten" suchen sollte (1932,42). Die 'denkgriffe' sind begriffspaare wie vorteil-nachteil, theorie-praxis, sache-mensch und ähnliche gegenüberstellungen. Versuchen diese denkgriffe die sache handhabbar zu machen, so bestimmt die orientierung am zwecksatz die reihenfolge der hauptpunkte (vgl. 1932,43). Hier wird deutlich, daß Drach seine trennung von anordnen und aufbauen in der darstellung nicht konsequent durchführen kann. In der praxis sollen beide orientierungen sowieso in einem arbeitsgang verbunden werden (vgl. 1932,45).

Das zweckgerichtete *aufbauen* ist die zweite hälfte der redevorbereitung. Nun heißt es mit blick auf die hörerwirkung: "abwägen, verstärken, zuspitzen - zweckgerecht machen!" (1932,39) Diese orientierung am zielpunkt der rede ist wichtig, wenn es an "das rücksichtslose Abwerfen des Ballastes" geht, "eine Art Großreinemachen" (1932,43f). Der mut zum streichen befreit die rede von den punkten, die der "bestimmten Redeabsicht" (1932,44 und 45) des redners nicht dienlich sind. "*Gut aufbauen heißt Menschenkenntnis bewähren*" (1932,45). Um diese aufgabe leisten zu können, muß der redner beachten, daß es sich nicht um viele einzelne hörer handelt, sondern um "*eine Masse mit den seelischen Sondereigenschaften der Masse*" (1932,47). Menschenkenntnis heißt also, den massenmenschen richtig einschätzen können und die grundeinsichten der massenpsychologie zu beachten. Am weitesten werde der redner kommen, der den aufbau seiner rede an den bedürfnissen der masse ausrichte (vgl. 1932,48). Wird die ausrichtung an der massenseele ernst genommen, erübrigt sich die phase des anordnens, denn der mensch in der masse zeichnet sich durch viel gefühl und wenig verstand aus (vgl. 1932,47; Müller-Freienfels 1927,356). Behauptungen aufzustellen und schlagworte zu wiederholen, die das gefühl ansprechen, dürfte einem redner möglich sein, ohne sich intensiv mit der sache zu beschäftigen - menschenkenntnis ersetzt hier die sachkenntnis.

Die rede bleibe, auch wenn nur einer spreche, zwiesprache, denn jede "echte Rede ... [sei] naturnotwendig gesprächshaft", betont Drach (1932,37). Wie bei Geißler erweist sich auch bei Drach der 'gesprächscharakter' der rede beim näheren hinsehen als eine einseitige sache, denn der redner will "*ein Gespräch führen* - 'führen' im engsten Sinne des Wortes: *zu seinem Denkziel hinlenken*" (1932,60) und das heißt "Besitz [nehmen] vom Denken und Wollen seiner Hörer" (1932,37). Bei dieser 'gesprächs*führung*" hilft es dem redner, wenn er die "Schallform des lebendigen Sprachausdrucks" (1932,53) hören läßt und so äußerlich den anschein eines gesprächs aufrecht erhält. Damit dem redner das gelingt, soll er seine rede nicht schriftlich ausarbeiten, sondern lediglich ein stichwortblatt benutzen (vgl.1932,55ff). Außerdem verbessern sich so seine chancen, redemittel, nämlich anregefragen, schlagworte und häufungen (vgl. 1932,60f), einzusetzen.

Viel häufiger als die fähigkeit, eine rede zu halten, sei die fähigkeit gefordert, "den Verfechtern anderer Meinungen zu widerstehen" auf versammlungen, sitzungen oder "sonstigem Kampfplatz" (1932,71). Das gesprächshafte reduziert sich wie bei der rede darauf, eine äußerliche angleichung an das alltagsgespräch zu suchen, während der redner in der gesprächsführung das letzte wort zu behalten versucht. Auch die debattenrede[44] läßt ansatzpunkt, denklinie und zwecksatz erkennen, ist aber stärker vom gegner abhängig. Es komme nicht darauf an, irgend etwas zum thema zu sagen, möge es auch "noch so richtig, wichtig und anregend sein", vielmehr sei "der eigene Fechterstoß" durch die "Klingenführung des Gegners bedingt" (1932,72). Um die debatte zu einem erfolgreichen ende zu bringen, schlägt Drach verschiedene wege vor. Generell sei es günstiger, das wort erst später zu ergreifen, weil dann der bisherige stimmungsverlauf der versammlung bereits genutzt werden könnte. Drach empfiehlt aber, als erster das wort zu ergreifen, "wenn man die Diskussion auf ein ganz bestimmtes Geleise schieben will" (1932,73). Auch gegen eine lenkung der debatte im ernstfall hat Drach keine einwände, denn nach seiner meinung sei eine "*vorherige Vereinbarung* ... ein notwendiges, und keineswegs unerlaubtes Kampfmittel." (1932,73) So sollen seine gesinnungsfreunde dem beispringen, der bereit sei, auf einem schwierigen gebiet die fahne voranzutragen. Im rechten moment sollten sie den antrag auf schluß der debatte stellen, damit ihr mann mit seinem schlußwort zum entscheidenden schlag ausholen könne. Der hauptredner habe nämlich von der geschäftsordnung eine "unvergleichliche Waffe in die Hand" erhalten, weil er mit seinem schlußwort zur sachdiskussion "den nachhaltigsten Schlag" führen könne. "Sache des Redners ... [sei] es, mit aller Willenskraft noch einmal sein Hauptziel aufzurichten, seine Werbung zu verdichten, seinen Stand zu festigen - zu überzeugen!" (1932,74) Drach stellt hier werben und überzeugen auf eine stufe; richtiger wäre es, an dieser stelle von überredung zu sprechen.

Drach fragt auch nach den grenzen zwischen "Ueberzeugungsrede und Ueberredungslisten" (1932,77). In der geschichte der beredsamkeit und in ihrem wesen sieht Drach zwei linien: Erstens werde darunter die fähigkeit verstanden, "Gedanken sprachlich und sprecherisch zu gestalten und anderen Menschen zu vermitteln." (1932,75) Zweitens gehe es um das streben, den hörer zu gewinnen, "gewinnen um jeden Preis" (1932,76). Diese zweite richtung beschäftige sich mit dem ausnutzen der menschlichen schwächen und käme hinzu zur "reinen Lehre vom Denken, Reden und öffentlichen Wirken" als "*Geschicklichkeitsanweisung des Menschenfangens.*" (1932,76) Beide richtungen sind aus Drachs sicht eng gemischt und lassen sich allenfalls auf den höhen der wissenschaft scheiden, nicht

44 Drach wählte als überschrift für diesen abschnitt zwar 'diskussion', aber was er abhandelt, entspricht dem, was in der fachliteratur als 'debatte' bezeichnet wird. Drach scheint keinen unterschied zwischen 'diskussion' und 'debatte' zu machen, denn er verwendet diese ausdrücke wie synonyme.

aber im tal der wirklichkeit, denn hier versagte "die saubere Scheidung", hier stünden sich menschen gegenüber, "die sich durchsetzen woll[t]en" (1932,77). So wolle jeder recht behalten, weil er sich im recht glaube. Die veröffentlichungen von Leo Weisgerber und Georg Schmidt-Rohr hätten gerade wieder in erinnerung gerufen, daß es keinen unmittelbaren zusammenhang zwischen sprache und wirklichkeit gäbe. Deshalb soll der kursleiter, wenn sich teilnehmer im kurs nicht einigen können, in erinnerung rufen, daß dieselbe sache mit verschiedenen namen belegt sein könne (vgl. 1932,77f).

Mit der schulung des sprechdenkens soll die fähigkeit des redens unterbaut werden. Drach versucht die beiden aufgaben in einem bild zu fassen: Der kurs soll gleichzeitig die aufgaben der weberei erfüllen und die der vorausliegenden maschinenfabrik, d.h. einerseits befähigen "zum wirksamen Auftreten vor der Oeffentlichkeit" und andererseits diese fähigkeit durch "Schulung des Sprechdenkens und Sprechens" unterbauen (1932,21). Bei den im kurs gehaltenen reden wird deshalb "gleichsam das Denk-Räderwerk ... auf sein fehlerfreies Arbeiten" geprüft, denn wenn die "Räder und Hebel" des muttersprachlichen sprachausdrucks "nicht reibungslos ineinandergreifen, wie sollte sein höchstgesteigertes Erzeugnis, die menschenbekehrende Rede, wirksam werden?" (1932,166 und 21)

2.2.2.3 Sprechdenkübungen

Sobald die hauptübungen sicher ablaufen, wird ein teil der stunden "für die *Sprachbildnerischen Vorübungen* abgezweigt" (1932,81). Die sprachbildnerischen vorübungen sind nicht voraussetzung im strengen sinne, denn dann müßten sie zu beginn erfolgen. Sie sind vorübungen, um die ausdrucksfähigkeit und damit die einwirkungsfähigkeit auf eine höhere stufe zu heben. Der zeitaufwand für diese übungen kann am kursabend bis zur hälfte der zeit umfassen. Drach betont ausdrücklich, daß es nicht ausreiche, aufgaben zuhause nur still zu durchdenken oder aufzuschreiben. Die aufgaben müßten "*wirklich gesprochen* werden. Alleinarbeiter mögen dabei vor den Spiegel treten und dem eigenen Bilde die Rede halten." (1932,97)

Zunächst soll die beziehung zwischen sinngehalt, sprachgestalt und redeabsicht bewußt gemacht werden. Das geschieht anhand von vorgegebenen texten, die unter einer bestimmten absicht umformuliert werden sollen. Die aufgaben, die Drach stellt, reichen vom zusammenfassen einer fabel in einem kernsatz, der gerafften darstellung mit vorgegebener (schrittweise reduzierter) satzzahl bis zum herausfinden der redeabsicht bei einer geschichte. Der redner soll dadurch befähigt werden, wichtiges von unwichtigem zu scheiden.

Die sprechdenkübungen verfolgen drei ziele:

> '*Sinnschöpfung*; aus Reizworten, Beobachtungen, Eindrücken, Erlebnissen einen Sinnzusammenhang zu erdenken.
> *Sprachliche Wiedergabe des Sinnes*; vorliegenden Denkinhalt zweckgerecht in sprachliche Form zu bringen.
> *Sinndeutung*; vorliegendes sinnvolles Geschehen eindenkend und einfühlend zu durchleuchten." (1932,98)

Diese aufzählung entspricht der reihenfolge der übungen, die sich nun anschließen. Waren bisher texte vorgegeben, die bearbeitet werden sollten, so geht es nun an das schöpfen eines eigenen sinnvollen textes. Mittels dieser übungen soll gelernt werden, eine stoffmasse zu gliedern, "redewirksam aufzubauen und treffsicher in Sprachform zu gießen" (1932,115). Als übung bietet Drach die fünf-sätze-niederschrift an. Hellmut Geißner hat diese "wichtige methodische Anregung" (Geißner 1968,261) aufgegriffen und weiterentwickelt (vgl. dazu 5.3.3.4).

EXKURS: Erich Drachs fünf-sätze-niederschrift
und ihre darstellung durch Hellmut Geißner

Viele kennen Drachs fünf-sätze-niederschrift nicht aus dessen eigener darstellung, sondern aufgrund des bildes, das Hellmut Geißner in seinem aufsatz "Der Fünfsatz" (= Geißner 1968) vermittelte. Geißners darstellung wird Drachs auffassung nicht in allen punkten gerecht, weil er seine eigene auffassung des fünfsatzes mit der Drachs vermengt.

Bei Drach soll der redner mithilfe der fünf-sätze-niederschrift lernen, wie aus dem vorliegenden sachverhalt "*ein Sinnganzes*" (1932,115) zu gewinnen ist. Der kursleiter stellt die aufgabe, zu einem vorgegebenen stichwort - "irgend ein möglichst weiter, unumgrenzter, vorderhand gestaltloser Begriff, der die allerverschiedensten Gedankenverbindungen wachzurufen vermag, z.B. 'Das Wasser', 'Der Rundfunk', 'Der Kaufmann' 'Die Politik'" - in sauberem deutsch einen "Aufsatz von fünf Sätzen" zu schreiben, wobei am ende "was vernünftig Zusammenhängendes dastehen" soll (1932,116). Die aufsätze (vgl. 1932,117 -121 beispiele zum thema 'feuer') werden vorgelesen und von den anderen kursteilnehmern beurteilt. Bei den schlechten lösungen sei es dem schreiber nicht gelungen, "einen *übersichtlichen* Standpunkt zu finden", und er spreche "wahllos aus, was ihm von der Sache eben in den Sinn kam." Demgegenüber habe der schreiber einer guten lösung "aus dem Chaos möglicher Denkeinstellungen mit bewußter Absicht einen *Ansatzpunkt* gewählt und von da aus eine zielgerichtete Gedankenlinie geführt. Die fünf Gedankenstücke passen organisch zu einander und sind inhaltlich annähernd gleichschwer. Sie ordnen sich zu einer höhern *Sinneinheit* zusammen." (1932,116) Kurz gesagt, der schlechte schreiber hat fünf sätze aufgeschrieben, während der gute schreiber mit seinen fünf sätzen einen sinnvollen text schuf. Die guten lösungen lassen sich nach Drachs beobachtung nach ein- bis zweimaligem anhören "sinngemäß nachsprechen." (1932,116)

Drach nutzte die grafischen darstellungen, um "den inneren Aufbau, die Gedankenlinie der fünf Stücke zu veranschaulichen." (1932,116) Drachs bilder ähneln zwar den darstellungen, die Hellmut Geißner verwendet (vgl. Geißner 1968,271f), haben aber eine andere funktion, da sie nicht zur produktion von fünfsätzen dienen sollen, sondern die gedankenlinie eines fünfsatzes veranschaulichen sollen. Drach wählte seine grafische darstellung (vgl. 1932,117), um anhand von vier beispielen, die eine höhere sinneinheit bilden (vgl. 1932,116), zu veranschaulichen, wie die fünf punkte miteinander zusammenhängen. Geißner erweckt bei seiner darstellung der redepläne den eindruck, als habe Drach bei der bildlichen darstellung zwischen schlechten und guten bauplänen unterschieden, wenn er von Drachs vier möglichkeiten nur zwei 'zugespitzte' muster übernimmt. Geißner führt Drachs darstellung wie folgt ein: "Drach fixiert die Abhängigkeit der fünf Sätze in einer Punktskizze. Ein schlechtes, *weil zersplittertes* Beispiel hat - um eines herauszugreifen - etwa die Form: ... Die beiden guten ..., *weil 'zugespitzten'*, sehen dagegen so aus ..." (Geißner 1968,264, hervorhebung K.R.). Geißner bildet an dieser stelle drei der vier muster ab und ordnet gute und schlechte fünfsatze. Diese unterscheidung nach zugespitzt (=gut) und zersplittert (=schlecht) ist eine unterscheidung, die Drach nicht vornimmt. Entgegen seiner ankündigung, den fünfsatz "in der Drachschen Fassung" (Geißner 1968,263) darzustellen, stellt Geißner hier seine eigene auffassung des 'fünfsatzes' dar, denn die zuspitzung im zwecksatz ist Geißners entscheidende neuerung (vgl. dazu auch unten 5.3.3.4). Gleichwohl liest es sich bei Geißner so, als habe bereits Drach gefordert, bei einem fünfsatz auf einen zwecksatz hin zu planen (vgl. Geißner 1974,121).

Bei Drach sind die fünfsatzübungen "Kleinarbeit, die auf das Bauen des Redeplanes ... gründlich vorschult" (1932,121). Drach macht ganz deutlich, daß er die fünfsätze nicht als ein hilfsmittel des redners zur redevorbereitung ansieht. Die verwendung der fünfsatzmuster als planungshilfe für einen redebeitrag ist ebenfalls Geißners weiterentwicklung. Nach Geißners meinung bieten fünfsatzmuster eine möglichkeit, die in unserem staatswesen nötige mündlichkeit zu entwickeln:

> "Ihre [gemeint ist die fünf-sätze-niederschrift; K.R.] Leistung liegt *für Drach* [!] in der raschen Gliederung (dispositio) einer kurzen Sinneinheit (percursio), die ein besonderes Wechselverhältnis von Sprachstil und Sprechstil verlangt (concisa brevitas). Nicht recht ausgearbeitet ist bei ihm [Drach; K.R.] die Beziehung dieser Methode zur rednerischen actio und zur fundierenden Sprechsituation. Unberücksichtigt bleibt die Beziehung dieser Methode zu einem an der actio orientierten Planen und sprechdenkenden Erarbeiten der Rede und zu ihrer unmittelbaren Anwendung in der zur Ad-hoc-Planung zwingenden 'ars disputandi'." (Geißner 1968,269f, hervorhebung K.R.)

Geißner unterstellt hier Drachs fünfsatz aufgaben, die Drach gar nicht für seinen fünfsatz geplant hatte, denn er sah den fünfsatz lediglich als schriftliche vorübung für die rede an. Insofern ist es nicht verwunderlich, wenn Geißner feststellt, daß Drach weder bei der redevorbereitung noch bei der debattenrede "einen unmittelbaren Bezug zur Fünfsatzübung herstellt." (Geißner 1968,265) Wenn Drach hier selber keine beziehung herstellt, dann ist es ein irrtum anzunehmen, Drach sehe gerade in der raschen gliederung kurzer sinneinheiten die besondere leistung seiner methode. Auch wenn Geißner selber darauf hinweist, daß Drach weder bei der redevorbereitung noch der debattenrede eine beziehung zur fünfsatzübung herstellt, nimmt er dieses kapitel aus Drachs buch, um zu ergründen, wie Drach auf die fünfzahl kam (vgl. Geißner 1968,265). Bei der redevorbereitung ging Drach davon aus, daß nach der sammlung des stoffes die bewährte regel helfen könne, sich zu fragen, was gesagt werden müsse und was gesagt werden könne, wobei zuletzt "*wenigstens zwei, höchstens fünf* ungefähr gleichgewichtige Hauptpunkte" (1932,41) übrig bleiben sollten. Zu beachten ist, daß Drach von zwei bis fünf hauptpunkten spricht, keinesfalls davon, daß eine rede genau fünf punkte umfassen sollte (vgl. auch 1932,42). Geißners ausführungen (vgl. Geißner 1968,265 und 1974,121f) vermitteln den eindruck, daß es Drach bei der planung insbesondere auf die zahl fünf ankomme, wie er es für die fünfsätze ausdrücklich gefordert hatte. Aber selbst dann, wenn die rede fünf hauptpunkte umfaßte, kämen noch einleitung und schluß hinzu, so daß sie insgesamt sieben punkte hätte.

2.2.2.4 Sprachbildung

Drach unterscheidet zwischen *anschaulichem* und *begrifflichem* denken (vgl. 1932,122-128). Anschauliches denken, das bildlich geschehe, decke sich weitgehend mit der wirklichen welt, weil im inneren der einzig-einmalige gegenstand der außenwelt reproduziert werde. Diese denkform sei vorwiegend bei naturforschern, ärzten, bildenden künstlern oder technikern zu finden. Demgegenüber sei das begriffliche denken bei theologen, sprachforschern und juristen verbreitet. Dieses denken in worten löse sich vom einzig-einmaligen und "setz[e] dafür ein *Symbol*", stehe aber in der gefahr, sich von der wirklichen welt zu weit zu entfernen (1932,123). Der redner braucht sowohl anschauliches als auch begriffliches denken. Das anschauliche denken kommt nach Drachs einschätzung ohne die hilfe von worten aus. Das wird deutlich an seiner beschreibung des wahrnehmungsvorganges: "Ich sehe ein Ding, beobachte einen Vorgang - wie kann ich das Ergebnis [!] dieses Sehens und Beobachtens sinnerfüllend in Sprachform bringen?" (1932,125) Drach stellt sich den wahrnehmungsvorgang augenscheinlich so vor, daß es möglich ist, dinge wahrzunehmen, ohne daß sprache beteiligt ist. Drach verkennt (worauf Weisgerber hinweist, dem er anderer stelle folgt), daß bereits für das wahrnehmen eines dings *als* ding sprache notwendig ist. Noch deutlicher wird die rolle der sprache bei der beobachtung von vorgängen, weil dabei verschiedene zustände der welt in beziehung gesetzt werden müssen.

Da Drach davon ausgeht, die voraussetzung wirksamen redens sei, "(d)ie Brücken vom *Anschaulichen zum Begrifflichen,* vom *Begrifflichen zum Anschaulichen* sicher hin und her eilen zu können" (1932,126), läßt er beides üben. Drach läßt den weg *vom anschaulichen zum begrifflichen* üben, indem ein allen sichtbarer gegenstand beschrieben wird. Im mündlich-schriftlichen verfahren wird die beschreibung erstellt und am ende geprüft, "ob die Worte eindeutig das Bild wachrufen" (1932,129). Dieses verfahren wird auf den zuhörern unbekannte gegenstände ausgedehnt und schließlich nur noch mündlich durchgeführt, um so schritt für schritt die beobachtungsgabe und die rasche 'begriffsbildung' des redners zu steigern. Stegreifreden sollen die 'schlagfertigkeit' verbessern und mit gesteigerter schnelligkeit auf den ernstfall der praxis vorbereiten.

Der weg *vom begrifflichen zum anschaulichen* soll gangbar gemacht werden, indem mit begriffspflege die treffsicherheit des ausdrucks erhöht wird. Drach behauptet, daß die "Sprechdenkfehler ... meist die gleichen [bleiben]", so verschieden die menschen und ihre themen im redekurs seien (1932,161). Übungen in begriffspflege dienen deshalb dem doppelzweck "sowohl der äußeren Rede- wie der inneren Denkfähigkeit." (1932,163) Mithilfe von begriffsstammbäumen erarbeiten die teilnehmer die über-, neben- und unterordnungen von wörtern. Zu den aufgaben gehören auch begriffsbestimmungen von fremdwörtern.

Drach tritt grundsätzlich für die verwendung deutscher ausdrücke ein, lehnt aber ungewohnte eindeutschungen als redewidrig ab, wenn das "der Mehrheit das Verständnis erschwert" (1932,159). 'Selbstfahrer' statt 'auto' klingt auch heute noch ungewohnt bzw. hat eine andere bedeutung. Aber 'volksvertretung' statt 'parlament' ist in unseren wortschatz eingegliedert und erscheint nicht mehr "gekünstelt" (1932,159). Das belegt, daß die einschätzung von wörtern innerhalb weniger jahre stark wechseln kann. Im vergleich zu anderen sprachpflegern nimmt Drach bei der fremdwortverdeutschung eine gemäßigte position ein:

> "Für viele ist Sprachverbesserung gleichbedeutend mit dem Schlachtruf 'Krieg jedem Fremdwort'. Selbst amtliche Erlasse über Sprachpflege verharren auf diesem engen Standpunkt. ... Wieder aber heißt es, ein Teilstück der Sache überwerten, zur Sache selbst erheben, wenn man vorgibt, im Fremdwörterkampf liege die ganze, oder auch nur die vordringlichste Aufgabe deutscher Sprachpflege." (1934b,386)

Ähnlich äußert sich Drach auch zur forderung, substantive sollten durch verben ersetzt werde. Drach findet, es sei "nicht damit getan, gedankenlos über die 'Dingwortseuche' zu wettern, wie es manche Sprachsäuberer belieben" (1932,167) und unterscheidet zwei fälle, bei denen substantive verwendet werden. Einerseits seien sie fachsprachlich notwendig. Der wunsch nach verben müsse in diesem fall hinter dem wunsch nach begrifflicher klarheit zurücktreten. Rede sei "nüchterner und zweckbedingter", und darauf müsse die ausbildung rücksicht nehmen, denn wendungen, die "der geschriebenen Edelsprache wohl anstehen, wirken in der Rede süßlich und schwulstig" (1932,168). Im anderen fall würden gedankenlos dingwörter benutzt, obwohl eindeutig ein geschehen vorliege. Mit dieser beschreibung sind passivsätze gemeint, ohne daß dieser ausdruck verwendet wird. Das muß aus den beispielsätzen geschlossen werden, über die Drach urteilt: "Diese Sätze sind denkfalsch" (1932,169) und in diesen sätzen tätigkeitswörter fordert. Drach unterschätzt dabei, daß passivkonstruktionen in bestimmten fällen durchaus erwünscht sein können.

Drach weist dem tätigkeitswort die rolle eines motors zu, der die satzplanung in gang bringt. Der sprecher solle deshalb zuerst ein zutreffendes tätigkeitswort suchen, damit die satzplanung gelinge (vgl.1932,169 und 1969,138f). Drach betont die große bedeutung der verben, denn ein "zeitwortarmer Sprecher" entbehre "des schärfsten Formwerkzeuges" und gleiche dann einem "Chirurgen ohne Instrumente" (1969,141). Diese überdeutlichen formulierungen zeigen, wie sehr ihm der verbenreichtum des sprechers am herzen liegt, um damit das sprechdenken des redners anzuregen. Für ihn zählt das zu "den wesentlichsten Aufgaben der mündlichen Sprachpflege" (1969,141) in der schule. Seiner meinung nach züchtet die schule mit einem deutschunterricht, der sätze logisch zerlegt [S ist P], und einem fachunterricht, der sätze fast ausschließlich mit 'sein' und 'haben' konstruiert, die verbenarmut (vgl. 1969,117f und 139f). Im erwachsenenalter müßten die redner dann ihren wortschatz anreichern, um über einen ausreichenden bestand an griffbereiten verben zu verfügen: "Wem für sein Redegebiet viele sinnkräftige Tätigkeitswörter einfallen, der besitzt zum Satzplanen einen stärkeren Motor, als wer sie mühselig zusammensuchen muß." (1932,169)

Es ist auffällig, wie häufig Drach seine forderung nach sauberem deutsch wiederholt (vgl. 1932,76, 82, 88, 99, 116, 140, 160, 163, 164). Ein 'dauer-redewart', der freude an 'sprachlicher sauberkeit' hat, soll während des ganzen kurses darauf achten, daß die lautliche 'umerziehung' zur hochsprache gelingt (vgl. 1932,88). Diese sauberkeitserziehung ist nicht nur auf die aussprache beschränkt, sondern auch gefordert, wenn bei begriffsübungen die muttersprachlichen denkgriffe eingeübt werden. "Der Uebungsnutzen liegt in der fehllosen [!] *Einordnung dieses Gewußten in einen untadeligen [!] Satzplan*, im wirklichen *Aussprechen* und in der *Wiederverwendung* solcher Satzpläne." (1932,164; 1934a,77) Drach stützt sich auf die ansicht, satzpläne seien aufs tiefste in der denkweise des volkes verwurzelt (vgl. 1934b,379). Drach fordert, daß "Denkinhalt und grammatische Form" sich decken müssen (1934a,66) und sieht in korrekten sätzen ein zeichen für richtiges denken: Bei den wirkungsstärksten rednern "der nationalen Erneuerung" beobachtete Drach auch bei unvorbereiteten reden, "wie festgeformt ... die einzelnen Sätze herauskamen, wie verschwindend selten einer grammatisch entgleiste", und schließt aus dieser beobachtung, daß klar sprechen eben auch hieße, "*klar durchdacht haben!*" (1934a,66) Die grammatische korrektheit der formelhaften sprechweise wird zum beleg dafür, daß auch richtig gedacht wurde.

Den abschluß der sprechdenkübungen bilden übungen zur sinndeutung. Bei dieser "höchste[n] der Sprechdenk-Aufgaben" ist ein vorliegendes "*sinnvolles Geschehen eindenkend und einfühlend zu durchleuchten*" (1932,172). Die übungen beziehen sich auf sprachliche [bücher, zeitungen, rundfunk] bzw. mediale [kino] produkte und nicht direkt auf ein geschehen der wirklichkeit. Werden rundfunkvorträge angehört, dann wendet sich die aufmerksamkeit auch der sprechweise zu. Aufgrund der redeweise und des stimmklangs sollen sich die teilnehmer "ein Bild von der Persönlichkeit des Redners ... machen." (1932,173) Untersuchungen im psychotechnischen labor bestätigten Drachs meinung nach, daß über die sprechweise ein tiefer einblick in die menschlichen eigenschaften gelänge (vgl. 1932,174f; 1969,80). Die weitreichenden schlußfolgerungen, die Drach aus dem auftreten bestimmter sprachmerkmale zieht, sind geradezu abenteuerlich. Sie reichen von unterschiedlichen anleitungen zum redenlernen (vgl. 1969,93ff) bis zur meinung, die sprechausdruckstypen[45] seien "ein wichtiges Hilfsmittel charakterkundlicher Erkenntnis" (1930,26), das sich weitgehend mit beobachtungen der konstitutionstypen gesunder und kranker menschen deckte (vgl. 1969,80).

Ausgeklammert wurden in der darstellung bisher die übungen, die sich auf den satzbau bezogen, denn die gewöhnung an redegerechten satzbau ist eine aufgabe, die während der ganzen kursdauer erstrebt wird (vgl. 1932,145). Die satzfolgen sollen drei eigenschaften erfüllen: schrittmäßigkeit, beziehungsklarheit und sinngemäße sprechweise (vgl. 1932,147ff). Mit schrittmäßigkeit ist eine dem geschehen angemessene zeitliche abfolge der sätze oder eine logische abfolge gemeint, die dem zuhörer das nachvollziehen ermöglicht. Eine weitere voraussetzung für die verstehbarkeit der sätze ist ihre beziehungsklarheit, und zwar in der innenbeziehung zwischen den teilen des satzes und in der außenbeziehung zu gedanken außerhalb dieses satzes (vgl. 1932,153 - 155). Die außenbeziehung ver-

45 Ausführlich äußert sich Drach dazu in kapitel 8 seiner 'Sprecherziehung' (vgl. 1969,76 - 90). Dort setzt er sich auch mit ähnlichen typenlehren auseinander, die zu seiner zeit verbreitet waren. In der dritten auflage hat Drach seine typenlehre aus der ersten auflage nach eigenen angaben "weitgehend" (1935a,nachwort) umgearbeitet.

deutlicht Drach an einem beispielsatz, der auf sieben verschiedene arten ausdrücken soll, daß der führer Lenin acht tage in Moskau verweilte. In der kurzausgabe wurde 'Lenin' durch 'Mussolini' und 'Moskau' durch 'Rom' ersetzt (vgl. 1932,154 und 1934a,71). Beide männer sind für Drach beispielhafte redner. Sie haben ihre heimatländer "am tiefsten nach dem eigenen Willen umgeformt", und beide taten dies "durch die zwingende Gewalt ihres überzeugenden und hinreißenden Wortes" (1932,1). Die änderung an Drachs beispielsätzen hängt damit zusammen, daß mittlerweile ein dritter redner aufgetreten war, der ebenfalls durch "das Werkzeug gedankenformender Rede dem Denken der andern" (1932,1) die richtung gewiesen hat: Adolf Hitler.

Sprachform ist für Drach wesensausdruck des volkes. Die veränderte drucktype (fraktur = bruchschrift) der kurzausgabe seiner redelehre paßt zu Drachs haltung in der fibelfrage. Drach "bekennt sich entschieden zur deutschen Bruchschrift: teils aus volkhaften Grundgedanken, teils aus sprechkundlichen Einsichten" und ist der meinung, daß die bruchschrift "für den innerdeutschen Gebrauch sicher die Bessere" sei (1934b,384). Sprache gilt als ein geistiges gestalten, in dem sich das denken, fühlen und wollen der volksgemeinschaft verkörpert hat. "An einer Sprache teilhaben, heißt deren [!] Sinngebungen als verbindlich anerkennen", wobei die muttersprache vom einzelnen in hohem maße unabhängig sei (1932,163). Die sprache forme den einzelnen, schreibe ihm vor, was er denken könne. Einordnung in die sprachgemeinschaft und einordnung in die volksgemeinschaft fallen dann zusammen, die eigene rede ermöglicht dieses hineinwachsen (vgl. 1934b,382 und 387; 1935b,17f und 27f; 1937,424). Unter dieser voraussetzung sind redeübungen keine formale angelegenheit, wenn der einzelne "sich ein Höchstmaß von muttersprachlichem Reinheitswillen abfordern" (1934b,387) soll.

2.2.2.5 Leitbilder

Um die eignung zum redner zu festigen, ist neben den redeübungen und sprachbildnerischen vorübungen noch ein drittes mittel zu nutzen: "*die Auswertung des Beispieles*" (1932,177). Damit die teilnehmer am beispiel lernen können, fügt Drach seinem buch eine auswahl an redeauszügen bei (vgl. 1932,177ff). Neben diesem "Nutzzweck" sind ihm manche wert, "sei es um ihrer Gedanken, sei es um der geistigen Haltung, sei es auch um der glänzenden Sprachform willen, breiteren Kreisen bekannt zu werden." (1932,177f) Die redesammlung sei in redekundlicher hinsicht vorgenommen worden und richte sich nicht nach der politischen oder weltanschaulichen richtung des redners, betont Drach (vgl. 1932,178). In der kurzausgabe fehlen nicht nur die redeauszüge, die redekundliche bewertung ist jetzt einer eindeutigen politischen wertung gewichen. Wollte Drach 1932 eine bestimmte Bismarckrede mit einer Lassallerede bezüglich des rednerischen gestaltens vergleichen lassen (vgl. 1932,193ff), so soll jetzt dieselbe Bismarckrede mit einer rede Adolf Hitlers verglichen werden. Drach begründet den redenvergleich nun nicht mehr mit der rednerischen gestalt, auswahlkriterium ist nun die gleiche inhaltliche aufgabe, nämlich den friedenswillen des deutschen volkes der welt zu verdeutlichen (vgl. 1934a,95).

Drach verweist als arbeitsstoff auf die zahlreichen redesammlungen, die von den "großen Gestaltern des nationalen Umbruches" vorliegen, denn jetzt stehe die rede "*im Dienst des neuen Staates*" (1934a,89). Als begründung dafür, daß er die alten redebeispiele nicht gegen neue austauschte, führt Drach an, daß man das, was einem "in Hirn und Herzen" brenne, "nicht als Schulstoff unter die Lupe" nehmen könne, denn "lebendige Größe ... [sei] kein Gegenstand für sprachbildnerische Sezierübungen." (1934a,89) Die reden der politischen führer werden aus der analyse ausgeklammert und sogar bezüglich des sprachkönnens als vorbildlich eingestuft (vgl. 1934a,66). Sofern die reden aus der analyse ausgeklammert werden, besteht die gefahr, daß deren vorgeprägte sprachfloskeln übernommen werden. Sogenannte 'marksteinreden', "Marksteine im nationalen Leben" (1934a,93), sollen die teilnehmer kennenlernen, weil diese "wortgeprägtes Gemeinschaftsgeschehen" (1932,234; vgl. 1932,227; 1934a,93) darstellen und somit ein stück zeitgeschehen seien. Diese reden[46] sollten daraufhin geprüft werden, aus welcher gedankenwelt sie stammen und ob sie dem schicksalverbundenen deutschen staatsbürger etwas zu sagen hätten. Ein redner, der zu größerem strebe, müsse sich gegenüber einer großen idee verantwortlich fühlen. Damit gliedert sich der redekurs in die weitere zielsetzung der staatsbürgerlichen bildung ein (vgl. 1932,226ff) bzw. in die erziehung zum neuen deutschen staat (vgl. 1934a,94f).

Bei den leseübungen sollten die redeschüler lernen, "die dem Wortlaut innewohnende Schallform eher *herauszuhören*, als irgendwelchen 'Vortrag' künstlich *hineinzulegen*." (1932,92) Diese fähigkeit, die einem text *innewohnende*[47] schallform umzusetzen, kann nun beim vortrag der musterreden helfen, den richtigen ton zu treffen., um die beabsichtigte wirkung bei den hörern zu erzielen. "Der Zweck des Sprechens ist nur erfüllt, wenn in den Hörern erweckt wurde, was der Sprecher wecken wollte. *Lebensnerv allen Sprechens ist die Sprechwirkung* - Wirkung ... im Sinne von ... 'in Mit-Leidenschaft gezogen werden'." (1930,32) Der richtige tonfall soll die entsprechende gefühlssaite bei den hörern anzupfen. Voraussetzung dazu ist, daß der redner in der lage ist, seine leidenschaft auszudrücken, um die hörer in mit-leidenschaft ziehen zu können. Deshalb erreicht der redekurs hier "den Mittelpunkt aller Redepädagogik, aller muttersprachlichen Ausdrucksbildung" (1932,179).

Wenn die rednerische kritik rüge, ein redner 'sei nicht richtig bei der sache gewesen', so gibt Drach dieser auf der beobachtung der rede beruhenden kritik

---

46 Drach listet folgende reden auf: "Friedrichs des Großen Ansprache vor der Schlacht bei Leuthen; Fichtes Achte Rede an die Deutsche Nation; Uhlands dichterische Rede in der Paulskirche über den Anschluß von Österreich; Bismarcks Reichstagsreden; Bethmann-Hollwegs nüchterne Ankündigung der Kriegserklärung; die würdige Abwehrrede, mit der Brockdorff-Rantzau in Versailles die Friedensbedingungen entgegennahm; Hellferichs leidenschaftliche Sturmrede gegen die Ruhrbesetzung. Wer einen Blick ins Lager des Gegners tun will, nehme dazu Lassalles messerscharfe Verfassungsrede." (1934a,93) Die reden, die Drach in der kurzausgabe 'Redner-Schulung' nur aufzählt, sind zum teil in seinem buch 'Redner und Rede' abgedruckt (vgl. 1932,177ff).

47 Gegen Drach ist mit Norbert Gutenberg darauf hinzuweisen, "daß es unterschiedliche Sprechfassungen ein und desselben Textes geben kann, daß die Schallform aber nicht beliebig ist." (Gutenberg 1988,21)

recht, denn was nicht bemerkt wurde, war rednerisch nicht da. Nach Drachs meinung fehlte die begeisterung aber nicht unbedingt wirklich. Vielmehr war der redner nur nicht in der lage, seiner begeisterung den entsprechenden ausdruck zu verleihen. Dem redner fehlte "die Bahn, Inneres ausströmen und fortwirken zu lassen" (1932,178). Ähnliche gedanken zum sprechen äußert auch Richard Müller-Freienfels[48]: "Das lebendige Sprechen ist nicht eine 'zufällige' Äußerung der Seele, sondern adäquate leibliche Darstellung des Seelischen. Der 'Ton' macht nicht nur die Musik, er macht auch die Rede." (Müller-Freienfels 1927,352) Weil gerade das 'wie' als entscheidend für den erfolg der rede angesehen wird (vgl. 1932,53; 1969,96f; Wallascheck 1914,26 - 29 und 37f; Müller-Freienfels 1927,352 - 354) und nicht der wortlaut der rede, muß die redepädagogik hier ansetzen. Drach glaubt, den schlüssel gefunden zu haben, der das unfaßbare innerliche aufschließen könne und es so in der rede wirksam mache. Wenn wortlaut und redeweise "*in Akteinheit geboren*" würden, dann ließe sich das auch redepädagogisch nutzen, denn der redeschüler, "durch all die bisher vorgeschriebene Arbeit bereits sprechbeweglich, ausdruckssicher geworden", werde beim vorlesen einer rede anfangen, von "*ihrem Geist erfüllt ... 'ihren Ton zu treffen'.*" (1932,179)

Der redeschüler macht mit einer rede dasselbe, was der schüler im deutschunterricht macht, wenn er dichtkunst "nachtastend zu formen" strebt und um "lautliche Verlebendigung" ringt (1969,190).

> "Wer sich eindringlich bemüht, was große Redner vor ihm in Worte formten, sinnerfüllend vorzulesen, kann [!] schließlich nicht anders, als daß er die bodenständige Würde Uhlands, die überlegene Festigkeit Bismarcks, den eleganten Fechterstoß Lassalles auch im Klang der Worte ausdrückt. *Jeder beim Vorlesen einer Rede neu entdeckte Klang bereichert das persönliche Sprachkönnen.* Das Wortgestalten bewährter Redner mit aller aufbringbaren Einfühlungskraft [!] geistig-lautlich nachbilden, öffnet dem rednerischen Auswirken des eigenen Inneren die Bahn - mit einem Bild aus der Physik: es macht aus schlechten Wärmeleitern gute." (1932,180).

Schon als Drach beschrieb, wie er die 'leitungsverluste' bei lehrern zu vermindern suchte, verwendete er dieses bild aus der physik. "Ihre Lautphantasie muß angereichert, die minder leistungsfähige Nervenbahn ausgeschliffen, die Hemmung des Wortgestaltens gelöst werden." (1969,91) Die hemmungen sieht Drach bei dieser berufsgruppe neben der angeborenen veranlagung und gewöhnung auch dadurch verursacht, daß die visuelle sprachvorstellung zu lasten der akustischen so verschoben wurde, daß sich lehrer wörter einseitig nur als geschriebene vorstellen könnten (vgl. 1969,91f). Wer als sprecher den sprachklang nicht mehr verlebendigen kann, wer sich nicht mehr natürlich äußern kann, weil er sich als 'kulturmensch' zu sehr vom 'naturmenschen' entfernt hat und sprache nur noch als schrift auffaßt, der muß seine sprechausdrucksmöglichkeiten erst wieder erweitern, um damit die grundlage für die redefähigkeit zu legen (vgl. 1969,52 und 98; 1926a,12f; vgl. auch kapitel 3.1 dieser arbeit). Bei erwachsenen macht Drach aus der not eine tugend und nutzt das schriftbild für übungen im ausdruckslesen, um von da aus zum freisprechen zu kommen (vgl. 1969,98).

---

48 Drach kannte Müller-Freienfels aus gemeinsamer tätigkeit (vgl. den hinweis bei Winkler 1983,10) und stufte dessen gedanken zum dichtungsvortrag als 'vorzüglich' ein (vgl. 1969,192). Außerdem verweist Drach an anderen stellen seiner 'sprecherziehung' auf Müller-Freienfels' gedanken (vgl. 1969,6, auch 199 und 206).

Drach will mit seinen übungen die 'sensorische rückwirkung' ausnutzen. Dieser ausdruck, der von Wilhelm Wundt stammt (vgl. Wundt 1900,65ff), wird heute von sprecherziehern im sinne von 'rückkoppelung' verwendet (vgl. Geißner 1981a,214, der auf Schweinsberg 1946,327ff verweist). Drach meinte etwas anderes damit, nämlich, daß jeder mensch aus den feinen abtönungen des sprechens genau heraushört, in welcher stimmung sich der andere befindet, und zwar so genau, "daß er der Klangfarbe sogar vor dem Wortinhalt die größere, überzeugendere Bedeutung beimißt." (1969,149). Die sensorische rückwirkung wirkt nach Drachs meinung nicht nur beim hörer, sondern beim sprecher gleichermaßen:

> "Sprachausdruck und seelisches Erlebnis sind ja im Grunde nur zwei Seiten desselben psychophysischen Vorganges, dieselbe Sache, einmal von außen, einmal von innen gesehen. Gemütserlebnisse werden in [sic] Klangausdruck ausgelebt, und umgekehrt der Ausdrucksklang wirkt auf das Gemüt zurück, ruft zwangsläufig [!] das ihm zugeordnete Erlebnis wach, ausnahmslos [!] bei jedem Menschen. Am deutlichsten offenbaren diese Rückwirkung sprachlich hochgradig reizsame Personen, die am Klang der eigenen Worte sich bgeistern [sic], berauschen, die sich durch Schelten in die wildeste Wut 'hineinreden', ja ob des eigenen Vortrags die Tränen aufsteigen fühlen. Dem Grade nach schwächer ... , grundsätzlich aber genau so wirkt das eigene Wort auch auf den minder reizsamen Sprecher." (1969,191)

Was bei allen menschen wirkt, kann von den 'minder reizsamen sprechern' genutzt werden, wenn sie zu den besagten guten wärmeleitern werden sollen. Dann können sie andere und sich selbst mit dem klang der eigenen worte berauschen. Genau diese fähigkeit braucht ein redner, der seine zuhörer begeistern will. Die leistungen, die große redner vollbracht haben, sollen im kursgeschehen nachvollzogen werden. In bezug auf die gemeinsame erarbeitung eines gedichts im deutschunterricht hatte Drach beschrieben, was ebenfalls beim nachgestaltenden sprechen von reden genutzt wird. Das erarbeiten der schallform rufe "unmittelbar [!] und zwangsläufig [!] im Gefühlsleben aller Beteiligten ... die Gemütswerte" wach, "auf denen das Nacherleben der Dichtung beruht." (1969,191)

Bezüglich des erlebens gibt es keinen unterschied zwischen rede und dichtkunst, denn bei beiden wirkt sich die 'sensorische rückwirkung' aus. Drach hält klangfarben und meloskurven für international verständlich und behauptet, man könne beispielsweise in einer japanischen theatervorstellung "weder die Wortform fassen, noch auch nur eines Wortes Sinn verstehen, und doch den Klang von 'Ärger', 'Zärtlichkeit', 'Enttäuschung', 'Willensfestigkeit' eindeutig [!] heraushören. Noch viel zwingender ... [sei] die Rückwirkung in der Muttersprache." (1926a,58) Ewald Geißler hat das notwendige gegen diese selbsttäuschung beim hören einer fremden sprache gesagt - und sei sie noch so ausdrucksvoll gesprochen. Bezogen auf einen besuch in einem russischen theater meint Geißler, wer ohne sprachkenntnis hinterher schwärme, jede silbe verstanden zu haben, beschwindele sich selber (vgl. Geißler 1934a,258f).

Drachs redekurs hat auch die selbsterziehung des redners zur aufgabe. Eines der erziehungsziele lautet: "*beherrschter, gehorsamer Körper!* Körperlich 'in Form' sein! ... Wer sich selber in der Hand hat, gewinnt die stärkste Aussicht, die anderen in die Hand zu bekommen." (1932,66) Körpererziehung im einklang mit willenserziehung sei besonders geeignet, "Selbstzucht zu lernen", meinte Drach (1932,66). Noch soll diese erziehung auf "das Gefecht der Geister" vorbereiten, weil auch der redekampf "letztlich von den Körpern bestritten" werde (1932,66).

Bald gilt es, sich nicht nur beim redekampf, sondern auch beim körperlichen kampf, eine "geordnete Haltung [zu] geben, sich zu einem straffen Willensakt zusammenraffen [zu] können, in böser Lage nicht den ruhigen Blick, den gleichen Atem [zu] verlieren" (1932,66).

Drach meint, nachdem die nationalsozialisten die macht erhalten haben, der "*nationale Umbruch*" stelle an alle, die "*der Muttersprache dien[t]en*, die strenge Forderung", das eigene tun an seinen "Richtsätzen zu prüfen" (1934b,380). Drach selber kann darauf verweisen, daß er letztlich nie etwas anderes wollte als das, was die nationalsozialistische pädagogik anstrebt (vgl. 1934c, 1934b,381f; 1935a,190). Zur gleichen zeit wird seine 'Redner-Schulung' (1934a), um die beispiele gekürzt, aber mit unveränderter konzeption[49], neu aufgelegt. So wie Drach

49 An dieser stelle unterscheidet sich meine einschätzung von Pabst-Weinschenks ansicht, die von einer verfälschung des originalen rhetorikkonzepts spricht (vgl. Pabst-Weinschenk 1992,13; 1993a,374ff; 1993b,70f). Sie stützt ihre einschätzung insbesondere darauf, daß der redepädagogische teil (kapitel 1 in 1932), zu dem auch eine geschäftsordnung gehörte, entfallen ist und auf geänderte formulierungen. Hier wurde dagegen Drachs unveränderte auffassung über das wesen der rede in verbindung mit seinen sprachbildnerischen ansichten zum ausgangspunkt genommen.

Nach Pabst-Weinschenks meinung zeigt die tatsache, daß Drach geplant hatte, "jeden Kursabend wie eine parlamentarische Debatte zu gestalten", und der geschäftsordnung als "Kernstück, das die demokratische Verfahrensweise regelt, ... in 'Redner und Rede' breiten Raum" widmete, "welche Bedeutung er der Demokratie als Voraussetzung echter Beredsamkeit beimißt." (Pabst-Weinschenk 1993a,385 und 386; vgl. auch 1993b,25 und 35) Daß solche anweisungen zur geschäftsordnung, wie sie bei Drach aufgeführt sind, nur einen formalen rahmen vorgeben, der sehr unterschiedlich gefüllt werden kann, haben beispielsweise die parlamente in der DDR und im nationalsozialismus gezeigt. Dort wurde formal korrekt nach einer geschäftsordnung, aber dennoch nicht demokratisch über politische fragen geredet.

Pabst-Weinschenk verweist neben geänderten formulierungen auf kürzungen und ergänzungen in Drachs kurzgefaßter redeschulung. Dabei berücksichtigt sie aber weder alle kürzungen und ergänzungen noch in jedem fall Drachs ursprüngliche aussagen. So verweist Pabst-Weinschenk beispielsweise mehrfach darauf, Drach habe religiös-dogmatische und rassenkämpferische erörterungen grundsätzlich ausgeschlossen und damit eine "explizit ... anti-ns Position [bezogen]. Diese Eingrenzung der zulässigen Themen, die Drach nach seinen Erfahrungen an der Berliner Universität aufstellt, wo er nach seinen eigenen Angaben zum ersten Mal mit dem NS bekannt wird [...], begründet er rein sachbezogen aus seinem Konzept dialogischer Rhetorik. Man kann aber davon ausgehen, daß sie auch seiner inneren demokratischen Haltung entspricht." (Pabst-Weinschenk 1993a,385; vgl. auch 1993a,246, 337 und 394, wo sie darauf verweist, Drach habe rassenkämpferische themen grundsätzlich ausgeschlossen)

Zunächst einmal ist darauf hinzuweisen, daß Drach nach eigenen angaben in seinem 'rhetorischen praktikum' an der universität ab sommer 1931 mit ns-gedankengut in verbindung kam, also die regelung in seinen kursen demnach nicht streng eingehalten wurde (vgl. Drachs aussage in einem brief über seine politische entwicklung, abgedruckt bei Pabst-Weinschenk 1993a,338 - 341, hier 339). Abgesehen davon schließt Drach solche Themen keineswegs grundsätzlich aus, wenn die passage insgesamt genommen wird:

"Die *Umgrenzung der zulässigen Themen* wird sich nach dem jeweiligen Teilnehmerkreis richten. Der Meinungsaustausch hierüber kann gleich am ersten Abend eine parlamentarisch geordnete Aussprache hervorrufen. An der Berliner Universität hat sich folgende Umgrenzung bewährt: 'Zulässig ist jedes Thema, von dem der Sprecher mutmaßt, daß es in einem Kreis akademischer Hörer Anklang zu finden vermag. Grundsätzlich ausgeschlossen sind religiös-dogmatische und rassenkämpferische Erörterungen.' Eine Verengung oder Erweiterung dieser Grenzziehung erscheint an sich durchaus möglich. Es ist Sache des Taktes des Kursleiters, daß von vornherein eine Formulierung zustande kommt, die zwar den frischen Kampf der Geister ermöglicht, verbitternde Kränkung einzelner Kursteilnehmer aber ausschließt." (Drach 1932,11).

Auf den widerspruch zwischen 'ethischem anspruch' und 'neutral technischer lehrgrundlage' hat Pabst-Weinschenk selber hingewiesen und gemeint, Drach denke bei seinen überlegungen "wahrscheinlich nur allgemein an die praktische Anwendbarkeit, aber sein 'Anpreisen' von

rednerschulung auffaßt, kann er 'stolz' sein, daß er mit seiner rednerschulung dem neuen staat dienen kann, in dessen organisationen überall sachwalter des aufbauwillens der rednerschulung bedürfen.Drach hält es für eine grundbedingung des rednerischen wirkens, daß der redner weltanschaulich boden unter den füßen hat, denn es sei "(k)eine öffentliche Rede ... mehr denkbar, die nicht mit ihren Wurzelfasern im Mutterboden des nationalsozialistischen Staates haftete." (1934a,5) Die rednerische ausbildung umfaßt neben der vertiefung der geistigen grundlagen des neuen staates die sachliche durchdringung des sondergebietes, aus dem der redestoff stammt, und schließlich die "*Höherbildung der muttersprachlichen Denk- und Ausdrucksfähigkeit*, um diesen Gehalt zur Gestalt einer wirklichen, wirkenden, menschengewinnenden Rede aufwachsen zu lassen." (1934a,5) Der von Drach zusammengestellte redekurs erzieht zu körperbeherrschung und willensstärkung sowie zu ausdrucksfähigkeit und sauberem deutsch. Er sorgt so für die körperliche und geistige gesundheit der volksgenossen (vgl. 1969,7) und ermöglicht damit, daß jeder einzelne auch im kleinen an den großen aufgaben der volksgemeinschaft mitwirken kann (vgl. 1934a,95).

"Wer nicht durch die Kraft gedankenformender Rede dem Denken der anderen Richtung weisen kann, gleicht einem Werkmann ohne Werkzeug, einem Soldaten ohne Waffe." (1934a,6; fast gleichlautend mit 1932,1) Die rede wird denen als waffe in die hand gegeben, die mit ihrer menschenverachtenden politik dem deutschen volk die richtung weisen wollen. Die sprecherziehung und ihr teilgebiet redeerziehung passen nur zu gut in die erziehungskonzeption, wie sie von Hitler als leitlinie vorgegeben wurde.

Nützlichkeit öffnet gleichzeitig dem Mißbrauch Tür und Tor." (Pabst-Weinschenk 1993b,70). Der leser sollte sich selber ein urteil bilden, ob es "offensichtlich" ist, daß die Drachsche sprecherziehung in seinem buch 'Redner und Rede' "sich der Pflege und des Aufbaus demokratischer Verhaltensweisen angenommen hatte. ... In der 'Redner-Schulung' wird das DRACHsche Konzept um dieses demokratische Rhetorikverständnis gekürzt, an seine Stelle treten ns system-affirmative Substitutionen und Ergänzungen." (Pabst-Weinschenk 1993a,393)

3. Ein kernfach nationalsozialistischer erziehung[50]

3.1 Natürlich sprechen

3.1.1 Ein steiler aufstieg

Sprecherzieher wollen im deutschunterricht den schwerpunkt von der geschriebenen auf die gesprochene sprache verschieben und so, wie Hildebrand es bereits im neunzehnten jahrhundert gefordert hat, "beide Erscheinungsformen der Sprache ... wieder in ihr natürliches Verhältnis rücken." (Hildebrand 1962,27) Hellmut Geißner begründet die forderung nach sprecherziehung heute unter bezug auf die "tatsächlichen kommunikativen Gegebenheiten" (Geißner 1982a,8) und verweist auf das übergewicht von sprechen/hören gegenüber schreiben/lesen. Er stützt sich dabei rein pragmatisch auf die häufigkeitsanteile am kommunikationsgeschehen. In den anfängen der sprecherziehung ging es um mehr, wenn der gesprochenen sprache ein so hoher stellenwert eingeräumt wurde.

Horst Joachim Frank fragt sich in seinem buch über die geschichte des deutschunterrichts, ob in der heutigen vernachlässigung der sprecherziehung nicht der "Umstand nach[wirke], daß sie durch ihre Förderung im Dritten Reich in Mißkredit geriet?" (Frank 1976,827) Frank sieht "ohne Zweifel" einen grund dafür, daß der deutschunterricht sich "erstmals in den dreißiger Jahren gründlicher mit den Aufgaben der Sprecherziehung beschäftigt[e]" in der "Wirkung des Buches 'Sprecherziehung' von Erich Drach (Frankfurt 1929)." (Frank 1976,827) Die formulierung legt nahe, Drachs buch habe unmittelbar nach seinem erscheinen eine beschäftigung mit der sprecherziehung in gang gesetzt. In wirklichkeit erschien Drachs buch in der ersten auflage bereits 1922, ohne daß es eine durchschlagende wirkung hatte. Und auch die preußischen lehrplanrichtlinien von 1925, die von Drach beeinflußt waren (vgl. Weller 1957,83; Winkler 1985b,8), blieben zunächst folgenlos. Drach meinte, der nationalsozialistische staat könne die ziele dieser richtlinien "kurzweg übernehmen", müsse aber eines hinzufügen, nämlich "die *Verwirklichung*" und das hieße, beim "lebendigen sinnzeugenden Reden" einzusetzen (Drach 1935b,7). Während des nationalsozialismus ist die zeit der sprecherziehung gekommen.

Anfang der dreißiger jahre traf sich die sprecherziehung mit dem 'zeitgeist'. Geißler sieht diese zeit bestimmt durch ein "Schlagwort auf allen Gebieten: 'Krise'" (Geißler 1934a,171). Er weist darauf hin, daß 'krise' ein fachausdruck aus der krankenbeobachtung sei, mit dem der punkt beschrieben werden solle, an dem

50 Es geht im folgenden kapitel weder um die versuche der nationalsozialisten, den sprachgebrauch zu reglementieren, noch um ihren propagandaapparat, sondern um die erziehung zum mündlichen sprachgebrauch als teil der erziehungskonzeption.

sich entscheide, "ob es ins Heil geht oder ins Unheilvolle. So heute das Menschenganze, und mit ihm sein Sprechen." (Geißler 1934a,171) Geißler trifft mit dem ausdruck 'krise' die stimmungslage wahrscheinlich genau, denn wirtschaftskrise und eine allgemeine krisenstimmung kennzeichnen diese zeit. Bezeichnenderweise wählte Walther Steller 1931 für seine schrift den titel "Die Krisis des gesprochenen Wortes" (Steller 1931). Für Steller "drängt" das gesprochene wort "zu einer größeren Pflege" (Steller 1931,6). Gleich im ersten schuljahr, wenn die schüler noch nicht durch schlechtes vorbild verbildet seien, solle die schule damit beginnen, zum richtigen sprechen zu erziehen.

> "Die Erziehung zum gesundheitlichen Sprechen ist eine sozial förderliche Tat, *die Einigung zur Hochsprache ... eine nationale Errungenschaft von allerhöchster Bedeutung*, beides Forderungen, die *vom berechtigten Lebenswillen unserer Zeit getragen sind.*" (Steller 1931,61; hervorhebung K.R.)

Wie der sprachwissenschaftler Georg Schmidt-Rohr meinte, wolle es ein "eigentümliches Gesetz", daß sich das deutsche volkstum in notzeiten immer wieder "auf der Mutter Sprache heilendes Wirken" besinne (Schmidt-Rohr 1933,49). Das 'heilmittel sprache' wirkt aber nur, wenn es nicht selber erkrankt ist. Nach dem eindruck der sprachpfleger war genau das der fall, denn sie sahen die sprache durch das gedruckte wort "entseelt und entsinnlicht", und "besonders das 19. Jahrhundert ließ mit seiner 'Intellektualisierung' (zu deutsch nach Geißler hier: 'Gehirneinseitigkeit') der Sprache das Papiergeraschel zur Papiersintflut aufschwellen." (Schweinsberg 1946,30) Maximilian Weller ist in der lage, exakt anzugeben, wann der deutsche sprach- und kulturverfall begann und wann er endete. Seit der erfindung der buchdruckerkunst wurde "von 1450 bis 1936 ... unsere sprachliche Kultur und damit die Kultur überhaupt entseelt, entpersönlicht und verschriftet." (Weller 1937a,411) Weller sieht das ende des sprach- und kulturverfalls nahen, denn er hofft in seinem tagungsvortrag vom juli 1936 darauf, daß "vom kommenden Herbst ab eine Woge der Sprecherziehung die deutschen Erzieher ergreifen" werde (Weller 1937a,412). Erich Drach selber sagt 1934 von sich und seinen kollegen[51]:

> "... wir stehen heute froh überrascht, und sehen im Geschehen der jüngsten Monate, *wie* sehr wir recht hatten! Unsere Arbeitsziele und die menschenbildnerischen Kulturziele des neuen Staates sind die gleichen: unsere Arbeit ist ein Stück seines Geistes. ... (M)öge auch uns 1933 ein Wendepunkt sein! Lange genug haben wir erfolglos um die Hilfe der Behörden gerungen. ... In Zukunft - so hoffen wir - wird man darauf hören, was unsere Arbeit Sprech-*Erziehung* heißt, und daß es die *Muttersprache* ist, der wir sie widmen." (Drach 1934c,60)

Die schule soll den "naturgemäßen Weg vom Sprechen zum Schreiben" gehen, denn erst die "Sprechfertigkeit ... führt zur Herrschaft über den schriftlichen Ausdruck. Vom Redestil her wird der Schreibstil unserer Zeit neu geformt werden. Die Sprachbildung ist zu allererst *Sprecherziehung.*" (Ahmels 1934b,2) Die sprecherziehung soll mithelfen, die sprache lebendiger zu gestalten und den schreibstil zu verbessern, bleibt aber nicht auf eine stilverbesserung beschränkt.

---

51 Drach äußert seine gedanken in einer rezension von Herbert Ahmels aufsatz 'Sprecherziehung und nationale Sprachbildung' (= Ahmels 1934a). Drach bescheinigt seinem kollegen, er gebe in seinem aufsatz "eine Wesensschau der Sprecherziehung, gemessen an den Zielsetzungen des heutigen Deutschland" und sage, "was über unser Fach kulturpädagogisch zu sagen" sei (Drach 1934c,60).

"Sprecherziehung umfaßt die Sprachbildung des einzelnen Volksgenossen, die Volk-Bildung durch die Sprache und die Pflege des Volksgutes Sprache. Der Sprecherziehung ist also eine nationalpolitische Aufgabe gesetzt." (Ahmels 1934b,2)

Herbert Ahmels betonte in mehreren aufsätzen die bedeutung der sprecherziehung für die nationalsozialistische erziehung. Weller bezeichnete die sprecherziehung 1935 als "nationalsozialistisch wertvolles Fach" (Weller 1935b,494) und sieht in der sprecherziehung "ein Kernstück nationaler Erziehung" (Weller 1937b,348). Herbert Ahmels geht noch einen schritt weiter, wenn er schreibt, sprecherziehung sei "ein Kernstück der politischen Erziehung des Nationalsozialismus" (Ahmels 1936,207; vgl. 1934a,196).

3.1.2 Ausdruckskräfte wecken

Sprecherziehung wurde nicht zufällig zu einem besonders geschätzten fach während des nationalsozialismus. Die grundlagen sind schon in Drachs schriften angelegt und mußten nur entsprechend akzentuiert werden. Für Erich Drach ist es selbstverständlich, daß das gesprochene wort "das ursprüngliche" ist (Drach 1969,148). Gleich auf der ersten seite seiner 'Sprecherziehung' wendet Drach sich gegen die überschätzung des schriftwortes im unterricht (vgl. Drach 1922,1 = 1969,1). So komme es, daß die kinder das sprechen immer mehr verlernten. Erwachsene schließlich hätten "oftmals alles natürliche Sprachgestalten ... völlig verlernt, ... jeden Boden unter den Füßen verloren, empf[ä]nden alles Sprachliche ... einseitig als Schriftsprachliches" (Drach 1922,73 = 1969,98). Nach Drachs meinung führt der deutschunterricht, der dem schreiben den vorzug gibt, dazu, daß die schüler unfähig werden zu einem 'natürlichen sprechausdruck'.

Ein unverdorbenes verhältnis zum sprechen findet Drach bei kindern und naturvölkern:

"Bei jedem einzelnen Sprechakt werden Gedankeninhalt und körperlich-lautlicher Ausdruck völlig gleichzeitig, untrennbar aneinandergebunden, vom Sprecher hervorgebracht. Diese ursprünglichen [!] Verhältnisse bleiben bei Völkern primitiver Kulturstufe lebenslang bestehen. ... Beim Kulturmenschen bleiben diese Wurzeln [gemeint sind die biologischen wurzeln des primären sprachausdrucks, K.R.] nur im Kindesalter rein erkennbar. Sobald das Kind Lesen und Schreiben lernt, muß es beginnen, das Wort aus dem Gesamterlebnis abzulösen." (Drach 1926a,10f)

Solange das wort unlösbar mit einer situation und dem dazugehörigen erleben verbunden ist, fehlt die möglichkeit zur distanz. Für das erlernen der schriftsprache müsse der schüler das wort aus seinem erleben lösen. Diese orthographische einsicht werde kulturnotwendig vom wesen der schrift gefordert. Sie enthielte aber "die große Gefahr, daß dieses orthographische Gerippe [!] des Wortes für das lebendige [!] Wort selber gehalten wird. ... Diese Entwertung [!] der Wortvorstellung vertieft der Grammatikunterricht, indem er sie vom Wort auf den Satz überträgt." (Drach 1926a,12; vgl. 1922,98f bzw. 1969,130f) Der sprechende mensch ist zum glück in der lage, dieses tote gebilde der schrift, als "lebendige[s] Wort in seiner ursprünglichen Ausdruckshaftigkeit wachzurufen" (Drach 1922,98 = 1969,130). Drach verwendet wohl nicht zufällig das bild des gerippes (vgl. schon Geißler 1908,509), um die schriftliche aufzeichnung eines wortes von seinem vollen sprachleben zu unterscheiden.

Die schule mit ihrem 'fehlgeleiteten' unterricht, der auf den kopf und nicht auf den körper zielt, ist schuld, daß den schülern die natürliche ausdruckskraft verlorengegangen ist. Das körperliche erleben ist Drach besonders wichtig für die sprecherzieherische arbeit (vgl. Drach 1922,97, 114f und 150 = 1969,129f, 151, 153 und 191). Drach lag insbesondere der richtige sprechausdruck beim lesen von texten und rezitieren von gedichten am herzen. Entscheidend ist für Drach, sich der dichtung "gefühlsmäßig hinzugeben" (Drach 1922,147 = 1969,188). Das sieht er durch den rationalismus der literaturwissenschaft und das schriftwort verhindert. Bei lehrern beobachtete Drach, daß ihre visuellen wortvorstellungen zu lasten der akustischen gingen. "Bei Männern des abstrakten Denkens ... w[ü]rden ... die motorischen Vorstellungen ... noch weiter abgeschwächt", meinte Drach (Drach 1969,92). Aufgrund seiner übungen mit vielen hundert lehrern zum dichtungsvortrag sieht er bestätigt,

> "welches Maß von einfühlender Phantasie und farbenfrohem Ausdruck in dem einzelnen auflebt [!], wenn ihm nur die Fesseln [!] gelöst werden. Erstaunlich und doch auch wieder selbstverständlich! Eine Fähigkeit, *die jedes Kind und jeder Wilde besitzt, die beim Erwachsenen nur vom Schriftwort verdrängt [!] wurde*, warum sollte er die nicht wieder erwecken [!] können: innerlich Geschautes in lebendigen [!] Worten auszudrücken!" (Drach 1922,154 = 1969,198; hervorhebung K.R.)

Der verstand ist dabei hinderlich, weil er das körperliche erleben des sprechers behindern würde. Zugunsten eines angemessenen sprechausdrucks bleibt der denkinhalt auf der strecke, denn die "inszenierte Sprachleiblichkeit ist wichtiger als das, was gesprochen wird." (Hopster/Nassen 1983,49) Auf die sprecherzieher trifft voll zu, was Kurt Sontheimer über die vulgarisierte lebensphilosophie der zwanziger und dreißiger jahre ausführt:

> "Dem Begriff des Lebens entspricht die subjektive Form des *Erlebens* im Gegensatz zum analytischen Durchdringen und Durchdenken einer Sache. Alles ist gut, was dem Leben frommt, alles schlecht, was seiner Fülle Eintrag tut. ... Erlebtes ist ursprünglich, Denken das Abgeleitete. Erlebnis kann nicht bewiesen werden und bedarf nicht rationaler Rechtfertigung." (Sontheimer 1983a,56)

Das schriftwort 'fesselt' die ausdruckskräfte des erwachsenen, wie der blick auf kinder und 'wilde' beweist. Man muß aber nicht zu den 'primitiven völkern' gehen, um zu erkennen, daß das mienenspiel zu den ausdrucksmöglichkeiten des menschen gehört. Man sehe sich

> "bei den von der Zivilisation [!] noch nicht allzu stark gemodelten Erwachsenen" um und stelle sich zu diesem zweck "um Feierabend vor eine Fabrik oder ein Warenhaus, wenn die jungen Mädels, unverfälschte [!] Volkskinder, herausströmen, und jede auf ihren Zügen lesen läßt, was sie augenblicklich im Herzen [!] trägt. ... Diesen Urzustand [!] verändert das Zusammenleben in der Gesellschaft" (Drach 1922,112 = 1969,150).

'Mädels', die in der fabrik oder im warenhaus arbeiten, sind für Drach von der zivilisation weitgehend unberührt, wenn an ihrem ausdrucksverhalten erkennbar ist, was in ihrem inneren vorgeht. Trotz technisierter welt die ursprünglichen gefühle zu zeigen, das scheint Drachs idealvorstellung eines ausdrucksstarken sprechers zu sein. Die technische welt kommt Drach offenbar so 'natürlich' vor, daß er ohne bedenken von in einer fabrik arbeitenden erwachsenen sagt, sie lebten gefühlsmäßig im urzustand und seien von der zivilisation wenig geprägt.

Hopster und Nassen weisen in ihrer arbeit über den literaturunterricht während des nationalsozialismus darauf hin, daß die "gesellschaftlich erzeugten Leidenserfahrungen" von der sprecherziehung in einen "Verlust von 'Natürlichkeit' uminterpretiert" wurden; "dieser Verlust wiederum ... mit Krankheit gleichgesetzt" wurde, und zwar mit einer "Krankheit des *Bewußtseins.* Auf diese allein zielt die 'ganzheitliche' Therapie der Sprecherziehung; indem sie die Symptome gesellschaftlich verursachten Leidens als krisenhafte Erscheinungen des subjektiven Bewußtseins, als *Verkrampfungen, Spannungen* des Ichs ... therapiert, bestätigt sie die 'Natur' der Verhältnisse" und betreibt "letztlich in raffinierterer Form nur eine totalere Anpassung an diese." (Hopster/Nassen 1983,83 bzw. 62)

Die suche nach dem 'ursprünglichen und unverfälschten' bleibt für die sprecherziehung wichtig. So hält Maria von Wedel 1962 "das *Natürlichkeitsprinzip*" für den "Grundsatz der Sprecherziehung", weil sie "nach dem Ursprünglichen [!] im Menschen" suche, denn sprecherziehung wolle "zur Natürlichkeit erziehen. ... Dressate werden auf natürlichem Wege aufgelöst." (v.Wedel 1961,58, 101 bzw. 36) Obwohl die erziehung im nationalsozialismus eindringlich gezeigt hat, wohin das natürlichkeitsprinzip führte, gibt v. Wedel nach wie vor als aufgabe der sprecherziehung an, sie wolle "daß das Kind natürlich bleibt oder wird" und mache "den Menschen natürlich und frei" (v.Wedel 1961,79 bzw. 98). Einem amerikanischen sprechwissenschaftler fällt bei seinem blick auf die deutsche sprecherziehung noch 1970 "the emphases on the natural [!], beautiful, genuine, true, healthy [!], and correct" auf (Deethardt 1970,88). Deethardt hält es für notwendig, die amerikanischen leser darauf hinzuweisen, daß es einen unterschied zwischen gesellschaft (society) und gemeinschaft (community) gibt[52]. Das gespräch habe in Deutschland einen besonderen stellenwert, denn "the Germans are firmly rooted in community (*Gemeinschaft*) ... . Germany has a history of throwing off foreign or other internationalizing influences that would ... work against community: Judaism, Communism, Catholicism, democracy, etc. As a result, German speech resists discussion und debate as activities and as terms." (Deethardt 1970,82)

Ging es sprecherziehern zunächst hauptsächlich um einen 'natürlichen' sprechausdruck, insbesondere beim vortrag von dichtung, so fällt es ihnen im nächsten schritt leicht, den verstand und rationale denkmethoden insgesamt abzulehnen. So wie bereits Ewald Geißler 1908 auf die heilsamen kräfte der sprache vertraute (vgl. oben 2.1.3), hoffen sprecherzieher darauf, 'sprachkräfte' als mittel zur verbesserung der gemeinschaft nutzen zu können. Kurt Sontheimer weist darauf hin, daß 'gemeinschaft' in der Weimarer zeit eines der magischen worte war (vgl. Sontheimer 1983a,250 - 252)

52 Die unterscheidung zwischen 'gesellschaft' und 'gemeinschaft' wurde ende des 19. jahrhunderts von Ferdinand Tönnies in die wissenschaft eingeführt. "In der Gemeinschaft ist jeder mit seiner gesamten Person integriert, zunächst untrennbar mit dem Ganzen verbunden, ein Teil des Ganzen. Gemeinschaften 'wachsen' wie Organismen, Gesellschaften werden dagegen 'geschaffen'." (Wössner 1973,101) Nicht zufällig gehörte der organismusgedanke zu einem wichtigen bestandteil des antidemokratischen denkens (vgl. Sontheimer 1983a,255 - 259)

3.1.3 Zurück zur natur

Nach dem ende des ersten weltkrieges entstand nach Wellers meinung eine "die Muttersprache erneuernde Bewegung", eine bewegung, die "auf den Urgrund aller Sprachlichkeit, die *mündliche Sprechleistung*", zurückging (Weller 1957,5). Es sollte nicht nur die ausdrucksweise des einzelnen verbessert werden. Es ging auch darum, die muttersprache zu erneuern, und zwar durch rückkehr zum 'urgrund' der sprache. Wenn Weller sprechen als den urgrund aller sprachlichkeit ansieht, dann beruht das auf dem 'unwiderleglichen' gedankengang, daß sowohl stammes- als einzelgeschichtlich die gesprochene sprache vor der geschriebenen sprache auftritt (vgl. Weller 1939,63; 1954,95f). Sprache sei "*ursprünglich und wesenhaft das Gesprochene*", und schrift habe "*ursprünglich und wesenhaft auch nicht das mindeste mit der Sprache zu tun* [gehabt]", betont Weller (hier 1935a,11) in verschiedenen variationen (vgl. auch Schweinsberg 1946,32f).

Der sprecherzieher Wilhelm Martin Esser fordert "die Umkehr zur naturnahen [!], vollsprachlichen Grundlage der Sprachbildung, wie nach der einzelpersönlichen, so nach der nationalpolitischen Seite", um die "Schäden [!] der übermäßigen Verschriftung" des sprachunterrichts zu beseitigen (Esser 1936,516). 'Zurück zum natürlichen wort' heißt das glaubensbekenntnis der sprecherzieher, und das bedeutet, den gefährlichen einfluß des geschriebenen wortes zurückzudrängen.

> "Der sprecherisch Verbildete und Verarmte, der in unserem 'tintenklecksenden Säkulum' die Regel ist, ... hält ... allen natürlichen Sprachausdruck für künstlich vortragsmäßige Zutat zum Buchstaben und den Buchstaben für die Sprache. Dieser aber hat mit der Sprache im wesensechten Sinne soviel zu tun wie der Schatten mit dem lebenden Menschen. Immer schlimmer und verkehrter wird der Zustand, wenn man ... die deutsche Muttersprache in reine Verschriftung entarten [!] läßt." (Weller 1935a,14f)

Wenn die sprache auf dem papier steht, ist sie vom lebenden menschen, seinem körper sowie seinen gefühlen gelöst, dann ist sie tot, vergleichbar einer sprache, die als 'tot' bezeichnet wird, weil sie von keiner sprachgemeinschaft mehr gesprochen wird (vgl. Esser 1939,208f). Wie Ahmels schreibt, kann eine "Verschriftung der Sprache ... ihre Lebens- und Zeugungskraft gefährden" (Ahmels 1934a,193). Wenn 'der sprache' diese kraft fehlt, wirkt sich das nachteilig auf die menschen aus, die diese sprache sprechen.[53]

Bei der gegenüberstellung von 'schreiben' und 'sprechen' verwenden die sprecherzieher ähnliche kategorien, wie sie auch in der vulgarisierten lebensphilosophie angewendet werden. Die lebensphilosphie stellt in einem einprägsamen schema gegenüber "'kalt', 'starr', 'tot' im Gegensatz zu 'lebendig', 'organisch', 'blühend'" (Sontheimer 1983b,55; vgl. auch 1983a,60). Die ähnlichkeit liegt nicht nur in der verwendung derselben worte, wenn 'totes schreiben' und 'lebendiges sprechen' gegenübergestellt werden. Die sprecherzieher sind in den zwanziger und dreißiger jahren dieses jahrhunderts mit ihrer betonung des lebendigen sprechens teil einer bewegung, die sich von der rückkehr zum 'natürlichen' eine besserung von sprache und leben erwartete. Die sprecherziehung erhoffte sich - ebenso

---

53 So ist bei Walter Wittsack nicht nur die sprache gemeint, wenn er über die "Erweckung des Wortes" schreibt (W. Wittsack 1934) oder einen literaturbericht mit der überschrift "Die kranke und die gesunde Sprache" versieht (W. Wittsack 1936).

wie das 'antidemokratische denken' (vgl. Sontheimer 1983a und 1983b) - von einer hinwendung zum natürlichen und irrationalen eine besserung von sprache und gemeinschaft. Diese abkehr vom rationalen ermöglichte der sprecherziehung ihre nahtlose einfügung in das nationalsozialistische erziehungssystem. Das gesprochene wort habe schon "von Natur gemeinschaftsbildenden Charakter", meinte Walter Wittsack, und durch die ausbildung zur rede könne dazu beigetragen werden, "eine rein intellektualistische Geisteshaltung zu bekämpfen." (W.Wittsack 1935,23 bzw. 29)

Was 'der mann aus dem volk' denkt, soll wegen seiner naturnähe gelten. Bei Geißler läuft alles auf "denselben sprachlichen Grundzug [hinaus]: *in der Volkssprache ist das Wort noch nicht zerschwatzt und verdünnt, es hat noch seine ursprüngliche Kraft.*" (Geißler 1942,50) Wenn der deutsche seine mundart lobe und pflege, dann zeige sich darin ein neues lebensgefühl und der wille, die vergangenheit zu überwinden. Die seelenkunde des 19. jahrhunderts atomisierte das seelenleben und stellte es unter die vorherrschaft der vorstellungen. "Das führte zu einer Verkopfung des Volkes und zu einer Verkopfung der Sprache (für die Lateiner: zu einer In-tel-lek-tu-a-li-sie-rung)" (Geißler 1942,50f). Nur einfache menschen sind einer sprache fähig, bei der der verstand nicht zersetzend eingreift:

> "Nur ein unmittelbarer Mensch ist ihrer [der 'unmittelbar aus dem erleben quellenden sprache', K.R.] fähig, und das ist nicht der späte Bildungsmensch, der in vornehmem, intellektuell gezügeltem Abstand von den Dingen bleibt und sich ihnen überlegen dünkt, sondern es ist der ursprüngliche Volksmensch, der in ungetrübter Nähe zu den Dingen lebt, der 'du' zu den Dingen sagt, wie er es zu den Menschen tut, und herzhaft in ihrer Schau aufgehen kann, ohne Scheu gefühlüberwallt." (Geißler zitiert nach Schweinsberg 1946,464)

Geißler nimmt die nähe im umgang der menschen untereinander als muster für den umgang der menschen mit den dingen. In beiden fällen soll sich der mensch seinen gefühlen überlassen.

Laut Gerathewohl hat die redeschulung vor allem das ziel, die persönlichkeit "*zur Wirhaftigkeit des Gemeinschaftsmenschen*" zu führen, denn kaum irgendwo sei die "vom Nationalsozialismus geforderte Verbindung von *Persönlichkeit* und *Gemeinschaft*" besser zu fördern als im rahmen recht verstandener redeschulung (Gerathewohl 1937a,341). Dem schriftwort dagegen "fehlt die Beziehung zum Hörer, fehlt das Erlebnis der Sprachgemeinschaft und fehlen damit die stärksten sittlichen Antriebe, die dem gesprochenen Wort innewohnen." (Winkler 1937,138) Wenn der leser die sprache nur stumm liest, dann nimmt er zwar den inhalt des gesagten auf, aber es fehlt der lebendige ausdruck. "*Augenlesen intellektualisiert*" erklärt Winkler kurz und bündig, denn es begnüge sich mit dem erraten der wortbedeutung und beschränke sich auf den zuerst ins auge springenden begrifflichen kern, während sich der "Sinnwert, diese merkwürdige Einheit von Gedanke und Gefühlstönung" erst allmählich erschließe.

> "Die Neugestaltung im gelauteten Wort zwingt [!] den Leser, seinen ganzen Menschen einzusetzen, sich dem eigentümlichen Zwang [!], den die gelungene sprachliche Fügung ausübt, hinzugeben und aus ihrem Geist, ihrer rhythmischen Bewegung heraus, den Ausspruch gleichsam von innen her neu zu gestalten." (Winkler 1937,142)

So kann man nach einschätzung Winklers dem lautlesen das textverständnis unmittelbar abhören. Drach schlägt lautes lesen als besonders wichtige sprecherzieherische arbeitsform vor und erklärt das sinnlesen zum unterbau für die höhere muttersprachliche bildung (vgl. Drach 1934d,189). Rationales durchdenken und stilles lesen eines gedichtes würde den doppelvorgang stören, den Winkler beim dichtungsvortrag sieht: "im Bemühen um das gegebene Kulturgut ... wächst unsere eigene Sprachfähigkeit; indem wir die Dichtung gestalten, gestaltet sie uns. Und weil sie deutsches Fühlen birgt, nicht nur in Stoff und Wortbegriff, sondern in jenen unbeschreiblichen Weisen, sich sprachlich zu gebärden, gestaltet sie uns deutsch." (Winkler 1937,167) Nur wenn das gedicht laut gesprochen wird, wirkt die zauberkraft der deutschen sprache.

Da dichtung nicht mehr "private Liebhaberei und Schöngeisterei bleiben" darf, liegt laut Ahmels die "höchste Leistung der Sprecherziehung für den deutschen Unterricht ... im Sprechen, Vortragen oder Vorlesen deutscher Dichtungen." (Ahmels 1934a,194) Beim gemeinsamen sprechen von dichtung im sprechchor kann die gemeinschaftsbildende kraft des gesprochenen wortes besonders intensiv erlebt werden. Victor Klemperer fragte sich in seiner LTI, warum der sprechchor stärker wirkt als das gemeinsame lied und meint, der sprechchor sei "künstlicher und einstudierter", er sei "gewaltsamer werbend als der Gesang." (Klemperer 1975,292) Die hingebung an die dichtkunst läßt sich als muster auf die politischen verhältnisse übertragen. Der einzelne soll sich dem gemeinwesen hingeben, ohne den störenden verstand dazwischen zu schalten, denn damit würde das - nur im erleben präsente gemeinschaftserlebnis - zerstört werden. "Alle Teilnehmer werden gewaltig in die Sache hineingerissen, Unsagbares an religiösem oder sittlichem Erleben ... wird ihnen im Aussprechen fühlbar. Engerer Gemeinschaftsgeist umschlingt alle Teilnehmer." (Drach 1927,393 = 1926b,178) Für Drach hat der sprechchor seine "eigentliche Stätte ... als nationale Kultform: Menschen, die in gemeinsamem Wollen zu gemeinsamem Streben und Tun sich zusammengefunden haben, sprechen das Bekenntnis ihrer Verbundenheit aus." (Drach 1935a,196; vgl. zum sprechchor Drach 1927,391 - 393 = 1926b,175 - 178; 1935a,196; 1935b,25f; 1969,213 - 216)

Der nationalsozialismus bringt mit seinem "Zeitenwandel" eine völlige gewichtsverschiebung zum gesprochenen wort, denn die "Zeit des Büchermenschen ist abgelaufen, und der neue tätige Mensch ist Sprecher und Redner." (Ahmels 1934a,191 und 1934b,2) Das still gelesene buch gilt als der sichtbare ausdruck eines zeitalters, das dem einzelmenschen huldigte und das als geprägt galt von liberalismus und intellektualismus.

3.2 Sprechende zeiten

3.2.1 Naturnähe

Die gemeinschaft soll gemeinsam fühlen und wollen - von gemeinsamem nachdenken ist nicht die rede, denn die betonung von leben und natur geht einher mit einer ablehnung rationaler denkmethoden (vgl. Sontheimer 1983a,43). Diese ablehnung rationaler denkmethoden wird übertragen auf die menschen, die sie anwenden. Bereits vor 1933 war eine zeit, in der viele 'intellektuelle' "nichts Besseres zu tun wußten, als den Intellekt als kalt und lebenswidrig zu verhöhnen und durch die Verherrlichung des Lebens an sich, der Instinkte, des Blutes, der puren Vitalität ... zu geistverachtenden 'Geistesmenschen'" zu werden (Sontheimer 1983b,50; vgl. 1991,89ff). Intellektuelle werden eingestuft als "Menschen des bloßen Gehirns, die alles zersetzen und zernagen." (Sontheimer 1983a,62) Sontheimers formulierungen fassen knapp zusammen, welches ergebnis die abkehr von der aufklärung zeitigte:

> "Aus der Verwerfung der Vernunft wurde im Endeffekt das gedankenlose und tatendurstige Schwelgen in einem Irrationalismus, der sich keinerlei Kontrollen unterwarf und im Namen der neuen Werte auch das Barbarischste und Inhumanste zu rechtfertigen bereit war. Das Denken wurde zum 'Schauen', das Schauen zum Glauben, der Glauben zur Tat - und die Vernunft blieb auf der Strecke." (Sontheimer 1983a,63)

Im effekt, so Wolfgang Fritz Haugs einschätzung, reduzierte sich die geisteswissenschaft dieser zeit auf "die Produktion und Einübung von Abwehrhaltungen gegen Materialismus, Aufklärung, Demokratie und zumal gegen Arbeiterbewegung und Sozialismus." (Haug 1987,62) Was Haug allgemein in bezug auf die geisteswissenschaft dieser zeit schreibt, trifft für die sprecherziehung im besonderen zu. Wie an den folgenden zitaten deutlich wird, sind die sprecherzieher teil einer großen weltanschauung. Ganz zwanglos ergeben sich bei der anwendung von 'natur' und 'leben' auf sprechen und bei der gegenüberstellung mit schreiben die rechten verbindungen mit politischen ansichten. Der sprecherzieher Wilhelm Martin Esser sieht eine verbindung zwischen der schädigung des deutschen charakters und einer grundhaltung, die in der entfernung der schriftsprache vom sprechen einen ausdruck von sprachbildung sah.

> "Letzlich ist das die zweifelhafte Frucht eines Denkens, das - volksfremden und volksfeindlichen Ursprungs - mit dem hellenistischen Weltbild Berührungen hat und im Aufkläricht französisch-jakobinischer Prägung, in materialistischer Geschichtsauffassung, jüdischem Marxismus und Bolschewismus endet." (Esser 1939,209)

So hofft Esser, durch die pflege des gesprochenen wortes werde das deutsche volk

> "*ein ursprünglicheres Verhältnis*" zu seiner "*oft zum 'Papierdeutsch' entarteten Muttersprache zurückgewinnen!* ... Durch Schulung des Sprechdenkens in der freien Rede wird von selbst der redemäßige Ausdrucksstil ... auch in unser schriftliches Sprechen hinüberwirken ... jeden künstlichen Abstand zwischen volkstümlichen und 'gebildeten' Sprechern und Schreibern verschwinden lassen ... um endlich die sprachlichen Klüfte in unserem Volke zu schließen, die so lange nicht minder verhängnisvoll gewirkt haben wie die sozialen Abgründe der liberalistischen Vergangenheit!" (Esser 1939,268f)

Nach Walter Schinkes einschätzung lehnt jeder kenner der deutschen sprache "die unlebendige, abstrakte, wurzellose Intellektuellensprache in Gestalt einer entarteten Schriftsprache, einer 'Papiersprache'" (Schinke 1936,91) ab. Auch Geißler hört an der sprache nur mißtöne:

> "Durch die brillenhafte Naturferne neuzeitlicher Großstädterei ist die Lautlichkeit der ganzen alten Erde in Verständelei und Geschwätz verdünnt worden; im Deutschen aber, mit seiner von vornherein geringeren Naturgabe zum Leibhaften, wurde die Entblutung [!] der Wortkörper ins Papierblasse am ärgerlichsten und die Geschäfts- und Alltagssprache auch lautlich am reizlosesten." (Geißler 1934a,184)

'Papier' ist nicht nur ein ausdruck, um die 'unlebendige, entartete' sprache zu charakterisieren, z.b. als 'papiergespenst' (vgl. R. Wittsack 1935,113ff). Dieser ausdruck wird auch verwendet, um das 19. jahrhundert zu beschreiben. Dieses jahrhundert gilt als "rationalistisch und materialistisch" ausgerichtet, als ein zeitalter, das an einer "maßlosen *Überschätzung alles Verstandesstoffes* litt" (Gerathewohl 1934,5; vgl. Schweinsberg 1946,30). Zur kennzeichnung dieses aspekts des 19. jahrhunderts war der ausdruck 'papierenes zeitalter' geläufig (vgl. z.b. Gerathewohl 1934,5f; Mayser 1938,455). Diese ausdrucksweise war so gängig, daß im Duden-stilwörterbuch unter dem stichwort 'papieren' folgende einträge verzeichnet werden: "papierene Sprache, papierener Stil, papierenes Zeitalter" (Duden 1934,377).

Ewald Geißler bringt den niedergang der sprache mit dem liberalismus des 19. jahrhunderts und der vorherrschaft 'jüdischen denkens' in verbindung (vgl. Geißler 1938b, 65f). Nach Geißlers meinung hat das judentum "verhängnisvoll mitgewirkt an der mannigfachen Entfremdung von der eigenen Art, an der Triebsicherheit zur eigenen Art, darunter unser heutiges Deutsch leidet" (Geißler 1938b,79). Der nationalsozialismus ist für ihn ein weg zurück zur natur, denn nun will "eine neue Art Mensch vortreten, die gegenüber verdünnter Geistigkeit wieder mehr Natur und gegenüber dem 'Fortschritt' mehr Ursprünglichkeit und Schöpfungsnähe ist." (Geißler 1934a,188; 1937b,345; vgl. 1935a,23)

Weller meinte, wenn beachtet worden wäre, daß der sprecher auch mit seiner körperlichen beredsamkeit spricht, hätte die 'zersetzung und zerstörung durch die jüdische großpresse' nicht so verheerend ausfallen können. Wenn diese "schreibenden Giftmischer vor das Volk hätten hintreten und für ihre Worte *immer* mit ihrer leiblichen Gesamtpersönlichkeit hätten einstehen müssen. Das Volk hätte sie und damit auch ihre Worte abgelehnt", und zwar weil sich der "nur bei ganz entarteten Menschen völlig vergangene - rassische Instinkt" gegen sie gewehrt hätte (Weller 1935a,69). Das deutsche volk hätte bei diesen sprechern 'instinktsicher' erkannt, daß ihm schaden zugefügt werden sollte. Vermutlich hätten die hörer gehört, daß ein 'nicht-deutscher' zu ihnen spricht. Ihm hätte die "eigentümliche deutsche Betonungs- und Melodisierungsweise" gefehlt, die nach Christian Winklers ansicht "der Ausländer selten, der Fremdrassige nie lernt" (Winkler 1937,141).

Die 'entartung' der deutschen muttersprache wollten die sprecherzieher ihren 'volksgenossen' in einer ausstellung vor ohren führen:

> "Nachdem mit großem erfolg die Entartungserscheinungen auf den Gebieten der bildenden Kunst und der Musik ... vorgeführt wurden, glauben wir, daß es durchaus angebracht wäre, eine entsprechende Übersicht auch auf dem Gebiete der Sprache zusammenzubringen. Sie könnte, was den Sprachstil angeht, ... die Verhunzungen artfremder Schreiberlinge vor Augen führen, wie sie sich vor allem in den Nachkriegsjahren breit machten. ... Wir Sprecherzieher könnten die Hör-Abteilung einrichten. Sie wäre mit Schallplatten jüdischer Schauspieler zu beliefern, die ... sehr eindringlich zu Gehör bringen würden, wie mit unserer Sprache von Artfremden Schindluder getrieben wurde." (Gerathewohl 1938b,158)[54]

54 Es wird nicht klar, ob Gerathewohls idee in die tat umgesetzt wurde. Eine sprachausstellung war nicht so ungewöhnlich, denn beispielsweise entwarfen die mitglieder des 'Darmstädter Sprachvereins' eine 'sprachschau'. Sie bestand aus fünfzig tafeln, die zeigen sollten, wie schön die deutsche sprache sei und wie das gute erbstück vor schäden bewahrt werden könnte (vgl. Pickert 1937).

3.2.2 Lebendige rede

Adolf Hitler schreibt im vorwort zu seinem buch 'Mein Kampf': "Ich weiß, daß man Menschen weniger durch das geschriebene Wort als vielmehr durch das gesprochene zu gewinnen vermag, daß jede große Bewegung auf dieser Erde ihr Wachsen den großen Rednern und nicht den großen Schreibern verdankt." (Hitler o.j.,vorwort) Damit war die höhere wertigkeit des redens gegenüber dem schreiben zur offiziellen auffassung im staat geworden. Drach 'schmückt' das titelblatt seiner 'Redner-Schulung' mit diesem Hitlerzitat und sieht die "nationale Erneuerung Deutschlands ... geboren *aus der Kraft des lebenzeugenden, volkformenden, gesprochenen Wortes*" (Drach 1934a,5). Der nationalsozialismus bestätigte aus sicht der sprecherzieher durch seinen sieg, daß das gesprochene wort das überlegene ist. Die nationalsozialisten ihrerseits sehen sich in ihrer auf die kraft der rede bauenden propaganda bestätigt. Sowohl sprecherzieher als auch nationalsozialisten glauben beide an die "Zauberkraft des gesprochenen Wortes" (Hitler o.j.,116).

Für Weller ist es eindeutig die "Urkraft [!] der gesprochenen nationalsozialistischen Propaganda", die über die zerstörungskraft der jüdischen großpresse siegte (Weller 1935a,69). Weller folgt Hitlers standpunkt, wenn er den marxismus als einen versuch des weltjudentums sieht, mit der entwurzelten arbeiterschaft als werkzeug die weltherrschaft erringen zu wollen (vgl. Weller 1935a,67; Hitler o.j., 498). Weller widmet sein buch 'Gesprochene Muttersprache' dem "unbekannten Redner der NSDAP aus der Kampfzeit, der durch sein gesprochenes Wort Geschichte machte" (Weller 1935a,5). Aus der sicht Wellers wird die "weltgeschichtliche Rolle" des gesprochenen wortes auch nicht dadurch verringert, daß "bei jeder nationalsozialistischen Versammlung unmittelbar hinter der Rede auch der Wille zur Saalschlacht stand - wenn es sein mußte." (Weller 1935a,81)[55]

Fritz Gerathewohl feiert den sieg des nationalsozialismus gleichzeitig als sieg einer politischen idee und befreiung der sprache:

> "Erst die *nationalsozialistische* Bewegung konnte die Bedeutung der deutschen Sprechkunde und Beredtsamkeit [sic] wieder ins rechte Licht stellen. Sie ist aus der Kraft des gesprochenen Wortes heraus entstanden, wurde zur Bewegung, weil sie die 'erstarrte Kategorie' der Sprache gegenüber ihrem Wert als Energeia, als 'bewegende Kraft' gering achtete und ihre Ideen von der zwingenden, ewig neu werdenden und wirkenden Macht des gesprochenen Wortes getragen sein ließ. *Der Sieg des Nationalsozialismus ist nicht zuletzt der Sieg der lebendigen Rede über den toten Buchstaben.* Es mag nicht als Zufall angesehen werden, daß Karl Marx seine Ideen in schlechtem Papierdeutsch niederlegte, während Adolf Hitler in bewegter, glänzender Rede überwand und zum Schreiben erst kam, als er am Reden verhindert war. Dort konstruierte ein 'abstrahierender Intellekt', hier war die Verstandesforderung aus einem glühenden Herzen erwachsen, das nach Entladung drängte in der unmittelbaren Form der von der Stimme, dem Gradmesser menschlichen Fühlens, getragenen Ausdrucksform." (Gerathewohl 1934,5)

---

55 Weller verweist an dieser stelle in einer fußnote auf eine schrift für den versammlungsleiter, in der für die saalschlacht ein eigenes kapitel aufgeführt war (vgl. Weller 1935a,81). In der nationalsozialistischen propaganda konnte die "Gewaltanwendung ... ein Teil der Propaganda sein", wie einer ihrer theoretiker betont (Hadamovsky 1933,22).

Mit sehr ähnlichen worten freut sich Ewald Geißler über den sieg der lebendigen nationalsozialistischen rede:

> "Es ist die Rückkehr ins Ur des Wortes, in seine anfängliche, noch leibgebundene, blutdurchflossene, gefühlsdurchwebte Gestalt - gegenüber der zivilisatorischen Ablösung, die auch beim Sprechen stets aus der Späte des Druckwortes zu kommen scheint. Die Grundlage des Marxismus ist ein Buch in schlechtem Papierdeutsch, Hitler dagegen bleibt auch im Papier atmender Redner und schrieb erst und nur, als er am Reden verhindert war." (Geißler 1935a,19)

Nach Victor Klemperers beobachtung kannte "die LTI keinen Unterschied zwischen gesprochener und geschriebener Sprache ... alles in ihr war Rede, mußte Anrede, Anruf, Aufpeitschung sein. ... Der für alle Welt verbindliche Stil war ... der des marktschreierischen Agitators." (Klemperer 1975,32)

Auch von autoren wie z.b. Dovifat (auf ihn bezieht sich Schweinsberg ausdrücklich für die geschichte der redekunst im 19. und 20. jahrhundert; vgl. Schweinsberg 1946,20f), die nicht zum kreis der sprecherziehung zählen, wird die bedeutung der rede betont. Das zeigt, wie weit der gedanke verbreitet war, lebendigkeit und rede gleichzusetzen:

> "An die Stelle der Zeitung und der Plapperklapper eingebildeter Staatsmänner ist das gesprochene Wort der Rede des Führers und seiner Helfer am Werk der deutschen Wiedergeburt [!] getreten. Der Redner ... wendet sich nicht so sehr an den Verstand, ... [seine rede] sucht vielmehr Eingang in die Seele jedes deutschen Menschen." (Buttmann 1936,216)

Zwei jahre später schreibt Jürgen Soenke einen artikel über die "Wiedergeburt der Rede" (1938):

> "Im Nationalsozialismus erlebt die Rede ihre Wiedergeburt [!]. Die nationalsozialistische Revolution rief weder den Intellekt, wie es eine dekadente bürgerliche Welt wollte, noch die niederen Leidenschaften, welche der Marxismus aufstachelte, an, sondern das Leben [!], wie es sich im gesunden Volke offenbart. So stand auch am Beginn der nationalsozialistischen Revolution kein Buch, sondern der unmittelbare und persönliche Einsatz des Redners. Das Mittel im Kampf um die Wiedergewinnung der lebendigen [!] Kräfte unseres Volkstums war die Rede" (Soenke 1938,X).

Der zeitungswissenschaftler Emil Dovifat, der nach 1945 entscheidend die bundesdeutsche publizistik mitgestaltete, schwärmt ebenfalls von der wiedergeburt der rede.

> "Dann kamen die jungen Redner der neuen Staatsführung, deren Ziel es war, die parlamentarische Form durch den *Führer*staat zu ersetzen. Darum mußten sie große, ganz große Sprecher sein. Sie sprachen von vornherein zum *ganzen* Volke, und indem sie das taten, prägten sie eine neue Form der Rede. ... Mit dem Kampf um die neuen politischen Führungsformen des 19.[sic] Jahrhunderts erleben wir die Wiedergeburt der Rede durch Redner wie *Adolf Hitler* und *Mussolini*. Größte Eindruckskraft aus größter Vereinfachung, das Volk wird wirklich und leibhaftig *angeredet*. Eine nie dagewesene politische Glaubens- und Wollenskraft teilt sich ihm mit." (Dovifat 1937,14f)

Die rede ist wiedergeboren in der neuen massenzeit: die größte vereinfachung ergibt die größte eindruckskraft. Die rede, die sich an alle wendet, muß auch allen verständlich, muß volkstümlicher sein. "Von der Volkstümlichkeit zur Demagogie oder Volksverführung überschreitet sie [die rede, K.R.] die Grenze, sobald sie von der Entlastung des Intellekts zu seiner Ausschaltung und Betäubung übergeht." (Klemperer 1975,65) Die reden der nationalsozialisten waren von anfang an nichts anderes als ein mittel der demagogie, das den 'volksgenossen' immer wieder einfachste parolen einzuhämmern versuchte.

In seinem artikel bringt Soenke den niedergang der rede als führungsmittel mit dem menschenbild der aufklärung in verbindung. Diese zeit habe im menschen ein einzelwesen gesehen, das seine sittliche kraft aus sich heraus hatte. Deshalb sei keine rede nötig und keine gemeinschaft möglich gewesen. Die gemeinschaft fehlte auch den parlamentsreden des 19. jahrhunderts. Sie wurden von diskussionsrednern bestimmt, die sich nicht an das gesamte volk wandten. "Alle sprachen nur zu Gruppen, alle standen außerhalb des Volkes." (Soenke 1938,IX) Ähnlich sieht auch Emil Dovifat in der parlamentarischen rede keinen "Ruf zur Sammlung, sondern umgekehrt zur Auseinandersetzung, zur Dis-kussion [sic]", denn sie sei eine "typische Schöpfung" des 19. jahrhunderts, das keine echte gemeinschaft kannte (Dovifat 1937,7). Weil das bürgertum die sprache des volkes verlernt hatte, konnte es sich nicht verständlich machen, denn die politischen diskussionen dieser zeit waren "geredete Schriftstellerei" (Soenke 1938,IX). Weil sich das bürgertum nicht verständlich machen konnte, war es nicht in der lage zu überzeugen und mußte den marxistischen rednern das feld überlassen.

Da die nationalsozialisten die massenversammlungen der arbeiterschaft nicht leugnen konnten, mußte das judentum mit seiner redefähigkeit erklären, wieso marxistische gedanken zuspruch gefunden hatten:

> "Während man ... an den Parlamenten schwätzte und diskutierte, hatte der jüdische Marxismus die Rede zu einem Instrument raffinierter Agitation als 'Verführungs'- Mittel mißbraucht. ... Den Juden ist ja die Kunst des Aufredens und Aufschwatzens eingeboren." (Soenke 1938,IX)

Die 'jüdischen redner' schaffen es, die gedanken des marxismus in lebendiger rede vorzubringen. Während der führende teil des volkes auf die rede herabsah, erlag der geführte teil den klassenkämpferischen parolen eines Ferdinand Lassalle.

> "Mit dem sicheren Sinn seiner jüdischen Rasse für Wirkung und Aufmachung war er [Lassalle] ein Meister der überspitzten intellektuellen Formel. ... Was Karl Marx in seinen der Masse unverständlichen Büchern doktrinär entwickelte, der Redner Bebel und seine Gesinnungsgenossen übersetzten es unheilvoll und verführerisch in das Deutsch des schlichten Mannes. ... So wuchs eine zersetzende Lehre durch die Kraft der Rede." (Dovifat 1937,10)

Die redekraft der 'jüdischen marxisten' mußte aber letztlich einer noch stärkeren kraft weichen, denn die macht von 'parteirednern' reicht nicht so weit wie die macht von 'volksrednern'. Die marxistischen parteiredner waren keine wirklichen volksredner, weil sie das volk nicht in seiner gesamtheit ansprachen. Das gelang nach Luther erst wieder Adolf Hitler, der als schöpfer und vorbild der nationalsozialistischen rede gilt.

> "Wie Luther den Sprachwirrwarr ... überwand und in einem höheren Sinne zur deutschen Sprachgemeinschaft zusammenfaßte, hat der Führer durch die Macht und Eigenart seines Wortes ... die politische Zerrissenheit überwunden und die Schicksalsgemeinschaft des deutschen Volkes geschaffen." (Soenke 1938,XI)

Luther dürfte nicht nur wegen seiner volkstümlichen predigten und seiner verdienste um die deutsche sprache, sondern auch wegen seines judenhasses ein ausgezeichnetes vorbild gewesen sein.

3.2.3 Ansprechpartner

Heinz Epping weist in seiner arbeit darauf hin, daß für die wirkung der nationalsozialistischen agitation

> "jene Umstände in Rechnung gezogen werden müssen, die die öffentliche Meinung beeinflußten: Die negative politische Entwicklung, die Wirtschaftskrise, die steigende Arbeitslosigkeit. Diese Faktoren bildeten die Grundlage der Unzufriedenheit, zu deren Wortführer sich die Hitlerbewegung machte. In dieser Tatsache liegt die Wirkung der NS.-Agitation vor 1933 letztlich begründet, und alle formalen wie organisatorischen Mittel und Techniken vermochten die ohnehin gezeitigte Wirkung nur zu verstärken." (Epping 1954,273)

Durch diese relativerung der propagandamittel wird deutlich, daß eine monokausale sichtweise, die das gesprochene wort zum entscheidenden faktor erklärt (vgl. Ahmels 1934b,3f; Weller 1935a,77f), zu kurz greift. Je geringer die rolle anderer faktoren eingeschätzt wird, umso stärker wird die macht, die dem gesprochenen wort zugewiesen wird. Von der unterstellten wichtigkeit der rede profitierte die sprecherziehung unmittelbar, weil ihre bedeutung im gleichen maße stieg. "Auch nach der Machtübernahme büßte die Rede an Bedeutung keineswegs ein", denn sie hatte die aufgabe, "die deutsche Volksgemeinschaft verwirklichen zu helfen." (Soenke 1938,X; vgl. Ahmels 1934b,4) Folglich war die ausbildung von rednern 'das gebot der stunde' (vgl. Drach 1934a,5). Schweinsberg weist darauf hin, daß die NSDAP seit 1930 redeschulung "in umfassender und planmäßiger Weise auf sprecherzieherischer Grundlage [betrieb]" und fügt hinzu, "also *ganz anders als früher.*" (Schweinsberg 1946,23)

Heinz Epping (1954) und Ingrid Strobl (1978) beschreiben die ausbildung an Fritz Reinhardts Reichsrednerschule, seine rednerinformationen und den einsatz von rednern im zusammenhang mit den propagandamaßnahmen. Epping stellt in seiner dissertation vor allem den organisatorischen aufbau des propagandawesens dar. Strobl knüpft in ihrer dissertation an Eppings arbeit an und konzentriert sich auf den ablauf von propagandaaktionen und die redeausbildung, die für die propagandatätigkeit befähigen sollte. Nach Strobls einschätzung wurde bei der ausbildung das hauptgewicht "auf die ideologische Schulung gelegt", denn die redner der partei mußten "zuerst selbst ausreichend 'überzeugt' ..., d.h. ausgerichtet [werden], und zwar in ihrer grundsätzlichen 'weltanschaulichen' Einstellung" (Strobl 1978,96 bzw. 84).[56]

Seit 1931 waren die redner organisatorisch unterteilt in reichs-, gau- und bezirksredner, was den möglichen einsatzbereich des redners festlegte (vgl. Strobl 1978,57). Um zu vermeiden, daß unberechtigte das wort ergriffen, gab es redner-

---

56 Dovifat meint, jede "wirksame Rednerschule ... [sei] eine Glaubenssache. Je fester der Redner glaubt ..., um so wirksamer spricht er." (Dovifat 1937,70) Hinter der redeausbildung dürfte auch der gedanke gestanden haben, daß ein 'überzeugter' redner besonders 'überzeugend' redet. Richard Wallaschek hatte in seinem buch "Psychologie der Rede" den gedanken geäußert, daß nur der redner einen sympathischen stimmklang erreichen könne und damit seine zuhörer in begeisterung versetze, der ausreichend von der wahrheit und richtigkeit seiner rede überzeugt sei. "Ist das nicht der Fall, dann stellen sich zugleich mit den Nebengedanken und Nebengefühlen auch Nebengeräusche im Klang der Stimme ein. Diese sind es, die in der Regel den Vortrag einer Rede unsympathisch machen. ... Der einfache natürliche Tonfall ist etwas, ... was sich ... von selbst einstellt, wenn der Redner die inneren Bedingungen des richtigen Tonfalls besitzt ... " (Wallascheck 1914,27).

ausweise, für deren ausstellung der bewerber bestimmte voraussetzungen erfüllen mußte. Maximilian Weller erfüllte "als alter Nationalsozialist" (so seine selbsteinschätzung in Weller 1936,6) die anforderungen (vgl. Strobl 1978,58) sicherlich spielend. Weller, der der NSDAP seit dem 1.5.1931 angehörte, verweist in seinem redelehrbuch darauf, daß er "Gauredner und Helfer der Gaurednerschulung" sei (Weller 1939,7).[57] Weller verfaßte auf der grundlage seiner vielfältigen "Praxis des Redens und Redenlehrens" (Weller 1939,5) ein buch über 'Die freie Rede' (= Weller 1939). Strobl schätzt Wellers buch als das "wohl wichtigste und anerkannteste Rhetorik-Lehrbuch für Redner der NSDAP" ein, das "als Grundlage für praktische Rednerkurse der Partei und der DAF (Deutsche Arbeits-Front) verwendet" wird (Strobl 1978,99). Strobl stellt die rednerausbildung im engeren sinne vorwiegend anhand von Wellers buch dar. Ihre darstellung erweckt den eindruck, als sei Wellers buch direkt aus der nationalsozialistischen redepraxis und redeschulung entstanden. Vernachlässigt wird dabei der zusammenhang von Wellers buch mit den bereits vorher in der sprecherziehung entwickelten rhetorikkonzeptionen (Geißler und Drach). Es dürfte auch nicht unerheblich für Wellers auffassung von redekunst (vgl. 4.1) gewesen sein, daß er ein schüler Erich Drachs war.

Weller veröffentlichte ebenso wie sein parteigenosse Fritz Gerathewohl auch in der zeitschrift 'Hoheitsträger' (vgl. Strobl 1978,25 und 160). Diese zeitschrift war "Organ der leitenden Beamten der Partei" und nicht für die öffentlichkeit bestimmt, denn ihr "Inhalt [war] vertraulich zu behandeln" (Strobl 1978,24). Strobl vermutet, daß es aufgabe einer artikelreihe über redekunst war, "den politischen Leitern eine Art Schnellschulung in Rhetorik" zu vermitteln (Strobl 1978,167).

Auch Erich Drach war bis zu seinem plötzlichen tod an der rednerausbildung beteiligt. 1934 veröffentlichte Drach unter dem titel 'Redner-Schulung' eine kurzfassung seines 1932 erschienenen buches 'Redner und Rede' (vgl. oben 2.2.2). Aus einer besprechung dieses buches geht nicht nur hervor, daß es als empfehlenswert galt für alle, die aktiv in der nationalsozialistischen bewegung waren. Der rezensent weist - einem qualitätsprädikat vergleichbar - darauf hin, daß Drach "von den Berliner amtlichen und parteidienstlichen Stellen mit der Schulung des Rednernachwuchses betreut ist" (o.v. 1936,45). Drach selber erwähnt diesen "ehrenvollen Auftrag ... [,] der Rednerschulung des neuen Staates zu dienen" und merkt an, daß seine rednerschulung "als Ergänzung zur weltanschaulichen und sachlichen Durchbildung jeglichen Führernachwuchses" gedacht sei (Drach 1934a,6).

Ewald Geißler, der an der universität Erlangen lehrte, wurde die leitung des deutschen sprachamtes in München angeboten. An Geißlers forderung, zugleich "einen Lehrstuhl in München, dem Standort der Deutschen Akademie und des

57 Soweit sich das feststellen ließ, war Weller der einzige aus dem kreis der sprecherzieher, der über einen rednerausweis verfügte und somit berechtigt war, als redner im propagandabereich tätig zu werden. Die propaganda der nationalsozialisten - von der die freie rede nur ein teil ist - bleibt deshalb im folgenden außer betracht. Einerseits liegen mit Eppings und Strobls arbeiten bereits zwei untersuchungen vor, die sich speziell mit dem stellenwert der rede in der nationalsozialistischen propaganda befassen. Andererseits konzentrierte sich das interesse der sprecherzieher viel mehr darauf, ihr fach in schule und hochschule zu etablieren, um so die ausbildung zum reden zu einem festen bestandteil des deutschen erziehungssystems zu machen.

Sprachamtes" zu erhalten, scheinen die verhandlungen gescheitert zu sein, denn nach über einjähriger verhandlung sagte Geißler ab (Simon 1989,75).

Aus dem einsatz in der rednerausbildung wird deutlich, daß sprecherzieher ihre tätigkeit nicht auf den deutschunterricht in der schule beschränkten. Nach Wellers einschätzung zieht die sprecherziehung aus der rednerausbildung in der partei die bestätigung wichtiger erkenntnisse. Diese einsichten sollen auch der jugend zugute kommen, denn die sprecherziehung glaubt, die rednerausbildung, die "damals bei jenen Parteirednern möglich war ... bei der Jugend des neuen Reiches überhaupt ... zuwege bringen zu können" (Weller 1935a,74).

3.2.4 Förderungswille

Für sprecherzieher war es förderlich, daß die ansicht vorherrschte, die nationalsozialisten hätten mit ihrer redekraft die macht im staate erobert. Was in der kampfzeit als "elementarische Kraft des gesprochenen Wortes entbunden worden [war]", galt es nun, so Weller, als "Sprachtat weltgeschichtlicher Art ... planmäßig in unserem ganzen Sprachbildungswesen fruchtbar zu machen, lebendig zu erhalten, in fernste Zukunft hinaus!" (Weller 1937a,412) Die sprecherzieher, die das fach an den hochschulen vertraten, mühten sich eifrig darum, die enge beziehung von nationalsozialismus und sprecherziehung deutlich werden zu lassen (z.b. Weller 1935a,65ff, 1936; Ahmels 1934a, 1934b; Gerathewohl 1934; vgl. auch abschnitt 3.3). Bereits 1934 versicherte reichsminister Heß dem leiter der arbeitsgemeinschaft der hochschullektoren, Fritz Gerathewohl, daß die bestrebungen der sprecherziehung im sinne des führers seien. Heß sagte seine unterstützung zu: "Die Sprecherziehung ist eine wichtige Aufgabe des Nationalsozialismus. Sie können deshalb der Unterstützung des Stellvertreters des Führers versichert sein." (Heß zitiert nach Weller 1936,1) Gerathewohl veröffentlichte in der 'Reichszeitung der deutschen Erzieher', der zentralen zeitschrift des NSLB[58], einen aufsatz über die "Sprecherziehung im nationalsozialistischen Bildungsplan" (= Gerathewohl 1934), in dem er den erziehungswert der sprecherziehung herausstreicht. Ein jahr später wird der aufsatz in dieser zeitschrift nahezu[59] unverändert nochmals abgedruckt (= Gerathewohl 1935).

Die 'Arbeitsgemeinschaft der Hochschullektoren für Sprecherziehung' verfaßt einen 'Vorschlag von Sofortmaßnahmen für den Einbau der Sprecherziehung' (vgl. Weller 1936,12f). Weller übernimmt es, als reichsobmann[60] für die sache der sprecherziehung zu werben und deutlich zu machen, daß "*Sprecherziehung ... buchstäblich das Schulbeispiel eines Zweiges nationalsozialistischer Erziehungs-*

---

58 Willi Feiten zeichnet die geschichte und organisation des NSLB (Nationalsozialistischer Lehrerbund) nach. Die 'Reichszeitung' war auflagenstärkste zeitschrift des NSLB (vgl. Feiten 1981,118).

59 Es wurden beispielsweise zwischenüberschriften eingesetzt und die falsch geschriebene 'rethorik' durch 'redekunst' ersetzt.

60 An der erarbeitung der denkschrift, die schon im april 1935 an "höchste Stellen des Staates und der Partei" geleitet wurde, waren auch Fritz Gerathewohl und Richard Wittsack beteiligt. Weller weist ausdrücklich darauf hin, die vorschläge seien "als Meinungsäußerung der Arbeitsgemeinschaft für Hochschullektoren für Sprecherziehung zu betrachten." (Weller 1936,1)

lehre [sei]" (Weller 1936,6). Die grundsätzliche forderung lautet, alle im dienst befindlichen lehrer sollten fortgebildet sowie künftige lehrer entsprechend ausgebildet werden. Was für die lehrer allgemein gilt, denn sprecherziehung soll erziehungsgrundsatz sein, gilt für die deutschlehrer im besonderen maße: "*Jeder künftige Deutschlehrer muß Sprecherzieher im gesteigerten Sinne sein.*" (Weller 1936,9) Um diese aufgaben erfüllen zu können, müßten "an allen Hochschulen ... ausnahmslos vollwertige Lehrstellen für Sprecherziehung geschaffen [werden] und unbedingt mit nur zünftigen, akademisch vorgebildeten und promovierten Sprecherziehern besetzt werden." (Weller 1936,10f) Dadurch, daß sprecherziehung zum festen ausbildungsbestandteil an hochschulen werden soll, verbessern sich selbstverständlich auch die beschäftigungsaussichten der fachvertreter. Hinter den forderungen steckt auch eine portion standespolitik. Das wird daran deutlich, daß Weller vorbringt, die hochschulstellen seien nur mit "promovierten *und von der Fachvertretung [!] anerkannten* Lehrern des Gesamtfaches zu besetzen." (Weller 1936,11; im original insgesamt gesperrt gedruckt; hervorhebung K.R.). Mit der fachvertretung sind die in der 'arbeitsgemeinschaft der hochschullektoren' zusammengeschlossenen sprecherzieher gemeint. Weller versichert, ein "vollgültiger Anwärterstamm" (Weller 1936,11) sei vorhanden.

Im herbst 1930 hatten sich die deutschen sprecherzieher auf initiative Erich Drachs im 'Deutschen Ausschuß für Sprechkunde und Sprecherziehung' zusammengeschlossen. Diesen zusammenschluß wertet Weller als "Markstein" für die sprecherziehung, da sich der verein die aufgabe gestellt hat, "die Sprecherziehung im gesamten Bildungswesen in die ihr gebührende Rangordnung einzusetzen" (Weller 1935a,56; vgl. auch 1957,84). 1936 erkennt der NSLB (Nationalsozialistischer Lehrerbund) sprecherziehung im "Hinblick auf die große Bedeutung, die der Pflege des gesprochenen Wortes im nationalsozialistischen Deutschland zukommt, ... als neues Reichssachgebiet" an (Gerathewohl 1936b,70). Im gleichen jahr gründet Gerathewohl im auftrag der reichsamtsleitung des NSLB

> "(e)ine Arbeitsgemeinschaft für Sprecherziehung im NSLB ... Die bisherige Arbeitsgemeinschaft deutscher Sprecherzieher, den *Deutschen Ausschuß für Sprechkunde und Sprecherziehung,* erklärt der Unterzeichnete im Einverständnis mit der Reichsamtsleitung des NSLB, mit seinem Vertreter in der Leitung, Prof. Dr.Dr. Weller, und dem Schriftführer Dr. Simon für aufgelöst." (Gerathewohl 1936a,53)

Später behauptet Weller, der ausschuß wäre "1933 im Auftrag der Reichsverwaltung des NSLB 'gleichgeschaltet'" worden (Weller 1957,85). Weller, der aktiv an der eingliederung des ausschusses in den NSLB beteiligt war, verlegt den zeitpunkt um drei jahre vor. So läßt es sich glaubhafter darstellen, daß die sprecherzieher opfer, nicht täter waren!

Gleichzeitig mit der gründung der neuen arbeitsgemeinschaft lädt Gerathewohl die fachschaft sprecherziehung zu einer sondertagung nach Bayreuth ein (vgl. Preußler 1936). Auf dieser tagung hielt Weller den hauptvortrag unter dem titel "Sprecherziehung im nationalsozialistischen Staate" (Weller 1937a).[61] In seiner rede dankt Weller dem NSLB, daß er "uns [den deutschen sprecherziehern,

---

61 Dieser vortrag ist ebenfalls in seinem buch 'Freie Rede' abgedruckt. Dort dient er Weller als beispiel für eine rede und den dazugehörigen stichwortzettel (vgl. Weller 1939,136ff).

K.R.] grundsätzlich die Erfüllung unserer Forderungen zugesagt [hat], die den inbrünstigen Traum unseres Lebens bildeten" (Weller 1939,136 und 1937a,411). Neben der institution NSLB dankt er ausdrücklich dem "Pg. Staatsminister *Wächtler*" und dem "Leiter dieser Tagung und der Arbeitsgemeinschaft, dem Pg. Universitätslektor Dr. *Gerathewohl*" (Weller 1939,136 und 1937a,411). Ein jahr später ist Gerathewohl an der reihe, sich für die tatkräftige unterstützung zu bedanken, die die arbeitsgemeinschaft im ersten jahr ihres bestehens erfahren hat (vgl. Gerathewohl 1937c,230f). Gerathewohls einsatz trägt früchte, denn er kann stolz bekanntgeben, daß die zahl der "Kameraden" von "ungefähr 200 ... auf annähernd 1000 Mitglieder" (Gerathewohl 1937c,239) gewachsen sei. Die sprecherziehung erfreut sich wachsender unterstützung, denn sie ist als 'förderungswürdig' gekennzeichnet. Sogar der wunsch der sprecherzieher nach einer eigenen zeitschrift[62] wird positiv beschieden, wie Gerathewohl berichtet:

> "Die Reichswaltung des NSLB. bzw. das Hauptamt für Erzieher bei der Reichsleitung der NSDAP. hat uns auch in diesem Plan unterstützt und beschlossen, unter dem Titel '*Das gesprochene Wort*' ein amtliches Organ für Sprechkunde und Sprecherziehung erscheinen zu lassen." (Gerathewohl 1937c,240)

Bevor die neue zeitschrift[63] ab 1938 erscheint, werden den sprecherziehern sondernummern in lehrerzeitungen ermöglicht, um damit ihr fachgebiet bekannt zu machen. Zeitgleich mit der septemberausgabe der 'Reichszeitung der deutschen Erzieher' widmet die zeitschrift 'NS-Erzieher' (Gau Hessen-Nassau) eine sondernummer dem thema 'Sprecherziehung und Sprachpflege'. Geleitworte von Fritz Wächtler (leiter des NSLB) sowie von Hans Stricker (leiter der 'Reichshauptstelle Erziehung und Unterricht' der NSDAP) in der 'Reichszeitung' unterstreichen, welche bedeutung dem neuen sachgebiet von oberster stelle zugemessen wird. Wächtler wünscht sich, "daß möglichst alle Erzieher von der Schulungsarbeit des Reichssachgebiets Sprecherziehung im NSLB. erfaßt werden." (Wächtler 1937,338) In seinem geleitwort zur neuen zeitschrift 'Das gesprochene Wort' wiederholt Hans Stricker zum teil wörtlich, was er bereits 1937 in der 'Reichszeitung' geschrieben hatte. Für ihn stellt die sprecherziehung "einen wesentlichen Teil unserer nationalsozialistischen Charakterformung, einer neuen Lebensmeisterung dar." (Stricker 1937,339; 1938,1)

Die schriftleitung der zeitschrift 'Das gesprochene Wort' wird in Gerathewohls hände gelegt, der "die Gewähr für eine erzieherische Arbeit im Geiste einer einheitlichen weltanschaulichen Zielsetzung bietet." (Stricker 1938,1) Gerathewohl betont ganz in diesem sinne für die sprecherzieher:

> "Ständig haben wir uns dessen bewußt zu sein, daß der Sieg der nationalsozialistischen Bewegung nicht zuletzt ein Sieg der lebendigen Rede über das tote Buchstabenwort war, und daß es für alle Zeiten hin immer wieder die Rede sein wird, die den Begriffen Führertum, Gemeinschaft oder Kameradschaft in mancher Hinsicht erst ihren vollen Sinn gibt, genau so, wie die Hochsprache keine Frage ästheti-

---

62 Wie aus Gerathewohls schriftverkehr (Bundesarchiv Koblenz NS 12 - 206/1352) ersichtlich ist, hat er sich zunächst vergeblich bemüht, für die arbeitsgemeinschaft der sprecherzieher im NSLB die zeitung 'Sprechen und Singen' des Engel-vereins zu übernehmen.

63 Die zeitschrift 'Das gesprochene Wort' wird "von der Reichsleitung der NSDAP/Hauptamt für Erzieher" herausgegeben (vgl. das impressum des 1. heftes 1938). Sie erscheint zunächst alle zwei monate, später vierteljährlich und wird 1944 eingestellt.

scher, sondern gemeindeutsch-völkischer Erziehung ist. Unsere Aufgabe ist also im letzten Grunde eine politische ... Ohne daß wir uns irgend einer 'Methode' verpflichtet fühlen, ist uns die Anerkennung der biologischen Grundtatsache der *Leib-Seele-Geist-Einheit* im Sinne der nationalsozialistischen Auffassung jeder Erziehungsaufgabe unbedingte Voraussetzung für die Arbeit an unserer Zeitschrift. .... Keine verstaubte, weltfremde Bücherweisheit, sondern ein frischer, lebendiger Kampfgeist soll in diesen Blättern wach werden, ein Kampfgeist, der aus festbegründeten Erkenntnissen ebenso wie aus einer unendlichen Liebe aufsteigt, die wir zur gesprochenen Muttersprache als dem unerschöpflichen Brunnen ewigen deutschen Volkstums empfinden." (Gerathewohl 1938a,2f)

Die sprechkunde sollte zu dieser zeit insbesondere an den universitäten weiterentwickelt werden, wo zu diesem zweck professuren für dieses neue fach eingerichtet werden (vgl. Gerathewohl 1937c,239). Obwohl vom staat unterstützt, bleibt der sprechkunde die anerkennung als gleichwertiges wissenschaftsfach versagt, wie aus Wellers klage deutlich zu entnehmen ist (vgl. Weller 1937b,347f). Bleiben der sprechkunde an den universitäten die wissenschaftlichen ehren verwehrt, so hat sie bei der sprecherziehung in der schule und der deutschlehrerausbildung erfolg.

Mit blick auf die neuen lehrpläne für das fach deutsch kann Walter Schinke jubilieren: "Sprecherziehung an erster Stelle ...!" (Schinke 1938a; vgl. auch Lebede 1938). Das sprechen nimmt nun im deutschunterricht einen bedeutenden platz ein. Wie aus Gisela Reuschlings untersuchung von sprachbüchern für die volksschule hervorgeht, blieb sprecherziehung keine forderung der lehrpläne, sondern wurde auch in die praxis umgesetzt (vgl. Reuschling 1979). Schließlich wird sprecherziehung 1941 zum pflichtfach für studierende des faches deutsch (vgl. Schweinsberg 1946,39 - 41; Weller 1957,5 und 85f). Bernd Spillner sieht in der tatsache, daß sprecherziehung ausgerechnet 1941 zum pflichtfach wurde, ein argument gegen den von den vertretern der demokratiethese behaupteten engen zusammenhang von demokratie und rhetorik (vgl. Spillner 1977,96). Würde Spillner nicht nur die entscheidung aus dem jahr 1941 heranziehen, sondern die gesamte entwicklung bis zu diesem jahr berücksichtigen, gewänne sein einwand gegen die demokratiethese an beweiskraft (vgl. dazu auch 8.4.2).

3.3 Erziehungsprogramme

3.3.1 Gemeinsamkeiten

Maximilian Weller beschäftigt sich in seinem buch "Gesprochene Muttersprache - Studien zur nationalpolitischen Grundlegung der Sprecherziehung" in einem 33 seiten umfassenden kapitel (Weller 1935a,65 - 98) mit der engen beziehung von sprecherziehung und nationalsozialismus. Außerdem zeigt er das verhältnis von nationalsozialismus und redekunst sowie die 'verwobenheit' von 'rassenseele' und sprechausdruck. Erich Drach äußert sich zustimmend zu Wellers buch, denn er findet die "Wechselbeziehung zwischen der nationalsozialistischen Bildungsidee und dem Gedanken tätiger Bildung des gesprochenen Wortes ... sachgerecht aufgezeigt" (Drach 1935a,190; vgl. auch 1935b,4). Wilhelm Martin Esser erblickt in diesem buch mit "seine[n] wertvollen, mit Herz und Geist vertretenen Studien ... eine befreiende Tat" (Esser 1936,515), und Richard Wittsack meint in seinem literaturbericht über dieses buch, in "einem Hauptkapitel w[ü]rden überzeugend die organischen [!] Zusammenhänge zwischen Nationalsozialismus und Sprecherziehung aufgezeigt" (R.Wittsack 1938a,138). Auch Fritz Gerathewohl verweist bezüglich der nationalsozialistischen grundlegung der sprecherziehung auf dieses buch (vgl. Gerathewohl 1937c,235). Wenn Weller die beziehung zwischen nationalsozialismus und sprecherziehung aufzeigt, dann ist darin also eine auch von anderen wichtigen fachvertretern der sprecherziehung akzeptierte position zu sehen!

Im vergleich zu den zum teil 'krampfhaft' gesuchten beziehungen zur weltanschauung des nationalsozialismus kann Weller darauf verweisen, daß es wohl schwer fiele,

> "*neben der Rassenkunde und einer vertieften und gewandelten Geschichtsbetrachtung irgendeine Zone in der neuen Erziehung zu finden, der sich die Liebe deutscher Menschen inniger zuwenden müßte als der Muttersprache.*" (Weller 1935a,66)

Zunächst entdeckt Weller eine "innere Wesensverwandtschaft" zwischen sprecherziehung und nationalsozialismus, weil sprecherziehung ebenfalls

> "*naturhaft, tatschöpferisch, lebensgesetzlich" sei sowie "in ihrer Bindung an die Leiblichkeit des Menschen biologisch-funktional und antirationalistisch, jedoch nicht antiwissenschaftlich, da sie ja erst den wissenschaftlichen Unterbau zu dem früher regellosen und verwilderten Betrieb sprecherischen Unterrichts geschaffen hat.*" (Weller 1935a,68)

Bei der redekunst sieht Weller einen "besonders innig[en]" (Weller 1935a,77) zusammenhang zum nationalsozialismus. Weller erläutert, sprecherziehung und nationalsozialismus begegneten sich "zumal in ihrer Erscheinungsform als Redekunst und Verhandlungstechnik" im kämpferischen wesen und deshalb erweise sich die "*(ü)berlegene Beherrschung des Wortes ... [als] ein Lebenskampfmittel erster Ordnung*" (Weller 1935a,70). Der kampf ums dasein vereint sprecherziehung und nationalsozialismus. Geißler hatte bereits 1914 gemeint, rede sei zu einer "notwendigen Waffe im Kampfe ums Dasein geworden" (Geißler 1914a,5).

3.3.2 Charaktererziehung

Beim erziehungsgedanken wird die innige verbindung von nationalsozialismus und sprecherziehung besonders deutlich. Hitler war mit seinen gedanken zur erziehung auf offene ohren gestoßen, weil er das äußerte, "was ... in völkischen Kreisen ohnehin im Gespräch" war (Flessau 1977,30). Hitlers völkischer staat hat seine erziehungsarbeit

> "in erster Linie nicht auf das Einpumpen bloßen Wissens einzustellen, sondern auf das Heranzüchten kerngesunder Körper. Erst in zweiter Linie kommt dann die Ausbildung der geistigen Fähigkeiten. Hier aber wieder *an der Spitze die Entwicklung des Charakters-, besonders die Förderung der Willens- und Entschlußkraft*, verbunden mit der Erziehung zur Verantwortungsfreudigkeit, und erst als letztes die wissenschaftliche Schulung" (Hitler o.j.,452; im original insgesamt gesperrt gedruckt; hervorhebung K.R.).

Weller kann stolz verkünden: "Ohne daß auch nur der geringste Rest verbleibt, entspricht sie [die sprecherziehung, K.R.] genau den schulpolitischen Forderungen des Führers" (Weller 1936,6). Zunächst der körper, dann der charakter und zuletzt der geist, lautet die schrittfolge der erziehungsbemühungen. Diese reihenfolge deckt sich erstaunlich gut mit den ausbildungsschritten, die Drach in seiner sprecherziehung vorgesehen hatte. Seine sprecherziehung beginnt zunächst mit atemübungen, bevor dann die stimmbildung geübt wird. Im anschluß an sinngestaltendes lesen bilden dichtungsvortrag und freie rede den abschluß des lehrgangs. Drach sieht sich vermutlich deshalb bei der neuauflage seiner 'Sprecherziehung' 1935 trotz veränderter "pädagogische[r] Haltung der deutschen Schule ... durch die Neuordnung des Reiches ... in der stolzen Lage, von dem früher Gesagten nichts ummodeln zu brauchen, vielmehr seine eigenen Vorschläge und Forderungen heute der Verwirklichung näher gerückt zu sehen" (Drach 1935a, vorwort). Innerhalb weniger jahre erscheinen mehrere weitere auflagen [1938 die sechste, 1943 bereits die zehnte auflage] von Drachs buch. Sechs jahre nach Drachs äußerung meinte Karl Reumuth, daß die "Arbeiten von Erich Drach ... bis in die Gegenwart hinein wegweisend geblieben [seien]" (Reumuth 1941,58).

Drach meinte schon 1922, sprecherziehung liefe "auf allgemeine Charakter- und Willensschulung hinaus" (Drach 1922,87 = 1969,116). Auch für die vom 'führer' geforderte charakterschulung "darf" die sprecherziehung, deshalb nach Wellers meinung, "ihre Dienste anbieten", da für das gesprochene wort, im gegensatz zum schreiben, die pflege von "Geistesgegenwart, Mut, Entschlußfähigkeit, Schlagfertigkeit, blitzschnelle[r] Konzentration" nötig sei (Weller 1935a,72f). Für die charaktererziehung sei redeausbildung besonders geeignet. Diese enge verbindung verdeutlicht schon der titel, den Fritz Gerathewohl seinem aufsatz gibt "Charakterbildung und Rhetorik" (Gerathewohl 1942).

3.3.3 Spracherziehung

Sprecherziehung bemühte sich nicht nur um die charakterliche bildung des einzelnen. Herbert Ahmels will die sprache zur volkbildung nutzen, denn die deutsche schule brauche nicht nur eine sprachbildung, "welche aufgespeicherte und zukunftsträchtige Kräfte der Sprache entfessel[e]", sie brauche auch "Sprecherziehung zu deutscher Volkheit." Was das heißt, wird einige zeilen später konkretisiert. Sprecherziehung erziehe zur "Verantwortlichkeit gegenüber der Sprache und zwing[e] den einzelnen, sich mit wachem Bewußtsein in die Sprachgemeinschaft, in das Volk einzugliedern" (Ahmels 1934a,196; vgl. auch 1934b,4). Die sprecherziehung hat sich zur erfüllung ihrer aufgaben drei ziele gesteckt: sprechzucht, redegewandtheit und schlichte sprechkunst zu erreichen. Die begründung für die sprechzucht liegt nicht nur darin, daß die persönlichkeit des zöglings durch die sprechweise geformt wird. Vielmehr darf der einzelne seine sprechweise nicht verludern lassen, denn "die Sprache ist ein Lehen des Volkes, das nicht verwahrlost auf unsere Nachfahren übertragen werden darf." (Ahmels 1934a,192)

Hopster/Nassen erklären den großen wert, den der deutschunterricht des nationalsozialismus auf sprachzucht legte, zu recht damit, daß "'Verstöße' gegen die deutsche Sprache" als zeichen für "mangelnde Tatbereitschaft, mangelnde völkische Haltung und Einstellung" (Hopster/Nassen 1983,40) gedeutet wurden. Richard Wittsacks äußerungen bestätigen diese meinung, denn für ihn ist

"Zuchtlosigkeit der sprachlichen Äußerung ... fast immer verbunden mit einer brüchigen inneren Haltung, mit Disziplinlosigkeit des Denkens und Tuns. Sprecherziehungsarbeit kann diesem Verfall [!] nicht nur Einhalt gebieten, sondern durch Uebung zur körperlich-geistigen Zucht hinleiten und zur Ehrfurcht vor Wesen und Wert der Muttersprache erziehen." (R.Wittsack 1938b,337)

Diese einschätzung der sprache als indikator für den zustand des einzelnen und des volkes wird auch bei Karl Reumuth deutlich, der die "(s)prachliche Gestaltlosigkeit" für "ein Zeichen rassischen Verfalls" hält (Reumuth 1941,29)

Die bedeutung von 'sprache' und 'rasse' wird nicht bei allen sprecherziehern gleich eingeschätzt. Während Walter Wittsack die zusammenhänge zwischen der sprache und 'den kräften des blutes' im einzelnen für schwer zu klären hält (vgl. W. Wittsack 1936,335), steht für Ewald Geißler fest, daß nur beim "blutmäßig mitgeborenen Wort, nicht dem von außen gegebenen", die entsprechende körperliche beredsamkeit möglich ist (Geißler 1934a,73). So sieht Geißler den nationalsozialismus als "ein Streben nach unserem Ur. Und zwar nicht nur im Rassisch-Körperlichen, sondern auch in geistiger Haltung" (Geißler 1934a,183). Christian Winkler schreibt der sprache die entscheidende bedeutung bei der nationwerdung zu: "Aus unserem Blut sind wir Wesensgemeinschaft, aus dem gemeinsamen Willen zu einer deutschen Hochsprache sind wir Willensgemeinschaft, Nation." (Winkler 1937,141) Ähnlich sieht es auch Herbert Ahmels, der meint, sprache sei eine volkbildende kraft, denn sie helfe, "die auf Blut und Rasse beruhende Willensgemeinschaft der Nation zu formen." (Ahmels 1934a,190) Ahmels wirft dem sprachwissenschaftler Georg Schmidt-Rohr vor, die sprache überzubewerten und die übrigen volkbildenden kräfte, besonders die 'rasse', zu vernachlässigen. Schmidt-Rohr sah sich wegen seiner ansicht, der sprache und nicht der 'rasse' komme die entscheidende bedeutung für die volkbildung zu, von nationalsozialistischer seite angriffen ausgesetzt (vgl. Frank 1976,809 - 813). Ahmels verweist auf Hitlers ansicht, daß "jede Germanisation fremden Blutes durch Ausbreitung der deutschen Sprache" zu verwerfen sei (Ahmels 1934a,191). Falls die deutsche sprache das entscheidende merkmal eines deutschen gewesen wäre, hätten juden mit deutscher muttersprache deutsche volksgenossen sein können - eine für nationalsozialisten undenkbare position.

Maximilian Weller, der "über eine mehrjährige Beschäftigung mit der Rassenkunde zum Nationalsozialismus gekommen ist" (Weller 1935a,92), versucht, den zusammenhang zwischen 'rasse' und sprechausdruckstypen zu ermitteln[64]. Auch mit "rassekundlich geschärftem Auge" kommt Weller nicht über die feststellung hinaus, daß ausdruckstypen "von der Rasse bestimmt" werden (Weller 1935a,93f). Weller ging es bei seiner beschäftigung mit den ausdruckstypen auch darum, den vorwurf zu entkräften, redefähigkeit läge nicht im deutschen wesen, weil sie dem deutschen volke nicht arteigen sei.

Letztlich geht es darum, "durch Schulung und Erziehung, durch innere Stählung des Volkskörpers diesen gegen die fremdrassigen Krankheitskeime unempfindlich zu machen." (Weller 1935a,98) Die 'jüdische gefahr' geht dabei auch von 'jüdischen sprechern' aus, die wegen ihrer formgewandtheit besonders in redenden berufen anzutreffen waren und dadurch macht über das volk gewinnen konnten.

64 Den einzelheiten dieses unsinnigen versuchs nachzugehen, dem Weller eine eigene veröffentlichung widmen wollte (vgl. Wellers anmerkung 17 auf seite 85 in 1935a), erübrigt sich.

Sofern das deutsche volk überleben will, muß es seine stimme finden und das 'lebenskampfmittel' rede handhaben können, denn die 'jüdischen sprecher' lassen die 'deutschen werte' nicht zu wort kommen. Das gesprochene wort der muttersprache muß deshalb gefördert werden, "*zur Beseitigung des wahrhaft ungeheueren Mißverhältnisses zwischen den großen inhaltlichen Werten und der Fähigkeit, diese Werte in Ausdruck und Form zu bringen.*" (Weller 1935a,98) Das deutsche volk soll fähig werden, seine inneren werte in der äußeren form anhörbar zu machen.

Am stil des sprechens zeigt sich, inwieweit das volk seine ausdrucksweise erlernt hat, denn einem "kämpferisch harten Geschlecht muß eine freie, beherrschte, zuchtvolle Sprache zur Verfügung stehen" (Ahmels 1934a,193). Wie dieser zuchtvolle sprechstil aussieht, macht Ahmels einige jahre später deutlich. "Der heutige Sprechstil richtet sich an der politischen Führerrede aus. ... In dieser Richtung muß also die Sprecherziehung den Sprachwandel vorantreiben." (Ahmels 1939,140) Eine seite später berichtet Ahmels als 'erfolgsmeldung', daß SA-männer abschnitte aus Hitlers buch unbewußt in dessen sprechart vorgelesen hätten.

3.3.4 Willenserziehung

Ahmels weist der sprecherziehung eine überragende stellung in der schule zu, wenn aller wille darauf eingestellt sei, "aus dem deutschen Volk wieder einen gesunden, frischen und lebenskräftigen Körper zu gestalten, in dem der einzelne willig unter Opfern dem Ganzen dient" (Ahmels 1934a,191). Die erziehung zu einem 'gesunden charakter', der sich willig in das 'volksganze' einordnet, vollendet die sprecherziehung in der willenserziehung durch redeschulung.

Die willenserziehung war ein kernstück der nationalsozialistischen charaktererziehung. Der psychologe Hans Lämmermann unterscheidet an der willenserziehung eine materiale und eine formale seite. Die materiale seite meine die "Ausrichtung des Willens auf bestimmte verpflichtende Gehalte, Ziel und Werte", während die formale seite die "Übung und Stählung der Willenskräfte und Willensfunktionen" meine (Lämmermann 1938,468). Über die werte, zu denen die nationalsozialistische schule erziehen soll, also die materiale willenserziehung, kann leicht übersehen werden, daß die formale seite der willenserziehung eine eigene qualität hat. Gerathewohl meint, die deutsche schule habe zweifellos "in der Erziehung zu sicherem Auftreten und zum freien Reden heute eine besonders wichtige Aufgabe zu erfüllen, denn damit [!] ... [werde] sehr wesentlich [!] auch die vom Führer in 'Mein Kampf' erwartete 'Förderung der Willens- und Entschlußkraft' ... erreicht." (Gerathewohl 1937a,341)

Durch die freie wiedergabe von führerreden sollen die jugendlichen redner "durch Inhalt und Form zugleich" (Ahmels 1934a,194) erzogen werden. Sprecherziehung erzieht also auch durch die auswahl entsprechender inhalte bei den reden. So schlägt Fritz Gerathewohl vor, redeübungen mit der staatsbürgerlichen schulungsarbeit zu verbinden. Die schüler der höheren klassen sollen lernen,

> "mit eigenen Worten, nicht mit eingelernten und nachgesprochenen Sätzen, ... über Grundbegriffe des Nationalsozialismus usw. zu sprechen ..., *um sich selbst innerlich zu festigen*, aber auch um zu lernen, das Gedankengut des Nationalsozialismus sinngerecht und wirksam in Gespräch oder Rede an andere weiterzugeben." (Gerathewohl 1934,7; hervorhebung K.R.)

Die schüler in den höheren klassen sollen so zu mini-propagandisten des faschistischen systems werden, nachdem sie in den unteren klassen vor allem auf sprechtechnischem gebiet geschult wurden.

Die schule schafft zwar "ständig Anlässe zu zuchtvollem Reden ... [, um] allmählich die natürliche Beredsamkeit zu steigern", was aber nicht bedeutet, daß es sich um redeausbildung handelt, denn die "*eigentliche Redeschulung* kann sehr spät einsetzen, wenn die Fähigkeit zum freien Sprechen eine selbstverständliche Leistung der gesamten Klasse geworden ist." (Ahmels 1934a,194; hervorhebung K.R.) Freies sprechen meint hier soviel wie angemessene ausdrucksfähigkeit im mündlichen und ist etwas anderes als die rednerausbildung. Die redeschulung bleibt den führungskräften und ihrem nachwuchs vorbehalten. Ahmels spricht ausdrücklich vom "Führernachwuchs aus der kommenden Generation" (Ahmels 1934b,4). Gerathewohl betont, die schule solle die grundlagen der rednerischen persönlichkeit fördern, aber gewiß "keine 'Redner' erziehen", anders dagegen beim jungen volksgenossen, der die hochschule besucht, ihm sind "die rednerischen Fähigkeiten im Sinne der Erziehung zur Führerpersönlichkeit weiterhin zu schulen" (Gerathewohl 1934,7). Da der nationalsozialismus auf dem führergrundsatz aufgebaut ist, wurde demjenigen die befähigung zum führen abgesprochen, der nicht - wie der 'führer' es gefordert hatte - über redefähigkeit verfügte (vgl. Hitler o.j.,117; Weller 1935a,78). Die rednerausbildung am modell der 'führerrede' auszurichten ist nur dann möglich, wenn es auch geführte gibt. Wäre jeder volksgenosse ein redner geworden, so hätte es keine masse mehr gegeben, die schweigend zugehört hätte[65]. Horst-Joachim Frank weist deshalb zu recht darauf hin, daß bei den nationalsozialisten gar nicht die absicht bestand, "ein Volk von Rednern heranzubilden. Stets stand dem Redner ja eine Gruppe von Zuhörern gegenüber. Dieses Schema der 'Ansprache' sollte sich früh einprägen." (Frank 1976,828f)

Erich Drach will mit der schulischen sprecherziehung nicht dutzendweise versammlungsredner züchten, denn vor einem großen kreis von volksgenossen werde nur sprechen, wer eine starke führerbegabung habe. Deshalb solle es sache der politischen stellen sein, diese ausbildung zu übernehmen (vgl. Drach 1935b,27). Das geistesbezwingende mitreißen der rede wird nach einschätzung Drachs "freilich in keinem Lehrverfahren gelehrt werden" (Drach 1969,99). Drachs kollegen Gerathewohl und Weller wollen durch die ausbildung zum redner beim redeschüler die widerstände überwinden, die sich (infolge einer falschen erziehung in der schule) gegen die gesunde und natürliche redelust gebildet haben. Weil das neue reich "keine Mucker und Angsthasen gebrauchen" kann, bietet Gerathewohl redeschulung als geeignetes hilfsmittel an, um die willenskraft schon im schulalter zu stärken (Gerathewohl 1934,7). Reumuth sieht in jeder freien rede eine mut-

---

65 Hadamovskys buch 'Propaganda und nationale Macht' (1933), wendete sich ausdrücklich an "die intellektuelle Führerschicht der Nation" und wollte, sie mit den "Werkzeugen [vertraut machen], deren Gebrauch ihre [!] Macht über die Geister endlich wieder sicherstellt" (Hadamovsky 1933,9).

probe und fordert, daß sie so selbstverständlich werden muß wie die mutprobe auf dem gebiet der leibesübungen, denn auf beiden gebieten müsse die spannkraft gesteigert werden (vgl. Reumuth 1941,71).

Die 'klassische rhetorik'[66] kannte zwar die ausbildung zum redner und das ideal des 'vir bonus', aber noch nicht die jetzt gesehene enge beziehung zwischen der erweckung ethischer werte und der gestaltung der redefähigkeit. Gerathewohl meint, gerade diese einstellung zur rhetorik habe jetzt einen besonderen wert erhalten und berechtige den redelehrer, auf diesem wege das bildungsideal, das Hitler aufgestellt hat, zu verwirklichen (vgl. Gerathewohl 1942,13f). Ohne eine förderung der willens- und entschlußkraft, so Gerathewohl, sei die rhetorische erziehungsarbeit undenkbar. Für die jetzt geforderte charaktererziehung sei eine an der antike ausgerichtete ausbildung gänzlich ungeeignet, denn das schreiben einer "Abhandlung" habe "herzlich wenig zu tun mit der Stählung des Willens und des Charakters, der Entschlußfreudigkeit und der Zivilkurage. ... Das gesprochene Wort ist dagegen ganz und gar auf Weckung der willenmäßig-charakterlichen Kräfte gestellt" (Weller 1937a,413). Bei der rednerausbildung überwog die schulung der willenskraft, insbesondere da angenommen wurde, jede rede sei "*wortgeformte Willenshandlung*", und die wichtigste aufgabe des redelehrers bestehe darin, "den ruhenden Willen ... zu wecken" (Weller 1939,72).

3.3.5 Wehrerziehung

Die nach dem verlorenen ersten weltkrieg unermüdlich wiederholte legende, die deutsche armee sei im felde unbesiegt geblieben, war nicht ohne einfluß auf die redeschulung. Weller verweist auf die klage Müller-Freienfels', der einen zusammenhang zwischen der unfähigkeit zur rede und dem verlorenen krieg sieht (vgl. Weller 1936,7). Einen zusammenhang zwischen dem 'krieg der waffen' und dem 'krieg der worte' sieht auch Ewald Geißler. Nach seiner meinung war der "Krieg der Worte lange [verloren], ehe wir - unbesiegt - den der Waffen aufgaben" (Geißler 1935a,14; vgl. auch 1923,135). Ottmar Fecht denkt bereits 1935 darüber nach, welche aufgaben die einzelnen schulfächer für die wehrerziehung übernehmen können. Dem deutschen unterricht fällt dabei die "wichtige Aufgabe der *ethischen Erziehung* zum Wehrwillen zu", weil gerade er berufen sei, "unsere Jugend mit nationalem Ehrgefühle und soldatischem Geiste zu erfüllen." (Fecht 1935,657) Nationalistische und den krieg verherrlichende gedichte und schriften gab es genug, um diese aufgabe zu erfüllen und zur entsprechenden gesinnung zu erziehen. Das bot auch stoff für sprechchöre (vgl. oben 3.1.3).

In einem weiten sinne kann auch die erziehung zur gemeinsamen hochsprache als ein teilstück der wehrerziehung aufgefaßt werden. Weil sich deutsche aus verschiedenen landesteilen in ihrer mundart nicht verständigen konnten, griffen sie während des ersten weltkrieges "ersatzweise zu dem verderblichen Schützengrabenfranzösisch", berichtet Weller (Weller 1935a,50f; vgl. auch Winkler

---

66 Gerathewohl scheint die antike rhetorik nur sehr oberflächlich gekannt zu haben. Entscheidend für seine kritik war wohl, daß die 'antike rhetorik' völkische werte vermissen ließ.

1937,141). Auch für den richtigen tonfall wurde gesorgt. Erziehungsziel ist der "heldische und kämpferische Mensch", und dessen sprache muß "soldatisch sein" mit einer sprechweise, die "kernig, hart, straff, klar, bündig und wirksam" ist (Ahmels 1939,141). Besonders die 'volksgenossen', die andere kommandieren dürfen, brauchen sprecherziehung, damit ihre stimme einsatzfähig ist. "Das Kommando muß zackig sein und schon durch seine Art zu handelnder Kraft anfeuern." (R.Wittsack 1938b,338)

Übungen aus dem bereich der redeerziehung leisten auf vielen gebieten praktische lebenshilfe. "Stark fördert" nach Drachs meinung das formbestimmte mündliche berichterstatten "die Sprech- und Denkzucht" (Drach 1935b,28). Sowohl bei der HJ als auch im deutschunterricht gehörten beobachtungs- und meldungsübungen zum programm, um zu einem schlichten meldestil zu erziehen (vgl. Karstädt 1941,73f). Für Eugen Mayser sind beobachtungsübungen ein wichtiger bestandteil der wehrerziehung, denn er betont "die Erziehung zur richtigen und genauen Beobachtung, zur klaren Meldung, zum zuverlässigen, wahrheitsgetreuen Bericht. Das alles ist sprachliche, charakterliche und soldatische Erziehung in einem." (Mayser 1938,456) Mayser hält es für eine frage der selbstzucht, ob die meldung in hemdsärmeln und mit schlotternden hosen vorgebracht werde oder in guter haltung.

Fritz Gerathewohl meint, es gäbe "abgesehen von der soldatischen Erziehung ... wohl keine Bildungsmöglichkeit, mit der die Willensschulung so eng verbunden" sei wie die rhetorische schulung (Gerathewohl 1937b,417 ebenfalls 1942,14). Der redeschüler werde "hinter der Hecke hervorgeholt, hinter der er sich verstecken wollte." (Gerathewohl 1937b,417 ebenfalls 1942,15) Noch sind es die hörer, mit denen der redner sein "Versteckspiel der Angst" spielt, wenn er lernen soll, "seinem Schicksal ... fest ins Auge zu sehen." (Esser 1939,176) Noch ist der 'kampfplatz' des redners der saal, in dem er redet (vgl. das kapitel 'Der Redner im Gefecht' in R. Wittsack 1935,126ff). Schon kurze zeit später ziehen die 'willensgestärkten deutschen volksgenossen' mit der waffe in der hand für die großmachtpläne ihres 'führers' in die schlacht. Hier erwartet sie ein ganz anderes schicksal als in einer redeschlacht.

Nach Gerathewohls einschätzung wird bei den redeübungen allmählich die bereitschaft größer, dem fluchtreiz zu widerstehen. Ebenso wie

> "die Erziehung des Soldaten mehr auf den Angriff als auf die Verteidigung gerichtet ist ..., so beschäftigt sich auch die rednerische Erziehung weniger mit den Hindernissen, die für den Redner bestehen können, als mit der Steigerung des Willens, das positive Ziel, d.h. den Sieg [!] zu erreichen." (Gerathewohl 1937b,417f ebenfalls 1942,15f)

Neben der erziehung zum siegeswillen soll auch die entschlußkraft gesteigert werden. Der redelehrer stellt aufgaben,

> "mit denen er den Schüler zwingt [!], sofort [!], bevor überhaupt in ihm die Neigung zur Flucht vor der Verantwortung eintreten kann, all seine Kraft und Denkfähigkeit auf ein ihm gestelltes Ziel zu richten und in einer ihm vorgeschriebenen Zeit bestimmte Gedanken zu entwickeln. Versichert der Schüler, daß er die ihm für die gestellte Aufgabe notwendigen Hauptgedanken gefunden habe, so wird er gezwungen [!], ohne jede [!] Verzögerung das Wort zu ergreifen." (Gerathewohl 1937b,418 ebenfalls 1942,16)

Rasches reagieren, ohne lange nachzudenken, ohne zweifel aufkommen zu lassen, das ist das ziel dieser übungen. Ob es sich dabei um eine redeaufgabe oder einen militärischen befehl handelt, ist dann nur noch ein gradueller unterschied.

Ähnlich wie die bei Gerathewohl dargestellte erziehung zum reden ist auch die von Weller beschriebene sogenannte 'schwerins-übung'[67] einzuschätzen. Diese übung "züchtet ... Mut, Entschlossenheit, Geistesgegenwart, Schlagfertigkeit, Selbstvertrauen usw." (Weller 1935a,74; vgl. auch Verein für Rhetorik 1931,31) Nach Wellers darstellung wurde sie besonders bei der NSDAP und ihren gliederungen gepflegt. In der ausbildung "wurde jedem einzelnen Redner das Gefühl der eindeutigen Überlegenheit über die Redner der gegnerischen Parteien derart eingeimpft [!], daß nach einer gewissen Zeit keiner mehr auf den Gedanken kam, er könne einmal den Kürzeren ziehen." (Weller 1935a,74) Mit ihren 'kampfreden' errangen die nationalsozialisten nach eigener meinung ihren sieg im politischen kampf. Warum sollte die stählung des willens, nicht auch helfen, auf den kampf mit äußeren feinden vorzubereiten?

Während des krieges erhält sprecherziehung eine neue aufgabe:

> "Das ist der tiefere Sinn der Sprecherziehung dieser Tage, daß wir der deutschen Volksseele ihre Haltung geben ... Haltung üben, heißt die innere Bereitschaft besitzen, die uns jedes Opfer leicht werden läßt, die uns die Unbequemlichkeiten, die ein Krieg mit sich bringt, überwinden läßt: ohne Murren, ohne Bedenken, ohne zu zweifeln, ohne zu kritisieren." (Damme 1940,57)

*Sprech*erziehung lehrt nun, den mund zu halten!

3.4 Märchenstunde

Und wenn sie nicht gestorben sind ...

So enden normalerweise märchen, aber bei den sprecherziehern fängt die märchenstunde so erst an. Erich Drach erlag im sommer 1935 den folgen einer operation, und Ewald Geißler verübte anfang 1946 selbstmord. Beide konnten sich deshalb nicht mehr daran beteiligen, tatsachen zu verschweigen, spuren zu verwischen und daten zu fälschen.

Elmar Bartsch berichtet, daß sich Geißler "1946 so starker Kritik seines öffentlichen Engagements in der Nazi-Zeit ausgesetzt [sah], daß er freiwillig aus dem Leben schied" (Bartsch 1974a,12). Als beleg führt er Fritz Schweinsberg an. An der angegebenen stelle ist in Schweinsbergs buch allerdings nur vermerkt, *daß* Geißler "leider am 26.1.46 auf tragische Weise aus diesem Leben geschieden ist" (Schweinsberg 1946,13). Aus dieser aussage kann lediglich entnommen werden, daß Geißler sich das leben nahm. Dort findet sich keine aussage zur öffentlichen kritik an Geißlers verhalten und auch kein beweis dafür, daß Geißler selbstmord verübte *wegen* öffentlicher kritik an seinem verhalten. Daß Geißler (gemeinsam mit seiner frau) den freitod suchte, wird durch Irmgard Weithase in ihrem biographischen artikel über Geißlers leben bestätigt (vgl. Weithase 1964,159). Wenn

---

67 Dabei handelt es sich um eine besondere form der stegreifrede, d.h. einer rede ohne vorbereitung. Nach Wellers aussage geht sie auf den preußischen generalfeldmarschall Schwerin zurück, der sie regelmäßig mit seinen offizieren durchführte (vgl. Weller 1957,234).

Weithase als todestag den 26.2.1946 nennt, dürfte ihre angabe falsch sein (vgl. Schweinsberg 1946,13 und 1947,235 bzw. Weller 1957,73, wo jeweils der 26.1.46 genannt wird).

Fritz Schweinsberg zeichnet die entwicklung der sprecherziehung von ihrem ahnherren Herder über Humboldt bis in die gegenwart der nachkriegszeit nach. Neben den "Schulmänner[n] Hildebrand und Dörpfeld" nennt er als "weitere deutsche Wegbereiter ... und als Baumeister der Sprecherziehung ... die Universitätsprofessoren Siebs, Sievers, Saran, Seydel und Drach, um darzutun, daß die Sprecherziehung nicht von Nationalsozialisten 'erfunden' ... wurde. Alle [!] hier Genannten ... waren längst [!] gestorben, als der Nationalsozialismus ausgebrütet wurde." (Schweinsberg 1947,229) Schweinsberg vertraut offenbar bereits 1947 darauf, daß dem leser die todesjahre der genannten personen nicht geläufig sind oder daß eine stillschweigende übereinkunft herrscht, daß als nationalsozialismus nur gilt, was während des krieges 'ausgebrütet' wurde. Während Hildebrand (1894) und Dörpfeld (1893) tatsächlich schon vor längerer zeit verstorben waren, fallen die todesjahre der anderen unmittelbar vor oder in die nationalsozialistische zeit: Theodor Siebs 1941, Eduard Sievers 1932, Franz Saran 1931, Martin Seydel 1934, Erich Drach 1935. Es ist also eine irreführung des lesers, wenn Schweinsberg behauptet, die todesjahre aller genannten personen lägen lange zurück.

Anderen kommt es gleichfalls nicht auf einige jahre an, wenn die weste der sprecherzieher gesäubert werden soll. Beispielsweise behauptet Weller, daß der ausschuß der sprecherzieher "1933 im Auftrag der Reichsverwaltung des NSLB 'gleichgeschaltet' und dann als 'Reichsarbeitsgemeinschaft für Sprz. [Sprecherziehung] im NSLB' weitergeführt [wurde]." (Weller 1957,85) Die angabe der magischen jahreszahl 1933 verleiht der behauptung glaubwürdigkeit, daß der ausschuß der sprecherzieher 'gleichgeschaltet' wurde. In wirklichkeit konnten die sprecherzieher ungehindert weiterarbeiten und für die pflege der muttersprache eintreten. Erst 1936 wurden die sprecherzieher im reichssachgebiet 'sprecherziehung' mitglied im NSLB, und zwar unter beteiligung Wellers (vgl. oben 3.2.4).

Auch in Irmgard Weithases darstellung von Ewald Geißler wird aus einem täter ein opfer:

> "Die sittlich-pädagogische Grundhaltung G.'s [Geißlers], die ... im Laufe seiner Entwicklung immer stärker hervortrat, bewahrte seine Rhetorik vor dem Pragmatismus mancher neueren Lehrbücher dieses Fachs; sie wurde aber durch den Nationalismus der NS-Zeit fehlgeleitet. In Fragen des deutschen Stils geriet er durch Verbindung von Purismus und Deutschtümelei in einen biederen Manierismus." (Weithase 1964,159)

Wer Geißlers schriften nicht kennt, erhält den eindruck, Geißler sei vom nationalsozialismus fehlgeleitet worden. Daß es Geißlers 'sittlich-pädagogische' grundhaltung war, die ihn vom nationalismus zum nationalsozialismus führte, kommt Weithase offenbar nicht in den blick. So schreibt sie noch 1964 über Geißlers 'Erziehung zur Hochsprache', sie umreiße "die Forderungen der Gegenwart" (Weithase 1964,159). Der leser dieser formulierung muß glauben, Geißlers buch sei noch zeitgemäß. Die lektüre zeigt aber, wie stark Geißler in diesem buch auf rassismus und führergedanken baut.

Schweinsberg hat keine bedenken, sich bei seiner rednerschulung hauptsächlich auf Ewald Geißler und Maximilian Weller zu stützen, obwohl diese redeschulung eine überaus enge verbindung zum nationalsozialismus aufwies. Aus Schweinsbergs sicht hat die sprecherziehung gerade der rednerschulung der NSDAP

> "die praktische Bestätigung und Bekräftigung ihrer wertvollsten methodischen Einsichten zu verdanken, - leider. Man [!] verhalf einer seit mehr als 100 Jahren von geistreichen Deutschen immer wieder gestellten Forderung endlich zum wirklichen Durchbruch. Daß der nationalsozialistische Führungskampf es war - ich sage nochmals 'leider', daß er es war -, der in der Praxis erwies, was geschehen *mußte*, - wir können es nicht ändern! Es wurden sprech-sprachliche Bestrebungen aufgegriffen und politisch ausgewertet, um die in Deutschland schon über ein Jahrhundert lang gerungen wurde, also lange bevor man an Nationalsozialismus und ähnliches [!] dachte, - nämlich die Redeerneuerung von der leibseelischen Ganzheit des Sprachvorganges her: von der *Urkraft des gesprochenen Wortes* her." (Schweinsberg 1946,23)

Die nationalsozialisten verwirklichten endlich, was seit langem nötig war und was 'geistreiche deutsche' schon lange gefordert hatten. Daß die 'urkraft des gesprochenen wortes' etwas mit deutschem nationalismus zu tun haben könnte, kommt Schweinsberg nicht in den sinn.[68]

Der wiederanfang der sprecherziehung in der nachkriegszeit sei zum teil deshalb so schwierig, weil das wort 'sprecherziehung' "*einen üblen Beigeschmack bekommen*" habe (Schweinsberg 1946,41), weiß Fritz Schweinsberg unmittelbar nach dem krieg zu berichten. Schweinsberg will deshalb das 'werden' der sprecherziehung darstellen, um zu zeigen, daß die bausteine der sprecherziehung aus gebieten kommen, "*die mit dem Nationalsozialismus weder sachlich noch zeitlich zusammenhängen, und [daß] die Baumeister echt deutsche Männer verschiedener Fach- und Geistesrichtungen [waren], die von nationalsozialistischer Weltanschauung noch nichts ahnten*" (Schweinsberg 1946,41; vgl. auch 1947,228). Schon Schweinsbergs hinweis darauf, daß es sich um 'echt deutsche männer' handelte, verdeutlicht, wie stark er noch im alten denken verwurzelt ist. Zusammen mit Ewald Geißler, Rudolf Binding[69] und dem 'Rembrandtdeutschen' Julius Langbehn[70] beklagt Schweinsberg die 'intellektualisierung' der sprache und den schädlichen einfluß der schrift auf die sprache (vgl. Schweinsberg 1946,30f und 34f sowie 1947,225 - 228). So wird verständlich, daß er zusammenfassend schreiben kann:

> Die "Sprecherziehung war nicht ... auf einmal da und wurde auch nicht mit nationalsozialistischen Machtmitteln aus dem Boden gestampft. Sie ist vielmehr ... zutiefst in einer natürlichen [!] Abwehr begründet gegen Begleiterscheinungen, die leider unsere urdeutsche [!] Erfindung des Druckes mit sich

---

68 Gerathewohl hatte darauf hingewiesen, daß es "kein Zufall gewesen sei, daß die forderungen "nach einer deutschen Sprechkultur zumal von Vorkämpfern für die deutsche Volkseinheit" erhoben wurden (Gerathewohl 1937a,340)

69 Rudolf G. Binding (1867 - 1938) war ein schriftsteller, dessen gedanken zur sprachpflege während des nationalsozialimus gerne zitiert wurden.

70 Ende des vergangenen jahrhunderts erschien, zunächst anonym ('von einem deutschen'), das buch 'Rembrandt ein Erzieher'. Langbehn plädierte in seinem buch für eine erneuerung der nationalkultur. Vermutlich hatte sein buch deshalb in der lehrerschaft durchschlagenden erfolg und erlebte zahllose auflagen, die im antidemokratischen ton immer schärfer wurden. Kirsch stuft Langbehn als einen "Erzvater des chauvinistischen Nationalismus im Zeitalter des Imperialismus" ein (Kirsch 1980,204) und sieht bei ihm in gespenstischer weise gedanken Hitlers vorweggenommen (vgl. Kirsch 1980,204 - 206 und 248f).

bringen mußte. ... *Dem inzwischen untergegangenen Staat blieb es nur vorbehalten, diese Entwicklung aufzugreifen, für sich auszubeuten und auch schulgesetzlich zu verankern.*" (Schweinsberg 1946,35)

Schweinsberg übersieht die entwicklungslinie, die vom deutschen nationalismus zum nationalsozialismus führte und beschwört noch immer die natürlichkeit in altbekannter ausdrucksweise, als ob nichts geschehen sei.

1949 veröffentlicht Christian Winkler, der bei Drach assistent war, einen artikel über "Die deutsche Sprechkunde seit Drachs Tod" (Winkler 1949b), also über den zeitraum ab 1935. Winkler verliert kein wort über den nationalsozialismus und auch kein wort darüber, welche gemeinsamkeiten noch kurz zuvor von der sprecherziehung betont worden waren. Winklers aufsatz ist als anhang abgedruckt in der 11. auflage von Drachs 'Sprecherziehung'. Diese auflage von Drachs schrift wird von Winkler neu herausgegeben[71]. Im vorwort weist Winkler darauf hin, daß verlag und herausgeber es richtig fanden, das buch "in der alten gewohnten Gestalt wiedererstehen zu lassen". Er fährt dann aber fort: "Nur unwesentlich [!] wurde der Text Drachs ergänzt, berichtigt [!] und gekürzt [!], wo das Gewinn schien." (Winkler 1949a) Als er 1985 eine sammlung aus Drachs schriften herausgibt, weist Winkler darauf hin, daß er damals in der elften auflage eine "Reihe von Fremdwörtern ... verdeutschte", versichert aber, daß der "Wortlaut ... Drachs Ergänzungen bis zur 6. Auflage berücksichtig[e]." (Winkler 1985b,11) Diese aussage trifft nicht für alle ergänzungen zu, die Drach vorgenommen hatte. Drach hatte der fünften auflage, bei der es sich um die letzte von ihm selber bearbeitete auflage handelt, eine reihe von nachträgen beigefügt (vgl. Drach 1935a,190 - 195), die er aus drucktechnischen gründen nicht in den text einarbeiten konnte. Winkler läßt bei seiner neuauflage die stellen fort, in denen Drach sich positiv zur nationalsozialistischen pädagogik geäußert hatte.

In der 'Sprecherziehung' reichte es, verräterische stellen wegzulassen, um Drachs 'weiße weste' von braunen flecken zu säubern. Drachs äußerungen in dessen buch 'Redner-Schulung' (1934a) entschuldigt Winkler damit, daß es sich um eine "notgedrungen 'gleichgeschaltet[e]'" version des buches 'Redner und Rede' gehandelt habe, und in gedankenstrichen fügt er ein, "man [!] hatte dem Sozialdemokraten Drach höchst lästige und überflüssige Schwierigkeiten bereitet" (Winkler 1985b,9). Drachs äußerungen sprechen eine andere sprache, und sein eintritt in den NSLB (1.4.1933) und in die NSDAP (1.5.1933) verdeutlichen seine zustimmung zu diesem staat und seinem erziehungsprogramm.

Winkler ist auch bemüht, andere sprecherzieher sowie die sprecherziehung als ganzes in ein gutes licht zu rücken. Bereits 1954 hatte Winkler Fritz Gerathewohl bescheinigt, den ausschuß der sprecherzieher "im Rahmen des Lehrerbundes ohne wesentliche politische Infektionen [!]" (Winkler 1954,19; auch 1969,25) durch die zeit des nationalsozialismus hindurchgeleitet zu haben. Winkler vermeidet es, dabei den NSLB beim namen zu nennen. Wie die krankengeschichte im einzelnen abgelaufen sein soll, führt Winkler anläßlich eines nachrufes auf Fritz Gerathe-

71 Die zwölfte [1953] und dreizehnte auflage [1969] sind photomechanische nachdrucke der elften auflage. In ihnen fehlt sowohl Winklers vorwort (1949a) als auch sein aufsatz (1949b).

wohl in wenigen sätzen aus. Diese kurzgeschichte der sprecherziehung soll im wortlaut dokumentiert werden:

> "Dr. Gerathewohl ... gehört zu den Gründungsmitgliedern des Deutschen Ausschusses für Sprechkunde und Sprecherziehung. Er hat ihn durch die Klippen und über die Untiefen der Jahre des Nationalsozialismus geleitet. Zwar mußte sich der Ausschuß damals als Sachgebiet in den Lehrerbund eingliedern, aber Dr. Gerathewohl wußte ihn so fern von der Parteidoktrin zu halten, daß der Ausschuß nicht nur in diesen 12 Jahren fruchtbare [!] Arbeit leistete, sondern bereits 1948 von Frau Dr. Kaulhausen wieder ins Leben zurückgerufen werden konnte." (Winkler 1957b,45)

Hier verschweigt Winkler, daß Gerathewohl zu den sprecherziehern gehörte, die mit forderungen an die politischen stellen auftraten und sich eifrig um die förderung ihres fachgebietes und die richtige (sprech)erziehung bemühten. Immerhin ist es verräterisch, daß Winkler davon spricht, in diesen jahren sei fruchtbare arbeit geleistet worden.

Eine darstellung wird nicht dadurch richtiger, daß sie später wiederholt wird. Im rahmen eines festvortrages zum fünfzigjährigen bestehen des - mittlerweile in 'Deutsche Gesellschaft für Sprechwissenschaft und Sprecherziehung' umbenannten - 'Deutschen Ausschuß für Sprechkunde und Sprecherziehung' wiederholt Winkler 1981 seine darstellung. Er schildert, verknüpft mit details aus seiner eigenen laufbahn, die geschichte dieses vereins und dessen wissenschaftliche entwicklung. Nachdem er berichtet hat, daß erbittert darum gestritten wurde, wer den terminus 'wirtschaftsrhetorik' erfunden hatte, fährt er wie folgt fort:

> "Bedenklicher war, daß sich nach 1933 denn auch prompt ein alter Kämpfer [gemeint ist Weller, K.R.] fand - so alt war er übrigens gar nicht - der meinte, DRACH aus dem Sattel heben zu müssen. Das hielt freilich nicht lange, und dann hat es Fritz GERATHEWOHL fertiggebracht, den Ausschuß, wenn auch im Rahmen des NS-Lehrerbundes, als 'Reichsachbearbeiter', ohne selbst Pg zu sein und ohne penetrante Einfärbung, bis 1945 zu leiten." (Winkler 1983,12)

Bemerkenswert ist es, daß Winkler aus der zeit des nationalsozialismus keine persönlichen details einflicht. Beispielsweise hätte er berichten können, daß er gausachbearbeiter für sprecherziehung im NSLB war.[72] In dieser funktion sprach er "bei erfreulich reger Beteiligung und Aufnahme seiner Ausführungen über die 'Sprecherziehung in der nationalsozialistischen Schule'" in verschiedenen städten (o.v. 1938,89). Bedenklich ist es, daß Winkler noch anfang der achtziger jahre behauptet, der sprecherzieherausschuß sei von penetranten einfärbungen frei gewesen. Sachlich falsch ist die aussage, Fritz Gerathewohl sei kein parteigenosse gewesen[73]. Winkler erwähnt Wellers und Gerathewohls aktivitäten in der rednerausbildung der nationalsozialisten ebenfalls mit keiner silbe. Stattdessen ist es ihm wichtiger, darauf hinzuweisen, daß es offenbar seit jahren noch niemand gemerkt habe, "wie unbekümmert die ARD wenigstens alle zwei bis drei Tage, ihre 'Tagesschau' ... als 'Tageschau' [ankündige], obwohl es immer nur um den einen Tag geh[e]." (Winkler 1983,11) Die richtige aussprache eines wortes ist immer noch wichtiger als das auszusprechen, was die sprecherzieher tatsächlich während des nationalsozialismus gemacht haben!

---

72 Winkler, der von 1932 bis 1935 in der Schweiz gelebt hatte, wurde ab dem 1. 3. 1936 mitglied im NSLB und ab dem 1. 5. 1937 der NSDAP.

73 Gerathewohl war seit dem 1.6.1933 mitglied im NSLB und gehörte seit 1.5.1933 der SA an.

In seinem buch 'Deutsche Sprechkunde und Sprecherziehung' ist Winkler auch nicht aussagefreudiger. Über Geißlers 'Erziehung zur Hochsprache' berichtet er nur, daß in ihr sprecherziehung "vorwiegend unter ästhetische[n] Gesichtspunkte[n]" gesehen werde (Winkler 1954,19 bzw. 1969,25). Er verliert kein wort darüber, welche rassistischen ansichten Geißler in seinem buch (und anderen aufsätzen) äußerte, und auch über Weller weiß Winkler nur mitzuteilen, daß dieser mit seinem buch 'Gesprochene Muttersprache' (= Weller 1935a) die sprecherziehung an die sprachphilosophie Humboldts (vgl. oben 1.3) anschloß.

> "Freilich blieb er [Weller] bei einer allgemeinen Erörterung des Wesens und der Wirksamkeit der Sprache stehen und brach ab, wo es um das Verständnis der Redeleistung selbst ging. Auch O.Rutz' Umdeutung der Ausdruckstypen in Rassetypen griff er auf, doch scheiterte [!] dieser Versuch rassekundlicher Sprachbetrachtung ebenso wie der Glässers oder Scheidts." (Winkler 1954,19)

Der versuch scheiterte, das heißt aber gerade nicht, daß Winkler den versuch für falsch hält! In der zweiten auflage (vgl. Winkler 1969,25) fehlt zwar der satz zum verhältnis von ausdruckstypen und rasse, aber eine zurückweisung des rassegedankens, den Winkler auch selber vertreten hatte (vgl. Winkler 1937,137 und 141), erfolgt nicht.

Maximilian Weller setzt sich ebenfalls nicht mit seiner rassistischen vergangenheit auseinander. Aus Wellers sicht herrscht bezüglich der nationalsozialistischen rhetorik übereinstimmung darüber, "daß die rednerische 'Propaganda' wirkungstechnisch hervorragend war und neue Maßstäbe schuf, daß sie aber zunehmend in den Dienst unmoralischer Ziele gestellt wurde" (Weller 1954,168). Weller verschweigt, daß er als gauredner aktiv für den faschistischen staat eintrat. Für Weller ist es auch kein thema, daß die nationalsozialistische propaganda nicht zunehmend, sondern von anfang an auf unmoralische ziele gerichtet war. So hält er ganz in der alten sichtweise die 'machtübernahme' durch das gesprochene wort für "eine geschichtliche Tatsache" und meint, "eine Analyse der ns.-Rhetorik im einzelnen ... [sei] wegen Mangel an Distanz heute noch nicht möglich." (Weller 1954,167f) Es ist weniger die zeitliche als die persönliche distanz, die Weller fehlt, um sich mit der nationalsozialistischen propaganda auseinanderzusetzen. Im grundsatz bleibt er, weil sie 'wirkungstechnisch hervorragend' war, der führerrede und der massenwirkung treu (vgl. dazu 4.1).

Mag die fehlende aufarbeitung bei denen, die persönlich beteiligt waren, mit ihrer betroffenheit erklärt, aber keinesfalls entschuldigt werden, so reicht dieses erklärungsmuster nicht aus, wenn auch sprecherzieher, die zu jung waren, um vor 1945 sprecherzieherisch aktiv zu sein, die nationalsozialistische zeit aussparen oder mit wenigen worten abhandeln. So beginnt Eberhard Ockel seine darstellung mit den anfängen der sprecherziehung bei Rudolf Hildebrand. Dann wendet er sich methodiken zu, die unter dem eindruck der reformpädagogik stehen und landet schließlich - unter aussparung der nationalsozialistischen zeit! - unmittelbar in der gegenwart (vgl. Ockel 1974, 54ff). Weder finden sich bei Ockel aussagen zu den richtlinien aus der ns-zeit, noch berücksichtigt er deutschdidaktiken aus dieser zeit (z.b. Reumuth), die sich ausführlicher mit sprecherziehung befaßten. Gerade Reumuths buch ist ein gutes beispiel für eine deutschdidaktik, die weitgehend unverändert nach 1945 durch mehrere auflagen den deutschunterricht beeinflußte (vgl. Rosenbaum/Zimmermann 1982). Beiläufig meint Ockel sogar, daß "im Dritten Reich durchaus brauchbares zur rhetorischen Kommunikation veröffentlicht wurde." (Ockel 1974,91) Aus einer fußnote wird deutlich, daß Ockel dazu Drachs 'Rednerschulung' [= Drach 1934a], Dovifats 'Redner und Rede' [= Dovifat 1937] sowie Wittsacks 'Lerne reden' [= R. Wittsack 1935] rechnet.

In Hellmut Geißners zahlreichen veröffentlichungen sind zur nationalsozialistischen zeit und ihrer sprecherziehung nur wenige informationen zu finden. Im selben jahr, als Geißner fordert, eine geschichte des faches habe die verstrickungen der sprecherziehung in den ns-biologismus aufzuarbeiten (vgl. Geißner 1980a,28), schreibt er einen artikel für die mitgliederzeitschrift[74] der sprecherzieher (= Geißner 1980c). Geißner listet für die nachkriegszeit detailliert auf, wo getagt wurde, welche themen dabei behandelt wurden und wer welche funktion in der sprecherziehergesellschaft innehatte. Seltsam wortkarg ist Geißner aber bezüglich der frühphase der gesellschaft und ihrer entwicklung zwischen 1933 und 1945. Nachdem er auf die gründung des vereins vor fünfzig jahren verwies und über die vom verein eingerichtete sprecherzieherprüfung als legitimationsgrundlage des verbandes berichtete, fährt er fort: "Nach Drachs Tod (1935) steuerte Fritz GERATHEWOHL den 'Ausschuß' durch die Kriegsjahre. Die Zeitschrift 'Das gesprochene Wort' gibt Aufschluß über die Tätigkeit des 'Ausschusses' und seiner Mitglieder." (Geißner 1980c,24) Es ist auffällig, daß die zeit nach 1935 großzügig unter die kriegszeit subsumiert wird und daß kein wort über den nationalsozialismus fällt. Recht hat Geißner allerdings damit, daß die beiträge in dieser (und anderen zeitschriften) aufschluß bieten über das, was sprecherzieher taten.

In einem artikel, der das gebiet 'sprechwissenschaft' der öffentlichkeit vorstellen soll, äußert sich Geißner nicht nur über die fachinterne entwicklung, sondern auch kurz über das verhältnis der sprecherziehung zum nationalsozialismus: "Der biologistische 'Staat der Rede' nahm auch die junge, teilweise selbst sprachbiologisch und völkisch argumentierende Wissenschaft 'in Dienst'; man lese etwa 'Gesprochene Muttersprache. Studien zur nationalpolitischen Grundlegung der Sprecherziehung' (M.Weller)." (Geißner 1979b,80) Geißner verweist auf Wellers buch als ein abschreckendes beispiel, äußert aber keine kritik daran, daß seine kollegen Weller zustimmten und daß die sprecherzieher Ahmels, Drach, Geißler, Gerathewohl, Winkler, R.Wittsack und W.Wittsack sich ebenfalls völkisch und mehr oder weniger rassistisch äußerten. Die rede von der 'indienstnahme' macht die sprecherzieher zu opfern eines staates, dem sie ihre dienste bereitwillig anboten, weil ihre ziele konvergierten.

Elmar Bartsch sieht die zeit des nationalsozialismus als wichtigen einschnitt in der geschichte der sprechkunde.

> "Die junge Wissenschaft kam den Machthabern nur zu gelegen, um ihre einseitig agitatorische Rhetorik (also nicht dialogisch-demokratische Rhetorik!) mit dem Schein wissenschaftlicher Qualität zu versehen. So waren auch besonders Rhetoriker des Faches dem Drang zum Mitläufertum ausgesetzt und erlagen ihm teilweise, - es sei dahingestellt, ob aus Not oder falschem Idealismus." (Bartsch 1974a,12).

74 Die zeitschrift mit dem titel 'mitteilungen' erscheint zweimal jährlich und vermittelt mitgliedern der DGSS vereinsnachrichten, hinweise auf tagungen sowie auf veröffentlichungen zur sprecherziehung und angrenzenden gebieten.

'Mitläufertum' ist eine unzureichende beschreibung dessen, was Weller und Geißler taten, denn auf diese beiden personen scheint sich das teilweise zu beziehen, weil Bartsch in seinem text nur sie erwähnt. Oder sollte gemeint sein, daß es sich bei Geißler und Weller nur um 'halbe nationalsozialisten' gehandelt hatte? Bartsch verweist darauf, daß "das gesamte [!] Fach der Sprecherziehung ... stark belastet [wurde]" und daß der name des faches nach dem krieg "einen üblen Beigeschmack" behielt (Bartsch 1974a,12). Bartsch beschreibt zwar wie Schweinsberg den schlechten ruf der sprecherziehung. Er beklagt aber nicht, daß die sprecherziehung sich nicht mit ihrer vergangenheit auseinandersetzte.

In der DDR, in der regelmäßig die antifaschistische tradition betont wurde, fand ebenfalls - soweit sich ermitteln läßt - keine auseinandersetzung mit dem verhältnis von sprecherziehung und nationalsozialismus statt. In einer festschrift, die 75 jahre sprechwissenschaft in Halle feierte (Krech u.a. 1981), wurde ausschließlich die entwicklung in Halle betrachtet.

In unkenntnis ihrer wahren bedeutung während des nationalsozialismus wird der sprecherziehung sogar noch in den siebziger jahren ihre unbedenklichkeit bescheinigt. So geschehen in Kurt Ingo Flessaus arbeit über die "Schule der Diktatur" (Flessau 1977). Nachdem Flessau die ideologische rolle des deutschunterrichts herausgearbeitet hat, fügt er der "Gerechtigkeit halber" hinzu:

> "der Deutschunterricht soll nicht von Anfang bis Ende politisch indoktrinieren. Er leistet *ganz unpolitisch und ohne jeden ideologischen Akzent auch Sprach- und Sprecherziehung,* betreibt Rechtschreibung, Zeichensetzung und Aufsatzkunde" (Flessau 1977,75; hervorhebung K.R.).

Wer soll da noch böses denken, wenn von sprecherziehung die rede ist?

Solange die rolle der sprecherziehung im nationalsozialismus derart verkannt und verharmlost wird, haben sprecherzieher wenig anlaß, ihre eigene rolle kritisch zu überdenken. Raimund Hethey, der einen kritischen blick auf die entwicklung der rhetorik im zwanzigsten jahrhundert wirft, verneint, daß mit blick auf das jahr 1933 "von einem 'Sündenfall' der Sprechwissenschaft oder Redelehrer gesprochen werden könnte", vielmehr hätte dieser prozeß, "wie die Arbeiten von Ewald Geißler beleg[te]n, schon im wilhelminischen Reich ein[gesetzt] und dauer[e] auch über das Jahr 1945 hinaus bis heute an. Die Forschung ... [habe] sich bisher nicht zu einer Aufarbeitung dieser Geschichte aufraffen können." (Hethey 1988,136) In seinem artikel, mit dem er auf Hetheys vorwürfe reagiert, gibt Geißner zu, das wirken der sprecherzieher während der ns-zeit sei "fachintern nicht hinreichend aufgearbeitet" und kündigt untersuchungen zur fachgeschichte an, in denen die "NS-Aktivitäten nicht ausgeklammert werden." (Geißner 1989a,10) Bis heute (ende 1993) ist nicht erkennbar, wie sprecherzieher ihre fachgeschichte und die beziehungen ihres faches zum nationalsozialistischen erziehungssystem aufarbeiten, da die von Geißner für die reihe 'sprache und sprechen' 'demnächst' angekündigten bände noch nicht erschienen sind. Pabst-Weinschenk kann Geißner für seine darstellung der auseinandersetzung zwischen Weller und Drach eine "verkürzte Faktenschau" nachweisen (Pabst-Weinschenk 1992,11; 1993a,167). Geißners artikel läßt befürchten, daß sich die auseinandersetzung mit dem "Zwischenspiel der NS-Sprecherziehung" (Geißner 1989a,12) auf einige besonders herausragende täter (Weller, Gerathewohl, Geißler) konzentrieren wird, bei der beispielsweise Drach[75] und Schweinsberg ausgeklammert werden.

Hellmut Geißner, der um die mündigkeit der bundesbürger besorgt ist, findet es "erschreckend", daß es nach 1945 eine wiederbelebung der literarischen rhetorik gab, so, "als ob nichts geschehen wäre" (Geißner 1979a,11). Das gleiche erschrecken wäre auch bezüglich der sprecherziehung und ihrer redekunst angebracht, wo im prinzip nicht anders verfahren wurde. Diese unkritische haltung wird vor allem dann unglaubwürdig, wenn die sprecherziehung, die eben noch begeistert als politische erziehung dem führerstaat diente, kurze zeit später demokratie und mündigkeit fördern will.

75 In Pabst-Weinschenks arbeiten, die nicht in der von Geißner betreuten reihe 'sprache und sprechen' erschienen sind, werden nunmehr erstmals Drachs aktivitäten für den ns-staat und seine parteizugehörigkeit offen ausgesprochen (vgl. 1992,10 -13; 1993a,166 - 169; 337ff). Die autorin ist aber bemüht, Drachs haltung als unpolitisch und politisch naiv darzustellen (vgl. 1993a,326 fußnote 14; 343; 1993b,71). Außerdem wendet sie sich gegen Hetheys ansicht, die sprecherzieherische rhetorik vor und während des nationalsozialismus sei gleich, und sieht in Drachs rhetorikverständnis nach 1933, konkret in seiner 'Redner-Schulung', eine verfälschung seines originalen rhetorikkonzepts (vgl. 1993a,17; 337; 374; 394; 1993b, 25 fußnote 14; 70).

4. Wiederaufbau mit alten kräften

4.0 Weiter so ?

Das jahr 1945 brachte für die sprecherziehung keine einschneidende änderung, wenn davon abgesehen wird, daß keine neuen stellen eingerichtet bzw. gerade eingerichtete extraordinate[76] wieder gestrichen wurden. An dieser "hochschulpolitische[n] Unterprivilegierung des Faches" habe sich bis in die siebziger jahre "nur stellenweise etwas verbessert", beklagt Elmar Bartsch und verweist darauf, daß andere "einst 'gleichgeschaltete' Institutionen ... schon lange wieder mit voller öffentlicher Unterstützung" arbeiteten (Bartsch 1974a,12). Mag die lage der sprecherziehung an den hochschulen schlecht gewesen sein, über die lehrerausbildung, deutschdidaktiken und lehrerzeitschriften[77] blieb sie in der schule präsent, denn bestimmungen zur sprecherziehung waren weitgehend aus den reichslehrplänen des jahres 1938 übernommen worden (vgl. Bartsch 1974a,12; Schweinsberg 1946,39 - 41). So wie Fritz Schweinsberg glaubten auch andere sprecherzieher, daß sprecherziehung und nationalsozialismus nicht das geringste miteinander zu tun gehabt hätten[78], und sahen in der tatsache, daß die ausführungen zur sprecherziehung in die neuen lehrpläne übernommen wurden, eine bestätigung ihrer ansicht (vgl. Winkler 1969,25f).

Der nationalsozialismus und seine ausbildung zum reden waren ebensowenig ein thema in der sprecherziehung wie die nationalistischen und rassistischen gedanken ihrer fachvertreter (vgl. 3.4). Ihr interesse galt in der hauptsache fragen der deutschen aussprache, des richtigen vorlesens sowie des gedichtvortrags, weniger der redekunst und politischen problemen. Die sprecherziehung blieb dem ansatz Erich Drachs treu, wozu auch die neuausgabe seines buches 'Sprecherziehung' (Drach 1949) durch Christian Winkler beigetragen haben dürfte. Nicht unterschätzt werden sollte auch die bedeutung der schriften, die Fritz Schweinsberg (vgl. 4.2) in den ersten nachkriegsjahren publizierte. Auch personell blieb es

---

76 So mußte Christian Winkler zunächst außerhalb der hochschule arbeiten, weil seine stelle an der Leipziger universität gestrichen wurde, bevor er von 1950 - 1969 das fach sprechkunde an der universität Marburg vertrat (vgl. Geißner 1989b; Weller 1957,284). Daneben wurden auch andere stellen gestrichen (vgl. Winkler 1969,24). Maximilian Weller verlor 1945 seine stelle an der universität Köln (vgl. Geißner 1969a,94), die nicht neu besetzt wurde.

77 In den ersten jahrgängen (bis mitte der fünfziger jahre) der zeitschriften 'Der Deutschunterricht', 'Wirkendes Wort' und 'Deutschunterricht' erschienen vergleichsweise viele artikel über sprecherziehung. Nach einer zeit, in der wenig zur sprecherziehung veröffentlicht wurde, steigt die zahl der veröffentlichungen ab dem ende der sechziger jahre im zuge der 'kommunikativen wende' des deutschunterrichts wieder an.

78 So erklärt sich wahrscheinlich, daß Wilhelm Höffe noch 1958 in einem pädagogischen lexikon neben Ewald Geißlers 'Erziehung zur Hochsprache' (= Geißler 1934a) auch Wellers 'Gesprochene Muttersprache' (= Weller 1935a) als schrifttum angibt (vgl. Höffe 1958,444f).

weitgehend bei den alten namen, denn sprecherzieher arbeiteten, sofern sie noch lebten und mit ausnahme Maximilian Wellers, weiterhin in den hochschulen. Walter Wittsack war von 1940 bis zu seiner pensionierung lektor für sprechkunde an der universität in Frankfurt. Sein bruder Richard Wittsack[79] unterrichtete nach wie vor in Halle und führte zusammen mit Irmgard Weithase[80] (Jena) die sprecherziehung in der DDR weiter (vgl. dazu 6.1). Selbst Fritz Gerathewohl[81], der als reichssachbearbeiter für das gebiet sprecherziehung im NSLB zuständig war und als schriftleiter der zeitschrift 'Das gesprochene Wort' maßgeblich das bild des faches während des nationalsozialismus geprägt hatte, arbeitete wie eh und je als lektor für sprechkunde an der universität München. In der bundesrepublik wurde die sprecherziehung der nachkriegszeit zunächst von zwei schülern Drachs geprägt. Während Christian Winkler (vgl. 4.3) sprachwissenschaftliche ansichten in die sprechkunde einarbeitete und sich vor allem der sprecherziehung in der schule widmete (Winkler 1954; 1969), befaßte sich Maximilian Weller zur selben zeit mit der redekunst (Weller 1954).

4.1 Maximilian Weller - führer mit worten[82]

4.1.1 Verbindungen

Maximilian Weller, der zu den mitbegründern der sprecherziehung gehörte, trug über viele jahre durch seine veröffentlichungen und durch seine ausgedehnte unterrichtstätigkeit zum bild des faches in der öffentlichkeit bei. Seit beginn seiner tätigkeit als sprecherzieher galt Wellers vorliebe eindeutig der rhetorik. Nach dem kriege setzte Weller seine karriere außerhalb der hochschule fort und widmete sich zusammen mit seiner frau ausschließlich[83] einer tätigkeit "als Redelehrer der deutschen Großindustrie" (1957,279). Diese tätigkeit ist für Weller nicht neu, denn bereits in den dreißiger jahren begründete er "eine rhet. Schulung der großindustriellen Führungsschicht" und entwickelte diese tätigkeit weiter "zu

79 Richard Wittsack war 1919 nachfolger Ewald Geißlers in Halle geworden und unterrichte dort bis zu seinem tod im jahre 1952.

80 Sie war seit 1934 in Jena tätig, wo sie sich in den fünfziger jahren habilitierte (vgl. Weller 1957,278). Ende der fünfziger jahre wechselte sie nach München, wo sie nachfolgerin von Fritz Gerathewohl wurde.

81 Er war seit 1928 lektor in München und übte diese tätigkeit bis zu seinem plötzlichen tod im november 1956 aus. Neben seiner tätigkeit an der hochschule unterrichtete Gerathewohl seit 1926 angehörige der wirtschaft in redekunst und verfaßte mehrere bücher über wirtschaftsrhetorik (vgl. Weller 1957,74). Gerathewohls bücher sind inzwischen weitgehend in vergessenheit geraten. Eine ausnahme bildet nur seine für den Reclam-verlag verfaßte broschüre 'Sprechen - vortragen - reden' (= Gerathewohl 1955), die bis in die achtziger jahre erhältlich war. Da Gerathewohl auch keinen entscheidenden einfluß auf andere sprecherzieher der nachkriegszeit hatte, wird seine rhetorikauffassung im folgenden nicht näher untersucht.

82 In kapitel 4.1 werden veröffentlichungen von Maximilian Weller lediglich durch die angabe des erscheinungsjahres nachgewiesen.

83 Weller erwähnt außer einem lehrauftrag an der TH Hannover im jahr 1952 nur seine tätigkeit in der industrie (vgl. Weller 1957,279).

einer spezifischen Industrie- und Wirtschaftsrhet. in originaler Übungsform" (1957,279). Weller gilt als begründer dieses teilgebiets der rhetorik (vgl. 1954,279ff) in Deutschland. Gudrun Fey bezeichnet ihn in ihrer arbeit deshalb als "'Vater der Wirtschaftsrhetorik'" (Fey 1990,108, anmerkung 356). Weller geht davon aus, daß der betriebliche alltag vielfältige möglichkeiten zur 'menschenanleitung durch worte' bietet. Das motto für diese menschenführung lautet:

> "'Ein gutes Wort zur rechten Zeit' hat schon oft Wunder gewirkt, es ist das *Öl im Getriebe der Werksgemeinschaft*. Der Leiter und Vorgesetzte befehle nicht ausschließlich [!], sondern suche mit sinnvoller Menschenrede zu überzeugen." (1954,286f; hervorhebung K.R.)

Augenscheinlich vermittelte Weller sein wissen über dieses gebiet so erfolgreich, daß sein verlag damit werben kann, Weller habe sich den "Namen eines 'Redelehrers der deutschen Industrie'" erworben (so auf der rückseite von 1963c).

Das verhältnis Wellers zu seinen fachkollegen verschlechtert sich nach dem ende des nationalsozialismus. Für seine sprecherzieherkollegen war Weller zu einer persona non grata geworden[84]. Seine aktivitäten werden kaum zur kenntnis genommen, und seine zugehörigkeit zur sprecherziehung wird verdeckt. Nach Hellmut Geißners einschätzung hat Weller "seine Fachkollegen teils attackiert, teils ignoriert" (Geißner 1969a,94). Weller wirft seinen kollegen vor, nicht genügend öffentlichkeitsarbeit für die sprecherziehung zu betreiben und es als unter ihrer würde anzusehen, sich mit rhetorik zu beschäftigen. Seiner meinung nach wurde der "älteste und traditionsreichste Zweig des heutigen Faches Sprechkunde und Sprecherziehung" (1954,88) vernachlässigt und von den akademischen sprechkundlern nicht gelehrt, "weil sie selbst nicht öffentlich, mit suggestiv wirkender und werbender Kraft reden ... konnten." (1969,26; vgl. 1960,280) Als erfreuliche ausnahmen sieht er lediglich Erich Drach und Fritz Gerathewohl, die er deshalb von diesem vorwurf ausnimmt (vgl. 1969,27).

Wellers vorhaltungen sind allerdings nicht in allen punkten ernst zu nehmen. Gegen Winklers gesamtdarstellung des faches (= Winkler 1954) wendet er ein (vgl. 1960,118 mit und 1969,27 ohne namensnennung), es fehlten grundlegende rhetorische begriffe. Diese behauptung stützt Weller lediglich darauf, daß im stichwortverzeichnis 'geschäftsordnung' und 'tagesordnung' nicht angeführt werden (vgl. 1960,118). In kapitel 4.3 dieser arbeit wird deutlich werden, daß sich Winkler in seinem buch sehr wohl, wenn auch nicht vorrangig, mit rhetorischer kommunikation beschäftigt hat. Weller wirft Winkler weiterhin vor, mit seinem buch eine 'rephilologisierung' der sprechkunde zu betreiben. Dahinter verbirgt sich der vorwurf, Winklers ansatz sei eine 'fehlentwicklung' der sprechkunde, weil er sie der sprachwissenschaft annähere. Was Weller damit gemeint hat, wird deutlich, wenn er beklagt, das fach unterliege "der Rephilologisierung, dem papierenen Sündenfall", und "eine endgültige 'Entphilologisierung' und eine 'Rhetorisierung' der Sprechkunde" fordert (1969,31 bzw. 34). Bereits früher hatte Weller zusammen mit seinen kollegen gegen den 'papiernen sündenfall' gekämpft. Sprecherzieher wollten "das Dornröschen der deutschen Sprache, das nicht, wie

84 Vgl. neuerdings Teuchert 1992a,22

im Märchen, von Dornen, sondern von Papier umwuchert war und ist, zu einem neuen und schöneren Leben des Klanges erwecken!" (1937a,411 = 1939,138; vgl. oben kapitel 3.1 und 3.2)

Weller sieht zwischen der sprechkunde und der sprachwissenschaft erhebliche unterschiede. Demnach beschäftigt sich die sprachwissenschaft mit dem werk (ergon), während die sprechkunde sich mit der schaffenden tätigkeit (energeia) befaßt. Weller benennt die beiden arten, sprache zu betrachten, zwar in Humboldts terminologie[85], verbindet damit aber seine eigene 'biologisch-funktionale' auffassung von sprache. Nach Wellers einschätzung hat die sprechkunde die von der sprachwissenschaft vernachlässigte seite der sprache wieder in den blick gerückt. Weller betont, sprechkunde sei ein eigenständiges fach und kein "Nebenzweig oder Forttrieb der Sprachwissenschaft" (1954,88; vgl. 1957,5f), denn sie beziehe sich auf die gesamte menschliche sprechleistung und betreibe eine veredelnde pflege des ausdrucks. Die sprechkunde bleibt für Weller eine "spracherneuernde Bewegung" (1954,86; 1957,226). Die erforschung der sprache hat für Weller nur dienende funktion, denn es liege "im Wesen der Sprechkunde, daß Sprachpflege bei ihr im Vordergrund steh[e]" (1969,16; vgl. 1954,89).

Weller wünscht, daß der deutschen sprache kein schaden zugefügt werde. Daß Weller den bemühungen der sprachpfleger positiv gegenübersteht, wird aus seinem lob für den sprachpfleger Eduard Engel ebenso deutlich wie aus seiner forderung nach der "Pflege des Ureigenen" (1954,250f; vgl. 1963c,69). Nach Wellers ansicht ist das aufrichten von "Warnungstafeln" nach dem zweiten weltkrieg, "in unserer Zeit der anglomanischen Sprachmengselei und Sprechstilschlamperei", besonders nötig geworden (1954, 239). Wellers hochschätzung der muttersprache ist deutlich hörbar, wenn er ausführt, sprecherziehung und ihr sonderzweig rhetorik versuchten, "eines der edelsten Erziehungsziele, nämlich höchste muttersprachliche Ausdruckskultur" (1954,89), zu erreichen. Dabei liegt ihm die mündliche ausdrucksfähigkeit besonders am herzen, denn die schriftliche ausdrucksfähigkeit werde in der schule ausreichend geübt (vgl. 1954,190f; 1939,101f; 1963c,28f). Seiner meinung nach sollte in zukunft jeder deutsche die muttersprache für den mündlichen gebrauch genauso erlernen wie für den schriftlichen. Nur wer auch mündlich sicher und unbefangen das wort ergreifen könne, sollte das recht haben, von sich zu sagen: "Ich kann Deutsch!" (1954,86) Als Weller die deutsche sprache als "eines der höchsten und edelsten Güter der Nation" einstufte, das "dicht hinter dem rassischen Erbgut" komme, ging er soweit zu sagen: "*'Nur wer seine Muttersprache im lebendig-klingenden und hörbaren Ausdruck tätig beherrscht, ist der wahre Deutsche'.*" (1935a,7 bzw. 84) Wellers bemühungen gelten nach wie vor einerseits der individuellen ausdrucksfähigkeit, wenn er mit der sprecherischen ausdrucksschulung die annäherung der schallform an den innenzustand des sprechenden erreichen will (vgl. 1969,18). Andererseits soll auch die ausdruckskultur des deutschen volkes gehoben werden, denn nach Wellers meinung sind die deutschen "nach wie vor von allen großen Kulturnationen das *Volk mit der niedrigsten Sprech- und Redekultur*" (1960,22).

---

85 Wie Weller Humboldts unterscheidung von 'ergon' und 'energeia' mißversteht, ist oben unter punkt 1.3 ausgeführt.

Die ablehnung der philologie ist Weller genauso wichtig, wie die enge beziehung der sprechkunde zur psychologie zu betonen. Für Weller müssen sprechkunde und sprecherziehung "hauptsächlich in der angewandten *Psychologie* und *Soziologie* wurzeln." (1954,312) Die sprechkunde sei "entsprossen dem Erdreich der Psychologie", genauer, neben der ausdruckswissenschaft Ludwig Klages' einer "biologisch und soziologisch gerichtete[n] *Psychologie*" (1954,88 bzw. 87; vgl. auch 1957,5 und 228; 1969,32).

Was für die sprechkunde insgesamt gilt, trifft im besonderen für ihr rhetorisches teilgebiet zu, denn rhetorik "beruh[e] nun einmal auf angewandter Psychologie." (1954,319) Aus Wellers aussagen wird deutlich, daß für ihn psychologie die entscheidende bezugswissenschaft für die redekunst ist. Nun handelt es sich nicht um psychologie allgemein, sondern insbesondere um die massenpsychologie. Weller rät jedem redner dringend, die einsichten der massenpsychologie zur kenntnis zu nehmen (vgl. 1954,106/1939,78), und widmet der massenpsychologie ein ganzes kapitel seines buches (vgl. 1954,262 - 278). Das begründet er damit, daß ein "Umgehen dieses ... Gebiets ... nicht zu verantworten [sei], weil es ... nicht nur um eine *Zentralfrage der Redekunst*" gehe, sondern auch "der Psychologie und Soziologie" sowie "um eine praktische Frage der Menschenführung in Wirtschaft und Politik" (1954,262f). Weller meint, massen hätten zu allen zeiten im leben der völker eine wichtige rolle gespielt, aber nie eine so überragende wie heute. Ein führer der massen habe es nicht in der hand, sich über die in der masse wirkenden gesetze hinwegzusetzen. Daran ändere sich auch im zeitalter der demokratie nichts, "die besonders als formale Demokratie unweigerlich [!] auf Massenbeeinflussung beruh[e]." (1954,267) Der redner soll sich weitgehend nach den bedingungen der masse richten und auf ihr niveau hinuntersteigen. Da die masse leicht beeinflußbar und leichtgläubig sei, habe der redner die chance, sie mit der macht seiner worte zu führen. Weller betont, daß eine masse nicht immer hunderte und tausende umfassen müsse, wenn sich eine kollektivseele mit eigener gesetzlichkeit bilde. Er sieht durchaus auch gutes darin, daß der mensch in der masse "kraftvollen Einflüssen besonders zugänglich" sei (1963c,78).

4.1.2 Entwicklungen

1954 veröffentlicht Weller sein erfolgreichstes werk unter dem titel 'Das Buch der Redekunst'. Im vorwort schreibt er, daß damit der öffentlichkeit ein buch vorgelegt werde, "das es bisher in dieser Form noch nicht gab, ein umfassendes Lehrbuch der Allgemeinrhetorik" (1954,10). Diese aussage Wellers gibt nur die 'halbe wahrheit' wieder, denn Weller verschweigt, daß es sich bei seinem buch aus dem jahr 1954 um eine erweiterte fassung seines buches 'Die freie Rede' aus dem jahre 1939 handelt. Dieses buch, das 1942 schon seine siebte auflage erreicht (vgl. 1957,279), ist zum größten teil wortwörtlich in sein neues 'buch der redekunst' eingearbeitet[86]. Bernd Spillner wies schon 1977 in einer anmerkung auf Wellers

86 Passagen, die Weller aus seinem buch über die freie rede (1939) entnommen hat, werden dadurch gekennzeichnet, daß die ursprüngliche fundstelle ebenfalls, und zwar durch schrägstrich abgetrennt,

'qualifikation' als gauredner hin und erwähnte, daß die bücher dieses verfassers noch heute neuauflagen erlebten (vgl. Spillner 1977,106f). Es scheint aber, als sei ihm der überaus enge zusammenhang der veröffentlichung von 1939 mit dem buch aus dem jahr 1954 entgangen. Anscheinend fiel es bisher lediglich Raimund Hethey auf, daß Wellers buch in erweiterter form nach 1945 wieder erschien (vgl. Hethey 1988,138). Weller wirbt 1939 damit, daß sein buch über die freie rede aus "vielfältiger Praxis des Redens und Redenlehrens" (1939,5) entstanden sei. Um welche tätigkeit es sich handelt, erfährt der leser zwei seiten später:

"Als Sprecherzieher, der von redereicher Presse- und Wirtschaftspraxis aus zum uralt-neuen Fach der Rhetorik kam, als Gauredner der Partei und Helfer in der Gaurednerschulung, als Veranstalter zahlreicher Redekurse ... glaube ich [Weller] alles im Feuer lebendiger Rede und Redelehre erlebt zu haben, was man nun in das bewahrende geschriebene Wort gerinnen lassen kann." (1939,7)

Aus seinen veröffentlichungen (vgl. vor allem 1935a, 1935b, 1936 und 1937a) wird deutlich, wie stark sich Weller mit dem nationalsozialistischen system identifizierte (vgl. kapitel 3.2 und 3.3).

Bezeichnenderweise verzichtet Weller, der keine skrupel hat, seine 'Gesprochene Muttersprache' (allerdings ohne den entlarvenden untertitel !) aufzuführen (vgl. 1954,389), darauf, sein buch 'Die freie Rede' in die literaturliste seines buches der redekunst aufzunehmen! Weller ist dreist genug zu behaupten, daß den hörern der "seit 1930 [!] abgehaltenen 'Psychologisch-rhetorischen Kurse für industrielle Führungskräfte' ... das lange von ihnen begehrte Buch" (1954,10) vorgelegt würde und ihnen so die möglichkeit zur auffrischung und wiederholung gegeben sei. Bereits die ältere version von Wellers buch stand im zusammenhang mit seinem unterricht, denn nach eigenen angaben wurde Weller durch einen kurs mit "leitenden Männer[n] des Amts für Berufserziehung und Betriebsführung der Deutschen Arbeitsfront" angeregt, ein buch über die freie rede zu schreiben, das als "Lehr- und Lernbuch" die schulungsarbeit erleichtern sollte (1939,5 und 6).

Das buch 'Die freie Rede' erscheint im 'Verlag der Deutschen Arbeitsfront' und wird von der nationalsozialistischen partei besonders empfohlen (vgl. Strobl 1978,22 und 99). Das wohlwollen für dieses buch ist kaum verwunderlich, denn die grundgedanken dazu hatte Weller bereits in seiner 'Gesprochene[n] Muttersprache' (1935a) dargelegt. In diesem werk, das dem unbekannten redner aus der kampfzeit gewidmet ist, betont Weller, daß die sprecherzieherische redeschulung die bestätigung wichtiger methodischer einsichten der schulungsarbeit in der nationalsozialistischen partei verdanke (vgl. 1935a,84; 1939,62). Ausdrücklich verweist Weller bei der ausführung des sprecherzieherisch-fachlichen teils auf das kapitel, in dem er "die nationalpolitische Bedeutung der Redekunst und ihre Verbundenheit mit dem Nationalsozialismus" (1935a,119; vgl. 1939,7) dargestellt hat. In diesem kapitel[87] betont Weller, daß redekunst nicht eine

"wertfreie und überhaupt beziehungslose Technik" sei, "durch deren geschickte Ausbildung und durch deren Einsatz für jedes beliebige Wollen jedes beliebige Ziel erreicht werden kann. Das ist ein Sinn von

---

angegeben wird. Wenn die formulierung nur leicht abweicht, wird das durch vgl. deutlich gemacht, aber darauf verzichtet, die abweichende formulierung im einzelnen nachzuweisen.

87 Die wesentlichen gedanken, die Weller in diesem kapitel äußert, sind oben in kapitel 3.3 behandelt worden.

Redekunst, der wohl auf die antike Rhetorik, besonders zu deren Verfallszeit, passen mag, nicht aber auf die von heldischen, sittlichen und charakterlichen Kräften gespeiste arteigene Redekunst der deutschen Freiheitsbewegung." (1935a,80)

Weller wählte die kapitelüberschrift "Gründzüge deutscher Redekunst" (1935a,119) also bewußt, um den unterschied der 'deutschen redekunst' gegenüber der antiken rhetorik deutlich zu machen. Er folgt bei dieser abgrenzung den gedankengängen Ewald Geißlers, auf dessen klare grenzziehung er verweist (vgl. 1935a,80; bei Geißler 1920,6ff). Wellers kapitel über die deutsche redekunst (vgl. 1935a,119 - 141) enthält bereits seine grundgedanken zur redekunst, die er vier jahre später in seiner redelehre ausführlich darstellt und dann in seinen neueren schriften nur wenig variiert wiederholt.

Weller hat sich bemüht, allzu offensichtliche hinweise auf die nationalsozialistische zeit zu tilgen. So ersetzte er seine beispielrede, mit der er den gebrauch des stichwortzettels verdeutlichen will, durch eine rede zu einem unverdächtigen thema. Ursprünglich diente ihm sein am 11. juli 1936 auf der sondertagung der 'Arbeitsgemeinschaft für Sprecherziehung im NSLB' gehaltener hauptvortrag als beispiel. Der vortrag über 'Sprecherziehung im nationalsozialistischen Staat' (1939,136 - 148; er entspricht 1937a) wird ersetzt durch einen vortrag über 'Das gesprochene Wort im Industriebetrieb' (1954,230 - 234). Diesen vortrag hielt Weller nach eigenen aussagen häufig zur eröffnung seiner redelehrgänge für industrielle führungskräfte. Im folgenden wird deutlich werden, daß die vergangenheit in Wellers werk lebendig blieb und daß die grundzüge seiner theorie von der oberflächlichen entnazifizierung unberührt blieben. An einigen stellen scheint sogar noch deutlich die rassenideologie durch. Bis in die siebziger jahre hinein wurde immer wieder folgende formulierung gedruckt: "Die *Völker und Stämme* sind ihren rassischen Urstoffen, ihrer Blutmischung, ihrer Gefühlsbestimmtheit nach *verschieden*; eines schickt sich nicht für alle." (1954,55) Diese aussage unterscheidet sich nur minimal von dem, was Weller ende der dreißiger jahre geschrieben hatte: "Wir sind nach unseren rassischen Urstoffen, unserer Blutmischung, unserer Gefühlgestimmtheit verschieden, eins schickt sich nicht für alle." (1939,50) Gebärden bleiben für ihn "vom Rassisch-Nationalen her geprägt" (1957,69). Weller sieht die welt also auch in den fünfziger jahren unverändert mit "rassekundlich geschärftem Auge" (1935a,93). Es scheint auch, als glaube Weller immer noch an ein besonderes schicksal der völker, das aus geheimen kräften der 'rasse' gespeist wird.

"Wesen und Verhalten der Masse scheint oft von geheimnisvollen Kräften gelenkt zu werden, die die Alten Schicksal, Natur und Vorsehung nannten, und deren Macht wir unmöglich verkennen können. ... Diese unbewußten Kräfte werden wiederum gespeist von dem *Erbgut der Gefühle* in einer Masse, die mit ihrer *Rassenseele* [!] zusammenhängen." (1954,266)

Die nationalsozialistische bewegung wurde von Weller als aufstand "aus irrationalen Blutstiefen" gedeutet, als ein "Aufstand gegen die Überfremdung der deutschen Seele", mit dem das deutsche volk der drohenden zerstörung begegnete (1935a,66). Die einflüsse der 'rassenseele' und der 'ererbten gefühle' gelten ihm immer noch als ein besonderes schicksal, gegen das vernunft und gesetz machtlos sind.

4.1.3 Redekunst

Findet Weller für seine auffassung der redekunst bei der psychologie und soziologie der masse vielfältige anregung, so will er die antike rhetorik nur bedingt nutzen. Dort sei wenig nützliches für den redner zu finden. In den vielen dickleibigen büchern der rhetorik, "die allesamt kaum mehr als ein Abklatsch antiker Werke waren", werde das nur gestreift, "was wir heute als das Erste und Wesentliche ans[ä]hen, *das Sprechen, den Vortrag, das eigentliche Halten der Rede!*" (1954,89/vgl. 1939,57) Die sprechleistung ist Weller besonders wichtig, denn es gilt in der ausbildung zum redner, "von der Sache und der Sprechbildung des Redners aus[zu]gehen." (1954,93)

Die richtige sprechbildung[88] erklärt Weller gleich im ersten satz des einleitungskapitels zur grundlage aller redekunst: "Wer reden will, muß zuerst sprechen können." (1954,15; vgl. auch 1963b) Darunter versteht Weller die "Verbindung einer richtigen, achtsamen, sauberen Sprechtechnik auf möglichst hochsprachlicher Grundlage mit einem lebendigen, ausdrucksstarken, abwechslungsreichen, suggestiv wirkenden Vortrag." (1954,16/vgl. 1939,10) Sofern das alles mit der sprechbildung zusammenfällt, kann Weller den angehenden redner trösten, daß derjenige, der sprechen könne, auch reden könne. Er meint ohnedies, bei der frage der erlernbarkeit des redens ginge es "vor allem" (1963c,16) um die ausdrucksmittel des redners.

Formal läßt sich nach Wellers einschätzung die beherrschung der redekunst auf drei punkte zurückführen:

1. man braucht einsicht in das wesen von sprechen und reden;
2. man muß die hemmungen überwinden, die beim auftreten in der öffentlichkeit entstehen;
3. man muß das sprechdenken kultivieren und emporbilden (vgl.1954,17f/1939,12).

Vor allem dem ersten punkt soll Wellers buch dienen, während sich die beiden anderen punkte nur in einem redelehrgang und durch üben erwerben ließen. Weller wendet sich gegen das weitverbreitete vorurteil, redekunst sei eine angeborene begabung. Für ihn zählt die redekunst zusammen mit den fremdsprachen zu den fächern mit überwiegendem ausbildungsanteil. Gegen das überwiegen der begabung spricht seiner meinung nach, daß die leute, die diese meinung verträten, bei eigener betroffenheit durchaus reden könnten. Die meisten menschen seien "eigentlich nur zeitweilig verhinderte Redner" (1954,96/1939,64). Ein hindernis liege insbesondere im lampenfieber, das die menschen befalle, wenn sie in der öffentlichkeit reden sollten. Die beherrschung der redekunst bestehe deshalb zu einem großen teil im abbau der redehemmungen. Weller kommt, je länger er sich damit beschäftigt, desto mehr zu der ansicht, hier liege die "eigentliche Schwierigkeit" (1954,96/vgl. 1939,65) in der rednerschulung.

Den hauptfehler der seit der antike tradierten redevorbereitung mit den stufen 'inventio, dispositio, elocutio, memoria und actio' sieht Weller darin, daß ein aufsatz verfaßt und anschließend vorgetragen wurde. Seiner meinung nach sei uns

88 Weller unterscheidet wie bereits Ewald Geißler (vgl. oben 2.1.2) zwischen 'sprechen' und 'reden'. Dabei soll sich sprechen auf die technische seite beziehen und reden auf die geistige (vgl. 1939,9; 1954,15; 1963b,7; 1963c,11).

diese fünfstufige redevorbereitung "wegen des Mündlichkeitscharakters der Rede und ihres Abstandes vom literarischen Prosawerk fremd geworden." (1954,204) Die antike rhetorik, die hauptsächlich als figurenrhetorik aufgefaßt wird, hat für Weller in unserer heutigen zeit keine relevanz mehr. Diese "formerstarrte und papiergebundene Rhetorik" mit ihren "zum Selbstzweck gewordenen Umständlichkeiten" will er nicht nachahmen (1954,93). Sie könne wegen ihres artistischen charakters in unserer heutigen, sachlichen zeit kein vorbild mehr sein. Hinzu kommt die ablehnung der schriftlichen vorbereitung auf die rede. Weller folgt auch hier den gedanken Ewald Geißlers, der seiner ansicht nach, "ein für allemal gezeigt [hat], daß die nach dem antiken Vorbereitungsschema gebaute Rede falsch ist und daß das Halten der Rede selbst, das Bild des vor der Hörerschaft sprechenden Menschen den Ausgangspunkt darstellt." (1939,103f; vgl. 1954,192) Er wirft Geißler aber vor, daß man von ihm kein wort über die redevorbereitung im einzelnen erfahren könne (vgl. 1963c,65).

Schon die themenfindung der antiken rhetorik mutet Weller 'fremdartig' an, weil sich aus der praxis ergebe, worüber zu sprechen sei. Allenfalls für das erlernen der rede könnte die wahl des richtigen themas entscheidend sein (vgl. 1963c,45f; 1954,204). Sofern 'inventio' lediglich die 'themafindung' (vgl. 1954,192/1939,103) bedeutete, wäre Wellers verwunderung verständlich. Er übersetzt aber selber auch mit 'stoffindung' (vgl. 1939,57; 1954,89; 1963c,43), und diese stufe kann auch Weller nicht überspringen. Weller lehnt zwar die vorbereitung einer rede nach dem antiken schema ab, folgt dann aber mit den kapiteln 'sammlung des redestoffes', 'gliederung und aufbau der rede', 'wortschatz und stil des redners' sowie 'einwirkung auf die hörer' (vgl. 1954,204ff; vgl. 1939,110ff unter ähnlichen überschriften) genau der abgelehnten schrittfolge, allerdings mit anderem inhalt. Weil die formulierung der freien rede erst im augenblick des haltens der rede erfolgen soll, entfällt im vergleich zur fünfstufigen redevorbereitung der schritt des auswendiglernens (memoria).

Weller hält es für falsch und einen durch die antike entstandenen irrtum, eine "Ausbildung im Reden habe mit dem Schreiben zu beginnen", weil dann "unweigerlich" im schreibstil verfaßte abhandlungen entstünden, aber keine reden (1954,192/1939,103; vgl. 1935a,128). Weller veranschaulicht den umweg, den ein redeschüler wählt, wenn er mit dem schreibdenken beginne, mit einer spirale, die sich in vielen windungen dem ziel nähert. Demgegenüber führt der weg mittels stichwortvorbereitung und sprechdenken geradewegs zum ziel (vgl. 1960,262). Für die heutige sprecherziehung bedeute rede nur noch 'freie rede', denn die moderne redekunst gehe von folgendem leitsatz aus: "*Rede ist für uns nur inhaltlich vorbereitete und gegliederte, dann aber frei vor den Hörern geformte mündliche Mitteilung!*" (1954,89/1939,58) Die hauptsache dabei sei, daß der redner auf einen ausformulierten text verzichte und "das Ausgießen in die Wortform und Satzgestalt ... *im Augenblick des Haltens der Rede* vornimmt." (1954,194/vgl. 1939,105) Durch dieses vorgehen soll sichergestellt werden, daß der rednerische vortrag dem alltäglichen sprechen angenähert ist. Als hauptmerkmale des deutschen redestils in der heutigen zeit bezeichnet Weller sachlichkeit, klarheit und anschaulichkeit (vgl. 1954,240/1939,164). Die freie rede soll nicht nur einen lebendigen vortrag garantieren, sondern soll es dem redner ermöglichen, "auf die im Raum schwingende Stimmung der Hörer ein[zu]gehen und sie auf[zu]fangen" (1954,90/1939,58). Mit diesem vorgehen erhöhe der redner seine einwirkungsmöglichkeiten (vgl. 1957,56f) und steigere so die chancen, sein ziel zu erreichen.

Als besonders wichtig für den redner schätzt Weller einen ausreichenden verbenvorrat ein, denn wer "keinen Vorrat an echten Tätigkeitswörtern griffbereit besitz[e], dessen Sprechdenkablauf ... [werde] niemals richtig in Schwung kommen." (1954,196/vgl. 1939,109) Weller begründet die wichtigkeit des verbs nicht nur wie sein lehrer Erich Drach (vgl. Drach 1922,103) mit seiner bedeutung für die satzplanung. Vielmehr sieht Weller im verbum die wortart "des handelnden, tätig ausgreifenden Menschen" (1963c,70). Dabei unterstellt er offenbar, das verb sei 'aktiver' als andere wortarten und bilde deshalb das passende ausdrucksmittel für den aktiven menschen. Der redner muß ohne frage ein aktiver mensch sein, denn die redekunst sei "nicht philosophisch abgeklärte Betrachtung der Umwelt, sondern *tätiger Eingriff* in die Welt der Geschehnisse, ... *Redetat.*" (1954,102)

Der vom willen angetriebene mensch ist für Weller zum redner besonders geeignet, denn wen es nicht dränge, auf die mitmenschen und die umwelt verändernd einzuwirken, der sei zum redner ungeeignet (vgl. 1935a,121 und 139; 1939,73; 1954,101). Für Weller ist "*Rede ... wortgeformte Willenshandlung*" (1939,72; 1957,276; 1963c,44 und 45; vgl. 1954,102 und 119). Diese betonung des willens wird verständlich, wenn der kontext hinzugenommen wird, in dem Weller diese charakterisierung der rede erstmals verwendete: "*Rede ist wortgeformte Willenshandlung; das neue Reich aber ist, zumal im Beginn, auf die Kräfte des Willens gegründet, nicht auf des Gedankens Blässe.*" (1935a,74) Mit dem 'neuen reich' ist der von den nationalsozialisten geschaffene staat gemeint. Nach Wellers auffassung stand an dessen anfang "die erdhafte Kraft und der Wille zur Selbstbehauptung, dann wurde, man möchte fast sagen, nach Bedarf jeweils der gedankliche Überbau errichtet. Wille und leidenschaftliches Gefühl legten den Grund. Die Vernunft führte dann im einzelnen erst den Bau aus." (1935a,67) Das zitat verdeutlicht, wie wichtig für Weller wille und tatbereitschaft sind, die er als besondere eigenschaften des nordischen menschen und der deutschen redekunst auffaßt (vgl. 1939,72). Verstandesmenschen könnten zwar wirksam schreiben, aber nicht reden (vgl. 1954,103/1939,73f), denn große redner seien immer willensmenschen gewesen, meint Weller (vgl. 1954,101). Früher hatte er in diesem zusammenhang auf Adolf Hitler verwiesen, der führereigenschaft und rednertum an den willen gebunden sah, weil beiden die willenswirkung eigen sei (vgl. 1939,73). Weller ging damals sogar soweit zu prophezeien, daß "ein Schwächling bei noch so großen und glänzenden Geistesgaben [niemals] die Palme des Redners gewinnen" könne (1935a,121).

Die planmäßige rednerschulung durch die nationalsozialistische partei entband den ruhenden willen der deutschen redner und zeigte damit, zu welcher redemacht die deutschen bei entsprechender anleitung fähig sind. Den willen zu wecken sei "eine der ersten und wichtigsten Aufgaben des Redelehrers. Es ... [gäbe] kaum eine bessere Willens- und Charaktererziehung als richtig betriebene Redeschulung" schwärmte Weller (1939,72f). Er hält an dieser einschätzung fest (vgl. 1954,102), als die nationalsozialistische charaktererziehung nicht mehr die lehrziele der rednerausbildung bestimmt. Aus seiner abneigung gegen die aussprache, d.h. diskussion und debatte, die aus seiner sicht "in der demokratisch-parlamentarischen Zeit in der Tat entartet und verwildert war", hatte er keinen hehl gemacht, nachdem die "politische Aufspaltung beseitigt worden war und die Einheitlichkeit des Führergrundsatzes ... sich geltend gemacht hatte" (1939,182 bzw. 180). Weller ist nach dem kriege wendig genug, nun der demokratischen aussprache das wort zu reden (vgl. 1960,17f und 25) und "planmäßige Redeschulung ... [als] das wichtigste Mittel zu staatsbürgerlicher Erziehung und politischer Aktivierung" zu preisen (1954,172). Ob seine eigene konzeption für sich in anspruch nehmen kann, die demokratisierung zu fördern, ist mehr als fraglich, denn seine redelehre verhindert diskussionen, statt sie zu fördern.

Die bedeutung des willens wird auch an Wellers einteilung der redesorten deutlich, die sich an den drei geistig-seelischen grundvermögen [verstand, gefühl, wille] des menschen ausrichtet und bei der die vornehmlich vom willen bestimmte meinungsrede als die wichtigste angesehen wird (vgl. 1957,67). Gegen die üblichen einteilungen der reden wendet Weller ein, daß sie teils überholt seien, sich teils überschnitten oder sich nicht zwingend genug ergäben. Weller gibt demgegenüber einer "redepädagogisch fruchtbringenden Einteilung" den vorzug und unterscheidet: "1. Die Meinungsrede oder eigentliche Rede, 2. Der Sachvortrag, 3. Die Vorlesung" (1954,114). Mit dieser einteilung ist bei Weller eine abstufung verbunden, denn mit zunehmender schriftnähe nimmt die wesensechtheit der rede ab. "In Wirklichkeit" sei "die Stichwortrede die eigentliche und klassische Vorbereitungsform der Rede" meint Weller und hat dabei die "Meinungs- oder Überzeugungsrede im Auge" (1963c,20). Wellers bezeichnung der redesorten wechselt ebenso wie seine einteilung. Zu beginn unterschied er lediglich zwei formen, und zwar die überzeugungsrede als eigentliche rede und den sachvortrag (vgl. 1935a,134). Zum teil beschränkt er sich auch später auf diese beiden formen (vgl. 1963c,44f). In anderen veröffentlichungen kommt die vorlesung hinzu (vgl. 1939,92ff/1954,112ff). Sie wird in seinem 'Sprechlexikon' durch die weiherede ersetzt (vgl. 1957,67f). Sowohl die weiherede als auch die vorlesung würden wörtlich ausgearbeitet, weil besonderer wert auf ausgefeilte formulierungen gelegt werde. Beide seien weit von der eigentlichen rede entfernt und trügen die stilmerkmale einer schriftlichen abhandlung.

Der *sachvortrag* (vgl. 1954,119 - 121/1939,98 - 100) wende sich überwiegend an den verstand. "Dem *reinen* Vortrag fehlt ... das Willensziel, die Schlußfolgerung, die Aufforderung zum Handeln." (1954,120/vgl. 1939,99) Beim sachvortrag werde ein sachgebiet mündlich mit der absicht dargestellt, zu belehren und wissen zu vermitteln. "Die Vorbereitung, der Denkstil und Sprechstil zielen" beim sachvortrag "mehr auf das Stofflich-Gedankliche, nicht auf das Gefühls- und Willensmäßige; das Sprechdenkend-Improvisatorische tritt zurück gegenüber dem Vorbedacht-Festgelegten." (1954,120/vgl. 1939,99) Der sachvortrag unterscheidet sich sowohl bei der vorbereitung als auch im redestil von der eigentlichen rede. Auch in der eindringlichkeit unterscheiden sich meinungsrede und sachvortrag: "Im Gegensatz [!] zum Meinungsredner überläßt es der Vortragsredner mehr oder weniger den Hörern, ob sie seine Gedankengänge annehmen wollen oder nicht." (1954,119/vgl. 1939,98f) Weller hält den sachvortrag für schwieriger, denn es sei leichter, "scharf für oder wider eine Sache Stellung zu beziehen, als ein Wissensgebiet ... durch das gesprochene Wort verständlich darzustellen." (1954,118) Wahrscheinlich empfiehlt Weller deshalb, beim redenlernen nach dem freisprechen mit der meinungsrede zu beginnen. Einerseits meint er, dies sei die "lehrreichste Form ... nach deren Beherrschung man leichter den Zugang" zu den anderen redegattungen finden könne, anderseits meint er, es sei "rednerisch leichter, natürlicher und lehrreicher", stellung zu nehmen, weil es auch im rednerischen alltag "überwiegend auf Zweckreden" ankäme, bei denen man "einen Erfolg erzielen" wolle (1957,67 bzw. 1963c,45; vgl. 1954,118/1939,97f).

Der wesentliche unterschied zwischen sachvortrag und *meinungsrede* ist, daß dem sachvortrag der zwecksatz fehlt (vgl. 1954,119/1939,99). Weller nennt den "inneren Nerv" der meinungsrede den "*Zwecksatz*. In ihm ist das eigentliche Wollen der jeweiligen Rede verdichtet." (1954,116/1939,95) Die bezeichnung für die als 'eigentliche rede' aufgefaßte redeform wechselt bei Weller im laufe der zeit, zum teil werden aber auch die verschiedenen ausdrücke nebeneinander verwendet, weil er sie für gleichbedeutend hält.

> "Wenn wir von 'Rede' schlechthin sprechen, so meinen wir immer [!], bewußt oder unbewußt, jenen Typ der Rede, den wir hier genauer als *Meinungsrede, Überzeugungsrede oder Zweckrede* bezeichnen wollen." (1963c,44; vgl. 1957,67 und 290; 1935a,134; 1939,94)

Als einen der "häufigsten und schwersten Fehler beim öffentlichen Reden" stuft es Weller ein, "einen Sachvortrag zu halten, wenn man eine eigentliche Rede halten sollte und halten wollte, d.h. Gedanken und Wissenszusammenhänge ohne Willenseinwirkung und Zwecksetzung auszubreiten" (1957,289). Diesen fehler sieht Weller besonders bei intellektuellen verbreitet. Für die "wissenschaftlich vorgebildeten Menschen", die dazu neigten, "die Rede mit dem Sachvortrag zu verwechseln und deren Maßstäbe anzulegen", unterstreicht Weller ausdrücklich den "Willens- und Gefühlscharakter der Meinungsrede mitsamt dem häufig deutlichen Einschlag massenpsychologischer Strahlung" (1954,115). Als Weller den gebildeten zum ersten mal die verwechslung von rede und sachvortrag vorhielt, die er als "Gegensatzpaar" (1939,113) auffaßt, verwies er auf die "beachtliche Rolle", die das gefühl bei den "heutigen nationalen Gedenkfeiern und politischen Massenversammlungen" spiele (1939,94). Muß sich nicht vielmehr Weller vorhalten lassen, den maßstab einer bestimmten redeform, nämlich der meinungsrede, überzubewerten und den verstand gefühl und willen geopfert zu haben?

4.1.4 Rednermacht

Da Weller 'rede' im sinne von meinungsrede verwendet, wird diesem sprachgebrauch im nächsten abschnitt gefolgt, auch wenn Wellers 'erkenntnisse' genaugenommen nur für eine bestimmte redesorte, nämlich die meinungsrede, gelten. Das gilt beispielsweise für die von ihm als wichtig angesehene massenpsychologie. Weller schränkt nämlich selber ein, es gelte "wohl nur für die Meinungsrede" (1957,137), daß der einzelne mit seinem ichbewußtsein im wirbewußtsein der masse aufgehe. In ihrer höchsten form gehe sie in eine "seelenbezwingende, magische, dem Künstlerischen, ja der Suggestion verwandte Wirkung über, auf die hauptsächlich auch die Macht des modernen wirtschaftlichen Werbewesens gegründet" sei (1957,57; vgl. 1954,257/1939,158).

Die "echte Rede" ist für Weller "durch drei Merkmale gekennzeichnet: Redner - Zuhörer - Tat." (1935a,134) Kam es ihm zu dieser zeit ausschließlich darauf an, "eine Tat hervorzurufen" (1935a,134), so erweitert er die zielsetzung dahingehend, "*eine Tat oder eine tatbereite Gesinnung hervorzurufen.*" (1939,94/1954,114/1963c, 44) Wenn taten so wichtig sind, ist es nur folgerichtig, daß für Weller die werberede die "ausgeprägteste Erscheinungsform der Meinungsrede" ist (1957,279). Nach Wellers schätzung macht die meinungsrede im beruflichen alltag "95% aller Reden" aus (1954,119). Der redner im berufsalltag wird also fast ausschließlich als meinungsredner aktiv. Es erscheint aus Wellers sicht wohl auch deshalb nicht lohnend, sich intensiver mit den anderen redeformen zu befassen.

Der meinungsredner beschränkt sich nicht darauf, seine gedanken vorzutragen, sondern ihm ist daran gelegen, die meinung der zuhörer so zu beeinflussen, daß daraus früher oder später die gewünschte aktion folgt. Dieses ziel bestimmt die rede von der vorbereitung bis zum letzten gesprochenen wort. Selbstverständlich braucht ein redner für seine rede sachkenntnisse und soll deshalb langfristig stoff zu seinem redegebiet sammeln (vgl. 1954,207ff/1939,113ff; 1957,276f). Die ratschläge zur sammlung und aufbereitung von material, die Weller macht, ähneln denen, die zum wissenschaftlichen arbeiten gegeben werden. Die entscheidendere frage ist aber, welche auswahl der redner aus seinem wissen trifft und wie er es seinen zuhörern vorträgt. Bei der meinungsrede "muß der Zwecksatz zuerst feststehen", damit dann "die Einzelheiten des Stoffes gesucht werden können ... . Eine vermehrte [!] Notwendigkeit zur Stoffsuche ergibt sich beim zweckfreien Sachvortrag." (1954,205/vgl. 1939,110) Weller gibt zu, daß ein sachvortrag mehr auseinandersetzung mit der sache erfordert. Daß ein sachvortrag auch eine andere auseinandersetzung mit der sache erfordert, wird deutlicher, wenn Weller Drachs unterscheidung von 'anordnen' und 'aufbauen' (vgl. Drach 1932,38ff; vgl. oben 2.2.2.2) auf seine unterscheidung von sachvortrag und meinungsrede bezieht. Dem sachvortrag entspreche das anordnen, während die meinungsrede vom aufbauen bestimmt werde, und das hieße, auf die hörerwirkung hin zugespitzt werde (vgl. 1954,215/1939,121).

Der redner soll sich bei der vorbereitung der rede nicht in erster linie fragen, "'Worüber will ich sprechen?', sondern: '*Wozu will ich meine Hörer bringen, was sollen sie tun?*'" (1954,101/vgl. 1939,96; vgl. 1935a,137; 1957,290) Die aktivität, die von den hörern erwartet wird, ist als eigentliches wollen der rede im zwecksatz verdichtet. "Nach ihm richtet sich die ganze Anlage der Rede und die Anführung der Beweggründe. ... Er ist auch das Erste und Letzte bei der Vorbereitung der Rede, wichtiger als das Thema ...!" (1954,116/1939,95) Der entscheidende unterschied zwischen sachvortrag und meinungsrede kommt hier zum tragen, denn während im sachvortrag ein sachgebiet dargestellt wird, sucht der redner in der meinungsrede nach gedanken, die seinem anliegen dienlich sind, denn der "Redner muß einseitig sein, ist aber dadurch stark." (1954,117/1939,96) Der redner wird aufgefordert, die unterordnung unter den zwecksatz zu beachten und das "Rankenwerk der Gedanken" zu beschneiden, "da das Überflüssige ... hier immer auch schädlich" sei (1957,290). Weil sich alles an der meinungsrede am zwecksatz orientiert, wird es verständlich, daß Weller die redekunst als zweckkunst bezeichnet (vgl. 1963c,14) und die rede als ein mittel ansieht, einen festgelegten zweck zu erzielen: "Die ganze Rede ist nichts anderes als das Mittel, den im Zwecksatz ausgesprochenen Zweck bei den Zuhörern zu erreichen." (1935a,137)

Der zwecksatz kann seine herkunft aus der politik nicht verleugnen, auch wenn Wellers beispiele zumeist harmlos sind. Der zwecksatz soll "einfach, eindeutig und plastisch, ja vielleicht etwas drastisch formuliert sein, wobei sich oft eine gewisse Schlagworthaftigkeit herausbilden wird." (1957,290) Der zwecksatz spielte eine entscheidende rolle zu der zeit, als nationalsozialistische redner für die gedanken des 'führers' warben. Ingrid Strobl arbeitet in ihrer dissertation heraus, daß der zwecksatz der von der nationalsozialistischen partei ausgegebenen parole entsprach.

> "Die NS-Rhetorik ... beschreibt die Rede als Prozeß, der darauf abzielt, die Hörer von einem 'Zwecksatz' zu überzeugen UND sie durch die Annahme dieses zu einer 'Tatgesinnung' zu motivieren." (Strobl 1978,147)

Die aufgabe der redner war es, die zuhörer zur geforderten tat aufzurufen. Ingrid Strobl vermutet, daß themenwahl und stoffsuche in den rhetoriklehrbüchern der ns-zeit (also auch in Wellers buch) deshalb nur allgemein abgehandelt wurden, weil die ns-redner in der praxis weder vor der aufgabe gestanden haben, "sich selbst ein Thema zu wählen, noch vor der Situation zu einem bestimmten Thema autonom Argumente, Belege, Material, also Stoff sammeln zu müssen. Diese Aufgabe ... [übernahm] die Partei, respektive die Reichspropagandaleitung (RPL)." (Strobl 1978,130) Der redner hatte seine aufgabe dann erfolgreich gelöst, wenn die zuhörer nach der rede die vorgegebene parole in die tat umsetzten. Es ist nicht überraschend, daß den zuhörern bei dieser zielsetzung der rede wenige freiheiten blieben. Davon, daß der redner dieser zeit durch seine worte "einen freien [!] Willensentschluß hervorrufen [!]" soll, kann nicht die rede sein (1935a,136). Ehrlich ist Weller dagegen, wenn er zugibt, die meinungsrede sei "auf die Lenkung [!] des Willens der Hörer gestellt" (1963c,44). Nicht ohne grund charakterisiert Weller die rede deshalb als einen "der stärksten Hebel des Willens zur Macht" (1954,116/1939,95). Aus seiner redelehre können redner lernen, den hebel an der richtigen stelle anzusetzen. Redekunst wird weitgehend zur angewandten massenpsychologie, denn "Denkstil und Sprechstil des Meinungsredners folgen weniger der logischen als der *psychologischen Steuerung.*" (1954,117/vgl. 1939,96f) Psychologische steuerung heißt genauer massenpsychologische steuerung, denn für Weller hängen massenpsychologische erscheinungen nicht von einer großen zuhörerzahl ab.

Eine wesentliche bedingung für den erfolg des redners besteht darin, die sympathie der zuhörer zu erringen bzw. zu erhalten. Der redner wird wichtiger als die rede, denn der redner "soll durch [!] seine Gegenwart fühlende [!] Menschen gewinnen." (1954,103) Es ist nicht ohne bedeutung, daß Weller den menschen durch das adjektiv 'fühlend' qualifiziert, denn mit einer meinungsrede wendet sich der redner insbesondere an gefühl und willen der hörer (vgl. 1954,115/1939,94). Der wille zur tat soll dadurch geweckt werden, daß der redner die sympathie der zuhörer erobert. Solange der mensch nicht als denkendes, sondern nur als fühlendes/wollendes wesen wichtig ist, wird die sache für die rede nebensächlich. Erkenntnisse über eine sache sind nur hinderlich, wenn sie im gegensatz zur alltagsmeinung stehen, denn so läßt sich der sympathiegrad nicht erhöhen. Es kommt mehr darauf an, wie etwas gesagt wird als was gesagt wird (vgl. zum modernen propagandisten Mayer 1967,108ff).

> "Die Wirksamkeit des Redners ist ... eine *unmittelbare Ausstrahlung der harmonischen Gesamtpersönlichkeit.* Wichtiger [!] als die Rede ist der Redner", denn bei der rede "wirkt die *Gesamtpersönlichkeit* des Redners auf die Zuhörerschaft, ... und lenkt sie auf ein Tatziel." (1954,99 und 257/vgl. 1939,71 und 158)

Die person des redners, nicht der inhalt seiner rede entscheidet über den erfolg der rede. Wenn die person des redners so ausgesprochen wichtig ist, können die zuhörer allerdings vom redner "volles, unverkrüppeltes Menschentum fordern" (1954,103) und erwarten, daß ihnen ein "Vollmensch" (1957,276; vgl. auch 1954,256/1939,158) gegenübersteht. Diese von Weller verwendete kennzeichnung ist entlarvend, denn sie verweist in die menschenverachtende zeit des nationalsozialismus zurück. Damals hatte Weller unter hinweis auf Hitlers[89] "magna charta nationalsozialistischer Erziehung" geschrieben, "daß wir [die deutschen, K.R.] vor dem Kriege [gemeint ist der erste weltkrieg, K.R] schon weit von dem Ideal des an Körper und Seele gleichmäßig gebildeten Vollmenschen abgeirrt waren; der denkende Kopf war überzüchtet, die Körperlichkeit wurde immer mehr mißachtet." (1935a,71) Weller meint, der mißbrauch des wortes fiele einem sprechenden menschen schwerer, weil ständig die möglichkeit bestünde, seine worte durch "das Bild seiner Gesamtpersönlichkeit" zu ergänzen oder zu korrigieren (1935a,69). Somit entscheidet das bild der persönlichkeit, ob den worten des redners zu trauen ist. Unter dieser voraussetzung hätten heute (wieder?/noch?) ausländer bei Weller keine chance, "im Kampfgetümmel des Redegefechts" den "Sieg in der Redeschlacht" davonzutragen (1957,236 bzw. 1954,100).[90]Es gibt viele, die wie Weller denken und wegen ungewohnten aussehens der person des redners oder nicht einwandfreier grammatik das anliegen ihrer (ausländischen) mitbürger nicht hören wollen.

Weller schätzt die rede zwar als dialog ein, aber die stumme mitsprache der zuhörer dient dem redner vor allem dazu, widerstände rechtzeitig zu erkennen und darauf zu reagieren. Er meint, die rede sei "aus der zweckbedingten Verhandlung" erwachsen und nur von daher sei zu verstehen, daß sie die fehlende "Ausdrucksfeinheit der 'Schreibe'" durch "ihre Bewegungsfreiheit" ersetzt habe (1960,260). Die gewonnene bewegungsfreiheit nutzt der redner, um seinen zweck sicherer zu erreichen. Deshalb soll der redner die hörer "weder aus dem Auge noch aus der Spannung seines Führungswillens [!] entlassen", denn es kennzeichne die begabung des redners, "wieweit er auch Denken und Fühlen der Hörerschaft erwittern [!] ... [könne]." (1954,90 und 252; vgl. 1939,58) Der redner muß bei einer ablehnenden haltung des hörers sein ganzes rednerisches geschick aufbieten, um die ablehnung in zustimmung zu verwandeln, denn sein

89 Weller meint damit Hitlers gedanken zur erziehung in dessen buch 'Mein Kampf' (Hitler o.j.,452ff).

90 Schon Wellers kriegerische ausdrucksweise läßt ahnen, daß es bei der rede um kämpfen und siegen, nicht um verständigung und einigung geht.

"eigentliches rednerisches Wollen", das im zwecksatz zusammengefaßt ist, kann der redner "*natürlich nicht preisgeben*" (1954,252; hervorhebung K.R.).

Der meinungsredner will seinen zuhörern letztlich keine andere meinung zugestehen als seine eigene, denn sonst würde der erfolg seiner rede gefährdet. Der meinungsaustausch zwischen redner und hörer erhält eine besondere bedeutung. So wie bei einem auto ein austauschmotor eingebaut wird, damit es wieder fährt, tauscht der redner (in diesem sinne meinungs*austausch*) die meinung der hörer gegen seine meinung, damit sie den entsprechenden antrieb haben, um in seinem sinne aktiv zu werden. Nach wie vor geht es Weller nicht um verständigung, denn der redner soll, "Absichten, Überzeugungen, Meinungen ... den Hörern *einpflanzen.*" (1957,263; hervorhebung K.R.) Auch an anderen formulierungen ist deutlich abzulesen, daß der redner eine abweichende meinung der zuhörer nicht hinnehmen will. Schon mit der einleitung bemüht sich der redner, "aus den verschiedenen Einzelmenschen ... eine *seelisch geschlossene Hörergemeinschaft* zu formen [!], die Vielfalt der Hörer auf einen [!] geistigen Generalnenner zu bringen." (1954,225/1939,132f) Weller folgt hier den gedanken Ewald Geißlers, der es als die aufgabe des redners bezeichnet hatte, die hörer auf einen geistigen generalnenner zu bringen (vgl. Geißler 1918,101).

Wellers ausführungen zum redeschluß verdeutlichen nochmals, mit welchen mitteln der redner seinen redeerfolg sichern soll. Am schluß hat der redner

> "*eine geradezu pfeilartige Zuspitzung des Zwecksatzes zu bieten.* In ihm soll die Rede gipfeln, er soll die endgültigen Folgerungen ziehen, die schärfste Ausrichtung des Weiterdenkens und der Tatgesinnung bewirken. An den Schluß gelangt, strafft und reckt sich der Redner, er nimmt Führerhaltung an, um die Hörer als geistige Gefolgschaft im Rhythmus seines Marschtrittes fortzureißen." (1939,130)

Weller hat diese formulierung in seinem buch der redekunst umformuliert und etwas entschärft (vgl. 1954,223), aber am kern seiner gedanken, die aus dem führerkult der ns-zeit stammen, hat sich nichts geändert.

Wenn Weller als die aufgaben des redners auflistet "*gewinnen, packen, überzeugen*" (1954,257/1939,159; vgl. 1954,261), dann stellt er 'überzeugen' auf eine stufe mit anderen formen der beeinflussung. Obwohl Weller sich stets bemüht, 'überzeugen' zu schreiben, gibt er unfreiwillig zu, daß es sich bei der meinungsrede um überreden, also um manipulation handelt, wenn er schreibt: "Bei allem Überzeugen und Überreden - das erste wendet sich mehr an den Verstand, das zweite an Gefühl und Willen - muß man das Mitgehen der Zuhörer verfolgen" (1963c,77). Überreden wendet sich insbesondere an willen und gefühl! Bei seiner unterscheidung der redegattungen hatte Weller darauf hingewiesen, daß die "Rede sich mehr an Willen und Gefühl" wende, während sich demgegenüber "der Sachvortrag mehr an den Verstand" richte (1963c,45). Der sachvortrag entspricht Wellers kennzeichnung des überzeugens, weil er sich mehr an den verstand richtet. Gerade zu der zeit, als die rede am stärksten mißbraucht wurde, bezeichnete Weller die 'eigentliche rede' als 'überzeugungsrede'. Die korrekte bezeichnung wäre 'überredungsrede' gewesen, denn nur so würde diese rede beim richtigen namen genannt.

Weller hält zwar die überzeugung für "ethisch höherstehend", meint aber, es wäre "weltfremd oder heuchlerisch zu sagen, man könne immer ohne Überredung auskommen." (1960,18) Entsprechend dieser einsicht bietet Weller dem (zukünftigen) redner auf vielen seiten dar, was man im rednerleben braucht, und das ist in großen teilen nichts anderes als eine anleitung zur manipulation. Daran ändert sich nichts, wenn Weller das wort 'überreden' vermeidet und statt dessen 'überzeugen' verwendet. Gudrun Fey stuft Wellers auffassung der redekunst zu recht als instrumentalistisch ein, weil sie rhetorik und ethik trennt (vgl. Fey 1990,108). In Wellers buch sind zur ethischen problematik des redens nur vereinzelte bemerkungen zu finden. Dort liefert Weller dem redner die passende 'ethik' zur meinungsrede, denn für ihn reicht es aus, wenn der redner selber "bis ins Tiefste durchdrungen" ist, damit die rede "zur *sittlichen Angelegenheit*" wird (1954,116/1939,95). Als Weller diesen 'ethischen' maßstab erstmals formulierte, redete er zur selben zeit zusammen mit anderen rednern im auftrag des 'führers'. Alle redner waren von ihrer nationalsozialistischen überzeugung zutiefst durchdrungen, ohne daß deshalb daraus eine sittliche angelegenheit geworden wäre.

4.1.5 Erfolge

Der erfolg von Wellers redelehre in einer sich demokratisch verstehenden gesellschaft sollte nachdenklich machen. Es ist bezeichnend, daß Weller seine aus der führerrede und dem führergrundsatz entwickelte konzeption nach dem kriege praktisch unverändert verbreiten konnte, obwohl die spuren der nationalsozialistischen redepraxis kaum verdeckt sind. Das scheint weder seinen verlag noch die anwender seiner redekunst sonderlich irritiert zu haben. Es war offenbar auch unproblematisch, daß das gespräch zwischen gleichberechtigen gesprächspartnern dem erfolgsstreben und dem machtanspruch des redners zum opfer fiel. Bei den führungskräften, an die sich Weller mit seinen kursen und seinem buch richtete, siegte offenbar die freude darüber, mit der rede "das stärkste Führungsmittel" zu beherrschen, über die moralischen bedenken, ein "Verführungsmittel" zu nutzen (1954,351). Was für kräfte des führers gut war, muß auch für führungskräfte gut sein! So läßt sich knapp der erfolg von Wellers 'neuer' redelehre in seinem 'buch der redekunst' beschreiben.

Weller führt den erfolg, der seinem "'Buch der Redekunst', das den bezeichnenden Untertitel trägt 'Die Macht des gesprochenen Wortes in Wirtschaft, Technik und Politik'", zuteil wurde, abgesehen von der bedeutung des verlags darauf zurück, daß eine "Schicht von *führenden* Menschen des öffentlichen Lebens angesprochen wurde." (1969,36f; hervorhebung K.R.) Bereits 1960, als er noch nicht ahnen konnte, wieviele auflagen sein buch noch erleben würde, dankte Weller seinem verlag dafür, daß er sein buch der redekunst zum erfolg führte und "zum meistverbreiteten größeren Werk der Rhetorik in deutscher Sprache" gemacht habe (1960,10). 1972 wird mit der 12. auflage die grenze von 50.000 exemplaren erreicht, und 1978 erscheint die 14. auflage des standardwerkes. Diese auflage wurde laut verlagsauskunft auf dem titelblatt "Neubearbeitet und erweitert" (1978). Die bearbeitung wurde nach Wellers tod von seiner frau und langjährigen mitarbeiterin Grete Keienburg-Weller vorgenommen. Ein textvergleich mit der älteren auflage zeigt aber, daß die erweiterungen minimal sind und daß die neubearbeitung im wesentlichen in einer erheblichen kürzung des alten textes bestand.

Die zahl der leser dieses buches ist weit höher als die zahl der verkauften exemplare anzeigt, denn Wellers buch gehört gewissermaßen zur standardausstattung öffentlicher bibliotheken. Sofern es nicht verliehen ist, zeigen abnutzungsgrad und zahl der entleihungen, wie häufig auch leute, die nicht zu den führenden kräften dieses landes gehören, zu Wellers buch greifen. Weller schätzt sein buch wohl zu recht als das "mit Abstand ... meist aufgelegte Werk der Sprechkunde" (1969,16) ein. Vermutlich ist es auch das am meisten gelesene buch der sprecherziehung. Nicht unterschätzt werden sollte außerdem der einfluß, den Wellers gedanken auf andere autoren ausübte, die sich zu fragen der redekunst äußerten. Das im einzelnen nachzuweisen dürfte aber schwierig sein, weil viele autoren populärer redelehren darauf verzichten, die quellen ihrer gedanken anzugeben oder allenfalls im literaturverzeichnis - sofern es eins gibt - Wellers buch anführen. Nicht vergessen werden sollte auch, daß von Wellers buch buchclubausgaben erschienen und eine (gekürzte) taschenbuchversion veröffentlicht wurde. Wer Weller nicht nur lesend zur kenntnis nehmen möchte, sondern auch hören will, kann das mithilfe seines schallplattenkurses tun (1963a). Wellers auffassung von redekunst ist ein angebot, das nur deshalb so erfolgreich sein konnte, weil es eine entsprechende nachfrage nach einer instrumentalistischen rhetorik gibt. Der 'gute zweck' und die 'tiefe überzeugung' sollen dabei die manipulativen mittel dieser 'rhetorik' heiligen.

4.2 Fritz Schweinsberg - reden für den wiederaufbau[91]

4.2.1 Wiederaufbauarbeit

Während Ilse Schweinsberg-Reicharts name durch ihre zahlreichen veröffentlichungen einen gewissen bekanntheitsgrad erreicht hat, dürfte der name ihres mannes, Fritz Schweinsberg, vermutlich nur denen bekannt sein, die sich intensiver mit sprecherziehung beschäftigt haben. Von seinen büchern kommt ihnen wahrscheinlich die 'Rednerschulung' aus dem jahr 1948 in den sinn und nicht das 1946 erschienene buch "Stimmliche Ausdrucksgestaltung im Dienste der Kirche", das den untertitel trägt "Ein Werkbuch für die Wiederaufbauarbeit". Den wenigsten dürfte bewußt sein, daß Schweinsbergs 'Rednerschulung' im wesentlichen eine kurzfassung des kapitels "Die Predigt als freie Rede" (1946,325ff) aus der zwei jahre zuvor erschienenen veröffentlichung ist. Fritz Schweinsberg wählte die wichtigsten gedanken aus diesem kapitel aus und strich die ausführlichen zitate aus Geißlers 'Rhetorik' sowie die passagen, die sich auf homiletik und predigtpraxis bezogen. Zum teil veränderte Schweinsberg dabei zitate, die sich ursprünglich auf die predigt bezogen, in allgemeingültige aussagen über rede schlechthin. So wird aus einem zitat Longhayes, das den prediger zum verzicht

---

91 In kapitel 4.2 werden veröffentlichungen von Fritz Schweinsberg lediglich durch die angabe des erscheinungsjahres nachgewiesen.

auf literarischen ehrgeiz auffordert, eine forderung der sprecherziehung ganz allgemein (vgl. 1946,370 mit 1948,41), oder aus einem zitat von Adamer wird ganz einfach 'man' (vgl. 1946,477 mit 1948,91). Auch bei ausführungen, die sich von vornherein auf rede beziehen, ist nicht mehr erkennbar, daß es sich ursprünglich um zitate handelte (z.b. ein zitat von Dessoir; vgl. 1946,331 mit 1948,14). Diese veränderungen haben dazu geführt, daß Wellers gedanken unter Schweinsbergs namen weiterverbreitet wurden. So zitieren beispielsweise Jörg Jesch und Eduard Kurka (vgl. Jesch 1967,78; Kurka 1956,453 und 1970,58) statt Schweinsbergs ansicht in wirklichkeit Wellers definition des sprechdenkens. In seiner veröffentlichung aus dem jahr 1946 (vgl. 1946,448) hatte Schweinsberg die definition des sprechdenkens noch eindeutig als zitat aus Wellers schriften (Weller 1935a,125 und 1939,101) gekennzeichnet. Später (vgl. 1948,63) fehlt die kennzeichnung der definition als zitat. Im folgenden wird deshalb Schweinsbergs text aus dem jahr 1946 zugrunde gelegt, denn dort sind die gedanken ausführlicher dargestellt und dort sind auch die zitate und ihre quellen erkennbar.

Schon während Schweinsberg als opernsänger auf der bühne stand, entwickelt er interesse an sprecherzieherischen fragestellungen (vgl. Deus 1966,10f). Er übernahm dann das lektorat für sprechwirksamkeit an der Albertus-Magnus-Akademie in Walberberg. Auch wenn Schweinsberg nach 1945 als einer "der ersten wieder arbeiten durfte [!]" (Geißner 1966,4; vgl. auch Geißner 1989a,12f), besagt das nicht viel über seine konzeption der sprecherziehung und redekunst. Schweinsbergs buch ist von den grundgedanken her der sprecherziehung und redeschulung vor 1945 verpflichtet[92]. Daß dieses buch keine 'stunde null' der sprecherziehung war, wird unter anderem daran deutlich, daß Schweinsberg sein buch bereits während des krieges schrieb (vgl. 1946,12, fußnote). Er zitiert ausgiebig und ausführlich aus Geißlers schriften und meint, "jeder gebildete Deutsche" (1946,365) sollte Geißlers ausführungen zum deutschen stil (= Geißler 1934b) kennen[93]. Geißlers redekunst dürfte für die predigtausbildung passend gewesen sein, da er sich bei seiner auffassung der 'deutschen redekunst' von der prophetischen verkündigung leiten ließ (vgl. oben 2.1.6.3). Daneben stützt sich Schweinsberg maßgeblich auf das, was Weller zur redekunst ausführte (= Weller 1939). Schweinsbergs ausführungen sind dabei manchmal nichts anderes als paraphrasen[94] dessen, was Weller zur freien rede geäußert hat.

---

92 Wenn Pabst-Weinschenk meint, es sei Schweinsbergs verdienst, nicht nur in wesentlichen zügen den Drachschen ansatz, "sondern überhaupt den Fachstand nach dem 2. Weltkrieg wieder - des ns Beiwerks entledigt [!] - in zusammenhängender Buchform zugänglich gemacht zu haben" (Pabst-Weinschenk 1993b,194; vgl. auch 1993b,17), dann übersieht sie, daß das ns-gedankengut viel tiefer in Schweinsbergs ansatz steckt.

93 Reinhard Nickisch meint über Geißlers ausführungen zum deutschen stil zu recht, es handele sich um "ein abstoßendes Dokument sich spreizender nazistisch-chauvinistischer Blu-Bo-'Geistigkeit'" (Nickisch 1975,67).

94 Mein leseeindruck wurde inzwischen durch Brigitte Teucherts auswertung der akten des DAfSuS aus der ersten nachkriegszeit bestätigt. Sie berichtet: "Der Vorwurf Maximilian Wellers lautete, Schweinsberg habe ein Plagiat verfaßt aus seinen Werken, vor allem 'Die freie Rede', und aus den Schriften Erich Drachs. Weller trägt sich sogar mit dem Gedanken gerichtlich gegen Schweinsberg vorzugehen. Einige der Fachkollegen erstellen Gutachten in bezug auf das Buch Schweinsbergs: Winkler spricht sich vehement für die Position Wellers aus, Tack, Lockemann und Gerathewohl befürworten dagegen den frühen Versuch Schweinsbergs ..., das Fach umfassend dargestellt zu

Während der prediger "immer mit seinem ganzen Ich in Gottes erhabenem Sendungsauftrag [steht], - selbst wenn er übt, und wenn er die ewig gleichbleibenden Wahrheiten tausendmal vorträgt" (1946,471), soll der gewerkschaftsfunktionär, dessen redeausbildung sich Schweinsberg zuwendet, die irdische aufgabe erfüllen, "den Kollegen zu dienen" (1955,20). Ende der vierziger jahre wurden nach Schweinsbergs angabe sprecherzieherische "Sonderlehrgänge [veranstaltet], um vornehmlich denen auf den Weg zu helfen, die die Kraft der Rede als geistiges Führungsmittel einzusetzen berufen [!] sind." (1948,9) Offenbar sind nicht nur priester, sondern auch gewerkschaftsfunktionäre zur menschenführung *berufen*. Ab 1948/49 sporadisch und in den fünfziger jahren als fester mitarbeiter (vgl. Deus 1966,11 und 14f), wird Fritz Schweinsberg vom DGB mit der verbesserung der sprechwirksamkeit von gewerkschaftsfunktionären betraut. Wenn Schweinsberg seinen für die predigtausbildung gedachten lehrgang als grundlage für die schulung von gewerkschaftsfunktionären nimmt, dann übernimmt er mit dieser konzeption auch den verkündigungscharakter von rede in den gewerkschaftspolitischen bereich.

Fritz Schweinsbergs assistentin und spätere frau, Ilse Schweinsberg-Reichart, sorgte dafür, daß die von ihm entwickelte konzeption der rednerausbildung über seinen tod hinaus in Hattingen wirksam blieb. So wird noch heute in ähnlicher weise versucht, die sprechwirksamkeit der gewerkschafter zu verbessern wie in den fünfziger jahren, und das heißt vorlesen und reden nach einem musterstichwortzettel, anstatt in gesprächsführung und verhandlung unterrichtet zu werden (vgl. kapitel 5.1).

Der einfluß Fritz Schweinsbergs und des von ihm verfaßten buches zur predigtausbildung hat nicht nur die rednerausbildung in Hattingen beeinflußt. Schweinsberg wirkte beispielsweise zusammen mit anderen der christlichen soziallehre verpflichteten gewerkschaftern an der bildungsarbeit des Adam-Stegerwald-Hauses mit (vgl. Wuthe 1962,269, fußnote 47). In den sechziger jahren bescheinigt Hellmut Geißner Schweinsbergs buch, "über weite Strecken auch wahrscheinlich auf Zeiten hin noch nicht überholt" zu sein (Geißner 1966,4). So kann es nicht überraschen, daß Geißner im vorwort zu seinem buch 'Rhetorik und politische Bildung' den "Redelehrer" Fritz Schweinsberg ausdrücklich als jemanden erwähnt, von dem er gelernt habe (Geißner 1975a,10). Und bei der darstellung der freien rede weist Geißner darauf hin, daß das verfahren der sprechdenkenden redevorbereitung Fritz Schweinsberg "wesentliche Anregungen" verdanke (Geißner 1975a,155). Sogar in der DDR blieb Schweinsberg anfangs nicht ohne einfluß. Eberhard Stock erwähnt, daß für die ersten studenten, die in Halle sprechwissenschaft studierten, Schweinsbergs 'Stimmliche Ausdrucksgestaltung' "unerläßliches Studienmaterial war" (Stock 1981b,29). Sogar Eduard Kurkas 1970 veröffentlichte 'sozialistische rhetorik' ist in teilbereichen von Schweinsbergs ansichten beeinflußt (vgl. 6.2).

---

haben. Sie heben das Verdienst Schweinsbergs hervor, das Fach damit bald nach dem Krieg wieder publik gemacht zu haben." (Teuchert 1992a,22)

4.2.2 Stetigkeiten

Für die neugestaltung der predigt als 'freie rede' will Schweinsberg auf die sprecherziehung zurückgreifen, die "aus urdeutschen Quellen schöpfend ... große Hilfen [gibt], deren Bewährung in der Welt wir genugsam erfahren haben!" (1946,24) Schweinsberg weist ausdrücklich darauf hin, daß die sprecherziehung "kein Abklatsch" der alten rhetorik sei und daß dies "in ganz besonderem Maße für das die Sprecherziehung krönende Spitzengebiet, für die Kunst der freien Rede", gelte (1946,354).

Wenn Schweinsberg statt des ausdrucks 'sprecherziehung' für sein buch die bezeichnung 'stimmliche ausdrucksgestaltung' verwendet, dann will er damit deutlich machen, daß beim geistlichen zur stimmlichen ausdrucksfähigkeit auch der gesang gehört. Neben dem umfassenderen anspruch (sprecherziehung + gesang) seines buches soll aber zugleich deutlich werden, daß die stimmliche der schriftsprachlichen ausdrucksgestaltung gegenüberstehe (vgl. 1946,10). Die überbewertung des schriftwortes ist nach ansicht Schweinsbergs schuld daran, daß redner und prediger am papier kleben. Der sprecher habe aber mit seinen erweiterten ausdrucksmitteln die möglichkeit, "eine tiefere und nachhaltigere Wirkung [zu] erzielen als der Schreiber." (1946,401) Während der schreiber beispielsweise bei einer seminararbeit seine sache ohne vorstellung des empfängers "rein gedanklich - selbstzweckhaft" (1946,482) darstelle, habe ein redner zuhörer als ansprechpartner.

Für Schweinsberg bildet die gesprochene sprache "*in ihrer biologisch-funktionalen Erscheinungsform als 'energeia' den gedanklichen Ausgangspunkt der Sprecherziehung*" (1947,229). Schweinsberg faßt sprache nicht als ein zeichensystem auf, sondern als eine an den einzelmenschen gebundene lebendige tätigkeit, deren schallform hörbar ist. Schweinsberg scheut sich nicht, Humboldts unterscheidung von ergon[95] und energeia so zu deuten, daß damit "*die grundlegende Unterscheidung zwischen der statischen Wesenheit der geschriebenen Sprache und der dynamischen Wesenheit der gesprochenen Sprache getroffen*" werde (1946,32; vgl. auch 1946,365 1947,229; 1948,13). Aus dieser zuordnung des 'doppelwesens' der sprache folgt für ihn dann, daß nur gesprochenes wirkliche sprache sei und geschriebenes nur ein umweg oder ersatzweg zur verständigung. Schweinsbergs falsche vorstellung davon, was sprache und sprechen sind, wird daran deutlich, daß er in Gutenbergs erfindung der buchdruckerkunst nicht nur einen gewinn für die menschheit sieht. Es dürfe nicht übersehen werden, daß der vorteil mit einem entscheidenden nachteil erkauft wurde, "der, je mehr die gelautete Sprache zur gedruckten wurde, '*die Sprache' in zwei getrennte Wesenshälften aufspaltete*: in die an sich tote Druckschrift ... und das wirkliche, lebendige Sprechen" (1946,29, ebenfalls 1947,226; hervorhebung K.R.). Schweinsberg sieht in sprechen und schreiben nicht nur zwei unterschiedliche wege der verständigung, sondern eine spaltung der 'sprache' in zwei getrennte bereiche. Mit seiner entgegensetzung von lebendiger sprache und totem wiederherstellungsmittel steht

95 So heißt es bei Schweinsberg, der leser begnüge sich damit, "das Schriftbild, das 'ergon' mit den Augen zu überfliegen" (1946,274; vgl. auch 1948,13).

Schweinsberg ungebrochen in der gedankenwelt der sprach- und kulturpfleger, die das deutsche wesen und die deutsche sprache retten wollten. So führt Schweinsberg neben Ewald Geißler und Rudolf Hildebrand auch Richard Müller-Freienfels, Rudolf G. Binding und Julius Langbehn an, um darzulegen, daß den deutschen als folge der buchdruckkunst und der intellektualisierung die fühlung mit der lebendigen deutschen sprachlichkeit verlorengegangen sei (vgl. 1947,225ff; 1946,30f und 450f). Schweinsberg meint, je mehr sich das leise denken mit der schriftlichkeit verbunden hätte, desto mehr wäre es in den kalten bereich des intellekts gelangt. Die sprecherziehung wende sich wieder der gesprochenen sprache zu und mache die durch die 'papiersprache' verursachte entseelung und intellektualisierung der sprache rückgängig.

Neben dem 'wesen der sprecherziehung' (vgl. 1946,25ff) widmet sich Schweinsberg auch dem 'wesen der rede und der redekunst' (vgl. 1946,327ff).

> "Nach heutiger [!] allgemeiner Übereinstimmung ist der ureigentliche Zweck der Rede: Wirkung auf den Willen. ... Predigt und Rede sind also eins, insoweit und weil sie auf den Willen abzielen, weil also beider Wirkungsgebiet der Wille ist." (1946,50)

Weil er den willen als so wichtig ansieht, kann die sprecherziehung für ihn nicht "ohne Willenserziehung und Erziehung zur Verantwortungsfreudigkeit" auskommen, wenn sie als "echte rednerische Erziehung ... als Teil der *Charakterbildung*" angelegt sein soll (1946,54f). Willenserziehung und charakterbildung überleben den nationalsozialismus und sollen nun der christlichen verkündigung zugute kommen. In einer fußnote verweist Schweinsberg (vgl. 1946,55) sowohl auf Gerathewohls äußerungen über charakterbildung und rhetorik (= Gerathewohl 1942) als auch auf Wellers buch 'Freie Rede' (= Weller 1939).

Nach Schweinsbergs meinung "muß" der prediger "Überzeugungsredner sein" (1946,348), denn eine predigt "ziel[e] ... letztlich doch immer auf das Gefühlsmäßig-Willenhafte und verfehl[e] ihren eigentlichen, inneren Zweck, wenn sie nicht eine Tat, ein entsprechendes Handeln oder wenigstens eine tatbereite Gesinnung hervorruf[e]." (1946,346; vgl. in 1948,30 die definition der überzeugungsrede) Da sich Schweinsberg auf Wellers einteilung der reden stützt, denn alle anderen einteilungen der reden erscheinen ihm 'rein theoretisch' erdacht zu sein, kann er ebenfalls nur zum ergebnis kommen, daß der zwecksatz das entscheidende für die überzeugungsrede sei (vgl. 1946,340f).

4.2.3 Aufrufen

Die neue redekunst dürfe nicht mit der antiken rhetorik gleichgesetzt werden. Nach Schweinsbergs ansicht

> "herrscht auch heute leider vielfach noch das altklassische Vorbild! Wir haben uns zu sehr daran gewöhnt, den alten Begriff Rhetorik mit unserer Redekunst gleichzusetzen. ... Wir dürfen diese Begriffe nicht gleichsetzen - wir müssen sie vielmehr *gegeneinander absetzen* und umwerten ... . Wir sind innerlich über die Rhetorik der Alten weit hinausgewachsen!" (1946,353f)

Den unterschied zwischen 'alter' und 'neuer' redekunst erläutert Schweinsberg damit, daß es den antiken rednern "nicht in erster Linie auf Willenslenkung an[kam], sondern vielmehr auf die Darbietung eines Kunstgenusses und auf die

Bewunderung, die er dafür eintauschte" (1946,356). Wie schon bei Geißler (vgl. Geißler 1918,26f) soll nun bei der rede die zweckmäßigkeit über der schönheit stehen. Der redestil solle nicht schmuck sein, sondern wegen der auf den augenblick gerichteten wirkung eingänglich sein. "Rede und Redekunst sind für uns nicht künstlerische, sondern sittliche Tat." (1946,362)

Schweinsberg wünscht sich für die rede eine natürlichkeit, "die genau so redet, wie es drinnen im Herzen gefühlt ... [werde], ob es nun einen einzelnen Menschen oder Tausende von Hörern" anginge (1946,356). Die klarheit der sprache dient vor allem dazu, die rede wirksam zu machen, denn man könne "die Masse zur 'Einheit der Person' nur dann zusammenschweißen, wenn man ihren Geist nicht ... durch eine dunkle Sprachweise" ermüde (1946,378). Auch wenn dann darauf verwiesen wird, daß eine unklare sprache häufig auf einen nicht zuende durchdachten gedanken verweise, überwiegt die sorge, daß der prediger vergessen könnte, daß er auf der kanzel steht, "um die Hörer zur Tat emporzureißen" (1946,382). Mit der kraft seiner worte will der redner die tat-kraft der hörer nach dem ende der rede steigern. Die stärke des überzeugungsredners liegt nach Schweinsberg "in der weisen Beschränkung" (1946,343). Sie liegt allerdings weniger darin, die übersichtliche darstellung der vorgebrachten gedanken zu sichern, als vielmehr darin, die wirksamkeit der rede zu garantieren, indem von der vorbereitung der rede bis zum letzten wort auf den zwecksatz geachtet wird. "Der Zielrichtung des Zwecksatzes hat sich eben *alles* unterzuordnen; was sich ihr nicht fügen [!] will, ist als unwirksam [!] wegzulassen, selbst wenn es eigentlich zur Sache gehört!" (1946,343) Um der gefahr zu entgehen, daß die zuhörer nicht so handeln, wie der redner es will, sind die aspekte der sache zu unterdrücken, die hörer von ihrer tat abhalten könnten. Die rede, "die vor allem den Willen fassen muß, wird durch zu viel geistigen Ballast gehemmt; *die überstarke Anspannung des Denkvermögens schwächt die Seelenkraft des Strebens.*" (1948,32, hervorhebung K.R.) Der 'geistige ballast' ist abzuwerfen, damit die hörer frei und ungehemmt ans werk gehen, wenn die rede geendet hat.

Die ausrichtung auf den zwecksatz "zwingt [!]" den überzeugungsredner zur unvollständigkeit und "verlangt [!] eine Steuerung seines Denkstils und Sprechstils ... vornehmlich nach psychologischen Gesetzen." (1946,342) Hatte Schweinsberg bei der bestimmung des wesens der rede darauf verwiesen, daß rede ein gespräch unter besonderen umständen sei und daß sowohl rede als auch gespräch auf das mitteilen-wollen zurückgingen (vgl. 1946,328), so stellt sich nun heraus, daß er eine besondere form des gesprächs im auge hatte. Der überzeugungsredner soll sich bei der vorbereitung fragen:

> "Was würden mir die Hörer antworten, wenn ich *mit jedem allein* verhandeln [!] müßte? Das [!] zwingt ihn manchmal, den rein logischen Gedankengang zu unterbrechen; denn die Schwierigkeiten der Hörer sind ja meistens nicht logischer, sondern psychologischer Art!" (1946,344)

In einer verhandlung wird versucht, die interessengegensätze der beteiligten zu einem solchen ergebnis zu bringen, daß die verhandler zustimmen können. Die fixierung auf seinen zwecksatz schließt für den überzeugungsredner eine kompromißmöglichkeit aus, die bei vielen verhandlungen erst den erfolg sichert. Durch die freie rede soll der redner die möglichkeit haben, sofort zu reagieren, wenn er auf den gesichtern der zuhörer anzeichen von zweifel und widerspruch ausmacht. Die psychologie ist für den überzeugungsredner wichtig, denn er soll "mehr Psychologe als Logiker sein", und gerade der prediger müsse "an die Pforten der Herzen lauter klopfen als an die Hirnschalen der Hörer." (1946,344)

4.2.4 Redelehrgang

Die schulung der freien rede besteht bei Schweinsberg aus dem abbau der hemmungsgefühle und in der ankurbelung des sprechdenkens (vgl. 1946,448ff). Als beruhigung für den angehenden redner verweist Schweinsberg darauf, daß ein einzelner hörer dem redner gegenüber kritischer ist als wenn er "nur Teil einer Hörergemeinschaft ist. Die Angriffsbereitschaft [!] des einzelnen Hörers steigert sich nicht, wenn er Teil einer Masse ist, im Gegenteil, sie wird geringer!" (1946,453) Die erfahrungen mit emotionalisierten massen im nationalsozialismus wird nicht als abschreckendes beispiel angeführt, sondern soll den angehenden redner trösten, weil ihm 'die masse' als kritiker weniger gefährlich wird.

Nachdem die hemmungsgefühle wegtherapiert sind, soll der sprechdenkablauf des redners verbessert werden (vgl. 1946,457ff). Beim jungen menschen sei,

> "solange er in der Schule noch nicht 'verzogen' wurde, ... der Sprechdenkablauf eine unbewußte Selbstverständlichkeit. Beim späteren Bildungsmenschen ... [müsse] er ... meistens in besonderer Arbeit erst wieder zurückgewonnen werden." (1946,457)

Bei seinen ausführungen zum sprechdenken zeigt sich, wie stark Schweinsbergs glaube ist, das schreibdenken sei ausdruck eines kalten intellekts, weil die echtheit des klanges gefehlt habe. Bevor mit der schulung des freien sprechens begonnen werden kann, muß der redeschüler zunächst vom "flächenhaften Schreiblesen" befreit werden, denn "er hat weder das äußere noch das innere Gehör für den wahren Sprachklang." (1946,452) Das verfahren fand sich schon bei Erich Drach (vgl. 2.2), der ebenfalls den weg vom vorlesen zum freien sprechen wählte. Reste dieses vorgehens sind noch heute in der redeschulung des DGB zu finden (vgl. 5.1). Den übergang vom lesen zum freien sprechen bildet die nacherzählung einer kurzgeschichte oder eines märchens. Diese erzählübungen sollen den redeschüler erleben lassen, "wie *durch das Sprechen* seine Gedanken mehr und mehr angeregt werden." (1946,458) Im zweiten erzählversuch soll dann für eine bestimmte (nur vorgestellte) hörerschaft gesprochen werden, um zu erleben, daß die lebhafte vorstellung von zuhörern 'wie von selbst' dazu führt, farbiger und lebhafter zu erzählen (vgl. 1946,458). Für die redeschüler ist es wichtig, sich daran zu gewöhnen, "daß jeder angefangene Satz in irgendeiner Form zu Ende gebracht werden muß." (1946,460, fast wortgleich auch 465)

Um das *plangerechte sprechdenken* zu üben, wird den lehrgangsteilnehmern ein stichwortzettel an die hand gegeben. Der aufbau der rede (redeplan) ist damit festgelegt. Die aufgabe des redners besteht darin, die einzelnen stichworte auszuformulieren. Der redelehrer trägt die rede anhand des stichwortzettels als beispiel vor, bevor die redeschüler auf der grundlage dieses stichwortzettels ihre eigene rede formulieren. Gleichzeitig mit der ausformulierung des vorgegebenen redeplans sollen die redeschüler lernen, blickkontakt zu halten und die angst vor der pause abzulegen. Im nächsten schritt des plangerechten sprechdenkens wird zuerst gemeinsam ein zwecksatz formuliert, zu dem dann jeder lehrgangsteilnehmer seinen eigenen redeplan entwirft und einen stichwortzettel erstellt. Die nun für die vorbereitung der rede erforderlichen schritte wurden ihm bisher durch den vorgegebenen stichwortzettel abgenommen.

Sollte der redner zu beginn ermutigt werden, kleinere verstöße gegen die grammatik zu tolerieren, erhält er später eine einführung in die stilkunde der deutschen sprache. In der besprechung der rede soll der blick auf die tätigkeitswörter und die ihnen innewohnende kraft gelenkt werden: "Die Seele des Satzes ist das Zeitwort, und *bei wem das Zeitwort lebt, bei dem lebt die Sprache.*" (1946,474; hervorhebung K.R.) Wie so häufig verstößt der sprachpfleger gegen die eigenen richtlinien, während er gegen die 'hauptwortkrankheit' wettert. Da dem verb magische kräfte zugesprochen werden, gilt es, der verbenarmut "durch Weckung des *ruhenden Wortstoffes* und durch *Wortschatzanreicherungsübungen*" (1946,474) entgegenzuarbeiten.

Immer noch erfreut sich der sprecherzieher mehr am lebendigen sprechausdruck als am inhalt der rede. Durch lautes denken bei der redevorbereitung gewinne der redner "die nötige Klarheit über alles", bringe "die Gedanken in lebendigen Fluß", wecke das "Gemütsleben auf", erhalte die "Lebensnähe" und bleibe sicher "von allen 'intellektualistischen' Auswüchsen frei" (1946,482). Der redner soll auf eine schriftliche ausformulierung der rede verzichten, denn eine vorgelesene oder auswendiggelernte rede bleibe "stets etwas Fremdartiges", ströme "immer eine gewisse Kälte" aus, weil es nicht das ist, "was der Mensch in diesem Augenblick denkt und fühlt, sondern das, was er vielleicht vor Tagen gedacht und gefühlt hat." (1947,235; vgl. 1946,334) Schweinsberg scheint vor allem an den gefühlen des redners interessiert zu sein, denn es dürfte unproblematisch sein, daß ein redner gedanken wiederholt, die er auch schon einige tage zuvor gedacht hatte. Damit der redner seine rede leichter vorbereiten kann, druckt Schweinsberg den von Richard Wittsack entwickelten (vgl. R. Wittsack 1935,93) und von Weller (vgl. Weller 1939,124) empfohlenen "in vielen Fällen brauchbaren Allgemein-Grundriß" (1946,398) für eine rede ab. Dieses 'rahmenschema' ist auch nach meinung von Schweinsberg-Reichart "an Folgerichtigkeit und zugleich an Allgemeingültigkeit - verbunden mit Einfachheit der Denkstruktur - kaum zu übertreffen" (Schweinsberg-Reichart 1978a,69). Das dürfte der grund dafür sein, daß dieses schema in einer vereinfachten version noch heute das hilfsmittel für die redevorbereitung in den Hattinger kursen für sprechwirksamkeit ist (vgl. 5.1).

"Ob zum Guten oder zum Schlechten angewandt, davon ... [werde] die Wirkungskraft [der freien rede, K.R.] an sich nicht berührt" (1947,237), meint Schweinsberg und trennt dabei die 'wirkungskraft' der rede von ihren zielen. So wird verständlich, daß Schweinsberg keine probleme hatte, sich auf autoren zu beziehen, deren gedanken zur redeausbildung im zusammenhang mit dem nationalsozialismus standen, weil aus seiner sicht beide nicht das geringste miteinander zu tun hatten (vgl. oben 3.4). Schweinsberg setzt zwar auf die christliche ethik (vgl. 1947,238), aber letztlich vertritt er wie Weller, auf den er sich in den entscheidenden punkten seiner redekunst stützt, eine instrumentalistische auffassung der rede. Die ziele der rede mögen zwar bei Schweinsberg faktisch von der dem redner und seiner rede vorgelagerten institution (kirche, gewerkschaft) bestimmt werden, damit sind sie aber noch nicht automatisch als 'gute' ziele qualifiziert.

Laut Schweinsberg schufen "Redner ... das unheilvolle 3. Reich", weil "die verheerenden Ideen der nationalsozialistischen Weltanschauung vornehmlich durch die Urkraft der Rede dem Volke eingehämmert [!] worden" seien. Diese kenntnis hindert Schweinsberg aber nicht, daraus im nächsten halbsatz die schlußfolgerung zu ziehen, "das gleiche [!] urkräftige Führungsmittel [müsse] in noch verstärkterem Maße zu ihrer [gemeint ist die nationalsozialistische weltanschauung, K.R.] Ausmerzung eingesetzt werden." (1947,237) Hier soll der teufel mit dem beelzebub ausgetrieben werden, wie nicht nur an der ausdrucksweise (ausmerzen, einhämmern) deutlich wird. Es scheint nicht nur Schweinsberg nicht in den blick gekommen zu sein, daß die aus dem nationalsozialismus übernommene imperative rede die demokratisierung der köpfe geradezu verhindert. Fritz Schweinsberg trug durch sein buch dazu bei, eine redeausbildung weiterzubetreiben, die wenige monate vor erscheinen seines buches 'Stimmliche Ausdrucksgestaltung im Dienste der Kirche' noch im dienste der nationalsozialistischen volkbildung stand. Schweinsbergs beispiel verdeutlicht, wie leicht es war, nach dem 'zusammenbruch' mit den alten mitteln "Wiederaufbauarbeit" (so der untertitel seines buches) zu betreiben.

4.3 Christian Winklers deutsche sprechkunde[96]

4.3.1 Redelagen

Als Christian Winkler 1981 auf die geschichte der sprecherziehung zurückblickt, scherzt er, daß "aus der Winklerschen Sprechkunde ... 'Opas Sprechkunde' geworden [sei]." (1983,14) Mittlerweile liegt das erscheinen seiner bücher noch länger zurück (erste auflage 1954, zweite, überarbeitete auflage 1969). Winklers buch gilt als "die erste grundlegende und umfassende Darstellung des Faches, die auch heute [!] noch ... ein Standardwerk des Faches ist." (Brandt 1988,2) In seinem umfangreichen buch versucht Winkler, die grundzüge des fachgebietes zu entwickeln:

> "Wurde bei Drach die Sprache in Wundts Sinne als Ausdrucksbewegung verstanden, so fußt meine [d.h. Winklers, K.R.] Darstellung auf der Sprachtheorie Humboldt-Weisgerbers und zugleich der Bühlers" (1954,10 = 1969,11).

Später (vgl. 1983,14) erwähnt Winkler nur noch Bühler und Weisgerber, was darauf hindeutet, daß ihm Humboldt weniger wichtig erscheint. Winklers ziel ist es, eine deutsche sprechkunde vorzulegen, bei der, ganz im sinne Leo Weisgerbers, das weltbild der deutschen muttersprache das denken und handeln des einzelnen bestimmt. Inwieweit es Winkler gelingt, Weisgerbers *und* Bühlers sprachauffassung für seine deutsche sprechkunde fruchtbar zu machen, soll nicht geprüft wer-

96 In kapitel 4.3 werden veröffentlichungen von Christian Winkler nur durch die angabe des erscheinungsjahres nachgewiesen.

den, da hier nur die teile behandelt werden, die sich mit rede und redeschulung befassen.

Christian Winkler (vgl. zu person und werk Geißner 1989b) wiederholt das bei sprecherziehern gepflegte vorurteil, "der Umgang mit der Schrift" wirke leicht "entsinnlichend und intellektualisierend", während in das gespräch "Lebensfrische" einfließe, wobei das

> "Sprechhandeln in der Redelage ... den Sprecher notwendig zu einem aktional-verbalen Stil [führe] gegenüber dem qualitativ-nominalen der Schreibsprache, und diese aus der Mitregung quellende Sprachform ... [nehme] auch den Hörer mit, ... [ergreife und bewege] sein ganzes Menschentum, nicht nur seinen Verstand." (1969,45; vgl. 1949b,248)

Winkler singt hier das bekannte loblied auf die lebensfrische des gesprochenen wortes und des aktiven verbalstils und zeigt dadurch, daß für ihn sprachpflege noch immer ein wichtiges thema ist (vgl. 1937,142; 1949b,234 und 241f). Außerdem befürchtet Winkler nach wie vor, daß bei einer abgelesenen rede eine wand aus papier zwischen redner und zuhörern stehe - "und sei sie durch gute sprecherische Nachgestaltung noch so dünn geworden" (1969,364). Ließe sich Winkler für einen sachvortrag einen gut gelesenen text gefallen, wenn sich der redner auf die hörer einstellt, "so wirkt" Winkler "der Vortrag einer auswendig gelernten Rede kalt [!], ja als eine Täuschung, je mehr die Rede Überzeugung kundtut und um Handlungsentscheid wirbt." (1969,87) Für eine 'überzeugungsrede' gilt immer noch der glaube daran, daß das lebendig gesprochene wort die echtheit der überzeugung verbürge.

> "Der Redner steht mit seiner Person für die Sache ein, die er vertritt. ... Er verbürgt sich für sein Wort, und wir schließen [!] aus der Einheit von Wort und Mensch auf die Wahrhaftigkeit seines Wortes." (1969,75f; vgl. 1954,122f)

Winkler will mit seinem modell den werdegang eines ausspruchs beschreiben und damit Drachs auffassung der sprechsituation genauer fassen (vgl. 1969,97; 1949b,243). Norbert Gutenberg kritisiert, daß für Winkler, wie bereits für Drach, die sprechsituation "im wesentlichen individuell geprägt" bliebe und daß die redelage "alleine" durch die 'vorrede' bestimmt werde (Gutenberg 1981,195). Winkler unterscheidet zwischen 'handlungslage', 'redelage' und 'ausdruckshaltung'. Mithilfe einer grafischen darstellung, aus der zu ersehen ist, daß 'handlungslage' und 'redelage' zu trennen sind, will Winkler verdeutlichen, wie die äußeren einflüsse auf die vorgänge im sprecher einwirken und in seinem wortlaut hörbar werden (vgl. 1969,95f). Winkler versteht unter der *handlungslage* die umstände von ort und zeit, wogegen die *redelage* durch das geschaffen wird, was vorher gesprochen wurde. Winklers modell betrachtet "die Entstehung eines Ausspruchs mitten [!] in einem Gespräch. Das Gespräch selbst erwuchs und ruht auf einer Handlungslage. *Der bisherige Tausch der Rede*", den Winkler 'vorrede' nennt, "*schuf [!] eine Redelage*, aus der der neue Ausspruch herauswächst." (1969,96; hervorhebung, K.R.) Das bedeutet, solange noch nicht gesprochen wurde, kann es keine redelage geben, nur eine handlungslage. Erst das gesprächswort "schafft" sich, wie es Winkler an anderer stelle ausdrückt, "eine innere, geistige Lage" (1969,48). Für Winkler hängt die redelage eng mit dem redezweck zusammen, denn für ihn liegt der

> "Zweck der Rede, obwohl er erst in ihrem Verlauf offenkundig wird, ... gewöhnlich schon in der Redelage [!] eingeschlossen. Man kommt zusammen, um eine Rede zu hören, um sich zu informieren, einen Entschluß zu fassen." (1969,79)

Winkler verwendet seine terminologie nicht eindeutig, wenn er davon ausgeht, der zweck einer rede sei in der *redelage* eingeschlossen und werde in ihrem verlaufe deutlich. Konsequenterweise müßte er hier den ausdruck 'handlungslage' verwenden, denn wenn hörer zusammenkommen, um eine rede zu hören, können sie nur auf eine handlungslage treffen. Daneben verwendet Winkler auch den ausdruck 'lebenslage', der das gleiche zu bedeuten scheint (vgl. 1969,75).

4.3.2 Redezwecke

Der *sachvortrag* bezwecke eine vermehrte kenntnis bei den hörern und schreite "den Umkreis einer Sachlage aus oder beantwort[e] eine gestellte Frage." (1969,79) Dabei muß sich der redner selbstverständlich auf die vorkenntnisse seiner hörer einstellen und für die faßlichkeit des vortrages sorgen. Winkler hält es für "rhetorisch gesehen zweifellos falsch", eine these am anfang zu geben, vielmehr solle der sachvortrag "den Weg der Erkenntnis ... reproduzieren und für die jeweilige Hörerschaft mitvollziehbar ... machen." (1969,81) Ob es so 'zweifellos' falsch ist, eine these am anfang des vortrages zu geben, wäre einer genaueren untersuchung wert. Fragwürdig ist es, mit dem sachvortrag 'den weg der erkenntnis' reproduzieren zu wollen. Sollte damit der weg gemeint sein, den der redner genommen hat, um zu seinem wissensstand zu kommen? Dann würde der redner seine irrtümer und umwege vor den hörern ausbreiten. Die hörer würden wohl eher verwirrt, als daß ihre kenntnisse erweitert würden. Sollte damit der weg gemeint sein, den die wissenschaft bei der erkenntnis des sachverhaltes genommen hat, vergrößerte sich die unübersichtlichkeit. Das problem des aufbaus eines sachvortrages erweist sich als eine komplexere fragestellung, als auf den ersten blick deutlich werden mag. Winklers hinweise (vgl. 1969,81f), sind so allgemein, daß damit für den aufbau eines einzelnen sachvortrags wenig gewonnen ist.

Wenn der redner über die sachinformationen hinaus seine persönliche meinung kundtut, so ist das für Winkler zwar eine voraussetzung, reicht aber noch nicht aus, um eine *überzeugungsrede* entstehen zu lassen. Erst wenn der redner "um den Handlungswillen der Hörer selbst wirbt" (1969,83), will Winkler von einer überzeugungsrede sprechen. Die überzeugungsrede wolle nicht nur kenntnisse vermitteln, die folgenlos blieben, sondern tiefere schichten des hörers treffen und so seine einsichten verändern,

> "denn erst wenn der Wille des Hörers gewonnen und geweckt ist, hat die Rede ihren Zweck erreicht. ... Das Wort des Redners ... soll lebendig-fruchtbare Gesinnung und Tat werden, soll zum Handeln anspornen." (1954,123)

In beiden auflagen zitiert Winkler an der entsprechenden stelle Ewald Geißlers bestimmung, daß rede 'wahrheit wirksam machen soll' (vgl. 1954,123; 1969,83; bei Geißler 1918,17).

Wenn Winkler auch der meinung ist, alles reden strebe zum überreden (vgl. 1969,84), so bemüht er sich trotzdem darum, 'überzeugen' und 'überreden' auseinanderzuhalten. Beim überzeugen gehe es dem redner "um echte Meinungsbildung", und deshalb wende sich "das Wort gesprächshaft" an den hörer (1969,189). Der redner, dem es nur darum gehe, den handlungswillen in die gewünschte richtung zu lenken, werde dies "offen in der Form des Befehls, versteckt in der des Überredens" tun (1969,189). Weder der befehl noch das überreden wendeten sich gesprächshaft an den hörer. Andererseits gibt Winkler zu, daß sich die überzeugungsrede derselben mittel bediene wie die überredungsrede, "(a)llein die Lauterkeit ihrer Absicht ... [unterscheide] sie von jener täuschenden Ausrichtung auf das bloße Verhalten." (1969,191) Die abgrenzung des überzeugens vom überreden fällt Winkler deshalb so schwer, weil ihm die wirkungsmittel "auf weite Strecken die gleichen" bleiben, und er meint, man könne ihnen nicht immer ansehen, "welcher Gesinnung" sie entstammten (1969,191; 1954,142). Eine auffällige verwendung des wortes 'überzeugungsrede' deutet ebenfalls auf Winklers unterscheidungsprobleme, wenn er die hauptmittel der wirkung "in der werbenden [!] Überzeugungsrede" (1969,85) vorstellt. Die überzeugungsrede mit dem zusatz 'werbend' näher zu spezifizieren, hätte keinen informationswert, da sowohl überreden als auch überzeugen auf den handlungswillen der hörer ausgerichtet sind und somit nach Winklers bestimmung werbend gesprochen wird (vgl. 1969,190f; 1954,138f). Oder soll mit dem zusatz 'werbend' ausgedrückt werden, daß sich die rede zur steigerung der wirkung der mittel bedient, die in der werbung erfolgreich eingesetzt werden? Die aufgabe der werbung ist es aus Winklers sicht, das bedürfnis nach einer ware zu wecken, während die gegen den erwerb sprechenden hemmungen beseitigt werden sollen (vgl. 1969,83). Laut Winkler feiern dabei überredungsmittel wahre triumphe, die die schwächen der hörer für eigene zwecke ausnutzen wollen (vgl. 1954,139; 1969,189). Warum sollte sich der 'überzeugungsredner' nicht dieser mittel bedienen, wenn es gilt, um seines 'hehren zieles' willen, erfolgreich zu sein?

Aus Winklers sicht bleiben viele überzeugungsreden unwirksam, weil nicht auch tiefere schichten angesprochen werden. Wenn sachliche fehler richtiggestellt würden, dann werde der hörer noch nicht im sinne des redners handeln. Es gelte, den ganzen menschen anzusprechen, und deshalb werde eine überzeugungsrede "der Einwirkung auf das Fühlen des Hörers nicht entraten können, ... [wolle] sie die Quellen seiner Handlungsimpulse erreichen." (1969,191) In der ersten auflage beschrieb Winkler, daß mangelnde einsicht leichter zu überwinden sei als gefühlswiderstände. "Darum [!] nutzt[e] die Rede die Unverbindlichkeit des Verstandes, um durch Belehrung überzeugend in die Hörerpersönlichkeit einzubrechen." (1954,123) Daß Winkler auf diesem weg die tiefenschichten der hörer erreichen will, ist nur konsequent, weil er meint, demagogische mittel wirkten, selbst wenn der verstand sie durchschaute, denn "wir Menschen leb[t]en nun einmal nicht aus dem Verstand und handel[te]n [!] nicht aus Verstandesgründen, sondern aus irrationalen [!] Tiefen" (1969,190; 1954,141). Wenn Winkler davon ausgeht, der mensch handele *nicht* aus dem verstand, dann verschwindet der unterschied zum bloßen verhalten. Wenn Winkler einschränkend gesagt hätte, wir lebten und handelten nicht nur aus dem verstand und gefühle seien auch wichtig, hätte er recht gehabt, aber so nimmt er eine anti-rationale haltung ein, bei der der bauch wichtiger ist als der kopf.

Setzt sich Winkler bei der sprachauffassung von Drach ab, so erweist er sich bei der redevorbereitung noch deutlich als dessen schüler. Winkler folgt bei der redevorbereitung Drachs unterscheidung von anordnen und aufbauen (vgl. dazu oben 2.2.2.2). Bei der vorbereitung habe der redner zwei schritte zu beachten: 1. stofferarbeitung und 2. rhetorische zubereitung (vgl. 1954,128ff; 1969,179ff). Zunächst soll der redner eine *stoffschau* betreiben und sich aufmerksam dem stoff hingeben, danach bei der *stoffförderung* den stoff aktiv abfragen, um lücken zu schließen. Dazu verweist Winkler auf Drachs 'denkgriffe' (vgl. 1954,130; 1969,181; bei Drach 1932,42f). Wie sich 'ursache oder folge' bzw. 'nützlich und unnütz' (antike) von 'absicht und ergebnis' bzw. 'vorteil - nachteil' (Drach) so unterscheiden, daß die antiken denkhilfen negativ, die Drachschen 'denkgriffe' aber positiv zu werten sind, erklärt Winkler nicht. Die vorwiegend formale stoffförderung liefere zu der sachgerechten anordnung der redeglieder außerdem eine einheitliche perspektive. Interessant ist eine kleine änderung, die Winkler vorgenommen hat, als er eine fußnote aus der ersten auflage in den text einarbeitete. Ursprünglich hieß es 1954 nur: "Man muß um des Ganzen willen den Mut zum Weglassen haben ..." (1954,131, fußnote 1). Daraus wurde 1969: "Man muß um der Durchschlagskraft [!] des Ganzen willen den Mut zum Weglassen haben ..." (1969,182). Die änderung verdeutlich, daß es Winkler besonders auf die wirksamkeit der rede ankommt. Über die wirkung einer überzeugungsrede entschiede die "Durchschlagskraft" (1969,86) der gründe, meint Winkler. Das ziel sei im zwecksatz einprägsam formuliert. Hier folgt Winkler Wellers gedanken, daß "die Rede auf die Entscheidung (*Zwecksatz*) zugespitzt" sei (1969,85).

Winkler rät dem redner, zu seinen hörern eine gesprächsmäßige wir-haltung einzunehmen und sich auf eine art 'beratung' einzustellen (vgl. 1969,187). Winklers überzeugungsrede unterscheidet sich von einer beratungssituation, da der redner die hörer mit seiner rede dazu bringen will, in *seinem* sinne zu handeln und deshalb nur die durchschlagenden punkte herausstellen soll. Die überzeugungsrede ist bei Winkler eher mit einer verhandlung als mit einer beratung zu vergleichen. Verhandler werden eine persönliche beziehung herzustellen suchen und, da sie auf verschiedene gesprächsverläufe gefaßt sind, sich "vorsorglich Gesichtspunkte und Einwände" bereitgestellt haben, um den "Vorteil der Vereinbarung für den Gegner einleuchtend zu machen", vor allem aber ihre überlegenheit nicht zeigen, denn "die Führung" dürfe "nie offenkundig werden und die Stellung des Partners gefährden" (1969,68) Das ziel der überzeugungsrede soll sein, "den Hörer so vorbedacht zu lenken [!], daß er immer teilnehmender mitgeht." (1969,85) Nach Winklers angabe soll der hörer einer überzeugungsrede "aus eigener Überzeugung im Sinne des Redners handeln", allerdings wird er "- wie bei der Verhandlung [!] - nur tun, was ihm in seinem Interesse zu liegen *scheint*. ... Der Redner überzeugt nur, wenn er selbst überzeugt *scheint* und aus der Sache das seine Hörer Überzeugende herauszufinden versteht." (1969,83, hervorhebungen K.R.) Der redner hat also ein starkes interesse daran, dem hörer den eindruck zu vermitteln, das, wozu er ihn auffordert, liege im interesse des hörers. Zwischen 'schein' und 'sein' kann aber - wie bei der überzeugung - ein erheblicher unterschied liegen.

4.3.3 Sprecherziehung für erwachsene

Der schwerpunkt von Winklers buch liegt auf der sprecherziehung in der schule. Winkler will aber auch "die weitere Sprecherziehung der Erwachsenen, besonders im Hinblick auf die Bemühungen der Volkshochschule, wenigstens ... streifen." (1954,11) Der redeschulung erwachsener widmet Winkler in der ersten auflage seines buches nur wenige seiten. In der zweiten auflage hebt Winkler hervor, daß er das kapitel über die sprecherziehung erwachsener "wesentlich erweitert" habe (1969,14). Dennoch umfaßt das kapitel auch jetzt nicht mehr als zwanzig seiten (1969,543 - 563). Winkler reagiert mit der erweiterung darauf, daß sich die erwachsenenbildung zu einem wichtigen arbeitsgebiet der sprecherzieher entwickelt hat. Zu dieser zeit gab es sogar überlegungen, wie die sprecherziehung in der volkshochschule zu organisieren sei (vgl. Schweinsberg-Reichart 1970).

Wie es schon Drach tat, bereitet auch Winkler die erwachsenen durch vorlesen auf freisprechen und dichtungsvortrag vor. Durch das vorlesen sollen die erwachsenen sich daran gewöhnen, sinnschritte zu sprechen und außerdem über das buch hinweg die hörerschaft anzusprechen. Winkler geht davon aus, daß so "die Haltung des freien Sprechens eingewöhnt [werde]." (1969,545; 1954,456) Auf diesem weg soll vor allem die richtige betonung der sinnschritte (wieder) erlernt werden. Während Winkler für kinder und jugendliche gespräche als geeigneten ausgangspunkt für selbstgestaltendes sprechen ansieht, scheint ihm für den erwachsenen

> "die zusammenhängende Kurzrede für den Anfang geeigneter. ... Dann sammelt er sich auf die Gestaltung und die Übermittlung an die Hörerschaft, braucht aber nicht wie beim Gespräch eine völlig überraschende Redelage zu befürchten." (1969,549)

Wenn die veränderte 'redelage' im gespräch so hohe anforderungen stellt, ist es um so verwunderlicher, daß Winkler diese schwierige aufgabe kindern und jugendlichen stellen will, aber bei erwachsenen einen anderen weg wählt.

Nach Winklers beobachtung fassen viele die "Redeschulung ganz formal auf und erwarten ein Rezept, *wie man's macht*, wie man sich wirkungsvoll in Szene setzt und den lieben Nächsten auf einnehmende Weise übers Ohr haut." (1969,547; 1954,456) Aus dieser beschreibung wird deutlich, daß die teilnehmer mit bestimmten vorstellungen, was rhetorik sei, in den kurs kommen. Winkler will den redeschüler davon überzeugen, daß es sich nicht um formale tricks handele, sondern daß eine ehrliche arbeit des ganzen menschen erforderlich sei. Redeschüler seien "aus berufspraktischen Gründen meist auf die Werberede aus." (1954,459) Diesen wunsch der kursteilnehmer will Winkler wegen möglicher effekthascherei nicht direkt erfüllen. Winkler warnt ausdrücklich davor, "die willensbildende, zur Handlung führende umfänglichere Rede im Kurs zu üben, [weil das] ... fast immer zu unechtem 'Reden als ob ... ' (Werbung für ein bestimmtes Küchengerät, den Tierschutzverein u.ä.) [führe]", er meint aber, daß für die "werbende Rede ... am besten vorbereitet [sei], wer in Unterredung und Auseinandersetzung seinen Mann stehen ... [könne]." (1969,556) In ähnlicher weise hatte Winkler in der ersten auflage darauf hingewiesen, daß beschreibung und problemgespräch sprecherzieherisch wichtiger seien, da "aus denen die Werberede dann von selbst ... [herauswachse]." (1954,459) Winkler akzeptiert das von den teilnehmern angestrebte ziel 'werberede' grundsätzlich, wählt aber beim erlernen einen 'umweg'.

Winkler schlägt die schon bei Drach (vgl. Drach 1932,13 und 178) praktizierte trennung in 'sachliche' und 'rhetorische' kritik vor, weil sie sich bewährt habe. Wenn Winkler fordert, die rhetorische kritik solle zwar frei sein von sachkritik, aber etwas enthalten über die sachliche klarheit der darstellung, dann wird das kaum ohne bezug auf die sache möglich sein. Warum sollte nicht auch die sache einer kritischen betrachtung unterzogen werden? Winkler selber äußert sich auch zur inhaltlichen seite, wenn er gegen die in kursen beliebten debatten vorbringt, daß sie "gewöhnlich auch den Mangel an den notwendigen Kenntnissen" zeigten (1969,556). Wie kann Winkler fehlende sachkenntnisse feststellen, wenn er nicht *sein* wissen von der sache als maßstab nimmt, um das wissen der teilnehmer daran zu messen? Der zusammenhang zwischen sachlicher und sprachlicher klarheit wird bei Winkler auch deutlich, wenn er darauf hinweist, daß ein klarer redeplan das satzplanen erleichtert. Nach seiner beobachtung spürten vor allem einfache menschen, daß ihre formelhaft verfestigte sprache nicht den wechselnden ansprüchen im kurs genüge:

> "Statt nun kleinste Sachverhalte in möglichst schlichter Sprachform zu packen, neigen sie dazu, sich an flüchtig aufgenommene abstrakte Begriffe, zumal Fremdwörter, zu klammern und an Aussageweisen (Phrasen), die sie gelegentlich hörten oder lasen (Zeitung!), vor allem aber die Denkformen der Sprache, zumal die Bindewörter, als Denkhilfe einzusetzen, um den Gegenstand einzufangen. Bezeichnend dafür die lange Besinnungspause, die dann einem *und* oder *weil* folgen. Sie verstricken sich darum leicht in einem vielfältig unterordnenden Satzbau und verlieren die Übersicht über ihren Ausspruch und schließlich auch über die Sache." (1969,551; vgl. 1954,458)

Wenn die redner lange pausen machen und die übersicht über ihren ausspruch verlieren, so ist das die *folge* davon, daß ihnen der überblick über die sache fehlte. Deshalb kommt es auch zum phrasenhaften sprechen. Die lange denkpause nach einem 'weil' verweist darauf, daß der sprecher zwar gründe nennen will, aber keine gründe nennen kann und sich nicht anders zu helfen weiß, als 'phrasen' zu wiederholen, die er an anderer stelle hörte. Winkler meint, mit einem guten redeplan gelinge das satzplanen besser, und rät dem redner, sich "aus dem Gedankenzusammenhang ... ein Stück nach dem anderen heraus[zuschneiden], so klein wie möglich" (1954,458). Damit sich der redner wie bei einer torte ein stück nach dem anderen aus dem sachverhalt herausschneiden kann, muß der redner allerdings vorher einen zusammenhang gesehen haben.

Da es Winkler vordringlich um sinngerechtes sprechen geht, schlägt er vor, das redeplanen anhand von erzählungen zu üben und zweckmäßig mit etwas selbsterlebtem anzufangen, weil das sicherer persönlicher besitz sei und häufig schon erzählt wurde. Sowohl mit reiseerlebnissen als auch mit bilderfolgen lassen sich zwar der schrittmäßige fortgang von aussprüchen und das ansteuern eines zielpunktes üben, argumentieren kommt dort allenfalls am rande vor. Winkler will die erzählung auch deshalb üben lassen, weil sie "die Urform zusammenhängender Rede" sei und "oft verschüttete Fähigkeiten" wecke (1954,459). Als sprecherzieherisch überaus wirksam sieht Winkler auch die beschreibung an (vgl. 1969,552f; 1954,459f). Bei einer bildbeschreibung bestehe die möglichkeit, das im hörer entwickelte bild mit der bildvorlage zu vergleichen. Da es kein allerweltsrezept gebe, müsse der redner die dem gegenstand innewohnende gliederung aufspüren und so nachzeichnen, daß der hörer sie nachvollziehen könne. Die beschreibung technischer gegenstände gewänne "ihren Aufbau gewöhnlich *aus dem Zweck*, der damit das Verfahren des sprachlichen Zuschnitts" regele (1954, 459; hervorhebung K.R.). Ob lediglich aus einer abbildung der zweck und die funktionsweise eines 'zentrifugalregulators' (vgl. 1954,460; 1969,552) ersehen werden kann, darf bezweifelt werden. Ohne entsprechende kenntnisse aus dem umgang mit diesem technischen gerät dürfte die beschreibungsaufgabe kaum durchführbar sein. Winklers "ausgezeichnete Übung" (1969,552) setzt auch bei der beschreibung einer kammerschleuse mehr voraus als eine bildvorlage aus dem 'Sprachbrockhaus', in die entsprechende fachbezeichnungen eingetragenen sind.

Bei der beschreibung von arbeitsvorgängen hat sich nach Winklers beobachtung 'hantierendes sprechen' bewährt. Dabei führt der redende eine aufgabe durch und beschreibt gleichzeitig, was er tut. Durch das tatsächliche handeln sieht Winkler "die oft schon abgeblaßten Verbalausdrücke wieder aufleben." (1954,460) Das hantierende sprechen erweitert nicht nur den wortschatz, es bereitet auch auf den alltag des verkäufers vor. Ein solches verfahren hilft dem händler, der "Art und Nutzung einer Ware schildern können" muß (1954,459). Anhand der beschreibung von arbeitsvorgängen lernt der interessierte kursteilnehmer, eine fähigkeit, die dem verkäufer hilft, wenn er einem kunden sein produkt vorführt und den nutzen erläutert.

In der ersten auflage behandelte Winkler neben dem erzählen als zweite "Urform der Sprechleistungen" das "menschenbildnerisch ungemein wertvoll[e]" problemgespräch (1954,460f). In der neuauflage seines buches ist das problemgespräch nicht mehr aufgeführt und durch verschiedene formen des miteinandersprechens ersetzt worden. Im problemgespräch sollten die teilnehmer einen gegenstand von verschiedenen seiten in den blick bekommen. Das wesentliche an dieser gemeinsamen erörterung sollte nicht eine begriffsbestimmung sein oder eine alle verpflichtende meinung, sondern eine bessere einsicht in die sache (vgl. 1954,462). Nach der zeit des faschismus war es anfang der fünfziger jahre ein besonderes bedürfnis, 'wieder ins gespräch' zu kommen, nachdem jahrelang viele reden gehalten, aber keine gespräche geführt wurden. Aus einer solchen "freien echten Begegnung" wachsen nach Winklers ansicht die anderen formen des gesprächs heraus, wobei er hofft, daß die auseinandersetzungen dann "fair und sachlich" bleiben werden (1954,462). Bei Winkler finden sich also zwei unterschiedliche richtungen des umgangs mit dem gesprochenen wort, einerseits zweckhafte rede, wie sie schon von Geißler, Drach und Weller beschrieben wurde, andererseits das gespräch als zweckfreie begegnung.

Alternativthemen seien zwar bei den teilnehmern beliebt, führten aber häufig zu auseinandersetzungen, bei denen die lust am streit im vordergrund stehe und schroffe meinungsäußerungen ohne bezug auf den vorredner dominierten. Deshalb schlägt Winkler vor, von der 'besprechung' auszugehen, bei der ein thema gemeinsam erörtert werde. Mithilfe der besprechung sollen nun ähnliche verhaltensweisen erlernt werden, wie Winkler sie ursprünglich mit dem problemgespräch vermitteln wollte, allerdings ohne daß ein gesprächsleiter straff lenkend eingreift (vgl. 1969,557). Ursprünglich (vgl. 1954,461) sollte der sprecherzieher sein strenges regiment erst lockern, wenn die teilnehmer sich an die gemeinschaftsarbeit gewöhnt hatten.

Unter dem einfluß von Hellmut Geißner und Ilse Schweinsberg-Reichart faßt Winkler die rede- und gesprächsschulung als politische bildung auf. Das zeigt sich nicht nur daran, daß er als bildungsziel den 'mündigen bürger' aufführt (vgl. 1969,412 und 558f), sondern auch daran, daß politische themen nicht mehr abgelehnt werden. In der ersten auflage wünschte Winkler konkrete themen aus dem alltag und meinte, die teilnehmer interessiere wenig, was "der Taxifahrer XYZ über die neueste französische Regierungskrise" denke, aber umso mehr, "was er ... mit seinen Fahrgästen" erlebe (1954,457). Winkler unterstellte, daß stellungnahmen zur politik auf wenig interesse stießen. Zeigte sich darin nicht auch ein bestimmtes politikverständnis, nämlich, daß der 'kleine mann' nichts zur 'großen politik' zu sagen hat?

Nach Winklers meinung fällt den redeschülern die "reine Sachdarstellung ... heute am leichtesten" (1969,554). Er will von ihr ausgehen und durch die erörterung auf die meinungsäußerung vorbereiten, die eine stellungnahme möglichst sachlich begründen soll. Die meinungsäußerung werde zu einer kleinen rede, wenn sie dem hörer die stellungnahme nicht nur begreiflich machen wolle, sondern ihn zu gewinnen suche. "Schlagende Knappheit und straffe Zielstrebigkeit, die Merkmale des guten Gesprächsbeitrags, lassen sich hier ohne den Druck der Widerrede üben." (1969,554) Als übung schlägt Winkler vor, Hellmut Geißners 'fünfsatz' zu üben (vgl. 1969,554f). Die 'fünfsatzmuster' (vgl. unten 5.3.3.4) seien auch für die analyse eines redebeitrages geeignet, denn der versuch, einen vorgetragenen 'fünfsatz' mit einem der verknüpfungsschemata zu identifizieren, zeige rasch unstimmigkeiten, und das führe "zur Erkenntnis der Argumentationsweise. Diese logischen Operationen ... [seien] freilich nicht allen Kursschülern zuzumuten." (1969,556) Warum diese logischen operationen nicht allen zuzumuten sein sollen, erläutert Winkler nicht. Logische operationen müßten im gegenteil gerade mit den teilnehmern verstärkt geübt werden, denen sie schwerfallen, denn wer nicht über grundkenntnisse der logik verfügt, wird leicht durch scheinbeweise getäuscht.

Winkler bemüht sich, bei der neuauflage seines buches zur förderung des demokratischen verhaltens und zur mündigkeit beizutragen. Das zeigt sich beispielsweise daran, daß Winkler in der ersten auflage die wichtigsten gesetze der kollektivpsychologie hervorhebt, während er in der zweiten auflage zwar auf denselben autor verweist, aber nun dem bild der chaotischen masse das bild der strukturierten gruppe gegenüberstellt (vgl. 1954,137 mit 1969,77). Winkler meint, die menge werde "in der Hand des Demagogen um so eher zur Masse, ... je ausschließlicher sie allein im Gefühl angesprochen wird", und "die ganze sittliche Kraft des Redners ... [fordere es, die menge] als Gruppe zu nehmen und durch sachliche Argumente und klare Ziele zur Gruppe zu machen" (1969,78). Solche einsichten bleiben aber moralischer zierrat, wenn Winkler an anderen stellen noch immer davon ausgeht, das handeln der menschen werde vom irrationalen gesteuert, und bei seiner redekunst auf diesen sachverhalt baut. Eine redekunst fördert nicht alleine dadurch die demokratie, daß nun zusätzlich zu Ewald Geißler auch Hellmut Geißner zitiert wird.

5. Rhetorische kommunikation als bildung der demokratie

5.1 Der funktionär erhält das wort[97]

5.1.1 Traditionsreicher markenartikel

Die nachfolgenden ausführungen zur rhetorikausbildung im gewerkschaftsbereich beziehen sich ausschließlich auf die arbeit des Instituts für Sprechwirksamkeit in der Hans-Böckler-Schule des DGB in Hattingen. Der arbeit dieses instituts kommt aber eine besondere bedeutung zu, denn durch dessen zahlreiche kurse zum thema 'sprechwirksamkeit und versammlungswesen' ist ein bestimmtes rhetorikverständnis unter gewerkschaftern verbreitet worden. Immerhin haben bisher ca. 8.000 personen an den kursen teilgenommen (vgl. Büscher/Hinz 1990,160). Außerdem dürfte die konzeption dieses kurses die gestaltung anderer gewerkschaftlicher rhetorikkurse beeinflußt haben, weil dieser kurs der erste seiner art war und in einer bundesschule des DGB stattfindet. Welcher einfluß auf kurse bei anderen trägern[98] ausgeübt wurde, läßt sich nur schwer feststellen.

Schon seit 1948 bot Fritz Schweinsberg kurse in sprechwirksamkeit im rahmen der gewerkschaftlichen bildungsarbeit an; anfangs als abendveranstaltungen, dann als tageskurse und schließlich ab 1950 als zweiwochenkurse in Hattingen (vgl. Deus 1966,10f und 15; Schweinsberg 1960,85). 1956 wurde das Institut für Sprechwirksamkeit[99] in der Hans-Böckler-Schule gegründet, an dessen gestaltung Fritz Schweinsberg als erster leiter bis zu seinem tode (1965) beteiligt war. Zunächst als mitarbeiterin (ab 1.1.1955), dann als nachfolgerin in der institutsleitung schulte Ilse Schweinsberg-Reichart gewerkschaftsmitglieder in freier rede (vgl. Deus 1966,15).

Zumindest in den anfangsjahren waren die teilnehmer an den rednerkursen fast ausschließlich funktionäre oder dafür vorgesehene personen (vgl. Deus 1966,19). Ihre rednerschulung sollte jede art öffentlichen wirkens umfassen

---

97 In kapitel 5.1 werden die schriften von Ilse Schweinsberg-Reichart nur durch angabe des erscheinungsjahres nachgewiesen. Die von Ilse Schweinsberg-Reichart zusammen mit ihren Hattinger kollegen Günter Büscher und Thomas Hinz verfaßten erläuterungen zum kurs 'sprechwirksamkeit und versammlungswesen' werden ebenfalls nur mit jahresangabe (1981) zitiert. Die schriften von Fritz Schweinsberg werden dagegen mit namensnennung zitiert.

98 Gedacht ist hier z.b. an 'Arbeit und Leben', eine arbeitsgemeinschaft von volkshochschule und gewerkschaft, um auf örtlicher ebene politische und soziale bildung anzubieten. So ließ ein anfang der achtziger jahre in einer ruhrgebietsstadt angebotenes seminar 'sprecherziehung - redetechnik' deutliche einflüsse der Hattinger konzeption erkennen. Vermutlich handelte es sich dabei nicht um einen einzelfall.

99 Hellmut Geißner berichtet, Fritz Schweinsberg habe diesen namen für das 'rhetorik-institut' des DGB gewählt, um die schwellenangst durch sprachbarrieren gering zu halten (vgl. Geißner 1989a,13).

> "im Rahmen der kommunikativen Menschenführung, wie sie nach bestimmten psychologischen Grundsätzen in dem verwirklicht ist, was die Anglo-Amerikaner 'public relations' nennen. Eine ... Organisation wie die deutsche Gewerkschaftsbewegung kann an dieser drängenden Aufgabe nicht vorbeigehen. Ihr innergewerkschaftliches Leben und ihre Organisationsarbeit gehen im höchsten Maße über das gesprochene Wort." (Schweinsberg 1955,22)

Eine gemeinsamkeit der kurse zur sprechwirksamkeit für gewerkschafter mit der redeschulung von führungskräften liegt darin, daß auch der gewerkschaftsfunktionär durch die schulung befähigt werden soll, "seine Ansichten durchzusetzen und so 'Meinung zu bilden'" (Schweinsberg 1955,20). Die gefahr, daß auch in einem verband wie den gewerkschaften "der Führungsstab seinen Willen der Mitgliedschaft zu oktroyieren versucht" (Wuthe 1962,13), ist nicht von der hand zu weisen.

Die lehrgangskonzeption des kurses 'sprechwirksamkeit und versammlungswesen' läßt auch heute noch die einflüsse von Fritz Schweinsbergs kursgestaltung erkennen (vgl. dazu die angaben zum lehrplan in Schweinsberg 1960,87f und Deus 1966,19f mit der heutigen konzeption = 1981). Die kontinuität wird nicht nur an der themenwahl deutlich, sondern auch daran, daß "als methodische Hilfe für den Redeaufbau ... seit nunmehr fast 30 Jahren das sogenannte Rahmenschema von Richard WITTSACK" verwendet wird (1984,13). Auch an der hergebrachten namensgebung wird festgehalten. Ilse Schweinsberg-Reichart meinte, "als Arbeitstitel" (1984,10) könne zwar die bezeichnung 'rhetorische kommunikation' verwendet werden. Sie will aber bei der ursprünglichen bezeichnung bleiben, nicht nur weil sie "zu einem 'Markenzeichen' geworden [sei] und ... auch von anderen übernommen" wurde, sondern weil die

> "Lehrgangsbezeichnung ... so etwas wie ein Programm bedeuten [solle], ein Programm, das anknüpf[e] an eine Tradition, von den Namen Herder, W. v. Humboldt, Rudolf Hildebrandt u.a. bestimmt, die als die 'Ahnherren' der Sprecherziehung anzusehen ... [seien]. In dieser Tradition geh[e] es ... um das sprechen *zu/mit* anderen. Fragen der *Wirkung* ... [erhielten] hierbei einen besonderen Stellenwert." (1985,156)

Fritz Schweinsberg wollte nicht zu einer künstlichen, schönen aussprache erziehen, weil das die öffentliche wirkung verringerte. Sein ziel war "Persönlichkeitsbildung in sprecherischer Echtheit", d.h. "vorzudringen zu echtem und deshalb [!] wirksamem Ausdruck" (Schweinsberg 1960,86 bzw. 88; vgl. 1955,21). Die teilnehmer sollten als voraussetzung für den kursbesuch über ausreichendes allgemeinwissen und gewerkschaftliches sachwissen verfügen und eine ausreichende kenntnis ihrer muttersprache haben, d.h. "ein[en] genügende[n] Wortschatz und eine gewisse Wendigkeit im Formulieren" besitzen (Schweinsberg 1960,87). Nach dem bedarfsdeckungsprinzip sollen die gewerkschafter das lernen, was sie am nötigsten brauchen. Sollte die rednerschulung nach Schweinsbergs plan "*jede Art des öffentlichen Wirkens im gesprochenen Wort* umfassen, sei es das Einzelgespräch von Mann zu Mann oder die verschiedenen Arten von Berichterstattung und Diskussion ... bis zum freien Reden in Versammlungen oder über den Rundfunk" (Schweinsberg 1955,21f), so beschränkte er sich in der praxis des redelehrgangs auf eine auswahl aus diesen gebieten. Soweit das aus dem plan des kurses deutlich wird (vgl. Deus 1966,19f), wurden weder einzelgespräche noch diskussionen oder reden im rundfunk geübt. Das hauptgewicht lag auf der 'freien rede'. Daneben wurden kenntnisse des versammlungsrechts vermittelt, da das beherrschen der parlamentarischen formen in einer demokratie notwendig sei. Außerdem wurden die physiologischen grundlagen des richtigen sprechens und der rechtlautung ebenso gezeigt, wie die forderungen der neuzeitlichen leselehre erläutert und in übungen erarbeitet wurden (vgl. Schweinsberg 1960,87f).

Die frage, ob die gewerkschaft 'bildung' oder 'zweckbildung' betreiben solle, ist für die gewerkschaftliche bildungsarbeit allgemein bedeutsam (vgl. dazu Wuthe 1962,35ff). So betont Fritz Schweinsberg, die arbeit in den bundesschulen des DGB sei "ein zweckbetonter Zweig der Arbeiterbildung. Sie ... [dürfe] also nie Selbstzweck werden und Bildung im intellektuellen Sinne vermitteln wollen." (Schweinsberg 1955,20) Mit anderen worten betont auch Ilse Schweinsberg-Reichart, daß die bildungsarbeit zweckbildung ist und für die gewerkschaftliche praxis befähigen soll:

> "Gewerkschaftliche Bildungsarbeit hat die Teilnehmer zur Erfüllung ihrer Aufgaben zu befähigen, d.h. zur Wahrnehmung legaler und legitimer Interessen. ... Das Umsetzen geschieht in den Handlungsfeldern: Kommunikationssituationen, und das Handlungsmittel ist überwiegend, wenn nicht sogar ausschließlich: gesprochene Sprache." (1985,157; vgl. auch 1981,6)

An dieser stelle sei nur darauf verwiesen, daß zwischen 'legal' und 'legitim' ein unterschied besteht, der für die gewerkschaftliche interessenvertretung entscheidend sein kann.

5.1.2 Der kurs

Der rahmenplan des kurses ist nebst erläuterungen und abdruck der teilnehmerunterlagen [TU] in den "Materialien zur gewerkschaftlichen Bildungsarbeit Nr.2" dokumentiert (= 1981). Diese materialien erlauben einen detaillierten einblick in den ablauf des zweiwöchigen kurses, weil die lernabschnitte exakt festgelegt sind (vgl. 1981,18 - 32). Der einsatz von zwei referenten und eine begrenzte teilnehmerzahl sollen eine intensive arbeit ermöglichen. So findet ein großer teil der übungen in zwei kleingruppen statt, die maximal 9 personen umfassen. Während gewerkschafter in den sachkursen lernten, um was es geht, werde ihnen im lehrgang 'sprechwirksamkeit' beigebracht, "WIE das WAS situations- und hörergerecht aufbereitet und zielgerichtet geäußert werden sollte." (1981,8; vgl. auch 1985,157)

Das gesamtprogramm der zwei wochen lautet in stichworten:

> "3 Übungsreden, 2 Kurzfassungen (mit Videoaufnahmen, Lesen und Erzählen als Vorübungen, Versammlungsrecht, Versammlungsablauf und Versammlungsleitung mit praktischen Übungen, Podiumgespräche und Debatten, als 'Spezial'-training zu konzentriertem Reden: Fünfsatzübungen, dazu jeweils die Aufarbeitung im Hinblick auf individuelle Förderung wie auf Ableitung allgemein gültiger Einsichten" (1978b,196f).

Der kurs beginnt montags mit einer orientierungsphase, in der die teilnehmer ihre erwartungen äußern dürfen. Die teilnehmer nennen zwar häufig den abbau von sprech- und redehemmungen (vgl. 1981,33). Das problem der redehemmungen wird aber im kurs "nicht besonders thematisiert, sondern in Eigenlektüre ... erarbeitet." (1981,37) Die art und weise wie mit den teilnehmerwünschen umgegangen wird, macht deutlich, daß sie in richtung auf das vorgeplante lehrgangskonzept kanalisiert werden. In der orientierungsphase werden die ziele und inhalte des lehrgangs vorgestellt, und dann sollen die teilnehmer die "eigenen Vorstellungen in diesen [!] Zielen und Inhalten" wiederfinden (1981,22). Bei einigen themen ist es fraglich, ob diese aspekte auf der wunschliste der teilnehmer auftauchen. Es ist kaum anzunehmen, daß die teilnehmer über den bau der sprechorgane informiert werden wollen (vgl. 1981,24). Ob die teilnehmer von sich aus eine einführung in die leselehre wünschen, ist ebenfalls zweifelhaft. Das üben des ausdruckslesens (vgl. 1981,35; 1975a,27ff) ist ein rest von Fritz Schweinsbergs bemühungen, mithilfe des vorlesens vom flächenhaften schreiblesen zu befreien, um so das gehör für den wahren sprachklang zu sensibilisieren (vgl. Schweinsberg 1946,452).

Bevor sich die teilnehmer einen halben tag lang mit dem vorlesen der fabel von der klugen maus und Karl Jaspers' thesen über die politische freiheit befassen (vgl. 1975a,57ff), entwickeln sie als einstieg in die rhetorische kommunikation gemeinsam mit den referenten ein kommunikationsmodell. Im lehrgespräch werden thesen zur kommunikation "induktiv entwickelt. Anhand von Beispielen ... werden die einzelnen Thesen konkretisiert und mit vorbereiteten Folien visualisiert" (1981,34). Die teilnehmer fungieren gewissermaßen als stichwortgeber, denn im gegensatz zu einem induktiven vorgehen liegen die thesen längst fest (vgl. 1981,TU 1 = Teilnehmerunterlage 1). Den teilnehmern wird schritt für schritt verdeutlicht, daß kommunikation von der wirkung abhinge und in erster linie sprachliche kommunikation sei. Nach meinung der autoren soll die "damit verbundene Vermittlung einiger wesentlicher Fachbegriffe ... später die kritische Beurteilung gehörter Reden [erleichtern]." (1981,34) Die fast beiläufige vermittlung von ausdrücken, die aus einem grundkurs linguistik stammen könnten (zeichen, symbol, syntax, intonation; vgl. 1981,TU 1) sowie des rollenbegriffs ["Erkennen der Problematik der 'sozialen Rollen'" 1981,23], hilft den teilnehmern wenig bei der vorbereitung einer rede oder der abwehr von manipulationen. Es ist abzusehen, daß die teilnehmer diese ausgeteilten thesen in ihrer mappe abheften und bald darauf wieder vergessen. Da es sich bei den thesen um eine ansammlung von falschen oder problematischen aussagen über den kommunikationsprozeß handelt, ist das in wahrheit ein vorteil, denn das dort verwendete sender-empfänger-modell ist und bleibt ein verfehlter ausgangspunkt, um menschliche kommunikation zu beschreiben[100]. Am ende des thesenpapiers wird schließlich herausgestellt, daß der "moderne Begriff der rhetorischen Kommunikation ... alle [!] Formen des Miteinandersprechens [umfasse]" (1981,TU 1 punkt 4.1; vgl. auch 1981,10). Somit unterscheiden sich am ende 'kommunikation' und 'rhetorische kommunikation' nicht mehr.

Nach der theorie der kommunikation und den vorbereitenden übungen beginnt ab mittwoch der teil des kurses, der sich mit der freien rede befaßt. Daß der

100 Es ist erstaunlich, daß in Hattingen sprecherzieher trotz Geißners regelmäßiger kritik an technischen kommunikationsmodellen (vgl. Geißner 1969c,72ff; 1979a,11f; 1981a,15ff), solche gedanken in ihrem unterricht verbreiten. Allerdings finden sich auch bei Ilse Schweinsberg-Reichart gedanken aus technischen kommunikationsmodellen (vgl. 1978a,25f; o.j.,lehrbrief 1, 5 - 7). Eine grundlegende kritik an kommunikationsmodellen findet sich bei Utz Maas (Maas 1974,114ff).

schwerpunkt des lehrgangs auf der freien rede liegt, begründet Schweinsberg-Reichart erstens damit, daß durch den kurs klarzumachen versucht werde, "daß die Hauptarbeit beim Reden *Denk*arbeit (geistige Vorarbeit) und nicht sofort Formulierungsarbeit" sei, und zweitens damit, daß man sich "methodisch auf gesichertem Boden" befände, "was die Lehr-/Lernbarkeit von Prozessen rhetorischer Kommunikation" anginge (1984,13). Der boden erscheint deshalb als sicher, weil ohne zu schwanken auf ein viele jahre praktiziertes konzept gesetzt wird. "Die seit 25 Jahren anhaltende und sogar steigende Nachfrage nach den Lehrgängen 'Sprechwirksamkeit und Versammlungswesen' zeigt" aber gerade nicht, wie Schweinsberg-Reichart und ihre kollegen annehmen, "daß der eingeschlagene Weg richtig ist." (1981,4) Die nachfrage zeigt allenfalls, daß ein bedürfnis nach dem erlernen rhetorischer kommunikation vorhanden ist. Das beweist aber noch lange nicht, daß das bedürfnis in diesem kurs auch befriedigt wird.

Der weg zur freien rede vollzieht sich in folgenden schritten:

"1. Übungsrede nach einem vorgegebenen Stichwortkonzept....
2. Übungsrede nach gemeinsamem Zwecksatz. ...
3. Übungsrede: Sie stellt sozusagen das 'Freischwimmen' dar. Thematik, Zwecksatz und Hörerschaft sowie Redesituation werden von jedem Teilnehmer selbst gewählt. Anhand dieser Übung ist so etwas wie eine Erfolgskontrolle möglich." (1984,12)

Bei der *ersten* übungsrede reden die teilnehmer anhand eines vorgegebenen stichwortzettels, der zum ziel hat, einsichtig zu machen, daß reden gelernt werden müsse. Da jeder diese übungsrede spricht (vgl. 1981,38), hören die teilnehmer also bei den übungsreden immer wieder (bis zu neun mal !), daß die schule das schreiben überbewertet und das sprechen vernachlässigt habe, um dann zu erfahren, daß reden eine kunst mit hohem ausbildungsanteil sei. Dieser stichwortzettel (vgl. auch 1978a,75f) entspricht inhaltlich dem redeplan, den Schweinsberg-Reichart auch in form von 5-sätzen darstellt (vgl. 1981, TU 11a und 1978a,98-100). Bei der besprechung der übungsrede sollen rhetorische einzelfragen geklärt werden (vgl. die aufzählung der aspekte 1981,26 und 1981,TU 3).

Für die *zweite* übungsrede erhalten die teilnehmer einen 'zwecksatz' und eine hörerschaft vorgegeben, wobei die thematik aus dem bereich der betriebsverfassung/personalvertretung stammt (vgl. 1981,26 und 38). Mittlerweile ist es freitag geworden, wenn mithilfe des videogerätes verdeutlicht werden soll, "daß u. wie nonverbales Ausdrucksverhalten die Wirkung einer Rede mit beeinflußt" (1981,27). Damit das wesentliche an der redearbeit, die denkarbeit, nicht durch die diskussion von äußerlichkeiten überlagert werde, komme der videorecorder erst bei den wiederholungsübungen (= kurzfassung von rede 1 oder 2) zum einsatz (vgl. 1984,15). Bisher hatten die teilnehmer in der ersten woche noch keine möglichkeit, ihre eigene denkarbeit einzubringen, da sie einen vorgegebenen stichwortzettel nachzusprechen hatten bzw. einen denkplan vorgeben bekamen, der mit beispielen aus der eigenen praxis zu illustrieren war.

Erst in der *dritten* rede besteht wirklich die möglichkeit, "das *Umsetzen* bereits erworbener Kenntnisse, Einsichten und Meinungen in rhetorische Sprechhandlungen" (1978b,195) zu üben. Die vorbereitung dieser rede ist eine hausaufgabe bis zum dienstag der zweiten seminarwoche. Die zwischenzeit (samstag und montag) wird dazu genutzt, die grundlagen des versammlungswesens darzustellen (vgl. 1981,40 und TU 7).

Damit die vorbereitung der dritten rede nicht so schwer fällt, wird den teilnehmern eine veränderte version (vgl. 1981,TU 4) des 'rahmenschemas' von R. Wittsack (vgl. R. Wittsack 1935,93; zitiert in 1978a,69) gegeben, das eine rededisposition in frageform gibt. Nach Schweinsberg-Reichart "besticht [es] durch seine Stringenz, ist daher leicht zu verstehen, aber nicht so leicht zu handhaben, da es sich dabei nicht um bloß Formales handelt, sondern wirklich *Denk*struktur bedingt." (1984,13) Die redevorbereitung mittels dieses aufbaumusters erfordere "allerdings ein bißchen Phantasie" (IV,28), meint sie an anderer stelle. Die schwierigkeit liegt weniger in der fehlenden phantasie, sondern darin, daß dieses schema die notwendige denkarbeit nicht abnimmt. Es ist deshalb wenig verwunderlich, daß nach Schweinsberg-Reicharts beobachtung die methodischen hilfen von teilnehmern mit längerer schulbildung leichter erlernt werden (vgl. 1978b,196). Die mithilfe des 'rahmenschemas' vorbereiteten reden sollen anschließend einer kritischen betrachtung unterworfen werden. "Da die größten Schwierigkeiten im Aufbau einer Rede, in der Gliederung von Gedanken und in der Argumentation bestehen, sind diese Denk-Voraussetzungen der Kernpunkt der Besprechung." (1981,40) In der besprechung ist die gliederung der gedanken das hauptproblem, denn die rede soll am schluß mit einem appell (zwecksatz) enden, der dazu auffordert, den vom redner gewiesenen weg zu beschreiten. Deshalb konzentriert sich die besprechung der dritten übungsrede auf die frage nach dem zwecksatz, der vorher nicht bekannt gegeben wurde (vgl. 1984,12). Die besprechung der selbst erarbeiteten reden sei sehr zeitaufwendig, denn bei "selbst gewählter Thematik ... [sei] die Gefahr des 'Rückfalls' in alte Gewohnheiten groß. Deshalb ... [sei] diese Übung die schwerste, obwohl sie ganz an den eigenen Erfahrungen und Kenntnissen der TN anknüpf[e]." (1981,40) Mit den alten gewohnheiten ist das ausarbeiten eines schriftlichen manuskriptes gemeint "und einem darin verhafteten Schreibstil" (1981,40). Um von der verschriftung der rede wegzukommen, sollen die "Gedankengänge und Argumente möglichst in Frage-Antwort-Form" erfolgen (1984,14). Die teilnehmer haben nur bei der dritten rede die möglichkeit, eine rede alleine vorzubereiten. Und das, obwohl im redekurs die eigene denkarbeit der teilnehmer geschult werden sollte. Einen leitfaden für die redevorbereitung, der die einzelnen arbeitsschritte aufführt (vgl. 1981, TU 12), erhalten die teilnehmer erst in der abschlußphase am letzten tag (vgl. 1981,31), quasi als abschiedsgeschenk. Es hilft wenig, wenn die dritte rede nochmals in überarbeiteter version vorgetragen wird. Diese kurzrede soll den krönenden abschluß der redeausbildung bilden:

> "Diese Übungsgelegenheit verstärkt die Sicherheit im Reden, *präzisiert den sprachlichen Zugriff zu den Gedanken* und macht vor allem das Wesen der 'freien Rede' mit allen Vorzügen unmittelbar praktisch erfahrbar." (1981,44; hervorhebung K.R.)

Erfahrbar wird bei dieser rede, daß die verbesserte und überarbeitete rede sicherer vorgetragen wird. Einerseits sind 'zwecksatz' und 'inhalt' den zuhörern bekannt, und andererseits sind die verbesserungsvorschläge der gruppe und des dozenten eingearbeitet worden. Es versteht sich fast von selbst, daß bei dieser voraussetzung wenig kritik von den zuhörern zu erwarten ist. Wie durch diese rede der sprachliche zugriff zu den gedanken präzisiert werden kann, bleibt ein sprachliches geheimnis, das nicht gelüftet wird.

Als ergänzung zur interessenvertretung durch reden lernen die teilnehmer auch gesprächsführung. Damit die interessenvertreter wissen, welche interessen sie vertreten sollen, stehen klärungsgespräche auf dem lehrplan. In dieser übung ["auch die Inhalte sind von den TN vorgeschlagen", bemerken die autoren stolz (1981,42)] werden die "Grundregeln des Gesprächs*ablaufs* sowie des *Leiter-* und *Teilnehmerverhaltens* anhand der Beobachtungsergebnisse der Gruppe analysiert und systematisiert." (1981,42) Letztlich soll der einsatz eines leiters und das anwenden des richtigen verhaltens dazu dienen, daß die gruppe ökonomisch mit ihrer zeit umgeht, denn im kurs wird großer wert darauf gelegt, "daß ein bestimmter Themenbereich auch in einer bestimmten vorgegebenen Zeit abgehandelt wird. Diese 'Ökonomisierung' der Gesprächsführung ist wichtig für Gremien mit Entscheidungsbefugnis." (1981,42) Nicht wie gute lösungen gefunden werden können, sondern wie in vorgegebener zeit eine entscheidung gefällt wird, ist lernziel, denn ein "rhetorisches Ziel ist ganz wesentlich Zeit*ökonomie*." (1984,12) Abweichende meinungen im betriebsrat können jetzt noch leichter unter verweis auf die kostbare zeit zurückgewiesen werden.

Beinahe am ende der zweiten woche, und damit am ende des kurses, wird den teilnehmern als "Sprech-*Denk*-Modell ... die 5-Satz-Methode" vorgestellt (1981,43). Diese übung verlange "äußerste Konzentration und Sprechdisziplin. Deshalb steh[e] sie am Ende des Lehrgangs, wenn alle Teilnehmer schon 'Redeerfahrung' gesammelt" hätten (1981,43). Die gewerkschafter lernen erst nach fast zwei wochen, was Geißner als ausgangspunkt zum erlernen von gespräch und rede betrachtet und worauf er seinen kurs aufbaut (vgl. 5.3). Im kurs in Hattingen bleibt nur noch wenig zeit, die methodische möglichkeit "zu konzentriertem, zielgerichteten Reden, z. wirksamen Kontrolle des logischen Aufbaus einer Rede u. zum Planen von Diskussionsbeiträgen" (1981,30) auszuprobieren.

Wichtige kommunikationssituationen hat der arbeitnehmervertreter weder kennengelernt noch geübt, obwohl sie in der betrieblichen praxis vorkommen und auch im aufgabenkatalog des betriebsratsvorsitzenden X auftauchen (vgl. 1981,6a). So fehlen aus diesem katalog neben verhandlungen[101] und ansprachen auch hinweise für informations- und beratungsgespräche. Gelernt wurde fast ausschließlich der aufruf zu aktionen. Ganz ausgeklammert blieb der problemkreis der manipulation: Wie können manipulationen der arbeitgeberseite erkannt werden, und wie kann darauf reagiert werden? Die Hattinger konzeption beruht weitgehend auf einem kurs, der auf freies reden (von führenden kräften) ausgerichtet war, sich aber keine gedanken über die aufgaben gewerkschaftlicher interessenvertretung gemacht hat. Schweinsbergs auffassung von rede ließ sich offenbar problemlos auf die hierarchisch strukturierte gewerkschaftsorganisation übertragen. Ob funktionäre genauso ex cathedra und in höherem auftrag sprechen dürfen wie priester (vgl. 4.2), darf aber bezweifelt werden.

---

101 Seit kurzem wird in Hattingen verhandlungsführung in einem eigenständigen einwöchigen kurs angeboten.

Damit die teilnehmer als gesamtziel "zur Erreichung ihrer interessengeleiteten Ziele in Wahrnehmung gewerkschaftlicher bzw. betrieblicher Funktionen" befähigt werden, sollen sie neben der richtigen einschätzung von kommunikationssituationen und prozessen rhetorischer kommunikation lernen, "*eine eigene Meinung zu bilden*, zu äußern und argumentativ zu vertreten" (1981,21; hervorhebung K.R.). Zur bildung einer eigenen meinung erhalten die teilnehmer durch die vorgaben von stichwortzettel und redeplan im kurs wenig gelegenheit.

Ob die von Büscher/Hinz beschriebene schwierigkeit, mitglieder für die gewerkschaft zu gewinnen, tatsächlich mit dem rede-verhalten auf betriebsversammlungen erklärt und geändert werden kann (vgl. Büscher/Hinz 1990,161f), sei dahingestellt. Soll die aufgabe der betrieblichen interessenvertretung sein, diskussionsprozesse zu initiieren und zu unterstützen, die managementplanung zu analysieren und gegenstrategien zu planen, "unter Beteiligung der Belegschaften" (Büscher/Hinz 1990,164), dann erfordert das sowohl ein geändertes verständnis von gewerkschaftlicher interessenvertretung als auch eine veränderte rednerausbildung in Hattingen. Ob die gewerkschaft es schafft, unter veränderten gesellschaftlichen bedingungen ein einflußfaktor zu sein, wird auch davon abhängen, wieweit es ihr gelingt, demokratische strukturen zu entwickeln.

Mit den kursen 'sprechwirksamkeit und versammlungswesen' sollen die gewerkschaftskollegen nicht nur durch die vermittlung mündlicher kommunikationsfähigkeit "zur Erfüllung ihrer Funktionen besser gerüstet werden", vielmehr "wurde und wird" nach Schweinsberg-Reicharts meinung "auch *politische* Bildungsarbeit im Sinne demokratischen Sozialverhaltens geleistet. Entscheidend hierfür ist allerdings das Rhetorikverständnis, das der Arbeit zugrunde liegt." (1978b,195) Dieses rhetorikverständnis erläutert Ilse Schweinsberg-Reichart in ihren büchern, die den teilnehmern als "Hintergrundmaterial" (1981,20) empfohlen werden.

5.2 Ilse Schweinsberg-Reichart - reden in freiheit[102]

5.2.1 Freie rede

Ilse Schweinsberg-Reicharts rhetorikauffassung und ihre tätigkeit in der gewerkschaftlichen erwachsenenbildung hängen eng zusammen. Das wird auch an ihren veröffentlichungen deutlich: Einerseits dienen sie dazu, das in Hattingen vertretene rhetorikkonzept einer breiteren öffentlichkeit vorzustellen (z.b. 1984, 1985). Andererseits sind ihre schriften zum teil direkt (IV, VI) oder indirekt (1978a; o.J.) für die rhetorikausbildung von gewerkschaftern bestimmt. Von anfang an versteht Ilse Schweinsberg-Reichart ihre arbeit als politische bildung (1963; 1966), mit der demokratisches verhalten gefördert werden soll. Auch die ausbildung in rhetorischer kommunikation im rahmen der gewerkschaftlichen bildungsarbeit faßt sie

102 In kapitel 5.2 werden veröffentlichungen von Ilse Schweinsberg-Reichart lediglich durch die angabe des erscheinungsjahres nachgewiesen. Ihre beiden ohne jahreszahl veröffentlichten broschüren werden durch die angabe der römischen bandnummer unterschieden.

als politische bildung auf (vgl. 1978b,195). Das wird auch daran deutlich, daß 'freie rede' bei ihr eine doppelbedeutung hat (vgl. 1978a,35 - 45).

Politisch versteht Schweinsberg-Reichart unter freier rede "Rede*freiheit*, also die Freiheit zur Rede." (1978a,36) Aus ihrer sicht besteht redefreiheit nur in einem demokratischen staat, der das recht der freien rede nicht nur einer minderheit, sondern jedem staatsbürger zugesteht. Folglich ist für sie klar,

> "daß unter 'freier Rede' nicht nur die große politische Rede als eine 'Kundmachung', ein 'Führungsmittel verstanden sein ... [könne], sondern daß Rede und Gegenrede gleichberechtigt und gleichwertig nebeneinanderstehen, ja sich geradezu ergänzen [müßten]. Reden ... [schließe] also jede Art von 'Miteinandersprechen ein." (IV,5)

Daraus folgt für sie, daß rede mittel zur meinungsbildung und handlungsvorbereitung sein müsse, wobei jeder die möglichkeit haben müsse, auf den anderen mit dem gesprochenen wort einzuwirken.

> " Entscheidend ... ist, daß
> - jeder die Möglichkeit hat, sich zu äußern,
> - jeder in seiner (Äußerung) Meinung toleriert und
> - nicht durch Machtmittel, sondern durch Argumente widerlegt wird." (IV,6)

Unter *methodischem* gesichtspunkt betrachtet, bedeute freie rede frei zu sein von einem ausformulierten manuskript. Bei einem gründlich vorbereiteten stichwortzettel verfüge der redner über einen 'roten faden', könne seine rede aber der jeweiligen sprechsituation anpassen. Es entstehe ein unmittelbarer kontakt zwischen redner und publikum, weil der redner das (vorwiegend nonverbale) feedback des publikums aufnehmen könne, um sich so auf die jeweilige stimmung seiner zuhörer besser einzustellen. Die freie rede bleibe deshalb immer etwas einmaliges, weil ihre sprechsprachliche ausformung immer auf das jeweilige publikum bezogen sei. Auch bezüglich der zeit sei die freie rede situationsgerecht, weil sie sich ohne schwierigkeiten ausweiten oder kürzen ließe. Die freie rede sei ökonomisch, denn sie ließe sich ohne probleme durch einarbeiten neuer erkenntnisse auf den neuesten stand bringen (vgl. 1978a,43 - 45; IV,12).

Freie rede setze nicht nur die freiheit, reden zu dürfen, voraus, sondern fordere auch eine sorgfältige auseinandersetzung mit den fakten und den von anderen vertretenen meinungen. Freie rede sei von der stegreifrede unterschieden, weil sie "erhebliche *Denk*arbeit vorher" erfordere (IV,11); sie verzichte aber auf ein ausformuliertes konzept und bediene sich statt dessen eines stichwortzettels (vgl. IV,34f; 1978a,97 - 101). In diesem sinne definiert Schweinsberg-Reichart die freie rede als ein "*Sprechen in freier Wortbeweglichkeit, in freier Formulierung, um vorher wohlgeordnete feste Punkte*" (1978a,43; IV,11; vgl. 1963,20). Auf diese art definierte auch Fritz Schweinsberg die 'freie rede', um sie als die 'eigentliche rede' von den anderen formen der stimmlichen ausdrucksgestaltung abzugrenzen. Als 'freie rede' galt ihm nur eine rede, bei der "ein Willensziel mündlich gestaltet wird" (Schweinsberg 1946,330; vgl. 1948,14). Nicht nur bei der definition der freien rede wird deutlich, daß Ilse Schweinsberg-Reichart mit ihrem buch eine neubearbeitung der 1948 von Fritz Schweinsberg veröffentlichten 'Rednerschulung' vorgelegt hat (vgl. ihren hinweis 1978a,7).

Schweinsberg-Reichart arbeitet aber auch neuere erkenntnisse über die rhetorische kommunikation ein. Sie stützt sich vorwiegend auf Hellmut Geißners ansichten. Beispielsweise wenn sie davon ausgeht, rhetorische kommunikation sei handlungsauslösendes sprechen (vgl. 1978a,30 und 45f). Wann der übergang von der sprachlichen zur rhetorischen kommunikation geschieht, die Schweinsberg-Reichart voneinander abheben will (vgl. 1978a,20), ist nicht eindeutig zu erkennen. Einerseits geht sie davon aus, es käme zur sprachlichen kommunikation ein neues moment hinzu, wenn ein gewisses ziel verfolgt und zum handeln angeregt werde (vgl. 1978a,26). Andererseits schreibt sie auf der nächsten seite, wenn der angeredete der aufforderung nachkäme, sei kein weiteres wort nötig. "Rhetorische Kommunikation kommt erst [!] ins Spiel, wenn gezögert, wenn ein Einwand gemacht wird." (1978a,27) Sofern rhetorische kommunikation erst dann stattfindet, wenn der angesprochene der aufforderung des redners nicht sofort nachkommt, könnte auch durch sprachliche kommunikation zielgerichtet eine handlung ausgelöst werden. Verwirrend ist es auch, daß Schweinsberg-Reichart Geißners modell der sprechsituation einerseits als "ein vereinfachtes Kommunikationsmodell" auffaßt (1978a,32), während sie andererseits darauf verweist, dieses modell fasse "das Grundsätzliche rhetorischer Kommunikation ... zusammen." (1978a,30) Wenn Schweinsberg-Reichart wie Geißner zwischen realen und mentalen handlungen unterscheidet, heißt das allerdings nicht, daß ihrer beider auffassungen gleich wären. Weder unterscheidet Schweinsberg-Reichart zwischen verhalten und handeln, wie es Geißner tut, noch bezieht sie sich auf Max Weber. Im gegensatz zu Geißner (vgl. Geißner 1975a,22) spricht Schweinsberg-Reichart bereits von mit-denken, wenn der redner einen sachverhalt darstellt und seine zuhörer informiert (vgl. 1978a,46 und 114; IV,13).

Schweinsberg-Reichart unterscheidet die verschiedenen redearten entsprechend der vom redner angestrebten handlungsauslösung. Wende sich der redner "an die rationale Aufnahmebereitschaft seines Publikums, an das *Mit-Denken",* so halte er einen sachvortrag (1978a,46). Wolle der redner darüber hinaus, daß die zuhörer etwas täten, so wende er sich "auch an ihr *Gefühl* und ihren *Willen*" (1978a,47) und hielte eine überzeugungsrede. Werde nicht überzeugt, sondern überredet, so würden beim zuhörer ausschließlich emotionen geweckt. In diesem falle agitiere der redner, aber er argumentiere nicht. Neben sachvortrag und überzeugungsrede kennt Schweinsberg-Reichart noch ansprachen, die einer stimmung ausdruck geben oder eine stimmung erzeugen wollen, sowie verlautbarungen, die als 'papierreden' eigentlich keine reden seien (vgl. 1978a,47ff und IV,14f). Diese einteilung ähnelt sicher nicht zufällig Wellers unterscheidung der verschiedenen redearten (vgl. oben 4.1.3), denn Fritz Schweinsberg hatte sich auf Wellers einteilung gestützt (vgl. Schweinsberg 1946,340ff). Wie diese beiden beschränkt sich Schweinsberg-Reichart auf die überzeugungsrede, die auf einen 'zwecksatz' zugespitzt ist. Mit einer überzeugungsrede will der redner die zuhörer zu einer tat auffordern oder zumindest eine tatbereite gesinnung erzeugen. Ansprachen und sachvorträge behandelt Schweinsberg-Reichart nur am rande (vgl. 1978a,108 - 111; IV,35 - 37).

In "der 'Verschriftung' unseres gesamten sprachlichen Lebens und damit des Bildungsbetriebes" sieht Schweinsberg-Reichart den grund dafür, daß für die beurteilung des rhetorischen "der argumentative oder kommunikative Aspekt ... kaum oder gar nicht berücksichtigt" werde (1966,32). Diese 'bestandsaufnahme', die nicht näher begründet wird, ruft erinnerungen wach an die anfänge der sprecherziehung, als unter sprecherziehern die sorge um eine unzureichende pflege der gesprochenen deutschen sprache umging. Schweinsberg-Reichart steht nach wie vor auf dem standpunkt, daß nur gesprochene sprache wirkliche sprache sei (vgl. 1975a,16ff). Mag ihr vorwurf berechtigt sein, schule und hochschule legten im unterricht weniger wert auf die gesprochene als die geschriebene sprache, so ist es mitte der sechziger jahre, in einer gesellschaft voller telefone, radios und fernseher, absurd zu behaupten, das gesamte sprachliche leben sei 'verschriftet'. Das macht aber sinn, wenn damit eine spezifische norm für die (gesprochene) deutsche sprache eingeklagt werden soll.[103] Besonders bei ihren hinweisen zur sprache des redners bzw. zur sprachlichen kommunikation findet sich bei Schweinsberg-Reichart eine mischung von sprachidealistischer (vor allem Herder[104]) und kommunikationswissenschaftlicher sprachauffassung (vgl. 1978a,20ff und 112ff; o.j., lehrbrief 1,6f).

Da die schule mehr wert auf schriftliche ausdrucksformen lege und die mündliche kommunikation vernachlässige, werde das 'schreibdenken' besser beherrscht als das 'sprechdenken'. Deshalb entstehe im hinblick auf die freie rede ein nachholbedarf, weil sprechstil und schreibstil nicht deckungsgleich seien (vgl. IV,7f). Es gelte zunächst, "vom Schreibdenken auf *Sprech*denken umzuschalten" und mithilfe von "kleinen Erzählungen und Berichten bis zur Rede zu kommen", um so den sprechdenkvorgang, den "privat, unstrukturiert" jeder beherrsche, "für die Rede zu systematisieren." (IV,19) In der pflege des sprechdenkens sieht Schweinsberg-Reichart eine art "Konditionstraining" (1963,21; vgl. IV,19), das auf die eigentliche freie rede vorbereiten soll.

Das ziel des *reproduzierenden* sprechdenkens sei es, die redner von formulierungsmustern, die an grammatischer richtigkeit orientiert seien, auf kommunikatives sprechen umzupolen. Deshalb gehe es bei diesen übungen nicht so sehr um schöne formulierungen, "sondern um sach-, hörer- und zielgerichtetes Darstellen" (1978a,62). Für dieses reproduzierende sprechdenken erscheinen Schweinsberg-Reichart nacherzählungen besonders geeignet, weil hier das gedankengerüst mit dem 'gang der handlung' vorgegeben sei, um von dort über die freie erzählung zum bericht überzugehen (vgl. 1978a,60; 1975b,132). Bei erwachsenen, die schwierigkeiten hätten, für die redeplanung größere sprechdenkeinheiten zu strukturieren, müßten gegebenenfalls die abstraktionsfähigkeit und die fähigkeit, zu gliedern und zu ordnen, geübt werden. Anhand der vorgegebenen texte sollten die redeschüler einen einblick in strukturierungsmöglichkeiten erhalten, um so freier für *produzierendes* sprechdenken zu werden. Inwieweit diese kompensatorische erwachsenenbildung gelingt, die als eine anleitung zum geistigen arbeiten

103 Ab und zu tauchen auch bei Schweinsberg-Reichart verweise auf Ewald Geißler auf. So beispielsweise, wenn sie dessen ansicht wiedergibt, die mundart sei 'blutspende an die hochsprache' und an die ausdruckskraft eines menschen (vgl. 1963,21). Schweinsberg-Reichart gibt zwar keine quelle an, sie dürfte sich aber auf Geißlers aufsatz 'Die Lebensspende der Mundart an die Hochsprache' (Geißler 1942) beziehen.

104 Wenn Schweinsberg-Reichart immer wieder Herders ansichten zur sprache in ihre schriften einflicht, erklärt sich das wohl daraus, daß sie ihre dissertation über Herders sprachauffassung verfaßt hatte (Reichart 1948).

aufgefaßt wird, geht aus Schweinsberg-Reicharts äußerungen nicht hervor (vgl. 1975b,132).

War bei den vorübungen zur freien rede die struktur durch den handlungsablauf vorgegeben, so stellt sich nun die frage, wie die gedanken geordnet werden sollen. Schweinsberg-Reichart ist es wichtig, daß die beiträge auf ein ziel hin konstruiert sind, denn "bei allen rhetorischen Gliederungshilfen ... [sei wichtig], daß immer zuerst das Redeziel überlegt sein ... [müsse]", damit der weg zu einem ziel führen könne (IV,21, vgl. 1978a,68). Der zielpunkt der rede sollte am besten in einem 'zwecksatz' formuliert sein, der den hörern den handlungsreiz gebe. Als "methodische Hilfe, um zu zielgerichtetem Sprechdenken zu gelangen", schlägt Schweinsberg-Reichart Hellmut Geißners 'fünfsätze' vor (1978a,62; vgl. IV,21). Anhand von beispielen verdeutlicht sie, wie 'fünfsätze' aussehen und wie mithilfe der visuellen darstellung die logische gliederung veranschaulicht werden könne (vgl. 1978a,63 - 66; IV,22 - 26). Während ihr die Geißnerschen fünfsatzmodelle (vgl. 5.3.3.4) für kürzere beiträge geeignet erscheinen, schlägt sie als denkhilfe für die überzeugungsrede eine kurzfassung von Richard Wittsacks 'rahmenschema' vor (vgl. R. Wittsack 1935,93, zitiert in 1978a,69). Schweinsberg-Reichart warnt aber davor, dieses schema als rezept anzusehen oder die redezeit gleichmäßig auf alle fünf punkte verteilen zu wollen, denn wichtig sei vielmehr die folgerichtigkeit der denkschritte. Deshalb solle der redner Wittsacks schema nicht formalistisch anwenden, vielmehr müsse es jeder rede angepaßt werden (vgl. 1978a,70f; IV,27f). Damit die rede nicht nur logisch aufgebaut, sondern auch wirkungsvoll vorgetragen wird, gibt Schweinsberg-Reichart einige antworten auf rhetorische einzelfragen (vgl. 1978a,77ff; IV,28ff).

5.2.2 Argumentative rhetorik

Schweinsberg-Reichart erklärt den zunehmenden wunsch danach, sich ausdrücken zu können und mit dem gesprochenen wort zu wirken, mit dem bedarf in beruf und politik. Immer mehr berufe und funktionen erforderten außer fachkenntnissen den umgang mit dem gesprochenen wort. Die unterschiedlichen auffassungen von rhetorik spiegelten sich auf dem weiterbildungsmarkt, wo angebot und nachfrage aufeinanderträfen und wo nachgeholt würde, was in der schule nicht gelehrt wurde. Wenn Schweinsberg-Reichart auch verständnis dafür hat, daß manche angebote versuchten, das selbstwertgefühl zu steigern oder das berufliche fortkommen in unserer wettbewerbsgesellschaft zu verbessern, so sucht sie eine rhetoriktheorie häufig vergebens und findet statt dessen fragwürdige anweisungen oder das versprechen, über alles reden zu können (vgl. 1978a,10f; 1963,17f). Schweinsberg-Reichart setzt sich von solchen lehrbüchern ab, denn es ginge beim redenlehren darum, "Sachwissen kommunikativ anzuwenden" (IV,16; vgl. 1978a,51).

Freie rede, die aus methodischen gründen auf ein ausformuliertes manuskript verzichte, könne auf unterschiedliche weise realisiert werden. Als *durchsetzungsrhetorik* werde rede als macht- und herrschaftsinstrument genutzt und ließe widerspruch nicht aufkommen. In form der *überredungsrhetorik* sei sie gekennzeichnet durch ein sprach- und sprechverhalten, das rein emotional wirke. Gegen diese beiden arten der rhetorik setzt Schweinsberg-Reichart ihre '*argumentative rhetorik*'. In der argumentativen rhetorik soll die eigene meinung nicht nur geäußert, sondern begründet werden. Im gegensatz zu einer "nur postulativen (behauptenden) ... Rhetorik ... setz[e] [die argumentative rhetorik] sich mit Gedankengängen, auch gegnerischen, auseinander" (IV,32). Deshalb solle der redner bereits in der vorbereitungsphase mögliche einwände des publikums aufnehmen und in die rede einarbeiten, sie dann während der rede zurückweisen, um so die eigene meinung argumentativ abzusichern (vgl. 1978a,91f). Überzeugung durch einsicht, nicht überredung sei ziel der argumentativen rhetorik. 'Überzeugen' und 'überreden' seien die beiden deutschen ausdrücke, mit denen das lateinische 'persuadere' "jeweils moralisch wertend" (1978a,12) wiedergegeben werde. Während überzeugungsrede und argumentative rhetorik versuchten, mittels argumentation, die allerdings in ihrer 'rednerschulung' nicht behandelt wird, zum ziel zu gelangen, setze das überreden "keine Meinungsbildung, ... keinen Denkprozeß in Gang, es 'überspringt' ihn, indem es beim Hörer Emotionen weckt. Es wird nicht argumentiert, sondern höchstens agitiert." (IV,14) Aus dieser gegenüberstellung und dem folgenden zitat wird deutlich, daß sich für Schweinsberg-Reichart agitation und argumentation ausschließen. Sie hält es für notwendig, kritisch zu erkennen, "*wie* Auseinandersetzungen ausgetragen werden", um "den demokratisch Argumentierenden vom bloßen Propagandisten und Agitator zu unterscheiden." (VI,7) Bei propagandisten und agitatoren vermißt sie argumentatives denken, denn hier werde offenheit nur vom anderen verlangt und gleichzeitig der eigene standpunkt verteidigt. Mittels der kreisberechnung veranschaulicht Schweinsberg-Reichart, daß es sich bei einem standpunkt um einen "Gesichtskreis mit dem Radius Null" handele (VI,7). Macht folglich jeder, der einen standpunkt vertritt, deutlich, daß ihm der rechte überblick fehlt?

Auch Schweinsberg-Reichart steht bei der argumentation nicht ohne standpunkt da. Das wird aus ihren äußerungen rasch deutlich. Unter argumentation versteht sie "eine Beweisführung ... [bei der] man aufgrund bestimmter 'Daten' (Fakten, Sachverhalte), in einer bestimmten Weise begründet, folgern kann, daß dieses oder jenes so ist oder sein soll." (VI,39) Vorausgesetzt wird dabei, daß die argumentation von sachlichem denken ausgeht. Sachliches denken sei umweltbezogen, und das hieße, daß "Dinge, Tatbestände und Sachverhalte der Umwelt zugrunde ... [gelegt werden], *deren Richtigkeit erwiesen*" sei (VI,39; hervorhebung K.R.). Damit mittels argumentation meinungsbildung oder handlungsauslösung möglich wird, muß bereits etwas als richtig erwiesenes vorausgesetzt werden.

Schlüssige argumentation setze eine "saubere Begriffsbildung voraus" (VI,10), was bedeuten soll, daß eine sachliche bezeichnung gewählt wird, die etwas über den bezeichneten gegenstand aussagt. Bei ihren beispielen trennt Schweinsberg-Reichart zwischen der extensionalen[105] (sachlichen) bedeutung und der intensio-

105 Schweinsberg-Reicharts terminologische verwendung von 'extensional' und 'intensional' unterscheidet sich von der gebräuchlichen verwendung dieser ausdrücke: "Ein Begriff wird *intensional* definiert, wenn man sagen kann: Jedes Element, das die Eigenschaft x hat, ist ein ... . Ein Begriff wird *extensional* definiert, wenn man sagen kann: Alle diese Elemente sind ... ." (Heupel 1978,64). Erst recht läßt sich diese unterscheidung zwischen intensional und extensional nicht mit der

nalen bedeutung, die etwas über das verhältnis des sprechers zum gegenstand aussage. Sie sei "weniger rational (sachlich) als emotional (gefühlsmäßig) bestimmt." (VI,14). Die trennung zwischen extensionalen und intensionalen urteilen soll anregen, darüber nachzudenken, in welchen fällen eine auseinandersetzung lohnend ist. Aus Schweinsberg-Reicharts sicht waren ihre beispiele (über einen strohhut und einen bellenden hund) einfache fälle, weil sie an den gegenständen/sachverhalten überprüft werden konnten (vgl. VI,15). Das erkennen der 'extensionalen' bedeutung werde bei abstrakten begriffen schwierig. Damit auch in diesen fällen argumentiert werden kann, empfiehlt Schweinsberg-Reichart, für "abstrakte Begriffe, wie Freiheit, Demokratie, Sozialismus, Mitbestimmung u.ä. ... zunächst Klarheit und Übereinstimmung [!]" zu schaffen, weil es sonst beim streit um worte bliebe (IV,32). Der streit um worte erweist sich freilich als ein streit um die sache, der durch schaffen einer vorgängigen übereinstimmung vermieden, nicht aber gelöst wird. Nur mit 'informativen begriffen' sei eine meinungsbildung möglich, denn während die 'informativen begriffe' die treffende bezeichnung darstellten, seien 'psychopolitische begriffe' solche, die "wenig oder nichts Sachliches aussag[t]en, dafür aber Emotionen weck[t]en, Gefühlsappelle darstell[t]en" (IV,32). Schweinsberg-Reichart sieht in den psychopolitischen ausdrücken scheinfachausdrücke, die zwar wie eine sachbezeichnung klängen, aber in wahrheit wertend verwendet würden und von verschiedenen ideologischen standorten aus verschiedenen inhalt bekämen (vgl. 1978a,118f; vgl. auch VI,18ff; 1966,42ff).

Schweinsberg-Reichart will nicht umfassend auf "neuere Begriffsumwertungen" eingehen, die zeigten, wie "geistige Verwirrung und zunehmende Intoleranz um sich ... [griffen]" (VI,6) und argumentieren erschwerten, wenn nicht sogar kommunikation unmöglich machten. Als ein beispiel dafür, wie ein "Sachverhalt" mit einer "falschen" benennung "einfach verdreht" werde, gibt Schweinsberg-Reichart an, "wenn der sogenannte [!] 'Radikalenerlaß' in ein 'Berufsverbot' umgemünzt [!]" werde (VI,19f). Schweinsberg-Reicharts zusatz 'sogenannt' verdeutlicht, daß die benennung anders sein könnte. Wieso ist sich Schweinsberg-Reichart dann so sicher, daß 'berufsverbot' eine ummünzung ist? Kann nicht mit gleichem recht vorgebracht werden, 'berufsverbot' sei die informative benennung und radikalenerlaß wäre der psychopolitische begriff, der eine negative assoziation nutze? Auch für Schweinsberg-Reichart und ihre sicht der dinge gilt, daß es bedenklich ist, "wenn ... der 'eigene' sprachliche Zugriff auf bestimmte Dinge, Erscheinungen, Ideen als der einzig mögliche und richtige angesehen wird" (1978a,119). Sofern in einen informativen und psychopolitischen sprachgebrauch - information oder emotion (vgl. VI,18) - getrennt wird, muß zwangsläufig *eine* benennung als sachgerecht herausgehoben werden. Im zweifelsfall ist natürlich der eigene sprachgebrauch der informative, während alle anderen psychopolitische ausdrücke verwenden. Wenn Schweinsberg-Reichart darauf hinweist, daß die wörter "ohne Zwang von außen ... nicht 'an ihrer Quelle'" blieben (1966,46), dann zeigt das in aller deutlichkeit, daß 'richtige' benennungen mit zwang durchgesetzt werden. Das führte zur frage, wer über die definitionsmacht verfügte bzw. verfügt,

---

unterscheidung von denotation und konnotation gleichsetzen, wie es Schweinsberg-Reichart tut (vgl. VI,13; vgl. o.j. lehrbrief 1,8, lehrbrief 2,14f).

eine bezeichnung als informativ auszuzeichnen, womit alle anderen wortverwendungen als abweichungen von der akzeptierten norm(albedeutung) erscheinen. Diese frage stellt sich Schweinsberg-Reichart allerdings nicht.

Da es nicht nur bei der begriffsbildung, sondern auch beim urteilen, dem "Kernstück im Denkprozeß" (VI,32), zu denkfehlern kommen kann, gibt Schweinsberg-Reichart in ihrer broschüre eine kurze einführung in die logische schlußlehre. Sie vertraut für die beweisführung weniger auf die klassische logik, die ihr zu starr und formalistisch erscheint, als auf Toulmins[106] argumentationsmodell. Nach Schweinsberg-Reicharts einschätzung bietet dieses modell für die argumentationspraxis eine gute hilfe, "da es in der Linie seiner *Beweisführung* praxisnahe und *überzeugend*" sei (VI,41). Schweinsberg-Reichart erwähnt Toulmins argumentationsmodell allerdings nur in ihrer broschüre 'klar denken - folgerichtig argumentieren' (VI), die nicht im buchhandel erhältlich war. Bezüglich der freien rede (vgl. 1978a und IV) vertraut sie immer noch auf Hellmut Geißners 'fünfsätze' und Richard Wittsacks 'rahmenschema', und ihrem buch zur versammlungspraxis (1968) fehlen aussagen zur argumentation gänzlich. Während Schweinsberg-Reichart in Toulmins argumentationsmodell ein praxisnahes hilfsmittel sieht, kritisiert Geißner, daß diesem modell die 'dialogische einbettung' fehle, und hält seinen 'fünfsatz' für variabler (vgl. Geißner 1982a,130f).

In Schweinsberg-Reicharts beispielen zeigt sich nicht nur, daß sich ihr modell von Toulmins original unterscheidet, sondern auch, daß ihr übergang vom erwiesenen zur behauptung nicht ohne probleme ist. So geht Schweinsberg-Reichart von der tatsache aus, daß es gegenwärtig über eine million arbeitslose gäbe (erwiesenes) und daß das wirtschaftswachstum stagniere (begründung). Daraus folgert sie, daß deshalb die abhilfe in einer gleichmäßigeren verteilung der arbeit durch arbeitszeitverkürzung läge (vgl. VI,40). Aus der tatsache, *daß* es arbeitslose gibt, folgt keineswegs zwangsläufig, daß dagegen etwas unternommen werden müsse, es sei denn, es wäre als akzeptierte bedingung (die in Schweinsberg-Reicharts schluß fehlt!) vorausgesetzt, *daß* arbeitslosigkeit abgebaut werden müsse. Auch beim autoritätsbeweis, der ihrer einschätzung nach immer wichtiger wird, je mehr wir uns auf die erfahrungen und urteile anderer verlassen müßten, folgert Schweinsberg-Reichart kurzschlüssig. Sie weist in ihrem beispiel gerade nicht die glaubwürdigkeit "dieser Quelle nach" (VI,44), sondern setzt sie für ihre folgerung voraus. Aus der tatsache, daß im DGB-grundsatzprogramm von 1963 die qualifizierte mitbestimmung als grundlage einer freiheitlichen gesellschaftsordnung hervorgehoben werde, folgert Schweinsberg-Reichart: "DESHALB ist d. qualifizierte Mitbestimmung eine der Grundlagen einer freiheitl. u. sozialen Gesellschaftsordnung" (VI,44). Folgern könnte sie bei ihrem modell nur, daß die aussage aus dem geltenden grundsatzprogramm nach wie vor die ansicht der

---

106 Für eine darstellung dieses argumentationsschemas siehe beispielsweise Varwig (1982). Dort regt Varwig an, Geißners baupläne der 'fünfsätze' zu nutzen, um die - mithilfe von Toulmins schema erschlossenen - argumentationsfaktoren und -typen redepädagogisch zu vermitteln (vgl. Varwig 1982,138ff). Ob das überhaupt möglich ist, ist eine offene frage. Erstens bleiben bei Varwigs rollenanalyse der argumentationstypen bezeichnende lücken, wenn er sie auf die 'fünfsätze' anwendet. Zweitens sollen Geißners 'fünfsätze' den hörern einen 'zwecksatz' nahebringen, während Toulmins schema den geltungsanspruch einer behauptung sichern soll.

gewerkschaft zur mitbestimmungsfrage wiedergibt, sofern kein neues programm verabschiedet wurde. Selbst wenn vorausgesetzt wird, daß aus einer glaubwürdigen quelle zitiert wird, bedeutet das noch nicht, daß aus einer aussage eine *wahre* aussage wird, in der form, daß die behauptung aus der quelle in der "als begründet erwiesenen Form" wiederholt werde (VI,44). Abgesehen davon schwankt Schweinsberg-Reichart in ihrem beispiel zwischen der politischen zielsetzung des programms und aussagen über die gesellschaftliche wirklichkeit.

Schweinsberg-Reichart unterscheidet zwischen informationsfragen und meinungsfragen, um einzugrenzen, worüber überhaupt diskutiert werden könne. Ihrer meinung nach sollte über *informationsfragen* nicht gestritten werden, weil es für die antwort auf diese fragen quellen gäbe, in denen nachgeschlagen werden könne. Aus Schweinsberg-Reicharts sicht ist es sinnlos, darüber zu streiten, wie sich die zahl der arbeitslosen im vergleich zum gleichen monat des vorjahres verhält, weil es darüber statistiken gibt. Sie sieht darin nur eine wissensfrage, weshalb ihr der streit um diese frage als ein stück geltungsstreben erscheint. Entscheidend sei nicht, wer recht habe, sondern was richtig sei (vgl. VI,8). Sofern arbeitslosigkeit mit der in der statistik erfaßten zahl gleichgesetzt wird, reduziert sich alles auf die frage 'gewußt wo'. Schweinsberg-Reichart übersieht aber, daß die frage nach den arbeitslosen nicht in gleicher weise mit dem blick in die statistik beantwortet werden kann, wie die frage danach, wie kalt es ist, mit dem blick auf das thermometer. Wo sie lediglich geltungsstreben sieht, entscheidet sich in wirklichkeit, wer es schafft, die höhe der arbeitslosenzahl zu definieren. *Meinungsfragen* ließen sich im gegensatz zu informationsfragen nicht einfach durch nachschauen oder nachschlagen beantworten, weshalb viele diskussionen nach dem schema abliefen:

> "Ich weiß zwar nicht, um was es sich handelt, aber ich bin dagegen! - Die Auseinandersetzungen um Kernkraftwerke, Koop-Schule u.ä. Probleme zeigen, daß überwiegend *emotional* diskutiert wird, d.h. daß man nur Gefühle äußert bzw. gefühlsmäßig urteilt: wenn man überhaupt noch diskutiert, sondern lieber demonstriert und seine 'Meinung' als Plakatparole vor sich herträgt, anstatt andere zu überzeugen." (VI,8)

In Schweinsberg-Reicharts idee von redefreiheit scheint nicht vorgesehen zu sein, daß meinungsfreiheit nicht nur gebraucht werden kann, indem mit anderen diskutiert wird. Die gegenüberstellung von diskussion und demonstration deutet auf ein eingeschränktes demokratieverständnis, denn sie scheint nur artikel 5, nicht aber artikel 8 GG im blick zu haben. Abgesehen davon, kann sich hinter einer parole sehr wohl eine eigene meinung und viel wissen befinden, häufig auch das wissen, daß auf argumentativ vorgetragene bedenken nicht gehört wurde.

5.2.3 Mündlichkeit

Für Schweinsberg-Reichart gehört die ausbildung in rhetorischer kommunikation zur politischen bildung. Ihr gilt "Rhetorik ... als Inhalt und Ziel politischer Bildung", womit ausgeschlossen sein müsse, daß alleine "persönliche wie politische Machtausübung" ziele sein könnten, zu denen rhetorikausbildung verhelfe (1978a,17f). Wenn der mündige bürger das bildungsziel sei, dann könne nicht eine rhetorik politische bildung vermitteln, für die persönlicher erfolg und machtausübung das ziel sei. Vielmehr sei dafür eine rhetorik im demokratischen sinne nötig (vgl. 1978a,18f).

Freie rede sollte nicht nur ziel der rhetorikausbildung, sondern auch das ziel der politischen bildungsarbeit sein, meinte Schweinsberg-Reichart bereits anfang der sechziger jahre. Vorträge über zeitgeschichte und demokratische staatsform nutzen ihrer meinung nach wenig, wenn es keine demokraten gibt, die ihre rechte ausüben können. Für sie ist demokratie "nur mit dem 'mündigen' Staatsbürger möglich, der verantwortlich ist, der *meint, was er sagt*, aber auch *sagen kann, was er meint.*" (1963,19; vgl. 1966,30) In dem so beschriebenen mündigen bürger, der ein dialogischer mensch sein sollte, sieht Schweinsberg-Reichart das ziel ihrer pädagogischen bemühungen. Wir hätten zwar eine demokratische staatsform, seien aber nicht darin geübt, mit ihr umzugehen. Als "Wesensmerkmal" der demokratie sieht Schweinsberg-Reichart den dialog, denn 'government by discussion' bedeute 'regieren durch diskutieren' (1966,34). Am demokratischen meinungs- und willensbildungsprozeß sollten sich alle beteiligen, weil allen grundgesetzlich das recht auf freie meinungsäußerung zugestanden werde. Aus Schweinsberg-Reicharts sicht gehört argumentieren "vor allem zur politischen Rede im 'demokratischen' Sinne, welche die Hörer als mündig und kritisch mitdenkend begreift" (1978a,93). Für Schweinsberg-Reichart folgt aus der annahme, sprache solle ein mittel der geistigen auseinandersetzung sein und nicht der vernichtung des gegners dienen, daß "Argumentieren ... demnach nur [!] ... in einer *demokratischen* Gesellschaft und aufgrund demokratischen Sozialverhaltens eines jeden einzelnen [möglich sei]" (VI,5). Wenn argumentieren tatsächlich nur in einer demokratischen gesellschaft möglich sein sollte, dann folgerte daraus, daß in allen anderen gesellschaftsformen nicht argumentiert wurde bzw. wird. Es folgerte aber auch, daß auf argumentieren verzichtet werden kann, wenn sich eine gesellschaft als nicht-demokratisch erweist. Dann müßte zunächst gehandelt werden, um demokratie herbeizuführen.

Auch in einer demokratischen gesellschaft herrsche nicht eitel harmonie, aber entscheidend sei, so Schweinsberg-Reichart, wie die konflikte ausgetragen werden. Verlangt werde eine gewisse offenheit der kommunikationspartner. Argumentieren setze "ein grundsätzliches Einverständnis über das gemeinsame Ziel" voraus "und den Willen, über Strittiges eine Vereinbarung zu finden", denn "(a)rgumentatives Verhalten [sei] ... kooperativ in der Absicht, im Dissens einen Konsens herzustellen, eine Übereinstimmung in der Meinungsvielfalt, die gemeinsames Handeln ermöglich[e]." (VI,6) Vorausgesetzt wird sowohl, daß es sinnvoll ist, einen konsens zu finden, als auch, daß gemeinsames handeln gefordert ist. So schränkt Schweinsberg-Reichart am ende selber ein, daß argumentation keineswegs alle konflikte aus der welt schaffen könnte, denn es gäbe durchaus situationen, die mit verhandlungsbereitschaft alleine nicht zu bewältigen seien. "Dann sprechen 'Taten', dann sind Kampfkraft, - wille und -bereitschaft sowie die nötigen Mittel dazu das beste Argument." (VI,49) Welche mittel Schweinsberg-Reichart als 'tatkräftige argumente' zuläßt, bleibt offen, aber auch, woran zu erkennen ist, daß in einer situation anderes als argumentation gefragt ist, denn sie fährt fort: "Wer aber bestimmt die Situationen und wer setzt die

Grenzen fest?" (VI,49) Diskussion und argumentation müßten wieder von vorne beginnen! Die konfliktsituation bliebe ungelöst, die machtverteilung unverändert.

Bei der doppelten bedeutung des ausdrucks 'freie rede' besteht nach Schweinsberg-Reicharts meinung "ein nicht zufälliger *ursächlicher Zusammenhang*" (1966,35; hervorhebung K.R.). Wird der gedanke des ursächlichen zusammenhangs ernst genommen, so stellt sich die frage, was ursache und was wirkung ist. Wenn Schweinsberg-Reichart die rhetorik aus dem geiste der demokratie geboren sieht und darauf verweist, rhetorik sei ohne die griechische polisverfassung und die römische res publica undenkbar gewesen bzw. mit dem verlust der politischen freiheit sei auch die freie rede verlorengangen (vgl. 1978a,13ff; 1966,31), dann bedeutete dies, daß politische freiheit *voraussetzung* für die freie rede war. Aus keinem ihrer historischen beispielen geht hervor, daß *mittels* freier rede die politische freiheit erreicht wurde. "Die Tatsache, *daß*" rhetorik im deutschen bildungssystem "unterdrückt wurde, beweist" für Schweinsberg-Reichart, "daß die 'Obrigkeit' *das Wort als Mittel geistiger und damit auch politischer Emanzipation* richtig einschätzte und deshalb dem Volke vorenthielt" (1978b,195; hervorhebung K.R.). Aufgrund dieser einschätzung ist es naheliegend, daß Schweinsberg-Reichart im wort das geeignete mittel zur emanzipation sieht und meint, die erziehung zur freien rede sei gleichzeitig auch erziehung zur mündigkeit.

Schweinsberg-Reicharts sprecherzieherische bemühungen werden geleitet von dem pädagogischen grundsatz "Erziehung zur *Mündigkeit* durch *Mündlichkeit*" (1966,53; vgl. aus neuerer zeit Herrmann 1991,13). Die schrift zum zehnjährigen bestehen des Instituts für Sprechwirksamkeit erschien unter dem titel 'durch mündlichkeit zur mündigkeit' (vgl. DGB 1966). Raimund Hethey schließt daraus, daß "diese Sentenz" für die gewerkschaftliche bildungsarbeit "programmatischen Charakter" habe, und wendet ein, daß erlernte mündlichkeit "nicht automatisch zu einer Mündigkeit" führe (Hethey 1988,140). Als beweis dafür, daß aus mündlichkeit nicht automatisch mündigkeit und demokratisches verhalten folgten, verweist Hethey auf die entwicklungen im Deutschland des zwanzigsten jahrhunderts. Hellmut Geißner sieht die forderung, die einstellung der gesellschaft zur rede zu wandeln, gelegentlich auf den eben zitierten pädagogischen imperativ 'mündigkeit durch mündlichkeit' verkürzt (vgl. Geißner 1975a,16). Ebenso wie für Schweinsberg-Reichart sind auch für Geißner redefreiheit und freie rede aufeinander verwiesen. Beide versuchen, die bürger zur wahrnehmung ihres grundrechts der meinungsfreiheit zu befähigen (vgl. auch den titel der festschrift für Ilse Schweinsberg-Reichart 'ermunterung zur freiheit' = Geißner 1989), um so der demokratie zu dienen. Geißner, auf den sich Schweinsberg-Reichart teilweise stützt, versucht aber stärker als sie, sozialwissenschaftliche ergebnisse für seinen ansatz zu nutzen. Außerdem will Geißner mit seiner redepädagogik nicht nur mündigkeit, sondern kritische mündigkeit erreichen.

5.3 Hellmut Geißner - mit fünfsätzen zur mündigkeit[107]

5.3.0 Vorbemerkung

Hellmut Geißner[108] ist wahrscheinlich der bekannteste und einflußreichste deutsche sprechwissenschaftler unserer zeit. Edith Slembek schätzt, daß es der Geißnerschen "intensiven und breit angelegten Arbeit" zu verdanken sei, daß sich die "Sprech'kunde' zur Sprech'wissenschaft' weiterentwickelt [habe]", und vor allem sein konzept der 'rhetorischen kommunikation' habe "eine weite Verbreitung über die Grenzen der Bundesrepublik hinaus gefunden." (Slembek 1986b,11) Bis in die USA hinein wird Geißners sprechwissenschaft als 'an emerging critical rhetoric' propagiert. "What emerges from Geissner's work, laudable for both its scope and its quantity, is a humane, emancipatory rhetoric." (McGuire/Slembek 1987,356) Eine genauere analyse wird zeigen, daß in Geißners rhetoriktheorie zentrale begriffe ungeklärt sind und daß sie ihrem kritischen anspruch nicht gerecht wird.

In seinen zahlreichen veröffentlichungen (vgl. die veröffentlichungsliste in Slembek 1986a,351 - 360) beschäftigt Geißner sich vorrangig mit grundlagen der mündlichen kommunikation sowie den problemen der rhetorischen kommunikation: "Geissner has addressed various forms and fields of oral communication, including the therapeutic, the phatic, the aesthetic, and the rhetorical. The last is Geissner's speciality" (McGuire/Slembek 1987,354). Geißners schriften sind durch zahlreiche querverweise untereinander verbunden. Frühere formulierungen werden aufgenommen und zustimmend referiert, ergänzt oder teilweise verbessert. Formulierungen in veröffentlichungen der achtziger jahre verweisen zurück auf ausführungen früherer jahre, die einzelne aspekte ausführlicher behandelten. Trotz der vielzahl der veröffentlichungen lassen sich einige grundannahmen herauskristallisieren, die immer wiederholt werden. Durch zusammenfassen verschiedener textstellen zu demselben problem ergibt sich ein vollständigeres bild, als wenn nur auf die neuesten veröffentlichungen bezug genommen würde. In den ausführungen eines gedankens finden sich neben identischen formulierungen, die meist als zitat äußerungen aus früheren veröffentlichungen wiederholen, auch erläuterungen und beispiele, die zur weiteren klärung des gedankenganges beitragen können.

Es geht nachfolgend nicht darum, die Geißnersche konzeption umfassend darzustellen und seine auseinandersetzung mit anderen[109] sprachwissenschaftlichen konzeptionen zu untersuchen, sondern um die überlegungen, die direkt relevant

107 In kapitel 5.3 werden arbeiten von Hellmut Geißner lediglich durch die angabe des erscheinungsjahres nachgewiesen.

108 Er studierte sprecherziehung bei Walter Wittsack [ihm widmete er zwei seiner aufsätze: 1960,194 und 1987,340], lehrte ab 1956 in Saarbrücken [sein nachfolger dort ist Norbert Gutenberg], bevor er ende der siebziger jahre nach Landau wechselte. Hellmut Geißner war lange zeit vorstandsmitglied der DGSS [Deutsche Gesellschaft für Sprechwissenschaft und Sprecherziehung] (vgl. Slembek 1986b; 1975a,216).

109 Das gilt für Geißners auseinandersetzung mit der sprechakttheorie (vgl. 1981a,96ff; 1982b,244ff) ebenso wie für seine kritik an der universalpragmatischen sprachtheorie von Jürgen Habermas (vgl. 1981a,95ff; 1975a,206ff).

sind für rhetorische kommunikation. Der umfang dieses kapitels läßt sich durch zwei tatsachen rechtfertigen:

1. Geißners konzeption hat einen erheblichen einfluß auf die auffassungen anderer sprecherzieher/innen;
2. sein 'fünfsatz' (vgl. unten 5.3.3.4) hat als argumentationsmethode schule gemacht.

Geißners auffassung von rhetorischer kommunikation wird nur vor dem hintergrund seiner kommunikationstheorie verständlich, denn Geißner wählte den terminus 'rhetorische kommunikation', "um den Zusammenhang des 'Rhetorischen' mit der Theorie der mündlichen Kommunikation zu bezeichnen, vor allem aber um einen Oberbegriff zu haben, der die Prozesse des 'Sprechens *mit* anderen', also *Gespräche*, und des 'Sprechens *zu* anderen', also *Reden*, umgreift." (1981a,153)

5.3.1 Kommunikation

5.3.1.1 Sinnkonstitution

Geißner sieht seine auffassung von kommunikation in einer tradition, die vom gespräch ausgeht und die bis ins altertum zurückreicht. Gespräch und miteinandersprechen verweisen darauf, daß es ihm um mündliche kommunikation geht, die "*prinzipiell*" (1982a,74; vgl. 1982b,231; 1981a,117) unterschieden sei von schriftlicher kommunikation. Seine ausführungen zur (rhetorischen) kommunikation beziehen sich deshalb nur auf mündliche äußerungen. Beim lateinischen ausdruck wird nach Geißners meinung noch deutlich, worum es bei der kommunikation[110] geht.

> "Die *Bedeutung von Kommunikation* ... als dem Prozeß des Miteinanderteilens, als dem Prozeß des etwas gemeinsam machens, etwas zur gemeinsamen Sache machens, bzw. etwas gemeinsam zur Sache zu machen, ist keine willkürliche Setzung, sondern eine Reformulierung der Wortbedeutung von *communicare*: 'etwas gemeinschaftlich machen, etwas mit jemandem teilen'." (1981a,48; vgl. auch den aufsatz 'communicare est participare' = 1988)

Geißner fragt sich, ob seine ansicht von kommunikation nur seine erfindung sei. Abgesehen von kritik an technischen kommunikationsmodellen findet er "auch einige Ansätze, die die von mir [= Hellmut Geißner] (im Lauf der letzten Jahre) entwickelte [!] Ansicht stützen" (1981a,49). Wenn Geißner dann auf Humboldt und Behaghel verweist, zeigt das eher, in welcher sprachwissenschaftlichen tradition Geißner steht, als daß diese autoren die von ihm *entwickelte* ansicht stützen. Umgekehrt wird ein schuh daraus, denn Geißner knüpfte an diese sprachwissenschaftlichen ansätze an. Aus seiner ablehnung technischer kommunikationsmodelle[111] macht Geißner keinen hehl, weil für ihn weder das in der nachrichtentechnik entwickelte transportmodell noch das verhaltensmodell ein modell

---

110 Bei seiner 'reformulierung' der wortbedeutung von 'communicare' hat sich Geißner von der christlichen gemeinschaftshandlung 'kommunion' leiten lassen (vgl. 1981a,48).

111 In seinem nach wie vor aufgelegten buch 'Rhetorik und politische Bildung' (1975a = 1986) vertritt Geißner allerdings selber ein kommunikationsmodell, bei dem 'zeichen getauscht werden' bzw. der redner verschlüsselt, während der hörer entschlüsselt (vgl. 1975a,94f bzw. 135).

menschlicher kommunikation darstellen (vgl. Geißner 1981a,14ff). Auch abwandlungen dieser grundmodelle können seiner meinung nach das spezifische der menschlichen kommunikation nicht erfasssen, solange sie von einem verhaltens- und nicht von einem handlungsmodell ausgehen.

Im miteinandersprechen, ein ausdruck, der den "formalen Verlauf und zugleich die Prozeßhaftigkeit von 'Gespräch'" als dem "Prototyp kommunikativen Handelns" bestimmt (1981a,37 bzw. 40f), werde abhängig von verschiedenen faktoren "Sinn aktualisiert" (1981a,13) bzw. - wie er in seiner definitionsformel schreibt - 'konstituiert'. Diese formel nennt die "Faktoren der Sinnkonstitution im Miteinandersprechen". Sie lautet:

"(Miteinander-)*Sprechen ist die kommunikative Reziprokhandlung, die*
- *situativ gesteuert,*
- *persongebunden,*
- *sprachbezogen,*
- *formbestimmt,*
- *leibhaft vollzogen*

Sinn konstituiert und Handlungen auslöst." (1981a,61)

Den ausgangspunkt der fünfgliedrigen sinnkonstitutionsformel bildete Drachs erkenntnis, daß sprechen von der sprechsituation abhängt. Drach verstand darunter die gesamtheit der faktoren, die den sprecher veranlassen, gerade diese worte zu wählen (vgl. Drach 1922,88). Während Drach zu erklären versuchte, warum ein sprecher eine bestimmte formulierung wählt (vgl. das beispiel in Drach 1926a,15ff), versucht Geißner zu beschreiben, wie von sprecher und hörer 'sinn' 'gemeinsam gemacht wird' (vgl. 1981a, insbesondere 128 - 131). Geißner faßt deshalb 'kommunikationssituation' als oberbegriff gegenüber 'sprech- und hörsituation' auf (vgl. 1981a,74).

In den sechziger jahren war Geißner insbesondere besorgt, sprechen nicht als leistung eines isolierten, in allen situationen mit sich selbst identischen sprechers aufzufassen. Unter bezug auf Ralf Dahrendorfs rollentheorie (vgl. 1960; Dahrendorf 1974) faßte er den sprecher als rollenträger auf und differenzierte so das verständnis des sprechers in der sprechsituation: "Sprechsituationen, die das Miteinandersprechen [biete, seien] ... geschichtliche Situationen, die von bestimmten Rollen geprägt" seien (1963,8). Geißner griff auch Christian Winklers terminologie auf, der ebenfalls Drachs gedanken zur sprechsituation weiterentwickeln wollte (vgl. Winkler 1969,95f; vgl. oben 4.3.2). Im zusammenhang mit Geißners handlungstheoretischer weiterentwicklung (vgl. insbesondere 1980a,29 -33; ähnlich 1981a,61-64) haben die ausdrücke eine andere bedeutung erhalten. Bei Geißner wird aus einer 'handlungslage' durch den mitteilungswillen eine 'redelage' (vgl. 1980a,30; 1982b,238; 1969a,32; 1969d,13), während Winkler mit 'redelage' den zustand zu erfassen suchte, der im gespräch durch die 'vorrede' geschaffen wurde und der die ausspruchsplanung des sprechers beeinflusse (vgl. Winkler 1969,95; vgl. oben 4.3.2).

'Lage' und 'situation' sind zwei ausdrücke, mit denen Geißner die objektiven und subjektiven aspekte des zusammentreffens von sprecher und hörer erfassen will: "Wie immer die begrifflichen Unterschiede auch in Worte gefaßt sein mögen, feststeht, daß wenigstens zwei Bereiche zu unterscheiden sind: auf der einen

Seite die *Lage*, bzw. äußere oder objektive Situation, auf der anderen die *Situation*, bzw. innere oder subjektive Situation." (1981a,66; vgl. 1982a,27) Was hier definitorisch in *lage* und *situation* getrennt werden soll, wird dann in der formel der sinnkonstitution wieder vereint. Situation umfaßt dort und im modell der sprechsituation (vgl. 1975a,111 ebenfalls 1979a,13; 1981a,73; 1982a,38) objektives und subjektives. Ganz ausdrücklich schreibt Geißner das selber, wenn er darauf hinweist, daß sprecher und hörer ihre situation zur gemeinsamen machen: "Wenn nun eine konkrete Sprechsituation aus *Handlungslage und Redelage, aus objektiven und subjektiven Situationsfaktoren* besteht, so ist sie nicht einfachhin zu 'definieren', weil sie nichts einfach Vorfindliches ist" (1980a,30, hervorhebung K.R.). Diese terminologische ungenauigkeit läßt nicht immer deutlich werden, ob situation nur subjektives oder gleichermaßen auch objektives bedeuten soll (wenn diese trennung erkenntnismäßig sinnvoll sein soll).

Geißner wollte mit seinem modell der sprechsituation das Bühlersche 'Organonmodell' komplettieren (vgl. 1981a,72; Bühler 1934,28). Bei der formulierung seiner fragen (vgl. 1975a,111; 1981a,73) dürfte ihm Drachs fragenkatalog zur sprechsituation anregungen gegeben haben:

> "Alles wirkliche Sprechen des Alltags geht von einer realen ... Sprechsituation aus. ... Immer wieder heißen die Grundfragen: *Wer spricht? Wo und zu Wem spricht er? Worauf zielt dies Sprechen? Was spricht er in diesem Kreis?* Aus diesen Vorfragen beantwortet sich die große letzte: *Wie spricht er?*" (Drach 1930,47)

Bei den objektiven situationsfaktoren, die beschreibbar seien, handele es sich "um im gesellschaftlichen Prozeß herausgebildete Konstellationen. Sie bilde[te]n relativ invariante *Schemata oder Muster*." (1981a,66f) Wenn verschiedene personen zusammen seien, hieße das noch nicht automatisch, daß sie sich im gleichen weltausschnitt befänden, denn "trotz der Gemeinsamkeit von Ort und Zeitpunkt ... [gäbe] es in diesem Handlungsfeld für unterschiedliche Personen und Gruppen verschiedene Handlungslagen ... Zur Bestimmung der Handlungslage ... gehör[t]en folglich ... auch Sozialstrukturen." (1981a,61f; vgl. 1980a,30) Durch den mitteilungswillen werde aus einer handlungslage eine redelage. Diese ist aber nun trotz des ausdrucks 'lage' etwas subjektives, denn zur "Bestimmung der Rede*lage*, der sog. 'inneren' oder 'subjektiven' Situation, gehör[e] also nicht nur die Präsupposition der Subjekte als Sprecher/Hörer, sondern ... ihre jeweilige Befindlichkeit, Gefühls*lage*, Motivations*lage*, Interessen*lage*, Intentionalität." (1981a,62, hervorhebung K.R.) Weil es sich um im stärkeren maße variable faktoren handele, sind sie nach meinung Geißners "nicht zu 'beobachten, sondern ausschließlich zu 'verstehen'" (1981a,62).

Es kommt eine kategorial andere ebene ins spiel: das bewußtsein. Damit wird verständlich, wieso "die Gemeinsamkeit der äußeren Situation", also raum und zeit, "nichts über die Gemeinsamkeit der inneren Situation" (1980a,30) aussagt. Das bindeglied zwischen objektiver und subjektiver seite der situation übernimmt bei Geißner die kategorie 'soziale rolle', die "objektive und subjektive Situationsfaktoren [vermittelt]" (1981a,71; vgl. 1987,340). Die sinnkonstitutionsfaktoren 'situation' und 'rolle' sind nicht voneinander zu trennen und bedingen sich gegenseitig, weil ego und alter in einer sprechsituation "nicht einfach 'ichhaft', sondern 'rollenhaft'" (1981a, 90) kommunizieren. Eine person existiert bei Geißner also nur als rollenwesen! Deshalb müßte es in der sinnkonstitutionsformel korrekterweise statt 'persongebunden' heißen 'rollengebunden'. Unterstrichen wird das durch Geißners formulierung: "*Es gibt kein rollenloses Sprechen*" (1981a,90), mit der er den abschnitt zu den personalen faktoren beendet und per zitat die verbindung zu seiner frühen arbeit (1960,202) herstellt und den eindruck erweckt, er habe sich bereits damals um rollendistanz (vgl. 1975b,68; 1981a,90; 1982a,49) bemüht.

Wenn sprecher und hörer unter erfragbaren (wann und wo ?) und damit beschreibbaren (zeit und ort) bedingungen, die "relativ unveränderlich (invariant)" (1979a,12) seien, zusammenträfen, müßten sie ihre inneren situationen angleichen, um kommunizieren zu können. Damit sprecher und hörer neben zeit und raum auch freud und leid teilen können, müssen sie leibhaft präsent sein, schließlich wird "*Sprechen ... immer leibhaft vollzogen.*" (1982a,75; vgl. bereits 1963,9) Vom "Standpunkt situierter Äußerungen aus ist der leibhaft vollzogene Sprechausdruck fundamental sinnkonstitutiv" (1981a,120), denn "im WIE der mündlichen Äußerung [werde] unmittelbar [!] hörbar, wie es der Sprecher mit dem Hörer mein[e], als wer [!] er sich in den Prozeß einbring[e] (einzubringen versuch[e])" (1982a,40; vgl. 1981a,126; 1982b,246). Es liest sich so, als könne der sprecher frei entscheiden, als wen er sich in die kommunikation einbringe. An anderer stelle hatte Geißner geschrieben, mit der äußerung werde "eine zwischen Sprecher und Hörer bereits bestehende [!] soziale und situative Verbindung aufgrund einer zwischen ihnen bestehenden Befindlichkeit so geäußert, daß gemeinsam Sinn entstehen, im wechselseitigen Verstehen gesichert und Folgehandeln ermöglicht werden" könne (1981a,97). An dieser äußerung Geißners wird deutlich, daß die miteinandersprechenden, schon bevor sie ins gespräch kamen, eine 'soziale und situative' bindung hatten. Bereits 1963 formulierte Geißner diesen gedanken ähnlich, als er schrieb, daß "in der Sprechweise ... etwas von der sozialen Wirklichkeit laut [werde]" und daß der sprecher "im Gesamtklang seines Ausspruchs auch die Art, wie er es mit dem Angesprochenen mein[e]", deutlich mache (1963,4 bzw. 3).

An die stelle einer homogenen sprachgemeinschaft sind bei Geißner unter dem einfluß soziolinguistischer forschungen verschiedene sprachvarietäten getreten, die im prinzip durch den 'sprechausdruck' (vgl. 1975a,102ff; 1982a,75-86) genauso gedeutet werden wie früher *die* sprache. Sprache deute welt und sprechen deute sprache, hatte Geißner ausgeführt (vgl. 1968,262; 1963,4). Im zusammenhang mit dem textsprechen verweist Geißner heute darauf, daß texte nicht einfach aus der 'langue' gemacht seien. Vielmehr aus einer ihrer varietäten, worin sich die "gegenwärtige gesellschaftliche Formation wiederspiegel[e] [sic]" (1982a,162). Ob sinn entstehe, hinge neben sprechdenken und hörverstehen davon ab, ob es den gesprächspartnern gelänge, ihre situationen zu einer gemeinsamen zu machen. Und das sei "keine Frage des 'guten Willens' oder individueller 'Strategien', sondern Folge psycho- und soziostruktureller Entwicklungsmöglichkeiten." (1982a,163)

Jedem sprecher seien durch seine 'kommunikationsbiografie' (vgl. 1981a,92, 193; 1982a,20, 40) unterschiedliche ausdrucks- und verstehensmöglichkeiten gegeben. In seiner kommunikationsgeschichte erwerbe der sprecher/hörer neben ausdrucks- auch verstehensmöglichkeiten, die von gesellschaftlichen mustern abhingen und das individuum bei seinen (sprech)handlungen entlasten sollen. Da es Geißner möglich scheint, "*Musterhaftigkeit und Formhaftigkeit als Synonyme* zu verwenden" (1982a,68), beschreibt er unter der überschrift der formativen faktoren die musterhaftigkeit von situationen, rollen und sprache. Diese muster entlasteten einerseits, lieferten das subjekt aber andererseits der sozialen kontrolle aus. "In beiden Hinsichten spiel[t]en die '*Sprachmuster*' eine bedeutsame Rolle", denn die in den verschiedenen "Sprechgemeinschaften gültigen Varietätengrammatiken ... [seien] abstrakte Schemata, Ergebnis gesellschaftlichen Handelns und die Bedingung der Möglichkeit von bestimmten Prozessen gesellschaftlichen Handelns." (1981a, 109f) Welcher sprechgemeinschaft jemand angehöre, bestimme dabei, welche sprech- und handlungsmöglichkeiten er habe (vgl. 1981b,39; 1981a,102f). Sprache ist also für Geißner nicht nur eine abstraktion, die ein sprachwissenschaftler aus dem sprechen gewonnen hat. Geißner meint vielmehr, weder die 'defizithypothese' noch die 'differenzhypothese' könnten "darüber hinweghelfen, daß es objektive Deprivation auch im Bereich unserer Gesellschaft, folglich [!] auch unserer langue [!] gibt, die [!] es verhindert, daß Viele ... 'mündig' werden." (1981a,103) Wenn die bedingung für die mündigkeit in die 'langue' gelegt werden, kann Geißner darauf hoffen, durch eine änderung des miteinandersprechens (parole) auf die 'langue' einzuwirken und so die möglichkeit zur mündigkeit zu schaffen.

Geißner meint, der "Besonderheit von Sprechrollen" ließe sich "mit dem Begriff 'Muster'" näherkommen, denn "Muster ... [seien] im Vergleich mit Normen nicht in gleicher Weise präskriptiv." (1987,342) In diesem sinne betont Geißner, daß "die Prägungen im Vollzug durch die Vollziehenden modifiziert werden" könnten (1981a,108). Dazu sei es aber erforderlich, daß der sprecher die prägungen als solche erkenne und alternative möglichkeiten sehe. In dieser veränderbarkeit der sprechrollen sieht Geißner sein konzept der sprecherziehung legitimiert. Bei dieser konzeption kommt der ausbildung in rhetorischer kommunikation eine ganz besondere bedeutung zu, denn Geißners ziel ist "der *gesprächsfähige* Bürger", da demokratie nicht nur in den parlamenten sein dürfe, sondern "überall sein" müsse (1975b,73).

5.3.1.2 Handlungen

Sinn ist ein "Zentralbegriff" (1979b,77), der Geißners arbeiten zur sprechwissenschaft von anfang an durchzieht. Im situativen zusammenwirken von was und wie des sprechens vollziehe sich mündliche kommunikation in den drei aufeinander bezogenen schritten[112] "*Sinnerzeugen - Sinnvermitteln - Sinnverstehen*" (1975a,109). Nimmt man diese schrittfolge wörtlich, denn Geißner faßt sie als eine "Folge von drei aufeinanderfolgenden Schritten" (1979a,12) auf, dann wird der sinn vom sprecher produziert, dem hörer vermittelt und von diesem aufgenom-

112 Geißners terminologie ist bezüglich des ersten schritts schwankend und umfaßt auch "Sinnproduktion" (1963,10) und "Sinnkonstitution" (1979b,77; 1981a,128).

men. Besonders deutlich wird das in Geißners modell der rhetorischen kommunikation, bei dem der expedient seine botschaft verschlüsselt und der perzipient, der als passiv bzw. reaktiv aufgefaßt wird, diese botschaft wieder entschlüsselt (vgl. 1969c,79; 1975a,135). An dieser sinnvermittlung ändert sich nichts grundsätzliches, wenn diese schrittfolge zeitweise in anderer richtung verläuft, weil der hörer zum sprecher wird bzw. der sprecher zum hörer (vgl. 1981a,128).

Anfang der sechziger jahre, als Geißner noch nicht vom handeln redete, verstand er unter *sinn* die vom "Sprecher produzierte Beziehung zwischen Ausgedrücktem und Gemeintem", die neben den wortbedeutungen und satzbauplänen von der melodie abhinge (1963,10 vgl. 8). Mithilfe des sinnbegriffs wird es Geißner später möglich, die verbindungen zur handlungstheorie herzustellen, da in Max Webers handlungstheorie *sinn* das entscheidende merkmal, "ein Definiens" (1982b,241), des handelns ist. Geißner zitiert Webers definition (vgl. 1981a,27; in 1979a,12 und 1982b,240f allerdings ohne deutlich zu machen, daß er Webers klammerzusatz ausläßt!) oder verweist pauschal auf Weber (z.B. 1980a,34). Der handlungsbegriff bedeutet bei Geißner durchaus unterschiedliches und keineswegs immer das, was Max Weber darunter verstand. Nach Max Webers bekannter definition soll handeln "ein menschliches Verhalten (einerlei ob äußeres oder innerliches Tun, Unterlassen oder Dulden) heißen, wenn und insofern als der oder die Handelnden mit ihm einen subjektiven *Sinn* verbinden." (Max Weber 1972,1) Daß bei Geißner ein anderer handlungsbegriff gemeint ist, wird deutlich, wenn in seinem beispiel A auf dem campus nach einer phase des probehandelns zu einem handlungsentschluß kommt.

> "Das Probehandeln wird abgeschlossen von einem Handlungsentschluß (HE). Wenn das Probehandeln zu dem Ergebnis kommt, daß es ... ratsamer ist nicht zu handeln (nH), dann kollabiert gleichsam der Mitteilungswille, ... folglich gehen 'Aktionen', geht soziales Verhalten im Handlungsfeld weiter." (1980a,30; vgl. 1981a,62ff)

Diese beschreibung unterscheidet sich von der Weberschen auffassung, denn dort wird auch ein unterlassen als handeln aufgefaßt. Im Weberschen sinne ist es nach einem handlungsentschluß unmöglich, nicht zu handeln, da der handelnde einen sinn mit seinem unterlassen verbindet. An anderer stelle warnt Geißner davor, rhetorische kommunikation zu überschätzen, weil sie "wie alles Sprachgebundene nur Mittel zu sozialem Handeln [sei], aber *noch nicht das soziale Handeln selbst.*" (1975a,169, hervorhebung K.R.) Auch diese auffassung Geißners unterscheidet sich von der Max Webers, der dann von sozialem handeln spricht, wenn es auf das verhalten anderer bezogen wird "und daran in seinem Ablauf orientiert" ist (Max Weber 1972,1). Sprechen ist nach Max Webers auffassung soziales handeln, in der eben zitierten passage Geißners nicht.

Es scheint so, als verwende Geißner zwei unterschiedliche handlungsbegriffe: einmal bedeute handeln 'sinnhaben', zum anderen (vgl. 1969c,79; 1974,61; 1975a,198; 1981a,30; 1982b,255) ändern von sachverhalten durch "Prozesse des unmittelbaren Tuns" (1975a,23). Die kennzeichnung einer handlung als intentional ist mit beiden handlungsbegriffen vereinbar. Allerdings ist im sinne des ersten handlungsbegriffs sprechen auf jeden fall handeln (vgl. 1981a,54), im sinne des zweiten handlungsbegriffs besteht ein unterschied zwischen sprechen und handeln, und nur in bestimmten - meist institutionalisierten - fällen des sprachgebrauchs (verurteilen, verkaufen, taufen usw.) kann sprechen als handeln aufgefaßt werden.

Unter verweis darauf, daß handeln "das Ergebnis von willentlicher Entschlossenheit (Intentionalität)" (1981b,44) sei, folgert Geißner, daß handeln "'kritisiert' werden, bzw. daß der Handelnde seine Handlung 'rechtfertigen' oder 'verantworten'" könne (1981a,27). Es wird an dieser stelle nicht deutlich, wieso kritik oder rechtfertigung möglich sind, denn ein sinn wird nur kritisierbar vor einer gesellschaftlichen basis. Subjektiv mag jemand handlungen sinnvoll finden (z.b. sein gegenüber zu bestehlen), aber das heißt noch nicht, daß es gesellschaftlich legitimiert ist. Für die legitimation ist eine ethische grundlage nötig, die in der "Sozialität" (1981a,28) zu suchen ist. Woher diese gesellschaftlichen normen stammen, bleibt bei Geißner ungeklärt bzw. wird vorausgesetzt. Das wird deutlich bei seinem beispiel des brötchen*kaufens*. Geißner wertet den versuch negativ, wenn der hungernde sich "zu der nichtkommunikativen (a-)sozialen Handlung 'Mundraub'" entschlösse (1981b,46). Nur vor dem vorausgesetzten normativen modell des tauschs 'geld gegen ware' kann diese bewertung erfolgen, denn subjektiv ist es durchaus sinnvoll, zur befriedigung des eigenen bedürfnisses mundraub zu begehen. Es dürfte deutlich geworden sein, daß zur rechtfertigung und kritik subjektiven handelns eine gesellschaftliche instanz vorausgesetzt wird, die einer eigenen erklärung bedürfte. Solange nur das individuum mit seinen handlungsentschlüssen betrachtet wird, ist dieses problem nicht lösbar. Es klafft eine erklärungslücke, die durch die von Geißner konstatierte, aber nicht explizierte "gesellschaftliche Basis sozialen Handelns" (1981a,28) geschlossen werden muß.

Die unterscheidung zwischen 'verhalten' und 'handeln' bildet einerseits die grundlage, von der Geißner verhaltensmodelle der kommunikation (Morris und Watzlawick; vgl. 1981a,18ff) kritisiert. Andererseits dient der handlungsbegriff dazu, deutlich zu machen, daß sprechen als soziales handeln aufzufassen sei. Von der allgemeinen ansicht ausgehend, daß sprechen ein besonderer fall sozialer handlung sei (vgl. 1969d,13), entwickelt Geißner sein verständnis weiter zur einsicht: "Sprechen als Miteinandersprechen ist selbst soziales Handeln, aber die 'Handlung des Sprechens' ist bedingt von anderen sozialen Handlungen und bezogen auf die 'Handlung durch Sprechen'." (1981b,44; ähnlich 1981a,52) Mit anderen worten: auch ein gespräch "bleib[e] ... abhängig vom jeweils formationsbestimmten Zustand gesellschaftlicher Kooperation" und sei "*kein Selbstzweck, sondern der Zweck der Verständigungshandlung ... lieg[e] in einem Ziel, das die Verständigungshandlung selbst transzendier[e].*" (1981a,51) Kommunikation wird also nur stattfinden, wenn die beteiligten einen grund für die kontaktaufnahme haben und diese als sinnvoll einschätzen. Wenn also sprecher und hörer bereits vorher von einer "fundamentalen Sinnstruktur" (1981a,128) ausgehen können. Ganz deutlich wird das bei Geißners beispiel des brötchenkaufs im bäckerladen (vgl. 1981b,46f), denn sprecher und hörer können nur dann sinnvoll in der beschriebenen weise miteinander sprechen, wenn die institution des warenverkaufs zu ihrer "*soziale[n] außersprachliche[n] Realität*" (1981b,47) gehört. Geißner bekommt nur die 'fast ritualisierte alltagskommunikation' in den blick, weil er - wie gleich gezeigt werden wird - die abhängigkeit der kommunikation vom 'formationsbestimmten zustand gesellschaftlicher kooperation' in ihrer formationsspezifik nicht erfaßt. Geißner verweist zwar im zusammenhang der kooperation darauf, daß das entscheidende feld "die je formationsbestimmte gesellschaftliche Arbeit" (1981a,28) sei, aber sein bezug auf Karl Marx bleibt ohne weitere konsequenzen. Das wird deutlich, wenn Geißner an anderer stelle ganz unterschiedliche konzepte aufzählend[113] nebeneinanderstellt:

> "Gegenstand der Sprechwissenschaft ist mündliche Kommunikation ... in dem spezifischen Sinn, daß sie Formen und Prozesse mündlicher Kommunikation im 'Lebensverbande' (BÜHLER), in den 'Lebensformen' (WITTGENSTEIN), 'im Prozeß der gesellschaftlichen Praxis' (LEONT'EV), in der 'Lebenspraxis' (MAAS) zu rekonstruieren versucht." (1981a,52, ähnlich 1981a,78 dort ergänzt um Diltheys/Löwiths 'Lebenswelt')

Bei derart unterschiedlichen ansätzen, die gesellschaft zu erklären, bleibt der hinweis äußerlich, daß miteinandersprechen reduktionistisch begriffen würde, wenn die miteinandersprechenden nicht

> "begriffen werden in ihrer Prägung von und ihrer Leistung in der Lebens- und Arbeitswelt. Der Zustand gesellschaftlicher Formation und die von ihr abhängige Sozialisation sind deshalb historisch-genetisch mitzurekonstruieren, andernfalls ... immunisiert sich [auf sprache bezogene forschung; K.R.] gegen sozialwissenschaftliche Erklärungen der sozialen Praxis." (1981a,107)

Für Geißner trifft genau das zu, denn immer dann, wenn der bereich außerhalb des sprechens in den blick kommt, äußert er sich vage und mehrdeutig. Das ist auch daran abzulesen, daß er sprecher "als vergesellschaftete Menschen" (1981a,53) nur bezüglich ihrer 'kommunikationsbiografie' in den blick nimmt (vgl. 1982a,31). Der vergesellschaftete mensch (nicht der gesellschaftliche mensch !) reduziert sich auf handlungen des miteinandersprechens, denn bei Geißner sind "Menschen ... definiert [!] als Sprechende." (1969d,12) Die äußerungen Geißners zeigen, daß er zwar miteinandersprechen in einen gesellschaftlichen zusammenhang einbetten will, aber letztlich wird sprache zum entscheidenden medium. Der interpretierende habe keinen

> "festen Punkt außerhalb seiner Sprache, ... weil Sprache ... das im gesellschaftlichen Kooperationsprozeß entstandene, als geronnenes [!] gesellschaftliches Bewußtsein tradierte ... *und den gesellschaftlichen Kooperationsprozeß leitende* ... Verständigungssystem [sei]." (1981a,135, hervorhebung K.R.)

Sprache wird zum bestimmenden faktor der gesellschaft. Die gesellschaftliche kooperation wird nur abstrakt erfaßt und nicht als konkrete kapitalistische gesellschaftsformation, allen dezenten hinweisen (vgl. 1975a,81; 1982a,42,49) zum trotz. Diese problematik wird bei einer kritischen einschätzung der konzeption nochmals aufzugreifen sein (vgl. 5.3.4), denn Geißner will mit rhetorischer kommunikation zur gesellschaftsänderung beitragen (vgl. 1975a,135; 1979c,33; 1982a,72; 1982b,255).

Zunächst ist herauszufinden, was rhetorische kommunikation "als Sonderfall der sprachlichen Kommunikation" (1974,61) von den anderen kommunikationsformen unterscheidet. Geißner selber weist auf die schwierigkeit hin, rhetorische und ästhetische kommunikation abzugrenzen, weil sich beide formen nicht ausschlössen und ästhetisches rhetorisch sein könnte bzw. rhetorisches ästhetisch

---

113 Geißner scheint pluralismus (vgl. auch 5.3.4.1) mit beliebigkeit zu verwechseln. Hans Kremendahl betont, "ein richtig verstandener pluralismus [verlange] geradezu die Verdeutlichung des eigenen Standorts." (Kremdendahl 1975,40)

(vgl. 1981a,174). Diese überschneidung ist vor allem deshalb möglich, weil Geißner unter ästhetischer kommunikation "Theorie und Praxis interpretierenden Textsprechens" versteht (1981a,143, vgl. auch 1981a,175; 1975a,192). Gutenberg findet deshalb in Geißners unterscheidung zwischen rhetorischer und ästhetischer kommunikation, "die - begrifflich identische - sprechkundliche Einteilung in 'nach-' und 'freigestaltendes Sprechen" wieder (Gutenberg 1981,216; vgl. auch Gutenberg 1985a,128f).

5.3.2 Rhetorische kommunikation

5.3.2.1 Handlungsauslösung?

Geißner meint, wenn rhetorik sich "als Teil einer umfassenden Theorie der Kommunikation" verstehe, dann könne "ihr spezieller Gegenstand eingegrenzt werden als 'rhetorische Kommunikation'." (1977a, 230) 1979 schreibt Geißner:

> "Unter dem Gesichtspunkt der intentionalen Handlungsauslösung werden die Prozesse mündlicher Kommunikation rhetorisch. ... Rhetorische Kommunikation läßt sich nicht verkürzen auf intrakommunikatives Verhalten [!], ... sie setzt in Beziehung Miteinandersprechen und Miteinanderhandeln." (1979a,12)

Diese bestimmung reicht zu einer unterscheidung von kommunikation und rhetorischer kommunikation nicht aus, denn die aufgezeigten merkmale treffen auch auf das vom handeln abgeleitete verständnis von (miteinander)sprechen zu. Wenn sprechen als handlung aufgefaßt wird und der zweck der verständigungshandlung in einem ziel liegt, "*das die Verständigungshandlung selbst transzendiert*" (1981a,51), dann ist jedes miteinandersprechen rhetorisch. Deutlich wird das auch an Geißners sinnkonstitutionsformel, die miteinandersprechen als "die kommunikative Reziprokhandlung" auffaßt, die "Sinn konstituiert *und Handlungen auslöst*" (1981a,61; hervorhebung K.R.).

Geißner weist darauf hin, die handlungsauslösung gelte "im Prinzip für sämtliche Prozesse mündlicher Kommunikation", denn in dieser hinsicht "untersch[ie]den sich Prozesse rhetorischer und aesthetischer Kommunikation nicht, allenfalls hinsichtlich der durch sie ausgelösten Handlungen" (1982a,12). Der unterschied zwischen ästhetischer und rhetorischer kommunikation liegt also nicht darin, ob, sondern welche handlungen ausgelöst werden. Diese frage hat nicht nur theoretische bedeutung, denn Geißner leitet aus dieser bestimmung folgen für die sprecherziehung ab: "*Wenn Sinnkonstitution und Handlungsauslösung fundamental [!] sind für Prozesse mündlicher [!] Kommunikation, dann sind mit Sinnkonstitution und Handlungsauslösung zugleich Grundlagen und Ziele der Sprecherziehung genannt*" (1982a,12). Bisher konnte noch nicht eindeutig geklärt werden, was das besondere rhetorischer kommunikation ist, denn durch handlungsauslösung alleine als dem "*Ziel jeglicher rhetorischer Kommunikation*" (1975a,120) ist die unterscheidung nicht möglich, auch wenn Geißner gegenteiliges schreibt ["Allein durch diese Zielorientierung (Finalität) unterscheidet sie sich von anderen mündlichen Kommunikationsformen." (1979a,15)], weil handlungsauslösung auch für andere formen der mündlichen kommunikation fundamental ist.

Auf die schwierigkeiten bei der abgrenzung stieß auch schon sein schüler Norbert Gutenberg. Er merkte an, "die GEISSNERschen Typisierungen mündlicher Kommunikation [seien] weniger Unterscheidungen zwischen rhetorischen und anderen Formen von Kommunikation ... , *als Differenzierungen unterschiedlicher Formen des Rhetorischen.*" (Gutenberg 1983,121; hervorhebung K.R.) Folgerichtig findet er bei Geißner keine explizite definition, "die gleichzeitig den Universalitätsanspruch der Rhetorik hochhält, aber nicht alle menschliche Kommunikation zur rhetorischen macht" (Gutenberg 1985a,121). Anderseits finden sich bei Geißner auch abgrenzungen, die den bereich zu eng fassen, weil nur bestimmte ziele anerkannt werden. Das ist der fall, wenn das ziel rhetorischer kommunikation "*nicht lediglich im Auslösen von Sprechhandlungen liegt, sondern in der Veränderung sozialer Praxis durch gemeinsames Handeln.*" (1981a,159) Gutenberg sieht die schwierigkeit dieser bestimmung vor allem darin, daß gemeinsames handeln betont werde und individuelles handeln ausgeklammert bleibe (vgl. Gutenberg 1985a,121). Aber schon das ausklammern von sprechhandlungen ist problematisch, denn es zählten beispielsweise weder das plädoyer eines staatsanwaltes noch das eines verteidigers zur rhetorischen kommunikation.

Geißner knüpft bei der zielsetzung von rhetorischer kommunikation an Brigitte Frank-Böhringer[114] an. Von ihr übernahm er nicht nur die bezeichnung 'rhetorische kommunikation', sondern auch die zielsetzung, zur veränderung der außenwelt aufzufordern (vgl. 1981a,144). Sein kommunikationsmodell (mit einem expedienten und einem perzipienten; vgl. 1969c,79; 1975a,135) verstand er als korrektur des sender/empfänger-modells, wie es Frank-Böhringer vorgeschlagen hatte (vgl. Frank-Böhringer 1963,titelblatt). Heute müßte Geißner auch sein eigenes kommunikationsmodell (vgl. 1975a,135) kritisieren, denn wie Ockel richtig bemerkte, hatte Geißner trotz seiner abwandlung "offenbar die grundsätzliche informationstheoretische Konzeption anerkannt." (Ockel 1974,166)

Die veränderung der außenwelt kann unmittelbar vom sprecher selber erfolgen oder mittelbar:

> "Will er es [das ändern der außenwelt, K.R] nicht selbst tun, oder will er, daß andere das Gleiche tun, so kann er (falls er dazu in der Lage ist) jemanden mit Brachialgewalt oder mit sozialen Sanktionen dazu zwingen, ein Verfahren, das in autoritären Systemen bevorzugt wird. Die andere Möglichkeit dieser 'mittelbaren Realisation' ist, andere durch Kommunikation ... dafür zu gewinnen. Das ist ohne Zweifel das umständlichere Verfahren, aber es ist zugleich das einzige Verfahren, *das dem anderen jeweils einen Spielraum von Entscheidungsfreiheit läßt*, den der Sprechende für sich selbst beansprucht. *Die durch 'therotische [sic; gemeint ist rhetorische] Kommunikation' ausgelöste mittelbare Realisation ist die humane Möglichkeit, kooperativ auf Zukunft hin zu handeln.*" (1969c,76f; hervorhebung K.R.)

Die gewinnung anderer mittels kommunikation gilt als die humane möglichkeit, weil sie entscheidungsfreiheit lassen will (vgl. aber Geißners gedanken zum

114 Für sie ist rhetorik ein teilgebiet der kommunikationstheorie, das sich durch eine besondere art der nachrichtenübermittlung (freie rede) auszeichnet (vgl. Frank-Böhringer 1963,9 und 18; vgl. zur kritik: Kopperschmidt 1973,57 - 61) Ob sich Frank-Böhringer bei ihrer definition der rhetorik von der 'freien rede' der sprecherzieher anregen ließ?

zwecksatz. und abschnitt 5.3.3.5) Der andere/die andere(n) soll(en) zwar beeinflußt werden, aber diese beeinflussung sollte nicht mit gewalt geschehen oder manipulativ sein (überreden). Vielmehr gelte es, "die anderen durch Überzeugen für diese Handlung zu gewinnen." (1975a,169) Daß rhetorische kommunikation nur die voraussetzung des solidarischen handelns schaffen, aber das solidarische handeln nicht ersetzen kann, wird an Geißners folgender formulierung deutlich:

> "Zwar ist rhetorische Kommunikation nur bedingt gesellschaftliches Handeln, aber als 'final handlungsauslösende' greift sie aus in Sachkonflikte, in gesellschaftliche Praxis, sofern sie Arbeit koordinieren, solidarisches Handeln erwirken, Herrschaft verändern kann." (1982b,255)

Zur näheren erläuterung soll auf eine passage zurückgegriffen werden, in der Geißner ausnahmsweise die sonst ausgeklammerte schriftliche kommunikation einbezieht. "'Rhetorisch' heißen" bei Geißner "diejenigen mündlichen oder schriftlichen Kommunikationsprozesse, in denen die Kommunikationspartner bewußt versuchen, sich - meist mit Argumenten - zu beeinflussen." (1975a,22) Diese aussage verdeutlicht einerseits, daß rhetorische kommunikation nicht nur ein unterfall mündlicher kommunikation ist, folglich bei einer definition rhetorischer kommunikation auch die bedingungen schriftlicher kommunikation zu berücksichtigen wären, und andererseits, daß argumente nicht notwendig zur rhetorischen kommunikation gehören.

Die folgende bestimmung rhetorischer kommunikation trifft wieder nur für mündliche rhetorische kommunikation zu: "*Rhetorische Kommunikation ... [sei] der Prozeß des situativ gesteuerten, mentale oder reale Handlungen auslösenden Sprechens.*" (1975a,19) In seiner definition faßt Geißner 'mitdenken' unter bezug auf Freud als 'probehandeln' auf. Deshalb passen 'mentale handlungen' unter seine bestimmung des rhetorischen als handlungsauslösenden sprechens (vgl. 1975a,23; 1977a,230; 1979a,13). In Geißners rhetorischer kommunikation erhält *mitdenken* einen besonderen sinn. Mit rhetorischer kommunikation soll entweder erreicht werden, "daß der oder die Partner mitdenken, d.h. verstehen *und akzeptieren*, oder sie sollen veranlaßt werden, das, was sie verstanden und akzeptiert haben, auch zu tun." (1975a,22f, hervorhebung K.R.; vgl. auch 1979a,13) Es geht also nicht nur darum, daß die gesprächspartner den sinn des gesagten verstehen, sondern sie sollen ihn auch akzeptieren. Geißner sieht als das ziel rhetorischer kommunikation "Bewußtseinsveränderung (Mitdenken) oder politische Aktion (Mithandeln)" (1979c,11).

Aus der von Geißner betonten zielgerichtetheit des sprechens hatte Pawlowski geschlossen, daß damit "jede Form von Wissensvermittlung, also jeder Schulunterricht, als eindeutig zielorientiertes Verhalten ein Akt rhetorischer Kommunikation [sei]." (Pawlowski 1974,77) Geißner weist die kritik, die Kopperschmidt an dieser ausweitung des rhetorikbegriffs vorbringt (vgl. Kopperschmidt 1973,64), ausdrücklich zurück (vgl. 1975a,30; 1977b,298) und verweist auf die 'rhetorizität der institution schule' (vgl. 1977b,299). Allerdings ist Geißner zu schnell mit dem vorwurf zur stelle, unterricht sei indoktrination (vgl. 1969d,11; 1975a,69; 1979c,16). Auch die nähere bestimmung der ziele rhetorischer kommunikation mit "1. Wissen vermitteln (informieren) 2. Wissen gliedern (strukturieren) 3. Meinung bilden 4. Meinung wandeln 5. Handlung auslösen" (1977b,298), erleichtert die aufgabe nicht, weil unter dieser aufzählung alle prozesse des sprechens einzuordnen wären, mit der folge, daß wiederum jegliches sprechen rhetorisch wäre. Geißner besteht aber in abgrenzung zu Ockel (vgl. Ockel 1974,205 und 246) ausdrücklich darauf, daß rhetorische kommunikation und mündliche kommunikation nicht synonym seien (vgl. 1975a,30).

Letztlich ist das problem der rhetorischen kommunikation insofern ungelöst, als eine klare definition nicht vorliegt. Auch der versuch, von phatischer kommunikation auszugehen, führt nicht weit. Geißner meint selber, die unterscheidung zwischen 'phatisch' und 'rhetorisch' entbehre freilich "nicht einer gewissen Künstlichkeit." (1982b,78) Daneben scheitert die abgrenzung vor allem, weil nicht ausreichend geklärt ist, was 'phatische kommunikation' eigentlich ist. Ist sie die allgemeine mündliche kommunikation (vgl. 1981a,148) oder eine unterform der mündlichen kommunikation (vgl. 1982b,233)? Definiert sie sich insbesondere dadurch, daß sie "vorwiegend Kontakt herstellen und halten" will (1982b,233; vgl. auch 1980a,31) oder dadurch, daß sie routinisiert abläuft als "*Vollzugsformen des Alltagswissens*" (1981a,151)? Je nach auffassung sind rhetorische und phatische kommunikation vereinbar, da es denkbar ist, daß handlungsauslösung angestrebt wird, ohne daß die "*Routinisierung thematisiert , ... die Ursachen der Bornierung des Horizonts*" problematisiert werden (1981a,152; vgl. die beispiele auf seite 149 in 1981a), was Geißner als den übergang von phatischer zu rhetorischer kommunikation auffaßt. Da Geißner an der überwindung der bornierungen des alltagsbewußtseins arbeiten will, hält er phatische kommunikation nicht für einen gegenstand sprecherzieherischer bemühungen. Geißner meint, das nachstellen von routinesprechen in rollenspielen fördere die bornierungen des alltagsbewußtseins, statt an ihrer überwindung zu arbeiten. Nach seiner meinung gelingt das erst in prozessen rhetorischer kommunikation (vgl. 1982a,97f; vgl. zu diesem problem auch Gutenberg 1983,124). Das führt wieder zur frage, was denn rhetorische kommunikation sei?

Nicht durch eine definition, sondern durch aufzählen des begriffsumfangs verdeutlicht Geißner, um was es sich handeln soll: "Rhetorische Kommunikation umfaßt Theorie und Praxis von Gespräch und Rede, sowie Gesprächs- und Redepädagogik." (1977b,294) Hier umfaßt rhetorische kommunikation nicht nur die vollzugsformen der kommunikation, sondern auch die theorie darüber sowie den unterricht in rhetorischer kommunikation. Eine andere schwierigkeit liegt darin, daß 'gespräch' jetzt eine eingeschränktere bedeutung hat. 'Gespräch' bedeutet also zweierlei: einmal allgemein *jedes* miteinandersprechen unter formalem gesichtspunkt (gesprächsmodell der kommunikation), zum zweiten eine besondere vollzugsform rhetorischer kommunikation. Außerdem bezeichnet Geißner gespräch und rede auch als "Vollzugsformen des Sprechens" (1980a,26) und ordnet sie dabei nicht der rhetorischen kommunikation unter. Die verschiedenen gesprächsbegriffe führen beispielsweise dazu, daß auch "Unterhaltung, Flirt, Freundes- und Liebesgespräche" (1979a,15) als personorientierte gespräche unter die rhetorische kommunikation eingeordnet werden. Vielleicht ist diese zuordnung (vgl. die tabelle 1979a,17) darauf zurückzuführen, daß hier rhetorische kommunikation als alles umspannender allgemeiner kommunikationsbegriff verwendet wird?

5.3.2.2 Gespräch und rede

Geißners blickwinkel bei der betrachtung von gespräch und rede ist geprägt von seiner politischen ansicht, die gespräch und demokratie in einen engen zusammenhang bringt (vgl. 1969d). Nur vor diesem hintergrund wird verständlich, wieso er das modell der antiken rhetorik ablehnt (vgl. beispielsweise 1979a,11; 1980a,34) und nur bestimmte teilbereiche für seine redepädagogik berücksichtigt. 'Rhetorische kommunikation' will schon in der bezeichnung deutlich machen, daß es sich um etwas anderes handele als die antike rhetorik. "Rhetorische Kommunikation ... [sei] begrifflich und faktisch unterschieden von traditioneller Rhetorik" (1979a,10), betont Geißner und verweist darauf, daß die antike rhetorik als rednerrhetorik vom muster der gerichtsrede ausging und damit eine situation zum ausgangspunkt wählte, bei der "die Möglichkeiten der Situationsänderung eingeschränkt" (1979a,10) waren, weil nur der richter als situationsmächtiger eine änderung herbeiführen konnte.

Sofern es einen situationsmächtigen gibt, widerspricht diese voraussetzung seinem gesprächsmodell der kommunikation, bei dem alle beteiligten gleich mächtig sein sollen, weil die "Rollen von Frager und Antworter ... grundsätzlich tauschbar sein [müssen]." (1979a,15; vgl. 1975b,60) Geißner ist sich durchaus bewußt, daß diese voraussetzung nicht bei allen gesprächen gegeben ist. Aber darin liegt die verbindung zum politischen anspruch seiner konzeption, die durch verbesserung der gesprächsfähigkeit zur mündigkeit beitragen will. Geißner strebt an, durch "das Einüben fundamental demokratischer Formen rhetorischer Kommunikation zugleich demokratische Haltung" (1975a,206) zu entwickeln. Das fundament für seine theorie und auch für seine pädagogische arbeit ist das gespräch. Gespräch ist dabei einerseits "Oberbegriff ... für alle Formen des Miteinandersprechens", andererseits eingeschränkt auf die gesprächsformen, "die zwischen chancengleichen Partnern möglich und die als hinreichend formalisierte lehr- und lernbar sind." (1979a,15) Ausgeklammert bleiben persongespräche, obwohl sie laut seiner grafik (vgl. 1975a,52 oder 1979a,17) gleichwohl zur rhetorischen kommunikation gehören, weil sie stärker von der subjektiven situation der gesprächspartner geprägt seien und damit als nicht formalisierbar gelten, sowie institutionengespräche, weil diese von der objektiven situation geprägt seien (vgl. 1979a,15). Auch bei den formen der rede beschränkt Geißner sich auf sachreden und klammert personenreden (z.b. ansprachen oder reden zu festlichkeiten) ebenso aus wie institutionell geprägte formen (z.b. predigt, plädoyer, vorlesung) (vgl. 1979a,16).

Es entfallen durch diese einschränkung bereiche, die keinen rollenspielraum lassen, weil sie ganz von der objektiven seite (institution) geprägt scheinen. Wie bei der sinnkonstitution definiert wurde, übernimmt die 'rolle' die vermittlung zwischen objektiver und subjektiver situation. Fallen jetzt die gesprächsformen heraus, die institutionell geprägt sind, weil dort eine seite das fragerecht hat und die andere seite die antwortpflicht, so werden alle formen ausgeklammert, in denen macht bedeutsam ist. Nach Geißners auffassung ist das immer dann gegeben, wenn einer einen vorsprung hat, "sei es an Wissen, an Erfahrung, an Alter, an Rang, an Position - kurz: er hat mehr Macht" (1975b,60; 1979a,15). In diesen fällen handelte es sich um 'verzerrte gespräche', denn wo macht spricht, "hört das offene Gespräch auf" (1979a,15). Durch die gleichsetzung derart verschiedener bereiche wie alter und wissen mit macht wird der machtbegriff stark ausgeweitet und wissen letztlich entwertet, da immer dann, wenn sich jemand auf wissen beruft, es sich nicht mehr um ein gleichrangiges gespräch handelt. So ist denn eine wegauskunft, wegen der fehlenden tauschbarkeit der rollen, für Geißner kein gespräch (vgl. 1982a,142; vgl. auch 1975a,196).

Nach den eingrenzungen kommen nur noch solche gespräche in frage, bei denen wie beim klärungsgespräch "gleichberechtigte Partner" (1979a,16) miteinander sprechen. Voraussetzung dafür wäre, daß sprecher und hörer sich auf der gleichen gesellschaftlichen stufe begegnen. Die entsprechende rolle findet Geißner in der bestimmung der personen als staatsbürger, denn in der verfassung ist festgelegt, daß alle das gleiche recht haben, ihre meinung zu äußern. Dazu paßt, daß wegen des meinungspluralismus "in einem nichtzentralistischen Staat ohne verpflichtende Ideologie verschiedene Ansätze nebeneinander bestehen" (1979b,79) und niemand das recht beanspruchen dürfe, über wahrheit zu verfügen, denn wahrheit könne es nur im konsens geben, der im gespräch gesucht werde (vgl. 1979c,26). Das gelte insbesondere dann, wenn es um "Handlungsziele als Voraussetzung gemeinsamen Handelns" gehe, die immer der "dialogischen Vergewisserung" bedürften (1979c,26).

Für Ewald Geißler war die sache eindeutig, denn für ihn hieß reden: "Wahrheit wirksam machen, Wahrheit in die Welt tragen" (Geißler 1918,17). Geißler beansprucht wahrheit, wo Geißner wahrheit erst im gespräch finden will. Geißner müßte von seinem verständnis her Geißlers position als dogmatisch bezeichnen. Es ist deshalb erstaunlich, wenn Geißner, unter bezug auf Geißlers bestreben, wahrheit wirksam zu machen, meint, dies "trifft ... mein Verständnis von Kommunikation als den Versuch, 'etwas zur gemeinsamen Sache zu machen' bzw. 'etwas gemeinsam zur Sache zu machen'". Wenn Geißner anschließend einschränkt, bei ihm erhalte "im Unterschied zu Geißler aus einem anderen sprachphilosophischen Verständnis die dialogische Grundstruktur ein stärkeres Gewicht" (1980a,29), dann wird damit nur Geißlers sprachverständnis korrigiert. Noch deutlicher betont Geißner[115] die übereinstimmung mit Geißlers bestreben, wahrheit wirksam zu machen, an anderer stelle: "Wenn die Argumentation bei GEISSLER auch auf Rhetorik eingeschränkt scheint, *die Übereinstimmung - manchmal bis ins Terminologische - ist deutlich*" (1982c,14: hervorhebung K.R.). Geißner kritisiert mit keinem wort Ewald Geißlers politische haltung, die nicht von dessen redeauffassung zu trennen ist. Sie ist ein musterbeispiel für die von Geißner kritisierte mißachtung des gesprächs als "Ausdruck von Dogmatismus und/oder menschenverachtender Selbstgewißheit, letztlich von Herrschaft" (1975a,196). Geißler kritisierte die im angelsächsischen raum praktizierte verbindung von demokratie und gespräch und setzte dagegen eine am führerkult orientierte auffassung von politischer rede (vgl. besonders Geißler 1923, 1935a). An-

115 Da Geißner selber seine nähe zu Geißler betont, ist Dieter Allhoffs vorwurf gegen Raimund Hethey nicht haltbar, "ein erstaunlich wenig sachkundiger Autor" fände "seine Freude daran, namensähnliche (und wirklich nur namensähnliche) Fachkollegen verschiedener Generationen ... polemisch in sein Geschichtsbild zu klittern." (Allhoff 1989,3 als reaktion auf Hethey 1988).

statt Ewald Geißler zu kritisieren, verweist Hellmut Geißner immer wieder stolz auf die anfänge der 'sprechwissenschaftlichen rhetorik' am beginn des jahrhunderts bei Ewald Geißler, nicht zuletzt, um deutlich zu machen, daß die rhetorik von der sprechwissenschaft schon lange vor der linguistik (wieder)entdeckt wurde (vgl. 1968,261; 1969b,33; 1969c,70; 1974,55; 1975c,7; 1980a,26; 1982c,14).

Für Geißner ist das problem der wahrheitsfindung schwieriger, weil er sich durchaus dessen bewußt ist, daß kommunikation verzerrt ist. Aber weder will er eine "allgemeine Theorie des Überzeugens ... begründen auf dem Sprachspiel philosophierender Eliten" (1977a,250), noch akzeptiert er, daß jemand beansprucht, einen weg aus der verzerrten kommunikation anbieten zu können. Deshalb geht es Geißner darum, alle zu befähigen, ihr grundgesetzlich verbrieftes rederecht einlösen zu können.

> "Es ist bei allen emanzipatorischen Fernzielen gegenwärtiges Nahziel, die Ohnmacht der Unmündigen zu beseitigen; d.h. sie zu ermutigen und zu befähigen, ihre grundgesetzlich garantierte Redefreiheit (Art. 5, GG) zu gebrauchen. Jemand der selber reden gelernt hat, läßt sich von Reden nicht mehr so leicht blenden und verführen. Die eigene Redefähigkeit [warum nicht gesprächsfähigkeit ?, K.R.] mindert demagogische Wirkungsmöglichkeiten. Die Entwicklung der rhetorischen 'Kompetenz' ist letztlich eine Voraussetzung der Entwicklung der rhetorischen Kritik." (1975a,122)

Im freien dialog lernen die staatsbürger die meinung anderer kennen und erarbeiten sich gleichzeitig die möglichkeit zur kritik. Geißner sieht letztlich keine andere möglichkeit, als das redepädagogische ziel,

> "rhetorische Kommunikationsfähigkeit zu entwickeln und mit Hilfe rhetorischer Prozesse institutionelle und organisatorische Bedingungen zu verändern, die rhetorische Kommunikation einschränk[te]n oder vereitel[t]en, weil damit die Möglichkeiten sich über gemeinsame Handlungsziele und - Wege zu verständigen eingeschränkt oder vereitelt ... [würden], weil damit letztlich gemeinsames Handeln eingeschränkt oder vereitelt ... [werde]." (1979c,33)

Wie Münchhausen sich am eigenen zopf aus dem sumpf zieht, so will Geißner mithilfe (!) rhetorischer kommunikation die bedingungen verändern, die rhetorische kommunikation einschränken oder vereiteln. Wenn rhetorische kommunikation aber wegen der institutionellen bedingungen eingeschränkt bzw. vereitelt wird, wie kann sie unter dieser voraussetzung die bedingungen schaffen, die rhetorische kommunikation erst ermöglichen ?

Auch außerhalb institutioneller gespräche gibt es fälle des miteinandersprechens, die nicht als gespräche im engeren sinne aufgefaßt werden können, weil die beteiligten ungleiche chancen des fragens und antwortens haben. Dieser fall liege vor, wenn in kampfgesprächen die konsensintention fehle. Außerdem in scheingesprächen, wenn "ein Situationsmächtiger Thematisierungs-, Frage-, Bewertungs- und Entscheidungsrecht [behalte]", denn gemeinsam sei diesen beiden fällen, "daß es in ihnen nicht einmal um den Versuch symmetrischer Beziehung zwischen den Partnern geh[e], sondern daß es in beiden Fällen um eine, wenn auch unterschiedlich legitimierte, Machtausübung geh[e], letztlich um Indoktrination." (1982a,100 bzw. 1979a,16) Unter diese beschreibung ist sicherlich die mehrzahl der tatsächlich stattfindenden 'gespräche' einzuordnen sowie ein (erheblicher?) teil der sogenannten persongespräche, weil auch in unterhaltungen, flirts, freundes- und liebesgesprächen (beispiele bei Geißner; vgl. 1979a,15), die situationsmächtigen (nach den forschungen der feministischen linguistik sind es männer) das sagen haben. Hier zeigt sich auch nochmals Geißners ungeklärter indoktrinationsbegriff.

'Klären' und 'streiten' sind die beiden fertigkeiten, die die bürger lernen sollten, um gesprächsfähig zu werden, wenn die "Kluft zwischen 'Verfassung und Verfassungswirklichkeit' geschlossen, zumindest verkleinert werden soll, wenn also die Demokratur der Scheingespräche keine Scheindemokratie stabilisieren soll" (1982a,101). Rhetorische kommunikation vollziehe sich neben den formen des klärungs- und streitgesprächs auch in form von reden. Geißner nennt formen des gesprächs aktuell-dialogisch (sprechen mit) und formen der rede virtuell-dialogisch (sprechen zu). "In beiden Fällen ... [gebe] es stärker informative (Mitdenken) und stärker persuasive (Mithandeln) Sprechhandlungen" (1975a,23). Mitdenken, daran ist nochmals zu erinnern (vgl. oben 5.3.2.1), heißt nicht nur verstehen, sondern auch akzeptieren bzw. bewußtseinsveränderung.

5.3.3 Sprecherzieherische kursmodelle

5.3.3.1 Lernziele

Geißner will nicht vordringlich die praxis der rhetorischen kommunikation analysieren, sondern die 'gesprächsfähigkeit' fördern. Das ist der ausdruck, den Geißner anstelle des ausdrucks 'kommunikative kompetenz' benutzt (vgl. 1982b,248). Als sein handlungsleitendes interesse gibt er an, "die Veränderung der Praxis der Miteinandersprechenden als einer Bedingung der Möglichkeit der Veränderung von gesellschaftlicher Praxis." (1981a,13) Damit erhebt er mit seiner konzeption einen politischen anspruch, weil es nicht nur darum gehen soll, die (rhetorische) kommunikationsfähigkeit zu verbessern, denn eine redepädagogik, die "auf rationale Konfliktlösung ziel[e], ... [müsse] zugleich zur Konfliktfähigkeit erziehen." (1975a,81) Demokratisierung verlange, daß die daran beteiligten über ihre angelegenheiten reden wollten und könnten. Allerdings werde sich im miteinanderreden häufiger zeigen, daß wegen unterschiedlicher interessen konflikte aufträten, die gelöst werden müßten, ehe gemeinsam gehandelt werden könne. In den gesprächs- und redekursen sollen kommunikative und demokratische verhaltensweisen erlernt und praktiziert werden. Formale gleichberechtigung aller teilnehmer bei der kommunikation soll beispiel sein für die demokratische gesellschaft (vgl. z.b. Geißners lob für die amerikanische debatte 1975a,60f).

Sowohl für den gesprächs- als auch für den redekurs gibt Geißner als übergreifende ziele seiner emanzipatorischen redepädagogik an:

"1. rhetorische Kommunikation als kommunikatives Handeln
2. Sprechrollendifferenzierung als Voraussetzung der Sprechrollendistanzierung
3. verbale als rationale Konfliktlösung
4. Ermutigen zum Aushalten von Konflikten
5. kritische Mündigkeit." (1975a,43 fast wortgleich 1975a,123)

1979 fügt Geißner, nachdem er diesen katalog zitiert hat, hinzu: "Kritische Mündigkeit ist die inhaltliche Bestimmung von rhetorischer Kommunikationsfähigkeit." (1979a,19) Hier wird nochmals deutlich, daß der zielkatalog eine aneinanderreihung allgemeiner aussagen ist, die sich zum teil gegenseitig erläutern sollen.

Es mag nicht überraschen, daß Geißner unterricht als 'scheingespräch' klassifiziert, weil lehrender und lernende die rollen nicht tauschen können (vgl. 1975b,63 bzw. 1982a,100). Im (frontal)unterricht sieht Geißner einen musterfall informierenden sprechens (vgl. 1982a,142). Da nicht nur information, sondern persuasion, d.h. mitdenken (akzeptieren) bzw. mithandeln, angestrebt wird, müßte frontalunterricht [in 1969d,11 für Geißner eine tarnung für indoktrination] als überzeugungsrede klassifiziert werden. Rede sei "prinzipiell asymmetrisch. Diese Asymmetrie ... [könne] sich noch verschärfen in den Situationen, in denen der Redende kraft Amtes auch der Situationsmächtige sei." (1979a,16) Wer kraft seines amtes situationsmächtig ist, kann diese 'asymmetrie' auf unterschiedliche weise gestalten. Beim unterricht in der erwachsenenbildung unterscheidet Geißner bei der rolle des dozenten zwischen sach- und sozialkompetenz. Erstere sei erwartet und notwendig, damit der kurs gelingen könne. Letztere werde eingefordert, wenn er den teilnehmern "lernzielorientiert größtmögliche Selbstbestimmung ... ermöglichen" wolle, die es der teilnehmergruppe "frei[gebe] [!], ihn, sein Verhalten und seine Kompetenz Zug um Zug zu kritisieren und abzubauen." (1975a,126) Mit seiner sozialkompetenz ermöglicht (!) der kursleiter, die asymmetrie der redesituation schritt um schritt abzubauen. So können die teilnehmer seinen kompetenzvorsprung (oder wirklich seine kompetenz?) abbauen und seine kompetenz kritisieren.

Da Geißner bei seiner durchsicht von didaktikdefinitionen nicht zu einem brauchbaren ergebnis kam, verzichtet er auf eine eingehende beschäftigung mit dem problem und stützt sich auf einen vermeintlichen minimalkonsens. Danach entwerfe didaktik die "fundamentalen Ziele und Inhalte im Zusammenhang einer Theorie des jeweiligen Lerngebiets", und methodik "erarbeit[e] die Lehrverfahren, mit denen die Lernziele schrittweise erreicht werden soll[t]en." (1982a,19) Diese zweiteilung soll nicht weiter diskutiert werden, obwohl sie eine trennung von didaktik und methodik vornimmt und bezüglich des lernzielbegriffs fragen offen läßt. Beides wird in der didaktischen diskussion bereits seit längerem problematisiert (vgl. zur didaktischen diskussion: Gudjons u.a. 1981). Geißner bleibt der von ihm vorgeschlagenen terminologie selber nicht treu, denn wenn gesprächs- und redeerziehung letztlich dieselben ziele anstreben, ist es eine methodische und keine didaktische frage, wenn er von der gesprächserziehung ausgeht und zur redeerziehung fortschreitet: "Leitend ... [sei] der didaktische Weg vom 'Gespräch zur Rede'." (1979a,19) Diese methodische entscheidung[116] bedürfte einer weitergehenden begründung. Selbst wenn die rede als latent dialogisch aus dem aktuell dialogischen miteinandersprechen abgeleitet wird, heißt das nicht automatisch, daß beim lernen diesem weg zu folgen ist. Insbesondere wird dieser weg problematisch, wenn laut Geißner ein gespräch bereits in seinem verlauf "unabdingbar

116 Geißner folgt hier wohl Drach, der in seiner 'Sprecherziehung' für den schulunterricht geschrieben hatte: "'Vor anderen' in freier Rede sprechen - im Gegensatz zum Gespräch 'mit anderen' - ist eine besondere Fähigkeit ... [Es] muß darauf abgezielt werden, die vorhandene Fähigkeit des Gesprächs allmählich zur nicht von vornherein vorhandenen Fähigkeit der Rede überzuführen." (Drach 1922,100f)

zur Rede [gerinnt] ... bei Zusammenfassungen, Zwischenbilanzierungen, Argumentationen [!] usw." (1979a,16) Der im mittelpunkt des gesprächskurses stehende 'fünfsatz', der zur argumentation befähigen soll, ist auch nach Geißners eigener einschätzung bereits rede ["Kurzrede" 1968,271; 1975a,54]! Abgesehen davon sind die zusammenhänge zwischen gespräch und rede sehr eng, denn rede entwickelt sich "oft aus Gespräch und wird fortgesetzt im Gespräch" (1979a,16). Die trennung ist also mehr analytischer art und in der praxis der rhetorischen kommunikation so wenig zu verwirklichen wie im unterricht, der zu rhetorischer kommunikation befähigen soll. Da Geißner sprechhandlungen vom typ 'informieren' als rede klassifiziert hat und meint, selbst bei informierendem sprechen im alltag (beispielsweise einer wegauskunft) zeigten sich die charakteristika des redens (vgl. 1982a,142), ist es fraglich, ob in der realität überhaupt gespräche in Geißners sinne vorkommen, wenn sowohl informieren als auch argumentieren als rede klassifiziert werden. Aus methodischer sicht könnte gegen Geißner auch eingewandt werden, daß der beginn mit der redeerziehung sinnvoller sei, weil der redner die teileinheiten, die im alltäglichen miteinandersprechen rasch eine frage oder erwiderung provozieren, jetzt in aller ruhe ausführen kann, ohne unterbrochen zu werden. Der gang vom gespräch zur rede ist also keineswegs so zwingend, wie Geißner meint. Andere sprecherzieher beginnen die redeausbildung beispielsweise mit erzählübungen und informierendem sprechen (Winkler; Schweinsberg-Reichart).

Die im folgenden darzustellenden kursmodelle 'formen des gesprächs' und 'formen der rede' verdeutlichen Geißners methodisches vorgehen. Zur ergänzung werden auch aussagen aus Geißners 'Sprecherziehung - Didaktik und Methodik der mündlichen Kommunikation' (1982a) herangezogen, weil dort das methodische vorgehen näher erläutert wird. Bei der analyse der übungen wird neben den offiziell angestrebten zielen auch danach zu fragen sein, inwieweit ein sogenannter heimlicher lehrplan bedeutsam ist. Anders ausgedrückt, es wird zu prüfen sein, ob neben der vielbeschworenen kritischen mündigkeit auch andere verhaltensweisen gefördert werden.

5.3.3.2 Formen des gesprächs

In seinem kursmodell (vgl. 1975a,37-72) beschreibt Geißner den ablauf eines einwöchigen kurses, der als intensivkurs in durchschnittlich 40 unterrichtsstunden bei einem großen übungsanteil maximal 15 teilnehmern eine einführung in die rhetorische kommunikation ermöglichen soll (vgl. die angaben zu kursplan und -verlauf 1975a,44f). Geißner stellt den kursinhalt in der reihenfolge dar, in der übungen und informationen im verlauf der woche aufeinander aufbauen. Diesem zeitlichen verlauf folgt die nachfolgende darstellung, allerdings ohne den fünfsatz vorzustellen, dem ein eigenes kapitel (vgl. unten 5.3.3.4) gewidmet wird.

Der kurs 'formen des gesprächs' soll kompensieren, was in der schule nicht gelernt wurde. Dafür ist nach Geißners einschätzung neben dem fehlen eines unterrichts in rhetorischer kommunikation der frontalunterricht verantwortlich. Die schulischen interaktionsformen hätten "Folgen ... für die Sozialisation und die

Entwicklung kognitiver Fähigkeiten", denn stark lenkende unterrichtsverfahren schüfen "selbst neue Sprach- und vor allem Sprechbarrieren." (1975a,39 bzw. 41) Die unterscheidung zwischen sprach- und sprechbarrieren soll darauf aufmerksam machen, daß es einen unterschied gebe zwischen dem sprachcode, den jemand beherrscht, und der schwierigkeit, die eigene ansicht so auszudrücken, daß andere das gesagte verstehen können.

Für den kurs 'formen des gesprächs' lauten Geißners ziele:

> "1. aktiviertes, Vorurteile reflektierendes, sozialintegratives Verhalten in verschiedenen Gruppenprozessen
> 2. Kooperation (Bereitschaft zum 'sozialen Lernen') beim Klären, Lösungssuchen, Meinungsbilden, Streiten und Entscheiden
> 3. anschauliches, präzises, hörer- und sachbezogenes Sprechdenken
> 4. engagiertes, kritisches, sach- und hörerorientiertes Argumentieren
> 5. Steigerung der Gesprächs- (Hör- und Fragebereitschaft) und Debattefähigkeit als Grundform demokratischen Verhaltens.
>
> Diese Schritte sind kein Selbstzweck, sonder [sic] Schritte auf die übergreifenden Ziele emanzipatorischer Redepädagogik hin" (1975a,42).

Im vorstellungsgespräch werden die teilnehmer durch die interviewmethode sofort aktiviert. Durch diese methode werde nicht nur die peinliche selbstdarstellung vermieden, sondern gleichzeitig ein gruppenprozeß begonnen, "der von Anfang an darauf ziel[e], *gruppendienliches Verhalten für sinnvoller zu halten als* Lehrerorientiertheit oder *Selbstbehauptung*." (1975a,46, hervorhebung K.R.) Die im gespräch erfragten informationen werden in form einer kurzrede den anderen teilnehmern zugänglich gemacht.

> "Dabei wird kurz auf die Wichtigkeit der Schrittfolge verwiesen: Vom Gespräch zur Rede. Außerdem erhalten die TN [=teilnehmer, K.R.] beiläufig den Hinweis, nicht nur auf die Inhalte zu achten, auf das WAS, sondern auch auf das WIE, auf die sprachlichen, sprecherischen und rhetorischen Verschiedenheiten." (1975a,46)

Im anschließenden gespräch würden selbst- und fremdwahrnehmung während der vorstellungsrunde verglichen und führten so zum bewußtwerden "der situativen Steuerung jeglicher Sprechhandlung", der rollensteuerung sowie der unterschiedlichen aufbaumöglichkeiten von kurzreden. Damit würde die motivation geschaffen für die nächsten tage und angedeutet, "welche Beurteilungskriterien während des ganzen Kurses gelten w[ü]rden." (1975a,47)

Diese erste übung stellt die weichen für die folgenden übungen, weil sie den blick auf die aspekte (das wie) lenkt, die aus sicht des kursleiters im weiteren verlauf des kurses wichtig sind. Der kursleiter führt gleich zu beginn 'beiläufig' die norm ein, nicht nur auf das was, sondern auch (oder vor allem ?) auf das wie zu achten. Außerdem sorgt der kursleiter durch dieses verfahren gleichzeitig dafür, daß er in seiner expertenrolle akzeptiert wird, denn die beiläufigen beobachtungen der teilnehmer erreichen sicher nicht die genauigkeit, die der kursleiter mit seiner detaillierten fremdwahrnehmung in das gespräch einbringt. Aus der sicht der teilnehmer ist die vorstellungsrunde vor allem ein mittel, um die anderen kursteilnehmer(innen) kennenzulernen. Die informationsfülle ist für sie kaum zu bewältigen, zumal dann, wenn wegen der hemmungsgefühle (fremde leute, erste kurzrede) die wahrnehmung auf die eigene person konzentriert ist. Aus sicht des kursleiters sieht das anders aus, denn er "beobachtet in der 1. Phase das Geprächsverhalten der TN und notiert in der 2. Phase sprachliche, sprecherische und nonverbale Besonderheiten jedes TN" (1975a,47). In der praktischen kursarbeit vergißt der hermeneutiker, daß es nur einen verstehenden zugang zum sprechhandeln gibt, und beobachtet (!) gesprächsverhalten (!). Außerdem ist er in der lage, aufgrund der wenigen äußerungen, die er gehört hat, die besonderheiten jedes teilnehmers festzuhalten. 'Besonderheiten' können an den individuellen äußerungen nur erfaßt werden, wenn eine allgemeine norm unterstellt wird. Wenn der kursleiter diese (im laufe der nächsten übungen vervollständigten) beobachtungen "als Grundlage der Individualberatung" (1975a,47) nutzt, kann die 'therapie' nur auf äußerlichkeiten eingehen, ohne die kommunikationsbiografie einzubeziehen. Nach Geißners einschätzung halten sich nämlich die in der vorstellungsrunde festgestellten ergebnisse meist mit "geringfügigen Veränderungen" (1975a,58) durch alle übungen. Könnte es deshalb nicht sein, daß die nachfolgenden beobachtungen nur bestätigen, was zu beginn bereits festgestellt wurde? Im unterschied zu den teilnehmern, die darauf hingewiesen wurden, die sprachlichen, sprecherischen und rhetorischen verschiedenheiten zu beachten, berichtet der kursleiter über die sprachlichen, sprecherischen und nonverbalen (!) besonderheiten. Ergibt sich daraus, daß rhetorisches und nonverbales dasselbe sind?

Als grundlage für die erste gesprächsübung wird ein text vorgelesen, bei dem die teilnehmer entscheiden sollen, ob er aus dem osten oder westen stammt. Teilnehmer mit der gleichen entscheidung bilden dann eine gruppe, um eine begründung für ihre entscheidung zu entwickeln, die anschließend im plenum den anderen gruppen vorgetragen wird. Die übung[117] soll in mehreren gesprächs- und abstimmungsgängen den teilnehmern, die "subjektiv überzeugt sind, vorurteilsfrei zu sein, ihre eigenen Ost/West-Vorurteile" erfahrbar machen (1975a,49). Den teilnehmern soll durch die übung und ihre auswertung bewußt gemacht werden, wie sich freund/feind-denken entwickelt. Denn die informellen entscheidungsgruppen verschlössen sich rasch rationaler argumentation "zugunsten kruder Agitation für den eigenen Standpunkt." (1975a,49) Dieses vorgehen soll die vorurteilshaftigkeit des sprechens und die selektivität des zuhörens deutlich machen, um so zu größerer sensibilisierung zu erziehen. Diese übung macht aber nicht deutlich, woher die "Anfälligkeit ... für den Dogmatismus" stammt, in der Geißner "die Wurzel der imperativen Rhetorik, der Agitation" (1975a,81) sieht, und wieso 'die öffentlichkeit' sich schon "einen anderen 'Anti-ismus' [gemeint sind z.b. antisemitismus, antinazismus, antikommunismus; K.R.] erkoren [hat]" (1975a,73), während die wissenschaft noch die vorhergehenden stereotype untersucht.

Um einer drohenden stabilisierung der gruppen zu entgehen, werden mit einem formalverfahren neue gruppen gebildet (vgl.1975a,49). Was passiert eigentlich im alltag, wenn es nicht einfach möglich ist, durch formalverfahren neue gruppen zu bilden, und welchen einfluß hat das auf die verfestigung von vorurteilen? Die neu gebildeten gruppen erhalten einen unstrukturierten gesprächsimpuls,

117 Geißner hat die übung genauer dargestellt und mit statistischem material sowie beispielen von begründungen veranschaulicht (vgl. 1975a,73 - 90). Einen eindruck der übung vermittelt auch Rehms darstellung (vgl. Rehm 1976,39 -45).

um das "fragende Problemerschließen ohne Außenleitungsimpuls" zu üben (1975a,50). Der gesprächsleiter soll diesen prozeß unterstützen, indem er mit fragen leitet, den gesprächsprozeß offenhält durch bündeln von teilantworten wie auch durch vermeiden von polarisierungen. In einer späteren veröffentlichung (vgl. 1982a,102ff) vergleicht er klärende gespräche mit einem puzzle, bei dem es keine vorlage geben könne, "weil es (fast immer) um zukünftiges Handeln geh[e]." (1982a,102) Jeder bringe seine besondere perspektive in dieses ungeklärte bild ein, das gemeinsam erarbeitet werden müsse. Im 'klärungsgespräch' soll statt ergebnisorientierten konkurrenzverhaltens problemorientiertes kooperationsverhalten erfahren werden. Das klärungsgespräch hat aus der sicht des kursleiters durchaus ein ziel, das aber im gegensatz zur erwartung der teilnehmer (lösung des problems) auf einer formalen ebene liegt, denn es wird eine bestimmte art und weise eingeübt, als gruppe mit problemen umzugehen.

Die voraussetzung für die auswertung schafft der kursleiter sich entweder durch eine strukturierte beobachtung mittels des gesprächsverlaufssoziogramms (vgl. 1982a,108ff), oder indem er unstrukturiert beobachtet. Ob strukturiert oder unstrukturiert, die auswertung erfaßt insbesondere den ablauf innerhalb der gruppe, denn grundlegend für die auswertung ist die annahme, daß der prozeß wichtiger sei als der inhalt. In der dritten gesprächsrunde erhalten alle gruppen den gleichen gesprächsimpuls, damit sich zeigt, "ob alle Gruppen bis zur Phase sachorientierter Problemlösung vorgedrungen sind oder sich in den Vorphasen festgebissen haben." (1975a,51) Die gruppen haben ohne ihr wissen miteinander konkurriert und erfahren nun in der auswertung, wieso die anderen gruppen besser abgeschnitten haben. Unter der hand wird jetzt wieder das konkurrenzprinzip (auf der gruppenebene) eingeführt. Nur die gruppe, die die erste phase (gesprächsverweigerung) schnell hinter sich gelassen hat, verfügt über eine chance, das rennen zu machen. Im anschließenden vierten gespräch lernen die teilnehmer, die entwickelten kriterien anzuwenden, damit "vor allem die Fähigkeit zum partner- und gruppenbezogenen 'Selbsterarbeiten' sensibilisiert" wird (1975a,53). Bei diesen übungen wird gruppendienliches verhalten geübt, ohne die inhaltliche seite besonders zu beachten. Der offene prozeß des klärungsgesprächs wird getrennt davon, ob in einer nächsten phase (streitgespräch) die entscheidung für einen der vorgebrachten vorschläge fällt. Mögen im klärungsgespräch mehrere vorschläge unterbreitet worden sein, im streitgespräch gibt es nach Geißners ansicht (vgl. 1975a,52) nur *zwei* miteinander konkurrierende lösungsvorschläge. Das ergibt sich wahrscheinlich daraus, daß die entscheidung *für* oder *gegen* einen der vorschläge erforderlich ist, was Geißner anhand der 'amerikanischen debatte' üben will (vgl. 1982a,134).

Bei einer *amerikanischen debatte* übernehmen zwei gleich starke gruppen je eine seite einer streitfrage. Die gruppen bereiten sich getrennt in einem klärungsgespräch auf die debatte vor (vgl. 1968,275; 1975a,59f; 1982a, 134 - 137). Diese übung biete allen die möglichkeit zu erfahren, was in ihnen stecke. Dominierende teilnehmer würden "durch das formal gleiche Rederecht aller zurückgedrängt", und bislang zurückstehende teilnehmer könnten "durch die absolute [!] Chancengleichheit sich entfalten." (1975a,60f) Diese chancengleichheit gilt streng genommen nur für den formalen ablauf der debatte vor den augen der beobachter, nicht für die vorbereitenden klärungsgespräche. Hier wurde festgelegt, welche argumente in welcher reihenfolge vorgetragen werden sollen. Es wäre also auch denkbar, daß einzelnen ein vorzutragendes argument zudiktiert wird und daß sie nur aus der perspektive der beobachter frei sind, weil der 'fraktionszwang' nicht sichtbar wird. Geißner selber deutet an, daß hinter den kulissen entscheidendes während der vorbereitung abläuft, denn die "Mannschaften ... verteilen die Argumente, *je nach Wissen und Können des einzelnen*" (1968,275, hervorhebung K.R.).

Die beobachter vergeben punkte für "folgende Leistungen: Inhalt, Argument, Sprache, Sprechen und Wirkung." (1975a,60) Auch bei der bewertung gibt es chancengleichheit - für alle kategorien kann maximal die gleiche punktzahl vergeben werden. Obwohl Geißner selber darauf hinweist, daß die kriterien nicht gleichgewichtig seien, wundert er sich, "daß die bewertenden Zuhörer die differenten Kriterien durchaus gleichgewichtig n[ä]hmen; daß wider Erwarten z.B. lebendiger Sprechstil für das Hörverstehen wichtiger genommen ... [werde] als ein schlüssiges, aber 'monotones' Argument. Die anschließende Analyse mach[e] gerade dies bewußt und zum Lerngegenstand weiterer Übungen." (1982a,135) Die punkteverteilung durch die teilnehmer ist einerseits ausdruck ihres alltäglichen bewertungsverhaltens, andererseits zeigt sich darin die schwierigkeit, eine qualitative leistung quantitativ zu fassen. Wie unterscheidet sich ein argument, das fünf punkte brachte, von einem mit vier oder sechs punkten? Ist das überhaupt meßbar? Wird den teilnehmern nicht durch diese übung deutlich gemacht, daß es möglich ist, eine debatte zu gewinnen nur durch den besseren vortrag? Kann es nicht sein, daß gerade dies, obwohl von Geißner ausdrücklich (vgl. 1982a,136) nicht zum ziel der rhetorischen kommunikation erklärt, doch einen weitaus größeren einfluß auf das lernen der teilnehmer hat? Anders gesagt, wird nicht gerade durch den versuch des quantifizierens gleichsam 'experimentell' bewiesen, daß die kriterien doch gleichgewichtig sind?

Es scheint, als sei Geißner selber davon überzeugt, daß im beobachtbaren gesprächsverhalten die gründe für rhetorische wirkung oder nichtwirkung zu suchen sind. Nach Geißners einschätzung halten sich meist die bereits im vorstellungsgespräch beobachteten "Sprechgewohnheiten und Gesprächsverhaltensweisen durch alle Übungen durch ..., so daß von habitualisiertem Verhalten [!] gesprochen werden ... [könnte]." (1975a,58f). Geißner will dem teilnehmer in der individualberatung anhand der im kurs erstellten videoaufzeichungen "oft bis dahin unerkannt gebliebene Gründe *seiner rhetorischen Wirkung oder Nichtwirkung* freileg[en] und Hilfen zum Überwinden von Fehlverhalten anbiet[en]" (1975a,59; hervorhebung K.R.).

Da in der wirklichkeit nicht immer, wie bei der amerikanischen debatte, zwei gleichstarke gruppen miteinander streiten, vermittelt Geißner kenntnisse der parlamentarischen verfahren. Da erstaunlich wenige "wirklich Bescheid wissen" (1975a,61), gibt es eine kurzeinweisung in tagesordnung und geschäftsordnung (vgl. 1975a,61 - 66). Es wird dabei unterstellt, daß das modell der parlamentarischen debatte zur demokratischen diskussionskultur (versammlungen) gehört und daß auch kritiker des parlamentarismus "diese Prinzipien im in-group-Verhalten notgedrungen praktizieren." (1975a,61) Für die teilnahme am vereinsleben und für das verständnis formaler parlamentarischer vorgänge können kenntnisse der rechte und pflichten eines versammlungsteilnehmers sowie der versammlungs- und abstimmungsmodalitäten hilfreich sein. Es wird allerdings unterstellt, daß gruppen *nur* unter beachtung dieses versammlungs- und vereinsrechtlichen rahmens zu einer rationalen und kontrollierbaren entscheidung kommen können.

5.3.3.3 Formen der rede

Vergleichbar seinem kursmodell 'formen des gesprächs' unterbreitet Geißner ein kursmodell 'formen der rede' (vgl. 1975a,115 - 172), für das grundsätzlich die gleichen rahmenbedingungen gelten wie für den gesprächskurs. Der kursplan (1975a,124) verdeutlicht, daß der weg von der 'schreibe' zur 'rede' verläuft, genauer vom 'reproduzierenden' zum 'produzierenden sprechdenken'. Die ziele des kurses lauten im einzelnen:

"1. Sprechdenkendes Darstellen von Kenntnissen vor Hörern und für sie,
2. sprechdenkendes Darstellen von Meinungen vor Hörern und für sie,
3. Situationen nicht verstellendes sondern erhellendes Reden als Voraussetzung solidarischen Handelns,
4. entwickeln rhetorischer Kritikfähigkeit,
5. Steigerung der Redefähigkeit (als Teil der rhetorischen 'Kompetenz') zur Einlösung des demokratischen Grundrechts der Redefreiheit" (1975a,123).

Geißners redekurs baut auf dem kurs 'formen des gesprächs' auf, ohne allerdings dessen besuch zwingend vorzuschreiben. Dabei wird unterstellt, daß die einschüchterung durch mikrofon und kamera gering sei und keine besonderen probleme bereite. Als erste übung wird die mit dem videorecorder aufgezeichnete vorstellungsrunde ausgewertet. Die unterschiedlichen formen des redeaufbaus beabsichtigten,

"die eigene *Selbstdarstellung* zu steigern ..., den vorzustellenden *Partner* herauszuheben ... oder die Wirkung auf die *Zuhörer* zu verstärken. Alle drei Bezugsmöglichkeiten - *Selbstbezug, Sachbezug, Hörerbezug* - bringen sich in unterschiedlichen Weisen des verbalen ... und non- verbalen ... Ausdrucks zum Vorschein." (1975a,127)

Gemeinsam wird nun herausgearbeitet, ob die äußerungsformen der gesamten mitteilungsabsicht entsprachen oder sie behinderten, wenn beispielsweise feststellungen mit frageton gesprochen wurden. Die analyse der videoaufzeichnung soll jedem auskunft geben "über seine sprecherischen und rednerischen Möglichkeiten und Fähigkeiten, sowie über deren Wirkung auf die Zuhörer (offenes Feedback)." (1975a,128)

Der unterschied zwischen 'rede' und 'schreibe' wird zum schwerpunkt des folgenden lernprozesses. Um den unterschied begreifbar zu machen, sollen die teilnehmer eine zeitungsmeldung so umformulieren, daß eine direkte warnung daraus wird. Es gilt dazu, die fakten "der vorgegebenen 'Schreibe' ... in eine aktuelle 'Rede' zu übersetzen ... also Inhalte, die für das *'Leseverstehen'* zubereitet sind für das *'Hörverstehen'* zu transponieren." (1975a,128) Bei dieser aufgabe müssen die teilnehmer gleichzeitig mehreres leisten: 1. wechsel von indirekter in direkte rede, 2. wechsel von vergangener in gegenwärtige/zukünftige zeit, 3. wechsel der anrede. Außerdem müssen für die warnung daten erschlossen werden, die im zeitungsartikel nicht ausformuliert sind. Eine aufgabe, die neben der fähigkeit, einen aufruf zu formulieren, grammatische kenntnisse ebenso verlangt wie kreativität. Durch gegenseitige kritik arbeiten die teilnehmer heraus, daß bekannt sein muß, welche zielgruppe zu welcher handlung veranlaßt werden soll. Es erweise sich "als unvermeidlich, den zielgruppenspezifischen 'Zwecksatz' zuerst zu formulieren. Der Zwecksatz gibt Antwort auf die Frage: 'Was will ich mit dieser Rede erreichen' oder noch direkter: 'Was sollen meine Hörer tun'. Auf diesen Zwecksatz hin gilt es mit begründenden und motivierenden Vorschlägen zu argumentieren" (1975a,129). Anhand des umformulierens haben die teilnehmer gelernt, daß sie einen zielgruppenspezifischen 'zwecksatz' benötigen, bevor die rede geplant werden kann. Die grafik auf seite 130 (1975a) verdeutlicht, wie die zuhörer vom situativen einstieg über die fakten und den begründeten lösungsvorschlag zum zwecksatz (= der aufforderung) geführt werden.

Beim zeitungsartikel stand mit der überschrift die wichtigste information am beginn, und dann folgte eine genauere darstellung des sachverhalts, ehe die meldung mit einem schlußsatz abgeschlossen wurde. "Die Reaktion des Lesers ... [wurde] nicht kanalisiert [!] ... . Mit anderen Worten, Zeitungsmeldungen der beschriebenen Art versuch[t]en ... keine eindeutige Reaktion auszulösen" (1975a,129). Im gegensatz zur schreibe ende die rede mit der wichtigsten information (handlungsaufforderung). Nachdem die "unterschiedliche Tektonik von 'Schreibe' und 'Rede'" verdeutlicht wurde, werden die sätze formuliert, die für die zielgruppe verständlich sein müssen, "weil in der Absicht des Redenden letztlich alle handeln sollen wie es der Zwecksatz vorschlägt." (1975a,130) Der unterschiedliche aufbau von 'rede' und 'schreibe' erklärt sich also aus der absicht des redners, nicht eine beliebige, sondern die im zwecksatz formulierte reaktion hervorzurufen. In einer vergleichbaren aufgabe wird dieses vorgehen gefestigt, indem eine sprechsituation und eine zielgruppe vorgegeben werden. Die gruppensprecher tragen die gruppenweise erarbeiteten kurzreden vor. Nach Geißners einschätzung haben die ersten redeversuche und ihre auswertung deutlich gemacht, "wie sehr sich das 'Sprechdenken' vom 'Schreibdenken' unterscheidet." (1975a,137; vgl. unten 7.5) Ging es im gesprächskurs um 'argumentierendes sprechdenken' in form des 'fünfsatzes', so geht es jetzt um das reproduzierende sprechdenken und - auf beiden aufbauend - um das produzierende sprechdenken (vgl. 1975a,137).

Beim *reproduzierenden* sprechdenken suchen die teilnehmer aus einem schrifttext gemeinsam die wörter heraus, die sie für unverzichtbar halten. Der kursleiter notiert die wörter an der tafel (als 'stichwortzettel') und bittet einen teilnehmer, den gedankengang auf der grundlage der aufgeschriebenen stichwörter zu wiederholen. Es zeige sich, daß eine reproduktion nicht möglich sei, wenn zwar substantive und adjektive, aber keine verben und konjunktionen notiert wurden. Durch diese übung soll verdeutlicht werden, was seit beginn der sprecherziehung zu einer ihrer grundannahmen gehört, daß verben die wichtigste wortart für einen redner seien. Im nächsten lernschritt gilt es, "kommunikative Mobilität" zu erwerben und "denselben Sachverhalt auf verschiedene Weise dar[zu]stellen", da es wegen situativer und rollenspezifischer variabilität keine idealform gäbe, sondern "nur eine Optimalform für jede Sprechsituation." (1975a,142f) Zunächst nach einer längeren vorbereitungszeit, dann auf zuruf sollen die teilnehmer mithilfe des stichwortzettels sprechdenkend ihre situationsgemäße rede (bzw. teilstücke daraus) halten. Der kursleiter verändert die sozialen daten der zielgruppe und das lebensalter "der vorgestellten Zuhörerschaft", wobei die zuhörer "im allgemeinen bereitwillig die zu diesem Plan gehörenden Rollen" übernehmen, "wie ihr mimisches und gestisches Verhalten zeigt" (1975a,143). Die zuhörer spielen mit und zeigen 'mimisch und gestisch' sowie durch zwischenrufe, daß sie in die ihnen zugedachte rolle geschlüpft sind und wie gewünscht lehrer, eltern in einer elternversammlung oder fünfzehnjährige berglehrlinge darstellen. In der auswertung werden die mit dem videorecorder aufgezeichneten reden "nach Text- und Situationsangemessenheit ... ausgewertet." (1975a,143) Die auswertung der situationsangemessenheit kann sich strenggenommen nur auf die gemeinsame spielsituation von sprecher und hörer beziehen, insofern sagt diese übung nichts darüber aus, ob z.b. die rede für berglehrlinge tatsächlich situationsangemessen wäre. Warum sollte es in einer ernstsituation nicht ebenso möglich sein, bei ungleicher macht (situationsmächtiger) so zu tun, als ob das nicht der fall wäre und (rollen)spielerisch gleichheit zu unterstellen? Anders gesagt: entweder ist kommunikation daran gebunden, daß diese personen in dieser situation etwas gemeinsam machen, oder jeder kann beliebig von einer situation in eine andere springen und von einer rolle in die andere schlüpfen. In diesem flexibilitätstraining sollten nicht nur rollen gewechselt werden, sondern auch unterschiedlich lange fassungen (änderungen der redezeit) erprobt werden. Die sich daran anschließenden beschreibungsübungen sollen den wortschatz zu erweitern (vgl. ähnliches bei Drach 1932,129ff, bzw. 1932,175f). Als ergänzende übung schlägt Geißner vor, beim hören eines kommentars oder einer nachrichtensendung einen stichwortzettel anzufertigen und den auf seiner grundlage reproduzierten text mit dem original zu vergleichen.

Beim *produzierenden* sprechdenken muß der redner seine rede selber planen. Ein 'fünfsatz' wird zu einem plan mit 25 stichwörtern ausgebaut wird. Jeder satz des ursprünglichen 'fünfsatzes' wird also zu einem neuen 'fünfsatz', deshalb handelt es sich um das wiederholte anwenden des gleichen strukturmusters (vgl. die beispiele zum fünfsatz und daraus ausgebauten 25-satz 1975a,146ff). Das neue verfahren des 25-satzes wird wieder durch gruppenarbeit mit daran anschließendem vortrag mit videoauswertung gefestigt. Die von den zuhörer entdeckten unklaren formulierungen entpuppten sich "in der Kritik oftmals als Schwachstelle des Gedankengangs ... . Es zeig[e] sich ..., daß nicht alles, was dem Redner klar ...[sei], dem Hörer klar ... [werde]; das [sic] nicht alles, was im Plan stimmig ... [sei], in der Rede wirksam ... [werde]." (1975a,153) Es ist wahrscheinlich kein zufall, daß Geißner bei der besprechung zwischen klaren gedanken und wirksamkeit unterscheidet. Das wiederholte anwenden des fünfsatzprinzips könnte benutzt werden, um einen 125-satz zu bilden, wenn mehr als fünfundzwanzig gedanken vorzutragen sind. Aber das führte nach meinung Geißners "zu einer nur mehr als irrational zu bezeichnenden Symmetrie. Dieser Symmetrie- und Systemzwang wäre der Wirkung der Rede abträglich", ganz abgesehen davon, "daß die gedankliche und graphische Strukturierung von 125 Stichwörtern die Fähigkeit vieler 'Redeplaner' übersteigen würde" (1975a,153). Geißner rät zwar für reden davon ab, aber zur "pädagogischen Demonstration dieser Möglichkeit" (1982a,158) verfaßte er einen aufsatz in der form des 125-satzes (vgl. 1980b).

Unter 'freier rede' versteht Geißner "die Meinungs- oder Überzeugungsrede" (1982a,153). Freie rede ist demnach gleichbedeutend mit einer bestimmten, nämlich auf 'mithandeln' gerichteten, redeform und nicht mit jeder rede gleichzusetzen, die mithilfe eines stichwortzettels vorgetragen wird. Der redner werde seinen "beabsichtigten Kommunikationseffekt nur dann erzielen, wenn er in der Lage ... [sei], diese wechselseitige Steuerung einzuarbeiten" (1975a,154). Mit der wechselseitigen steuerung sind einerseits die variablen faktoren der sprechsituation gemeint und andererseits das feed-back der zuhörer. Der ausdruck 'frei' habe neben dieser instrumentellen bedeutung aber auch eine "emanzipative", versichert Geißner, "weil sie ihn [den hörer, K.R.] nicht überreden will, sondern überzeugen." (1975a,154)

Bei der redevorbereitung in 25 punkten (vgl. 1975a,155ff, als zusammenfassende übersicht 161) werde den teilnehmern bewußt, wieviele vorkenntnisse sie bereits "vom 5-Satz und besonders vom 25-Satz mitbringen", denn hier wie dort beginne "die Planung mit dem *Zwecksatz*" (1975a,155). Das deutet an, daß es gemeinsamkeiten zwischen der vorbereitung einer fünfsätzigen kurzrede und einer freien rede gibt. Das bestätigt auch Bertholds einschätzung, daß Geißner "mit seiner Fünfsatzmethode eine ganze Gesprächs- und Rededidaktik in nuce" verbinde (Berthold 1981b,99). Wenn Geißner für das sammeln der gedanken ein 'brainstorming' vorschlägt, dann verwendet er den ausdruck 'brainstorming' nicht im strengen sinne der bekannten kreativitätsmethode, denn dann müßten bestimmte regeln eingehalten werden, und außerdem könnte eine einzelperson nicht mit dieser methode arbeiten.

Im vierten schritt gilt es, "immer mit dem Blick auf den leitenden Zwecksatz", die gedankenzettel zu ordnen (1975a, 155). Geißner schlägt folgendes schema vor:

"1. warum spreche ich?
2. was ist?
3. was müßte sein?
4. wie läßt es sich erreichen?
5. tut es!" (1975a,156; vgl. 1982a,159)

Durch Schweinsberg-Reicharts veröffentlichung, auf die Geißner verweist, bzw. über die erwähnung im zusammenhang mit seinem fünfsatz (vgl. 1975a,55) wird deutlich, daß es sich um ein ursprünglich von Richard Wittsack vorgeschlagenes schema handelt. 1982 verweist Geißner zwar direkt auf Wittsack, aber es fehlt eine quellenangabe (auch im literaturverzeichnis), so daß für den leser erst auf umwegen herauszufinden ist, inwiefern Geißners formel vom original abweicht. Abgesehen davon, daß Richard Wittsack (R. Wittsack 1935,93) eine zuordnung zu einleitung, hauptteil und schluß vornahm und sein schema in satzform formulierte, fällt auf, daß bei Geißner (anders als bei Schweinsberg-Reichart, vgl. 1978a,70) die vergangenheit (was war?) fehlt. Dadurch wird es Geißner möglich, diese formel im soll/ist-schema abzubilden (vgl. 1982a,159). Außerdem hat Geißner das schema seinem spannbogen der rede zugeordnet, der die anteile so gewichtet, daß den punkten 1 bis 3 und den punkten 4 und 5 jeweils 50% der redezeit zugeordnet werden (vgl. 1975a,159; 1982a,159). Aus der idealverteilung (1:5%; 2:20%; 3:25%; 4:40%; 5:10%) leitet Geißner ab, daß sich bei verschiebung der anteile die meinungsrede (an anderer stelle heißt sie bei ihm 'überzeugungsrede'; vgl. 1982a,153) in eine andere redeform ändere. Bei einem ausgedehnten teil 2 (was ist?) und verkürztem teil 4 (wie läßt sich das erreichen?) nähere sich die rede einem referat, "bzw. bei verkürztem 4 und ausgedehntem 3 einer wenig argumentativen 'Gardinenpredigt' oder der 'Agitation'" (1982a,160). Aus einer unterschiedlichen gewichtung der gliederungspunkte ist es freilich nicht möglich, darauf zu schließen, um welche redeform es sich handelt. Angenommen, der redner beschreibt ausführlich, wie das ideal aussehen könnte (punkt 3), unterbreitet einen vorschlag (punkt 4) und fordert dann zur diskussion auf. In diesem fall wäre die gewichtung im vergleich zur idealverteilung verschoben. Nach Geißners berechnung wäre diese rede agitation!

Der redner soll nun für den hauptteil 'sprechdenkend' die für die redesituation "angemessene Ordnung" (1982a,160) finden. Schritt für schritt werden zitate eingearbeitet, beispiele aufgenommen, formulierungen präzisiert und das erarbeitete "auf seine Zielstrebigkeit hin überprüft." (1975a,157) Eine pause in der vorbereitung soll dazu dienen, abstand von der geplanten rede zu erhalten und im gespräch "mit irgendjemandem", der "nicht unbedingt ein Sachverständiger" sein muß, herauszufinden, "was der einsame Sprechdenker noch nicht oder nicht so bedacht hat" (1975a,158). Da der gesprächspartner keine besondere sachkenntnis braucht, dürften dessen hinweise weniger fachlicher natur sein.

Der vierte sprechdenkversuch soll schließlich zeigen, wie lange die - inzwischen um einleitung und schlußteil ergänzte - rede dauert, um zu kürzen, falls der zeitrahmen überschritten wurde. Beim kürzen sollte der redner nicht nur an die proportionen der einzelnen redeteile und an die reaktionen der zuhörer denken, sondern auch an die sich anschließende aussprache. Geißner findet es "ratsam, ein oder das andere Argument 'herauszukürzen', um es für die Diskussion zur Hand zu haben" (1975a,159). Ist ein kürzen aus zeitlichen gründen den rahmenbedingungen (bzw. der aufnahmefähigkeit der zuhörer) geschuldet, so ist das herauskürzen von argumenten für die anschließende diskussion nur als taktisches vorgehen aufzufassen. Die schritte der redevorbereitung werden zum ende hin immer technischer (gestaltung des stichwortzettels) und münden in die eigentliche rede, die vor den hörern vorgetragen wird. Wer sich mit diesem verfahren gründlich vorbereitet habe, weil er mit dem anspruch vor die hörer trete, "ihnen zu sagen, was in einer bestimmten Situation zu tun" sei, dem stelle sich "die Frage nach Sprechhemmung und Lampenfieber kaum noch", meint Geißner (1975a,162).

Für ihre übungsaufgaben wählt die lerngruppe problemfeld, situation, zielgruppe und zwecksatz, bevor im brainstorming stichworte gesucht werden. Bereits die ersten sprechdenkversuche werden mit dem videorecorder aufgezeichnet. In der auswertung "werden auch die Gesamthaltung, Gebärden, Gesten, Mimik, Blickkontakt ... einbezogen." (1975a,162) Erfolgt die vorbereitung der rede anhand der vorgeschlagenen 25 punkte, so erfaßt die auswertung der ersten sprechdenkversuche eine trainingssituation, bei der das publikum nur als zaungast, nicht aber als wirklicher ansprechpartner anwesend ist. Während die teilnehmer aus ihrer sicht die rede noch erarbeiten, wird sie gleichzeitig schon als reale rede aufgefaßt, um anschließend auch bezüglich blickkontakt, gesten usw. ausgewertet zu werden. Die rede ist also gleichzeitig unfertig und fertig - je nach blickwinkel. Wenn der redner sich "die rhetorische Kritik" (1975a,163) der zuhörer zu eigen macht, wird er den eigenen beitrag als fertige rede ansehen, die für dieses publikum gesprochen wurde. Das erarbeiten der rede wird auch vom kursleiter bereits als hörerbezogenes sprechdenken aufgefaßt, "das mit situativen Änderungen (Redezeitverkürzung, andere Hörergruppe, andere Raumgröße usw.) und Zwischenrufen *immer mehr zur Rede wird.*" (1975a,162f, hervorhebung K.R.) Durch die übungen wird vorgeführt, daß eine rede vorgetragen und situativ geändert werden kann, ohne bereits alle 25 vorbereitungsschritte durchlaufen zu haben. Es ist wahrscheinlich, daß dieses verfahren in den alltag übertragen wird (zumal bei zeitmangel) und daß die reden vordringlich hinsichtlich der vortragsweise optimiert werden. Genau das scheint bei den übungen im vordergrund zu stehen, und zwar deshalb, weil erfaßt wird, was sich beobachten läßt.

5.3.3.4 Fünfsätze

"Der Fünfsatz" (= 1968; gekürzt in 1974,121 - 130; vgl. auch 1975a,54 - 58; 1980b; 1982a,125 - 133; 1985; vgl. auch die kritische darstellung bei Berthold 1981b) ist wahrscheinlich der bekannteste beitrag, den Hellmut Geißner zur heutigen redepädagogik beisteuerte. Der 'fünfsatz' ist im grunde genommen nichts anderes als eine strukturierungshilfe für kurzreden.

> "Seit 1968 hat der Geißnersche Fünfsatz Eingang in die Rede-Praxis von Schulen, Volkshochschulen und gewerkschaftlichen Bildungsseminaren gefunden. Kaum ein praktisches Lehrbuch verzichtet auf die kurze Darstellung des Fünfsatz-Schemas" (Hethey 1988,133).

Allerdings dürfte nicht allen bewußt sein, daß sie sich des Geißnerschen 'fünfsatzes' bedienen, denn er wird "vielfach kopiert und fast nie zitiert" (Slembek 1986b,11). Der 'fünfsatz' erfreut sich wahrscheinlich deshalb so großer beliebtheit, weil seine grafische darstellung einfach zu übernehmen ist und es so aussieht, als ließe sich mit seiner hilfe problemlos argumentieren.

Bei seinem 'fünfsatz' will Geißner kursteilnehmer befähigen, "situativ gesteuert einen kurzen Redebeitrag sachlogisch geordnet anschaulich formulieren zu können, damit die beabsichtigte Wirkung erzielt wird." (1975a,54). Das erlernen des 'fünfsatzes' bildet einen schwerpunkt seines gesprächskurses. Im redekurs soll durch verfünffachung des 'fünfsatzes' ein '25-satz' entstehen, bevor schließlich statt eines '125-satzes' die 'freie rede' erlernt wird. Als begründung dafür, daß es fünf[118] sätze sein sollten, führt Geißner zahlreiche belege aus der rhetorikgeschichte an (vgl. 1968,266f). Berthold wies bereits darauf hin, daß Geißner beim blick auf die rhetorikgeschichte einseitig die fünfzahl lobe und daß es keineswegs immer fünf sätze sein müßten (vgl. Berthold 1981b,98f und 86f). Als weitere be-

118 Es ist auffällig, daß Geißner eine ausgesprochene vorliebe dafür entwickelt, jeweils fünf punkte zu finden, seien es lernziele, auswertungskriterien, begründungen, einwände oder kommunikationsformen. Einige wenige beispiele sind in dieser arbeit dokumentiert.

gründung für die anzahl fünf hatte Geißner auf Erich Drach verwiesen, dessen 'fünf-sätze-niederschrift' er aufgriff und weiterentwickelte (vgl. 1968,263ff). Ein genauerer blick zeigt aber, daß auch Drach keineswegs so eindeutig auf die zahl 'fünf' fixiert war, wie Geißner das darstellt (vgl. dazu den exkurs bei Drach 2.2). Da Geißner nach eigener ansicht zwar "Methode und Bezeichnung" von Drach übernommen, aber "die Methode ausgebaut, sie überhaupt erst für argumentierendes Sprechdenken begründet [hat]" (1982a,125), beschränkt er sich später auf den hinweis, daß er bei Drach "erste Ansätze fand" (1985,146, fußnote 11).

Das entscheidende am "Prinzip 'Fünfsatz'" (1968,273) sind für Geißner heute nicht mehr unbedingt sätze, obwohl er daran festhält, daß "fünf Sätze optimal" seien, aber "fünf Sätze machen keinen Fünfsatz", das entscheidende ist vielmehr "*die Unterordnung der Vordersätze unter den Zwecksatz*" (1982a,125; hervorhebung K.R.). Die zuspitzung im 'zwecksatz' ist für Geißner voraussetzung, um wirksame von unwirksamen 'fünfsätzen' zu trennen. Berthold versuchte zu zeigen, daß auch auf der grundlage der von Geißner als 'unwirksam' eingestuften 'fünfsätze' eine rede möglich ist (vgl. Berthold 1981b,95f). Redeunwirksame 'fünfsätze' ergeben nach Geißners einschätzung keine rede, vielmehr näherten sie "sich dem Stil des schlechten 'Referats'", bei dem der hörer nicht wisse, "woran er [sei] ... noch weniger, was er soll[e]." (1968,273) Wenn mithilfe rhetorischer kommunikation bei allen zuhörern eine handlung ausgelöst werden solle, dann sei es entscheidend, daß der 'zwecksatz' am ende steht, weil er "den Handlungsreiz" (1968,265) geben soll.

Hier ist darauf hinzuweisen, daß Geißner bei seiner auffassung des 'zwecksatzes' eher von Weller und Schweinsberg beeinflußt ist als von Drach, auf den er sich bei seinem 'fünfsatz' beruft. Wenn Geißner darauf verweist, daß Drach für eine rede ansatzpunkt, denkplan und zielpunkt forderte, wird aus seiner darstellung nicht deutlich, daß Drach keineswegs *einen* zwecksatz forderte (vgl. Drach 1932,39). Daß 'zwecksatz' für Drach nicht eine handlungsaufforderung am ende der rede bedeutet, wird schon daran deutlich, daß sich der redner bei der vorbereitung seiner rede fragen soll: "wie dient jeder Teilpunkt dem beabsichtigten *Leitgedanken*?" (Drach 1932,43; hervorhebung K.R.) Außerdem verweist Drach darauf, daß eine "einzelne wirkliche Rede kaum jemals ganz streng" entsprechend des "Denkgerüst[es], *Ansatzpunkt - Denkplan - Zwecksatz*", gebaut sein werde (Drach 1932,39) Drach stellt dem redner frei, induktiv oder deduktiv vorzugehen (vgl. Drach 1932,43) und wehrt sich ausdrücklich dagegen, daß der zwecksatz an das ende der rede gehöre, denn "(n)ur der Witz schließ[e] mit der 'Pointe'." (Drach 1932,51f)

Bei Geißners 'fünfsatz' ist eindeutig gefordert, daß der 'zwecksatz' erst am ende genannt wird, damit die zuhörer bis zur 'pointe' mitdenken können:

> "So wie ein Witz 'verkorkst' ist, wenn die Pointe zuerst erzählt wird, so, wenn die Kernaussage zuerst geäußert wird, das Argument ... . In einem Argument heißt die Pointe: *Zwecksatz*. Der Zwecksatz gibt Antwort auf die Frage: Was will ich erreichen, wenn ich jetzt spreche ... . *Der Zwecksatz formuliert also die für diese Hörer in dieser Situation beabsichtigte Konsequenz.* ... Die Konsequenzaussage macht den 'Schluß' praktisch. Von der Handlungskonsequenz [?] aus ... muß beim Planen des Arguments rückwärts gedacht werden: Wie kann ich diese Konsequenz stützen, begründen, veranschaulichen, plausibel machen?" (Geißner 1982a,124f)

Geißner lobt, daß der 'fünfsatz' wegen der zuspitzung im 'zwecksatz', als dem letzten geäußerten satz, "redewirksam" (1968,271) sei. Er geht davon aus, daß eine "aus Begründungsschritten entwickelte These (Feststellung, Werturteil, Aufforderung) ... ein anderes Hörerverhalten aus[löse] als eine gesetzte These, die nachträglich begründet wird." (1975a,54) Geißner gibt keine begründung dafür, wieso dieses vorgehen ein anderes hörverhalten auslöse. Gerade auf diese annahme baut aber sein aufbau einer fünfsätzigen kurzrede. Berthold vermutet zwar auch beim induktiven vorgehen des redners "psychologische Vorteile hinsichtlich der persuasiven Wirkung auf den/die Gesprächspartner", kann aber mangels empirischer untersuchungen keinen beweis dafür vorlegen, daß die schlußstellung des zwecksatzes "auch gesprächstaktische Vorteile" habe (Berthold 1981b,89).

In den formulierungen, die er neben den verschiedenen verknüpfungsschemata der 'fünfsätze' aufführt, sieht Geißner im gegensatz zu den wichtigen "Argument-Strukturen ... 'Muster ohne Wert'" (1985,149, fußnote 15). Aber gerade diese formulierungen werden von lernenden als das entscheidende angesehen. Martin Panzenböck stellte in übungen "immer wieder" fest, "daß die Teilnehmer bei Vorgabe solcher Beispielformulierungen diese in der Regel unkritisch übern[ä]hmen, sodaß eine selbständige Gedankenführung ungemein erschwert" werde (Panzenböck 1979,69). In diesem fall wurden nicht die denkmodelle, sondern die formulierungen als muster genommen, als ob es gelte, die bei Geißner mit drei punkten markierte leerstelle nach dem satzanfang durch eine eigene formulierung aufzufüllen, um den 'fünfsatz' fertigzustellen. Auch Siegwart Berthold sieht einen nachteil darin, daß bei einer vorgegebenen gliederung "die Inhalte vorschnell den sprachlich-kognitiven Modellen angepaßt werden, statt daß sich die redewirksame Gliederung aus der 'Sache' entwickelt." (Berthold 1981b,99) Er hält das verfahren aber bei übungsreden für vertretbar. Im hinblick auf die redeangst der teilnehmer sieht Berthold es als vorteil, daß die mit den fünfsatzmodellen

> "*vorgegebenen formalen und auch inhaltlichen Strukturen* ... Redeanfänger von einem Teil der kognitiven Aufgaben beim Planen und Sprechen von Übungsreden [entlasteten] und ... ihnen bei verringerter Belastung Erfolgserlebnisse durch rhetorische Leistungen [ermöglichten], die im Ergebnis bereits praxisgerecht sind." (Berthold 1981b,97; hervorhebung K.R.)

Die fünfsatzmodelle scheinen dem redner, einfach ausgedrückt, einen teil der gedanklichen arbeit abzunehmen, sie verhindern damit aber geradezu, eine durchdachte argumentation zu entwickeln. Berthold meint, daß mit den 'fünfsätzen' auch für anfänger erfolgserlebnisse 'rhetorischer art' möglich seien. Könnte das ergebnis nicht auch sein, daß der redner den eindruck erhält, die richtige formel könne auch in der praxis das denken erleichtern?

Zunächst werden im folgenden die verschiedenen fünfsatzmuster vorgestellt, bevor dann abschließend auf die vorschläge eingegangen wird, die Geißner zum erlernen seines fünfsatzes macht. Die grafische darstellung der dreistufigen mittelteile (vgl. 1980b,37, 1982a,126) regte Geißner zu einer im vergleich zu früheren veröffentlichungen geänderten terminologie an. Siegwart Berthold bemängelte zu recht, daß die mit der grafischen darstellung angedeutete beziehung "zwischen den 'Sätzen' ... sehr vage" sei (Berthold 1981b,90). Meistens beschränkt Geißner sich darauf, nur die "Verknüpfungsschemata" (1968,271) grafisch darzustellen (vgl. 1968,272f; 1975a,55 - 58; 1985,149f). Erstmals gibt er in seiner 'Sprecherziehung' (vgl. 1982a,125 - 133) auch ausformulierte beispiele, die verdeutlichen sollen, wie er sich die argumentation mittels der verschiedenen fünfsatzmuster vorstellt.

Bei der *'reihe'*, die der gängigen gliederung in einleitung, hauptteil und schluß entspricht, sind die drei schritte des mittelteils nebengeordnet. Diese aufzählung nebengeordneter denkschritte versucht, allein durch die anzahl der aufgezählten prädikate eine gewisse plausibilität zu erreichen. Nach Geißners einschätzung liegt die anziehungskraft dieser figur für denkungewohnte darin, daß die denkschritte untereinander unverbunden sind (vgl. 1982a,127).

Bei der *'kette'* sind die schritte untergeordnet, d.h. entweder "eine chrono-logische Folge von Denkschritten ... oder, noch konsequenter, eine 'logische' Folge. Die Schritte im Mittelteil sind so denknotwendig miteinander verkettet, daß sie in weil- oder wenn-dann Schritte umgesetzt werden können." (1982a,127) Aus den erläuterungen wird nicht ersichtlich, woher die 'denknotwendigkeit' kommt bzw. woher der argumentierende wissen kann, daß es denknotwendige verbindungen sind. Auch das beispiel hilft nicht weiter, denn der übergang von satz eins zu satz zwei ist weder chronologisch noch logisch notwendig: "A hat einen Plan vorgelegt. Der Plan ist gut durchdacht." (1982a,127; vgl. auch 1985,150) Der verweis auf die glaubwürdigkeit des planverfassers (vgl. 1982a,128) macht es höchstens plausibel, aber keinesfalls (denk)notwendig, daß es ein guter plan ist, denn auch glaubwürdige leute können schlechte pläne vorlegen.

Als dritte möglichkeit schlägt Geißner eine zweiseitige argumentfigur vor. In dieser als *'dialexe'* bezeichneten figur wird 'dialektisch' aufgebaut, indem zwei gegensätzliche positionen in einem dritten schritt zusammengeführt werden. Insbesondere diese figur fällt nach meinung Geißners vielen lernern schwer, weil sie nicht gelernt hätten zu zweifeln. Nach seiner ansicht helfen die "Formulierungshilfen ... 'die einen - die anderen' oder 'einerseits - andererseits'" bei dem für diesen fünfsatz vorgeschlagenen "abwägende[n] Argumentieren" (1982a,130 und 128).

Bei der *'ausklammerung'* weist Geißner ausdrücklich darauf hin, daß sie der 'dialexe' verwandt sei. Allerdings erfolgt bei dieser figur im vierten schritt keine 'synthese', "(s)tattdessen wird das zweite Glied des Gegensatzpaares verstärkt." (1982a,128) Wenn mehr als zwei problemlösungen konkurrierten, sieht Berthold in der beschränkung auf lediglich zwei seiten die gefahr, daß die antithetische struktur "zu Denkfehlern führen [könnte]." (Berthold 1981b,94)

Sowohl *'vergleich'* als auch *'kompromiß'* sind zwei fünfsatzfiguren, die in Geißners 'Sprecherziehung' nicht näher ausgeführt sind, obwohl er normalerweise sieben fünfsatzmuster unterscheidet und auch hier ausdrücklich erwähnt [1982a,126: "die sieben ... 5-Satzstrukturen"]. Die beiden fehlenden figuren sind der 'dialexe' eng verwandt und unterscheiden sich hauptsächlich darin, ob bzw. in welchem schritt der argumentierende die verbindung der beiden ansichten herstellen will. Wenn gerade diese beiden figuren fehlen, dann könnte das darauf hinweisen, daß auch Geißner hier eine engere beziehung sieht, als sie bei der pauschalen grafischen darstellung (vgl. 1968,272; 1985,150) deutlich wird.

Als letzte figur vervollständigt die *'gabel'* die sieben redewirksamen fünfsätze. Sie führe entfaltend "zwei nebengeordnete positive oder negative 'Beweisstücke'"

(1982a,128) vor und entspreche häufig dem weg vom allgemeinen zum besonderen. Die ursprünglich zeichnerisch dargestellten zwei weniger redewirksamen 'fünfsätze' (vgl. 1968,273) werden in späteren veröffentlichungen nicht mehr berücksichtigt.

Zu anfang (vgl. 1968,274) entwickelte Geißner die fünfsatzmuster aus der besprechung einer mittels tonband aufgezeichneten 'wilden' diskussion der teilnehmer, während er sie später vorgibt (vgl. 1975a,58). Die teilnehmer des redekurses werden bei Geißner angehalten, "nicht fünf Sätze als kleines Aufsätzchen" niederzuschreiben, sondern "bei Punkt 5, dem Schlußsatz beginnend", zu jedem punkt ein stichwort aufzuschreiben (1968,274). Die teilnehmer sprechen zunächst nur zu einem stichwort (z.b. ferien, auto, sport), dann auch für eine vorgestellte sprechsituation und rollenhaltung. Im nächsten schritt wird die planungszeit verkürzt, bis sie schließlich auf zuruf zu sach- und meinungsfragen sprechen sollen. Die teilnehmer sollen ihre reaktionszeit nach und nach verkürzen, bis sie in der lage sind, "auch noch in kürzester Vorbereitungszeit vom Ziel her zu planen" (1975a,54). Selbst wenn sich die themen an den voraussetzungen der teilnehmer orientieren, dürfte es dabei kaum möglich sein, mehr zu sagen als allgemeine worte. Sogar einem wirtschaftswissenschaftler dürfte es schwer fallen, in *wenigen* (möglichst fünf) hauptsätzen, die außerdem noch nebensatzlos sein sollten (vgl. 1980b,36; 1982a,127), viel über 'die nachteile der europäischen gemeinschaft für die nationalen volkswirtschaften' (vgl. 1968,274) zu sagen. Wenn Geißner später allgemein von "politischen Tagesfragen" (1982a,132) schreibt, gilt für die dort genannten stichworte (streik, arbeitslosigkeit, gastarbeiter usw.) grundsätzlich dieselbe kritik.

Bereits 1968 berichtete Geißner, daß die ersten versuche mit dem fünfsatz "meist ein recht mühsames, ringendes Sich-Äußern" (1968,274) seien. Geißner beschreibt in seiner 'Sprecherziehung' nun drei wege, wie die unterschiedlichen voraussetzungen der lerner berücksichtigt werden sollen. Nur gruppen, die die grundeinsichten des fünfsatzes selber gefunden haben, arbeiten von anfang an mit den kompletten fünfsätzen. Geißner hält es dagegen für angebracht, den dreistufigen mittelteil gesondert zu üben, wenn es teilnehmern schwerfiele, "einen Gedankengang folgerichtig zu entwickeln." (1982a,129) Diese teilnehmer sollen sich mit diesen zusatzübungen die gedanklichen grundlagen für fünfsätziges argumentieren schaffen, denn dem, "der nicht sprech*denken* kann, [kann] auch der Fünfsatz nicht ... [helfen]." (1968,274). Teilnehmer, denen es noch zu beginn des kurses schwerfiel zu argumentieren, sollen dies in einem kurzlehrgang nachholen. Es könnte aber auch sein, daß es diesen teilnehmern nur schwerfiel, *fünfsätzig* zu argumentieren.

Eine dritte methode zum erlernen des fünfsatzes hält Geißner bei den gruppen für angebracht, die weniger schwierigkeiten mit dem denken haben "als mit der Konsequenz ihres Denkens im dialogischen Prozeß." (1982a,131) Dahinter verbirgt sich die schwierigkeit dieser gruppe, zwar die argumentation in bezug auf einen zwecksatz planen zu können, nicht aber den zwecksatz selber. Das vor allem dann, wenn es sich "um einen Wunsch oder gar (!) eine Handlungsaufforderung" (1982a,131; hervorhebung im original) handelt. Diese teilnehmer müssen also zunächst lernen, zwecksätze zu formulieren, bevor sie die dazu passenden argumentfiguren suchen und vortragen. Bei ihren übungen finden die teilnehmer heraus, daß sie bereits "fünfsätzig argumentiert haben, als sie noch gar nicht wußten, daß es den 5-Satz gibt" und daß sie "diese Muster als Denkgewohnheiten verinnerlicht haben" (1982a,131). Geißner hatte bereits früher ähnliches berichtet. Demnach reproduzieren redner, "die vom Fünfsatz gar nichts wissen unerkannte Modelle", und auch bei der durchleuchtung üblicher reden und vorträge komme als tragendes gerüst "oft genug ... ein modifizierter [!] Fünfsatz zum Vorschein." (1968,276) Es wäre interessant zu erfahren, wie es möglich ist, daß redner den 'fünfsatz' beherrschen, obwohl Geißner ihn nach eigenen angaben erst aus Drachs ansätzen weiterentwickelt hat. Darüberhinaus wird es möglich sein, je nachdem wieweit modifikationen des grundprinzips zulässig sind, *jeden* redebeitrag als fünfsatz einzustufen.

5.3.3.5 Überzeugen

Die unterscheidung zwischen 'überzeugen' und 'überreden' führt zur kernfrage von Geißners rhetorikkonzept, denn der redner soll versuchen, "nicht zu überreden, sondern zu überzeugen", wenn es darauf ankommt, "in einer realen Situation sofortiges 'reales' (nicht nur mentales) Folgehandeln aus[zu]lösen" (1982a,151). Das verhältnis der kognitiven, affektiven und voluntativen dimensionen entscheide bei einer rede, ob es sich um 'überreden' oder 'überzeugen' handele (vgl. 1975a,133f; 1979a,17; 1982a,152). Wie wichtig für Geißner der "Doppelcharakter der Persuasion" (1977a,233) ist, läßt sich an seinen beiden ausführlichen exkursen (1977a,233ff bzw. 239ff) ebenso ablesen wie an seinem hinweis, daß "diese Frage ... für Theorie und Praxis rhetorischer Kommunikation von besonderem Interesse [sei]" (1981c,75, fußnote 21).

Der ausdruck 'persuasiv' ist vom ausdruck 'persuasion' abgeleitet. 'Persuasion' ist ein aus dem englischen[119] übernommener fachausdruck zur "Bezeichnung von Kommunikationsprozessen, die nicht nur Information vermitteln", und bezeichnet "zwei verschiedene Kommunikationseffekte: 'überreden' und 'überzeugen'" (1977a,233). Der ausdruck 'kommunikations*effekt*' deutet an, daß sich die beiden formen in ihrem ergebnis unterscheiden. Ein bestimmungsmerkmal für die unterscheidung der beiden redewirkungen liefere "die Wirkungsdauer. Der Überredete ... [sei] Gegenkommunikation leichter zugänglich als der Überzeugte" (1969a,55). Die unterscheidung über die zugänglichkeit für gegenkommunikation ist nicht die einzige möglichkeit, das positiv bewertete überzeugen vom negativ bewerteten überreden abzugrenzen:

> "Beim Überreden wird das Bezugssystem des Hörers kurzgeschlossen, meist mit emotionalem Überdruck und der Suggestion, hier verwirkliche sich seine Wunschwelt, wird er zum Handeln im Reflex

---

119 Der ausdruck ist abgeleitet vom lateinischen *persuadere* [suadere = raten, rat geben]. Damit sollte ausgedrückt werden, daß mit erfolg geraten wurde. Die im deutschen durch die wörter *überzeugen* und *überreden* ausgedrückte unterscheidung wurde im lateinischen durch unterschiedliche grammatische konstruktionen [persuadere + aci = einen überzeugen bzw. persuadere + dativ und konjunktiv = einen überreden] kenntlich gemacht. Deshalb kann persuadere im lateinischen zwar beides bedeuten, aber durch die konstruktion müßte deutlich werden, welche bedeutung gemeint ist.

gebracht; zum Handeln mit Reflexion dagegen im Zusammenwirken seiner rationalen, emotionalen und voluntativen Kräfte, beim Überzeugen" (1969a,54f).

Diese gegenüberstellung der beiden 'handlungsarten' gewinnt ihre entgegensetzung aus dem wortspiel 'reflex' und 'reflexion'. Geißner zitiert seine formulierung auch in späteren veröffentlichungen (vgl. 1975a,134; 1979a,14; 1981a,154), als er auf die unterscheidung von verhalten und handeln wert legt. Um verwechslungen mit seinem handlungsbegriff zu vermeiden, wäre es sinnvoll, 'handeln im reflex' durch 'verhalten' zu ersetzen.

Geißner unterscheidet *innerhalb* der rhetorischen kommunikation zwischen informativen und persuasiven kommunikationsprozessen, denn für ihn steht 'information' gegen 'persuasion' (vgl. 1977a,233; 1979a,13). Während die informative rhetorische kommunikation auf 'mitdenken' ziele, sei durch persuasive rhetorische kommunikation beabsichtigt, reales 'mithandeln' auszulösen. Geißner ordnet den 'vortrag' dem 'mitdenken' zu und die 'meinungsrede' dem 'mithandeln'. Außerdem führt er als weitere form persuasiver rhetorischer kommunikation die 'agitationsrede' auf, die überreden wolle und damit im gegensatz zur meinungsrede stehe, die überzeugen wolle. In seiner grafik, in der die verschiedenen formen rhetorischer kommunikation eingeordnet sind, verwendet Geißner den ausdruck 'tun' in entgegensetzung zu 'mithandeln'. Optisch wird dabei 'mithandeln' unter 'überzeugen' und 'tun' unter 'überreden' eingeordnet (vgl. 1975a,132; 1979a,17). Wenn diese unterscheidung zwischen 'mithandeln' und 'tun' dem unterschied zwischen 'überzeugen' und 'überreden' entsprechen soll, ist es pikant, daß Geißner als das ziel "*jeglicher*" rhetorischer kommunikation "Mitdenken oder reales Mittun [!]" aufführt (1975a,120; vgl. auch 1977c,48).

Während in Geißners früheren veröffentlichungen 'persuasion' sowohl überzeugen als auch überreden bedeutete (vgl. 1969a,54; 1975a,133; 1977a,233; 1979a,14), ordnet er den ausdruck 'persuasion' neuerdings (vgl. 1981a,154) alleine dem negativ besetzten überreden zu und will ihn lieber ganz vermeiden. Um die "Ambiguität von 'persuasiv' aufzulösen", schlägt Geißner "eine Aufspaltung in 'manipulativ' (für überredende Prozesse) und 'convictiv' (für überzeugende Prozesse)" vor (1981a,154). Die verwendung des ausdrucks 'manipulativ' nennt den vorgang des überredens deutlich beim namen. In seiner aufzählung lateinischer, englischer und deutscher ausdrücke (vgl. 1981a,154) ordnet Geißner dem 'überzeugen' das englische wort 'conviction' zu und 'überreden' den englischen ausdruck 'persuasion'. Diese eindeutige zuordnung von 'persuasiv' zu 'überreden' entspricht nicht dem englischen sprachgebrauch, weil 'to persuade' bzw. 'persuasion' ebenfalls das deutsche 'überzeugen' bzw. 'überzeugung' bedeuten kann. Außerdem ist daran zu erinnern, daß 'conviction' neben der 'festen überzeugung' auch die 'verurteilung' bedeuten kann, so daß jemand 'handeln' kann, nicht wegen einer überzeugung, sondern weil er dazu verurteilt wurde. An der sprachlichen bezeichnung wird also nicht deutlich, ob jemand wegen einer äußeren macht nicht anders handeln kann oder wegen seiner überzeugung so handeln will. Der ausdruck 'convictiv' bringt also unversehens in erinnerung, daß handlungen abhängig sind von den äußeren umständen, denn ein hörer, der nicht nur mitdenkt, sondern mithandelt, setzt das, "womit er einverstanden ist, um in die Tat. Dies kann aus Überzeugung geschehen *oder ohne Überzeugung, aber aus Einsicht in die praktische Notwendigkeit.*" (1977a,230, hervorhebung K.R.) Woher stammt die einsicht (!) in die praktische notwendigkeit des tuns? Wie läßt sich bestimmen, ob jemand aus überzeugung oder aus praktischer notwendigkeit (herrschaft?) gehandelt hat? Dieses problem wird insbesondere deshalb wichtig, weil rhetorische kommunikation zwar "argumentativ Konsens zu erstreiten versucht", aber Geißner dissens und begründeten dissens in ihre schranken verweist, denn beide fänden ihre "Grenze ... freilich dort, wo *gehandelt werden ... [müsse].*" (1981c,80; hervorhebung K.R.; vgl. 1981a,163) Wer bestimmt aber, ob gehandelt werden muß?

Die überzeugungshindernisse/kommunikationsbarrieren (vgl. 1977a,239ff) "erschweren oder vereiteln" - nach Geißners meinung - "in ihrem Feld Überzeugung, wenngleich sie Überredung erlauben, manchmal sogar - so hat es den Eindruck - begünstigen" (1977a,240). Die praxis rhetorischer kommunikation widerlegt, was Geißner behauptet: "Nur [!] der Abbau dieser ... Störfaktoren ermöglicht gemeinsames Handeln." (1975a,137) Der zwang der äußeren umstände vermag das ebenso wie manipulation. Die 'störfaktoren' mögen ein 'handeln mit reflexion' behindern, aber sie ermöglichen bzw. begünstigen manipulation und verhaltenssteuerung. Zum teil macht es bei Geißner den eindruck, als betrachte er andere meinungen nur als hindernisse der eigenen meinung ["welche Gegenmeinung steht meiner im Wege" (1975a,54); die "abzuwehrenden Ansichten" (1975a,157)], nicht aber als den ausdruck eines legitimen anderen interesses.

Geißner betont zwar, daß beim überzeugen "Argumentation unverzichtbar" sei (1982a,153), aber hier ist daran zu erinnern, daß er rhetorische kommunikationsprozesse dadurch bestimmt hatte, daß die kommunikationspartner versuchten, "sich bewußt zu beeinflussen und - meist [!] mit Argumenten - zum Handeln zu veranlassen" (1979a,12; vgl. 1975a,22). Argumente sind demnach kein notwendiger bestandteil rhetorischer kommunikation, und handlungsauslösung ist also durchaus auch möglich, ohne daß argumentiert wurde! Geißner gelingt es nicht, überzeugung von anderen formen der beeinflussung abzusetzen. Kopperschmidt wies bereits 1973 darauf hin, daß Geißners definition von rhetorik als handlungsauslösendem sprechen "in dieser Form jedenfalls auch als Befehls-Definition zu gebrauchen" sei (Kopperschmidt 1973,64). Sofern 'handlungsauslösung' das entscheidende merkmal rhetorischer kommunikation ist, wird der unterschied zwischen überzeugen und überreden sekundär. Soll der unterschied zwischen 'überreden' (= manipulieren) und 'überzeugen' bedeutungsvoll und für die redepädagogik leitend sein, muß das bereits in die definition rhetorischer kommunikation einfließen.

Wenn Geißner als aufgabe der rhetorik bestimmt, "Konsens zu erzeugen; Konsens durch Überzeugen, Scheinkonsens durch Überreden" (1977a,236), dann verdeutlicht das, daß er zwei unterschiedliche formen der rhetorik sieht. Eine durch überreden auf scheinkonsens zielende technokratische und eine "kritische oder emanzipatorische Rhetorik. Die Unterscheidung von 'technologisch' oder 'emanzipatorisch' enthält selbst wieder Wertentscheidungen; d.h. sie wiederholt das Dilemma der 'Persuasion', nämlich die verschiedenen Wertungen von 'überreden' und 'überzeugen'." (1977a,238f) Die unterscheidung zwischen überreden und überzeugen ist demnach die voraussetzung dafür, diese beiden formen der rhetorik unterscheiden zu können.

"Für meine Redepädagogik", schreibt Geißner, "ist die Entscheidung für 'Überzeugen', die Entscheidung für unverkürzte [!] Kommunikation in [!] den gegenwärtigen gesellschaftlichen und politischen Verhältnissen. ... Unverkürzt heißt in diesem Zusammenhang, daß keine der kognitiven, expressiven und voluntativen Kräfte im rhetorischen Kommunikationsprozeß ausgeschlossen werden, heißt aber zugleich, daß die von den Verhältnissen erzwungene 'verzerrte Kommunikation' entzerrt, also *die zur Verkürzung und Verzerrung führenden Bedingungen geändert werden*" (1975a,134f; hervorhebung K.R.).

Es bleibt zu untersuchen, welche verhältnisse Geißner ändern will, damit unverkürzte kommunikation möglich wird.

Bevor abschließend (vgl. 5.3.4) auf Geißners politikauffassung eingegangen wird, soll zunächst seine rhetorikauffassung historisch eingeordnet werden. Geißners auffassung von freier rede und der vorbereitung der meinungsrede ist - vermittelt über Fritz Schweinsberg, auf den er sich ausdrücklich beruft (vgl. 1975a,10 und 155) - von Wellers redekunst beeinflußt. So erklärt sich wohl auch, daß Geißner als absicht des redners bestimmt, daß "*letztlich alle [!]* handeln sollen wie es der Zwecksatz vorschlägt" (1975a,130; hervorhebung K.R.). Mittels rede wahrheit wirksam zu machen, war das ziel von Ewald Geißler, auf das sich Geißner ausdrücklich positiv bezieht (vgl. 1980a,29; 1982c,14). Sowohl Geißler als auch Weller stützten sich für ihre redekunst zu einem erheblichen maße auf massenpsychologische einsichten. Bei beiden ist ihre auffassung von redekunst nicht von ihren politischen ansichten zu trennen, denn beide trugen zur nationalsozialistischen rednerausbildung bei.

Nachdenklich sollte es auch stimmen, daß Geißner mit seinem 'fünfsatz' "Denkzucht, Sprachzucht, Sprechzucht" lehren will (1968,271 und 278). Sprechen und denken in die zucht zu nehmen, war nämlich betontes ziel der sprecherziehung als teil nationalsozialistischer erziehung. Die sprecherziehung dieser zeit war angetreten, "die Klagen über die zuchtlose Verwilderung der deutschen Sprache endgültig verstummen" zu lassen (Ahmels 1934a,189). Herbert Ahmels beschrieb die politische aufgabe der sprecherziehung dann wie folgt:

"Sprachunterricht begnügt sich also nicht mit einer technischen Sprachfertigkeit, mit einer persönlichen Sprachkultur, sondern stellt den einzelnen Sprecher unter die Sprachzucht der überpersönlichen Sprachgeltung und hilft bei der Erziehung zur Volkheit. Aufgabe der Spracherziehung ist es, den deutschen Menschen durch Entfaltung seines Sprachvermögens zur Persönlichkeit und zum verantwortlichen Glied der Sprachgemeinschaft zu erziehen." (Ahmels 1934a,190)

Wenn hinzugenommen wird, daß Ahmels einen anderen aufsatz 'Sprechschulung und Sprachzucht' betitelte und darin ausführte, die sprecherziehung diene "unmittelbar" der "Denkzucht" (Ahmels 1936,213), dann zeigt das, welche bedeutung dem gedanken der 'zucht' in der sprecherziehung zugemessen wurde. Ahmels meinte, der

"Sprechstil ... [müsse] durch seine Klarheit, Knappheit, Treffsicherheit, Bestimmtheit Zucht zeigen; dann ... [werde] auch der deutsche Schreibstil Abbild eines zuchtvollen Volkes. Die soldatische Zucht des alten deutschen Heeres zeigte sich gerade in der genauen, knappen Sprechweise des gedienten Mannes ... . Für die deutsche Zukunft ... [werde] das Vorbild der Führerrede ... im ganzen Volk Sprachzucht erwecken." (Ahmels 1936,214)

Auch Erich Drach war vom gedanken der 'sprachzucht' angetan und zitierte deshalb aus Ernst Kriecks "grundlegende[m] Werk heutiger deutscher Erziehung" (Drach 1934b,382), die nachfolgende passage:

> "Eine dringliche Aufgabe der deutschen Schule ist die Zucht zur deutschen Sprache, und die Zucht durch die deutsche Sprache. Sprache ist nicht bloß äußere Form, gute Sprache nicht Schmuck des Lebens, sondern Ausdruck der völkischen Denkform und Denkweise. Darum bedeutet Zucht zur Sprache zugleich Zucht des Denkens und Charakters." (Krieck, zitiert nach Drach 1934b,382)

Diese zitate zeigen, als wie entscheidend der gedanke der 'zucht' in erziehung und sprecherziehung gesehen wurde (vgl. auch Drachs 'selbstzucht'; Drach 1932,66).

Wenn Geißner ausgerechnet auf die worte 'denkzucht', 'sprechzucht' und 'sprachzucht' zurückgreift, um die leistungen seines 'fünfsatzes' herauszustellen, gerät er in den verdacht, sich - trotz demokratischer zielsetzung - nicht ausreichend von der sprecherzieherischen tradition gelöst zu haben, die mit völkischem denken in verbindung stand. Raimund Hetheys einschätzung, "Geißner ... [habe] die Tradition seiner Denkansätze nie kritisch reflektiert, sondern sich ganz bewußt um Kontinuität bemüht" (Hethey 1988,134), trifft somit den kern des Geißnerschen vorgehens. Allerdings ist die kontinuität hinter progressiv klingenden aussagen und sozialwissenschaftlicher terminologie verborgen.

Geißner gibt eine standortbestimmung für seine rhetorikauffassung unter der überschrift "Anpassung oder Aufklärung" (1975a,187ff; gekürzt in 1974,11ff). Er stellt hier den hintergrund seiner theorie rhetorischer kommunikation dar und betont ausdrücklich den zusammenhang von politischer bildung und rhetorik. Geißners äußerungen zur politischen bildung deuten darauf hin, daß er sie vor allem mit institutionenkunde gleichsetzt (vgl. 1968,278; 1975a,120 und 187ff), der er seine redepädagagogik als die eigentliche poltische bildung entgegensetzt. Aus Geißners sicht sind "Politische und rhetorische Bildung ... interdependent wie Rhetorik und Politik." (1975a,18) Das zeigt der titel seines buches (1975a) ebenso wie sein lob für die Europäische Akademie Otzenhausen, der - seiner meinung nach - einzigen institution "in der BRD, an der es *rhetorische als [!] politische Bildung* systematisch in ... Seminaren gibt" (1975a,7). Für diese institution hatte Geißner seine kursmodelle entworfen (vgl. 1975a,9) und sein buch geschrieben, das korrekterweise 'rhetorische kommunikation und politische bildung' heißen müßte, um die von ihm sonst immer betonte abgrenzung der eigenen konzeption von der antiken rederhetorik deutlich zu machen. Anläßlich der dritten, unveränderten auflage seines buches im jahre 1986 betont Geißner in einer kurzen vorbemerkung, daß er seine konzeption keineswegs als überholt einschätzt. Nach wie vor hält er das 'Institut für Rhetorik und Methodik in der politischen Bildung' (IRM) an der Europäischen Akademie Otzenhausen für die "einzige Institution ihrer Art [, die] keine interessengebundene Kaderschmiede" sei (1986,7). Einen aktuellen einblick, wie Katrin und Raimund Dahmen den ansatz ihres "geistigen Ziehvater[s] Hellmut Geißner" (Klein 1991,35) in die praxis umsetzen, vermittelt Joachim Kleins bericht (Klein 1991). Aus diesem artikel ist auch zu entnehmen, daß dem IRM in der zwischenzeit ein weiteres institut an die seite gestellt wurde, das sich speziell um die vermittlung rhetorischer kommunikation an manager bemüht (vgl. dazu 8.5.1).

Geißner stellt seine funktionale - heute als 'sozialpragmatische'[120] bezeichnete - rhetorikauffassung der aristotelischen rhetorik gegenüber und betont die nähe zur 'neuen wissenschaftlichen rhetorik' (vgl. 1969c,71; 1975a,14f). Geißner sieht den bedarf

> "einer funktionalen Rhetorik, die als politische sowohl den sprachlichen Zusammenhang zwischen Vergesellschaftung und Selbstverwirklichung reflektiert ... als auch demokratisches Verhalten in demokratischen Verfahrensweisen einübt, *also Argumentation und rationale Konfliktlösung*, und dadurch befähigt, die 'Rolle des Staatsbürgers' zu übernehmen." (1975a,188; hervorhebung K.R.)

Zunächst wird die bedeutung der argumentation für Geißners rhetorik zu klären sein, bevor herausgearbeitet wird, wie sich Geißner konfliktlösung wünscht. Dadurch wird ersichtlich, welche rolle dem staatsbürger von Geißner in dieser gesellschaft zugewiesen wird. Im gegensatz zu einer rhetorik im managertraining gehe es bei "Rhetorik im Zusammenhang mit politischer Bildung, ... gerade nicht um Rhetorik als Herrschaftsinstrument", ihr gehe "es um Verbesserung der rhetorischen 'Kompetenz', also der Gesprächs- und Redefähigkeit mit dem - kurz gesagt - emanzipatorischen Ziel: kritische Mündigkeit." (1975a,119)

5.3.4 Politische bildung

5.3.4.1 Streitfragen

Nach Geißners meinung lassen sich "Argumentmuster oder -strategien so sicher bestimmen wie grammatische Regeln" (1979a,20). Geißner sieht beides als eine einfache aufgabe an und stellt sie deshalb der schwierigen beurteilung mündlicher leistungen gegenüber. In wirklichkeit erweist sich die bestimmung von argumentationsmustern als noch schwieriger als die bestimmung grammatischer regeln. Die schwierigkeit liegt darin, daß die unausgesprochenen prämissen der argumentation erschlossen werden müssen, da in der praxis selten vollständige schlüsse, sondern meistens rhetorische schlüsse (enthymeme) verwendet werden. Der entscheidende schritt der argumentation ist die verbindung von individuellem und allgemeinem fall. Das ist etwas anderes als das von Geißner aufgebaute dilemma zwischen situationsabhängiger und unbedingter geltung. Danach stehe der argumentierende "unausweichlich [!] in dem Dilemma von 'hier und jetzt' auf 'künftig und immer' [!] zu reden" (1975a,209). Geißner ist nicht so sehr an der analyse von argumentationen oder dem begriff der argumentation interessiert. Ihm geht es vordringlich darum, das 'argumentieren' mittels des fünfsatzes populär zu machen. Die fünfsatz-strukturen sollen bei alltäglichen streitgesprächen als "Planungshilfen" dienen, damit die argumentierenden "mit Gründen streiten" können (1985,151).

---

120 Mit der kennzeichung als 'sozialpragmatisch' will Geißner betonen, daß er im unterschied zu einer 'universalpragmatischen' theorie (Habermas; Kopperschmidt), die konkrete gesellschaft berücksichtige. Mit einem 'tertium datur' beansprucht Geißner das feld zwischen 'universalpragmatischer' und 'technokratischer' rhetorik für seine 'sozialpragmatische' rhetorik (vgl. 1981c,80f; 1989a,14).

Bei einem streitgespräch gilt es nach Geißner, nicht vorurteil gegen vorurteil zu stellen. Strittig werde eine behauptung dann, wenn "Menschen oder Gruppen ... unterschiedliche Meinungen ... [hätten], d.h. wenn sie Unterschiedliches für wahr, richtig, gerecht, wertvoll, sinnvoll, machbar usw. h[ie]lten." (1985,141) Dieser aufzählung nach zu urteilen, ist es für Geißner kein unterschied, ob um wahrheit, gerechtigkeit oder machbarkeit gestritten wird. Die an einem streitgespräch beteiligten müssen neben der bereitschaft, sich verständigen zu wollen, auch bereit sein, ihre behauptungen zu begründen. "Eine begründete Behauptung heiß[e] *Argument*" [nicht die begründung für die behauptung !], und eine folge von argument und gegenargument sei "eine *Argumentation*", schreibt Geißner (1985,142; 1979a,14) und läßt offen, was als argument gelten kann. Das ist deshalb eine wichtige frage, weil auch über begründungen, bewertungen, rechtfertigungen wieder gestritten werden kann. Das nachdenken über die reihenfolge (sollte die begründung vor oder nach der behauptung erfolgen) und über haupt- und nebensätze sagt etwas über das "Argumentmuster", die "Art des Argumentaufbaus" oder die "Argumentform" und beim einbeziehen von modaladverbien etwas über die "Argumentgewißheit" (alle zitate 1985,143), jedoch nichts über die (logische) schlüssigkeit des arguments. Schlüssigkeit muß Geißner aber als voraussetzung nehmen, wenn er die schülerscherze als "logische Fehler" einschätzt (1985,144).

Gegen eine orientierung der argumentationstheorie am gerichtsverfahren wendet Geißner ein, daß es vor gericht um vergangenes ginge, das (von richtern) auf die übereinstimmung mit gesetzen beurteilt werde. Aus Geißners sicht geht es in juristischen prozessen nahezu nie, "höchstens vor den Verfassungsgerichten" (1982a,118), um zukünftiges handeln, wobei es sogar eine allgemeinverbindliche richtschnur gäbe, an der täter und tat gemessen würden. Geißner kommt nur der strafprozeß in den sinn, nicht aber die vielfältigen prozesse vor anderen gerichten, bei denen ebenfalls über zukünftige handlungen entschieden wird. Außerdem zeigen die unterschiedlichen auslegungen von vorschriften, daß das verständnis von gesetzen keineswegs so verbindlich ist, ganz abgesehen davon, daß häufig darüber gestritten wird, welche fakten heranzuziehen sind, um eine sachlage zutreffend zu erfassen. Vom gerichtsverfahren, an dem sich schon die antike rhetorik in vielen punkten orientierte, wären also sehr wohl hinweise darauf zu entnehmen, wie in streitfragen argumentiert werden kann.

Beiläufig macht Geißner nochmals deutlich (vgl. 1985,145; vgl. auch 1980a,34; 1981a,167), daß die antike rhetorik mit ihrer orientierung auf vergangenheit bzw. allgemeinheit im wirklichen leben keinen platz hätte. Es ist hier daran zu erinnern, daß die antike rhetorik keinesfalls nur in der gerichtsrede bestand, wie Geißner nahelegt (vgl. z.b. 1979a,10). Er selber weist darauf hin, daß es neben gerichts- und feierrede die beratungsrede gab, deren aufgabe es war, "vor der Volksversammlung eine politische Entscheidung zu empfehlen oder von ihr abzuraten ... geleitet von den Kategorien: nützlich oder schädlich." (1979a,11; vgl. auch den hinweis in 1981c,76 fußnote 24) Aus der antiken rhetorik wäre auch für die entscheidung über künftiges handeln durchaus relevantes zu entnehmen:

"Wenn Menschen als Miteinanderlebende sich argumentierend zu verständigen versuchen, dann geht es ... in vielen Fällen um Ziele und Wege gemeinsamen künftigen Handelns. ... Über die Möglichkeiten gemeinsamen künftigen Handelns ist nicht im vorhinein mit 'richtig' und 'falsch' zu entscheiden.

Deshalb [?] verfängt es in praktischen Fragen auch nicht, sich ausschließlich an die Regeln der Logik zu halten und nur logisch zu argumentieren. Aus diesem Grund kann es auch nicht als ausreichend betrachtet werden, die Grundregeln der Argumentation allein vom Gerichtsverfahren abzuleiten ... . 'Im Leben' gibt es ... meistens keinen entscheidungsmächtigen Richter und keine Regeln, die - wie die Gesetze - für alle Gültigkeit haben. Das gilt für Einzelentscheidungen ..., für (im engeren Sinn) 'moralische' Fragen ..., es gilt noch stärker für politische Fragen ..., zumal bei lebenswichtigen Entscheidungen. ... In allen diesen Streitfällen ... gewinnt die überzeugende Argumentation besonderes Gewicht, *wenn Kommunikationsabbruch oder tätliche Auseinandersetzung vermieden werden sollen*" (1985,145f, hervorhebungen K.R.).

Unter den gegenwärtigen bedingungen sind nicht alle vom gesetz dazu berechtigten bürger in gleicher weise befähigt, am streit der meinungen teilzunehmen. Nur bei voraussetzung gleichen frage- und rederechts ist es aber nach Geißners aussage "überhaupt sinnvoll, mit Gründen zu streiten, d.h. zu argumentieren" (1985,147). Daraus könnte abgelesen werden, daß es unter den gegebenen bedingungen der ungleichheit gar nicht sinnvoll sei zu argumentieren, sondern statt dessen zu handeln. So hat beispielsweise der "arbeitslose Jugendliche ... dem Kapitaleigner gegenüber keine Chance rationalen Argumentierens." (1977a,246) Warum der arbeitslose jugendliche mit seiner argumentation keine chance hat, erläutert Geißner nicht. Geißner sieht nur, daß in einer "derartigen Konfliktsituation ... der Leidensdruck größer [werde] als die (zur progressiven Konfliktfähigkeit gehörende) Frustrationstoleranz." (1977a,246) Das problem ist nach Geißners meinung nicht, daß der jugendliche arbeitslos ist, sondern, daß der arbeitslose (jugendliche) noch nicht über ausreichende frustrationstoleranz verfügt, die zur konfliktfähigkeit dazugehört. Geißners konfliktverständnis wird indirekt deutlich, wenn er Meads aussagen zum konflikt kritisiert und bemängelt, "Konflikte" entstünden bei ihm "nicht aus der 'Gesellschaft', aus Macht, Herrschaft, sozialer Ungerechtigkeit, Arbeitskampf usw. ..." (1981a,33). Weiter als bis zu diesen schlagworten kommt Geißners analyse nicht. Wenn Geißner in seiner aufzählung der konfliktursachen den arbeitskampf nennt, dann verschleiert er damit, warum ein arbeitskampf entsteht. Anstatt den arbeitskampf als mittel zu begreifen, mit dem auf konflikte reagiert wird, macht Geißner den arbeitskampf zu einem faktor, aus dem konflikte erst entstehen. Arbeitskämpfe zu vermeiden, heißt also, konflikte zu vermeiden. Konflikte und pluralität gehören entsprechend Geißners demokratieverständnis zusammen (vgl. 1969d,12).

Zwar verwendet Geißner immer wieder den ausdruck 'pluralismus' in seinen schriften, aber er erläutert ihn nicht und unterscheidet auch nicht zwischen pluralismus in der wissenschaft und in der politik. Politikwissenschaftler unterscheiden verschiedene konzeptionen des pluralismus bzw. neopluralismus (vgl. Oberreuter 1980). Der pluralismus baut auf dem liberalistischen gesellschaftsmodell auf, das "vom einzelnen, freien und mündigen Bürger" ausgeht, "der seine Interessen in Konkurrenz mit den Interessen der anderen Bürger vertritt und durchsetzt" (Böhret u.a. 1979,68). Zu den schwierigkeiten einer pluralistischen politikkonzeption zählt beispielsweise, daß sich allgemeine, übergreifende und langfristige interessen nur schwer vertreten lassen (vgl. Böhret u.a. 1979,201ff). Bei Geißner wird nirgendwo deutlich, inwieweit er die probleme einer pluralistischen konzeption sieht (z.b. die macht der verbände: Weber 1980; Böhret u.a. 1979,79ff und 195ff) und wie er sie lösen will (vgl. allgemein Kremendahl 1980; 1975,25ff).

5.3.4.2 Kritische mündigkeit

Mit einrichtung der parlamentarischen demokratie sieht Geißner die voraussetzung für mündigkeit gegeben, da jeder bürger seine stimme habe.

> "Wenn er [der bürger, K.R.] sie [die stimme, K.R.] nicht nur stumm in der Wahlurne begräbt, sondern sie in allen Situationen erhebt, dann ist diese Mündigkeit lebendig und nicht mehr nur formaljuristisch wirksam. *Miteinandersprechen*, zumal mit Menschen anderen Alters, anderer Berufe, Konfessionen, Parteizugehörigkeit usf., wie es als Spiegel einer 'pluralistischen Gesellschaft' in den Volkshochschulkursen gang und gäbe ist, *erweist sich demnach aus sich selber als demokratisch.* Dabei handelt es sich ... um Erziehung zu demokratischer Haltung. Es ist einsichtig, wie sehr *Sprecherziehung aus sich selber politische Grundbildung* ist. Und zwar nicht nur in den einschlägigen Kursen zu Gespräch, Diskussion und Rede, sondern auch [!] in den vorbereitenden Sprechbildungsübungen, die Sprechweise, Sprechstufen und Hörvermögen differenzieren. ... . Formal und inhaltlich steht also Sprecherziehung im Kern von Erwachsenenbildung." (1963,16; hervorhebung K.R.)

Der besondere stellenwert, den Geißner der sprecherziehung in der erwachsenenbildung zuerkennt, wird genauso deutlich wie sein bestreben, zur mündigkeit zu erziehen.

Mittlerweile (genauer seit 1969d,11) hat Geißner die zielsetzung seiner redepädagogik, unter bezug auf Adornos ausführungen zur kritik (Adorno 1977), zur 'kritischen mündigkeit' erweitert[121]. Nunmehr sieht Geißner das ziel seiner konzeption rhetorischer kommunikation "nicht in schierer Mündigkeit ..., sondern in *'kritischer Mündigkeit' als dem Inbegriff von Gesprächsfähigkeit, Kritikfähigkeit, Konfliktfähigkeit und Verantwortungsfähigkeit*" (1981a,157). Geißner reklamiert 'kritische mündigkeit' zusammen mit 'kritischer hermeneutik' als basis seiner sprechwissenschaftlichen theorie; "Begriffe, die den Einfluß des Studiums bei Gadamer, Horkheimer und Adorno erkennen" ließen (1989a,7; vgl. 1981a,53). Aus der dialogik soll der dialektische umschlag kommen, der die unmündigen "im Medium der Rede als dem Medium der Demokratie" (1975a,203) aus dem zustand der unmündigkeit befreit. Geißners - von ihm als "radikaldemokratisch" (1979c, 11) bezeichnetes - politikverständnis soll nun abschließend untersucht werden.

Die bürger forderten ihr grundgesetzlich garantiertes recht auf meinungs- und redefreiheit ein (vgl. 1974,10). In diesem engen zusammenhang von demokratischen verhältnissen und rhetorischer kommunikation sieht Geißner den grund dafür, daß rhetorik in aller munde ist. So wie Geißner gehen auch andere sprecherzieher von einem innigen verhältnis von demokratie und gespräch aus: "Demokratie ... [sei] Gespräch ... . Demnach wäre *politische Bildung* in einem demokratischen Staat *Gesprächsschulung.* ... Politische Mündigkeit basier[e] auf *Mündlichkeit*" (Lange 1975,81; vgl. auch Lotzmann 1985,91 und Rehm 1976,12). Mit seiner *demokratiethese* sieht Geißner den bedarf an rhetorik erklärt, weil in sie die beiden anderen erklärungsansätze (medienthese und produktionsthese) des rhetorikbedarfs einbezogen seien (vgl. 1977b,293f). Die *medienthese* führt den gestiegenen kommunikationsbedarf auf die einführung elektronischer medien zurück. Gegen sie wendet Geißner ein, daß massenmedien die eigene kommunika-

---

121 Der von Geißner verwendete ausdruck 'kritische mündigkeit' kommt bei Adorno in dieser form nicht vor.

tionsfähigkeit nicht erhöht hätten, weil zwischenmenschliche kommunikation nicht gefördert, sondern verhindert würde. Die einwände Geißners gegen die von Joachim Dyck vorgebrachte *produktionsthese* werden unten dargestellt (vgl. 8.4.3)

Geißner sieht durchaus einen ökonomisch bedingten bedarf nach sprecherziehung, weil "die 'Undurchsichtigkeit' im steten Wandel der industriellen Arbeitswelt ... ständig Aufklärung in Akten rhetorischer Kommunikation" verlange (1969d,12; vgl. auch 1981a,68). Der von Geißner vernachlässigten kommunikation in der arbeitswelt, widmet sich sein schüler Hans Georg Leuck, dem es darum geht, den Geißnerschen ansatz der rhetorischen kommunikation für die betriebliche weiterbildung und für die betrieblichen kommunikationsprozesse fruchtbar zu machen (vgl. Leuck 1984 und 1986; vgl. auch Brandt 1992). Geißner meint, bei denen, "die als einziges Produktionsmittel [!] das Wort" hätten, wüchse "der Wunsch, die eigene Chance durch Verbesserung der Redefähigkeit zu verbessern." (1977b,293f) Eine technokratische rhetorik verbessere aber die zwischenmenschliche kommunikation nicht, wendet Geißner ein. Anfang der achtziger jahre betont Geißner, daß derjenige, der auf das klärungsgespräch verzichte, sich dem verdacht ausgesetzt sehe, seine herrschaftsposition zu stabilisieren. In der arbeitswelt habe es vorteile, weil die erfahrungen der mitarbeiter fruchtbar gemacht werden können, so daß das klärungsgespräch "langfristig gesehen ... rationaler und rationeller" sei (1982a,117).

Bei führungskräften aus wirtschaft und verwaltung sei rhetorik als herrschaftswissen gefragt. Darin sieht Geißner den grund, warum sich nur selten führungskräfte in seinen politisch motivierten rhetorikkursen fänden.[122] Die steigerung ihrer redefähigkeit bedeute für sie meistens, die eigene aufstiegschance zu verbessern. Das bedeute aber auch anpassung an die bestehenden verhältnisse, bedeute antiaufklärung, die veränderung verhindere. Nach dieser einschätzung fährt Geißner fort:

> "Dennoch, wenn und solange dieses Wirtschaftssystem so und nicht anders funktioniert, wäre es nicht schon ein Gewinn, wenn 'Zeichen' gesetzt, wenn Anfänge gemacht würden? Wenn ... die Einsicht entwickelt werden könnte ..., daß 'Sozialkompetenz' erforderlich ist. Das führte in der Praxis dazu, ... daß Rückfragen ermöglicht, Kritik eingeräumt, Meinung geäußert werden könnten. Das verändert die herrschende Wirtschaftsstruktur nicht, aber es erleichtert den Druck für die Mehrheit der Arbeitenden, die damit überhaupt erst allmählich erkennen lernten, wo ihre Interessen liegen." (1975a,167)

Walther Dieckmann meint unter bezug auf diese passage, Geißner webe am "Tuch der 'diskutierenden Gesellschaft', hinter dem sich ganz anderes ... [verberge], und [mache] ... den Schein nur dichter und undurchschaubarer" (Dieckmann 1976,36). Für Dieckmann gilt es, zunächst vor der überschätzung von diskussionen zu warnen bzw. die voraussetzungen für vernünftige, argumentative streitgespräche zu schaffen. Deshalb meint Dieckmann, statt diskussionstechniken zu üben sei es wichtiger, "die Fähigkeit zu entwickeln, die jeweilige Situation in ihren objektiven Bedingungen zu erkennen und einzuschätzen, um entscheiden zu können, wann mit wem über welches Problem eine Diskussion möglich ist, und wo statt dessen verhandelt, agitiert, gestreikt oder verweigert werden muß"

122 Mittlerweile haben Katrin und Raimund Dahmen ein spezielles institut gegründet (Geißner ist vorsitzender des programmbeirates), in dem führungskräfte rhetorische kommunikation auf der grundlage der Geißnerschen theorie lernen können (vgl. Klein 1991; vgl. unten 8.5.1).

(Dieckmann 1976,43). Geißner antwortet auf diese kritik, indem er darauf verweist, daß Dieckmanns einwand immer noch "Gesprächsfähigkeit" voraussetze, "denn zumindest in den Gruppen, die nicht mehr diskutieren, sondern verhandeln, streiken usw. woll[t]en, ... [müßte] gerade dies diskutiert werden." (1979a,16) Ob Dieckmann tatsächlich 'gesprächsfähigkeit' voraussetzen muß, hängt davon ab, wie dieser ausdruck aufgefaßt wird, da er bei Geißner je nach bedeutung alle kommunikationsprozesse umfaßt (kommunikative kompetenz) oder eine derart eingeschränkte bedeutung erhält, daß er in der realität leer bleibt. Letzteres geschieht, wenn sowohl informationsprozesse, bei denen rollentausch zwischen sprecher und hörer ausgeschlossen ist, als auch argumentation bereits als rede aufgefaßt werden.

Verdeckt unter den immer wiederkehrenden versprechungen der mündigkeit, versteckt sich bei Geißner ein heimlicher lehrplan, der zum gegenteil dessen erzieht, was seine hehren ziele von kritischer mündigkeit und emanzipation verheißen. Gelernt werden verhaltensweisen, die in der alltäglichen kommunikation helfen, zur besseren durchsetzung im täglichen konkurrenzkampf taugen und zur manipulation befähigen. Gleichzeitig mit seiner rhetorischen kommunikation vermittelt Geißner eine politikauffassung, die unmündigkeit festigt. Das beginnt bereits damit, daß Geißner nicht über manipulationsmethoden aufklärt, sondern darauf hofft, daß die entwicklung der eigenen redefähigkeit die demagogischen wirkungsmöglichkeiten mindere (vgl. 1975a,122).

Die beziehungen zwischen sprache und politik sind bei Geißners rhetorikauffassung eng, weil die "Enge oder Weite des Rhetorikbegriffs ... letztlich mit der Enge oder Weite des Politikbegriffs [korrespondiere]." (1981c,78; vgl. auch 1969a,56; 1979c,22f) Politik wird von Geißner nicht mit staatlichem handeln gleichgesetzt, sondern mit allem[123] interessegeleitetem handeln (vgl. 1979c,21). Da politik und rhetorik sich beide der sprache bedienen, gibt es letztlich bei Geißner keinen unterschied mehr zwischen politischem und rhetorischem handeln. Für Geißner ist deshalb "nicht nur 'Politik' im engen Sinn", sondern "das Politische diesseits der Anwendung von Gewalt, letztlich diesseits physischer Vernichtung, rhetorisch" (1979c,27f; vgl. ähnlich 1975a, 205). Wer sich nicht dem vorwurf aussetzen will, gewalttätig zu sein, kann nur rhetorisch vorgehen. Das verdeutlicht die bei Geißner mit 'aufschlußreich' kommentierte aussage Sternbergers "Handeln ist nur solange politisches Handeln, als es sprachliches Handeln ist" (Sternberger zitiert nach Geißner 1975a,199; vgl. auch 1979c,23).

Geißner verortet seinen ansatz der rhetorik "*als Theorie des handlungsauslösenden Sprechens ... im Schnittpunkt von Sprachtheorie und Handlungstheorie*" (1975a,198; vgl. auch 1975a,208). Auch in diesem punkt bleibt Geißner ganz auf

123 Es ist schon bemerkenswert, wie Geißner macht und kampf wegdefiniert. Geißner stützt sich auf eine definition von O. Stammer, in der politik als soziales handeln begriffen wird, "das sich auf Machterwerb und Machtgebrauch richtet, um bestimmte Interessen und Ziele von einzelnen und Gruppen in geschichtlich- gesellschaftlichen Situationen im öffentlichen Bereich gegen den Willen und die Zielsetzungen anderer Personen und Gruppen im Kampfe oder mit Hilfe von Vereinbarungen durchzusetzen." (Stammer zitiert nach Geißner 1979c,13). Geißner fährt anschließend fort: "Von dieser und ähnlichen Überlegungen aus läßt sich die Kurzformel vertreten: 'Politik ist interessegeleitetes Handeln'." (1979c,13)

sprachlichem gebiet. Die koordinaten dieses schnittpunktes erläutert Geißner in einem abschnitt, der sich "dem Verhältnis von Miteinanderreden und Miteinanderhandeln, d.h. [!] der rhetorischen Kommunikation in ihrer Beziehung zum kommunikativen Handeln" widmet (1975a,191; vgl. auch die überschrift auf seite 195 in 1975a,). Politische praxis, das zeigt sich in zahlreichen formulierungen immer wieder, reduziert sich bei Geißner auf sprachliche praxis. So bestehe die aufgabe der redepädagogik in der "Veränderung rhetorischer *als Teilfunktion politischer Praxis.*" (1975a,208; hervorhebung K.R.) Geißner führt nicht aus, wie die restliche politische praxis aussieht, wenn das politische diesseits der anwendung von gewalt rhetorisch sein soll. Aus Geißners ausführungen ist nicht erkennbar, welche "Vollzugsformen des Politischen" (1979c,17) menschen haben, ohne dem Geißnerschen vorwurf ausgesetzt zu sein, es handele sich um "Kommunikationsabbruch oder brachiale Auseinandersetzung" (1979c,26; vgl. 1974,110; 1985,146).

Geißners ziel ist die entwicklung einer funktionalen rhetorik, die "demokratisches Verhalten ... einübt, *also Argumentation und rationale Konfliktlösung,* und dadurch [!] befähigt, die 'Rolle des Staatsbürgers' zu übernehmen." (1975a,188; hervorhebung K.R.) Was hier in argumentation und rationale konfliktlösung getrennt wird, erweist sich bei näherem hinsehen als ein und dasselbe, denn eines von Geißners lernzielen ist "verbale als [!] rationale Konfliktlösung" (1975a,43 und 123). Da nicht behauptet, sondern mit gründen gestritten werden soll, entpuppt sich die 'konfliktlösung' mittels argumentation als einzig zulässige rationale methode. Komme es zum "Konflikt ..., dann reagiert[e] der Entlarvte notwendig irrational: beleidigt, aggressiv oder brutal, *weil er kein rationales und das ist [!] sprachliches Konfliktlösungsverhalten* gelernt ... [habe]." (1975a,165; hervorhebung K.R.) Alle nicht-sprachlichen methoden (z.b. distanz, demonstration, boykott, streik) gelten Geißner offenbar als nicht-rationale methoden der konfliktlösung.

> "Entsprechend versucht" Geißners "emanzipatorische Redepädagogik, geleitet von der Idee kritischer Mündigkeit, den Umschlag von Wissen in Verhalten zu ermöglichen, d.h. *zum Konflikt zu ermutigen, der ... verbal, nicht brachial gelöst werden kann.* So könnte gesellschaftliches Zusammenleben, das ist [!] das Zusammenleben Sprechender, 'menschlich' werden." (1975a,208, hervorhebung K.R.)

Die redepädagogik soll nicht nur zur konfliktlösung erziehen, sondern zu einer bestimmten form, konflikte zu lösen. Einige konflikte (z.b. zwischen arbeitslosem und kapitaleigner; vgl. 1977a,246) lassen sich - auch nach Geißners eigener aussage - nicht mittels argumentation lösen. Die erziehung zur verbalen konfliktlösung erweist sich zugleich als die erziehung zum festschreiben des status quo. Verhindert wird "Konsens durch Aktion" (1975a,204), den Geißner als emotionale kritik auffaßt, weil die rationale = verbale konfliktlösung nicht gekonnt oder verweigert wird. Die erziehung zum aushalten von konflikten und zur frustrationstoleranz kommt ergänzend hinzu (vgl. 1977a,245f).

Geißner meint zwar, unter den bedingungen unserer gesellschaftsformation - "spätkapitalistische Produktionsform, massenstaatliche Demokratie und massenmediale Bewußtseinsindustrie" - seien die chancen, "kritisch gesprächsfähig zu werden, eher schlechter geworden" (1982a,49), aber sein interesse gilt nach wie vor ausschließlich dem bereich der demokratie. Die 'spätkapitalistische produktionsform' wird von Geißner nur benannt, ist ihm aber ebensowenig einer genaueren analyse wert wie die 'massenmediale bewußtseinsindustrie' sowie der zusammenhang der drei bereiche. Geißner verspreche sich von seiner redepädagogik "eine Verbesserung der demokratischen Struktur. Daß eine solche Demokratisierung in erster Linie sozioökonomische Veränderungen voraussetzte, diese Frage stellt[e] sich Geißner allerdings nicht", lautete Schaus kritik aus dem jahre 1976 (Schau 1976,89). Entscheidend ist und bleibt für Geißner der einfluß der sprache im leben der menschen, denn die "Dialektik von Mensch und Sprache ... [sei] politisch konkret die von Sprache und Gesellschaft." (1975a,14) In seinen zahlreichen veröffentlichungen gelingt es Geißner vor allem deshalb nicht, die mehrdeutigkeiten seines situationsbegriffs aufzugeben und die institutionellen bedingungen zu erfassen:

> "Kommunikativ wird die institutionalisierte Sprechsituation erst, wenn die gleichzeitig Anwesenden miteinandersprechen und aufeinander hören können, wenn sie sich einbringend die Situation mitbestimmen und durch Sprechhandlungen so verändern (oder stabilisieren) können, daß in der gemeinsam gemachten Situation gemeinsame (konsensuelle) Ziele verfolgt und erreicht werden können." (1982b,240)

Wenn der 'situationsmächtige' es zuläßt, daß geredet wird, dann heißt das noch nicht, daß auch mitbestimmen erlaubt ist. Wer entscheidet und in wessen interesse entschieden wird, ist aber eine letztlich entscheidendere frage. Für Geißner ist nur wichtig, daß die bürger über ihre sachen reden, denn "im [!] Miteinandersprechen ... [schlage] kritische Mündigkeit um in gesellschaftliche Praxis." (1969d,12)

Nach wie vor geht es Geißner "darum, dem Menschen zu helfen, daß er in den verschiedensten Situationen mit anderen sprechen kann, *also [!] um seine Selbstverwirklichung in [!] der gegenwärtigen Gesellschaft.*" (1963,10 hervorhebung K.R.) Diese zielsetzung trifft noch immer den kern der Geißnerschen konzeption. In der zwischenzeit klingt sein ziel nur fortschrittlicher. Für Geißner ist ein sprecher in "seine[r] kommunikative[n] Mobilität eingeengt", wenn er keine "Rollendistanzierung" erlernt habe, denn es gebe "nicht eine Idealform für alle ..., sondern nur eine Optimalform für jede Sprechsituation. Hieraus ... [ergebe] sich die Forderung nach situativer und rollenspezifischer Variabilität." (1975a,143; vgl. 1975a,99) Rollendistanzierung reduziert sich auf rollenflexibilität. Da die erziehung zur gesprächsfähigkeit die erziehung zur sprechrollendifferenzierung umfaßt (vgl. 1975a,197, 1982a,33), ist es kein zufall, daß Geißner regelmäßig auf seinen aufsatz aus dem jahre 1960 verweist. So beendet er seinen aufsatz 'Norm und Rolle in der Sprecherziehung' (1987) mit einem zitat aus seinem artikel des jahres 1960. Interessant ist allerdings, was Geißner bei diesem selbstzitat ausläßt, und welchen geänderten sinn seine formulierung erhält:

> "Weil die Rollenperformanz größtmöglicher Variabilität bedarf, wird 'Sprecherziehung diesen Sprechrollen-Spielraum (...) möglichst offen halten müssen' (Geißner 1960,203); denn nur so kann in den sozialen Prozessen mündlicher Kommunikation das vollzogen werden, was im gesellschaftlichen Kontext angemessen ist." (1987,347)

Die passage, aus der Geißner mit auslassungen zitierte, lautet im original:

> "Die Sprecherziehung wird diesen Sprechrollen-Spielraum des einzelnen (Stimme, Lautstärke, Klangfarbe, Artikulation, Tempo, Sprechstil usw.) möglichst offen halten müssen, um dem einzelnen die Anpassung [!] an vorgegebene [!] Rollenschemata zu erleichtern." (1960,203)

Flexible anpassung an die gesellschaftlichen vorgaben ist eine 'schlüsselqualifikation' (vgl. Mertens 1974), die nicht nur für die bewältigung von kommunikationssituationen, sondern in unserer dynamischen gesellschaft allgemein hilfreich ist. Günter Holtz, der einen aufsatz zum verhältnis von "Rhetorik und Mündigkeit" schrieb, sieht bei dem sprechkundlichen rhetorikverständnis "unter dem Einfluß der Arbeiten Hellmut Geißners die Fähigkeit zur flexiblen sprachlichen Bewältigung sozialer Rollen fast zum Inbegriff erfolgreicher politischer Bildung" geworden (Holtz 1977,21). Diese einschätzung beschreibt zutreffend, was Geißner und andere sprecherzieher wollen, wenn das wort 'fast' aus Holtz' bewertung gestrichen wird.

Für Hellmut Geißner war die entscheidung für überzeugen gleichzeitig "die Entscheidung für unverkürzte Kommunikation *in den gegenwärtigen gesellschaftlichen und politischen Verhältnissen*" (1975a,134, hervorhebung K.R.). Gesellschaftsänderung ist damit bereits als anspruch aufgegeben. Am ende ist nur die feststellung möglich, daß Geißners rhetorikkonzeption mündigkeit nicht fördert und nicht zur aufklärung beiträgt. Sie entspricht, wenn auch nicht auf den ersten blick erkennbar, seiner beschreibung einer anpassungsrhetorik. Diese rhetorik fördert anpassung an die bestehenden verhältnisse und ist damit antiaufklärung, "d.h. ideologische Argumentation in 'falschem Bewußtsein' und für 'falsches Bewußtsein' ... [, und] führt letztlich zu angepaßtem Gehorsam." (1975a,209) Während mündigkeit für Adorno nicht auf mündlichkeit beschränkt ist, sondern auch widerstand gegen vorhandene institutionen, gegen alles bloß gesetzte bedeutet (vgl. Adorno 1977,785), freut sich Geißner schon, wenn alle miteinander ins gespräch kommen. Geißner geht davon aus, der 'macht der rede' entspreche die 'ohnmacht der unmündigen'. Für seine "gegenrhetorische Position" hält Geißner die umkehrung dieses satzes für möglich, denn es ließe sich sagen: "'Den zur Redefähigkeit erwachten Unmündigen entspricht die Ohnmacht der Mächtigen'." (1981a,167; vgl. 1975a,119; 1989a,4 - 7) Aus Geißners sicht gibt es

> "keine andere Methode Mündigkeit zu ermöglichen als Mündlichkeit kritisch einzuüben; denn hier wird versucht, Bewußtsein und Verhalten zu ändern durch die Prozesse, in [!] denen sie später angewendet werden müssen." (1975a,69; vgl. 1979c,32f)

Entscheidend ist und bleibt für Geißner miteinandersprechen:

> "Die hier gemeinte Mündigkeit ist mündlich, die Mündlichkeit kommunikativ, die Kommunikation kreativ, die Kreativität kritisch; es ist kritische Mündigkeit." (1975a,16)

Geißners verständnis von mündigkeit ist weder kreativ noch kritisch, es ist beschränkt auf mündlichkeit, es ist eine beschränkte mündigkeit. Es ist daher keine kritische mündigkeit, sondern eine zu kritisierende mündlichkeit.

6. DDR - demokraten durften reden?

6.1 Sprechwirkung im parteiauftrag

Auch wenn der staat nicht mehr existiert, in dem die maxime galt: "Handele stets so, wie es der Partei gefällt" (Schreiber 1984,83), so dürfte es dennoch lohnend sein zu sehen, wie sich sprecherziehung und sprechwissenschaft unter anderen gesellschaftlichen bedingungen entwickelten.[124] Zwar wurde sprecherziehung in der DDR noch als ein abgegrenztes fach mit den drei teilbereichen verstanden, die bereits Drach unterschieden hatte, aber inhalt und zielsetzung hatten sich gewandelt:

> "In der sozialistischen Gesellschaft besteht das Erziehungsziel der Sprecherziehung darin, mit fachspezifischen Mitteln zur Entwicklung der Kommunikationsfähigkeit und damit zur Bildung sozialistischer Persönlichkeiten beizutragen. Diese Formulierung unterscheidet sich etwa von der DRACHS nicht einfach dadurch, daß alte Begriffe durch neue, zeitgemäßere ersetzt werden. *Hier besteht vielmehr ein tiefgreifender inhaltlicher Unterschied, ... weil an die Stelle einer unkonkret humanistischen Persönlichkeitsauffassung die des Marxismus-Leninismus tritt*" (Stock 1976a,12; hervorhebung K.R.).

Geißners einschätzung am ende der siebziger jahre, der "Drachsche Ansatz [!] und seine Gliederung des Gesamtfachs ... [verbinde] noch heute [also 1979!] die Sprechwissenschaft im geteilten Deutschland" (Geißner 1979b,80), entbehrt deshalb der grundlage.

Der rückblick auf die fachgeschichte, der als verständnishintergrund für die nächsten abschnitte notwendig erscheint, kann nur skizzenhaft bleiben. Dies vor allem deshalb, weil das bild aus verschiedenen bemerkungen zusammengesetzt werden muß, da eine zusammenfassende darstellung der geschichte der sprechwissenschaft/sprecherziehung in der DDR nicht vorliegt[125]. Zwar erschienen in der DDR einige artikel, die - zumeist anläßlich runder geburtstage der republik - rückblick hielten (z.b. Stock 1969; Kurka/Stötzer 1969; Stötzer 1979), aber für einen außenstehenden ist schwer zu beurteilen, inwieweit sie ein zutreffendes bild wiedergeben. Wenn nachfolgend einige stationen der fachentwicklung nachgezeichnet werden, so geschieht das anhand der zugänglichen quellen. We-

---

124 Die nachfolgenden ausführungen beschränken sich auf die zeit, als die DDR als eigenständiger staat existierte. Über die entwicklungen der sprecherziehung nach der vereinigung von BRD und DDR und über die vergangenheitsbewältigung des faches nach dem fall der mauer ist aus westdeutscher sicht keine zureichende antwort möglich.

125 Geert Lotzmann verfaßte zwar einen artikel "Zur Entwicklung und zum Stand der Sprechwissenschaft und Sprecherziehung in der DDR", der aber (anders als der titel verheißt !) wegen des fehlens detaillierter informationen auf die entwicklung in Halle konzentriert wird (vgl. Lotzmann 1983,5). Peter Winklers artikel konzentriert sich auf "Aktuelle Tendenzen der sprechwissenschaftlichen Forschung in der DDR" und gibt nur am rande einblick in die organisation des faches (vgl. Peter Winkler 1979,86 - 89). Eine kurze beschreibung der sprechwissenschaftlichen rhetorik vor und nach der wende gibt nun Stefan Wachtel (Wachtel 1992).

der wurde sogenannte 'graue literatur' berücksichtigt, noch konnte die praxis der redeschulung einbezogen werden. Bei der beschäftigung mit der geschichte der sprecherziehung wird außerdem schnell deutlich, daß ein enger zusammenhang mit den politischen entwicklungen in der DDR bestand. Bezüglich der sprecherziehung waren dies insbesondere die beschlüsse der SED zu den aufgaben von erziehung und wissenschaft[126], da ein hauptarbeitsgebiet der sprechwissenschaft in der lehrerbildung lag (vgl. Stock 1973,14f; 1981a,16ff). Sprecherziehung und somit auch redeschulung war teil der muttersprachlichen bildung und erziehung, die bis in die erwachsenenbildung reichte (vgl. Stock 1976a,17). Helmut Klein weist ausdrücklich darauf hin, daß sich die "sozialistische Bildungskonzeption ... auf das gesamte Leben und Wirken in der sozialistischen Gesellschaft" beziehe (Klein 1974,29). Außerdem war das erscheinen von büchern zur redeschulung vom plazet staatlicher stellen abhängig.

Über den aufbau des 'jungen' faches sprecherziehung berichtet Eberhard Stock:

> "Als nach dem Zusammenbruch des Hitlerfaschismus an den Hoch- und Fachschulen die Lehre in humanistischem Geiste wieder begann, wurden an einigen Universitäten Lektorate eingerichtet, deren Aufgabe es war, die Lehrerstudenten sprecherzieherisch zu betreuen. Diese Lektorate hatten anfangs untereinander kaum Kontakt und arbeiteten ohne einheitliche Konzeption." (Stock 1969,206)

Welche lektorate neu eingerichtet wurden, müßte im einzelnen ebenso erforscht werden wie die frage, welches konzept der sprecherziehung vertreten wurde. Vermutlich würde sich zeigen, daß die anfangsphase weder ein personeller (in Halle Richard Wittsack und in Jena Irmgard Weithase) neuanfang war, noch einen konzeptionellen bruch mit der sprecherziehung vor 1945 darstellte. Stefan Wachtel skizziert in einem jüngst erschienenen aufsatz den übergang des faches 'sprechkunde' in Halle vom nationalsozialismus zum 'sozialismus'. Da im wesentlichen alles beim alten blieb, fragt sich Wachtel, wie es Richard Wittsack möglich war, in zwei diktaturen im prinzip gleiches zu lehren? Offenbar, indem durch die orientierung auf empirie die ideologie ausgeblendet wurde. Für Wachtel tritt spätestens heute zutage, daß "dieses Ausblenden ... selbst wieder ideologisch" ist, und das erklärt für ihn "die jahrzehntelange Anfälligkeit für Apolegetik" (Wachtel 1991,46).

Die strikte ausrichtung auf die marxistisch-leninistische sprachauffassung begann nicht sofort nach dem ende des zweiten weltkrieges. Noch in den fünfziger jahren war die sprecherziehung im großen und ganzen eine gesamtdeutsche erscheinung. So veröffentlichten kollegen aus dem westen in fachzeitschriften, die in der DDR verlegt wurden, während ihre kollegen aus dem osten auf bücher zurückgriffen, die im westen erschienen waren. Wie Eberhard Stock berichtet, war Fritz Schweinsbergs buch 'Stimmliche Ausdrucksgestaltung im Dienste der Kirche' (Schweinsberg 1946) für die ersten studenten der sprechwissenschaft in Halle "unerläßliches Studienmaterial" (Stock 1981b,29). Auch Christian Winklers (1954 in erster auflage erschienenes) buch "Deutsche Sprechkunde und Sprech-

---

126 Die entwicklung der lehrpläne im gefolge der allgemeinpolitischen rahmenbedingungen der SED parteitage stellt Dietmar Waterkamp dar (vgl. Waterkamp 1975,99ff). Zu den grundannahmen der DDR-pädagogik und ihrem persönlichkeitsbegriff, der im erziehungsziel 'sozialistische persönlichkeit' konkretisiert war, siehe Helmut Klein (vgl. 1974,11ff) und Dietmar Waterkamp (vgl. 1975,113ff).

erziehung" hat, da es "nach der Zerschlagung des Faschismus die erste größere Darstellung der Sprecherziehung war [,] ... für die Selbstverständigung der Sprecherzieher in der DDR eine gewisse Rolle gespielt" (Stock 1976a,11). Seit dem ende der fünfziger jahre entwickelten sich sprechwissenschaft und sprecherziehung in der DDR und der BRD zunehmend auseinander. Schließlich wurde Winklers ansatz zurückgewiesen, weil der sich auf die idealistischen anschauungen Leo Weisgerbers stützt und deshalb die rolle der sprache überbewertet (vgl. Stock 1976a,11f). Auch Drachs gedanken wurden kritisiert, weil sie zu sehr auf die "Korrektur der individuellen Sprechleistung eingeengt" sind (Stock 1976a,13). Der sprache wurde aber bei der herausbildung sozialistischer persönlichkeiten eine wichtige rolle zugewiesen, denn eine klassenbewußte sprache sollte das klassenbewußtsein fördern (vgl. Stötzer 1971,72).

Der ausbildung in Halle kam für die entwicklung der sprechwissenschaft in der DDR eine besondere bedeutung zu. Seit Ewald Geißler 1906 mit seinen veranstaltungen zur gesprochenen muttersprache begann, wurde in Halle sprecherziehung gelehrt. 1981 wurde in Halle rückblick gehalten auf die entwicklungen des faches an diesem ort. Dokumentiert ist das in der festschrift "Hallesche Standpunkte zur gesprochenen Sprache" (Krech, Eva-Maria u.a. 1981, vgl. auch Lotzmann 1983). Geißlers national(sozial)istische anschauungen werden von den verfassern nicht erwähnt. Es scheint insgesamt so zu sein, daß die faschistische vergangenheit der sprecherziehung in der DDR kein besonderes thema war. Manchmal entsteht sogar der eindruck, die sprecherziehung sei von der nationalsozialistischen zeit unberührt geblieben. Über Richard Wittsack, der seit 1920 Geißlers nachfolger in Halle war, wird in der hauptsache berichtet, daß er darum kämpfte, der sprechkunde einen gleichberechtigten platz unter den wissenschaften zu verschaffen. Bezüglich seines buches 'Lerne reden!' (R.Wittsack 1935) berichtet Günther Richter, daß es "durchweg [!] frei von faschistischen und nationalistischen Einflüssen" war, wenn auch "gewisse Konzessionen an das bestehende politische Herrschaftssystem gemacht worden" seien (Richter 1981,130). Wo die konzessionen aufhören und wo die anpassung an das politische herrschaftssystem anfängt, ist eine definitionsfrage. Richard Wittsacks politische einstellung ist nicht aufgrund seines buches alleine zu beantworten. Andere veröffentlichungen (z.b. R. Wittsack 1938a, 1938b) erwecken nicht den eindruck, daß Richard Wittsack[127] sich grundsätzlich von seinen sprecherzieherkollegen unterschied und dem nationalsozialismus ablehnend gegenüberstand. Allerdings scheinen Richard Wittsacks beziehungen zu seinen kollegen während des nationalsozialismus spärlich gewesen zu sein. Stefan Wachtel vermutet, daß Richard Wittsack sich so verhielt, weil er die völkischen exzesse einiger kollegen nicht mittragen wollte (vgl. Wachtel 1991,44). Aus der tatsache, daß Richard Wittsack nach dem ende des krieges weiter unterrichten durfte und anfang 1946 als direktor des sprechkundlichen instituts bestätigt wurde (vgl. Stock 1981a,9), läßt sich schließen, daß für die sowjetische besatzungsmacht seine "bürgerlich-demokratische

127 Wittsack war seit dem 1.5.1933 mitglied der NSDAP. Umlauft berichtet, daß Wittsack wegen seiner politischen haltung in schwierigkeiten gewesen sei und von seinen mitarbeitern zum eintritt in die partei gedrängt wurde (vgl. Umlauft 1991,25).

Gesinnung" (Stock 1981a,7) ausreichend erwiesen war (vgl. auch Umlauft 1991,25f).

Ab 1952 konnte in Halle erstmals sprechkunde in einem gesonderten ausbildungsgang studiert werden (vgl. Stock 1981a,10), und ab 1958 (ein zusammenhang mit Weithases wechsel nach München ist zu vermuten) wurde die ausbildung für diplomstudenten in Halle konzentriert. Dort fanden in der regel auch die sprechwissenschaftlichen fachtagungen statt (vgl. Stock 1981a,24f; Lotzmann 1983,13). Die entwicklung in Halle, wie sie beispielsweise an der aufteilung des stundenvolumens auf die einzelnen lehrgebiete abzulesen ist (vgl. Stock 1981a,22 - 24; Lotzmann 1983,11 - 13), gibt deshalb auch einblick in die konzeptionellen entwicklungen der sprechwissenschaft und verdeutlicht, wie die sprechkünstlerische ausdrucksgestaltung an bedeutung verlor, während gleichzeitig der rhetorische schwerpunkt des faches an bedeutung gewann.

Differenzen zwischen der sprecherziehung im osten und im westen Deutschlands entstanden zunächst bei der frage der aussprachenorm. Die sprechwissenschaftler der DDR, insbesondere aus Halle, beschäftigten sich "über lange Jahre hinweg intensiv" mit fragen der aussprachenorm und problemen der sprechstimmschulung (Stock 1976a,19). Aufgrund von empirischen untersuchungen korrigierten die sprechwissenschaftler die normativen anforderungen des ausspracheunterrichts. Eberhard Stock sieht 1969 in der erarbeitung des neuen ausspracheworterbuchs "die bedeutendste Leistung, die auf dem Gebiet der sprechwissenschaftlichen Forschung in den letzten zwanzig Jahren vollbracht wurde", denn diesem werk komme "(a)ngesichts der überholten Kodifizierung der Jahrhundertwende ... große nationale Bedeutung zu", weil ein "gewichtiger Beitrag zur Entwicklung der Nationalsprache, zur Pflege der Muttersprache geleistet" wurde (Stock 1969,206). Bis zum erscheinen des neuen ausspracheworterbuchs (Hans Krech u.a. 1964) hatten

> "alle Sprecherzieher uneingeschränkt und in der Überzeugung, die einzig gültige und korrekte Form der deutschen Hochlautung zu übermitteln, einen Lehrstoff methodisch aufbereitet, der der kommunikativen Realität auch bei höchsten Ansprüchen nicht entsprach und wegen seiner Orientierung auf die Schreibung nicht entsprechen konnte." (Stock 1987,38)

Mit der erarbeitung des neuen ausspracheworterbuchs sollte die an der bühnenaussprache orientierte hochsprachliche norm des Siebs[128] korrigiert werden (vgl. Stock 1981b; Lotzmann 1983,8). Während in der ostdeutschen sprecherziehung die aussprachenorm schrittweise der umgangssprache angenähert wurde, hielten die westdeutschen sprecherzieher an der hochsprachlichen norm des Siebs fest und ließen allenfalls eine gemäßigte hochlautung zu (vgl. Stock 1981b,59ff; Fiukowski u.a. 1982,106 - 108; Siebs 1969).

Der einfluß des staates, und das heißt der einheitspartei, wird mit der zeit immer deutlicher. Die verschiebung der schwerpunkte vom dichtungssprechen zur rhetorischen kommunikation wird nur verständlich, wenn die gesellschaftlichen

---

128 Vergleichbar Konrad Duden, der eine norm für die orthographie festlegte, fixierte Theodor Siebs ende des letzten jahrhunderts die orthoepie des deutschen. Zunächst war Siebs' buch nur für die normierung der korrekten aussprache auf deutschsprachigen bühnen gedacht. Es entwickelte sich aber bald zur allgemeinen hochsprachlichen aussprachenorm. Die letzte, heute noch gültige (19.) auflage erschien vor über zwanzig jahren (vgl. Siebs 1969).

vorgaben für erziehung und wissenschaft berücksichtigt werden. Stefan Wachtel, der in der DDR sprechwissenschaft studierte, weist ausdrücklich auf den engen zusammenhang mit den vorgaben der politik hin (vgl. Wachtel 1992,38f). So erklärt sich auch, daß die sprechwirkungsforschung ab dem beginn der siebziger jahre das dominierende thema der sprechwissenschaftlichen fachtagungen wird (vgl. Stock 1981a,24f).

Nach meinung von Kurka/Stötzer stand in ihrer republik erstmals allen schichten des volkes die rede zur verfügung, was sich daran ablesen lasse, daß sich mit der "stetig zunehmenden Demokratisierung ... [ihres] Arbeiter-und-Bauern-Staates ... in den fünfziger Jahren allmählich immer mehr Bürger um Kenntnisse in der Rhetorik [bemühten]." (Kurka/Stötzer 1969,209) Günther Richter berichtet, daß sich in den sechziger jahren Eduard Kurka und Ursula Stötzer verstärkt mit rhetorischen themen beschäftigten (vgl. Richter 1981,138ff). Wenn ab den sechziger jahren "viele Redelehrgänge für Leiter in Politik und Wirtschaft erfolgreich durchgeführt wurden", wie Eberhard Stock anläßlich des 20. jahrestages der republik vermeldet, hängt das damit zusammen, daß rhetorische kommunikation "zum untrennbaren Bestandteil der Leitungswissenschaft" erklärt worden war (Stock 1969,207; vgl. Stock 1981a,17). Das interesse an leitungswissenschaft und in der folge an redelehrgängen für leitungskader (vgl. Ernst 1973; 1980) erklärt sich aus der beschlußlage auf dem VI. parteitag der SED, der 1963 nicht nur den sieg der sozialistischen produktion verkündete, sondern gleichzeitig "eine Dezentralisierung und erhöhte Verantwortung für die Betriebe" beschloß (Friedrich-Ebert-Stiftung 1982,34).

Aus dem sporadischen bedürfnis der fünfziger jahre erwuchs so nicht zufällig "das allgemeine gesellschaftliche Bedürfnis, die Rede zu beherrschen", denn "seitdem der VI. Parteitag der SED das neue ökonomische System der Planung und Leitung der Volkswirtschaft proklamiert hatte, bedurften viele Funktionäre und leitende Kader in Staat und Wirtschaft der Kraft des gesprochenen Wortes, um ihre Aufgaben erfüllen zu können." (Kurka/Stötzer 1969,209) Das allgemeine bedürfnis nach redefähigkeit entpuppt sich immer stärker als das spezifische bedürfnis der leitungskader und funktionäre, die für ihre aufgabenerfüllung an die rede herangeführt werden müssen. Unter dem einfluß des VII. parteitages (1967) der SED gewinnt das "wirksam gesprochene Wort ... als Instrument der Überzeugungsarbeit zunehmend an Bedeutung ... in Propaganda und Agitation ... . Damit begann eine neue Etappe in der Entwicklung der Rhetorik in unserem sozialistischen Staat." (Kurka/Stötzer 1969,209f) Daß die SED beschließt, das gesprochene wort verstärkt für die entwicklung der gesellschaftlichen bewußtseinsbildung einzusetzen, dürfte auch damit zusammenhängen, daß die sprechsprachliche kommunikation im vergleich zur schriftsprachlichen als oftmals in stärkerem maße überzeugungs- und einstellungsbildend angesehen wird (vgl. Stock 1973,13f)."Wie man nicht anders erwarten kann, hat die Parteihochschule beim ZK der SED die Rhetorik intensiv [!] in das Bildungs- und Erziehungsprogramm für ihre Absolventen eingebaut." (Kurka/Stötzer 1969,211)

Ab 1970 wurde für studierende des faches deutsch die ausbildung in rhetorik obligatorisch (vgl. Stelzig 1973; Stötzer 1976). Die beherrschung des gesprochenen wortes war nicht nur für deutschlehrer, sondern auch für geschichtslehrer erforderlich, denn sie sollten durch emotional wirkungsvolle vorträge den schülern ermöglichen, sich mit bedeutenden sozialistischen persönlichkeiten identifizieren zu können (vgl. Waterkamp 1975,190). In ihrem rückblick auf '30 Jahre Redeunterricht in der DDR' betont Ursula Stötzer, nachdem sie mehrere beschlüsse und dokumente der SED aufgelistet hat, daß im "Sinne dieser Beschlüsse und Dokumente ... der Redeunterricht weiter ausgebaut" wurde, und meint, seit 1970 könne man von "einer höheren Stufe der Redeschulung sprechen." (Stötzer 1979,229) Damit dürfte Ursula Stötzer sich auch auf das erscheinen von Eduard Kurkas 'sozialistischer rhetorik' beziehen (vgl. 6.2).

Diese 'höhere stufe' wird unter anderem auch deshalb errreicht, weil sprechwissenschaftler der "unmißverständlichen Forderung" des VIII. parteitages der SED (1971) entsprechen und es als "notwendiger denn je [erachten], ein wesentlich festeres theoretisches Fundament" für ihr fach zu bauen und "das theoretische Niveau der gesellschaftswissenschaftlichen Arbeit zu erhöhen" (Stock 1973,18). Die sprechwissenschaftler beschließen, ihrem gesellschaftlichen auftrag dadurch zu entsprechen, daß sie sich der 'sprechwirkungsforschung' widmen. Den ausdruck 'sprechwirkung' hatte bereits Drach verwendet, als er darauf hinwies, der lebensnerv des redens sei der wunsch des redners, beim hörer eine wirkung zu erreichen, ihn in mit-leidenschaft zu ziehen (vgl. Drach 1930,32). Die sprechwissenschaftliche forschung soll nun den einfluß der sprecherischen mittel im kommunikationsprozeß erforschen und so die sprachwirkungsforschung der allgemeinen und germanistischen sprachwissenschaft ergänzen.

Das ziel des ab 1972 laufenden forschungsprojektes 'sprechwirkungsforschung' war die "'Optimierung der sprechsprachlichen Kommunikation in der sozialistischen Gesellschaft'" (Stock 1981a,20). Die sprechwissenschaft suchte dabei eine antwort auf die frage, "mit welchen sprachlichen Mitteln der bestmögliche Effekt erzielt werden" könnte (Winkler 1979,89). Die aufgabe erwies sich schon zu beginn deshalb als schwierig, weil es unterschiedliche auffassungen gab, wie der wirkungsbegriff gefaßt werden sollte (vgl. Stock 1976b,11ff; Winkler 1979,89f). Die schwierigkeit, ein eindeutiges kriterium für das optimum der kommunikation anzugeben, blieb bis zum schluß ungelöst (vgl. Stock 1982,5f). Als die forschungen abgeschlossen waren, resümierte Eberhard Stock:

> "Die Sprechwirkungsforschung hat ... konkret und mit wissenschaftlichen Mitteln nachgewiesen, daß kein sprecherisches Mittel an sich optimal ist, sondern das [sic] Optimalität immer Situationsadäquat [sic] bedeutet, Angemessenheit im Hinblick auf die sozialen und institutionellen Bedingungen und im Hinblick auf die Funktion des einzelnen Mittels innerhalb des gesamten Kommunikats." (Stock 1987,39)

Stock hatte gehofft, daß die sprecherziehung durch die forschungsergebnisse der sprechwirkungsforschung detaillierte richtlinien für die fähigkeits- und fertigkeitsentwicklung erhalten werde (vgl. Stock 1976a,20f). Als sich das projekt seinem ende nähert, beurteilte Stock die möglichkeiten der optimierung weniger optimistisch. Als einen der gründe nennt er, daß die forschungsrichtlinien zu einer zeit formuliert wurden, als informationstheoretisch-kybernetisches denken vorherrschte."Damit wurde das System Kommunikation unausgesprochen mit technischen oder ökonomischen Prozessen verglichen, die in der Tat mittels mathematischer Modelle zu optimieren sind" (Stock 1982,5). Der gegenstand 'kommunikation' erwies sich letztlich als unberechenbar. Günther Richter hatte in seinem buch zur rhetorischen wirkungsforschung noch gemeint, die "Wissenschaftlichkeit der rhetorischen Forschung ... [verlange] nach ... zähl- und meßbaren Ergebnissen, die jederzeit nachprüfbar" seien (Richter 1978,138f). Richter sah die aufgabe der rhetorischen wirkungsforschung darin, wissenschaftliche grundlagen und informationen zu liefern, "um einer wissenschaftlichen Leitungstätigkeit noch breitere und tiefere Einwirkungsmöglichkeiten zu erschließen." (Richter 1978,72) Nicht die demokratisierung der gesellschaft erreichte eine neue qualität, sondern die leitungstätigkeit sollte intensiviert werden. Wenn die hochgesteckten ziele nicht erreicht wurden, lag das daran, daß die individualität der persönlichkeiten unfaßbar blieb.

Mit der sprechwirkungsforschung sollte die sprechwissenschaft "zu einer im vollen Umfang marxistisch-leninistischen Wissenschaftsdisziplin" werden, damit das fach "zu einem noch wirkungsvolleren Produktionsinstrument bei der weiteren Gestaltung der entwickelten sozialistischen Gesellschaft und zu einer scharfen Waffe im Klassenkampf" werden konnte (Stock 1973,20). Nach Erhard Schreibers beobachtung hielt sich die marxistisch-leninistische kommunikationswissenschaft in der DDR

> "nicht lange mit Grundlagenforschung auf, sondern kulminierte eilig mit der Forcierung der Wirkungsforschung. ... Denn wer führen will, kann dies bekanntlich leichter und effektiver, wenn er nicht nur ... die Techniken und Methoden kommunikativer Beeinflussung kennt und beherrscht, sondern auch die zu Führenden und deren kommunikatives Verhalten, das geregelt werden soll. Mühelos zu verstehen, was den Kommunikationsspezialisten der Partei als Ziel vorschwebt: *eine optimale Technologie kommunikativer Verhaltenssteuerung*." (Schreiber 1984,137)

Mit der verwendung des ausdrucks 'verhaltenssteuerung' sieht Schreiber den "Begriff Manipulation verschämt eskamotiert" (Schreiber 1984,140). Peter Winkler verweist in seinem überblick über die DDR-sprechwissenschaft darauf, daß sich die sprechwissenschaft in der sozialistischen gesellschaft von 'manipulation' weit entfernt sah, denn die sprechsprachliche kommunikation sollte "lediglich einer nützlichen und wünschenswerten Bewußtseinsveränderung und Verhaltensregulierung" dienen (Winkler 1979,89). Die sprechwissenschaft erwies sich als getreues mitglied der sozialistischen gesellschaftsordnung. Sie setzte die beschlüsse der SED um und sah das ziel der sprechwissenschaftlichen forschung darin, "der Arbeiterklasse und ihrer Partei die theoretischen Mittel für die planmäßige Entwicklung und die Sicherung der sozialistischen Gesellschaft zu geben." (Stock 1973,14) Parteiliche kommunikation wurde zur kommunikation einer, nämlich *der* partei: Kommunikation geschah von oben nach unten als "Ansprache der Partei an ihr Volk", es war die "Distribution systemadäquater Ideologie", war "Mobilisierung der Mehrheit durch eine Minderheit." (Schreiber 1984,83f)

Die weitere entwicklung zeigte immer deutlicher, daß es sich bei der minderheit um eine "zunehmend vom Volk isolierte Führungsclique [handelte]. Diese orientierte sich nicht an den tatsächlichen Bedürfnissen der Menschen ..., sondern maßte sich an, diese zu kennen bzw. zunehmend vorzuschreiben." (Mitzscherlich 1990,18) Wenn auch mittlerweile die mehrheit mit dem ruf 'wir sind das volk' die minderheit entmachtete, und mit dem ruf 'wir sind ein volk' den anschluß an die BRD forderte, so stellt sich zunehmend die frage, ob sich wirklich grundlegendes geändert hat und selbstbestimmung an die stelle der fremdbestimmung trat. Oder wurde lediglich eine minderheit durch eine andere ersetzt? Beate Mitzscherlichs beschreibung paßt erstaunlich gut nicht nur auf die DDR-gesellschaft, sondern auch auf das vereinte Deutschland[129]. Denn wieder hören wir

> "bis zum Erbrechen ..., daß die bestehenden Verhältnisse die idealen sein sollen", weshalb es kaum möglich ist, unzufriedenheit dort zu äußern, wo sie herkommt, allenfalls "im privaten Raum: in der Familie, am Kneipentisch, auf dem Fußballplatz, in den wissenschaftlichen Abhandlungen, die keiner lesen sollte. ... Die Rechnung dabei ist einfach: Solange Selbstbestimmung nur in der Nische realisiert und Unzufriedenheit nur dort artikuliert wird, bleibt im gesellschaftlichen Maßstab alles beim alten, da die Nischen nach außen abgeschlossen und nach innen recht konform sind, gleichzeitig funktioniert die Nische für den einzelnen aber als 'Ventil'." (Mitzscherlich 1990,18)

6.2 Eduard Kurkas sozialistische rhetorik[130]

6.2.1 Standpunkte

Eduard Kurkas buch 'Wirksam reden - besser überzeugen' mit dem untertitel 'Einführung in die sozialistische Rhetorik' (1970) darf nach Günther Richters meinung für sich in anspruch nehmen, "als erste rhetorische Gesamtschau [zu gelten], die auf dem Gebiet der DDR unter Voraussetzung des dialektischen und historischen Materialismus geschaffen wurde" (Richter 1981,143).

Kurkas buch ist eine mischung aus einer anleitung zum erlernen von rede und gespräch und einer beschäftigung mit fragen von agitation und propaganda. Kurka folgt der in der marxistisch-leninistischen propagandatheorie seit Lenin üblichen unterscheidung von 'agitation' und 'propaganda' (vgl. 1970,129f und 357). Während die agitation "gezielt auch auf Gefühle eingeht, soll die Propaganda vor allem das rationelle Denken bewegen." (Friedrich-Ebert-Stiftung 1982,37) Unter den redearten, die Kurka unterscheidet, weist er "die Reden mit Appellcharakter, die frei gehalten werden, dem agitatorischen Bereich zu." (1970,131) Es ist zu erwarten, daß bei Kurka reden mit appellcharakter (willensreden) ein bevorzugter platz zugewiesen wird, denn rede soll "Führungsmittel" (1970,14) sein (vgl. unten 6.2.3). "Gemäß der aktuellen Zielsetzung und dem Arbeitsgebiet des Verfassers steht" in Kurkas buch "die politische Rhetorik im Vordergrund." (1970,7) Es versteht sich von selbst, daß in Kurkas buch insbesondere Marx, Engels und Lenin "hervorragende Beispiele sozialistischer Rhetorik" (1970,6) beisteuern. Außerdem will Kurka August Bebel als einen beispielhaften und bisher von der westdeutschen geschichtsschreibung verkannten redner vorstellen (vgl. 1970,228). Zeitbedingt dürfte die hochschätzung von Walter Ulbricht als redner sein. Ob Kurkas buch aus diesem grunde nach 1970 keine neuauflage erlebte und politisch überholt war, als Ulbricht durch Erich Honecker

---

129 Michael Naumann, leiter des Rowohlt verlags, sieht anfang 1993 die privatisierung der republik abgeschlossen und die private gemütlichkeit als staatsdoktrin: "Das Land ist ... entpolitisiert. Die Nischen-Gesellschaft der DDR lebt. Sie heißt jetzt 'Gesamtdeutschland'." (Naumann 1993; vgl. zur nischengesellschaft auch Sontheimer 1991,71f und 84f)

130 In kapitel 6.2 werden veröffentlichungen von Eduard Kurka lediglich durch die angabe des erscheinungsjahres nachgewiesen.

[1971] an der spitze von staat und partei ersetzt wurde, kann nur vermutet werden. Ein grund könnte auch sein, daß Kurka sich auf Georg Klaus berief und daß dies nicht mehr erwünscht war.

Die sprecherziehung der DDR erreicht mit dem erscheinen von Kurkas buch ein neues niveau, denn zum ersten mal wird ausdrücklich der anspruch erhoben, "eine Einführung in die Rhetorik zu schreiben, die von der Theorie des wissenschaftlichen Sozialismus ausgeht." (1970,6) Kurka hat sich für sein buch das ziel gesetzt, "eine systematische Darstellung rhetorischer Kommunikationsmittel unter dem Gesichtspunkt der optimalen Effektivität (Pragmatik), das heißt ihrer Wirkungsgesetzlichkeit, auf marxistisch-leninistischer Grundlage zur Diskussion zu stellen." (1970,6) Das ausdrückliche bekenntnis zum marxismus-leninismus und zu den jeweils neuesten beschlüssen der SED gehörte spätestens seit Kurkas buch zum standard[131] der sprechwissenschaft in der DDR.

Im zusammenhang dieser arbeit dürfte es genügen, Kurkas marxistisch-leninistische leitsätze, die er vorwiegend im kapitel 'erkenntnistheoretische und pragmatische aspekte der rhetorik' erläutert (vgl. 1970,29 - 75), nur kurz zu umreißen[132], soweit sie die grundlage seiner rhetorik bilden. Kurka geht davon aus, die wirkungsmittel der rhetorik unterlägen allgemeinen gesetzmäßigkeiten und seien "für sich klassenindifferent", sie würden "jedoch parteilich im Interesse einer Klasse eingesetzt", und deshalb sei die einschätzung der rednerischen wirkung "ohne festen Klassenstandpunkt nicht möglich." (1970,27) Die trennung zwischen klassenindifferenten wirkungsmitteln und festem klassenstandpunkt entspricht seiner vorliebe für die informationstheorie als teilgebiet der kybernetik einerseits (vgl. unten 6.2.2) und dem bekenntnis zum marxismus-leninismus andererseits. Um die aneignung "häufig verwendeter neuer Termini" (1970,7) zu erleichtern, stellte Kurka die wichtigsten ausdrücke in einem anhang seines buches zusammen (vgl. 1970,352 - 358). An den von Kurka ausgewählten stichworten wird deutlich, daß er Georg Klaus' auffassung über "Die Macht des Wortes" (Klaus 1964) verpflichtet ist. Kurka faßt rhetorik als "eine pragmatische Wissenschaft" auf, was bedeute, daß sie "die Gesetzmäßigkeiten, die Mittel und die Wirkung rednerischer Einflußnahme des lautsprachlichen Kommunikationsmittels 'Rede'" erfasse (1970,25). Praxis und pragmatik dürfen nicht verwechselt werden, denn mit pragmatik ist eine teildisziplin der semiotik gemeint. Die pragmatik untersucht die optimale effektivität der zeichen auf den menschen (vgl. 1970,356). Kurka unterscheidet im informationstheoretischen sinne zwischen kommunikation und information. Dabei versteht er unter "KOMMUNIKATION ... im marxistischen Sinne INFORMATION mit einer bestimmten Zielsetzung: Entwicklung der sozialistischen Persönlichkeit und die Entfaltung der gesellschaftlichen

---

131 So wurde beispielsweise die veröffentlichung eines vortrages noch während der tagung im oktober 1988 untersagt, weil der autor, Stefan Wachtel, zu dominant 'bürgerliche' autoren referierte (vgl. Wachtel 1990,22, vorbemerkung).

132 Es wird im rahmen dieser arbeit darauf verzichtet, Kurkas verständnis von marxismus-leninismus im einzelnen zu untersuchen, da das einerseits eine politikwissenschaftliche fragestellung wäre und andererseits schnell zu der frage führte, ob Lenin durch seine "Fortentwicklung" die "Auffassungen von Marx und Engels ... ihres humanistischen Inhalts weitgehend entleerte" (Friedrich-Ebert-Stiftung 1982,24).

Kooperation." (1970,14) Mag Kurka an anderer stelle seines buches versprechen, "Rede ... [diene] der sozialistischen Selbstverwirklichung", so darf darüber nicht vergessen werden, daß die ideologische erziehung "das 'Herzstück' im neuen ökonomischen System der Planung und Leitung ist." (1970,9) Die SED hatte nämlich auf ihrem VI. parteitag 1963 das 'Neue ökonomische System der Planung und Leitung' (NÖSPL) beschlossen, das auf dem VII. parteitag überarbeitet wurde. Nach Kurkas einschätzung gewinnt die rede in ihren verschiedenen arten für die weiterentwicklung der sozialistischen demokratie in der DDR als überzeugungs- und führungsmittel zunehmende bedeutung für die ideologische erziehung der menschen, denn gerade gegenwärtig gelte es, die

> "Überzeugungskraft der Rede in Agitation und Propaganda zu nutzen, um Hirne und Herzen der Menschen von der unumstößlichen Wahrheit der marxistisch-leninistischen Gesellschaftslehre und ihrer geschichtlichen Mission zu erfüllen ... . Geht es doch darum, alle Bürger der DDR zur bewußten Gestaltung ihrer eigenen Zukunft zu befähigen und alle Mittel einzusetzen, die hinterhältige ideologische und psychologische Kriegsführung des Klassengegners, die vorwiegend als sprachliche Diversion auftritt, in ihrem wahren Wesen zu zeigen und unwirksam zu machen." (1970,5)

So mancher redner habe nicht genügend erkannt, daß die reserviertheit der hörer darauf zurückzuführen sei, daß in der agitation in ermüdender weise das wiederholt würde, was den hörern meist schon bekannt sei. Kurka fordert von den agitatoren, sie sollten nicht auf "Beweisgründe, Hinweise und Anweisungen 'von oben' warten, sondern ... [müßten] *selbst* die richtigen Argumente für die konkrete Situation finden." (1970,36) Die haltung der agitatoren, auf anweisungen 'von oben' zu warten und sich allgemeiner redewendungen zu bedienen, wird verständlich aus der vom demokratischen zentralismus geforderten parteidisziplin. Sofern der agitator *selber* argumente findet und vorträgt, steht er in der gefahr, eine 'schädliche wahrheit' zu verkünden, also etwas zum falschen zeitpunkt auf die tagesordnung zu setzen. Sofern der agitator das nachredet, was bereits an höherer stelle gesagt wurde, fällt der situationsbezug der parteidisziplin zum opfer. In der schwierigkeit des agitators, zugleich zwei gegensätzlichen anforderungen gerecht zu werden, offenbart sich der widerspruch des politischen systems zwischen freier meinungsäußerung einerseits und parteiaufträgen andererseits. So wurde in der DDR nicht das, "was Marx intendierte ... Wirklichkeit, sondern das, was er verachtete: daß gesprochen wird, was vorgeschrieben ist, und daß geschrieben wird, was man nachspricht" (Schreiber 1984,83).

Für die massenpolitische überzeugungsarbeit mittels rede gelten mehrere grundsätze (vgl. 1970,10 - 12). Dazu zählt, daß nur die propagandistisch-agitatorische einflußnahme durch die inneren psychischen bedingungen 'gebrochen' werde. Neben prinzipientreue und leidenschaftlicher parteilichkeit verlange der sozialistische erziehungsstil, offen zu den menschen zu sein und verständnis und geduld aufzubringen.

> "Falsch ist es, auf unangenehme Fragen so zu reagieren, als hätte man einen potentiellen Feind vor sich, die Menschen als politische Säuglinge zu behandeln oder ständig mit dem erhobenen Zeigefinger zu argumentieren. All das untergräbt Vertrauen und Aufnahmebereitschaft der Menschen für die Wahrheit, die wir ihnen auf der Grundlage der fortschrittlichsten Weltanschauung, des Marxismus-Leninismus, vermitteln" (1970,11).

Kurka beschreibt hier anschaulich den fehler der in der DDR betriebenen agitpropbemühungen, bei denen kommunikation nichts anderes war als die verteilung erwünschter informationen. Das erklärt auch, warum der bewußtseinsanalyse für die ideologische erziehung zunehmende bedeutung zukam, denn die propagandistische arbeit bemühte sich zunehmend darum, auf individuelle und gruppenbedingte bedürfnisse einzugehen (vgl. 1970,10). Der bewußtseinsanalyse werde "im Instrumentarium der Führungswissenschaften von unserer Partei ihr fester Platz zugewiesen", schreibt Kurka bereits 1970 (1970,66). Dadurch sollte es der partei möglich werden, ihre agitation und propaganda gezielter auszurichten.

Gegenüber der rhetorik des klassenfeindes nimmt Kurkas sozialistische rhetorik für sich die "Einheit von Wissenschaftlichkeit und Ideologie" (1970,75) in anspruch. Die stärke des sozialistischen redners bestehe nämlich darin, daß er für progressive ideale kämpfe und daß er die historische wahrheit vertrete, weil seine argumente von der geschichte bestätigt würden. Die "fortschrittliche" argumentation unterscheide sich "von einer reaktionären Argumentation durch marxistisch-leninistische Parteilichkeit ... [, weil] ein sozialistischer Redner die Durchsetzung von Schlußfolgerungen wahrer Aussagen zum Ziel" habe (1970,48). Es ist festgelegt, daß die aussage wahr ist, weil der redner die wirklichkeit parteilich vom standpunkt der arbeiterklasse darstellt. Der standpunkt der arbeiterklasse, genauer der ihrer parteivorhut, ist als wahr definiert, weil sich nur von diesem standpunkt aus die gesetzmäßigkeiten der realität objektiv widerspiegeln ließen.

Sehr deutlich wird Kurkas abgrenzung von der 'bürgerlichen ideologie' in dem kapitel, das sich mit der argumentation in der rede befaßt (vgl. 1970,129 - 200). In diesem kapitel grenzt er nicht nur die begriffe 'propaganda', 'agitation', 'argumentation' und 'polemik' ab und erläutert verschiedene argumentationsformen, sondern zeigt an beispielen, welcher unsachlicher kampfmethoden sich der klassengegner in seiner politischen argumentation bedient. Viele von Kurkas beispielen haben nur historischen wert und müssen als ausdruck des kalten krieges verstanden werden (vgl. 1970,209ff und 252ff). Nur eine analyse der einzelfälle könnte klären, wo Kurkas manipulationsvorwurf zu recht besteht.

Zwar sollte bei Kurka die kategorie der nützlichkeit der kategorie der wahrheit untergeordnet sein, aber wenn der redner prüfen soll, ob seine aussage dem fortschritt dient oder nicht, erweist sich die frage nach der nützlichkeit oder schädlichkeit als entscheidender engpaß für die wahrheit. Der redner sei "berechtigt, schädliche Wahrheiten zurückzuhalten", meinte Kurka (1970,49). Er klärt weder, wie der redner feststellen kann, ob es sich um eine 'schädliche' wahrheit handelt, noch fragt sich Kurka, ob 'wahrheit' überhaupt schädlich sein kann, und wenn ja für wen. Aus der pauschalen 'berechtigung', die wahrheit zu verschweigen, wurde in der DDR eine verpflichtung. "Bestimmte Fragen können in einem bestimmten Stadium noch nicht auf die Tagesordnung gesetzt werden, obwohl sie existieren, also wahr sind, wenn die Voraussetzungen fehlen, daß sie positiv erfaßt und gelöst werden." (1970,49) Sofern fehler erst dann auf die tagesordnung gesetzt werden sollen, wenn sie sich auch lösen lassen, wird die suche nach lösungen systematisch verhindert. Sofern der fehler objektiv existiert, setzt die praxis das problem unerbittlich auf die tagesordnung.

Wenn die aussagen die gesetzmäßigkeiten der objektiven realität widerspiegelten, handele es sich um *objektivität*, denn der redner gehe dann von der welt aus, wie sie sei, nicht wie er sie sehen möchte. Politisches wunschdenken ohne reale basis sei *subjektivität* und damit das gegenteil von objektivität. Verdeckt geschehe die subjektivität im *objektivismus*, einer "Denkhaltung, die den parteilichen Aspekt von Aussagen, Theorien usw." leugne (1970,47). Beim objektivismus verberge sich unter dem schein der neutralität "bürgerliche Parteinahme" (1970,48). Insofern ist der objektivismus der gegensatz zur parteilichkeit. Weil parteilichkeit als "ein Grundprinzip für die Überzeugungskraft der Rede" gilt (1970,356; vgl. 1970,11), ist sie für einen sozialistischen redner unerläßlich und wird von Kurka betont. Er versteht unter 'parteilichkeit' "die Bewertung [!] von Ereignissen, Aussagen und Theorien vom Standpunkt der Arbeiterklasse und ihrer fortschrittlichen Vorhut, der marxistisch-leninistischen Partei." (1970,46) Während Kurka parteilichkeit hier als die bewertung vom standpunkt der arbeiterklasse auffaßt, meint er einige seiten später, die "Argumentation" des redners sei "vornehmlich deskriptiv", da sie "auf dem wissenschaftlichen Sozialismus aufbaut" (1970,51). Dagegen sei die imperialistische propaganda vorwiegend bewertend, weil sie sich nicht auf die objektiven gesetze der ökonomischen und gesellschaftlichen entwicklung berufen könnte (vgl. 1970,51).

6.2.2 Zeichengeber

Eduard Kurkas vorliebe für die kybernetik wird besonders an seinem regelkreis der rede bzw. des gesprächs deutlich (1970,39 bzw. 307). Mit seinem modell will Kurka die 'kommunikation' zwischen redner und hörern informationstheoretisch veranschaulichen. Nach Kurkas einschätzung hat der redner die möglichkeit, "den Kommunikationseffekt optimal zu erreichen, weil er durch die Rückkopplung im geschlossenen Regelkreis Redner-Hörer-objektive Wirklichkeit die 'Soll- und Istgröße' vergleichen und ausgleichen kann." (1970,40) Das modell des gesprächs unterscheidet sich bei Kurka informationstheoretisch dadurch von der rede, "daß die Kommunikationspartner wechselseitig senden und empfangen" (1970,306). Kurkas verwendung des sender-empfänger-modelles, um menschliche kommunikation zu erklären, unterscheidet sich nicht von den versuchen der westdeutschen linguistik, die kommunikation des menschen nach dem bild informationsverarbeitender maschinen zu konstruieren.

Einerseits faßt Kurka sprache informationstheoretisch als einen gemeinsamen kode auf, mit dessen hilfe menschen informationen austauschen. Andererseits hält er an traditionellen vorstellungen der sprecherziehung fest:

> "In Deutschland [!] ist die Rhetorik seit etwa 50 Jahren Teilgebiet der Sprechwissenschaft (Sprechkunde und Sprecherziehung), welche als Wissenschaftsdisziplin die gesprochene Sprache zum Gegenstand hat" (1970,26).

Sofern es um die sprechwissenschaft geht, denkt Kurka gesamtdeutsch und verzichtet auf die abgrenzung zur BRD und zur imperialistischen rhetorik. Nicht nur bei der auffassung der sprechsituation (vgl. 1970,16; 1956,456) greift Kurka auf Erich Drachs gedanken zurück, sondern auch dann, wenn er den zusammenhang von denken und sprechen in der rede darstellt, denn nach Kurkas meinung hat Drach "für das Entstehen des Satzes wissenschaftlich durchleuchtet ... [,] (w)ie der Sprechvorgang sprachpsychologisch mit dem Denken zusammenhängt" (1956,453; vgl. auch 1960,402f). Daneben bezieht sich Kurka auch auf Fritz Schweinsbergs ansichten zum sprechdenken. Tatsächlich greift Kurka bei seinem zitat (vgl. 1956,453; 1970,58) aber auf eine formulierung Wellers zurück, den Schweinsberg seinerseits zitiert hatte, ohne dies ausreichend zu kennzeichnen (vgl. dazu oben 4.2.1). Als Kurka in einem aufsatz darstellt, wie er den sprechdenkablauf anregen will, bemerkt er ausdrücklich, daß er Schweinsbergs 'Rednerschulung' (= Schweinsberg 1948) für seine arbeit "viel verdanke" (1956,456). Auch die unterscheidung zwischen 'innerem' und 'äußerem' redestil (vgl. 1970,20ff; 1964b,8) übernimmt Kurka von Schweinsberg (vgl. Schweinsberg 1946,363f bzw. 1948,37). Wird hinzugenommen, was Kurka zur dialektik von form und inhalt ausführt (vgl. 1970,55f), so wird deutlich, daß Kurka alle komponenten des inneren und äußeren redestils als form auffaßt:

> "Die Einheit von Inhalt und Form als Wirkungsgesetz für die Rede hat große Bedeutung. Wenn wir zum Inhalt die Semantik (inhaltliche Bedeutung) rechnen, so gehören zur Form alle [!] Komponenten des inneren und äußeren Redestils, also Disposition, Argumentationsmethoden, die sprachliche Gestaltung, die Sprechweise und die Vortragsmittel der Mimik, Gestik und Körpermotorik." (1970,55)

Wenn Kurka in dieser weise inhalt und form trennt und sowohl die wortwahl als auch die argumentationsmethoden der formseite zuschlägt, müßte er einen reinen, ungeformten inhalt annehmen.

Kurka rechnet zum *inneren* redestil aufbau und gliederung, sprachliche gestaltung und argumentation. Von der sprache des redners fordert Kurka, sie solle "klar, verständlich, parteilich, anschaulich, persönlich und situationsangepaßt sein", und gewisse "Erscheinungen, die als 'Verschriftung' bezeichnet worden sind, sollten vermieden werden." (1970,22) Die anforderungen der marxistisch-leninistischen agitation mischt Kurka mit "Anforderungen, wie sie Sprachpflege und Stilkunde ... vertreten." (1970,201) So bezieht sich der ausdruck 'verschriftung' auf die sprachpflege am ende des 19. jahrhunderts, als Rudolf Hildebrand die forderung erhob, 'das hauptgewicht soll auf die gesprochene sprache gelegt werden'. In dieser "Forderung des bürgerlichen Demokraten und fortschrittlichen Pädagogen Rudolf Hildebrandt [sic]" sieht Kurka eine "aktuelle Aufgabe", da sein ruf "fast ungehört" verhallte. "Wir knüpfen an seine fruchtbaren Gedanken an und führen sie weiter" (1970,201). Kurka nimmt ebensowenig zur kenntnis, daß Rudolf Hildebrand mit seiner romantischen begeisterung für das deutsche altertum und seinem verlangen nach organischen lebenszusammenhängen (vgl. Frank 1976,478f) zu einem wegbereiter des völkischen denkens wurde, noch daß die sprachpflegerischen bemühungen der sprecherzieher, die vor und während der nationalsozialistischen zeit im namen der deutschen sprache und des deutschen volkes betrieben wurden, etwas mit Hildebrands irrationaler sprachauffassung zu tun hatten (vgl. oben kapitel 3.1 und 3.2). Die kontinuität in der sprachpflege ist auch an Kurkas ausdrucksweise erkennbar, denn für ihn ist es klar, "daß eine gute rednerische Wirkung nicht mit einer umständlichen, papiernen [!] Sprache zu erreichen" ist (1965,178). In einem vortrag, der sich mit den aufgaben der sprecherziehung in der sozialistischen kulturarbeit befaßte (1963), hatte Kurka nicht nur gemeint, die menschen müßten überzeugend sprechen können. Er meinte auch, sprechbildung "im Sinne einer kultivierten, einheitlichen hochsprachlichen Lautung ... [sei] eine Verpflichtung, die wir der Sprache [!] als nationalem Kulturgut schuldig ... [seien]." (1963,34) Kurka sorgt sich weiterhin um 'die sprache', nicht um das sprechen der menschen. Das wird auch daran deutlich, daß er sich genötigt sieht, eine "Reihe von Erscheinungen [zu] besprechen, die als 'Sprachkrankheiten' in manchen Bereichen immer noch wuchern" (1970,231). Eine dieser 'krankheiten' ist die 'substantivitis'. Kurka empfiehlt "(g)egenüber dieser 'Substantivitis" als 'heilmittel', "die Formkraft des Verbs zu bevorzugen." (1970,235)

Kurka kennt neben den vorwiegend logisch bestimmten beweisverfahren deduktion, induktion und dem analogiebeweis (vgl. 1970,139 - 149) vorwiegend pragmatisch bestimmte argumentationsmethoden (vgl. 1970,149 - 171). Günther Richter bezweifelt, daß die pragmatischen argumentationsmethoden als beweisverfahren angesehen werden könnten, da sie nicht den tatbestand des schließens erfüllten (vgl. Richter 1981,144). Als eine besondere form der argumentation bezeichnet Kurka die polemik. Als offensive argumentation diene sie der widerlegung gegnerischer auffassungen, und das heißt insbesondere der 'bürgerlichen ideologie' (vgl. 1970,11). Kurka verweist auf den zusammenhang der argumentation mit den pragmatischen kategorien glaubwürdigkeit, nützlichkeit und denkökonomie. Glaubwürdig seien aussagen dann, wenn sie sich in der praxis bewährt hätten (praxiskriterium). Kurka ruft den engen zusammenhang von parteilichkeit und nützlichkeit in erinnerung, bevor er die große wichtigkeit der denkökonomie für die argumentation betont (vgl. 1970,133). Auch in anderem zusammenhang erwähnt er immer wieder die denkökonomie (vgl. 1970,22,50 und 111 - 115). Was darunter zu verstehen ist, wird in seiner begriffserläuterung besonders deutlich. Demnach ist denkökonomie "der rationelle Faktor in der rhetorischen Kommunikation, um die bestmögliche Wirkung zu erreichen." (1970,354)

Zum *äußeren* redestil zählen die hör- und sichtbaren ausdrucksmittel (vgl. 1970,22f). Der hörbare redestil sei die art, wie der redner in der redesituation spreche. Der sichtbare redestil (mimik, gestik, gesamthaltung) unterstütze die ausführungen des redners. Kurka bezeichnet die hör- und sichtbaren ausdrucksmittel als sekundär, auch wenn sie für den gesamteindruck der rede bedeutsam seien. Der 'sozialistische' redner muß zutiefst davon überzeugt sein, daß er die richtige sache vertritt, denn seine "innere Einstellung" werde "sich gerade in diesen expressiven Faktoren [gemeint sind der sichtbare und hörbare redestil, K.R.] kundtun und fesselt oder ermüdet, zieht an oder stößt ab, gewinnt die Hörer für den Redner und seine Sache oder bewirkt Gleichgültigkeit, wenn nicht gar Ablehnung oder Abwehr." (1970,23) Nicht die argumente gewinnen die zuhörer, sondern die innere einstellung des redners, die sich in den 'expressiven faktoren' äußert, denn die rede nutze die "persönliche Ausstrahlungskraft des gesprochenen Wortes und erreich[e] mit diesen [!] Mitteln ihre größere Eindringlichkeit und Eindrucksfähigkeit. All das wird durch inneres Nachvollziehen ... nach den psychologischen Gesetzen der 'Übertragung' dem Hörer vermittelt." (1970,24)

6.2.3 Redearten

Die in der rhetorischen literatur verwendeten einteilungsversuche für die arten der rede hält Kurka für widersprüchlich, inkonsequent oder einseitig, weil sie nur einen aspekt berücksichtigten. Kurka selber hält ein dreidimensionales system für angebracht und unterscheidet drei einteilungsebenen:

> "-nach der Art und Weise, wie die Vorbereitung und Darbietung der Rede erfolgt,
> -nach der Zeichenfunktion der Sprache,
> -nach der Redesituation." (1970,86)

Zwar träten die merkmale in der praxis nicht isoliert auf, aber für die systematische übersicht müßten sie getrennt dargestellt werden (vgl. 1970,85 - 103). Günther Richter sieht in Kurkas klassifikation einen wichtigen schritt zur beseitigung der kaum durchschaubaren ordnungssysteme (vgl. Richter 1981,144).

Entsprechend der vorbereitung trennt Kurka die manuskriptrede von der stegreifrede und der freien rede. Die *manuskriptrede*, die vorher wortwörtlich ausformuliert werde, sei besonders im wissenschaftlichen und politischen leben unerläßlich, wo es auf genaueste formulierungen ankomme. Dagegen werde die spontanrede oder *stegreifrede* unvorbereitet gehalten. Hier folge der redner seinen augenblicklichen einfällen während des sprechdenkens. Demgegenüber sei die *'freie rede'* eine rede, bei der die redekonzeption in einer stichwortunterlage festgehalten sei, wobei die endgültige sprachliche formulierung je nach sprechsituation variiere. Kurka rät von einer auswendiggelernten rede ab, weil dabei nicht mehr echt gesprochen werde und die gefahr bestehe, daß den redner sein gedächtnis im stich lasse.

Nach der zeichenfunktion der sprache unterscheidet Kurka in der zweiten dimension zwischen verstandesrede, 'stimmungsrede' und schließlich der willensrede (vgl. 1970,90 - 101). Während bei der *verstandesrede* die darstellungsfunktion der zeichen im vordergrund steht, überwiegt bei der *stimmungsrede* (vgl. 1970,92 - 97) die symptomfunktion der sprache. Bei der *willensrede* überwiege die signal- oder appellfunktion der sprache. Bei diesen reden, die sich "vorwiegend an den Willen und die Handlungsbereitschaft der Hörer" wendeten, seien die "Zielsetzungen ... am klarsten und stärksten ausgeprägt." (1970,98f) Im politischen bereich seien diese reden besonders häufig anzutreffen. Kurka erwähnt Karl Bühler zwar nicht, aber seine einteilung nach den zeichenfunktionen folgt nach Richters einschätzung "direkt dem vielbeachteten Organonmodell der Sprache von Bühler" (Richter 1981,144). Vermutlich folgte Kurka aber nicht direkt Bühler, sondern vielmehr, wie bereits früher (vgl. 1970,358 und den hinweis bei Günther Richter 1981,142), Georg Klaus.

Auf der dritten ebene unterscheidet Kurka entsprechend der redesituation zwischen der politischen rede, die meist mit der volks- oder massenrede gleichzusetzen sei, der gerichtsrede, der kirchlichen rede, der belehrenden rede sowie der gelegenheitsrede (vgl. 1970,102). Auf dieser letzten ebene vermischt Kurka bestimmungen nach dem "Anlaß, Gegenstand, Hörerkreis und Zweck" (1970,102). Kurka handelt dieses dritte bestimmungskriterium auf einer knappen seite ab und gibt weder beispiele noch weitere erläuterungen, so daß nicht recht ersichtlich wird, welches dieser unterschiedlichen kriterien er jeweils im einzelnen für die bestimmung heranzieht.

Mithilfe der drei bestimmungsebenen sieht sich Kurka in der lage, redeleistungen eindeutig zu beurteilen. Daneben haben die unterscheidungen auch praktischen wert für die vorbereitung einer rede. "Wollen wir im Sinne der Überzeugungsbildung eine Rede halten (alle Redearten sollen 'Überzeugungsreden' sein), so muß man sich Gedanken darüber machen, welche Art wir am wirksamsten gemäß der Redesituation einsetzen wollen." (1970,103) 'Überzeugungsrede' ist bei Kurka keine weitere redeart[133], sondern soll daran erinnern, daß nur der redner mit echtem pathos reden könne, der von seiner sache überzeugt ist.

Das problem der rededisposition verdeutlicht Kurka mittels der analyse eines aktuellen beispiels (vgl. 1970,106 - 108). Als klaren aufbau dieser rede fördert er das 'rahmenschema' Richard Wittsacks zutage. Zwar weichen Kurkas formulierungen leicht vom original (vgl. R.Wittsack 1935,93) ab, aber das sollte kein grund sein, diesen autor nicht beim namen zu nennen (vgl. 1970,108). Richard Wittsacks name wird gleichfalls nicht genannt, als Kurka eine übersicht brauchbarer gliederungshilfen zusammenstellt (vgl. 1970,116f). Daß Richard Wittsacks name nicht erwähnt wird, ist vor allem deshalb erstaunlich, weil dieser bis zu seinem tod 1952 das fach sprechkunde in Halle vertrat. Es dürfte wenig überraschend sein, daß unter den als brauchbar eingeschätzten gliederungshilfen für die rededisposition solche überwiegen, die zur tat aufrufen sollen (vgl. 1970,116 - 118). Für die freie rede soll eine stichwortunterlage erstellt werden, deren ausführlichkeit von der vertrautheit mit dem thema abhängen wird. Die stichworte halten "die dominierenden Vorstellungen (Reizworte) fest, welche möglichst mühelos die entsprechenden Gedächtnisassoziationen auslösen." (1970,286) In einer guten und zweckmäßigen vorbereitung sieht Kurka eine sicherung des redeerfolges und das beste mittel, um die selbstsicherheit des redners zu stärken.

6.2.4 Gesprächsführung

In der verwendung des kommunikationsmittels gespräch sieht Kurka ein kennzeichen für die verwirklichung der sozialistischen demokratie. Ohne beratende, klärende und mobilisierende gespräche hätten die erfolge beim sozialistischen aufbau nicht erreicht werden können. Das gespräch diene "der Wahrheitsfindung", schreibt Kurka, "wobei sich auch entgegengesetzte Standpunkte miteinander messen und abklären könn[t]en." (1970,304) Entgegengesetzt können die standpunkte nur innerhalb eines von der partei vorgegebenen rahmens sein. Das gespräch in seinen verschiedenen formen sei

> "Ausdruck und Bestandteil des gesellschaftlichen Lebens in unserem Staat ... . Unsere Staatsführung hat das Gespräch als Führungsmittel [!] und -methode auf einer bisher nicht dagewesenen breiten Grundlage entwickelt und genutzt." (1970,303)

---

133 Noch 1965 war für ihn die überzeugungsrede eine redeart, die durch den 'zwecksatz' bestimmt war (vgl. 1965,179; 1964b,9).

Die parteiführung hat neben der rede auch das gespräch als führungsmittel entdeckt und setzt es zum wohle des volkes ein. Das gespräch unterscheidet sich von der rede vor allem dadurch, daß die kommunikationspartner wechselseitig senden und empfangen. Bei geeigneter gesprächsführung sei die übereinstimmung von soll- und ist-wert der kommunikation relativ größer als bei der rede, denn die unmittelbare rückkoppelung ermögliche eine bessere steuerung des kommunikationseffekts (vgl. 1970,306f). In der praxis scheint es mehr reden als gespräche gegeben zu haben, denn Kurka mahnte, manche leiter müßten berücksichtigen, daß

> "die Gesprächspartner gleichberechtigt sind", denn nicht selten komme "es vor, daß nur der Leiter spricht und seinen Gesprächspartner nicht zu Wort kommen läßt, weil er glaubt, seine Aufgabe damit besser erfüllen zu können und überzeugend zu wirken. ... Will er jedoch einen uneinsichtigen Menschen überzeugen, so muß er mehr Sprecher als Zuhörer sein." (1970,306)

Wann ein 'gesprächspartner' uneinsichtig ist, ließ Kurka wohl deshalb offen, weil das von der 'partei' festgelegt wurde. Kurka teilte aber mit, daß das "Schwergewicht in der Gesprächsführung ... auf der Anregung [!] zum Handeln" liege (1970,306). Sofern die 'anregung' nicht gelang, mußte der aufforderungscharakter deutlicher gemacht werden, denn die gleiche sprachliche information, zum beispiel lob und anerkennung in einer brigade, konnte für den einen lediglich eine mitteilung und für den anderen gleichzeitig eine handlungsaufforderung sein (vgl. 1970,306/308).

Kurka beschränkt seine betrachtung der verschiedenen gesprächsformen auf die sogenannten zweckgespräche und klammert spontane, nicht zielgerichtete alltagsgespräche aus. "In die Gruppe des gelenkten Zweck- oder Klärungsgesprächs fallen alle Gesprächsformen, *die für die Parteiarbeit wichtig* sind und die wir als Klärungs-, Verhandlungs-, Streit- oder Informationsgespräche ständig in verschiedenen Bereichen der Politik, Wirtschaft und Kultur führen." (1970,308; hervorhebung K.R.) Kurka blickt zweckgerichtet auf die verschiedenen gesprächsformen und zwar bezüglich ihres nutzens für die parteiarbeit.

Das *klärungsgespräch* dient - anders als die gesprächsform gleichen namens bei Geißner (vgl. oben 5.3.3.2) - dazu, den "Gesprächspartner ... durch die Gesprächsführung dazu ... [zu bringen], seine [!] Schwierigkeiten zu nennen, damit gemeinsam Lösungswege gesucht werden" können (1970,309). Schon bevor das 'gespräch' begonnen hatte, lag aber fest, wer die schwierigkeiten benennen mußte, denn es galt, mittels 'kritik und selbstkritik' (vgl. Friedrich-Ebert-Stiftung 1982,23f) nach lösungswegen für die umsetzung der an oberer stelle getroffenen beschlüsse zu suchen.

Auch beim *informationsgespräch* sind die rollen verteilt, denn der "Informant läßt sich Fragen stellen, die er dann beantwortet." (1970,316) Dieser informationsprozeß kann mit zweien oder unbegrenzter zahl von fragenden stattfinden, wie es bei einer pressekonferenz geschieht. Feststeht, daß dieses gespräch nach dem muster der expertenbefragung stattfindet. Die fähigkeit zum fragen kann beim forum (vgl. 1970,318), einer besonderen form der öffentlichen aussprache, nutzbringend eingesetzt werden.

Auch bei *'diskussionen'* ist der richtige standpunkt voraussetzung für ihr gelingen, denn "(j)e fester und klarer der gemeinsame Standpunkt ist, von dem die

Diskussionsteilnehmer ausgehen, um so fruchtbarer werden die Bemühungen um die Klärung und Weiterführung des diskutierten Problems sein." (1970,324) Der rahmen ist abgesteckt, innerhalb dessen die 'diskussion' "im Dienste der Wahrheits- und Entscheidungsfindung" eingesetzt werden soll, denn es geht ausschließlich um "die schöpferische Anwendung der marxistisch-leninistischen Weltanschauung auf die jeweilige konkrete Situation" (1970,323f). In der sozialistischen gesellschaft sieht Kurka die echte diskussion besser gewährleistet als in der kapitalistischen gesellschaft mit ihrem gespaltenen bewußtsein, da es im sozialismus um eine gemeinsame sache gehe. So gebe es in der sozialistischen gesellschaft fließende übergänge zwischen diskussion und debatte, während die debatte in der kapitalistischen gesellschaft durch zwei diametral entgegengesetzte standpunkte ('für und wider') gekennzeichnet sei. Die im kapitalismus geläufige form der debatte war "in einem sozialistischen Gremium nicht mehr möglich", weil vorausgesetzt wurde, daß "die politisch-moralische Einheit der Menschen erreicht" worden sei. "Die unüberbrückbaren antagonistischen Klassengegensätze sind überwunden, so daß schon vorher durch eine umfassende Diskussion die Standpunkte einander angenähert sind." (1970,326) Abweichende standpunkte waren indiskutabel, und so ergab sich letzten endes, daß "eine Entscheidung des 'Für und Wider' ... in einem festgefügten Kollektiv oder einer Organisation mit gleicher Zielsetzung und gleichen Ausgangsgrundlagen nicht üblich und auch nicht notwendig [war]." (1970,326) Sofern ein fester standpunkt vorher festgelegt wurde, waren abstimmungen in der tat überflüssig. Das bedeutet nun nicht, daß in der praxis abstimmungen nicht vorkamen, denn in versammlungen waren abstimmungen "die kollektiv erklärte und rechtlich bindende Willenserklärung der Versammlungsteilnehmer." (1970,333) Für die durchführung von versammlungen, die den grad der zustimmung zahlenmäßig erfaßten, gab Kurka kurzinformationen zu tagesordnung, geschäftsordnung und zur rolle des versammlungsleiters (vgl. 1970,333 - 340).

Kurka beschließt sein buch mit dem hinweis, daß die kenntnis der "Regeln bzw. Gesetzmäßigkeiten der Redewirksamkeit" nützlich seien, weil sie umwege vermeiden helfen, aber die praxis des redens könne dadurch nicht ersetzt werden, denn reden lerne man durch reden (1970,341). Kurka ist davon überzeugt, daß jeder reden lernen könne. Nicht weniger entscheidend als der begabungsanteil sei der ausbildungsanteil. Sowenig es einen absolut unmusikalischen menschen gebe, sowenig gebe es einen menschen, "der nicht die Fähigkeit des zusammenhängenden, zielgerichteten Sprechdenkens [habe]" (1970,77). Für die entwicklung des sprechdenkens gibt Kurka einige bewährte hinweise, die sich in ein pädagogisches übungssystem einbauen ließen aber auch für die selbsterziehung geeignet seien (vgl. 1970,78 - 84). Für Kurka ist erziehung zur freien rede "in der Hauptsache Schulung der Ausdrucksfähigkeit." (1960,404) Ausführlichere hinweise zur mündlichen ausdrucksschulung hatte Kurka in seinem aufsatz "Zur Anregung und Pflege des Sprechdenkablaufs als Voraussetzung für die freie Rede" (1956) gegeben, in dem er die übungen darstellte, die er mit studierenden am sprechkundlichen institut in Halle durchführte.

Der weg beginnt mit der freien darstellung einer gehörten darlegung. Dabei ist es das ziel, den fremden gedankengang möglichst verständlich wiederzugeben.

Kurka fordert den angehenden redner auf, jede gelegenheit wahrzunehmen, sich an andere menschen zu wenden. Als weitere vorübung empfiehlt Kurka, zu einem bestimmten stichwort oder satz eine kurze rededisposition zu entwerfen und die gedanken frei zu entwickeln. In einer vorgegebenen zeit (5 - 10 minuten) sollte der redner ca. fünf thesenartige sätze entwerfen. Mit den aufgezeigten möglichkeiten könne die fähigkeit des redens emporgebildet werden. "Es geht somit darum, das laute Denken und Sprechen zu üben, gedacht und vorbereitet für eine bestimmte Zuhörerschaft und eine bestimmte Situation." (1970,80) Auf den ersten blick ist es seltsam, daß Kurka lautes denken *und* sprechen üben will, denn dann müßte lautes denken vom sprechen unterschieden werden und sich auf andere art und weise äußern können.

Wie aus seiner früheren veröffentlichung deutlich wird, meint Kurka mit dem 'lauten denken' aber eine besondere form des denkens und sprechens. Unversehens erweist sich eine formulierung am anfang der siebziger jahre als ein hinweis auf die in der sprecherziehung immer wieder, besonders aber während der nationalsozialistischen zeit, geäußerte sorge um die 'lebendigkeit' des denkens und sprechens, wie aus dem folgenden zitat deutlich wird:

> "Neben dem 'stillen Denken', das weitgehend mit dem modernen Bildungsprozeß verbunden ist, den die Sprechkunde 'Verschriftung' nennt, gilt es, das laute Denken zu üben und zu pflegen, das nach SCHWEINSBERG von der 'intellektualistischen Starre' der schriftlichen Formulierung frei ist, wenn es in Nahberührung mit Menschen und Dingen kommt." (1956,454)

Schweinsberg (vgl. oben 4.2) bezog sich bei seiner sorge um 'verschriftung' und 'intellektualistische starre' insbesondere auf die gedanken Ewald Geißlers. Und auch sein gedanke über die nahberührung mit menschen und dingen dürfte von Geißler beeinflußt sein. Schweinsberg schreibt:

> "Die entscheidende Wirkung geht hier nicht aus von der Form an sich, sondern von der lebenskräftigen Unmittelbarkeit, von der Nahberührung mit Menschen und Dingen. Übrigens hat Geißler über solche einfache, unmittelbar aus dem Erleben vorquellende Sprache einmal gesagt: 'Nur ein unmittelbarer Mensch ist ihrer fähig, und das ist nicht der späte Bildungsmensch, ... sondern ... der ursprüngliche Volksmensch" (Schweinsberg 1946,464).

Die abwertung des intellekts (und damit der aufklärung) gehörte zum erbteil der sprecherziehung, das Kurka mit seiner orientierung an Schweinsbergs gedanken übernahm. Das erklärt auch, warum bei Kurka - bei aller marxistisch-leninistischen parteilichkeit - die sprachpflegerischen gedanken einen so hohen stellenwert einnehmen. Redekunst zu entwickeln und redeangst zu verringern war wiederum "eine wichtige erzieherische Aufgabe der Redepädagogik, die auch den Normen der Parteierziehung entspricht" (1970,84), allerdings nun als teil der erziehung zur 'sozialistischen' persönlichkeit.

6.3 Marxistisch-leninistische rhetorik

6.3.1 Karl-Ludwig Harths gesprochene sprache

An den veröffentlichungen Karl-Ludwig Harths läßt sich der übergang von der traditionellen sprecherziehung zur (dem anspruch nach) marxistisch-leninistischen rhetorikauffassung gut ablesen. Ende der sechziger jahre veröffentlichte Harth ein arbeitsbuch mit dem titel "Gesprochenes Deutsch" (Harth 1969), das sich hauptsächlich mit sinnfassendem lesen beschäftigte, aber auch grundkenntnisse der redekunst vermitteln sollte. Harths ziel war es, einen "praktischen und praktikablen Beitrag zur Sprachpflege" zu bieten, der "bei rechter Benutzung ... nicht nur der deutschen Schule Dienste erweisen" könne, sondern auch für die bühne geeignet sei (Harth 1969,vorwort). Das kapitel 'rede als information' (Harth 1969,159 -174) stellt in kürze dar, was die sprecherziehung zur rhetorik, verstanden als der "Fertigkeit, sein Wissen so vorzutragen, daß es andere beeinflußt" (Harth 1969,168), zu sagen hat. Harth greift bei seiner darstellung auf einsichten zurück, die bereits Ewald Geißler, Richard Wittsack und Maximilian Weller zur freien rede und zum sprechdenken formuliert haben. Außer einer zusammenfassung in russischer sprache am ende des kapitels deutet wenig darauf hin, daß es sich um ein in der DDR verfaßtes buch handelt.

Auch Harths einige jahre später [1. auflage 1973] erschienenes "populärwissenschaftliches Arbeitsbuch" (Harth 1979a,5) unter dem titel "Deutsch - sprechen, lesen, vortragen, reden" widmet sich weniger dem reden als den anderen sprecherzieherischen arbeitsgebieten. Das wird bei einem blick ins inhaltsverzeichnis schnell deutlich: sprechen 11 - 108; lesen 109 - 144; vortragen 147 - 180 und reden 181 - 193. Die abfolge entspricht der reihenfolge der teilgebiete, die bereits bei Erich Drach zu finden war (vgl. Drach 1969). Allenfalls im vorwort wird deutlich, daß sich Harth um einen beitrag zur entwicklung 'sozialistischer persönlichkeiten' bemüht. Demnach leistet die

> "deutsche Sprechwissenschaft ... ihren Beitrag zur Optimierung der lautsprachlichen Kommunikation in der DDR. Zugleich [!] ist sie besonders geeignet, schöpferisches Arbeitsverhalten zu lehren; diese Seite unserer Arbeit erachte ich [Harth] ebenfalls für wichtig, denn entwickelte Produktivkräfte verlangen entwickelte, schöpferische Persönlichkeiten. Wir beginnen damit bereits bei den Sprechübungen." (Harth 1979a,5)

Das leitbild der 'sozialistischen persönlichkeit' beginnt nun, auch für die rednerausbildung eine rolle zu spielen, denn der redner soll lernen, "die bewußtseinsbildende und produktionsorganisierende Kraft der Sprache zur Verwirklichung des sozialistischen Menschenbildes wirkungsvoll einzusetzen." (Harth 1979a,193) Fand Harth Richard Wittsacks 'rahmenplan' zuvor für "viele Fälle gültig" (Harth 1969,167), so muß dieser redeplan nun je nach thema und absicht "mitunter erheblich abgewandelt werden", weil zwischen stoffsammlung und gliederung "ein dialektisches Verhältnis" (Harth 1979a,186) bestehe. Das hindert Harth aber nicht, in seinem anderen buch den 'rahmenplan' als schema II vorzugeben, ohne Wittsacks namen zu nennen (vgl. Harth 1979b,62).

In Harths buch "Reden - informieren - überzeugen" (Harth 1979b) wird viel stärker deutlich, daß sich der redner für die sozialistische gesellschaftsordnung einsetzen soll (vgl. Harth 1979b,4f). Harths broschüre soll dem gewerkschaftsfunktionär helfen, seinen 'gesellschaftlichen auftrag' (vgl. Harth 1979b,67 und anhang) als redner zu erfüllen. Dazu braucht der redner nicht nur fachwissen, sondern einen klaren klassenstandpunkt (vgl. Harth 1979b,4, 18, 52, 119 und 127). Der gewerkschafsfunktionär soll marxistisch-leninistische gewerkschaftspolitik "auf der Grundlage der Beschlüsse der übergeordneten Leitungen" machen

(Harth 1979b,5). Harth erwähnt dann den 8. und 9. kongreß des FDGB, auf denen in übereinstimmung mit dem VIII. und IX. parteitag der SED das anliegen formuliert worden war, alle reserven zu mobilisieren, wozu auch die "zielstrebige und wirksame Informations- und Überzeugungsarbeit" (Harth 1979b,5) gehörte. Noch deutlicher als bei Harth wird bei Otto Ernst, daß der 'gesellschaftliche auftrag' des redners in wirklichkeit von der SED stammt. In seinem buch 'Redepraxis für den Leiter' (Ernst 1980) führt Ernst aus:

> "Kommunikation als Leitungsaufgabe schließt den Dauerauftrag [!] der Arbeiterklasse und ihrer marxistisch-leninistischen Partei [!] an jeden Leiter ein, der steigenden ... Verantwortung bei der weiteren Ausprägung der sozialistischen Lebensweise in allen Lebensbereichen mit hoher Leitungseffektivität gerecht zu werden" (Ernst 1980,7).

Die partei, und das heißt die SED, als selbsternannte avantgarde der arbeiterklasse erfüllt ihren auftrag, wenn sie die 'sozialistische' rhetorik als ein 'instrument der leitungstätigkeit' zum wohle der arbeiterklasse einsetzt (vgl. Ernst 1980,8). Ernst faßt leitungstätigkeit im weiten sinne auf, denn mit "dem Begriff 'Leiter'" sind bei ihm "nicht nur die staatlichen Leiter im Industriebetrieb gemeint, sondern alle Kader, die ein Kollektiv leiten" (Ernst 1980,9).

Die führenden persönlichkeiten der sozialistischen gesellschaft werden bei Harth nicht nur häufig zitiert, weil sie das ziel der politik festlegen. Sie sind auch modell für eine bessere sprachkultur und zeigen beispielsweise, wie man das 'papierdeutsch' (vgl. Harth 1979b,24f) vermeiden kann. Die beispiele, die Harth anführt, sind weder besonders informativ noch von besonderer sprachlicher präzision. Zum teil findet sich in den beispielen auch die "ung-Krankheit" (Harth 1979b,35), vor der Harth den redner warnt. Auch wenn Harth Geißlers arbeiten in diesem buch (anders als in Harth 1969) nicht erwähnt; an der terminologie (papiersprache, gehirnmensch) wird dennoch deutlich, daß er nach wie vor von Geißlers gedanken beeinflußt ist. Harth folgt außerdem Wellers gedanken, was an der orientierung der (überzeugungs)rede am 'zwecksatz' deutlich wird und daran, daß ein redner überdurchschnittliche willenskräfte besitzen sollte, denn der hörer folge nicht nur den worten, sondern auch der macht der persönlichkeit (vgl. Harth 1979b,19).

Der titel von Harths buch beschreibt gleichzeitig das programm, denn die abfolge 'reden - informieren - überzeugen' entspricht dem "Algorithmus für Willensreden" (Harth 1979b,28), denen sich Harth vorrangig widmet. Willensreden, zu denen "vor allem politische Reden mit Appellcharakter" gehören, werden gehalten, wenn es gilt, hörer zu handlungen aufzurufen (Harth 1979b,100; vgl. 1973,732). Dabei verläßt sich Harth nicht nur auf die überzeugungskraft der argumente, sondern will letztlich mittels der richtigen motivierung ans ziel gelangen. Harth sieht in argumentation und motivation "das Kernstück einer jeden Rede", denn sie hätten die aufgabe, die auffassung des redners auf den hörer zu übertragen (projektion), damit sich dieser mit dem redner und seinem redeziel identifiziere (Harth 1979b,88, vgl. auch 117). Nach Harths meinung "muß" in überzeugungsreden zur argumentation "die Motivierung treten" (Harth 1979b,94), um die verhaltensbereitschaft des hörers zu wecken. Harth meint deshalb, sowohl Eduard Kurka als auch Otto Ernst würden sich zu recht mit der argumentation befassen, hätten aber die motivation vernachlässigt (vgl. Harth 1973,733). Argumentation ist bei Harth letztlich nichts anderes "als die Vorbereitung der Motivation." (Harth 1973,733) Argumentation verliert an bedeutung, wenn sie nur den motiviert, der die beweisführung "auf sich bezieht", ja sie wird entbehrlich, wenn es "Sache der Motivation" ist, die hörer "unmittelbar zur Tat anzuregen, indem sie den richtigen BEWEGGRUND an die Hand gibt." (Harth 1973,733) Wenig verwunderlich ist es deshalb, daß bei Harth dem gefühl eine entscheidende rolle zufällt, denn die "meisten Reden gewinnen" nach seiner ansicht "durch die Gefühlsansprache des Hörers." (Harth 1979b,19) Das gefühl wird gerade dann wichtig, wenn es um die lenkung der hörer geht, nicht um ihre überzeugung.

6.3.2 Besser sprechen mit Rosemarie Jackstel

Die ständig wachsende bedeutung der rhetorischen kommunikation in der sozialistischen gesellschaft erfordere auch die redeschulung erwachsener (vgl. Jackstel 1976,134f). Redeschulung ist für Rosemarie Jackstel ein teilgebiet der rhetorik und damit der sprechwissenschaft. Rhetorik faßt sie (unter bezug auf Kurkas auffassung) als pragmatische wissenschaft auf. In der sozialistischen rhetorik seien rede und gespräch unter dem begriff der rhetorischen kommunikation zusammengefaßt. Redeschulung, verstanden als unterricht in rede und gespräch, geschehe auf zwei arten: durch redelehrgänge in weiterbildungseinrichtungen und durch wissenschaftliche oder populärwissenschaftliche schriften. In den populärwissenschaftlichen schriften sieht Jackstel keinen behelf, sondern einen richtigen weg für die erwachsenenbildung. Gleichwohl findet sie es angesichts der forschungslage nicht verwunderlich, daß die publikationen zur redeschulung erwachsener nicht befriedigen können (vgl. Jackstel 1976,136f). Die redeschulung erwachsener ist für Jackstel teil der sozialistischen erziehung, deren ziele auch in der erwachsenenbildung gelten (vgl. Jackstel 1976,137 und 141). Mit der allseitig gebildeten sozialistischen persönlichkeit soll das abstrakte ideal des humanismus in eine historisch-konkrete größe umgewandelt werden. Dietmar Waterkamp meint, "zugespitzt formuliert" sei das "propagierte Menschenbild ... die Übertragung der Gesellschaftskonzeption der SED in die Form von Attributen des sozialistischen Menschen in der DDR." (Waterkamp 1975,154)

Aus ihrer langjährigen redepädagogischen erfahrung mit verschiedenen kadergruppen (vgl. Jackstel 1979,5) leitet Jackstel hinweise für die gestaltung von redekursen ab (vgl. Jackstel 1973,58f). Die redeschulung erwachsener komme nicht ohne erzieherische ziele aus, wenn rhetorische fertigkeiten verbessert werden sollen. Jackstel fragt sich, "welche Einstellungen, Willensqualitäten und Gewohnheiten durch die Redeschulung Erwachsener positiv beeinflußt bzw. weiterentwickelt werden" müßten (Jackstel 1976,141). Die redeschulung der erwachsenen solle willensqualitäten wie zielstrebigkeit, die bereitschaft zum überwinden von schwierigkeiten und zur disziplinierten arbeit entwickeln, was auch einfluß auf die beseitigung von redehemmungen und lampenfieber habe. Besonderer wert sollte auf einstellungen gelegt werden:

> "Der Komplex der erforderlichen positiven Einstellungen muß vom staatsbürgerlichen Verantwortungsbewußtsein über die sozialistische Arbeitsmoral, über die Lernbereitschaft bis zur Bejahung des

Lehrenden reichen. Die Teilnehmer ... müssen [!] dazu erzogen werden, sich ständig um Verbindungen zur gesellschaftlichen Praxis zu bemühen, kollektiv an die Lösung verschiedener Aufgaben heranzugehen, zusätzliche Aufgaben zu übernehmen und außerhalb ihrer Arbeitszeit die empfohlenen Übungskomplexe intensiv durchzuarbeiten." (Jackstel 1976,142)

So wird mit der und durch die redeschulung die arbeitsmoral der sozialistischen persönlichkeit emporgebildet. Redeschulung zielt so nicht nur darauf, das gesprochene wort wirkungsvoll für die sozialistische gesellschaftsordnung einzusetzen, sondern formt gleichzeitig die sozialistische persönlichkeit (vgl. Jackstel 1973,59). "Im Mittelpunkt aller Bemühungen der Redeschulung Erwachsenener" steht für Jackstel "unbestritten die Entwicklung von Fertigkeiten im Sprechdenken." (Jackstel 1976,140) Das ist auch der fall in ihrem buch "Besser sprechen" (Jackstel 1979), das außerdem in kürze rechtlautung, atmung und stimmgebung sowie den dichtungsvortrag behandelt. Bei der auffassung des sprechdenkens stützt sich Jackstel auf die ansichten Erich Drachs (vgl. dazu unten 7.3), der festgestellt habe, "daß es zwei Arten gibt, Sprechdenken mit Sprechen zu verbinden - je nachdem, ob Denken oder Sprechen gleichzeitig oder nacheinander ablaufen" (Jackstel 1979,13). Es war also in der DDR möglich, Drach zu kritisieren, weil er kein marxistisch-leninistisches menschenbild hatte (vgl. oben 6.1), sich aber dennoch bei der schulung des 'sprechdenkens' auf seine gedanken zu stützen. Durch förderung des sprechdenkens soll beim redner das fortlaufende sprechen geschult werden, damit er sich von einem ausformulierten manuskript lösen und seine rede wirkungsvoller vortragen kann.

Jackstel unterscheidet 'überzeugungsrede', 'feierrede' und 'sachvortrag', deren funktion und form sich häufig überschnitten. Während sich der sachvortrag in erster linie an den verstand richte, spreche die feierrede vor allem das gefühl an, und deshalb überwiege die ausdrucksfunktion der sprache. Bei der überzeugungsrede schließlich überwiege die appellfunktion.

"Die *Überzeugungsrede* will den Zuhörer vor allem zu einer bestimmten [!] verstandesmäßigen Einsicht führen und ihn dadurch zur aktiven Teilnahme am Aufbau der sozialistischen Gesellschaftsordnung veranlassen. Er soll sich die richtige [!] Meinung bilden ... und entsprechend handeln." (Jackstel 1979,40)

Letzten endes ging es darum, die gedanken der partei durch persönlichen einsatz den bürgern der DDR nahezubringen. Die freie rede erschien als besonders erstrebenswert, denn viele zuhörer schlössen aus der art der rede, ob der redner selber hinter den worten steht.

"Zweifel an der Echtheit einer Rede aber beeinträchtigen in hohem Maße ihre Wirkung, ihre Überzeugungskraft. Lassen wir [!] doch darum den Zuhörer miterleben, wie unsere [!] Gedanken zu Worten werden ... . Das erreichen wir aber ... einzig und allein beim *freien* Sprechen." (Jackstel 1979,14f)

Damit kein zweifel an der echtheit der überzeugung aufkommt, soll der redner die zuhörer miterleben lassen, wie er seine gedanken im freien sprechen entfaltet. In wirklichkeit war der redner nur sprachrohr der parteimeinung, denn schon die suche nach dem thema war in der DDR einfach., denn "der Gegenstand der Rede, das Thema, ... [lag] bereits vor. *Häufig ... [war] das Thema auch zentral vorgegeben.*" (Jackstel 1979,44; hervorhebung K.R.) Folglich mußte der redner lernen, das vorgegebene thema nach allen darin enthaltenen anforderungen aufzuschlüsseln, um so seinen 'auftrag' zu erfüllen.

Wenn Jackstel in ihren leitsätzen eine "gute Rede" dadurch bestimmt sieht, daß sie "sachlich und parteilich, anschaulich und hörerbezogen, klar und zielgerichtet" sei und zeige, "daß der Redner hinter seinen Worten steht, und ... den Hörer zur Tat [führt]" (Jackstel 1979,104), dann bestätigt dies, daß sie rede und überzeugungsrede gleichsetzt. Der überzeugungsredner verachte in der sozialistischen gesellschaft "Wirkung auf Kosten der Wahrheit" (Jackstel 1979,99). Bei einer rede konnten in der DDR 'wahrheit' und wirkung für einen sozialistischen redner nicht in konflikt kommen, weil er sich an den vorgaben der partei orientieren und nur um die wirkung bemühen mußte. Auch das gespräch erhielt bei Jackstel eine besondere bedeutung, weil es als "Hauptmethode der Überzeugungsarbeit" (Jackstel 1979,105) genutzt werden sollte. Das gespräch war die fortsetzung der überzeugungsarbeit mit anderen mitteln, denn angefangen von der zwanglosen unterhaltung bis zur diskussion sollte mithilfe des gesprächs das sozialistische bewußtsein gebildet werden. "Klassenbewußte Erziehung und die Entwicklung schöpferischer Aktivität sind nicht denkbar ohne das Gespräch." (Jackstel 1979,105) Als einführung in zielgerichtetes diskutieren stellt Jackstel beweisführungen von gesprächen grafisch dar. Um den zusammenhang der jeweils sechs sätze zu verdeutlichen, greift Jackstel auf Drachs gedanken zur fünfsätze-niederschrift zurück (vgl. Jackstel 1979,114ff). Wenn sie mit bezug auf Drachs methode meint, damit ließe sich "eine Art 'Technologie' des zielgerichteten [!] Diskutierens erwerben" (Jackstel 1979,117), dann entspricht das weitgehend Geißners umgang mit dieser methode (vgl. oben 5.3.3.4). Da Geißner bei Jackstel nicht erwähnt wird, ist nicht zu ersehen, ob sie dessen methode des 'fünfsatzes' kannte.

6.3.3 Sprechwissenschaftliche rhetorik

Das autorenkollektiv[134] der 'Einführung in die Sprechwissenschaft' hatte in der zweiten auflage noch geklagt, die rhetorische theorie sei "trotz erfolgreicher Bemühungen in den vergangenen Jahren noch nicht so weit entwickelt, daß man bereits jetzt alle Kategorien in ein theoretisches Bezugssystem einordnen ... könnte." (Fiukowski u.a. 1978,148) Anläßlich der dritten, überarbeiteten auflage betonten sie, daß in dieser publikation "erstmals versucht worden [sei], die Ergebnisse vor allem der marxistisch-leninistischen Kommunikationsforschung in der Darstellung aller Lehrkomplexe produktiv zu machen." (Fiukowski u.a. 1982,13)

Die bemühungen der sprecherziehung gehen über die "Erziehung zum richtigen, normgemäßen Sprechen hinaus", die allerdings "Grundlage und Ausgangspunkt" ist (Fiukowski u.a. 1982,60). Der normgerechten aussprache wird aber immer noch ein besonderer stellenwert zugewiesen, was sich beispielsweise auch an der ausführlichen behandlung der aussprache in büchern von sprecherziehern ablesen läßt (vgl. z.b. Harth 1979a, Preu/Stötzer 1981). Sprachpflegerische bemühungen haben mit der erforschung der sprechwirkung nicht ausgedient, denn sprechwissenschaftler verstehen ihre forschung als beitrag zur entwicklung der

134 Das buch von Fiukowski u.a. wird von westdeutschen sprecherziehern teilweise auch unter dem namen Helmut Stelzigs aufgeführt, der leiter des autorenkolletivs war.

sprechkultur. Sie hoffen, die ergebnisse der sprechwirkungsforschung seien "gleichzeitig für die Sprachpflege der DDR zu nutzen ... und damit für eine mögliche Planung und Lenkung der sprachlichen Entwicklung." (Fiukowski 1982 u.a.,12)

Die marxistisch-leninistische rhetorik untersuchte rhetorische kommunikation als ein "spezifisches Instrument zur Entwicklung des Bewußtseins und der menschlichen Persönlichkeit" und leitete "daraus Folgerungen für die Optimierung rhetorischer Kommunikationsereignisse ab." (Fiukowski u.a. 1982,141) Es versteht sich von selbst, daß mit persönlichkeit die 'sozialistische persönlichkeit' gemeint ist. Neben der erforschung ihres gegenstandes hatte die marxistisch-leninistische rhetorik als aufgabe,

> "mit Hilfe der *Redeschulung* einem wichtigen Bildungs- und Erziehungsauftrag nachzukommen. Dies um so mehr, als die rhetorische Kommunikation durch die weitere Demokratisierung des gesellschaftlichen Lebens ... gesetzmäßig an Bedeutung" gewinnen sollte (Fiukowski u.a. 1982,141).

Den vorgang der kommunikation verdeutlichen die autoren mit einem sender-empfänger-modell. Solange sprecher und hörer im prozeß der kommunikation als kodierende bzw. dekodierende informationsübermittler begriffen werden (vgl. Fiukowski u.a. 1982,24f; vgl. auch Preu/Stötzer 1981,18), besteht wenig notwendigkeit, das soziale verhältnis der kommunikationspartner und den gesellschaftlichen charakter der kommunikation genauer zu bestimmen. Rhetorische kommunikation wird als ein spezifischer typ der sprechsprachlichen kommunikation aufgefaßt, der von schreibsprachlicher kommunikation unterschieden ist. Aus dem bereich der gesprochenen sprache behandeln die autoren nur einen teilbereich, nämlich die sogenannte direkte kommunikation von angesicht zu angesicht (vgl. Fiukowski u.a. 1982,17).

Bei rhetorischer kommunikation "produziert [der redner] bewußt, planmäßig und zweckbestimmt Äußerungen, die er direkt [d.h. ohne technisches hilfsmitttel, K.R.] mit dem Ziel übermittelt, beim Hörer koordinierte Einstellungen und Verhaltensweisen zu erzeugen." (Fiukowski u.a. 1982,143) Nachdem die autoren die situation als wichtigen einflußfaktor bestimmt haben, verweisen sie darauf, daß Erich Drach begriff und bestimmung situativer merkmale in die rhetorik einführte. Die kommunikationssituation umfaßt für sie "*die Gesamtheit objektiver (äußerer) und subjektiver (innerer) Bedingungen* des rhetorischen Prozesses." (Fiukowski u.a. 1982,143) Die aussage, die wirkung der rhetorischen kommunikation hinge von der kommunikationssituation ab (vgl. Fiukowski u.a. 1982,142), wird trivial, wenn damit *alle* einflußfaktoren des rhetorischen prozesses gemeint sind. Andererseits schreiben die autoren, die wirkung der rhetorischen kommunikation sei abhängig von der zu lösenden kommunikativen aufgabe, der persönlichkeit des redners, von der kommunikationsabsicht und vom kommunikationsplan, von der persönlichkeit des hörers und von der kommunikationssituation (vgl. Fiukowski u.a. 1982,151f). Es ist auffällig, daß die kommunikationssituation[135] hier gleichrangig neben den anderen faktoren genannt wird, denn entspre-

135 Preu/Stötzer fassen als 'kommunikationssituation' nur die *äußeren* bedingungen der kommunikation auf (vgl. Preu/Stötzer 1981,15).

chend der definition müßte sie als die *gesamtheit* der inneren und äußeren bedingungen des rhetorischen prozesses die anderen faktoren enthalten.

Die autoren der sprechwissenschaft unterscheiden zwischen drei deutlich voneinander abgegrenzten zeitabschnitten: der präkommunikativen, der kommunikativen und der postkommunikativen phase (vgl. Fiukowski u.a. 1982,150f). Schon in der präkommunikativen phase habe der potentielle hörer eine bestimmte vorstellung vom redner und von der äußerung. Diese erwartungshaltung werde mitbestimmen, ob der potentielle hörer überhaupt zum aktuellen hörer werde. Die kommunikative phase umfasse dann die wahrnehmung der äußerung und ihre verarbeitung. Das ergebnis dieser verarbeitung in der kommunikativen und postkommunikativen phase werde unter dem begriff 'wirkung' zusammengefaßt. "Der Wirkungsgrad ergibt sich aus dem Zusammenspiel von rhetorischer Äußerung (als äußere Ursache) und sozial determinierten inneren Bedingungen des Hörers." (Fiukowski u.a. 1982,142) Auch wenn versichert wird, das lineare kausalitätsprinzip könne die wirklichkeit der kommunikation nicht erklären (vgl. Fiukowski u.a. 1982,142), so deutet nicht nur die redeweise von ursache und wirkungsgrad darauf hin, daß dennoch versucht wird, das kommunikationsgeschehen mithilfe von 'ursache' und 'wirkung' zu begreifen. Daß die definition des begriffs 'wirkung' aus Günther Richters arbeit zur rhetorischen wirkungsforschung zitiert wird (vgl. Fiukowski u.a. 1982,151; Richter 1978,64), ist nicht verwunderlich, denn Richter war bearbeiter der entsprechenden passagen in der 'einführung in die sprechwissenschaft'.

Der prozeß der rhetorischen kommunikation wird bestimmt von der *kommunikationsabsicht* des redners und seinem *kommunikationsplan*. Letztlich ließen sich rhetorische äußerungen von der kommunikationsabsicht her auf

> "auf zwei Grundtypen zurückführen ... . Während beim vorwiegenden *Informieren* der Sprecher das Ziel verfolgt, sein Wissen über bestimmte Sachverhalte oder seine Eindrücke davon dem Hörer zu vermitteln, steht beim vorwiegenden *Aktivieren* der Wunsch des Redners im Vordergrund, auf Einstellungen, Überzeugungen und Verhaltensweisen der Hörer Einfluß zu nehmen." (Fiukowski u.a. 1982,155; hervorhebung K.R.)

Die autoren haben durch den zusatz 'vorwiegend' angedeutet, daß sich informieren und aktivieren nicht ausschließen. Die autoren (vgl. auch Preu/Stötzer 1981,142f) greifen bei dieser zweiteilung auf eine unterscheidung aus dem von Wilhelm Schmidt und Eberhard Stock herausgegebenen buch[136] 'Rede - Gespräch - Diskussion' zurück (vgl. Schmidt/Stock 1979,38ff). Als Schmidt/Stock ihren gruppierungsversuch machten, merkten sie selbstkritisch an, "daß in der Realität eine klare Trennung zwischen den beiden Gruppen Informieren und Aktivieren nur schwer möglich" sei, denn "(j)edes Aktivieren setzt auch Informieren voraus, und es gibt wohl kaum ein Informieren, das nicht zum Zwecke des Aktivierens erfolgte." (Schmidt/Stock 1979,38) Die einteilung in 'informieren' und 'aktivieren' ähnelt der in der sprecherziehung gebräuchlichen einteilung der reden in sachvortrag und überzeugungsrede. Während diese redearten durch das vorhandensein

136 Das buch besteht ungefähr zur hälfte aus der theorie rhetorischer kommunikation und aus übungen, die vorwiegend für die rhetorische ausbildung von fachlehrern gedacht war. Das DDR-spezifische der kommunikation wird besonders im übungsteil (vgl. Schmidt/Stock 1979,89ff) deutlich.

oder fehlen des 'zwecksatzes' strikt geschieden wurden, sind zwischen informieren und aktivieren innerhalb eines beitrages übergänge möglich, denn auch wenn insgesamt die eine kommunikationsabsicht überwiege, könne zeitweise die andere kommunikationsabsicht im vordergrund stehen (vgl. Schmidt/Stock 1979,38). Auch bezüglich des kommunikationsplanes beziehen sich die autoren der 'sprechwissenschaft' (vgl. Fiukowski u.a. 1982,149) auf ausführungen aus dem buch von Schmidt/Stock. Unter kommunikationsplan verstehen die autoren

> "eine Konzeption zur optimalen Realisierung einer Kommunikationsabsicht, die unter Berücksichtigung der objektiven und subjektiven Faktoren und Bedingungen des Kommunikationsvorgangs die inhaltliche und die formale Struktur einer Äußerung festlegt und von der sich die Verwendung der Gestaltungsmittel ableitet." (Schmidt/Stock 1979,36)

Die kommunikationsabsichten würden durch verschiedene verwendungsweisen der sprache (z.b. erzählen, berichten, beschreiben u.s.w.) verwirklicht. Die autoren der sprechwissenschaft gestehen, daß die abgrenzung "kompliziert" sei, da die verschiedenen verwendungsweisen "eng miteinander verbunden" seien (Fiukowski u.a. 1982,155). Ihre darstellung der einzelnen verwendungsweisen (vgl. Fiukowski u.a. 1982,156 - 161) wird deshalb hier nicht im einzelnen untersucht. Auch die einteilung der rede- und gesprächstypen soll nur knapp dargestellt werden. Der vergleich der zusammenfassenden übersicht aus der zweiten und dritten auflage verdeutlicht anschaulich, in welchen punkten die einteilungsaspekte der rede geändert wurden (vgl. Fiukowski u.a. 1978,186; 1982,170). Die einteilung nach funktion, vorbereitungsart und situation gleicht der von Kurka vorgenommenen einteilung (vgl. oben 6.2.3). Stützen sich die autoren ursprünglich wie Kurka auf die drei funktionen des sprachlichen zeichens, so verwenden sie nun die zweiteilung in 'informierende' und 'aktivierende' redefunktion. Auch die einteilung nach der vorbereitungsart verringerte sich von drei auf zwei arten. Die autoren führen nur noch manuskriptreden und freie reden auf. Wenn die spontanrede neuerdings nicht mehr aufgeführt wird, dürfte das nicht nur daran liegen, daß sie wegen der fehlenden planung nicht den bestimmungsmerkmalen der rhetorischen kommunikation entsprach. Hatte die spontanrede schon 1978 "für die Leitungstätigkeit ... nur geringe Bedeutung" (Fiukowski u.a. 1978,184), so dürfte sie mit zunehmender kontrolle der äußerungen gesellschaftlich gänzlich bedeutungslos geworden sein.

Das gespräch sei die ursprünglichste, häufigste und effektivste form der rhetorischen kommunikation. Da die kommunikationspartner, anders als bei der einseitigen kommunikationsart rede, ihre sprecher- und hörerrollen wechseln können, wird das gespräch als wechselseitige kommunikationsart aufgefaßt (vgl. Fiukowski u.a. 1982,171). Im idealfall sei das gespräch "keine Summation von Äußerungen", vielmehr "verteilt sich ein fortlaufender Denkvorgang auf zwei oder mehrere Gesprächspartner und führt zu einer höheren Erkenntnisstufe, die keiner der Kommunikationspartner für sich alleine gefunden hätte." (Fiukowski u.a. 1982,172) Mag diese beschreibung für das ideale gespräch zutreffen, so lassen die verschiedenen gesprächstypen in der sozialistischen gesellschaft (vgl. Fiukowski u.a. 1982,172ff) die wechselseitigkeit missen. Das gilt nicht nur für das unterrichtsgespräch, bei dem der lehrer beim unterrichtsthema über einen informationsvorsprung vor seinen schülern verfügt/verfügen sollte, sondern auch beim streitgespräch. So sollte beispielsweise der "irrende Freund" im streitgespräch "in einer Atmosphäre kritischer Aufgeschlossenheit und freimütiger Erörterung unter Ausschluß verletzender oder unredlicher Verhaltensweisen ... überzeugt werden" (Fiukowski u.a. 1982,181). Gerade weil die partei nur ihre 'wahrheit' hören wollte, konnten keine offenen diskussionen entstehen. Je länger, desto weniger wollten die bürger an die demokratisierung ihres 'sozialistischen' lebens glauben. Denn die besonderheit ihrer 'demokratie' bestand in einer eigentümlichen form der meinungsfreiheit, nämlich der freiheit von abweichenden meinungen. Schließlich machte das volk seiner parteiführung lautstark deutlich, wer sich wirklich geirrt hatte. Hatten die demonstranten recht damit, daß *die* partei nicht immer recht hat, so irrten sie sich, wenn sie meinten, demokratie sei alleine schon dadurch verwirklicht, daß nicht mehr eine partei, sondern mehrere parteien zur wahl stünden. Genauso mußten sie erfahren, daß mit der neuen währung nicht automatisch der wohlstand in alle haushalte einzug hielt. Leben heißt eben auch, sich zu irren.

Geert Lotzmann sah 1983 in der 'einführung in die sprechwissenschaft' "den augenblicklichen Stand der DDR-Sprechwissenschaft und Sprecherziehung" dokumentiert (Lotzmann 1983,10). Da in den letzten jahren - außer abschließenden veröffentlichungen zur sprechwirkungsforschung - keine entscheidenden entwicklungen mehr erfolgten, ist mit dem zwischenstand auch der endpunkt erfaßt, bis zu dem sich die sprechwissenschaft in der DDR entwickelt hat. Nach eigener einschätzung stellte die ausbildungs- und erziehungsarbeit der sprechwissenschaftler "einen gewichtigen Beitrag" (Fiukowski u.a. 1982,12) zur entwicklung sozialistischer persönlichkeiten dar. Bis zum ende erwies sich die sprechwissenschaft als linientreue wissenschaft (vgl. Wachtel 1992,40; Heilmann 1992,27f). Die veröffentlichung eines vortrags von Stefan Wachtel aus dem oktober 1988, in dem erstmals fragen an die sprechwissenschaft der DDR gestellt wurden, wurde von der tagungsleitung untersagt. Wachtel fragte, wie sich rhetoriktheorie und redeschulung "(a)ngesichts sich möglicherweise verändernden Bedingungen in der sozialistischen Gesellschaft ... künftig entwickeln könnten bzw. sollten." (Wachtel 1990,22) Nach der vereinigung von DDR und BRD stellt sich die frage in dieser form nicht mehr (vgl. Wachtel 1992,41). Es bleibt abzuwarten, wie sich das zusammenwachsen der sprechwissenschaft aus der DDR mit der sprechwissenschaft der BRD vollzieht und wie die zukunft dieses faches aussehen wird.

7. Sprechdenken - ein sprechender ausdruck

7.1 Voraussetzung

Mögen sprecherzieher sich in ihren sprachauffassungen unterscheiden, einig sind sie sich in der verwendung des ausdrucks 'sprechdenken'. In ähnlichen worten betonen sie die grundlegende funktion des sprechdenkens für die freie rede und seine bedeutung für die redepädagogik: "Zur Rede gehört ... die Ausübung des *Sprechdenkens*, zur Redeschulung die Übung des Sprechdenkablaufs." (Esser 1939,169) "Mit dem Üben und mit der Pflege des in sich schöpferischen Sprechdenkvorganges *muß* jede Redeschulung beginnen." (Schweinsberg 1946,451; vgl. 1948,66) "Die Redeschulung der modernen Sprechkunde fußt auf dem Sprechdenken und verwirft daher die papierne Redevorbereitung." (Weller 1963c,30) Da schule und hochschule nach ansicht der sprecherzieher "nahezu ausschließlich das dem Sprechdenken entgegengesetzte [!] Verfahren" (Geißner 1968,262) des schreibdenkens vermitteln, sehen sie die pflege des sprechdenkens als ihre aufgabe. Nach Hellmut Geißners einschätzung hat die "einseitige Pflege des Schreibdenkens ... offenkundig das Sprechdenken verkümmern lassen. ... Die bewußte und methodisch gesicherte Entwicklung des Sprechdenkens ist eine Hauptaufgabe der Sprecherziehung." (Geißner 1963,12)

In heutiger terminologie betont Geißner, wer "die Fähigkeit zur 'mündlichen Kommunikation' ... entwickeln ... [wolle, müsse] vor allem die Fähigkeit im Sprechdenken entwickeln", denn sprechdenken sei "*die entscheidende Grundlage jeglicher rhetorischer Kommunikation.*" (Geißner 1975a,137) Für Geißner bezeichnen die beiden termini

> "*Sprechdenken und Hörverstehen ... den Grundprozeß mündlicher Kommunikation, sie bestimmen in besonderer Weise ... den Grundprozeß rhetorischer Kommunikation.*" (Geißner 1981a,166)

Geißner erklärt die vernachlässigung des hörverstehens in der sprecherziehung damit, daß sie sich am sprechenden menschen, am individuellen sprecher orientierte. Da das hörverstehen erst seit kurzem (vgl. insbesondere Stoffel 1978, 1979) das interesse der sprecherzieher findet und in älteren arbeiten gar nicht[137] thematisiert wurde, wird diese "*hermeneutische Komplementärhandlung des Sprechdenkens*" (Geißner 1981a,165) hier nicht behandelt.

---

137 Pabst-Weinschenk meint (vgl. 1993b,27), Drach habe bereits den hörprozeß berücksichtigt und deshalb sei das hörverstehen kein modern-aktuelles thema. Sie übersieht dabei, daß es der amerikanischen forschung zum 'listening-comprehension', auf die sich Stoffel stützt, darum geht, herauszufinden, wie die integration gehörter informationen in das (welt)wissen des hörers geschieht und verbessert werden kann. Dagegen beschäftigte sich Drach bei seinen forschungen (vgl. Drach 1926a,137ff; vgl. dazu Pabst-Weinschenk 1993b,85ff) mit dem "Eindruck", den der zuhörer "von der Kunstleistung irgendeines Sprechers hatte" (Drach 1926a,137).

"Sprechdenken ... [sei] seit Heinrich v. Kleist ... ein gängiger begriff in sprechkunde und sprecherziehung. Er ... [werde] nicht nur viel zitiert; es besteh[e] auch eigentlich kein streit um die definition", meinte Ilse Schweinsberg-Reichart (Schweinsberg-Reichart 1975b,131).

Sie zitiert dann im anschluß an diese passage eine definition Hellmut Geißners, der das sprechdenken wie folgt beschreibt:

"Im Sprechdenkprozeß werden nicht ganze Sätze zuerst durchgeplant und dann ausgesprochen, - das führte 1. zu einer ständigen Phasenverschiebung zwischen Sprechen und Denken, 2. zu langen Pausen, und 3. zu einer beträchtlichen Minderung der kommunikativen Wirkung -; vielmehr wird der Sinnkern eines Ausspruchs angezielt, der dann sprechend in den vorgegebenen Satzrahmen grammatisch ausgeformt wird, gesteuert von motorischen und akustischen Antrieben, die als temporale und intonatorische Variable zugleich sinnkonstituierend wirken." (Geißner 1974,131)

Geißner folgt bei dieser beschreibung des 'sprechdenkens' eher Erich Drach als Heinrich von Kleist. Schweinsberg-Reicharts charakteristik ist in mehrerer hinsicht ungenau, denn weder verwendet Kleist den ausdruck 'sprechdenken', noch beschreibt er den prozeß des sprechdenkens im eben zitierten sinne, noch besteht unter sprecherziehern einigkeit darüber, was sprechdenken ist.

Aufgabe der folgenden abschnitte wird es nicht sein, die komplizierten zusammenhänge von denken und sprechen zu klären. Gezeigt werden soll vielmehr, daß der für die sprecherziehung zentrale ausdruck 'sprechdenken' unterschiedliche bedeutungen hat und vom "Denken ... als innere[m] Sprechen" (Winkler 1969,174) bis zu einer kommunikativen haltung, bei der "Denken und Sprechen ... auf den Partner ausgerichtet und auf die Situation bezogen" sind (Rehm 1976,46), fast alles bedeuten kann, was mit denken, sprechen und reden zusammenhängt.

7.2 Geistesblitze

Ilse Schweinsberg-Reichart sieht in Kleists abhandlung 'Über die allmähliche Verfertigung der Gedanken beim Reden' (Kleist 1962) den vorgang des sprechdenkens "anschaulich beschrieben", räumt aber zwei seiten später ein, Kleist erkläre den vorgang nicht, sondern beschreibe nur, "was er an sich selbst erfahren hatte" (Schweinsberg-Reichart 1978a,52 bzw. 54). Auch Weller betont die bedeutung der Kleistschen gedanken für die redepädagogik, denn dieser habe "die Grundzüge des Sprechdenkvorganges dargelegt, auf den wir neuerdings die sprachpsychologisch unterbaute Redeschulung gründen." (Weller 1935a,126; vgl. 1939,102; 1954,191)

Kleist rät in seinem bekannten brief seinem freund Rühle von Lilienstern, mit anderen zu sprechen, wenn er etwas durch meditation nicht finden könnte. Das brauche kein kluger kopf zu sein, denn er solle nicht befragt werden. Vielmehr solle man dem anderen erzählen, um sich selber zu belehren. Gegen den rat, man solle von nichts sprechen, von dem man nichts versteht, bringt Kleist vor:

"Damals aber sprachst du wahrscheinlich mit dem Vorwitz, *andere*, ich will, daß du aus der verständigen Absicht sprechest, *dich* zu belehren, und so könnten ... beide Klugheitsregeln vielleicht gut neben einander bestehen." (Kleist 1962,319)

Kleist schildert dann, wie ihm das reden zu seiner schwester dabei half, die eigenen gedanken zu klären. Zu Kleists überraschung prägte das gemüt die dunkle vorstellung, die er am anfang hatte, "zur völligen Deutlichkeit aus, dergestalt, daß die Erkenntnis ... mit der Periode fertig" war (Kleist 1962,320). Kleist sieht im reden zur klärung der gedanken

> "ein wahrhaftes lautes Denken. ... Die Sprache ist alsdann keine Fessel ... an dem Rade des Geistes, sondern wie ein zweites, mit ihm parallel fortlaufendes, Rad an seiner Achse. Etwas ganz anderes ist es wenn der Geist schon, vor aller Rede, mit dem Gedanken fertig ist. Denn dann muß er bei seiner bloßen Ausdrückung zurückbleiben" (Kleist 1962,322).

Das reden, das eben noch antrieb des denkens war, erweist sich in diesem fall als hindernis für den ausdruck der gedanken. Damit der übergang vom denken zum ausdrücken gelinge, sei es unerläßlich, daß uns "die Sprache mit Leichtigkeit zur Hand sei, um dasjenige, was wir gleichzeitig gedacht haben, und doch nicht gleichzeitig von uns geben können, wenigstens so schnell, als möglich, auf einander folgen zu lassen." (Kleist 1962,323) Kleist geht es, wenn er neben das sprechen zum belehren anderer ein sprechen stellt, das dazu dient, die eigene person zu belehren, insbesondere darum, die rolle der sprache im denkprozeß herauszustellen.

Der sinn der Kleistschen gedanken wird verändert, wenn sprecherzieher die rolle des gesprächs, bei dem ein gesprächspartner neue gedanken einbringt, mit der von Kleist beschriebenen rolle des redens zur eigenen belehrung vermengen. Beispielsweise wenn Christian Winkler von dialogischem sprechdenken spricht, "wie bei Kleists allmählicher Verfertigung der Gedanken *im Gespräch* [!]" (Winkler 1954,126; hervorhebung K.R.). Auch Eduard Kurka verfehlt die pointe von Kleists aufsatz, wenn er meint, dort sei "anschaulich dargestellt ... [,] daß uns während des Sprechens und besonders *im Gespräch mit dem anderen Partner* fruchtbare, schöpferische Gedanken zufließen, die am einsamen Schreibtisch oder im stillen Kämmerlein verschüttet bleiben." (Kurka 1965,177; hervorhebung K.R.; vgl. 1970,285) Am beispiel der alltagsunterhaltung verdeutlicht Ilse Schweinsberg-Reichart, was sie unter sprechdenken versteht. Wir wüßten nur in umrissen, was wir sagen wollten, aber nicht die formulierung. Ihrer meinung nach hat Kleist dies anschaulich beschrieben und verdeutlicht, daß "die Tätigkeit des Sprechens (und Hörens) ... in besonderer Weise an[regt]: Während wir sprechen und *durch* das Sprechen entwickeln sich unsere Gedanken, und diese beeinflussen wiederum unseren sprech-sprachlichen Ausdruck." (Schweinsberg-Reichart 1978a,52)

Erich Drach lobt ebenfalls "die wohltätig klärende Hilfe", die es "beim Durchdenken einer wichtigen Sache gewährt, sich mit einem nahestehenden Menschen darüber 'auszusprechen'." (Drach 1926a,18) Drach verweist in einer fußnote auf Kleists aufsatz. Es wird nicht klar, ob Drach zwischen dem, was er zuvor beschrieben hatte, und Kleists gedanken eine parallele sieht oder ob er meint, das gespräch mit einem anderen brächte die klärung des problems. Im ersten fall bestünde der unterschied zu Kleist darin, daß Drach zu beschreiben versucht, wie die wahl von 'namen' ordnung ins chaos des denkens bringt (vgl. 7.3), und im zweiten darin, daß Kleist zwar seiner schwester etwas sagte, sie aber schwieg. Auch als sich Drach an anderer stelle auf Kleists aufsatz bezieht, hat er anderes im sinn als Kleist. Zur vorbereitung auf eine rede empfiehlt Drach, sofern das stichwortblatt bereitliege, nicht mehr nur zu denken oder zu schreiben, sondern wirklich zu sprechen:

> "*Im Sprechen und durch das Sprechen bildet, klärt, bereichert sich die Sprachgestalt* [!], wie das ... bereits Heinrich von Kleist in seinem berühmten Aufsatz ... bemerkt, und die neuere sprechkundliche Forschung begründet hat. Das stumme Durchdenken einer Sache, möge es noch so tief sich einbohren, ist weit entfernt, in sprachlich geordneten, anhörlichen Sätzen zu verlaufen." (Drach 1932,60)

Drach geht es hier offenbar mehr darum, 'anhörliche' sätze zu finden, als mittels des redens die eigenen gedanken zu klären.

Ewald Geißler bezieht sich gleichfalls auf Kleists aufsatz und meint, die förderung der gedanken ginge nicht vom gegenüber aus, weil das ein unbedeutender mensch sein könne. Die lösung der aufgabe sei eine folge des zwangs der lage, die den redner zu höchstleistungen brächte, wie einen general, wenn die umstände ihn drängten (vgl. Geißler 1918,41). Mit der körperlichen anspannung sei aber nur zum teil erklärt, warum dem redner gelinge, was ihm am schreibtisch versagt blieb. Entscheidend dafür, daß sich ein gedanke, ein zusammenhang, "wie mit einem Blitzschlage erleuchtete durch die Rede, die ihn kundtut", liegt für Geißler "in der freien, frischen Verkörperung des Wortes selbst." (Geißler 1918,44) Geißler geht davon aus, die intensiveren sprechbewegungen der rede regten den geist in besonderer weise an. (vgl. oben 2.1.3 und 2.1.7.2).

Im anschluß an einen auszug aus Kleists text warnt Richard Wittsack den redner davor, "die Gedankenklärung erst während der Rede vorzunehmen", und rät ihm, die rede erst zu halten, wenn sich seine "'verworrene Vorstellung zur völligen Deutlichkeit' geklärt hat" (R. Wittsack 1935,101). Dadurch will Wittsack sicherstellen, daß die lautungen nicht nur leere hülsen bleiben, denn "erst wenn Denken und Sprechen (innere und äußere Sprachform) sich im Sprechdenken vereinigen [!], hören wir nicht Gerede und Schwatz, sondern gehaltvolle Rede." (R. Wittsack 1935,100) Bei Richard Wittsack sind sprechen und denken getrennt und werden - wie es das aus den beiden teilen 'sprechen' und 'denken' zusammengesetzte substantiv 'sprechdenken' ausdrückt - zusammgefügt. Daß Richard Wittsack 'denken' und 'sprechen' trennt, läßt sich auch daraus ersehen, daß er meint, Kleist schildere eindringlich, "daß sich der freie Redner nicht nur an seinen Worten [!], sondern auch an seinen Gedanken [!] entzündet" (R. Wittsack 1935,136; vgl. auch 137).

Auch Weller betont ausdrücklich, die 'allmähliche verfertigung der gedanken beim reden' könne "die Sachvorbereitung nicht ersetzen", vielmehr solle das sprechdenken "an die Stelle wörtlicher Ausarbeitung treten" (Weller 1954,210; vgl. auch Gerathewohl 1930,309). Die rede soll zwar vorbereitet sein, aber nicht als fertig ausformulierter text vorliegen, denn sprecherzieher sehen in der stichwortvorbereitung einer rede "die richtige und ideale Mitte ... zwischen unrednerischer, wörtlich-schriftlicher Festlegung und faselnder, riskant-improvisierender, einfallsmäßiger Stegreifrednerei, die keinerlei Disposition aufweist." (Weller 1963c,65)

Bezogen sich die eben zitierten gedanken auf die freie rede und ihre vorbereitung, so sehen Allhoff/Allhoff in Kleists aufsatz "bereits viele Ansätze" der nondirektiven gesprächsführung beschrieben, wie sie Carl Rogers für das beratungsgespräch entwickelt hat (Allhoff/Allhoff 1988,233). Elmar Bartsch verweist auf Kleists aufsatz, wenn er betont, sprechdenken sei weder ein sprachliches einkleiden bereits fertiger gedanken noch ein ablauf konditionierter sprachpatterns. Vielmehr helfe dem sprecher das sprechdenken dabei, die in der 'inneren sprache' angebahnten gedanken zu klären, weil es sie "in Symbole fassend reflektierbar macht." (Bartsch 1981,51; vgl. auch 1979,9) Bei diesen ausführungen wird nicht deutlich, was unter 'innerer sprache' zu verstehen ist und welche rolle die sprache bei ihr spielt.

7.3 Bedeutungen

Erich Drach wendet sich gegen die annahme der sprachwissenschaft, das aussprechen eines satzes folge dem lautlosen, logischen denken. Diese ansicht führt Drach auf die "einseitig logisch-grammatische und philologisch-schriftmäßige Betrachtungsart" des neunzehnten jahrhunderts zurück (Drach 1926a,13). Dagegen setzt Drach die einsicht, daß es situations- und ziellose und darum ausdrucksleere sätze im alltag nicht gäbe (vgl. Drach 1926a,13f). Dieser gedanke führt Drach nicht nur zur 'sprechsituation' (vgl. Drach 1922,88; 1926a,15; 1930,47) als "der sprechwissenschaftlichen Zentralkategorie par excellence", die dann "in der Fachtradition sozusagen leitmotivisch überall manifest" ist (Gutenberg 1988,3), sondern auch dazu, das entstehen des satzes, als der "kleinste[n] in sich abgeschlossene[n] Einheit des Sprechens" (Drach 1926a,15), näher zu beleuchten.

Nach Eduard Kurkas meinung hat Drach "für das Entstehen des Satzes wissenschaftlich durchleuchtet ... [,] (w)ie der Sprechvorgang sprachpsychologisch mit dem Denken zusammenhängt" (Kurka 1956,453). Drach tut dies in seinem buch 'Die redenden Künste'[138], in dem er sich bezüglich der satzentstehung auf Wilhelm Wundts ansichten stützt (vgl. Drach 1926a,27; 1922,89; 1969,118f). Drach scheint das verb des satzes am bewußtesten gewählt zu sein. Er meint aber, beim sprechen kämen auch prädikatslose sätze vor, und "für den Satz im Sinne des Sprechdenkens" sei "einzig die dominierende Vorstellung" notwendig, die "auf jeden Satzteil und jede Wortart fallen" könnte (Drach 1926a,28; vgl. auch Esser 1939,39). Als hilfe für den schulgebrauch hatte Drach allerdings schon 1922 geraten, beim satzplanen zunächst das verb zu suchen (vgl. Drach 1922,103).

Drach greift bei seiner darstellung der satzentstehung auf die drei grundleistungen des sprechens zurück, die er anhand des kindlichen spracherwerbs[139] auseinandergelegt hatte (Drach 1926a,7ff; vgl. auch 1932,36f; 1969,134). Drach stützt sich bei seiner beschreibung der sprachentwicklung des kindes auf William

138 Das buch sollte ursprünglich 'psychologie des sprechens und der sprechkunst' heißen (vgl. diese literaturangabe bei Drach 1925b,16).

139 Da ontogenese und phylogense bei Drach in denselben drei stufen ablaufen (vgl. 1969,128 und 134), scheint es für ihn grundsätzlich so zu sein, daß das denken erst auf der letzten stufe teil der sprache wird.

Stern.[140] Nach Drach ist die lautäußerung des menschen zuerst affektentladung, zu der sich als nächstes die mitteilungsabsicht gesellt, wenn der "absichtslose Affektausdruck ... zur zielvollen Äußerung" wird. "Wieder vergehen Monate, bis zu den beiden Grundleistungen des beginnenden Sprechens, Affektentladung und Mitteilung, noch eine dritte hinzukommt: die Sprache wird Trägerin von Begriffen." (Drach 1926a,9f) Mit der erkenntnis, daß jedes ding einen namen habe, fließe dem kind durch die worte der begriffliche bestand zu, den sich die sprachgemeinschaft erarbeitet hat. Nach Drachs meinung geht der heranwachsende mehr und mehr vom anschaulichen zum begrifflichen denken über (vgl. oben 2.2.2.4). Die sprache diene ihm als ein objektives werkzeug für lautlos verlaufende, abstrakte denkleistungen. Dieses logische denken komme ohne mitteilungswillen aus.

> Aus dem "reinen Denkakt - mag er gleich in Sprache geformt sein - [ist] aller ursprüngliche Affektausdruck einer Erlebnissituation, alles Mitteilen-wollen des wirklichen Sprechens völlig ausgeschieden ... . Dieses stille Denken unterscheidet sich somit wesenhaft von dem mit allen subjektiven Erlebnisbeziehungen ausgestatteten mitteilsamen Sprechdenken des Alltags." (Drach 1926a,13)

'Sprechdenken' und 'stilles denken' unterscheiden sich also nach Drachs ansicht wesenhaft durch das vorhandensein bzw. fehlen der beiden im spracherwerb dem denken vorhergehenden stufen affektentladung und mitteilungswillen.

Drach geht davon aus, daß der satz eine aufgliederung der gesamtvorstellung darstelle. Der mitteilungswille veranlasse den sprecher, das chaos seines bewußtseinsinhalts durch denken zu gliedern. "Mit diesem ersten entscheidenden Denkakt, der freien Wahl einer vom derzeitigen Interessestandpunkt bestgeeigneten Vorstellung" sieht Drach "das Wichtigste [bereits] getan" (Drach 1926a,17), denn nun sei der kern des kommenden satzes erfaßt. Falls nur die dominierende vorstellung ausgesprochen werde, z.b. wenn der sprecher erregt, eilig, müde oder mürrisch sei, glichen diese nicht ausgeformten sätze im wesen den kindlichen einwortsätzen. Da erwachsene sich nur in ausnahmefällen mit dem aussprechen eines satzkernes zufrieden gäben, würden im zweiten schritt "auchwichtige Teilvorstellungen ... außer der dominierenden [vorstellung] zum Aussprechen bereitgestellt." (Drach 1926a,18)

Während der sprecher zur dominierenden vorstellung die weniger wichtigen teilvorstellungen suche, habe er eine besondere denkarbeit zu verrichten, denn es gelte, das geeignetste wortsymbol auszuwählen.

> "Diese Notwendigkeit, den einzelnen Teilen des Bewußtseinsinhaltes unter mancherlei möglichen einen bestimmten Namen zu geben, dadurch zu ihnen Stellung zu nehmen ... bringt Ordnung in das Chaos des Bewußtseinsinhaltes, läßt die Beziehungen der Dinge zueinander klar werden." (Drach 1926a,18)

Drach unterstellt ein sprachfreies denken, wenn er beschreibt, daß 'die einzelnen teile' des bewußtseinsinhalts mit einem 'namen' versehen würden. Deutlich wird das auch an seiner zusammenfassung, in der Drach diesen vorgang so darstellt,

---

140 Wygotski hat Sterns auffassung der sprachentwicklung beim kind einer eingehenden kritik unterzogen (vgl. Wygotski 1979,65ff). Wygotskis einwände gelten analog auch für das, was Drach von Sterns auffassung übernommen hat.

als ob die zweitwichtigen bestandteile "herausgewählt und mit Worten benannt" würden (Drach 1926a,24). An anderer stelle schreibt er:

> "Solange die gegebenen psychologischen Subjekte kein psychologisches Prädikat auszulösen vermögen, steht der Vorgang noch rein in der Denksphäre, also vor [!] dem Sprechdenken." (Drach 1922,102)

Daß es unterscheidbare teile des bewußtseins erst mithilfe der sprache und nicht unabhängig von ihr geben kann, gerät Drach bei seiner fixierung auf den körperlichen vorgang des sprechens aus dem blick.

Nach Drachs ansicht strömen während der grammatischen ausformung neben grammatisch notwendigen wörten (z.b. artikel) auch noch inhaltliche wörter ein. Drach meint, man könne bei diesem dritten schritt nicht von einer bewußten wahl sprechen, denn es brauche nur der wille zur grammatischen ausformung vorhanden zu sein, um den gesamten sprechmechanismus ablaufen zu lassen. So erkläre sich auch, daß geübte sprecher verwickelte satzgebilde gestalten könnten, ohne jedes wort vorher bedenken zu müssen (vgl. Drach 1926a,19f).

Nachdem Drach ausführlich die drei schritte der satzentstehung dargestellt hat, schränkt er ein, diese drei akte lägen "beim wirklichen Sprechen nicht schlechthin so säuberlich hintereinander und übereinander geordnet", sondern seien "mannigfach ineinander verwachsen." (Drach 1926a,21) Diese einschränkung hindert ihn allerdings nicht daran, genau die eben dargestellte reihenfolge der drei schritte beizubehalten, um damit die dreistufigkeit der betonungsschichten des deutschen satzes zu begründen (vgl. Drach 1926a,36f). Auch wenn die drei aus analysegründen getrennten schritte wieder zusammengeführt werden, bleibt Drachs grundproblem, die trennung von denken und sprechen, bestehen. Das ist deshalb erstaunlich, weil Drach unter verweis auf den antiken begriff 'logos' die "Zweieinheit äußeren und inneren Sprechens" (Drach 1920a,238; vgl. 1969,100) betont hatte. So hob Drach hervor, daß "Lautsprache und Sprechdenken nur zwei Seiten desselben Vorganges" seien, die "in engster Wechselwirkung einander gegenseitig befruchte[te]n und beleb[t]en." (Drach 1969,99f; vgl. auch 1923,42) Entsprechend wollte Drach "durch Anleitung des äußeren Sprechens den Sprechdenkvorgang schulen und so individuelle geistige Fähigkeiten ausbilden" (Drach 1925b,3; vgl. 1969,6).

Drach leitet zwei unterschiedliche arten des sprechdenkens daraus ab, wie sich der zweite und dritte schritt des satzplanens zueinander verhalten. Trotz aller vermischungen der stufen hält Drach nämlich daran fest, daß in allen fällen des wirklichen sprechens das herausgreifen der dominierenden vorstellung als satzzeugender akt

> "richtungweisend am Anfang [steht]. Der zweite und dritte Akt, Inhaltplanen und Formplanen, aber können sich überkreuzen, indem nämlich sich zwei gegensätzliche Fälle des Sprechdenkens scheiden. Erstens: der Sprecher weiß noch nicht von früher her, was er sagen will, sondern muß Inhalt und Form aus der Situation heraus im Augenblick des Sprechens völlig neu erschaffen (eigentliches, produktives Sprechdenken, Gespräch, erregter Wortwechsel). Zweitens: der Sprecher hat den Inhalt seiner Äußerung von früher her im großen ganzen im Bewußtsein, er weiß, was er sagen will, und hat dazu nur die Einzelausgestaltung und grammatische Ausformung zu schaffen (Erzählung, Bericht, Beobachtung, Lehrvortrag; Überzeugungsrede, wofern sie nicht aus dem Stegreif gehalten wird)." (Drach 1926a,21)

Diese unterscheidung Drachs von zwei arten des sprechdenkens wurde von verschiedenen sprecherziehern aufgegriffen (vgl. Kurka 1956,454; Jesch 1967,78f; Zacharias 1969,170; Jackstel 1979,13).

Beim *phasenweisen sprechen*, d.h. dem produktiven sprechdenken, beginne der sprecher bereits zu reden, bevor er die sache inhaltlich übersehe. Der formplan, die grammatische ausformung, helfe dem sprecher beim inhaltsplan, denn "einem gewählten Satzschema wohnt ja nicht nur abstrakt grammatischer, sondern auch ein bestimmter Sinnwert inne. ... Das Sprechen dient in diesem Fall nicht nur als Ausdrucksmittel für bereits gefundene Gedankeninhalte, sondern als Richtweiser auf noch zu findende." (Drach 1926a,21f) Die bedeutung, die Drach den satzplänen beimißt, macht es ihm leicht, sich Weisgerbers und Schmidt-Rohrs sprachauffassung anzuschließen (vgl. Drach 1932,77, 164 und 237). Nachdem sich Drach sprachwissenschaftlich von ihnen anregen ließ und deshalb das fehlen "*eine[r] arteigene[n] deutsche[n] Schulgrammatik*" beklagte, die auf der "*Wesenheit deutschen Denkens*" aufgebaut sein sollte, betonte er als das

> "wesenhaft Deutsche im Sprechdenken ... daß *der deutsche* Satz, mehr als in irgend einer der Nachbarsprachen, auf der *Tätigkeitsvorstellung* beruht, daß sie der ganzen Denkweise mächtig den Stempel aufdrückt" (Drach 1935b,20f).

Wie Drach sahen auch andere sprecherzieher einen zusammenhang des deutschen satzes mit der

> "Denkart des Volkes. Die deutschen Satzbau- und Satztonformen sind Ausdruck eines *arteigenen Sprechdenkens*. ... Eine artgerechte Sprechdenkschulung schafft also mit an den völkischen Aufgaben der Zeit und richtet sich an ihnen aus." (Ahmels 1939,140)

Vom phasenweisen sprechen ist nach Drach der fall 'scharf' unterschieden, bei dem der sprecher bereits weiß, was er sagen will, und bei dem inhalt- und formplan einander folgten. Bei diesem *fortlaufenden sprechen* sei das bedürfnis des sprechers gering, sich über die dinge klar zu werden. Größer sei der wille des sprechers, "das Gewußte in eine höchstmöglich sinnentsprechende Form zu bringen. ... Dieser Sprecher ... spricht unter dem höheren Gesichtspunkt, im Hörer starke und klare Eindrücke zu erwecken." (Drach 1926a,22) Zu dieser charakterisierung paßt, daß Drach dieser form des sprechens nicht nur die erzählung und den bericht zuordnet, sondern auch die überzeugungsrede. Viele seiten später beschreibt Drach noch eine dritte art der satzentstehung. Dort stellt er "dem phasenweisen und dem fortlaufenden Sprechen" die "nachträglich-synthetische" satzentstehung an die seite. Sie komme

> "nur für die Darstellung eines Gedankeninhaltes beim Schreiben in Frage, so daß man sie kurzerhand als Schreibtisch-Entstehung bezeichnen könnte. Der denkende Mensch - von einem 'Sprecher' im bisherigen Sinn kann nun nicht mehr die Rede sein - hat im stillen Kämmerlein oder auf einsamem Spaziergang irgendwelche Gedanken ersonnen und geht nun nachträglich ... daran, sie in gangbare Sätze zu formulieren." (Drach 1926a,78)

Bei dieser dritten art der satzentstehung ist das 'stille denken' entscheidend, das Drach vom 'sprechdenken' geschieden hatte.

Drach mahnt den redner, die grundsätzliche verschiedenheit der satzentstehung zu beachten, denn die "*Schallform echten, überzeugten Sprechens ... [werde] einzig und allein aus der schöpferischen Akteinheit des augenblicklichen*

Sprechdenkens geboren." (Drach 1932,54) Er empfiehlt dem redner, sich vorzubereiten, aber keine sätze niederzuschreiben, sondern das sprechdenken mithilfe eines stichwortzettels erst am rednerpult zu vollziehen. In diesem sinne fordert Drach vom redner, er solle zuhause den "Gedanke[n] und seine sprachliche Einkleidung vorschaffend erzeug[en]", geboren werde "die Rede" dann "aus der Gesprächswirklichkeit des Spontansprechens." (Drach 1932,55) Wie aus der formulierung 'gedanke' und 'sprachliche einkleidung' ersichtlich ist, trennt Drach wieder zwischen denken und sprechen. Ganz in Drachs sinne fordert Wilhelm Martin Esser, wer frei reden wolle, dürfe es sich "*keinesfalls* ... gestatten, auch nur *einen* Satz im ausgeformten Wortlaut festzuhalten", denn damit ginge der redner "am *Wesen* des Sprechdenkens grundsätzlich vorbei und verfehl[te] ... grundsätzlich den Charakter der freien Rede!" (Esser 1939,170; vgl. auch Gerathewohl 1930,309f)

Statt des stillen denkens, bei dem der gedankengehalt im vordergrund steht (Drachs dritte variante der satzentstehung, die von anderen als schreibdenken bezeichnet wird), heißt die devise für den redner *sprechdenken.* Dadurch sollen die beiden vernachlässigten sprachfunktionen in ihr recht gesetzt werden, denn jede echte rede sei entladung und mitteilung.

"Aus den Kräften Entladungsdrang und Mitteilungswille wächst [!] der *Gedankengehalt der Rede.* Das lebendige Sprechen fördert nicht nur als Vermittler vorher erdachte Gedanken nachträglich ans Licht. Dem Menschen, der über etwas, das ihn beschäftigt, sich ausspricht, ist Sprechen gleichzeitig Werkzeug zum Denken. Er durchrodet, lichtet seinen Gedankenurwald. Daher kommen dem sacherfüllten Redner oft während des Sprechens die treffendsten Gedanken [!]. Der Blick auf die Hörer beflügelt ihn selber. Seine Darlegungen wollen nicht, wie der objektive Lehrvortrag, die Dinge um der Dinge willen vortragen, sondern um der Ansicht willen, die Menschen von den Dingen bekommen sollen. *Jede echte Rede ist Wirklichkeit und Wirkung.*" (Drach 1932,37)

Drach vermischt hier die beiden arten des sprechens, die er vorher als "zwei gegensätzliche Fälle des Sprechdenkens" (Drach 1926a,21) geschieden hatte. Sowohl den lehrvortrag als auch die überzeugungsrede hatte Drach dem fortlaufenden sprechen zugeordnet, weil hier der inhaltsplan dem formplan vorausgehe. Drach hatte betont, das bedürfnis dieses sprechers, sich über dinge klar zu werden, könne sich nur auf "Nebensachen, Einzelheiten, nie auf Hauptsachen des Inhalts beziehen", denn dieser sprecher verwende seine energie darauf, "im Hörer starke und klare Eindrücke zu erwecken." (Drach 1926a,22) Drach verneint hier für das fortlaufende sprechen eindeutig, daß der redner während des sprechens *wesentliche* gedanken fände, denn der 'rote faden' läge bereits vor, so daß der sprecher seine aufmerksamkeit darauf konzentriere, beim hörer die gewünschten eindrücke zu wecken. So wird ein redner eher eine treffende formulierung finden, die seine hörer beeindruckt, als einen neuen gedanken.

Später sieht Drach wegen der größeren 'sprachkraft' in der freien rede sogar die förderlichste möglichkeit, eines sinngehaltes

"*geistig Herr zu werden.* ... Die drei Urleistungen der Sprache, Entladung, Mitteilung und Darstellung, werden wach und beflügeln sich gegenseitig. ... Er [der redner, K.R.] spricht sauberer als im Alltag, selbstkritischer als im Alltag, willensbestimmter als im Alltag. Größer ist die Zahl der Wortinhalte - und damit der muttersprachlichen *Denkmittel*; reicher der Ausbau von Satzgebilden - und damit von zielstrebigen *Denkakten. Die muttersprachliche Formulierung* dient ja nicht nur dazu, wie man sich das früher vorstellte, einen bereits fertigen Gedanken 'in Worte zu kleiden', sondern sie ist *Arbeitsmittel zur Lösung eines vorliegenden, noch undurchdachten oder halbdurchdachten Problems.*" (Drach 1935b,27)

Hier gibt Drach die vorher herausgearbeitete trennung von phasenweisem und fortlaufendem sprechen wieder auf. Würde Drach beim wort genommen, könnte die redevorbereitung entfallen, denn mit der 'freien rede' klärte der redner gleichzeitig seine gedanken.

7.4 Abgrenzungen

Mit dem ausdruck 'sprechdenken' soll nicht nur der zusammenhang von denken und sprechen in bezug auf die entstehung des satzes erfaßt werden. Durch abgrenzung zum *schreib*denken soll der besondere stellenwert der mündlichen kommunikation deutlich werden. Maximilian Weller versucht, das 'sprechdenken' vom 'schreibdenken' her zu erfassen, das er anhand des schreibens eines briefes verdeutlicht. Zu beginn stünde nur in groben umrissen vor dem geistigen auge, was hinterher einen vierseitigen brief ausmache.

"Nur in selteneren Fällen denkt man zuerst etwas fertig aus und schreibt es dann hin, meist erfolgt *während* der Tätigkeit des Schreibens die Erzeugung der Gedanken, ihre Ergänzung und Bereicherung, ihre klare Ausformung und ihr sprachlicher Niederschlag, - nicht nur während des Schreibens, sondern *durch* das Schreiben. ... *Da das Sprechen dem Menschen näher liegt und natürlicher ist als das Schreiben, gibt es auch eine dem Schreibdenken entsprechende Fähigkeit, die man als Sprechdenken bezeichnen kann, als eine Verknüpfung von Denken und Sprechen, als ein Denken während des Sprechens und durch das Sprechen.*" (Weller 1939,102; vgl. 1954,191; 1935a,125; 1963c,29)[141]

Hatten sich Drachs überlegungen auf der ebene des satzes bewegt, so beschreibt Weller das verfassen eines textes. Wellers begründung, *da* es das schreibdenken gebe, müsse es für das sprechen eine 'entsprechende fähigkeit' des sprechdenkens geben, übersieht, daß dem sprecher die möglichkeit des schreibers fehlt, auf den bereits verfertigten text zurückzugreifen, der dann präzisiert, ergänzt und erweitert werden kann. Wenn Weller das sprechdenken als eine 'verknüpfung' von denken und sprechen beschreibt, deutet diese formulierung darauf hin, daß die beiden teile zuvor getrennt waren. Deutlich wird das nicht nur, wenn Weller in seinem artikel zum sprechdenken von "Verbindung, Vermischung, Verzahnung von Denken und Sprechen" spricht (Weller 1957,219), sondern auch in einer anderen schrift. Dort beschreibt Weller das sprechdenken als

"eine innige Verbindung und eine Vergesellschaftung [!] von denkendem Kopf und sprechendem Mund ... , wobei es sich ... um eine *schöpferische Beeinflussung des Denkens durch das Sprechen* [handelte]. Man kommt infolge des Sprechens auf Gedanken, die einem das stumme Denken nicht zugetragen hätte." (Weller 1960,258)

Weller vermischt hier, abgestützt durch einen hinweis auf Kleists aufsatz, die bedeutung der sprache für das denken mit den einflüssen des gesprächs auf den gedankengang des sprechers. Um seinem leser den zusammenhang von redekunst

---

141 Udo H. Nix verwendete erst kürzlich - ohne das in irgendeiner form als zitat kenntlich zu machen ! - Wellers definition des sprechdenkens (vgl. Nix 1992,101).

und sprechdenken nahezubringen, hatte Weller nämlich auf die erfahrungen aus gehobener unterhaltung und zweckbewußter verhandlung verwiesen.

"Niemand kann hier Gedanken *wörtlich* vorformen, weil er den Lauf der Unterhaltung oder Verhandlung nicht kennt und nicht weiß, was der andere sagen wird." (Weller 1960,258; vgl. 1957,219f; 1963c,33)

Einerseits bedeutet sprechdenken also, daß der sprecher auf den verlauf des gesprächs, und das heißt auf die äußerungen seines gegenübers, flexibel reagieren muß. Andererseits gehört es nach Weller zum "Wesen des Sprechdenkens", daß uns während und durch das sprechen "stoffliche Einzelheiten und gesamter Zusammenhang klarwerden." (Weller 1963c,29) Hinter diesem gedanken steckt die ansicht, "daß bloß durch das äußere Ingangsetzen des Sprechablaufs eine vermehrte und gesteigerte Gedankenerzeugung eintritt." (Weller 1957,220 und 1963c,30) Diesen prozeß der gedankenförderung, den Weller mit dem bild des fließbandes veranschaulicht, soll der redner bei der vorbereitung seiner rede nutzen. Der redner wird deshalb aufgefordert, "von Anfang an möglichst viele Gedanken laut durch[zusprechen]", denn dabei werde er "die gedankenzeugende Kraft des Sprechdenkens verspüren" (Weller 1963c,47). So soll der redner, wenn er den drang spüre, "aufzustehen und ein Stück der Rede, eine glückliche Wendung, die sich aufdrängt, laut zu sprechen", diesem drang folgen, denn desto mehr setze das sprechdenken ein (Weller 1939,119; vgl. 1954,212). Weller vertraut wie Geißler darauf, daß beim redner durch die körperlichkeit des sprechens die gedanken angeregt werden.

In der mangelnden förderung des sprechdenkens in der schule sah Weller einen grund dafür, daß "außerhalb der Wirkungskraft der Sprecherziehung und der gesprochenen nationalsozialistischen Propaganda so verhältnismäßig wenig Deutsche die Gabe der freien Rede besaßen." (Weller 1935a,128) Nachdem alle welt zu hören bekommen hatte, wie deutsche reden konnten, gingen sprecherzieher verstärkt daran, "jene bei den meisten Menschen immer nur gebunden-ruhende Fähigkeit des Sprechdenkens zu wecken und emporzubilden" (Weller 1935a,128). Allerdings bedeutete dies noch nicht, daß damit bereits freies reden beherrscht wurde, denn die schulung der redekunst "muß sich auf den Vorstufen [!] Sprechdenken und Freisprechen aufbauen, ohne daß auch nur ein Wort schriftlicher Aufzeichnung erfolgt." (Weller 1935a,128f)

Der wunsch, das sprechdenken zu schulen, überlebte den versuch, die deutschen in eine völkische zukunft zu führen, und zwar nicht nur bei Maximilian Weller selber, bei dem die schulung des sprechdenkens "einen Grundpfeiler der ... Ausbildung dar[stellt]." (Weller 1957,220) Auch Fritz Schweinsberg bemühte sich nach dem kriege, das sprechdenken in diesem sinne zu fördern. Dabei stützte er sich auf Wellers ansichten zum sprechdenken, die er entsprechend ausführlich zitiert (vgl. Schweinsberg 1946,448) Von ihm übernahmen dann verschiedene sprecherzieher diese definition (vgl. oben 4.2.1). Schweinsberg meinte, sobald das leise denken zurücktrete, werde "das Denken auch dort, wo es sich *nicht* um den mündlichen Ausdruck handel[te], von 'intellektualistischer' Starre frei sein", denn der "Klang der Stimme" wecke gewissermaßen "das Leben aus seinem Schlummerzustand auf, in den es bei bloßer Gehirntätigkeit" verfalle (Schweinsberg 1946,451). Selbstverständlich fehlt weder der hinweis darauf, daß der redner wie mit einem blitzschlag erleuchtet werde (siehe Geißlers ansicht in 7.2), wenn er laut denke, noch der verweis auf Kleist, ergänzt um die versicherung, "daß die gedanken *beim* Reden und nicht *vor* dem Reden 'verfertigt' w[ü]rden." (Schweinsberg 1946,450) Schweinsberg will damit aber nicht die stegreifrede empfehlen, sondern nur den begriff des sprechdenkens als grundlage der redeschulung erklären.

7.5 Vervielfältigungen

Im gegensatz zu Fritz Schweinsberg, der mit seinen übungen das sprechdenken 'zurückgewinnen' will (vgl. oben 4.2.4), ist Ilse Schweinsberg-Reichart der meinung, daß den "Sprechdenkvorgang ... privat, unstrukturiert" jeder zur verfügung habe, es gelte, an ihm anzusetzen und ihn "für die Rede zu systematisieren." (Schweinsberg-Reichart IV,19) Schweinsberg-Reichart erklärt den zweifachen nutzen einer sprechdenkenden redevorbereitung damit, daß zum einen von anfang an auf einen hörer hin gesprochen werde (und sei es nur ein vorgestellter hörer) und daß dem redner durch das laute denken seine gedanken eigentlich erst richtig klar würden (vgl. Schweinsberg- Reichart 1978a,113). Der weg zum *produzierenden sprechdenken* der freien rede führt bei Schweinsberg-Reichart über die verbesserung der leseleistung und das *reproduzierende sprechdenken* (vgl. oben 5.2.1). Sie begründet die übungen zum reproduzierenden sprechdenken damit, daß bei den redeschülern "nicht ohne weiteres vorausgesetzt werden [könne], dass sie grössere sprechdenkeinheiten strukturieren könn[t]en (redeplanung)." (Schweinsberg-Reichart 1975b,132) Sprechdenken bezieht sich hier nicht mehr auf die satz-, sondern auf die textebene, verstanden als rededisposition.

Die bedeutung der redewirksamkeit tritt beim begriff sprechdenken mehr und mehr in den vordergrund, während die sprachpflegerische bedeutung zurücktritt. So dienen Schweinsberg-Reichart die übungen zum reproduzierenden sprechdenken vor allem als vorbereitung, um "zu zielgerichtetem Sprechdenken zu gelangen" (Schweinsberg-Reichart 1978a,62). Der redner wird aufgefordert, verschachtelte sätze in ein wechselspiel von fragen und antworten aufzulösen und den unmittelbaren kontakt mit dem publikum aufzunehmen, um so auf die reaktionen der hörer eingehen zu können, denn die freie rede sei "*situativ* (von der Sprechsituation unmittelbar) *gesteuertes Sprechdenken.*" (Schweinsberg-Reichart IV,12; vgl. auch 1978a,44) Hier bedeutet sprechdenken, daß sich der redner zwar eine disposition für seine rede erstellen, dann aber aufgrund seines kontaktes mit den zuhörern erst situativ entscheiden soll, welche punkte er vorträgt und wie er sie formuliert.

Mithilfe des stichwortzettels werde vom redner "ein hörerorientiert gegliederter, gründlich durchdachter Gedankengang in der Redesituation hörersensitiv aus den Stichwörtern sprechdenkend erzeugt", heißt es bei Hellmut Geißner (Geißner 1982a,146). Da der redner auf einen schriftlich ausgearbeiteten text verzichtet, ist er in der lage, flexibel auf seine hörerschaft einzugehen. So sieht Hellmut Geißner die rede zur proklamation erstarrt, wenn "der Hörerbezug fehlt oder die Bereitschaft, die Rückmeldungen der Hörerschaft sprechdenkend einzuarbeiten"

(Geißner 1975a,125). Gefragt ist bei der rede, verstanden als virtueller dialog, auf die zuhörer einzugehen. Geißner sieht durch die fähigkeit, richtige oder zumindest akzeptable sätze zu generieren, noch nicht die fähigkeit garantiert, situativ angemessene aussprüche zu erzeugen, weil dazu sämtliche konstitutionsfaktoren des gesprochenen zusammenwirken müßten. In diesem sinne bedeutet sprechdenken bei Geißner die "Fähigkeit [des] situativ gesteuerten, hörerbezogenen Entwickelns von Denken im Sprechen und durch das Sprechen" (Geißner 1974,121, vgl. auch 1974,139; 1975a,53 und 137, 154). Hier ist zu bedenken, daß Geißner unter 'sprechsituation' sowohl objektive als auch subjektive situationsfaktoren auffaßt, die durch die 'rolle' vermittelt werden (vgl. oben 5.3.1).

Geißner unterscheidet verschiedene formen des sprechdenkens: *Argumentierendes sprechdenken*, das bei ihm argumentieren im 'fünfsatz' bedeutet (vgl. 1974,121; 1975a,54), sowie *reproduzierendes* und *produzierendes sprechdenken* (vgl. oben 5.3.3.3). Entsprechend seinem methodischen weg vom gespräch zur rede faßt Geißner argumentierendes und reproduzierendes sprechdenken als grundlage für den nächsten schritt auf. Dann findet

> "auf beiden aufbauend [!] ... das *produzierende* Sprechdenken seine Stelle ... . Voraussetzung für dieses kommunikative Sprechdenken ... [sei] die im ... Spracherwerb entwickelte Fähigkeit des 'inneren Sprechdenkens.'" (Geißner 1975a,137)

Nachdem Geißner mit seiner unterscheidung zwischen 'kommunikativem' und 'innerem sprechdenken' zwei neue ausdrücke eingeführt hat, sucht er sie mit bezug auf Wygotskis auffassung zum egozentrischen sprechen zu erläutern. Anhand einiger zitate versucht Geißner, Wygotskis gedankengänge zu diesem punkt darzustellen. Abschließend schreibt Geißner:

> "Verkürzen wir im Augenblick die komplizierteren Wendungen 'inneres Sprechdenken' und 'äußeres' oder 'kommunikatives Sprechdenken' auf die beiden Grundwörter des Begriffs 'Sprech-denken', dann heißt die redepädagogische Konsequenz: Beim hörerbezogenen, vom Mitteilungswillen getriebenen Reden beeinflussen Sprechen und Denken sich wechselseitig." (Geißner 1975a,139)

Was unter sprechen und denken zu verstehen ist und wie dieser beeinflussungsprozeß pädagogisch konkrekt aussehen könnte, ist nach wie vor ungeklärt. Geißner war schon 1968 der meinung, die "sprachtheoretischen und sprachpsychologischen Voraussetzungen des Sprechdenkablaufs" könnten unter anderem aufgrund der arbeiten von Drach, Schweinsberg, Kurka und Winkler "weitgehend als geklärt" angesehen werden (Geißner 1968,262).

Winkler unterscheidet vier arten der planung eines ausspruchs (vgl. Winkler 1969,215ff; 1960). Bei der *totalen setzung* scheinen gedanke und sprachgestalt eins zu sein, denn da der einfall die fertige sprachgestalt liefere, könne er gleich gesprochen werden. Das sei anders beim *simultanen sprechdenken*, denn hier entwickelten sich die aussageglieder nicht nacheinander, sondern miteinander. Bei der häufigsten form, dem *sukzessiven sprechdenken*, kläre sich der gedanke im zuge des aussprechens.

> "Man denkt in Worten und an der Wortfolge entlang - und spricht sie sogleich aus, unbeschadet dessen, daß der Gedanke noch nicht stimmig, die Satzgestalt noch offen, der Ausspruch unfertig ist." (Winkler 1969,216)

Winkler sieht diese dritte form des sprechdenkens bei Kleist beschrieben und zitiert deshalb aus dessen aufsatz. Sofern sich die versprecher bei diesem "sukzessivem Denken entspringende[n] reihende[n] Sprechen" in grenzen hielten, erlebe der hörer "das Werden des Gedankens, ja, die Sinnschöpfung mit, was seinen eigenen geistigen Mitvollzug besonders anzuregen pfleg[e]." (Winkler 1969,218f) Winkler meint, sein 'reihendes sprechen' entspreche Drachs 'phasenweisem sprechen' (vgl. Winkler 1960,184). Die vierte art, das *entfaltende sprechdenken*, "vereinigt die Vorteile vorplanenden Sinnschrittsprechens ... mit einer sukzessiven Planung, die ihr Erzeugnis sogleich ausspricht." (Winkler 1969,219) Winkler interessiert sich bei diesen verschiedenen arten des sprechdenkens insbesondere für die sinnschritte mit ihrer betonung (vgl. auch Winkler 1973).

Laut Winkler gehen "Ausdruckshaltung und Denkleistung ... im Werdegang des Ausspruchs der sprachlichen Gestaltung voraus und steuern sie. Dabei kann der sachliche Einfall intuitiv eingesehen und sprachfrei [!] entwickelt werden, oder bereits die Denkleistung benutzt sprachliche Mittel" (Winkler 1969,215; vgl. auch 1954,126). Wenn Winkler meint, der sachliche einfall könne sprachfrei entwickelt werden, hängt das mit seiner ansicht über das denken zusammen. Bei der frage, ob es 'reines denken' gäbe, sieht Winkler einen streit zwischen linguisten und psychologen. Während die linguisten nachzuweisen versuchten, daß sich denken immer mithilfe der sprache vollziehe, sieht er von psychologen nachgewiesen, daß es nicht nur einfache denkvorgänge ohne sprachbeteiligung gebe, sondern hochentwickeltes sprachfreies denken bei naturwissenschaftlern und technikern (vgl. Winkler 1969,174). Gesteht Winkler tieren einfache denkvorgänge ohne sprache zu und technikern hochentwickeltes sprachfreies denken, so beweisen ihm taubstumme, wie "primitiv das Denken bleibt, wenn ihm die Sprache den Weg nicht bahnt" (Winkler 1969,174). Winkler kann sich dabei sprache nur als lautsprache, nicht aber als gebärdensprache vorstellen (ähnlich auch Drach 1932,36; Geißner 1955,112f).

Wenn die inhalte umfänglicher werden, setzt für Winkler auch "im monologisch-einsamen Denken das Denken an Hand von Symbolen ein, die Hilfe der Sprache, das *Sprechdenken*." (Winkler 1954,124f) Winkler verwendet den ausdruck 'sprechdenken' hier in der bedeutung, die bei Drach 'stilles denken' genannt wurde. Wann diese form des denkens einsetzt, hängt nach Winkler sowohl von der individuellen geisteskraft wie auch von der gewohnheit und der sprachanlage ab. Winkler hält es für eine andere frage, wieweit die glieder "tatsächlich sprachlich ausgeformt werden ... . Einsames Sprechdenken begnüg[e] sich im Gegensatz zu mitteilender Rede meist mit unvollständiger und ungefährer Formulierung, einem Sprachentwurf, dem ... Denken in Stichworten, in Keim- und Krüppelformen." (Winkler 1954,125) Sofern der sprecher auf schwierigkeiten stoße, greife er "auf die entwicklungsmäßig frühere Stufe der Sprechmotorik zurück", spräche "vor ... [sich] hin, evtl. laut, und steh[e] gar auf und geh[e] umher." (Winkler 1969,42)

Wenn Geißner meint, Winkler treffe sich, ohne daß er dessen arbeiten kennen konnte, bei seiner auffassung des sprechdenkens mit Wygotskis ansichten, dann wird das weder Winklers noch Wygotskis ansichten gerecht, da beide unterschiedliche sprachauffassungen vertreten. Geißner sieht die ähnlichkeit einerseits darin, daß Winkler wie Wygotski auf die verkürzungen des inneren sprechdenkens hinweise, und andererseits darin, daß im falle von schwierigkeiten auf das laute sprechen zurückgegriffen werde. Winkler schildere aber auch "die sprechmotorisch gesteuerte Verbindung von innerem und äußerem Ablauf, d.h. genau genommen die Stelle, an der das innere Sprechdenken kommunikatives Sprechdenken wird oder zumindest werden kann." (Geißner 1975a,138) Geißner, für den 'denken' offenbar noch immer 'leises sprechen' ist (vgl. Geißner 1955,126; 1981a,103), übersieht bei seinem blick auf den übergang zum 'lauten sprechen', daß Wygotski ausdrücklich betont hatte, die innere sprache unterscheide sich "unter allen Gesichtspunkten von der äußeren Sprache" (Wygotski 1979,349).

Der unterschied zwischen Wygotskis und Winklers sprachauffassung wird bezüglich des inneren sprechens deutlich. Nach Winklers ansicht sind

> "Denken und Sprechen ... beim Kind zunächst dasselbe. Sobald es sprachlich formuliert denkt, spricht es *hörbar laut* - und es kann nur klar denken, wenn es spricht. Allmählich aber lernt es, die Äußerungen zu verhalten: es spricht leise, womöglich flüsternd, dann lautlos nur die Lippen regend ... . Werden so die Innervationen der Sprechbewegungen immer schwächer, so lassen sich doch auch beim sogenannten *inneren Sprechen* noch Reste von Sprechbewegungsantrieben nachweisen. ... Allmählich wird das Sprechdenken so gewandt, daß der Mund nicht mehr mitkommt und das Aussprechen hemmt." (Winkler 1969,42)

Wygotski interessiert sich im gegensatz zu Winkler nicht für die mehr oder weniger vorhandenen sprechbewegungen, sondern für die psychologische funktion, die die innere sprache für den sprecher erfüllt. Er versucht deshalb, in auseinandersetzung mit Piagets auffassung des egozentrischen sprechens (vgl. Wygotski 1979,17ff), die rolle der inneren sprache zu klären. Aufgrund seiner experimente kommt Wygotski zu dem ergebnis:

> "Genauso wie die innere Sprache nicht Sprache minus Laut ist, ist auch die äußere Sprache nicht innere Sprache plus Laut. Der Übergang von der inneren zur äußeren Sprache stellt eine komplizierte dynamische Transformation dar - die Umwandlung einer prädikativen und idiomatischen Sprache in eine syntaktisch gegliederte und anderen verständliche Sprache." (Wygotski 1979,350)

Nicht nur bezüglich der entwicklung des sprechdenkens beim kind, auch beim verhältnis von gedanke und wort unterscheiden sich Wygotski und Winkler. Während Wygotski davon ausgeht, "daß der Gedanke sich nicht im Wort ausdrückt, aber sich in ihm vollendet" (Wygotski 1979,354), betont Winkler, "daß der Gedanke trotz aller Sprachstrebigkeit der sprachlichen Gestaltung vorweggeht, sie leitet und daß im weiteren Planungsgang das kritische Bewußtsein gleichzeitig die entstehende oder gefundene Sprachgestalt an dem ursprünglichen Gedanken mißt." (Winkler 1969,175)

Da Geißner Winklers ansichten durch Wygotskis arbeiten bestätigt sieht, ist er nicht genötigt, seine ansicht des sprechdenkens zu überdenken. Überhaupt ist Geißner der meinung, Drachs und Geißlers auffassung der sprechtätigkeit würden durch arbeiten in der nachfolge Wygotskis bestätigt (vgl. Geißner 1980a,29). Nur wer großzügig die unterschiede zwischen verschiedenen sprachtheoretischen ansätzen ignoriert, hat bezüglich der beiden "Komposita des Begriffs Sprechdenken, ... Sprechen *und* Denken" (Geißner 1968,263) keinen klärungsbedarf mehr. Das ist fatal für eine redepädagogik, die für sich in anspruch nimmt, "vom theoretischen Ansatz des handlungsauslösenden Sprechdenkens geleitet" zu werden und zu versuchen, "die Sprechfähigkeit zu entwickeln zusammen mit der Denkfähigkeit" (Geißner 1975a,165).

Vor kurzem stellte Norbert Gutenberg in seinem beitrag "sprechwissenschaftlich-sprecherzieherische Ergebnisse zu *Sprechdenken* und *Hörverstehen* in bezug auf [die] *Leselehre*" vor und legitimierte seine beschränkung auf "Arbeiten aus der sprechwissenschaftlichen Tradition" unter anderem damit, daß diese arbeiten "dürftig rezipiert worden" seien (Gutenberg 1988,3). Mit seinem aufsatz wollte Gutenberg insbesondere Erich Drachs und Christian Winklers überlegungen zum sprechdenken einem breiteren publikum bekannt machen. Gutenberg meint, Drachs auffassung des sprechdenkens sei zu sehr auf den zusammenhang von intention, sprachlicher gestalt und schallform beschränkt. Auch in Rainer Stoffels verständnis des sprechdenkens (vgl. Stoffel 1979,51) sieht er den kognitiven aspekt zu sehr betont. Um sich von diesen auffassungen abzugrenzen, unterscheidet Gutenberg zwischen 'sprechdenken' und 'sprechdenken im weiteren sinne' (vgl. Gutenberg 1988,6). Das sprechdenken im sinne Stoffels und Drachs sei ein teil des sprechdenkens im weiteren sinne, das neben den intentionalen auch die nicht-intentionalen aspekte der äußerungen umfassen sollte. Gutenberg sieht durch die termini 'sprechdenken' und 'hörverstehen' den zusammenhang von *meinen* und *sagen* einerseits bzw. hören und verstehen andererseits betont. Durch den ausdruck 'sprechdenken' soll nach seiner ansicht die

> "Gleichzeitigkeit, das Ineinandergreifen, die Interdependenz der Prozesse von Sinn-Intendieren, sprachlich Formulieren und Sprech-Schall-Erzeugen" betont werden, und zwar gegen die vorstellung, ein sprecher beginne "den sprachlich-sprecherischen Formulierungsprozeß" erst "nach mentaler Vervollständigung eines gemeinten WAS" (Gutenberg 1988,5).

Nachdem Gutenberg den regelhaften zusammenhang von sinnintention, sprachgestalt und schallform allgemein erläutert hat, versucht er eine präzisierung des grundbegriffs 'sprechdenken'. Gutenberg verweist auf die schwierigkeiten, einen prozeß zu beschreiben, der als intrapsychischer der beobachtung und beschreibung nicht unmittelbar zugänglich sei, er glaubt aber dennoch, für seine rekonstruktion plausibilität unterstellen zu dürfen (vgl. Gutenberg 1988,14). Gutenberg stützt sich für sein modell des sprechdenkens (vgl. Gutenberg 1988,15) insbesondere auf Geißners gedanken zur gemeinsamen sinnproduktion von sprecher und hörer sowie auf Winklers gedanken zur entstehung eines ausspruchs. Gutenberg beschränkte sich in seinem artikel nur auf einen teilbereich des sprechdenkens, er schafft es dabei aber, terminologische verwirrung zu stiften, denn bei ihm bedeutet (anders als bei Geißner oder Schweinsberg-Reichart) *reproduzierendes sprechdenken*, das er auch als interpretierendes sprechdenken bezeichnet, lautes lesen, und unter *innerem sprechdenken* versteht er leises lesen (vgl. Gutenberg 1988,20f bzw. 8).

Dieter Allhoff und Waltraud Allhoff verzichten gänzlich darauf, "jenen komplexen Vorgang des Denkens beim Sprechen bzw. des Sprechens während des Denkens" näher zu erläutern, und beschränken sich darauf zu konstatieren, daß die "Sprechplanung und das eigentliche Reden ... phasenverschoben ab[liefen]", um dann festzuhalten, "(d)ieser Sprechdenkvorgang ... [sei] Voraussetzung jedes freien Sprechens." (Allhoff/Allhoff 1988,147) Auch Paul Herrmann erläutert nicht, was sprechdenken ist. Er versichert aber, sprechdenken sei "keine Hexerei", es sei "eine notwendige Voraussetzung für die Stegreifrede." (Herrmann 1991,82)

Überblickt man die unterschiedlichen bedeutungen, die dem ausdruck 'sprechdenken' im laufe der jahre beigelegt wurden, so lassen sich an der jeweiligen akzentuierung eines bestimmten aspektes nicht nur die einflüsse unterschiedlicher sprachtheoretischer konzeptionen erkennen, sondern auch die erziehungsziele ablesen, die den sprecherziehern jeweils wichtig waren bzw. sind.

Zur weiteren unterscheidung der verschiedenen arten des sprechdenkens griffen sprecherzieher auf eine fülle erläuternder ausdrücke zurück, die sie ihrem zentralbegriff an die seite stellten:

- eigentliches, produktives, aufnehmendes, gestaltendes und schöpferisches sprechdenken (Drach)
- freies sprechdenken (vgl. Esser 1939,172)
- arteigenes sprechdenken (Ahmels)
- simultanes, sukzessives, entfaltendes sprechdenken (Winkler)
- plangerechtes sprechdenken (vgl. Schweinsberg 1946,460)
- produzierendes, reproduzierendes und situativ gesteuertes sprechdenken (Schweinsberg-Reichart)
- argumentierendes, reproduzierendes, produzierendes, inneres und äußeres, kommunikatives und situationsgerechtes sprechdenken (Geißner)
- reproduzierendes, interpretierendes, inneres sprechdenken, sprechdenken im weiteren und engeren sinne (Gutenberg)

Angesichts dieser vieldeutigkeiten bleibt abschließend nichts anderes übrig, als diese aufzählung um eine weitere wortkombination zu ergänzen: unklares sprechdenken!

8. Die mittelmäßigkeit der modernen rhetorik

8.1 Ablösung

Nach meinung der sprecherzieher vertritt nur der eine zeitgemäße auffassung von rhetorik, der wie sie vom 'sprechdenken' ausgeht. Sprecherzieher betonen den "Abstand ... [ihrer] Redekunst von der altklassischen Rhetorik" (Schweinsberg 1946,358). Nach Fritz Schweinsbergs einschätzung "herrscht auch heute leider noch das altklassische Vorbild", und bisher habe "in Deutschland nur die Sprecherziehung" der tatsache rechnung getragen, daß die redekunst "von *jeder Zeit* ihr neues Gepräge" empfangen müsse, "indem sie von der biologisch-funktionalen Seite der Sprache her, vom 'Sprechdenkvorgang', an die Probleme" herangehe (Schweinsberg 1947,238). Seit Ewald Geißler bestrebt war,

> "die Rangfolge der rednerischen officia umzuwerten, d.h. die actio (das Halten der Rede) als das spezifisch Rednerische vor den auch im schriftlichen Ausdruck notwendigen inventio, dispositio und elocutio hervorzuheben ... [,] gehören Gespräch und Rede zu den Inhalten von Sprechkunde und Sprecherziehung." (Geißner 1969c,70)

Nach meinung der sprecherzieher hat Ewald Geißler eindeutig gezeigt, daß die seit der antike übliche vorbereitung einer rede falsch ist, denn die ersten drei stufen (inventio, dispositio, elocutio) seien der mündlichen und schriftlichen darstellung gemeinsam.

> "Für den antiken Redner kam vielfach das Auswendiglernen des Aufgeschriebenen [memoria] und das kunstgerechte Vortragen [actio] hinzu, so daß er uns [sprecherziehern, K.R.] nicht als freischöpfender Redner im heutigen Sinne erscheint, sondern mehr als eine Vereinigung von Schriftsteller und Vortragskünstler." (Weller 1954,192)

Aus gründen der wirksamkeit raten sprecherzieher: 'weg von der schriftlichen ausarbeitung'. Schweinsberg meint, "aus zwingenden sprachpsychologischen Gründen" [er meint damit Drachs gedanken zum sprechdenken] könnte man "weder etwas Abgelesenes noch etwas mehr oder weniger Auswendiggelerntes als Rede bezeichnen!" (Schweinsberg 1946,333) In diesem sinne bedeutet 'rede' für sprecherzieher grundsätzlich 'freie rede' nach stichworten (vgl. z.b. Weller 1939; 1954,192; Schweinsberg 1946,330 und 332; Schweinsberg-Reichart 1978a,41ff; IV; Geißner 1975a,154; Allhoff/Allhoff 1988,135).

Bei Geißler wurde der bruch mit der 'alten' rhetorik durch die verwendung des ausdrucks 'rhetorik' noch verdeckt. Um den unterschied auch nach außen deutlich werden zu lassen, verwendet Hellmut Geißner den [von Brigitte Frank-Böhringer (1963)] übernommenen ausdruck 'rhetorische kommunikation' (vgl. auch Teuchert 1992b,67f). Schon am namen soll deutlich werden, "daß der sprechwissenschaftliche Ansatz sowohl terminologisch als inhaltlich kein traditionell rhetorischer, sondern ein pragmatischer ist" und daß "(l)ediglich [!] die actio, also das tatsächliche Reden ... etwas mit Rhetorischer Kommunikation zu tun [hat]"

(Lotzmann 1985,87). Als Geißler anfang dieses jahrhunderts den grundstein für die sprecherzieherische redekunst legte, sah er die 'alte rhetorik' als überlebt und verderbt an. Folglich lautete seine devise: "Wenn wir ... an einer modernen Rhetorik bauen wollen, so dürfen wir die Bausteine nicht [!] in Griechenland und Rom suchen" (Geißler 1908,501). Insofern ist es problematisch, wie Norbert Gutenberg davon auszugehen, es gäbe eine "ungebrochene [!] Tradition" der bis ins 19. jahrhundert tradierten rhetorik "über Geißler ... Drach und die übrige Sprechkunde zu Geißner" (Gutenberg 1981,226). Nicht nur weil Ewald Geißler sich dagegen wehrte, die alte rhetorik wiederzubeleben, sondern auch weil Hellmut Geißner seine auffassung von rhetorischer kommunikation ausdrücklich im gegensatz zur rednerrhetorik der klassischen rhetorik sieht. Außerdem erweist es sich, daß in der sprechkundlichen tradition wichtige einsichten der antiken rhetorik[142] ausgespart werden. Mit der konzentration auf die actio verlieren inventio und dispositio ihren stellenwert. Beide gelten als zu starr und zu wenig flexibel für die rednerische praxis (vgl. z.b. Geißler 1918,33 und 84; Esser 1939,157; Weller 1939,123f; 1954,217f und 1957,88; Schweinsberg 1946,481; Winkler 1954,146). Das geht einher mit einer verkennung der topik für die vorbereitung einer rede (vgl. Winkler 1969,180). Von sprecherziehern wird vorausgesetzt, daß der redner über ausreichendes wissen verfügt, das er bei der vorbereitung der rede am besten sprechdenkend aktiviert (z.b Geißler 1934a,416; Weller 1963c,47) oder durch brainstorming sammelt (vgl. Geißner 1975a,155).

Nach Geißlers abkehr von der humanistischen tradition haben es sprecherzieher bis heute nicht vermocht, einen umfassenden zugang zur antiken rhetorik zu finden. Daß Geißler neben der stilistik auch die logik und damit die beweisführung zurückwies, wirkt bis heute nach. Allgemein hat Günther Richter den eindruck, daß bei der expliziten vorrangigkeit der stimmbildnerischen praxis stoffkomplexe wie rednerische beweisführung und redestrukturierung ebenso übersehen wurden wie der zusammenhang der gebiete im erkenntnissystem der altphilologie untereinander. Deshalb vermißt Günther Richter bei Geißler und der rhetorik seiner zeit den gedanklichen reichtum der aristotelischen argumentationslehre (vgl. Richter 1981,127f). Nicht nur bei Geißler selber, sondern auch bei Drach, Weller und Schweinsberg finden sich zur argumentation keine aussagen. Winkler und Schweinsberg-Reichart bauen beim argumentieren zwar auf Hellmut Geißners 'fünfsatz', aber der ist ein dispositionsschema, das sich als ein getreues abbild sprecherzieherischer redeauffassung erweist. Als das entscheidende[143] seiner 'fünfsätzigen' kurzrede sieht Geißner nämlich die "Unterordnung der Vordersätze unter den Zwecksatz" an (Geißner 1982a,125).

---

142 Hier wird davon abgesehen, daß auch in der 'modernen rhetorik' - trotz aller unterschiede - einige grundeinsichten der antiken rhetorik zu finden sind. Vgl. dazu die arbeit von Gudrun Fey über "Das Antike an der modernen Rhetorik" (Fey 1979), in der allerdings zu stark die fortgeltung antiker gedanken betont wird.

143 Geißner übersieht ebenso souverän die unterschiede seines 'argumentierenden sprechdenkens' zu argumentationstheorien, wie er umstandslos voraussetzt, was bei ihm 'zwecksatz' genannt wird, hieße dort nur anders (vgl. Geißner 1989a,9).

Ewald Geißlers verständnis von rede als willenslenkung[144] wirkt ebenfalls bis heute nach, denn er hatte ausdrücklich betont, das rednerwort solle "ein *Willenswort* sein. Nicht nur Beweis und Gefühl, sondern *Machtwort*: das leitet und zwingt." (Geißler 1918,77) Wenn sprecherzieher von der 'eigentlichen', 'echten', 'freien' rede oder "'Rede' schlechthin" sprechen, meinen sie wie Weller "immer, bewußt oder unbewußt, jenen Typ der Rede", der unter der bezeichnung "*Meinungsrede, Überzeugungsrede oder Zweckrede*" abgehandelt wird (Weller 1963c,44). Auch Geißner wählt in seiner darstellung "die Meinungsrede als die entscheidende Redeform" aus (Geißner 1979a,17). Mögen die einteilungen der reden und ihre bezeichnungen variieren, sprecherzieher befaßten sich weder mit der 'gelegenheitsrede' noch mit dem 'sachvortrag'. Der sachvortrag dürfte sprecherzieher durch seine nähe zum lehrvortrag stark an den schreibenden wissenschaftler erinnert haben, der seine zuhörer in einer vorlesung belehrt (vgl. Schweinsberg 1946,333f und 348f). Daß sprecherzieher dem sachlichen informationsprozeß bis in die jüngste zeit wenig aufmerksamkeit schenkten, läßt sich am bezeichnenden titel von Jörg Jeschs und Rainer Stoffels beitrag ablesen: "Informierendes Sprechen - Überlegungen zu einem vernachlässigten Bereich der rhetorischen Kommunikation" (Jesch/Stoffel 1977).

8.2 Zweckkunst

Infolge Geißlers forderung, die rede solle "Zwiegespräch" (Geißler 1918,17) sein, entwickelte die sprecherziehung die rede "wesensgemäß aus dem *Gespräch*, und zwar insbesondere aus der zeugenden Kraft des Gespräches mit seinen 'sensorischen Rückwirkungen'." (Schweinsberg 1947,235f) Interessant ist es in diesem zusammenhang, daß der von Wilhelm Wundt übernommene ausdruck der 'sensorischen rückwirkung' (vgl. Wundt 1900,65 - 68) nicht mehr bedeutet, daß die sprechweise auf den sprecher und die hörer zurückwirkt (vgl. Drach 1926a,58; 1969,149; Weller 1957,57; 1954,259), sondern daß 'sensorische rückwirkung' heute im sinne von 'rückkoppelung' verstanden wird. Geißner (vgl. 1980a,37; 1981a,214f; 1982a,42) bezieht sich auf Schweinsberg (vgl. 1946,328f; 1947,236), der seinerseits auf Dovifat verweist (vgl. Dovifat 1937,44f).

In der beweglichkeit der freien rede, die auf die hörerreaktionen eingeht, sieht Schweinsberg das entscheidende kennzeichen des heutigen begriffs 'rede' (vgl. Schweinsberg 1946,330f; 1947,236). Der echte redner "stellt sich ... in jedem Augenblick des Sprechens auf das Echo aus der Hörerschaft ein, ... daher kann ihm gar nicht mit einem festgelegten Text gedient sein, den er äußerlich oder innerlich abliest" (Esser 1939,86). Das 'zwiegespräch' mit den hörern hat letztlich den zweck, die hörer mittels der rede dahin zu führen, wohin der redner sie (ver)führen möchte. Ein eingehen auf zuhörerreaktionen ist möglich, ohne daß

144 Sprecherzieher zielen nicht darauf, zu belehren (docere) oder zu unterhalten (delectare), ihnen geht es um die leidenschaftserregung (movere) (vgl. zu den wirkungsfunktionen der rede: Ueding/Steinbrink 1986,260ff). Die einschränkung auf die zur aktion auffordernde willensrede erklärt auch, warum sie von der schriftlichen redevorbereitung abraten, denn dann kommt nach ihrer ansicht die leidenschaft des redners nicht entsprechend zum ausdruck.

der redner an seiner propagandistischen absicht etwas ändern muß. So hebt Adolf Hitler als vorteil des gesprochenen wortes gegenüber dem geschriebenen hervor:

> "(D)er Redner [erhält] aus der Menge heraus, vor welcher er spricht, eine dauernde Korrektur seines Vortrages ..., insofern er unausgesetzt an den Gesichtern seiner Zuhörer ermessen kann, inwieweit sie seinen Ausführungen mit Verständnis zu folgen vermögen und ob der Eindruck und die Wirkung seiner Worte zum gewünschten Ziele führen. ... Der Redner ... wird sich von der breiten Masse immer so tragen lassen, daß ihm daraus gefühlsmäßig gerade die Worte flüssig werden, die er braucht, um seinen jeweiligen Zuhörern zu Herzen zu sprechen. Irrt er sich aber noch so leise, so hat er die lebendige Korrektur stets vor sich." (Hitler o.j., 525 -527)

Jede ähnlichkeit mit dem sprechdenkenden vortrag einer freien rede wäre rein zufällig, von sprecherziehern wegen der wirksamkeit der rede aber doch gewollt (vgl. Weller 1939,159; Esser 1939,86; vgl. dazu auch Pabst-Weinschenk 1993,402f). Hitler hätte mit seinem vorgehen Geißners forderung, "die Rückmeldungen der Hörerschaft sprechdenkend einzuarbeiten" (Geißner 1975a,125), erfüllt und damit, entsprechend Geißners aussage, vermieden, daß die rede zur proklamation erstarrt oder zur imperativen rede wird. Wie Hitlers beispiel zeigt, genügt es nicht, nur zu fordern, der redner solle die rückmeldungen aus der hörerschaft in seiner rede aufgreifen, wenn das nur dazu dient, die eigenen zwecke um so erfolgreicher zu verwirklichen.

Der 'zwecksatz' ist das wichtigste bei der rede, weil sich nach ihm die gesamte vorbereitung und anlage der rede richten soll. "Die ganze Rede ist nichts anderes als das Mittel, den im Zwecksatz ausgesprochenen Zweck bei den Zuhörern zu erreichen." (Weller 1935a,137; vgl. Schweinsberg 1946,342) Wie aus Geißners 'magischem dreieck' der redevorbereitung (bestehend aus 'zwecksatz', 'zielgruppe' und 'handlungsziel') ersichtlich ist, setzt er dabei 'redeziel' und 'handlung' gleich (vgl. Geißner 1982a,155; 1975a,130). Geißner erläutert, daß der handlungsauslösende kerngedanke in der rhetorischen kommunikation 'zwecksatz' und nicht 'zielsatz' genannt werde, damit, daß das 'ziel' einer rede ihr gegenüber transzendent sei. Die "*Handlungskonsequenz* liegt als Redeziel außerhalb der Rede" und ist somit "postkommunikativ" (Geißner 1982a,152). Dieses der rede transzendente ziel sei der rede als ihr 'zweck' inhärent (vgl. Geißner 1981a,30). Zweck einer rede soll es nach Geißner sein, daß "letztlich alle handeln sollen wie es der Zwecksatz vorschlägt." (Geißner 1975a,130) Insofern ist es ein bemerkenswertes mißverständnis, wenn Albrecht Schau in seiner besprechung von Geißners 'fünfsatz' meint, bei der planung des 'fünfsatzes' sei so zu verfahren, "daß zuerst das 5. Element, die Pronunciato oder Actio, formuliert wird, in der Regel ein einfacher sentenzartiger 'Zwecksatz'." (Schau 1976,89) Der vortrag des redners (actio) ist etwas anderes als der 'zwecksatz', der als letzter satz der kurzrede die vom redner gewünschte aktion auslösen will. In einer neueren veröffentlichung setzt Geißner 'actio' und handlungskonsequenz gleich:

> "Wie jede vernünftige Planung vom Ziel aus denkt ... wird auch ein fünfsätziges Argument oder eine entsprechend gegliederte Rede vom intendierten Handlungsziel aus geplant, *insofern von der intendierten 'actio'*." (Geißner 1989a,9; hervorhebung K.R.)

Entgegen Geißners auffassung hält Elmar Bartsch 'zwecksatz' und 'zielsatz' terminologisch offenbar für gleichbedeutend und versteht beide im sinne der absicht des redners (vgl. Bartsch 1982b,264). Bartsch hält es für günstig, "bei längeren

Statements einen sogenannten 'Zielsatz' aufzuschreiben, *der so nicht vorgetragen wird*, aber dem Sprecher reflektierte Richtschnur des Sprechens wird." (Bartsch 1981,53, hervorhebung K.R.) Im gegensatz zu Geißners 'zwecksatz', der bei der planung der erste, beim sprechen der letzte satz der rede ist, dient der 'zielsatz' dem redner als richtschnur für seine rede, "denn die Rede dauert nur so lange, bis eine deutliche und wirkungsvolle Darlegung der Intention erfolgt ist." (Bartsch 1981,53) Der unterschied wird auch daran deutlich, daß Geißners 'zwecksatz' auf die finalität bezogen ist (vgl. zu Geißners unterscheidung zwischen intentionalität und finalität, 1981a,73), während Bartschs 'zielsatz' auf die intention (vgl. Bießner 1982) des sprechers bezogen ist (vgl. Bartsch 1979,9). Insofern ist es problematisch, wenn Bartsch im zusammenhang mit seinem 'zielsatz' auf Geißners fünfsatzmodelle verweist (vgl. Bartsch 1979,9; 1981,53), weil damit dieser unterschied verdeckt wird.

Besonders wichtig sind den sprecherziehern neben der korrekten (aus)sprache einsichten der psychologie. Drach bezeichnete physiologie und psychologie als "Grundwissenschaften der Sprechkunde" (1925a,112; vgl. 1920a,236f; 1922,3). Mehrfach betont er die verbindung zur psychotechnik (vgl. Drach 1923,43f; 1925a,113; 1925b,7; 1932,5). So wird verständlich, daß Winkler schreibt, die sprechkunde drohte sich "eine Zeit lang in allgemeine Psychologie aufzulösen" (Winkler 1949b,228; vgl. auch 1954,19; 1969,26). Es ist bezeichnend, wenn Winkler an anderer stelle von einer "zu rhetorischer Erfolgsrezeptur ausartenden Sprechkunde" schreibt (Winkler 1985b,10). Psychologische erkenntnisse bleiben auch für Winklers redekunst bedeutsam, denn bei ihm steht ebenfalls "für die Überzeugungsrede das psychologische Moment im Vordergrund." (Winkler 1969,85) Hellmut Geißner erklärt die psychologischen aussagen der redelehren damit, daß es in der erziehung des redners "um das Höchstmaß seiner rednerischen Wirkung" gegangen sei (Geißner 1969c,71).

Wie wichtig die massenpsychologie für Weller, Geißler und Drach war, ist bereits oben dargestellt worden. Auch bei anderen sprecherziehern erweist sich die psychologie als grundlegende stütze ihrer redekunst. Walter Wittsack sah im buch seines bruders Richard (R. Wittsack 1935) eine "Redelehre, die auf psychologischen Gesetzen aufgebaut" sei (W. Wittsack 1936,339). Ähnliches gilt für Fritz Gerathewohl, von dem Christian Winkler mitteilt, daß sein "Hauptbemühen ... der Rhetorik [galt], die er ganz [!] auf die Psychologie gründete" (Winkler 1957b,45). Die massenpsychologie hat in der zwischenzeit ihre bedeutung eingebüßt, und an ihre stelle sind einsichten der sozialpsychologie und der persuasionsforschung getreten (vgl. Geißner 1974,75).

Geißner stellt bei seiner durchsicht der "seit *Geissler* vorliegenden sprechkundlichen Rhetoriken ... [fest], daß sie keine 'literarischen' Rhetoriken sind", was aber nicht bedeute, "daß sie deshalb schon 'funktionale' Rhetoriken seien." (Geißner 1969c,71) Der literarischen rhetorik (Lausberg 1960, 1990) bestreitet Geißner ihre praktische bedeutung. Dagegen sieht Geißner einen bedarf nach seiner funktionalen rhetorik, die nicht wie die literarische rhetorik "Stilfiguren und Ornatus übt und in Gattungspoetik und literarische[r] Interpretation mündet" (Geißner 1975a,187f). Noch gegen ende der sechziger jahre scheinen Geißner "die nicht-literarischen Rhetoriken unseres Sprechgebiets [sic] nahezu ausschließlich noch immer 'aristotelische' Rhetoriken zu sein." (Geißner 1969c,71) Diese aussage ist nicht nur undifferenziert, sondern dürfte auch übertrieben sein, da eine vielzahl praktischer redelehren (nicht zu vergessen Wellers bücher) angeboten wurden, die sich vom antiken vorbild gelöst hatten. Geißner faßt seine 'funktionale rhetorik' (analog zu Brechts nicht-aristotelischem theater) als den "Versuch einer 'nicht-aristotelischen' Rhetorik ... [auf]. Diese von der aristotelischen als einer ethisch motivierten auf Praxis zielenden Rhetorik sich unterscheidende - oder - wie M. *Maccoby* sie nannte - 'neue wissenschaftliche Rhetorik' ... [sei] in den USA schon weit entwickelt" (Geißner 1969c,71). Geißner betont für seine 'funktionale rhetorik' die nähe zur in den USA entwickelten 'neuen wissenschaftlichen rhetorik'. Das wird noch deutlicher im veränderten wiederabdruck seines beitrages, wenn er 'funktionale' und 'neue wissenschaftliche rhetorik' gleichsetzt (vgl. Geißner 1974,55). Wie Maccoby sieht auch Geißner an der aristotelischen rhetorik vorrangig den psychologischen aspekt und versteht sie "als erste wissenschaftliche Rhetorik auf dem Niveau der praktischen Psychologie" (Geißner 1969c,71).

Nach einschätzung des amerikanischen sozialpsychologen Nathan Maccoby befaßte sich Aristoteles mit der kunst der überredung und

> "bemühte sich um eine objektive Analyse dieses Vorgangs, ohne Rücksicht auf die Frage nach Gut und Böse. Dabei mußte er sich auf die damals primitive Psychologie stützen. Die neue Rhetorik ... [kann sich] auf den gesicherten Wissensbestand der modernen Psychologie im Hinblick auf menschliches Verhalten stützen." (Maccoby 1970,56f)

Diese einschätzung wird Aristoteles' rhetorik nicht gerecht, weil sie einerseits nur aspekte des buches erfaßt und andererseits den zusammenhang mit seinen anderen schriften übersieht, denn Aristoteles hatte die rhetorik ausdrücklich als nebentrieb von dialektik und ethik bezeichnet (vgl. Aristoteles 1989,14 [1356a]). Geißler hatte die rhetorik trotz ihrer langen geschichte "noch ziemlich am Anfang" gesehen, denn mit den schlüsseln der seelenkunde (psychologie) sei bisher "auf dem Gebiete der Rhetorik mehr geklirrt als geschlossen worden. ... Die Rhetorik als Wissenschaft bietet ... Aufgaben, die ebenso neu wie verheißungsvoll sind." (Geißler 1918,5f) Einige jahre später und tausende kilometer entfernt, glauben Maccoby und seine kollegen in der forschungsgruppe um Carl Hovland, sie könnten nun von einer wissenschaftlichen rhetorik sprechen, weil sie sich auf eine experimentelle psychologie stützen können. In der zwischenzeit ist bekannt, mit welcher unbekümmertheit sich diese neue 'rhetorikauffassung' auf Aristoteles berief und ihre wissenschaftliche überlegenheit unterstellte:

> "Auch wenn Aristoteles Sprecher, Thema und Hörer unterschieden hatte: die Vorstellung eines *input-output*-Modells mit *black-box*-Charakter, bei dem Stimuli Verhalten erzeugen, trägt in die Kommunikationstheorie einen Mechanismus bzw. Kausalitätsbegriff, der mit rhetorischem Denken wenig zu tun hat und dessen Problematik die empirischen Studien bald unfreiwillig selbst aufdeckten." (Göttert 1987,80)

Es ist erstaunlich, daß Geißner als 'hermeneutiker' die nähe zu einer solchen auf behavioristischer grundlage aufbauenden persuasionsforschung betonte.

8.3 Wirkungsfaktor

Als entscheidendes merkmal heutiger redekunst betont Schweinsberg, "daß sie keine 'Kunst' im engeren Sinne ist, daß in ihr das Ethische über dem Ästhetischen steht ... . Rede und Redekunst sind für uns nicht künstlerische, sondern sittliche Tat." (Schweinsberg 1946,362) Das ethische wird bei der redekunst konkret in der frage von 'überzeugen' oder 'überreden'. Während sich ein redner beim überzeugen darum bemüht, den anderen zum handeln aus eigener einsicht zu bewegen, richtet sich überreden lediglich auf das verhalten des zuhörers und versucht, dessen vernunft zu umgehen (vgl. Winkler 1954,142, 1969,74f und 191; Geißner 1969a,54f; vgl. zu Geißners ansicht oben 5.3.3.5). Das führt zur gretchenfrage, wie es die sprecherziehung mit der überredung/manipulation hält. So wichtig psychologische erkenntnisse für ihre redekunst sind, so unwichtig wurde die beschäftigung mit der ethischen orientierung des redners. Wie aus den lösungsversuchen ersichtlich wird, gelingt es nicht, den unterschied zwischen 'überreden' und 'überzeugen' für die redekunst zu fassen. Entweder wird das problem ausgeblendet oder es wird irrelevant, weil es in der praxis keinen deutlichen unterschied mehr zwischen 'überreden' und 'überzeugen' gibt.

Geißler ging davon aus, dem menschen der neuzeit sei, vor allem durch das christentum, der unantastbare wert eingeprägt worden, den anderen nicht zu beliebigen zwecken zu mißbrauchen. Die 'deutschen redekünste' der folgenden jahre führten drastisch vor augen, daß die unantastbarkeit des menschen keineswegs so fest in das sittliche bewußtsein der deutschen eingeprägt war. Geißler selber ist ein treffendes beispiel dafür, daß der blinde glaube an 'die deutsche sache' alle sittlichen zweifel hinwegfegte. Damit verbunden ist Geißlers ausdrückliche ablehnung der aufklärung (vgl. Geißler 1940,49 und 1918,29). Auch für Wellers 'deutsche redekunst' war die frage des 'überzeugens' während des nationalsozialismus einfach geklärt, weil bei ihm die rede im dienste der richtigen sache stand (vgl. 1935a,80). Seine redekunst, die in wirklichkeit eine redetechnologie ist, ließ sich nach 1945 problemlos weiterverwenden. Ähnlich sicher ist sich Wilhelm Martin Esser, daß die echte freie rede auch eine wahrhafte rede sein muß. Alles, was davon abweiche, sei "Blenderei, gespreizte Eitelkeit, Betrug, Lüge", meinte Esser, um dann festzulegen: "Der deutsche Redner spricht wahrhaftig." (Esser 1939,157) Sehr einfach beseitigte Richard Wittsack das überreden: "Es gibt Redner, die es bewußt darauf anlegen, ihr Redeziel zu erreichen, indem sie den Hörer zu überreden oder mit Hilfe von Tricks und Kniffen ... zu überlisten versuchen. Beide Mittel sind fremdrassig, aber nicht einem deutschen Redner und einer deutschen Sache wesensverwandt." (R. Wittsack 1935,16) Der deutsche redner redet per definitionem wahrhaftigkeit. Ralf Sluzalek bringt es in seiner arbeit über die rede des nationalsozialismus auf den punkt, wenn er schreibt, die "deutschen Faschisten" hätten bewiesen, "daß die Durchsetzung ihrer Interessen auch ohne ethische Prinzipien" gelungen sei (Sluzalek 1987,23). Für den 'sozialistischen redner' in der DDR wurde das ethische problem ebenfalls einfach, zwar nicht über die 'rasse', aber über die richtige 'klasse' 'gelöst'.

Drach, der die 'neutrale technische' basis seiner redekunst (vgl. Drach 1920a,238) betont hatte, traf sich hier mit Münsterbergs psychotechnik, die ebenfalls nicht nach den zielen fragte, sondern nur die mittel zur erreichung der ziele bereitstellte (vgl. Münsterberg 1913,18ff). Die von den sprecherziehern vertretene redelehre erweist sich als eine 'rhetorik', die über ihre konzentration auf die mittel der rhetorischen kommunikation die frage nach dem 'zweck' vergessen hat. Die verwendung des terminus 'zwecksatz' darf in diesem zusammenhang nicht darüber hinwegtäuschen, daß der redner den zweck seiner rede in der form des zwecksatzes lediglich festsetzt. Der redner wird an keiner stelle aufgefordert, den zweck seiner rede zu befragen, geschweige denn, auf das anstreben bestimmter zwecke oder den einsatz bestimmter redemittel zu verzichten. Gerhard Kemper hat bezüglich der rhetorik recht, "wenn unbewußt oder eingestandenermaßen der Satz gilt, daß der Zweck die Mittel heiligt, dann ist der Manipulation und der Demagogie Tür und Tor geöffnet." (Kemper 1985,154) Wie bei Christian Winkler kann dann nur auf die lauterkeit der absicht gehofft werden, wenn die rhetorischen mittel beim überreden und überzeugen dieselben sind (vgl. Winkler 1969,191; 1954,142). Die auffassung, 'rhetorik' sei ein wertneutrales instrument, ist in der gegenwärtigen rhetorik besonders beliebt. Gudrun Fey fand diese sophistisch-instrumentale lösung, bei der bewußt zwischen ethik und rhetorik getrennt wird, "überwiegend von Praktikern der Rhetorik favorisiert." (Fey 1990,105; vgl. 1990,104 - 108). Wenn Gudrun Fey Hellmut Geißner nicht zu dieser gruppe zählt, weil er sich der 'kritischen mündigkeit' verpflichtet zeigt (vgl. Fey 1990,117f), dann wird übersehen, daß Geißner zwar mit wohlklingenden worten beschwört, das instrumentelle der freien rede sollte in die pflicht einer kommunikativen ethik genommen werden (vgl. Geißner 1982a,153), aber letztlich in der praxis rhetorischer kommunikation instrumentalistisch bleibt. Geißners 'tertium datur' (vgl. Geißner 1981c,80f; 1989a,14) einer sozialpragmatischen [= funktionalen] rhetorikauffassung, zwischen 'universalpragmatischer' und 'technokratischer' rhetorik erweist sich letztlich als variante einer technokratischen rhetorik, die ihre zugehörigkeit zu diesem bereich hinter dem betonen von 'kritischer mündigkeit' verbirgt. Da Geißner sich auf ansätze aus der sprecherzieherischen tradition stützt, muß das nicht verwundern.

Das vernachlässigen der ethik wird auch an der position Hans Ulrich Gumbrechts[145] deutlich. Er will das alltägliche sprechen nicht durch den "künstlichen Gegensatz" zwischen überreden und überzeugen begrenzen (Gumbrecht 1975,166). Nach seiner ansicht sind 'rhetorische tricks' im alltag notwendig, denn er geht davon aus, eine "Reihe erfolgversprechender Argumentationsstrategien" könne "gerade deshalb *empfohlen* werden, weil im Kapitel 'Manipulieren' vor ihnen *gewarnt* wurde." (Gumbrecht 1975,164) Die mittel, vor denen der kritische hörer gewarnt wird, soll er nun einsetzen, um als geschickter redner seine interessen durchzusetzen. Ob dieselben sprachlichen mittel 'manipulation' oder 'argumentation' genannt werden, hängt nur davon ab, ob sie aus sprecher- oder hörersicht betrachtet werden. Wenn Gumbrecht den unterschied zwischen 'mit argumenten überzeugen' und 'mit rhetorischen tricks überreden' für irrelevant hält

145 Gumbrecht bearbeitete das kapitel 'argumentieren - interessen durchsetzen' für den fernsehkurs 'reden und reden lassen'. An der konzeption dieses mehrfach wiederholten kurses im medienverbund war Hellmut Geißner beteiligt und verfaßte den trainerleitfaden (vgl. Geißner/Geißner 1975).

und lediglich die drohung[146] ausschalten will, dann wird damit letztlich vor der aufgabe kapituliert, überreden und überzeugen zu scheiden. Ob der redner seine interessen mittels bitte, begründung oder manipulativer mittel verwirklicht, macht dann keinen unterschied mehr, denn die hauptsache ist, *daß* er seine interessen durchsetzen kann. Gumbrecht geht "von der Überzeugung aus, daß gemeinsames Handeln verschiedener Menschen oft nötig und die Zeit zur Einigung auf solches Handeln prinzipiell knapp ... [sei]. Deshalb [!] ... [ließen] sich Verfahren rechtfertigen, die vor dem Hintergrund einer ideal offenen und herrschaftsfreien Diskussion als 'rhetorische Tricks' denunziert werden können." (Gumbrecht 1975,164) Am ende erfährt der leser lediglich, es gäbe nur eine auf den redner bezogene grenze zur rechtfertigung von nachteilen. Der redner dürfe solange nicht amoralisch genannt werden, "als er selbst von der absoluten Bedeutung dieser höheren Ziele überzeugt ist. *Daraus leitet sich*" für Gumbrecht "*die Schlußfolgerung ab, daß als Subjekt ethisch gerechtfertigt handeln kann, wer objektiv zweifelhafte Ziele vertritt.*" (Gumbrecht 1975,179) Mit einer derartigen 'privatethik' könnte sich nicht nur jeder redner, sondern auch jeder mörder für 'ethisch' gerechtfertigt halten, solange er nur fest genug an die absolutheit seiner 'höheren ziele' glaubt.

Norbert Gutenberg fand bei seiner analyse des argumentationsbegriffs in deutschen redelehrbüchern, daß mitunter andere beeinflussungsmittel unter 'argumentation' "subsumiert werden" und daß dann "Verfahren überzeugender 'Argumentation' und offenkundige Überredungstechniken ungeschieden nebeneinander stehen." (Gutenberg 1985b,66) Gutenberg findet es problematisch, daß in den redelehrbüchern wahrhaftigkeit statt wahrheit zum maßstab gemacht wurde, weil damit "auch das subjektive Überzeugtsein von Vorurteilen noch ab[ge]deckt" wird (Gutenberg 1985b,67). Unter vorurteilen versteht Gutenberg fest verankerte einstellungen, die beibehalten werden, obwohl besseres wissen möglich wäre. Gutenberg glaubt,

> "die Problematik des Wahrhaftigkeitskriteriums würde verschwinden, wenn als Kriterium für Überzeugung nicht nur das subjektive Überzeugtsein des Sprechers von der Richtigkeit seiner Argumente gelten würde, sondern dieses gebunden wäre an das Postulat, daß diese Überzeugungen vorher auf die Möglichkeit ihrer Vorurteiligkeit hin reflektiert und unter diesem Vorbehalt auch in die Argumentation eingebracht würden" (Gutenberg 1985b,67).

Gutenberg versucht hier, den unterschied zwischen überzeugen und überreden zu retten, den viele rhetoriklehrbücher und -lehrer aus unterschiedlichen gründen aufgegeben haben. Ob solche einsichten folgenlos bleiben, wird auch daran abzulesen sein, wie sprecherzieher in zukunft mit der unterscheidung zwischen überzeugen und überreden in der praxis umgehen.

---

146 Bei Elmar Bartsch scheinen auch drohungen zu den 'argumentationsmethoden' zu zählen (vgl. Bartsch 1977,164).

8.4 Reden tut not

8.4.1 Verknüpfungen

Nicht mit dem niedergang, sondern mit dem wiedererwachten interesse an rhetorik, genauer: dem bedürfnis nach praktischer rhetorik in der schule und der erwachsenenbildung, befassen sich die folgenden gedanken. Die betrachtungen bleiben auf Deutschland beschränkt, denn es sind die besonderen bedingungen zu bedenken, unter denen sich das interesse an redekunst hierzulande entwickelte. Das wissenschaftliche interesse an rhetorik ist zwar nicht vollkommen unabhängig von den entwicklungen der praktischen rhetorik, aber es läuft ihr weder parallel, noch folgt es ihr auf dem fuße nach. Anders ausgedrückt: je weiter die beschäftigung mit rhetorik von der praktischen verwertung in rede- und gesprächspädagogik entfernt ist, um so geringer wird der einfluß von entwicklungen in politik und bildungspolitik auf das interesse an rhetorik sein.

Eberhard Ockel weist in seiner arbeit darauf hin, daß sich "(z)u Beginn des 20. Jahrhunderts ... die Rhetoriklehrbücher und - theorien [häuften]." (Ockel 1974,38) Die zunehmende zahl der lehrbücher sagt aber noch nichts über ihren inhalt aus. "Auffallend ist das sprunghafte Anwachsen von stimmbildnerischen Bemühungen im 20. Jahrhundert, die mit Rhetorik korrelieren. Diese Aktivitäten stehen offenbar im Zusammenhang mit der normativen Festlegung der deutschen Bühnenaussprache (1898) und mit der durch die Kunsterzieherbewegung geforderten ... Sprechpflege im Rahmen der Vortragskunst." (Ockel 1974,173) Es stellt sich die frage, warum reden lernen so wichtig wurde.

Klaudius Bojunga fragte ende der zwanziger jahre: 'Schriftliches oder mündliches Verfahren im Deutschunterricht?' (Bojunga 1929). Bojunga wägt ab, welchen wert diese beiden verfahren für den deutschunterricht der höheren schule haben, und stellt deshalb die lebensverhältnisse früherer zeiten der aktuellen situation gegenüber. Nach lage der dinge hatte die höhere schule früher "nicht die geringste Veranlassung, ihre Zöglinge zur Sprechgewandtheit zu erziehen", denn es genügte, wenn die schüler die "Sprache des Schriftverkehrs beherrschen lernten." (Bojunga 1929,243) Das gymnasium früherer tage hatte fast ausschließlich beamte und gelehrte auszubilden. Sie waren zu dieser zeit "bei der Kostspieligkeit, der Langsamkeit und der Unbequemlichkeit von Reisen" fast ausschließlich auf schriftliche mitteilungen angewiesen, "für mündliche Verhandlungen fehlte meist die Möglichkeit, und damit entfiel auch das Bedürfnis einer Ausbildung für diesen Zweck." (Bojunga 1929,242f) Verwaltung und wissenschaft bedienten sich zunächst der lateinischen sprache, bevor eine deutsche kanzleisprache auftrat, "lateinisch in der Fügung, barbarisch im Wortschatz, schwerverständlich dem Laien" (Bojunga 1929,243). Für Bojunga verläuft der weg der deutschen gemeinsprache von einer sprache, die fürs schreiben, nicht aber fürs sprechen geeignet war, zu einer hochsprache, die aus der bühnensprache hervorgegangen ist. Die hochschätzung der hochsprache läßt sich verstehen, wenn gesehen wird, welche bedeutung die mundarten nach anfang dieses jahrhunderts hatten.

Die zeiten hätten sich in der zwischenzeit geändert, meinte Bojunga, denn die schule erziehe nicht mehr vordringlich beamte und gelehrte, sondern die geistig leitenden volksschichten.

> "Beim immer rasenderen Hetzen der Berufsarbeit hat kein irgendwie leitender oder verantwortlicher Beamter überhaupt noch Zeit zum Schreiben. Man spricht auf die Platte, man ruft durch den Fernsprecher, man sagt dem Tippfräulein an. In Arbeitsgemeinschaften, in Verbänden, in Gewerkschaften, in Volksversammlungen, in Gemeinde- und Volksvertretungen, in allen Sitzungen und Besprechungen: überall verlangt das Leben heute Sprechen für Schreiben, Hören für Lesen." (Bojunga 1929,244)

Die veränderten lebensverhältnisse und die neuen technischen kommunikationsmittel schaffen veränderte anforderungen an die schulische ausbildung der führenden schichten. Gefragt ist nicht mehr die "behagliche Besinnlichkeit schriftlicher Formung", sondern der schnellere ablauf der rede, denn der redende sei gezwungen,

> "sich geistig schnell zu fassen, seine Wendigkeit zu üben und sich außerdem zusammenzureißen, damit äußere Ablenkungen ihn nicht stören oder aus dem Zusammenhang zu bringen vermögen. Gerade diese Anforderungen, die jede mündliche Rede über die schriftliche Arbeit hinaus stellt, sind von größter Bedeutung für das Leben, aber auch von größtem geistbildenden Werte." (Bojunga 1929,249f)

Den entscheidenden schritt, dem mündlichen eine besondere bedeutung im unterricht zu geben, vollziehen die nationalsozialisten. Sie hatten neben ihrer vorliebe für suggestives reden "die Zeichen der Zeit durchaus erkannt", denn die "steigende Bedeutung des Rhetorischen in der modernen Massengesellschaft" erforderte "tatsächlich eine neue Akzentuierung des Deutschunterrichts." (Frank 1976,830) Die redeschulung im engeren sinne blieb allerdings den angehenden führungskräften vorbehalten.

Auch außerhalb der schule erwachte das interesse für das redenlernen. So wurde beispielsweise 1919 in Düsseldorf ein "Verein für Rhetorik" gegründet, der sich die "Förderung der freien, selbstschöpferischen Rede, die Vertiefung allgemeiner Bildung und die Pflege von Veranstaltungen geselliger Art zur Aufgabe gemacht" hat (Verein für Rhetorik 1931,9). Für den ablauf der verschiedenen veranstaltungsformen werden detaillierte hinweise gegeben und wegweiser, nach welchen kriterien die jeweiligen redeleistungen beurteilt werden sollen (vgl. Verein für Rhetorik 1931,18ff). Im vorwort der broschüre wird nicht nur beschrieben, daß der verein sich in verbindung zur sprecherziehung in schule und hochschule sieht, sondern auch, warum bemühungen um die redekunst erwachsener als wichtig angesehen werden: "Nach Einführung der Verfassung im Jahre 1850 wird auf das lebendige Wort wieder mehr Gewicht gelegt, das noch verstärkt wird durch die Verfassung vom Jahre 1919. Die Bedeutung des freien Wortes für jedermann wird erkannt" (Verein für Rhetorik 1931,5). Die autoren sehen wie Geißner eine verbindung zwischen der parlamentarischen entwicklung und der zunehmenden bedeutung der redekunst.

8.4.2 Demokratiethese?

Daß demokratische verhältnisse das beherrschen rhetorischer kommunikation erfordern, ist in der demokratiethese eine gängige annahme in der sprecherziehung geworden. Von hier ist es nicht mehr weit zur annahme, durch förderung der kommunikation würden gleichzeitig demokratie und mündigkeit gefördert. So bedauert Geert Lotzmann in einem artikel, in dem er die sprechwissenschaftliche rhetorikauffassung darstellt, daß große teile der bevölkerung vom "rhetorischen Kommunikationsprozeß, der letztlich ein Demokratisierungsprozeß" sei, ausgeschlossen sind (Lotzmann 1985,88; vgl. auch Bartsch 1974a,10). Geißners ansichten zur demokratiethese wurden bereits oben (vgl. besonders 5.3.4.2) dargestellt. Demokratisierung bedeutet dann, alle zu befähigen, ihr grundgesetzlich garantiertes rederecht wahrzunehmen. Besonders deutlich vertritt diese position Ilse Schweinsberg-Reichart mit ihrem schlagwort 'durch mündlichkeit zur mündigkeit' (vgl oben 5.2.3). Diese auf den ersten blick fortschrittliche position erweist sich bei näherem hinsehen als konservativ. Richard Saage hat zu recht darauf hingewiesen, daß positionen als konservativ aufgefaßt werden können, "die sich dem erreichten Stand der Demokratisierung anpassen, um dann freilich deren weitere Progression zu bremsen oder gar zu unterbinden." (Saage 1983,67) Diese beschreibung trifft auf die sprecherzieherische auffassung über das verhältnis von demokratie und rhetorischer kommunikation zu, denn einerseits sollen die möglichkeiten zur meinungsfreiheit genutzt werden und andererseits wird die weitere demokratisierung behindert, weil alle hoffnung auf die rhetorische kommunikation konzentriert wird.

Es macht sprecherzieher bei ihren beschwörungen der demokratiethese keineswegs stutzig, daß *ihre* bemühungen um die redekünste während der nationalsozialistischen zeit besonders gefragt waren. Bernd Spillner brachte als einwand gegen die demokratiethese bereits 1977 vor, daß ausgerechnet 1941 sprecherziehung pflichtfach für germanistikstudenten wurde (vgl. Spillner 1977,96). Das ist nur der abschluß einer langen reihe von entscheidungen, an der sich die bedeutung der sprecherziehung ablesen läßt (vgl. 3.2.4). Der angestrengte blick auf das jahr 1945 versperrt die einsicht in zusammenhänge, die zwischen der heutigen redepädagogik und entwicklungen in der ersten hälfte des jahrhunderts bestehen. Unterstützt wird die annahme, es hätte eine stunde null deutscher redepädagogik gegeben, durch die umfangreiche bibliographie von Jamison/Dyck, die veröffentlichungen aus dem deutschsprachigen raum seit 1945 zusammenstellt (Jamison/Dyck 1983). Wenn die entwicklung der redekunst im deutschen sprachraum seit dem beginn dieses jahrhunderts betrachtet wird, so zeigt sich, daß von einer engen bindung der rhetorik an die demokratie nicht die rede sein kann. Die anfänge ihrer ersten wiederbelebung fallen in die zeit der monarchie, ihren aufschwung erlebte die redekunst in den zwanziger jahren, und zwar als die Weimarer demokratie bereits zu zerfallen beginnt. Ein besonders hoher stellenwert wird ihr während des nationalsozialismus zugemessen. Nach dieser zeit ist redekunst zunächst diskreditiert und wird nur in geringem maße gelehrt und insbesondere von führungskräften und politikern gelernt (vgl. Bartsch 1974a,5).

8.4.3 Produktionsthese!

Joachim Dyck bringt gegen die von Geißner und anderen vertretene demokratiethese vor, daß die rhetorik sich nicht mit gründung der BRD, sondern mit einer phasenverschiebung von zwanzig jahren durchgesetzt habe. Außerdem hätte es seiner meinung nach den anhängern der demokratiethese auffallen müssen, daß auch in der DDR ein steigendes interesse an rhetorik zu verzeichnen sei (vgl. Dyck 1974,13). Dyck seinerseits will die "Rehabilitation der Rhetorik aus den Produktionsveränderungen" erklären, "die sich aus der technologischen und wissenschaftlichen Produktionsrevolution nach 1967 ergeben haben" (Dyck 1974,24). Diese sogenannte 'produktionsthese' blieb nicht unwidersprochen. Nach Heinrich Pletts einschätzung üben Bernd Spillner sowie Hellmut Geißner an der "völlig unhaltbaren Produktionsthese" Dycks berechtigte Kritik (Plett 1977b,17, anmerkung 5). Bernd Spillner hielt Dycks produktionsthese für "kurios, aber ernst gemeint" und wendet ein, dabei seien "souverän die zahlreichen Arbeiten zur Rhetorik vor 1967" übersehen worden (Spillner 1977,95f). Aus den regelmäßigen auflagen von redelehren schließt Spillner auf ein vergleichsweise konstantes interesse an praktischer redetechnik. Unter den von Spillner aufgeführten büchern (vgl. Spillner 1977,106, anmerkung 2) finden sich auch mehrere, die von sprecherziehern verfaßt wurden.

Bernd Spillner war der meinung, die produktionsthese könnte den aufschwung der rhetorik in der DDR nicht erklären, und zitierte zu diesem zweck aus dem vorwort von Eduard Kurkas 'sozialistischer rhetorik' (vgl. Spillner 1977,96). Die gegenwärtig wichtige rolle der rede, die Kurka an der angegebenen stelle betont (vgl. Kurka 1970,5), muß im zusammenhang mit den anweisungen des VII. parteitages der SED aus dem jahre 1967 gesehen werden. Wenige seiten später betont Kurka nämlich, daß die rede in agitation und propaganda "der ideologischen Erziehung der Menschen [dienen solle], die das 'Herzstück' im neuen ökonomischen System der Planung und Leitung" sei (Kurka 1970,9). An Kurkas formulierung über den stellenwert der ideologischen erziehung wird ihre verbindung erkennbar zum versuch der NÖSPL (Neues ökonomisches System der Planung und Leitung der Volkswirtschaft).

Hellmut Geißner sah "einen Selbstwiderspruch" Dycks, wenn dieser behaupte, die wirtschaft in einem sozialistischen staat wie der DDR habe sich "nach 1967 in gleicher Weise verändert ... wie in einem System kapitalistischen Produzierens und Wirtschaftens." (Geißner 1975a,32) Geißners einwand kann die produktionsthese im kern nicht widerlegen, wenn die bedingungen der zentralen planung berücksichtigt werden, unter denen sich die DDR-wirtschaft, unter anderem durch einführung der wissenschaftlichen arbeitsorganisation (WAO), entwickeln sollte. Entgegen Geißners meinung bestätigt ein blick auf die planungsvorgaben der wirtschaft den bedeutungszuwachs der rhetorik. Karl-Ludwig Harth meint, nach der rationalisierung der produktion ginge es nun um die "Rationalisierung bei der Information" (Harth 1969,153; vgl. auch 1979b,5). Ob nun im westlichen sprachgebrauch als 'führung' bezeichnet oder ostdeutsch 'leitungstätigkeit' genannt, die bedeutung des gesprochenen wortes für das betriebliche geschehen wurde in beiden fällen gesehen (vgl. Stock 1969,207; 1981a,17; Kurka/Stötzer 1969,209; Richter 1978,72; vgl. oben 6.1).

Weil Joachim Dyck 1967 als das entscheidende jahr für die wiederbelebung der rhetorik angegeben hatte, fiel es Hellmut Geißner leicht, als einwand gegen die produktionsthese darauf zu verweisen, daß Weller, Gerathewohl und Schweinsberg bereits in den fünfziger jahren redeschulungen anboten (vgl. Geißner 1975a,32f). Die produktionsthese ist durch diesen hinweis Geißners zwar nicht widerlegt, aber es wird deutlich, daß Dycks datierung problematisch ist. Wie die veröffentlichungen von Nadig/Harmsen/Gerathewohl sowie Weller aus dem jahr 1954 zeigen, wurde die bedeutung des betriebsklimas und der beitrag des gesprochenen wortes von der wirtschaft schon vor 1967 erkannt. Die anfänge der 'wirtschaftsrhetorik' (vgl. Weller 1954,279ff) reichen aber weiter zurück, denn Gerathewohl und Weller knüpften in den fünfziger jahren lediglich an das an, was sie schon in den zwanziger jahren begonnen hatten. Weller verweist darauf, daß es nach dem ersten weltkrieg bestrebungen zur 'menschenführung in der industrie' gab, die neue formen des sprechens und redens erforderten, und daß er selber anfang der dreißiger jahre diesen sonderzweig der rhetorik begründet habe (vgl. Weller 1954,113f; 1957,279). Fritz Gerathewohl war ebenfalls auf diesem gebiet tätig und hielt seit 1926 rhetorische lehrgänge für angehörige der wirtschaft gab (vgl. Weller 1957,74). Gerathewohl betonte den zusammenhang von richtiger stimmung und leistung:

> "Wer eingesehen hat, welchen Wert das richtig angewandte gesprochene Wort ... für ein gutes Betriebsklima und damit auch für Fragen der Leistungssteigerung besitzt, wird auch die Zeit aufbringen, die er zur Gewinnung der rhetorisch-psychologischen Fähigkeiten benötigt." (Gerathewohl 1954,182)

Wellers und Gerathewohls äußerungen bestätigen letztlich, was Dyck vermutete, daß es nämlich einen zusammenhang zwischen den anforderungen der arbeitswelt und einem interesse an rhetorik gibt (vgl. auch Fey 1979,71). Sogar Geißner gesteht ende der siebziger jahre zu, daß die produktionsthese "manches" erkläre, "was inzwischen von den Schulen gefordert" werde (Geißner 1979a,11). Der in Dycks produktionsthese unterstellte einfluß von veränderungen in der produktionsweise und der führungsstruktur kann auch genereller gesehen werden als einfluß von änderungen in der arbeitswelt auf das kommunikationsbedürfnis. Unter dieser voraussetzung wäre der von Dyck beschriebene zusammenhang eines veränderten führungsstils nur ein sonderfall eines allgemeinen zusammenhangs zwischen veränderungen in der arbeitswelt und anforderungen an die kommunikation. Der unterricht in 'rhetorik' steht dabei jeweils vor einer anderen "herangereiften Bildungsaufgabe" (Schippan 1982,95). Gudrun Fey meinte, ein "nicht unerheblicher Anteil am Aufschwung der Rhetorik ... [sei] auf unsere Wirtschaftsordnung zurückzuführen. Durch sie w[ü]rden ganz spezifische Gesprächs- und Redeformen, wie etwa das Verkaufsgespräch und die Präsentation, zum Teilgebiet der Rhetorik." (Fey 1979,71)

Seit dem ende des letzten jahrhunderts wurde das erlernen mündlicher kommunikation wichtig. Zum einen, weil transport- und kommunikationsmittel (fernsprecher) eine verstärkte regionale arbeitsteilung ermöglichten, zum anderen, weil nach der gründung des Deutschen Reichs politische grenzen nicht mehr bestanden, die eine zusammenarbeit früher behindert hatten. Der abbau von barrieren läßt sich an der angleichung von maßen und gewichten ebenso ablesen wie an der vereinheitlichung des rechts nach der reichsgründung. So wie heute die internationale arbeitsteilung zum erlernen von fremdsprachen nötigt, waren damals sprecher aus verschiedenen dialektgebieten gezwungen, sich zu verständigen. So erklärte sich auch, warum ende des 19. jahrhunderts neben der vereinheitlichung der rechtschreibung ein besonderes interesse für die aussprache des deutschen einsetzte und warum die von Theodor Siebs für die bühne gedachten ausspracheregeln binnen kürzester zeit in der schule einzug hielten (vgl. Siebs 1969,1ff) und folglich so viel wert darauf gelegt wurde, daß die lehrer 'sauberes deutsch' sprachen. So ließe sich auch verstehen, daß phonetik und sprechübungen "bei GEISSLER und generell am Anfang des 20. Jahrhunderts eine dominierende Rolle zu spielen begannen." (Richter 1981,124) Der schulunterricht, aber auch die akustischen medien verbreiteten in wenigen jahrzehnten die neue aussprachenorm in einem maße, daß die dialekte heute nur noch eine geringe bedeutung haben. Arend Mihm hebt die verdienste der sprecherziehung "für die Überwindung der Mundartgrenzen und die Verbreitung der überregionalen *Standardsprache*" hervor (Mihm 1975,83).

Zur selben zeit, als in der schule lernzieltaxonomien und kommunikative fähigkeiten entdeckt werden, werden für die betriebliche führung aus den USA die techniken des 'management by ...' übernommen. Unter dem einfluß dieser neuen managementtechniken beginnt ende der sechziger jahre der von Joachim Dyck beobachtete wechsel von der autokratischen führung zur 'demokratischen' führung. Nun geht es nicht mehr vorrangig um den wechsel von der schriftlichen zur mündlichen kommunikation, sondern um den wechsel von der rede zum gespräch, um gedeihliches miteinander in der gruppe (gruppendynamik). Die bedeutung der arbeit in gruppen nimmt zu, weil die unternehmen ab dem ende der sechziger jahre beginnen, die arbeit anders zu strukturieren. "Arbeitsbereicherung, Arbeitserweiterung, Zunahme der Dispositionsspielräume sind Begriffe, die den Trend der Zukunft umreißen." (Schlaffke 1990,14) Weil überfachliche qualifikationen notwendig werden, wird 'rhetorikunterricht' nicht mehr nur von führungskräften, sondern auch von mitarbeitern benötigt. Die 'rhetorik' tritt wieder ins licht der öffentlichkeit, nachdem sie einige zeit "gleichsam unter dem Ladentisch" angeboten worden war und in der hauptsache von führenden kräften der gesellschaft nachgefragt wurde (Bartsch 1974a,5). Mag die volkshochschule noch so klein sein, ein rhetorikkurs gehört heute sicher zu ihrem angebot.

8.5 Jahrmarkt für ängstlichkeiten

8.5.1 Aufschwung

Mögen es sprecherzieher bedauern, daß reden in schule und hochschule kaum gelehrt wird, in der weiterbildung ist das erlernen rhetorischer kommunikation stark gefragt.[147] Die autoren einer managerzeitschrift bemängeln, daß hierzulande wissen auf halde produziert und keine lebenshilfe geboten werde. Auf diese "Merkwürdigkeiten des amtlichen deutschen Bildungswesens" führen die autoren den "Dauerboom" in rhetorikkursen zurück, dem die anbieter kaum gewachsen sind (Weber/Popp 1989,71). Elmar Bartsch beklagt beispielsweise, daß die "Studierenden rhetorisch und sprecherisch absolut ungebildet auf die Hochschule" kämen und sich oft "in einem Zustand eines Hilfsschülers, nicht in dem eines Abiturienten" befänden (Bartsch 1977,135). Da auch den hochschülern nur in ausnahmefällen nachhilfe in rhetorik zuteil wird, sind interessierte auf den buchmarkt und institutionen der erwachsenenbildung angewiesen.

Zu den anbietern auf diesem 'rhetorik-markt' zählen auch sprecherzieher mit ihrer konzeption. Hier konkurrieren sie mit anderen anbietern, die das lehren von (rhetorischer) kommunikation zu ihrer aufgabe gemacht haben. Hier müssen sie den nachfragern die brauchbarkeit ihres konzepts unter beweis stellen. Sprecherzieher lehren nicht nur an der hochschule und schreiben bücher über kommunikation, sie bieten ihre fähigkeiten auch in kursen an, sei es in der innerbetrieblichen weiterbildung oder der erwachsenenbildung, d.h. bei der VHS, den freien trägern und politischen stiftungen oder bei instituten, in denen sich das management weiterbildet. Nicht vergessen werden sollte auch das IRM (Institut für Rhetorik und Methodik), für das Hellmut Geißner seine kursmodelle entwickelt hatte, und dem vor kurzem die GRK (Gesellschaft für rhetorische Kommunikation mbH) an die seite gestellt wurde. In diesen beiden instituten vermitteln Katrin und Raimund Dahmen zusammen mit ihren kollegen das, was sie bei ihrem geistigen ziehvater Hellmut Geißner gelernt haben. Das IRM widmet sich dabei der politischen bildungsarbeit und wendet sich vornehmlich an gewerkschafter und mitglieder anderer verbände, während die GRK auf die berufliche bildungsarbeit eingestellt ist. Leitend ist in beiden fällen Hellmut Geißners ansatz der rhetorischen kommunikation. Zunehmend erhoffen sich dort auch frauen von der rhetorischen kommunikation einen besseren stand, was sich daran ablesen läßt, daß sich die teilnehmerinnenquote am IRM von "früher 20 auf heute fast 50%" erhöht hat und daß dort rhetorikkurse für frauen angeboten werden (Weber/Popp 1989,68).

Den sieben trainern ist bei ihrer arbeit bewußt, daß sich

> "die Förderung kritischer Kommunikationsfähigkeit in der freien politischen Bildungsarbeit des IRM leichter umsetzen läßt als in der beruflichen Weiterbildung des GRK, die stärker dem ökonomischen Effizienzanspruch ausgesetzt ist ... . Sie wissen, daß in Unternehmen, auch wenn ihre Führungskräfte einen partizipativen Führungsstil pflegen, ein wesentliches Element von Demokratie nicht verwirklicht ist: die Legitimation von Macht und Entscheidungen von unten nach oben. Rhetorische Kritik und kritische Rhetorik treffen hier schnell auf Widerstände." (Klein 1991,36)

So wie es bereits Geißner beabsichtigt hatte (vgl. Geißner 1975a,166f), sehen Katrin und Raimund Dahmen "ihren Trainingsauftrag auch darin, Führungskräfte dazu zu ermuntern und dazu zu befähigen, ihren Mitarbeitern Spiel- und Gestaltungsräume zu eröffnen", weil ihrer meinung nach ein autoritärer führungsstil "nicht in eine demokratisch verfaßte Gesellschaft [paßt], schon gar nicht in Zeiten

147 Um die bedeutung rhetorischer kommunikation in der weiterbildung zu verstehen, ist es notwendig, den blick auf den gesamten weiterbildungsmarkt zu richten. Es werden deshalb im folgenden nicht mehr ausschließlich sprecherzieher berücksichtigt.

des Wertewandels." (Klein 1991,36) Raimund Dahmen und seine kollegen wollen aber undogmatisch an ihre aufgabe herangehen und nicht missionieren. Raimund Dahmen: "Eine durchgehende Demokratisierung von Unternehmen halte ich auch nicht für machbar." (Dahmen zitiert nach Klein 1991,36)

Das neugegründete institut kann als indiz für die veränderungen in der erwachsenenbildung aufgefaßt werden, in der sich der schwerpunkt von der politischen zur beruflichen bildung verschoben hat.

> "War die Diskussion um die Erwachsenenbildung stark geprägt von der Frage nach emanzipatorischen Zielen der Bildungsarbeit, so steht heute verstärkt die Frage im Mittelpunkt, wie den wachsenden Anforderungen der technologischen Entwicklung und den enger werdenden Märkten durch angemessene Qualifizierungsangebote entsprochen und begegnet werden kann." (Dahmen 1990,81)

Dahmens hoffung, in dieser qualifizierungsoffensive bliebe platz für mündigkeit, dürfte zu optimistisch sein, wenn die entwicklungen in der erwachsenenbildung insgesamt betrachtet werden. Die veränderungen in der berufswelt sorgen dafür, daß 'freiwillig' und in der freizeit das gelernt wird, was im beruflichen alltag gefragt ist. Aus dem lebenslangen lernen der erwachsenenbildung wurde für viele lebenslängliches lernen in der weiterbildung: "Dequalifizierung und in der Folge beruflicher und sozialer Abstieg bzw. Arbeitslosigkeit drohen demjenigen, der sich der Verurteilung zu lebenslänglicher Lernarbeit entziehen zu können meint." (Feidel-Mertz 1975,68) Angesichts der arbeitsmarktlage ist die hoffnung, mittels verstärkter lernanstrengungen etwas für den beruflichen aufstieg zu tun, der sorge gewichen, durch verbesserte qualifikation im vergleich zu kollegen den beruflichen abstieg zu verhindern. Dahmen weist darauf hin, daß der weiterbildung in den unternehmen, die der "öffentlichen Diskussion und Legitimation weitgehend [?] entzogen" ist, "eine immer größere Bedeutung" zukomme (Dahmen 1990,82). Wolfgang Wittwer hat in einer arbeit über die betriebliche weiterbildung herausgearbeitet, daß es auf arbeitgeberseite eine verschleierungstaktik gibt. Während in für die öffentlichkeit bestimmten stellungnahmen die personale bildung herausgestellt wird, wird in aussagen, die nicht für die öffentlichkeit gedacht sind, das interesse des betriebes betont (vgl. Wittwer 1982,30ff und 99ff).

8.5.2 Bücherrummel

Bei seinem orientierungsversuch im feld der praktischen rhetorik stieß Werner Kallmeyer nicht nur auf ein weites feld, sondern auf ein unübersichtliches dazu. Da er das kursangebot "wesentlich schwerer zu überschauen und inhaltlich zu erfassen" fand, beschränkte er sich auf den buchmarkt, weil er davon ausging, hier seien "zum größten Teil ja Grundlagen und Erfahrungen von Rhetorikveranstaltungen wiedergegeben." (Kallmeyer 1985,23) Mit seiner vermutung liegt Kallmeyer im grundsatz richtig, weil viele rhetoriklehrer das material aus ihren seminaren in buchform einem größeren publikum zugänglich machen. Der blick in diese einträgliche zweitverwertung der redelehrer und in seminarunterlagen (soweit sie zugänglich sind) zeigt, daß im prinzip dieselben grundgedanken en vogue sind. Auch die seminarkritiken, die in einschlägigen managerzeitschriften veröffentlicht werden (insbesondere congress & seminar, jetzt management &

seminar), bestätigen, daß in jeweils unterschiedlicher mixtur die gedanken weitergegeben werden, die auch in buchform zugänglich sind. Das umfangreiche buchangebot an praktischer rhetorik läßt sich mit der spitze eines eisbergs vergleichen. Auch wenn nur ein teil des tatsächlichen umfangs sichtbar ist, gibt dieser teil dennoch aufschluß über die richtung, in die das ganze treibt. Um den trend zu erkennen, ist es allerdings wichtig, sich nicht dadurch irritieren zu lassen, daß altgediente werke unter verändertem titel als taschenbuch neu aufgelegt werden (so z.b. Hinsch 1973 als Hinsch 1989) oder daß die nachauflage eines standardwerkes erscheint.

Wichtiger ist es, auf neue bücher und entwicklungen der seminarpraxis zu sehen. Wer nur äußerlich ein buch anschaut, könnte beispielsweise übersehen, daß aus einem Saulus ein Paulus wurde. So hat beispielsweise Rupert Lay vor einiger zeit die (wirtschafts)ethik entdeckt und meint nun, es wäre nützlich, die ersten zehn auflagen seines bestsellers zu vergessen, denn ab der elften auflage sei alles deutlich anders (vgl. Weber/Popp 1989,76). Immerhin überschritt Lays 1974 erschienenes buch 'dialektik für manager' (Lay 1974; kritisch dazu Kühn 1979) inzwischen die grenze von 100.000 exemplaren. Wie aus dem 'dialektiker' der 'ethiker' Lay wurde, ist an der gegenüberstellung einiger zitate aus seinen werken zu sehen (vgl. Weber/Popp 1989,72). Die autoren bescheinigen Lay dabei, ein feines näschen für den trend der zeit zu haben. Keine frage, 'ethik' ist zur zeit in der wirtschaft in. Sofern es nutzen verspricht, darf es für die 'rhetorik' statt der NLP (neurolinguistische programmierung) - Hans-Joachim Stabenau (vgl. 1991,38) setzt auf sie, während Reinhard Biffar vor dieser zweifelhaften liaison warnt (vgl. Biffar 1991,33) - zur abwechslung auch mal ethik sein. Bis zur nächsten trendwende?

Ein blick in populäre redelehren (vgl. ausführlich Bremerich-Vos 1991) zeigt, daß sie von sprecherzieherischem gedankengut mehr oder weniger stark beeinflußt wurden. Das muß nicht immer so deutlich werden wie bei Günter Hinsch, der in seinem buch exakt dem von Drach vorgeschlagenen weg folgt. Der redeschüler soll bei Hinsch zuerst seine aussprache verbessern, dann vorlesen üben, bevor er schließlich in die geheimnisse der freien rede, und das heißt des sprechdenkens, eingeweiht werden soll (vgl. Hinsch 1973; 1989). Manche autoren weisen eher beiläufig darauf hin, daß "die Bücher und Aufsätze von Hellmut Geißner ... (b)esonders viele Ideen und Anregungen ... gegeben" haben (Fricke 1983,6). Bei anderen büchern ist der einfluß unterschwelliger und manchmal auf teilgebiete beschränkt (vgl. z.b. Halberstadt 1974, Panzenböck 1979; Lemmermann 1986; Thiele 1990). Zum teil ist der einfluß auch nur daran abzulesen, daß dem 'zwecksatz' wie bei Weller, Schweinsberg und Geißner eine überragende rolle bei der redevorbereitung zugewiesen wird oder daß Richard Wittsacks redeformel für die vorbereitung der freien rede bzw. Hellmut Geißners 'fünfsatzmodelle' für die diskussion empfohlen werden. Der nachweis fällt im einzelfall schwer, weil die schreiber von redelehren auf quellenangaben entweder ganz verzichten oder ihrem buch nur eine liste empfohlener literatur anhängen. Vielen verfassern dürfte gar nicht bewußt sein, daß sie gedanken verwenden, die aus der sprecherzieherischen tradition stammen. Wenn diese gedanken so gerne aufgegriffen oder bereitwillig abgeschrieben wurden, zeigt das, daß sie für praktiker im bereich des redens einen besonderen reiz haben.

Werner Kallmeyer fiel besonders auf, daß die psychologie "mit Macht in die Domäne der praktischen Rhetorik eingebrochen [sei]." (Kallmeyer 1985,26). Die besondere bedeutung der psychologie für die praktische rhetorik läßt sich besser verstehen, wenn gesehen wird, daß sich die sprecherziehung während ihrer ganzen geschichte im besonderen maße an der psychologie orientiert hat (vgl. oben 8.2). Im laufe der zeit verlagerte sich dabei das interesse von der massenpsychologie zur psychotherapie. Jetzt ist nicht mehr Gustave Le Bon gefragt, heute geben Paul Watzlawick, Carl Rogers oder Ruth Cohn wichtige anregungen. So dokumentiert das lehrbuch von Allhoff/Allhoff den aktuellen stand sprecherzieherischer dinge. Einträchtig stehen hinweise zur stimmbildung, freien rede und verständlichkeit neben gedanken aus der non-direktiven gesprächsführung (Rogers) und der themenzentrierten interaktion (Cohn) (vgl. Allhoff/Allhoff 1988). Brigitte Teuchert meint, Allhoff vertrete einen "emanzipatorischen Ansatz ... Rhetorischer Kommunikation", und verknüpfe dabei "Ansätze aus der Psychologie [!], der Literaturwissenschaft, der Pädagogik und anderer Disziplinen zu einer für die pädagogische Praxis der Rhetorik verwendbaren Darstellung." (Teuchert 1992b,76) Und wo bleibt die Rhetorik?

Es ist kein zufall, wenn Werner Kallmeyer feststellt, daß als folge der psychologischen ausrichtung "praktische Rhetorik vielfach gar nicht mehr nach Rhetorik aussieht." (Kallmeyer 1985,26) So findet er, daß auch bezeichnungen wie 'kommunikationstraining' oder 'verhaltenstraining' üblich sind und daß die veröffentlichungen eine reihe von leitvokabeln enthalten, die sich in vielfältiger form kombinieren lassen (vgl. Kallmeyer 1985,24). In das bild paßt, daß 'rhetorik' in der VHS vornehmlich im psychologischen bereich angeboten wird, einträchtig neben kommunikations- und selbstsicherheitstrainings.

8.5.3 Angebote

Ist der büchermarkt für 'rhetorik' trotz der vielen veröffentlichungen noch überschaubar, so sind bei den kursangeboten nur grobe orientierungen möglich. Auf diesem 'rhetorik-markt' finden interessierte und zahlungswillige erwachsene ein ebenso reichhaltiges wie undurchschaubares angebot. Ohne einschränkungen - weder gibt es verbindliche lehrpläne noch eine staatliche kontrolle - kann die gesellschaft hier im freien spiel von angebot und nachfrage ihren bedarf an rhetorik decken. Schule und hochschule könnten und wollten weder ein so differenziertes angebot unterbreiten, noch wären sie willens und in der lage, derart flexibel auf die veränderten marktwünsche einzugehen und dabei auf wissenschaftliche ansprüche zu verzichten. Wenn die rhetorikausbildung vornehmlich in der erwachsenenbildung stattfindet, dann dürfte das damit zusammenhängen, daß sich zu der zeit, als das interesse an rhetorik in den sechziger jahren (wieder)erwachte, das deutsche bildungswesen in einem umbruch befand und der weiterbildungsbereich entdeckt wurde.

Seit die VHS in den sechziger jahren ihre 'realistische wende' (vgl. Feidel-Mertz 1975,45ff; Schoenfeldt 1975a) vollzog, ist es auch für normalverdiener möglich, sich kenntnisse aus dem bereich der 'rhetorik' zu verschaffen, die sonst nur den zahlungskräftigen kunden kommerzieller institute vorbehalten war. Der teilnehmerkreis, der auf die VHS (oder vergleichbare träger) angewiesen ist, unterscheidet sich von dem, der von unternehmen aus betrieblichen gründen eine redeschulung finanziert erhält oder selber genügend geld zum besuch eines seminars bei einem kommerziellen anbieter verfügt. Bedenkenswert ist in diesem zusammenhang der gedanke von Klaus Hansen, die VHS müsse eine andere rhetorik unterrichten als den führungskräften vermittelt wird. Die VHS brauche "eine *Rhetorik für Herrschafts-Unterlegene* ..., die von anderen Prämissen ausgeht und ein anderes Lehrprogramm hat." Nach Hansens vorstellung habe diese "Rhetorik für Unterlegene ... weniger vom offensiven Gebrauch rhetorischer Mittel als von der Betroffenheit durch diese auszugehen", und von daher sollte "das Durchblicken rhetorischer Maßnahmen und das schnelle Reagieren auf sie im Vordergrund" stehen (Hansen 1979,74f).

Ende der sechziger jahre hatten sprecherzieher für die volkshochschulen einen rahmenplan erarbeitet, der von der sprechbildung über die sprechkunst bis hin zur redekunst allen bereichen der sprecherziehung ihren stellenwert zuweisen wollte (vgl. Schweinsberg-Reichart 1970). Von diesen bereichen hat sich nur die rhetorische kommunikation einen sicheren platz im angebot erobern können. Heute geschieht es nur in ausnahmefällen, daß sprecherzieher in einem rhetorikkurs zunächst mehrere stunden atem-, stimm- und sprechübungen anbieten, bevor dann geredet werden darf (vgl. Bensinger/Janning 1969,196). Eine fragebogenaktion bestätigte, daß die teilnehmer nicht kamen, weil sie sprechübungen machen wollten, sondern um etwas gegen ihre hemmungen und ihre redeangst zu tun (vgl. Bensinger/Janning 1969,194 und 196).

Raimund Dahmen sieht in der tatsache, daß rhetorik in der VHS den bereichen sprachen und psychologie zugeordnet wird, verdeutlicht, daß "Rhetorik als Inhalt politischer Bildung wenig im Bewußtsein" ist (Dahmen 1990,83). Wenn rhetorische kommunikation als teil politischer bildung nicht im öffentlichen interesse steht, hat das unter anderem damit zu tun, daß die erwachsenenbildung sich zunehmend in richtung einer beruflichen "Nach- und Weiterqualifizierung" einerseits und "Freizeit- und Unterhaltungsbildung" andererseits entwickelt (Dahmen 1987,49). Die in den letzten jahren bildungspolitisch gewollte verlagerung des schwerpunktes von der politischen zur beruflichen bildung ist nicht ohne einfluß auf das VHS-angebot geblieben. Dabei darf das angebot der ausgedruckten veranstaltungen im bereich der politischen bildung nicht darüber hinwegtäuschen, daß wegen mangelnder nachfrage in diesem bereich nur ein geringer teil der veranstaltungen tatsächlich stattfindet.

Blättert man in den programmen der volkshochschulen, so wird deutlich, daß 'rhetorik' häufig im zusammenhang mit lerntechniken oder im bereich 'persönlichkeitsbildung' zu finden ist. Viele nähern sich der 'persönlichkeitsbildung' und der psychologie durchaus mit der berechnung, hier eine geheimwaffe zu finden, mit der sich andere besser beherrschen lassen.

"Selbst unangreifbar zu agieren (die beliebten Rhetorik-Kurse ...) und souverän an den Schwächen anderer zu kratzen, ist ein alltägliches Interesse, das die Psychologie-Kurse nicht erst in jüngerer Zeit füllt" (Schönhammer/Damolin 1988,55).

Schönhammer und Damolin haben deutlich erkannt, daß sich in der volkshochschule kritische rationalität nur bei entsprechender nachfrage herstellen läßt.

"Die Volkshochschulen sind, ob sie es wollen oder nicht, in gewissem Sinn den Gesetzen des Marktes unterworfen - sozusagen eine Art 'Volksabstimmung'. Die Beschäftigung mit seelischen Fragen an der VHS hängt weitgehend davon ab, wie die 'Volksseele' beschaffen ist. Insofern ist die 'Psychologie für das Volk' [dazu zählt auch die 'rhetorik', K.R.] quasi vom Urheber autorisiert: Jedes 'Volk' hat die 'Hochschule', die es selbst mit geformt hat." (Schönhammer/Damolin 1988,59)

An diesem steigenden bedarf lassen sich fehlentwicklungen in der gesellschaft ablesen, die aber von der VHS nicht zu therapieren sind. Wichtiger ist in diesem zusammenhang, daß die volkshochschule statt erwachsenen*bildung* entweder berufliche qualifikation oder therapieersatz anbietet. Mit dem anspruch, in einem kurs zur freien rede einen therapieersatz[148] zu finden, hat auch die politische bildung zu tun (vgl. Kemper 1985,155). Das bemühen, etwas gegen die eigenen hemmungen zu tun, macht verständlich, warum viele teilnehmer im besuch eines 'rhetorikkurses' und eines 'selbstsicherheitstrainings' keinen grundsätzlichen unterschied sehen. Manager sind auch nur menschen, dürfen ihre ängste aber nicht zugeben und sagen, daß der hauptzweck ihres kursbesuchs die hebung des selbstbewußtseins ist, denn das würde "Image wie Karriere" beeinträchtigen (Weber/Popp 1989,71).

"Die Versäumnisse von Schulen und Hochschulen erzeugen einen ausgesprochenen psychischen Leidensdruck. Unter allen Ängsten, so belegen es einschlägige Untersuchungen immer wieder, rangiert die Angst, vor einer größeren Menschengruppe zu sprechen, an vorderster Stelle. *Angst ist denn auch der schubstärkste Motor des anhaltenden Rhetorikbooms.*" (Weber/Popp 1989,71; hervorhebung K.R.)

Daß viele teilnehmer von ihrer angst in einen 'rhetorik'-/kommunikations-/selbstsicherheitskurs getrieben werden, mag ja richtig sein. Aber es ist die frage, ob die schule bei allen versäumnissen wirklich verursacher dieses leidensdrucks ist. Es darf nicht nur auf das individuelle schicksal geschaut werden, sondern es muß der gesellschaftliche zusammenhang betrachtet werden, in dem die 'rhetorikkurse' stattfinden. So hat Eberhard Ockel auch eine andere erklärung als die angst und sieht den "Grund für die Hochkonjunktur der Rhetorikkurse ... im Leistungsdruck unseres Wirtschaftssystems, in dem sich nur der behauptet, der sich gut verkaufen kann." (Ockel 1991,39) Ockel versuchte in seinen artikeln (Ockel 1984; 1991), den interessenten hilfen für die auswahl eines geeigneten rhetorikkurses zu geben. Gleichzeitig warnte er ausdrücklich davor, überzogene erwartungen an einen rhetorikkurs zu stellen und darin einen schlüssel zum erfolg in jeder sprechsituation zu sehen. Wenn auch vor überzogenen erwartungen ge-

148 In den seit jahrzehnten weltweit angebotenen kursen nach der methode Dale Carnegies werden rednerische mängel "als Symptome eines Persönlichkeitsdefizits verstanden" und entsprechend therapiert (Alten 1985,143). 'Rhetorikausbildung' verkommt so zu einer psychotherapie im kleinen. Kritiker werfen diesen kursen dazu noch vor, sie würden ihre kunden mit binsenweisheiten abspeisen (vgl. Weber/Popp 1989,73).

warnt wird, so steht für die teilnehmer doch die verbesserung des selbstbewußtseins auf dem programm, denn

> "(z)u häufig und zu augenfällig findet sich die Kombination von Durchsetzungsvermögen, Ellbogenkraft und überlegener Rednerqualität in einer Person, als daß sich die meisten Rhetorikschüler die Illusion nehmen ließen, mit dem Schliff ihrer Sprechwerkzeuge auch ihre Ellbogen zu stärken. Zu oft hat jeder von ihnen selbst erleiden müssen, wie er mit besserer Idee scheiterte, weil andere die ihre oder sich selbst besser rhetorisch zu verkaufen wußten." (Weber/Popp 1989,72)

So gilt 'rhetorik' als stark karrierefördernd, weil letztlich weder das fachwissen noch die managementtechniken, "sondern die Fähigkeit, sich gut verkaufen zu können ... den Ausschlag beim Vorwärtskommen" geben sollen (o.v. 1980,219). Es ist nur folgerichtig, wenn sich diese verkaufsphilosophie sowohl in formulierungen der redelehrer wiederfindet als auch in den erwartungen ihrer schüler.

Letztlich dürfte es kein zufall sein, daß viele redelehrer aus dem verkaufsbereich stammen. Weller hatte es schon 1969 als mißlich bezeichnet, wenn "Lehrkräfte ihre ... verengte, durchaus nur auf das Verkaufsgespräch spezialisierten Fähigkeiten nach einiger Zeit als 'Rhetorik' bezeichne[t]en und sich dann als 'wilde Lehrer' dieses Gesamtgebiets ... präsentier[t]en." (Weller 1969,37) Diese redelehrer erfüllen die wünsche ihrer teilnehmer offenbar besonders gut, unter anderem auch deshalb, weil sie ihr können verkaufsfördernd auf ihr eigenes produkt anwenden.

> "Praktische Rhetorik muß sich eben auch verkaufen, und dementsprechend werden die Techniken und Kunstgriffe der zu vermittelnden rhetorischen Programme auch in den Titeln, Vorworten und im Text selbst angewendet." (Kallmeyer 1985,24)

Was Werner Kallmeyer bezüglich der 'rhetorik' in buchform feststellte, gilt im gleichen maße auch für seminarankündigungen und kursbeschreibungen. Reinhard Biffar machte sich die mühe, seminarankündigungen zu analysieren und förderte dabei zutage, daß bei dieser gebrauchsrhetorik das rein technische im vordergrund steht.

> "Sie ist überwiegend konzeptionslos und ihre Didaktik zufällig, beliebig. Etwas Eloquenz, oft notdürftig fachliterarisch zugerüstet, die Defizite aber mit einem stupenden Selbstvertrauen kompensierend, agieren manche Rhetorik-'Trainer'" (Biffar 1991,32).

Die schuld an diesem zustand will Biffar aber nicht alleine den anbietern zuweisen, sondern auch ihren auftraggebern. Biffar findet die

> "Aufnahmefähigkeit des Marktes für alle möglichen Facetten der 'angewandten Rhetorik' ... beeindruckend. ... Geradezu frustrierend mutet [ihn] aber die Prüfung 'rhetorischer Trainings' im weiten und einträglichen Feld der Weiterbildung an. Was hier oft genug geboten wird, verstößt nicht nur gegen Treu und Glauben und die guten Sitten, ... es hat auch nichts zu tun mit jener Rhetorik, die sich als Fachdisziplin über fast 3000 Jahre hindurch entwickelte." (Biffar 1991,28 bzw. 32)

Albert Bremerich-Vos und Norbert Gutenberg zählten im deutschsprachigen raum alleine mehr als 500 institute und akademien, die rhetorik in ihrem programm anbieten. Von den zahllosen angeboten der politischen stiftungen, der volkshochschulen und gewerkschaften wollen sie gar nicht erst reden (Bremerich-Vos/Gutenberg 1984,2). In dem feld, das sprachdidaktiker und linguisten gerade erst als berufsfeld zu entdecken beginnen, sind sprecherzieher längst tätig. Bei ihrem überblick über das derzeitige rede- und gesprächstraining in unternehmen, parteien und verbänden stießen Bremerich-Vos und Gutenberg vornehmlich auf sprecherzieherisch ausgebildete personen und halten das für typisch in diesem bereich (vgl. Bremerich-Vos/Gutenberg 1984,2). Daraus darf nun keineswegs geschlossen werden, sprecherzieher dominierten diese bereiche. Im gegenteil, sprecherzieher stellen eine minderheit dar im vergleich zu den zahllosen trainern, die außer ihrer eigenen verkaufs- und redepraxis nur einige bücher über kommunikation gelesen haben und nun ihr 'können' an andere weitergeben. "Ohne differenzierten theoretischen Hintergrund und fundierte rhetorische Ausbildung bieten sie praktische Rezepturen für den öffentlichen Auftritt. Und das zahlt sich meist nicht zu knapp in barer Münze aus." (Klein 1991,34; vgl. Biffar 1984,29) Der gipfel der unseriosität ist erreicht, wenn bei einem jüngst auf den markt gekommenen 'trainerleitfaden für rhetorik-seminare' (Heigl 1990; vgl. die eher positive rezension Wagners 1991) suggeriert wird, mit dem kauf dieses - dazu noch mangelhaften - trainerleitfadens könnte gleichzeitig auch die entsprechende kompetenz erworben werden, diese seminare durchzuführen. In diesem zusammenhang ist übrigens daran zu erinnern, daß bereits Drach (1932) mit seinem methodischen lehrbuch grupppen ermöglichen wollte, die redekunst ohne einen speziell ausgebildeten lehrer zu erlernen.

Branchenkenner schätzen den anteil "unseriöser Trainer auf etwa 80%" (Weber/Popp 1989,72). Gerade die scharlatane verstehen es auch noch ausgezeichnet, bei mißerfolgen "den Teilnehmern die Schuld zu geben und sich überdies noch fürs Aufbauseminar zu empfehlen." (Weber/Popp 1989,73) Die abnehmer werden opfer der techniken, die sie gerade zu erlernen hoffen. Bekanntlich ist unter den blinden der einäugige könig. Deshalb darf nicht geschlossen werden, die anderen 20% verfügten über ein zureichendes verständnis von rhetorik. Verstärkt versuchen seit neuem sprecherzieher, deutlich zu machen, daß sie alles das vorweisen können, was der markt von guten rhetoriklehrern erwartet (vgl. Erika Weber 1991,36; Brandt 1992,58).

8.5.4 Nachfrage

Mittlerweile hat die wirtschaft gemerkt, daß sie für teures geld nicht immer das erhält, was sie sich erhofft hatte. Mit den steigenden ausgaben für betriebliche weiterbildung gewinnt das 'weiterbildungscontrolling' (v. Landsberg 1990) an bedeutung. So meint Georg von Landsberg, die "Diskussion um ein Controlling der Weiterbildung ... [habe] erst begonnen", und der erfolg der bemühungen hinge von den "Instrumenten der Humanvermögensrechnung" ab (v. Landsberg 1990,372).

Wie ein zeitgemäßes rhetoriktraining aus sicht der wirtschaft aussehen soll, wird an Hans-Joachim Stabenaus (leiter der fachübergreifenden weiterbildung bei Siemens in Erlangen) ausführungen deutlich. Seiner meinung nach muß der geschliffene vortrag, der andere mundtot macht, "einer neuen kommunikativen Grundidee - der Idee 'authentischer Gesprächsführung' ('winner-winner-game') - weichen", denn "zeitgemäßes rhetorisches Ziel" sei der "am Dialog orientierte Vorgesetzte oder Verkäufer, der den Gesprächspartner gleichrangig zu Wort und zu Wert kommen läßt." (Stabenau 1991,38) Es macht fast den eindruck, als hätten

Geißners wohlklingende formulierungen dialogorientierter rhetorischer kommunikation als vorlage gedient. Authentizität ist gefragt, die den anderen 'gleichrangig' zu wort kommen läßt (vgl. auch Bartsch 1991), damit alle gewinnen können: der mitarbeiter oder kunde das gefühl, ernst genommen zu werden, das unternehmen umsatz und klingende münze.

Von den anforderungen an die innerbetriebliche kommunikation werden die anforderungen für den öffentlichen auftritt keineswegs verändert. Hier ist es nach meinung Stabenaus von allen beteiligten akzeptiert, daß mit 'rhetorischen tricks' gearbeitet wird. Allerdings dürfe der "rhetorische Ausnahmefall ... nicht ungestraft auf die alltäglichen rhetorischen Situationen übertragen" werden (Stabenau 1991,38). Die rhetorische weiterbildung ist nun zweigeteilt: im betrieblichen alltag soll 'authentisch' kommuniziert werden, in situationen öffentlichen auftretens sind alle tricks erlaubt. Der bekannte[149] kommunikationspsychologe Friedemann Schulz von Thun hatte schon 1981 zwei arten von kommunikationstrainings unterschieden: Gegenüber der steigerung der wirkungskompetenz ginge es in kursen, die die ausdruckskompetenz steigern wollten, "um die Fähigkeit zur Selbstoffenbarung und zum authentischen Sprechen." (Schulz von Thun 1981,213) Seine kommunikationstrainings seien in der letzten zeit immer ausdrucksorientierter geworden, obwohl es nicht den vordergründigen erwartungen der teilnehmer entgegenkommt, die mit blick auf die arbeitswelt, "in der zählt, wer 'sich verkaufen' kann und die Oberhand behält ... vom Psychologen Tricks und Fähigkeiten [erwarten], um jederzeit Herr der Lage zu sein. Auf der anderen Seite ... [gebe] es auch eine große Sehnsucht nach offener mitmenschlicher Verständigung und eine Müdigkeit, den hektischen Wettstreit ... des Taktierens und Manipulierens weiter mitzumachen." (Schulz von Thun 1981,213)

Nicht nur der manager, auch der mitarbeiter von heute braucht wegen der integration der aufgabenbereiche sozialkompetenz (vgl. Schlaffke 1990,14f; Lüschow 1989), d.h. kooperationsbereitschaft und konfliktfähigkeit. "Erst Mitarbeiter, die daran gewöhnt werden, drei oder mehr Verhaltensweisen bei sich und anderen zuzulassen, beginnen 'flexibel', das heißt person- und situationsangemessen zu denken und zu handeln." (Stabenau 1991,38) Hellmut Geißner hatte solche tugenden unter dem stichwort 'rollenflexibilität' behandelt. Ein modernes rhetoriktraining müsse einfache modelle anbieten, die zum sofortigen umsetzen herausforderten, denn es soll "Mut machen zum eigenständigen Üben" (Stabenau 1991,37). Der rhetoriktrainier solle zur lernpartnerschaft ermutigen, damit das seminar seine funktion ausüben könne, als impuls zu dienen. Im alltag sollten sich die teilnehmer gegenseitig feedback geben können (vgl. Stabenau 1991,37). Stabenaus vorstellungen, das seminar als impulsgeber zu sehen und die lernbemühungen durch lernpartnerschaften zu ergänzen, deutet darauf hin, daß er von der 'kooperativen selbstqualifikation'[150] ausgeht. In der wirtschaft gibt es zur zeit

---

149 Er gilt als einer "der profiliertesten Kommunikationspsychologen in der Bundesrepublik. ... Viele Rhetorik-Lehrer und Trainer aus der Wirtschaft stützen ihre Unterrichtskonzeption auf die von Schulz erarbeitete Theorie" (Loebbert 1991,130).

150 Sie wird zur zeit in der wirtschaft als besonders effiziente form der aus- und weiterbildung gehandelt und gilt als 'lernen der zukunft' (vgl. Heidack 1989).

das bestreben, die orientierung der weiterbildung am modell des schulunterrichts aufzugeben und durch "Formen des selbstgesteuerten Lernens" zu ersetzen, die "für Eigeninitiative und Motivation" sorgen (Schlaffke 1990,12). Auffällig ist es dabei, daß der arbeitsplatz in verstärktem maße als lernort genutzt werden soll.

Vom mitarbeiter wird erwartet, daß er seine holschuld[151] erfüllt, wenn das unternehmen weiterbildung als 'bringschuld' erbracht hat.

> "Je intensiver und tiefer das rhetorische Training in Richtung Persönlichkeitsentwicklung zielt, ... desto eher wird man vom Mitarbeiter erwarten, daß er selbst investiert [!] - zumindest seine freie Zeit. Eine Einengung auf unmittelbar [!] und ausschließlich [!] funktionsbezogene Rhetorik stände im Widerspruch zu dem hier aufgezeigten Konzept. Und das wäre nicht zeitgemäß." (Stabenau 1991,38)

Die grenzen zwischen betriebsbezogener weiterbildung und persönlichkeitsbildung scheinen zu verschwimmen, seit im betrieb mit-denken und mit-reden gefordert wird und überfachliche qualifikationen hoch im kurs stehen. Auch bei themen, die als 'persönlichkeitsbezogen' dargestellt werden, bleibt für die betriebliche weiterbildung die betriebsspezifische funktion bedeutend (vgl. Wittwer 1982,34f). Damit ergibt sich für die betriebliche weiterbildung

> "eine paradoxe Situation: einerseits vermittelt man soziale Verhaltensweisen für einen gesellschaftlichen Teilbereich (Betrieb), der hierarchisch-funktional strukturiert und am Gewinnprinzip orientiert ist, ... andererseits sollen aber gerade diese Verhaltensweisen für das Zusammenleben in einer demokratischen Gesellschaft bestimmend sein." (Wittwer 1982,39).

Die grenzen der mitarbeiterkommunikation werden auch bei Stabenaus formulierungen schnell deutlich. Sprachbeherrschung sei bedingung für wechselseitige verständigung, "im Sinne von Mit-Teilung", diese wiederum sei bedingung "positiver Beeinflussung von Menschen. Die Einwirkung im Rahmen des betrieblichen Alltags dien[e] der optimalen Synergie menschlicher Potentiale - aktives Mitdenken und - arbeiten. Nur über Sprache geling[e] es der Führung [!], alten oder neuen Ideen (Visionen) den notwendigen Schwung zu vermitteln." (Stabenau 1991,37)

Die berufliche weiterbildung übernimmt die stelle der politischen bildung (vgl. Wittwer 1982,36ff). Das problem, berufliche und politische bildung zu verbinden (vgl. Schoenfeldt 1975b), wird um eine neue variante bereichert. Das modell 'authentischer' betrieblicher kommunikation kann so zum musterfall der kommunikation in der gesellschaft werden, wenn der schein der 'harmonischen betriebsfamilie' die ganze gesellschaft erfüllt. Die angestrebten veränderungen der betrieblichen kommunikation müssen hier im zusammenhang gesehen werden mit bestrebungen, die unternehmenskultur zu verbessern. Zur unternehmenskultur gehört als ein teil der "hauseigene Dialekt", der "eine Sprach-, genauer eine Sinngemeinschaft" stiften soll, um so "den Sinnverlust bei der Arbeit wett[zu]ma-

---

151 Arbeitgeber sind allgemein der meinung, es gebe 'weiterbildungspflichten'. Man werde angesichts des durch die neuen technologien ausgelösten "Weiterbildungsbedarf[s] ... in Zukunft darüber nachdenken müssen, inwieweit nicht auch eine Verantwortlichkeit des einzelnen besteht, sich an die veränderte Umweltsituation anzupassen [!]. Gleichzeitig wird es immer weniger möglich sein, strikt zwischen berufsbezogener und nichtberuflicher Weiterbildung zu unterscheiden." (Schlaffke 1990,11f). Weiterbildung soll anpassen und mithelfen, "den ... Wandel zu verkraften." (Schlaffke 1990,9) Von einer mitgestaltung des wandels ist nicht die rede.

chen." (Kern 1988) Mittels sprache und kommunikation soll eine einheit hergestellt werden, die es in der realen betriebswelt nicht gibt.

Es ist bekannt, daß eine verklärung der modernen arbeitswelt und eine "Vergottung des Privat-Familiären als Kraftspender für das Bestehen im feindlichen Draußen" zu den bestimmungselementen des rechtsextremismus zählt (Funke 1978,28). Beim zunehmen rechtsextremistischen gedankenguts wird das fehlen einer politischer bildung, die im gegensatz zu Geißners rhetorischer kommunikation ihren namen verdient, politisch bedenklich. Vor allem, wenn gesehen wird, daß es einen extremismus der mitte gibt, der zwar nicht faschistisch ist, aber

> "geprägt erscheint durch den Mangel an *Anti*-Faschismus. Dieses Fehlen ist gerade mit Bezug auf die Bundesrepublik gefährlicher als die offen organisierten extremistischen Randgruppen. ... Das Kernproblem der 'extremistischen Mitte' ist: Geht es ihr gut, interessiert sie sich nicht für Politik. Geht es ihr weniger gut, interessiert sie sich so heftig, daß sie zumeist dabei die Fundamente der eigenen sozialen Existenz einreißt." (Funke 1978,31; vgl. auch 29 - 33)

Oswald Neuberger hat sich intensiver mit den mythen der unternehmenskultur beschäftigt. Er wird den verdacht nicht los,

> "daß heute mit den Stammeskulturen nur der gleiche reaktionäre Unfug angerichtet werden soll wie nach dem Ersten Weltkrieg mit Volks- und Betriebsgemeinschaftsgedanken. Heute wie damals fühlten sich die arbeitenden Menschen entfremdet, zerfielen vertraute Umgebungen und Sozialbindungen durch fortschreitende Technisierung und Automatisierung, herrsche Sehnsucht nach der überschaubaren Idylle, nach dem kleinen Glück im Winkel, nach sinnstiftender Betätigung" (Neuberger lt. Weber 1988,33).

Wenigstens im gemeinsamen gespräch sollen betriebsangehörige zeitweilig das gefühl der geborgenheit haben, auch wenn es eine vorübergehende illusion bleibt. Nur wenn die innere gemeinsamkeit gestärkt wird, wenn das zusammengehörigkeitsgefühl groß genug ist, kann sich das unternehmen gegen die konkurrenz von außen erfolgreich behaupten.

> "Eine Neue Wirtschafts-Rhetorik ist so wichtig wie noch nie, denn eine zielgerichtete Kommunikation bestimmt immer mehr Existenz und Funktionsfähigkeit wirtschaftender Organismen [!]. Die Rhetorik ... muß allerdings auf eine wert- und leistungsorientierte Praxis abgestimmt sein, nur dann wird sie ihren Nutzen voll entfalten. Und genau da setzt die Neue Wirtschafts-Rhetorik an: sie ist natürlich [!], kreativ und individuell ... Und vor allem: Die Neue Rhetorik stimmt mit den hohen Ansprüchen moderner Unternehmenskultur überein. Sie schöpft aus dem Reichtum sprechwissenschaftlicher Erfahrung." (Brandt 1992,58)

Die aussagen des sprecherziehers Brandt verdeutlichen, daß die zeit für 'natürlichkeit' und organisches denken wieder einmal gekommen zu sein scheint. Anfang dieses jahrhunderts wurde versucht, die deutschen landesteile durch die hochsprache zu einen. Heute sollen sich die verschiedenen betriebsteile und betriebsangehörigen eines konzerns über eine gemeinsame sprache verbunden fühlen. Damals ging es um das vaterlandsbewußtsein (vgl. Geißler 1920,10), heute geht es um das wir-gefühl und die 'corporate-identity' (vgl. Brandt 1992,51). In beiden fällen ist das ziel eine einigung nach innen, um besser gegen die äußere konkurrenz bestehen zu können (vgl. Kühnl 1990,24). Insofern ist es problematisch, wenn eine kommunikationsschulung nach maßgabe der unternehmenskultur zum ersatz für politische bildung wird. Die betriebs-*gemeinschaft* könnte im zeichen des europäischen binnenmarktes und weltweiter konkurrenz zum vorbild in der deutschen politik werden.

9. Klappern gehört zum handwerk

Anfang dieses jahrhunderts skizzierte Ewald Geißler die beredsamkeit, von der er annahm, daß wir sie als unser ziel empfänden. Geißler hatte gemeint, die gegenwart brauche eine rhetorik, die vor allem wahr sei in ihrer zweckmäßigkeit (vgl. Geißler 1918,26f; vgl. 2.1.8). Erich Drach hatte gewünscht, die sprecherziehung möge "das Erbe der antiken Rhetorik in neuzeitlichem Geiste" antreten (Drach 1920a,238). Heute wird deutlich, daß der sprecherziehung dies für den bereich der praktischen rhetorik gelungen ist. Sprecherzieher bereiteten in Deutschland den boden für die heutigen populären redelehren, die mit der rhetorik allenfalls noch den namen gemeinsam haben.

> Beim "Erfolgsredner ... der Populärrhetoriken [fehlt] ein Bildungszusammenhang vollständig, der sich auf die ganze Person des Redners bezieht. Rednerische Selbstsicherheit und mehr Selbstbewußtsein stehen nicht am Ende eines Prozesses der Persönlichkeitsbildung, nein, sie sind aufgesetzt, sie werden 'trainiert` ... . Die klassische Lehre der Beredsamkeit wird vollständig instrumentalisiert, der klassische Redeaufbau auf eine kurze 5-Punkte-Formel reduziert, deren erster Punkt zum Erwecken von Interesse oder Neugierde anhält, deren letzter an den Aufruf zur Aktivität erinnert." (Ueding/Steinbrink 1986,185)

Albert Bremerich-Vos hat populäre ratgeber zur rhetorik untersucht und dabei die "Entsorgung der rhetorikdidaktischen Vergangenheit" beklagt, aber gleichzeitig darauf hingewiesen, daß sie "funktional sein dürfte", weil so vermieden würde, "daß die in den Ratgebern verwendeten analytischen Kategorien, Normen und Rechtfertigungen historisch situiert und damit relativiert werden könnten." (Bremerich-Vos 1991,44) Da Bremerich-Vos nur ratgeberliteratur untersuchte, die nach 1945 in der BRD erschien, konnte nicht deutlich werden, daß der bruch mit der antiken rhetorik von sprecherziehern bereits anfang des 20. jahrhunderts vollzogen wurde. Schon bei Geißler findet sich der von sprecherziehern regelmäßig wiederholte gedanke[152], die antike rhetorik lege vor allem wert auf schönes sprechen voller stilfiguren und passe nicht in die heutige zeit. Nicht ohne grund verwendet Brigitte Teuchert, die an der universität Regensburg sprecherziehung lehrt, in der überschrift für ihren artikel die bezeichnung 'rhetorische kommunikation', die sie von 'rhetorik' unterscheidet:

> "'Rhetorische Kommunikation' wird heute vielfach als Begriff übernommen, da in der Geschichte mit 'Rhetorik' ... Schönrednerei/Redekunst assoziiert wurden, ohne den kommunikativen Aspekt, das Miteinanderreden in den Vordergrund zu stellen. Das Sichverständigen, das Bewirken von Handlungen etc. wird bei diesem Begriff stärker ins Bewußtsein gerückt." (Teuchert 1992b,68)

Schon an der terminologie ist heute zu erkennen, daß sprecherzieher sich von der antiken rhetorik unterscheiden wollen (vgl. Lotzmann 1985,87). Grob gesagt lei-

152 Vgl. beispielsweise Esser 1939,156f; Geißler 1918,24; 1935a,16; Gerathewohl 1937b,416; 1942,13; Schweinsberg 1946,27 und 355ff; Schweinsberg-Reichart 1963,17; 1978a,15; Weller 1935a,138; 1954,89 und 193, 1957,163;

tete die sprecherziehung mit ihrer pragmatischen wende (vgl. 2.1.1) einen paradigmenwechsel in der deutschen redekunst ein: nicht mehr die klassische rhetorik und die nachbarwissenschaft (praktische) philosophie[153] bestimmen den kern und die entwicklungen der praktischen rhetorik, sondern psychologie[154] und kommunikationswissenschaft. Für sprecherzieher sind nicht mehr alle teile des rhetorischen systems wichtig, sondern nur noch die actio, der rednerische vortrag. Letztlich gibt es keinen unterschied mehr zwischen 'rhetorik' und mündlicher kommunikation. Das läßt sich an der definition von Allhoff/Allhoff sehr schön ablesen: "Unter Rhetorik versteht man [!] Theorie und Praxis mündlicher Kommunikation." (Allhoff/Allhoff 1988,15; vgl. auch Schweinsberg-Reichart 1981,10) Dieter Brandt spricht bei der rhetorischen kommunikation von einer "notwendigen Erweiterung des Rhetorik-Begriffs auf alle [!] Bereiche angewandter Kommunikation" (Brandt 1992,49), und Elmar Bartsch meint, "(j)ede [!] Form verbalen Handelns [sei] Rhetorik", sogar schweigen (Bartsch 1974a,9). Vollkommen uferlos wird der rhetorikbergiff, wenn er schreibt, wir verhielten uns "immer [!] rhetorisch und leb[t]en im Raum rhetorischen Verhaltens, wenn wir leb[t]en." (Bartsch 1977,161; vgl. auch 1974b,48)

Was redelehren und kurse vermitteln, was von politikern und führungskräften vorgelebt wird, das entwickelte sich zur vorherrschenden auffassung von dem, was rhetorik sei. Vereinzelt mögen wissenschaftler zwar darauf hinweisen, das, was heute unter diesem ausdruck verstanden werde, habe mit rhetorik wenig zu tun, aber ihre hinweise haben wenig aussicht darauf, außerhalb ihrer fachkreise gehört zu werden. Das volk erlebt täglich die etwas andere 'rhetorik' von werbung und politik und glaubt daher zu wissen, was es erlernen muß.

Die sprecherziehung übernahm mit ihrer an der propaganda orientierten redekunst aus der massenpsychologie[155] die gegenüberstellung von wissender elite und unwissender masse (vgl. zum verhältnis von elite und masse: Lenk 1982,52 - 73, bes. 60 - 64).

> "Da der Propagandist nach Vergewaltigung der Seelen strebt, muß er sein Publikum stets niedrig schätzen. ... Er schätzt den Zuhörer daher nicht als Einzelnen, sondern als Bestandteil der Masse und behandelt ihn als Bestandteil einer solchen." (Mayer 1967,112)

---

153 Auch wenn das verhältnis zwischen philosophie und rhetorik oft gespannt war, so drehte sich der streit um die lösung gemeinsamer probleme. Mit der orientierung auf andere wissenschaften werden auch andere probleme wichtig.

154 Statt der drei überzeugungsmittel logos, ethos und pathos wurde die dreiteilung des menschen in verstand, gefühl und wille wichtig, wobei der verstand nicht als notwendige ergänzung, sondern als widersacher von gefühl und wille gilt. Das erklärt auch, warum an die stelle der antiken affektenlehre die rezeption der massenpsychologie trat, die den menschen vor allem als fühlendes, nicht aber als denkendes wesen sieht. Albert Bremerich-Vos weist bei seiner analyse der ratgeberliteratur ausdrücklich auf die besondere bedeutung der massenpsychologie in diesen büchern hin (vgl. Bremerich-Vos 1991,65 - 76).

155 Ewald Geißler nennt mehrere bücher zur massenpsychologie, die die massenseele behandeln (vgl. Geißler 1918,119). Für Weller (1954,262ff) ist die massenpsychologie eine zentralfrage der redekunst (vgl. auch Schweinsberg 1946,329 und 378). Bremerich-Vos (vgl. 1991,65 - 76) verweist ausdrücklich auf die besondere bedeutung der massenpsychologie in der ratgeberliteratur (vgl. auch 8.2).

Als Geißler anfang des jahrhunderts seine redekunst an der kirchlichen verkündigung orientierte, war 'propaganda' nicht auf den kirchlichen bereich beschränkt und hatte keinen negativen[156] klang:

> "Aus der Sicht der wirtschaftlichen Werbefachleute unterschied sich die kaufmännische Reklame in dieser Zeit nicht von politischer, religiöser oder sonstiger Propaganda, sie wurde vielmehr von ihnen unbefangen mit dieser gleichgesetzt. Um die Methode der Werbung in der Wirtschaft zu erklären, griff man sogar ausdrücklich auf das kirchliche Vorbild zurück" (Schieder/Dipper 1984,100f).

Wenn es die aufgabe des redners ist, für die verbreitung einer vorausgesetzten wahrheit zu sorgen (vgl. Geißlers 'wahrheit wirksam machen'; 1918,17), ist es letzten endes unerheblich, woher sie stammt. Toleranz und kritisches denken bleiben auf der strecke:

> "Wer vor allen Dingen darauf ausgeht, den anderen zu der eigenen Meinung zu bekehren, der taugt nicht dazu, ihm auf dem Wege vorurteilsloser Erkenntnis ein Förderer zu sein. ... Die Propaganda ... setzt sich zum Ziel, die Überzeugung eines andern Menschen zu ändern, ihn für diese oder jene Idee zu gewinnen, und sie ist bestrebt, dieses Ergebnis dadurch zu erreichen, daß sie die Ideen, die sie anderen einreden möchte, stets von einem einseitigen Blickpunkt aus darlegt, indem sie die günstigste Beleuchtung dafür sucht und gewisse Aspekte der Sache, die zu Widersprüchen herausfordern könnten, dem Blicke entzieht. Die Propaganda geht auf Eroberung aus. Sie will über Widerstände triumphieren, das Denken ihren Zwecken gefügig machen und es nicht in erster Linie erhellen ..." (Miéville 1955,37).

Der redner, der sich an der propagandaauffassung der rede orientiert, wird sich bemühen, abweichende meinungen zu unterdrücken, und seine rede entsprechend vorbereiten und vortragen. Sprecherzieher kennzeichnen rede ausdrücklich als 'führungsmittel' (vgl. Schweinsberg 1946,22, 25 und 341; 1947,237; 1948,8; Weller 1939,73; 1954,299; Drach 1932,1 und 1934a,1f; in der DDR Kurka 1970,14 und 303; Ernst 1980,7f).

Für Ewald Geißler ist die heutige "Beredsamkeit etwas unmittelbar der Persönlichkeit Entströmendes geworden" (Geißler 1918,33; vgl. Geißler 1918,108, 30 und 19; Weller 1954,103). Hans Mayer beobachtete einen entscheidenden unterschied der heutigen propagandistischen redeauffassung im vergleich zur klassischen redekunst. Früher sollten die kunstmittel des vortrages das argument wirkungsvoller und akzeptabler machen,

> "heute sollen sie sich an seine Stelle setzen. Man soll nicht das Argument, sondern den Redner oder seine Sache akzeptieren. ... Der moderne Propagandist ... will, daß man ihn selber akzeptiere und als Person, als Symbolgehalt, Vitalität und sinnliche Gegebenheit, auf sich wirken lasse. Er will die gefühlsmäßige Wirkung, nicht die Freiheit des Denkens und der gedanklichen Entscheidung" (Mayer 1967,108f).

Wenn das argument seine grundlegende funktion eingebüßt hat, wäre es zeitverschwendung, sich damit beim redenlernen zu befassen. Der rednerische weg geht nun nicht mehr mittels argumentation über das verständnis des hörers zu dessen einverständnis. Dieser zeitraubende weg der argumentation soll abgekürzt werden, indem versucht wird, das einverständnis des hörers mittels identifikation zu erschleichen. Der sprecherzieher Paul Herrmann meinte in seinem vor kurzem

---

156 Dem begriff 'propaganda' haftet ein negativer beigeschmack an, seit Goebbels mit seinem 'reichsministerium für volksaufklärung und propaganda' die deutschen für den faschismus begeisterte. Zur tabuisierung des begriffs 'propaganda' dürfte in der BRD auch beigetragen haben, daß 'agitation und propaganda' in der DDR einen positiven klang hatten (vgl. Beck 1991).

veröffentlichten buch, wir würden "überwiegend von unseren Gefühlen gesteuert, von unseren Instinkten, von unserem Unterbewußtsein, von unseren irrationalen Wünschen." (Herrmann 1991,47) Er verwies auf erkenntnisse der psychologie[157], nach der unsere entscheidungen zu 80% vom 'bauch' gesteuert seien. Sollte jemand auf die idee kommen, argumentation noch immer für wichtig zu halten, so verdeutlicht ihm der bekannte 'kreativdenker' de Bono, daß argumentation nicht lohnt, weil sich am ende "der Stärkere [!] mit seiner Idee durch[setze] - diese Idee ... aber nicht notwendig auch die bessere Idee" sein müsse (de Bono lt. Weber/Popp 1989,77). De Bono zufolge neigen "(i)ntelligentere Menschen ... eher zu derlei Zeitverschwendung [!] als weniger intelligente." (de Bono lt. Weber/Popp 1989,77) Weil 'argumentation' zeit kostet, solle kreativität an ihre stelle treten. Nichts gegen kreativität, aber argumentation ist durch sie allenfalls zu ergänzen, nicht aber zu ersetzen.

An der modernen redekunst läßt sich ablesen, daß dem "minutensparenden Geschlechte" die zweckmäßigkeit zum prinzip geworden ist, denn ihm "fehlt ... Zeit." (Geißler 1918,23; vgl. Gumbrecht 1975,164) Für Ernst Otto legen die schriftlichen kurzberichte und täglich wechselnden abkürzungen "ein schlagendes Zeugnis ab *von der Zeit als Wertmaßstab unserer Ausdrucksweise.*" (Otto 1942,54; hervorhebung K.R.) Die bedeutung der zeit 'als wertmaßstab' wird an verschiedenen punkten deutlich.

> "Die folgenden Argumentationsstrukturen helfen beim logischen Aufbau einer Rede oder eines Diskussionsbeitrages. Ziel ist, *in minimaler Vorbereitungszeit maximal redewirksam sprechen zu lernen*, in Rede- und Diskussionssituationen." (Allhoff/Allhoff 1988,119; hervorhebung K.R.)

Wie aus dieser aussage zu ersehen ist, geht es nicht nur um eine minimierung des zeitaufwandes, sondern auch um eine maximierung des redeerfolgs. Schon 1970 fanden sich in Eduard Kurkas 'sozialistischer rhetorik' unter dem stichwort 'denkökonmie' ähnliche gedanken:

> "Der Grundsatz der Denkökonomie geht von der Zielsetzung aus, mit geeigneten Mitteln unter Beachtung eines minimalen Aufwands an Zeit, Fakten, Beweismitteln usw. das Redeziel zu erreichen. Der Redner stellt sich also die Frage, wie er mit einem Minimum an Aufwand den maximalen Kommunikationseffekt erzielen kann" (Kurka 1970,111).

Im zeitalter des chronischen zeitmangels erweist sich die 'freie rede' als die passende redeform, denn wenn zeit zu einem knappen gut wird, erscheint der abschied von der schriftlich ausgearbeiteten rede angebracht. So hebt Hellmut Geißner beispielsweise hervor, für die vorbereitung einer freien rede müsse weniger zeit investiert werden (vgl. Geißner 1975a,162). Ilse Schweinsberg-Reichart betont ausdrücklich, ein "rhetorisches Ziel ... [sei] ganz wesentlich Zeit*ökonomie*." (Schweinsberg-Reichart 1984,12; vgl. 1978a,44)

Schweinsberg-Reichart meinte, so manche schriftlich ausgearbeitete rede werde, weil sie nicht auf die jeweilige hörerschaft bezogen sei, "eine Ware [!], völlig am Markt vorbei produziert, auf jeden Fall überflüssig, weil [!] unwirksam." (Schweinsberg-Reichart IV,7) So wie jeder produzent erst am ziel seiner

---

157 Quelle für Herrmanns ansichten waren Ruhleders ausführungen, der in anlehnung an Freud von der 'eisberg-theorie' sprach und dabei das bewußtsein mit hirn und wille und das unterbwußtsein mit herz und gefühl gleichsetzte (vgl. Ruhleder 1980,17)

träume ist, wenn er seine ware am markt absetzen kann, so träumt auch der redner vom erfolg auf dem meinungsmarkt. Sofern die rede mit einer ware verglichen wird, liegt es nahe, die 'marktgängigkeit' durch die mittel zu erhöhen, derer sich die werbung erfolgreich bedient. Aus dem einsatz manipulativer hilfsmittel wird so schnell der grundsatz: wer manipuliert, kommt auch zum ziel.

An den bemühungen, die methode der kooperativen selbstqualifikation zum 'lernen der zukunft' zu stilisieren, wird deutlich, daß die ökonomisierung verstärkt auch die lernprozesse der betrieblichen weiterbildung durchdringt:

> "Gerade bei dieser Form [gemeint ist die kooperative selbstqualifikation, K.R.] der Weiterbildung geht es in erster Linie nicht um Anhäufung des Wissens oder um *Lernen auf Vorrat*, sondern um die Verfügbarkeit und die Umsetzung von Qualifikationen nach dem *Prinzip 'just-in-time'*, sowie um die Motivation durch das gemeinsame Erfolgserlebnis." (Heidack 1989,16)

Es bleibt abzuwarten, wie sich diese lernform auf den redeunterricht auswirkt. Stabenaus überlegungen zu einem zeitgemäßen 'rhetorikunterricht' (Stabenau 1991; vgl. oben 8.5.4) deuten in die richtung dieser lernform. Auch in buchform wird dem flexiblen lernen rechnung getragen. Albert Thiele hat seinen "Leitfaden ... so konzipiert, daß ... [er] flexibel gehandhabt werden kann." Bei "Bedarf" kann der leser "in einen Baustein ... [seiner] Wahl" gehen, "ohne die übrigen durchgearbeitet zu haben" (Thiele 1990,4). Statt nach persönlichkeitsbildung zu streben, geben sich die lernenden mit techniken und qualifizierungsmaßnahmen zufrieden, die ihnen helfen sollen, sich den äußeren bedingungen flexibler anzupassen.

Da die heutige 'rhetorikschulung' in der regel keinen prinzipiellen unterschied zwischen überzeugen und manipulieren macht (vgl. 8.3), wird der gegenseitige betrug zum prinzip. Man darf sich von seinen hörern nur nicht dabei erwischen lassen! War beim 'gut reden' (bene dicendi) des antiken redners auch ein ethischer anspruch impliziert, so ist beim ausschließlich an der wirksamkeit orientierten reden davon nichts mehr zu entdecken. Das rednerbild der heutigen redelehren

> "differiert charakteristisch von dem der Antike. Galt ... in der gesamten rhetorischen Tradition ein *vir-bonus*-Ideal, das vom Redner Sittlichkeit, Moralität, Rechtschaffenheit und Tugend als Eigenschaft forderte, war also der gute, sittlich handelnde Mensch die Voraussetzung für die gute, überzeugende Rede, so wird die dort geforderte Menschlichkeit hier instrumentalisiert, sie wird, um des Erfolges willen, vorgespielt." (Ueding/Steinbrink 1986,184).

Offenbar funktioniert die heutige gesellschaft am besten mit allseitiger manipulation. Der wunsch, sich besser verkaufen zu können und dadurch (beruflich) erfolgreicher zu sein, treibt viele teilnehmer in die kurse. Ihnen wird von redelehrern und buchautoren 'geholfen', die ebenfalls am verkaufen interessiert sind. Die redeschüler lernen so, sich zu verkaufen, und sie wollen und sollen dabei nicht merken, daß sie des erfolges wegen *sich* verkaufen.

Eine alternative zur auf berufliche qualifizierung verengte weiterbildung ist notwendig. Adornos rede zum deutschen volkshochschultag des jahres 1956 hat nach wie vor gültigkeit. Die 'aktualität der erwachsenenbildung' hat sogar zugenommen, denn nach wie vor ist ihre aufgabe aufklärung (Kant 1923; Adorno 1977). Ungezählte qualifizierungsmaßnahmen und die permanente berufliche weiterbildung können diese aufgabe zwar verdrängen, nicht aber ersetzen.

> "Der neue Aberglaube, mit dem sie [die erwachsenenbildung, K.R.] es zu tun hat, ist der an die Unbedingtheit und Unabänderlichkeit dessen, was der Fall ist. Dem beugen sich die Menschen, als wären die

übermächtigen Verhältnisse nicht selber Menschenwerk. ... Die Veränderungen in den Menschen selbst, die sie zu bloßen Agenten jener Verhältnisse machen, kann man bestimmen und in den Menschen selbst jene Ahnung erwecken, die sie insgeheim bereits hegen: daß sie betrogen werden und sich selber nochmals betrügen." (Adorno 1986,329)

Die moderne 'rhetorik' trägt dazu bei, den gegenseitigen betrug zu perfektionieren: "Und tatsächlich ist die Form eines Vortrages sogar wichtiger als dessen Inhalt! *Es ist wichtiger wie Sie wirken als was sie sagen*!" (Holzheu 1990,35) Redelehrer Holzheu verortet einen riesigen nachholbedarf auf der emotionalen ebene, nicht aber auf der rationalen ebene, denn da sei bei den managern nicht mehr viel zu verbessern. Warnend verweist Holzheu auf das tragische schicksal des Sokrates: "Er redete derart perfekt und war rhetorisch und dialektisch allen anderen derart überlegen, daß sie ihn als eine allgemeine Gefahr empfanden und sich seiner entledigten." (Holzheu zitiert nach Weber/Popp 1989,75) So lange Sokrates derart verkannt wird, ist es um die vernunft dieser gesellschaft schlecht bestellt. Im zeitalter der besserwisserei hat sokratisches nicht-wissen keinen platz. Der lärm der allgemeinen geschäftigkeit übertönt dabei, daß es in vielen köpfen hohl klingt. Sofern 'rhetorik' nur als eine ware gehandelt wird, wenn 'rhetorik' nur verkaufen helfen soll, dann klappert[158] es zwar in den kassen, aber auch in den köpfen."Die sowohl für die Theorie als auch für die Praxis entscheidende Frage: Was ist Rhetorik, und was kann und soll sie leisten? wird in der heutigen Diskussion meist schon für entschieden gehalten; sie wird nicht mehr gestellt." (Loebbert 1991,7) Der von Joachim Dyck angemeldete 'bedarf an rhetorikforschung' (Dyck 1977) gilt heute noch immer. Nach wie vor gilt auch Josef Kopperschmidts (vgl. den untertitel von 1977) 'plädoyer für eine andere rhetorik', denn die geschäfte mit 'rhetorik' laufen zwar gut, nicht aber das 'geschäft der rhetorik' (vgl. Kopperschmidt 1975,11). Diese arbeit will dazu auffordern, nicht mehr *innerhalb* des von der sprecherziehung gesteckten rahmens nach einer verbesserung der redepädagogik zu suchen, sondern bewußt wieder an der antiken rhetorik anzuknüpfen. Dazu wäre es allerdings erforderlich, die von sprecherziehern gepflegte grundannahme, die gedanken der antiken rhetorik hätten für die heutige zeit keine bedeutung mehr, aufzugeben. Die chancen dafür sind wohl eher gering, denn für das vorrangige interesse an praktischer verwertbarkeit sind gedanken aus der psychologie und kommunikationstheorie offenbar weitaus geeigneter als ideen aus der antiken rhetorik. Dennoch wird es zeit zu erkennen, daß eine wahre rhetorik anders aussieht als das, was heute für eine 'moderne rhetorik' (rhetorische kommunikation) gehalten wird, damit ein fort-schritt möglich wird.

158 Das 'Wörterbuch der deutschen Umgangssprache' (Küpper 1987) verzeichnet unter dem stichwort 'klappern' (seite 418f) unter anderem folgende bedeutungen:
1. schwätzen, ausplaudern
4. es klappert = das geschäft geht gut
6. bei ihm klappert es im schädel = er ist nicht recht bei verstand.

Literaturverzeichnis

Adorno, Theodor W. (1977): Kritik. IN: Gesammelte Schriften, Band 10.2. Frankfurt, S. 785 - 793

ders. (1986): Aktualität der Erwachsenenbildung - Zum Deutschen Volkshochschultag, Frankfurt 1956. IN: Gesammelte Schriften, Band 20.1. Frankfurt, S. 327 - 331

Ahmels, Herbert (1934a): Sprecherziehung und nationale Sprachbildung. IN: Zeitschrift für Deutsche Bildung, 10. Jg., S. 188 - 197

ders. (1934b): Sprecherziehung als nationalpolitische Aufgabe. IN: Sprechen und Singen, 22. Jg., S. 1 - 8

ders. (1936): Sprechschulung und Sprachzucht. IN: Die höhere Schule = Beilage zur Zeitschrift 'Politische Erziehung', Heft 7, S. 207 - 216

ders. (1939): Sprecherziehung im Dienste der politischen Arbeit. IN: Das gesprochene Wort, 2. Jg., S. 139 - 145

Allhoff, Dieter-W. (Hg.) (1983): Sprechpädagogik - Sprechtherapie (= Sprache und Sprechen 11). Frankfurt

ders. (Hg.) (1987): sprechen lehren - reden lernen. München

ders. (1989): Zu diesem Heft. IN: sprechen, II/89, S. 3

ders. (1991): Beruf: Sprecherzieher/Sprecherziehern. IN: sprechen, I/91, S. 4 - 8

Allhoff, Dieter-W./Allhoff, Waltraud (1988): Rhetorik & Kommunikation, 7. Auflage. Regensburg

Alten, Dieter (1985): 'Praktische Rhetorik' aus der Sicht des Dale Carnegie Trainings. IN: Bausch/Grosse 1985, S. 142 - 146

Aristoteles (1989): Rhetorik - Übersetzt, mit einer Bibliographie, Erläuterungen und einem Nachwort von G. Sieveke, 3. Auflage. München

Badura, Bernhard u.a. (1975): Reden und reden lassen - Begleitmaterial zur gleichnamigen Fernsehserie. Stuttgart

Bartsch, Elmar (1974a): Die Funktion der Sprechkunde in der Ausbildung des Deutschlehrers (= Pädagogisches Institut der Landeshauptstadt Düsseldorf; Heft 20).Düsseldorf

ders. (1974b): Sprecherziehung. IN: Dozenten des Seminars für Didaktik der deutschen Sprache und Literatur an der PH Rheinland, Abt. Neuss: Diskussion der neuen Richtlinien für das Fach Deutsch an Grund- und Hauptschulen in Nordrhein-Westfalen (= Pädagogisches Institut der Landeshauptstadt Düsseldorf, Beiheft 13/Mai 1974). Düsseldorf, S. 45 - 60

ders. (1977): 'Mündliche Kommunikation' als Gegenstand des Deutschstudiums. Beispiel einer Integration in die Einführungsveranstaltung. IN: Ockel 1977, S. 133 - 168

ders. (1979): Grundkomponenten mündlicher Textproduktion. IN: Praxis Deutsch, Heft 33, S. 9

ders. (1981): Thesen zu einer Didaktik der praktischen Rhetorik.IN: Berthold 1981a, S. 50 - 59

ders. (Hg.)(1982a): Mündliche Kommunikation in der Schule (= Sprache und Sprechen 8).Königstein

ders. (1982b): Zukünftige Aufgaben der Schule im Lernfeld "Mündliche Kommunikation". IN: Bartsch 1982a, S. 263 - 294

ders. (1986): Zum Verhältnis von Gefühlsausdruck und rationaler Begrifflichkeit im Prozeß des Redehandelns. IN: Slembek 1986a, S. 15 - 25

ders. (1991): Managementaufgabe Kommunikation: Das Machtspiel im Gespräch. Vortrag anläßlich des Personalformums 1991 der Süddeutschen Zeitung, in Frankfurt, Stuttgart, München, Düsseldorf und Hamburg. München 1991

Bausch, Karl-Heinz/Grosse, Siegfried (Hg.) (1985): Praktische Rhetorik. Beiträge zu ihrer Funktion in der Aus- und Fortbildung. Mannheim

Beck, Martin (1991): 'Rhetorische Kommunikation' oder 'Agitation und Propaganda'. Zu Funktionen der Rhetorik in der DDR. Eine sprechwissenschaftliche Untersuchung. St. Ingbert (= Sprechen und Verstehen. Schriften zur Sprechwissenschaft und Sprecherziehung, Band 1. Herausgegeben von Hellmut Geißner)

Bensinger, Susanne /Janning, Jürgen (1969): Rhetorik in der Volkshochschule - Eine Untersuchung über die Motivation der Teilnehmer und methodische Folgerungen. IN: Volkshochschule im Westen, 21. Jg., S. 194 - 197

Berthold, Siegwart (Hg.) (1981a): Grundlagen der Sprecherziehung. Düsseldorf

ders. (1981b): Möglichkeiten und Grenzen der Fünfsatzmethode in der Gesprächs- und Redepädagogik. IN: Berthold 1981a, S. 81 - 102

Bießner, Irmtraud S. (1982): Die Intention als Determinante für Vollzug und Didaktik der Sprechkommunikation. Frankfurt (= Dissertation PH Rheinland, Abt. Neuss)
Biffar, Reinhardt (1984): Dichter werden geboren, Redner gemacht. IN: congress & seminar, 10/84, S. 28 - 31
ders. (1991): Ist Rhetoriktraining eine Anleitung zur 'Kunst des Betrugs'? IN: management & seminar, 2/91, S. 28 - 33
Böhret, Carl u.a. (1979): Innenpolitik und politische Theorie. Ein Studienbuch. Opladen
Bojunga, Klaudius (1929): Schriftliches oder mündliches Verfahren im Deutschunterricht. IN: Zeitschrift für Deutschkunde, 43. Jg., 4. Heft, S. 241 - 257
Brandt, Dieter (1992): Die neue Wirtschafts-Rhetorik. IN: sprechen II/92, S. 48 - 58
Brandt, Wolfgang (1988): Von der 'Vortragskunst' zur 'Sprechwissenschaft' - Sieben Jahrzehnte Marburger Sprechwissenschaft. IN: Helma Behme (Hg.) Angewandte Sprechwissenschaft (= ZDL, Beiheft 59) Stuttgart, S. 1 - 6
Bremerich-Vos, Albert (1991): Populäre rhetorische Ratgeber. Historisch-systematische Untersuchung. Tübingen (= Reihe Germanistische Linguistik RGL 112)
Bremerich-Vos, Albert/Gutenberg, Norbert (1984): Praktische Rhetorik, zur Einführung.IN: Sprache und Beruf, Heft 2/84, S. 2 - 4
Bühler, Karl (1934): Sprachtheorie - Die Darstellungsfunktion der Sprache. Jena
Büscher, Günter/Hinz, Thomas (1990): Rhetorik und betriebliche Interessenvertretung - spielt sie hierbei eine Rolle? IN: Geißner 1990, S. 155 - 164
Buttmann, Rudolf (1936): Unsere Muttersprache im Dritten Reich. IN: Nationalsozialistisches Jahrbuch, S. 214 - 217
Dahmen, Katrin (1987): Gedanken zur Gesprächserziehung. IN: Materialien zur Politischen Bildung, Heft 1/87, S. 18 - 23
Dahmen, Raimund (Hg.) (1979): Erziehung zur politischen Mündigkeit - Festschrift zum zehnjährigen Bestehen des Institus für Rhetorik und politische Bildung der Europäischen Akademie Otzenhausen. Otzenhausen
ders. (1987): Weiterbildung zwischen Kochkurs und Bildungsreise - Rhetorische Kommunikation in der Weiterbildung. IN: Materialien zur politischen Bildung Heft 1/87, S. 49 - 52
ders. (1990): Raum für kritische Mündigkeit in der Qualifizierungsoffensive. IN: Geißner 1990,S. 81 - 92
Dahrendorf, Ralf (1974): Homo sociologicus. Ein Versuch zur Geschichte, Bedeutung und Kritik der Theorie der sozialen Rolle. 14. Auflage. Opladen [1. Auflage 1958]
Damme, Erich (1940): Die Sprache als Ausdruck deutscher Haltung. IN: Das gesprochene Wort, 3. Jg., S.57f
DGB - Deutscher Gewerkschaftsbund Bundesvorstand (Hg.) (1966): Durch Mündlichkeit zur Mündigkeit - Aus der Arbeit des Instituts für Sprechwirksamkeit in der Hans-Böckler-Schule, Hattingen/Ruhr. Düsseldorf (vervielfältigt)
Deethardt, John Fred, Jr. (1970): Speech Education in Germany. IN: Fred Casmir/L. S. Harms (ed.): International Studies of National Speech Education System: Volume I, Current Reports on Twelve Countries. Minneapolis, pp 65 - 90
Deus, Franz (1966): 10 Jahre Institut für Sprechwirksamkeit und Versammlungswesen. IN: DGB 1966, S. 10 - 24
Dieckmann, Walther (1976): Bedarf an Rhetorik? - Zu einer Welle auf dem Buchmarkt. IN: Das Argument 95, S. 24 - 43
Dovifat, Emil (1937): Rede und Redner - Ihr Wesen und ihre politische Macht. Leipzig
Drach, Erich (1920a): Stimmkunde und Sprachkunst an der Universität. IN: Zeitschrift für Deutschkunde, 34. Jg., S. 236 - 243
ders. (1920b): Sprecherziehung. IN: Zeitschrift für Deutschkunde, 34. Jg., S. 424 - 429
ders. u.a. (1920c): Arbeitsgemeinschaft von Lektoren der Vortragskunst an deutschen Universitäten. IN: Zeitschrift für Deutschkunde, 34. Jg., S. 235 - 236
ders. (1922): Sprecherziehung - Die Pflege des gesprochenen Wortes in der Schule = Handbuch der Deutschkunde, Band 3. Frankfurt
ders. (1923): Der Sprechlehrer. IN: Monatsschrift für höhere Schulen, 22. Jg., S. 42 - 46
ders. (1925a): Über den gegenwärtigen Stand der Sprecherziehung im deutschen Unterrichtswesen. IN: Pädagogische Warte, 32. Jg., Heft 3, S. 111 - 116
ders. (1925b): Deutsche Sprecherziehung. IN: Handbuch des Arbeitsunterrichts, Heft 4 (Hg. Fr. A. Jungbluth), S. 3 - 16
ders. (1926a): Die redenden Künste. Leipzig
ders. (1926b): Sprecherziehung - Die Pflege des gesprochenen Wortes in der Schule. 2. Auflage. Frankfurt

ders. (1927): Sprecherziehung. IN: Die Neue Deutsche Schule. Monatsschrift für alle Fragen der Volksschule/Reichsfachschaft 4, Volksschule, des Nationalsozialistischen Lehrerbundes, 1. Jg., S. 387 - 393
ders. (1929): Sprechkunde und Sprecherziehung. IN: Otto Karstädt (Hg.): Methodische Strömungen der Gegenwart, 17. Auflage. Berlin/Leipzig S. 165 - 169
ders. (1930): Sprecherische Gestaltungslehre. IN: Lebede 1930a, S. 24 - 70
ders. (1931): Art. 'Sprecherziehung'. IN: Schwartz, Hermann (Hg.): Pädagogisches Lexikon, 4. Band. Leipzig/Berlin 1931, Sp. 720 - 722
ders. (1932): Redner und Rede - Methodisches Hilfsbuch für Übungen in freier Rede, Verhandlungs- und Versammlungstechnik. Berlin
ders. (1934a): Redner-Schulung. Berlin-Tempelhof
ders. (1934b): Sprache und Sprecherziehung. IN: Die deutsche Schule, 38. Jg., S. 378 - 387
ders. (1934c): Rezension von Ahmels, Herbert: Sprecherziehung und nationale Sprachbildung [= Ahmels 1934a]. IN: Sprechen und Singen, 22. Jg., S. 59f
ders. (1934d): Sprecherzieherische Arbeitsformen/Laut lesen! IN: Die Badische Schule/Fachschaften 'Die höhere Schule'. S. 187 - 190
ders. (1935a): Sprecherziehung - Die Pflege des gesprochenen Wortes in der Schule 5. Auflage. Frankfurt
ders. (1935b): Sprecherziehung. IN: K.Fr.Probst/E. Drach: Sprach-, Stil und Aufsatzunterricht (= Bausteine für den neuzeitlichen Unterricht 5. Heft) Karlsruhe, Teil 2, S. 4 - 29
ders. (1937): Deutsche Sprachbildung als Teilstück der nationalen Erziehung. IN: NS-Erzieher, Gau Hessen-Nassau, 5. Jg., Nr. 17, S. 424f
ders. (1949): Sprecherziehung - Die Pflege des gesprochenen Wortes in der Schule. 11. Auflage. Oberursel
ders. (1969): Sprecherziehung - Die Pflege des gesprochenen Wortes in der Schule, 13. Auflage. Frankfurt
Drewitz, Ingeborg/Reuter, Ernst (Hg.) (1974): vernünftiger schreiben - reform der rechtschreibung. Frankfurt
Duden (1934): Der Große Duden - Stilwörterbuch. Leipzig
Dyck, Joachim (1974): Zur Kritik des herrschenden Rhetorikverständnisses. IN: Dyck, Joachim (Hg.) Rhetorik in der Schule. Kronberg, S. 7 - 31
ders. (1977): Bedarf an Rhetorikforschung. IN: Jahrbuch für Internationale Germanistik IX/1, S. 8 - 16
Ehrlich, Brigitte (1979a): Eine Rede ist keine Schreibe. IN: Praxis Deutsch 33, S.37f
dies. (1979b): Einführung in den Fünfsatz. IN: Praxis Deutsch 33, S.39f
Epping, Heinz (1954): Die NS-Rhetorik als politisches Kampf- und Führungsmittel. Diss. (masch.) Münster 1954
Ernst, Otto (1973): Das Rollenspiel aus redepädagogischer Sicht.IN: Müller/Stock 1973, S. 61 - 64
ders. (1980): Redepraxis für den Leiter, 2. durchgesehene Auflage. Berlin
Esser, Wilhelm Martin (1936): Zur sprecherischen Grundlegung der Schreib- und Aufsatzlehre. IN: Deutsches Bildungswesen, 4. Jg., S. 512 - 518
ders. (1939): Deutsche Sprecherziehung. Bonn und Berlin Fecht, Ottmar (1935): Die Schule als Erziehung zum Wehrgedanken. IN: Deutsches Bildungswesen, 3. Jg., S. 649 - 658
Feidel-Mertz, Hildegard (1975): Erwachsenenbildung seit 1945 - Ausgangsbedingungen und Entwicklungstendenzen in der Bundesrepublik. Köln
Feiten, Willi (1981): Der Nationalsozialistische Lehrerbund - Entwicklung und Organisation. Weinheim/ Basel
Fey, Gudrun (1979): Das Antike an der modernen Rhetorik. Stuttgart
dies. (1990): Das ethische Dilemma der Rhetorik in der Antike und der Neuzeit. Stuttgart (= Dissertation Universität Konstanz 1990)
Fiukowski, Heinz u.a. (1978): Einführung in die Sprechwissenschaft. 2. Auflage. Leipzig
ders. u.a. (1982): Einführung in die Sprechwissenschaft. 3. neubearbeitete Auflage.Leipzig
Flessau, Kurt Ingo (1977): Schule der Diktatur - Lehrpläne und Schulbücher des Nationalsozialismus. München
Frank, Horst Joachim (1976): Dichtung, Sprache, Menschenbildung. Geschichte des Deutschunterrichts von den Anfängen bis 1945. München (Taschenbuchausgabe von Horst Joachim Frank: Geschichte des Deutschunterrichts, München 1974)
Frank-Böhringer, Brigitte (1963): Rhetorische Kommunikation. Quickborn
Fricke, Wolfgang (1983): Frei Reden - Leitfaden für Arbeitnehmer. Köln
Friedrich-Ebert-Stiftung (Hg.) (1982): Die SED von A bis Z, 2. überarbeitete Auflage (= Die DDR - Realien - Argumente, Band 46). Bonn

Funke, Manfred (1978): Extremismus und offene Gesellschaft - Anmerkungen zur Gefährdung und Selbstgefährdung des demokratischen Rechtsstaates. IN: Manfred Funke (Hg.): Extremismus im demokratischen Rechtsstaat - Ausgewählte Texte und Materialien zur aktuellen Diskussion (= Schriftenreihe der Bundeszentrale für politische Bildung Band 122). Bonn, S. 15 - 46
Geißler, Ewald (1908): Rhetorik. IN: Encyklopädisches Handbuch der Pädagogik, W.Rein (Hg.) 2. Auflage. Langensalza, S. 500 - 517
ders. (1910): Rhetorik. Richtlinien für die Kunst des Sprechens. Leipzig
ders. (1914a): Rhetorik Erster Teil: Richtlinien für die Kunst des Sprechens. Leipzig
ders. (1914b): Was ist deutsch? Versuch einer Selbstbesinnung im Deutschen Kriege. Halle
ders. (1915): Der Krieg als Spracherzieher. IN: Zeitschrift des Allgemeinen Deutschen Sprachvereins, 30. Jg., Sp. 97 - 103
ders. (1918): Rhetorik Zweiter Teil: Deutsche Redekunst, 2. Auflage. Leipzig
ders. (1920): Rhetorik Erster Teil: Richtlinien für die Kunst des Sprechens, 3. Auflage. Leipzig
ders. (1923): Deutsche politische Beredsamkeit der Gegenwart. IN: Julius Binder (Hg.): Festschrift für Paul Hensel (Erlangen). Göttingen, S. 128 - 143
ders. (1934a): Erziehung zur Hochsprache - Zweiter Teil: Hochsprache als Lautungskunst (= Handbücherei für den Deutschen Unterricht, Band 6). Halle
ders. (1934b): Vom deutschen Stil - Lockrufe und Warnungen. IN: Der Große Duden - Stilwörterbuch der deutschen Sprache. Leipzig, S. 1 - 16
ders. (1935a): Lehrgänge in deutscher Redekunst. IN: Die Zentralstelle für Sprechpflege und Sprechkunde. München, S. 12 - 25
ders. (1935b): Sprachhege und Sprechtiefe. IN: Muttersprache, 50. Jg., Sp. 65 - 74
ders. (1937a): Sprachpflege als Rassenpflicht. Berlin (= Flugschrift des Deutschen Sprachvereins 1)
ders. (1937b): Sprachleiblichkeit im Ersten, Zweiten und Dritten Reiche. IN: Reichszeitung der deutschen Erzieher, September 1937, S. 343 - 346
ders. (1938a): Zur Begrüßung. IN: Muttersprache, 53. Jg., Sp. 261 - 264
ders. (1938b): Wortkunst als Rassenausdruck. IN: Nationalsozialistisches Bildungswesen, 3. Jg., S. 65 - 80
ders. (1939a): Wie bereite ich eine Rede vor? IN: Muttersprache, 54. Jg., Sp. 17 -22
ders. (1939b): Sprechen und Sprechkunst im Geist der Zeit. IN: Muttersprache, 54. Jg., Sp. 169 - 176
ders. (1940): Das Kampfgespräch. IN: Das gesprochene Wort, 3. Jg., S. 49 - 57, 65 -73 und 81 - 90
ders. (1942): Die Lebensspende der Mundart an die Hochsprache. IN: Das gesprochene Wort, 5. Jg., S. 49 - 54
Geißner, Hellmut (1955): Der Mensch und die Sprache - Studien zu Hans Lipps. Dissertation (masch.). Frankfurt
ders. (1960): Soziale Rollen als Sprechrollen. IN: Jürgensen, Hannah (Hg.) Kongreßbericht der Gemeinschaftstagung für allgemeine und angewandte Phonetik, Hamburg, S. 194 - 204
ders. (1963): Sprecherziehung als Erwachsenenbildung. IN: Hessische Blätter für Volksbildung, 13. Jg., Heft 1, S. 2 - 16
ders. (1966): (Festvortrag anläßlich der Einweihung eines neuen Gebäudes für das Institut für Sprechwirksamkeit in der Hans-Böckler-Schule, Hattingen). IN: DGB 1966, S. 3 - 9
ders. (1968): Der Fünfsatz - Ein Kapitel Redetheorie und Redepädagogik. IN: Wirkendes Wort, 18. Jg., S. 258 - 278
ders. (1969a): Rede in der Öffentlichkeit - Eine Einführung in die Rhetorik, Stuttgart
ders. (1969b): Sprechwissenschaft. IN: Geißner, H. (Hg.) Sprechen und Sprache (= Sprache und Sprechen 2). Wuppertal, S. 29 - 40
ders. (1969c): Rhetorische Kommunikation. IN: Geißner, H.(Hg.) Sprechen und Sprache (= Sprache und Sprechen 2). Wuppertal, S. 70 - 81
ders. (1969d): Gespräch und Demokratie - Formen des Gesprächs. IN: Film, Bild, Ton, XIX. Jg., Heft 10, S. 11 - 17
ders. (Hg.)(1974): rhetorik (bsv-Studienmaterial zusammengestellt und herausgegeben von Hellmut Geißner) 2. Auflage. München
ders. (1975a): Rhetorik und politische Bildung; erweiterte Auflage [erschien bereits 1973 als Band 18 der Europäischen Akademie Otzenhausen]. Kronberg
ders. (1975b): Klären und Streiten. IN: Badura u.a. 1975, S. 59 - 75
ders. (1975c): Vorwort. IN: Hellmut Geißner (Hg.): Rhetorik und Pragmatik (= Sprache und Sprechen 5), Ratingen, S. 7f
ders. (1977a): Das handlungstheoretische Interesse an der Rhetorik oder: Das rhetorische Interesse am gesellschaftlichen Handeln. IN: Plett 1977a, S. 230 - 251
ders. (1977b): Rhetorische Kommunikation im Unterricht. IN: Plett 1977a, S.293 - 303

ders. (1977c): Die Predigt und die rhetorische Kommunikation im Gottesdienst. IN: Theologica Practica, 11. Jg., S. 48 - 54

ders. (1979a): Rhetorische Kommunikation. IN: Praxis Deutsch 33, S.10 - 21

ders. (1979b): Zur Lage der Sprechwissenschaft in der Bundesrepublik Deutschland. IN: Studium Linguistik, Heft 7, S. 77 - 85

ders. (1979c): Über das Rhetorische in der Politik und das Politische in der Rhetorik. IN: Dahmen, Raimund 1979, S. 9 - 37

ders. (1980a): Zur Theorie rhetorischer Sprechhandlungen. IN: Rhetorik - Ein internationales Jahrbuch, Band 1, Bad Cannstatt, S. 26 - 41

ders. (1980b): Über das Dialogische im Fünfsatz - Ein Beitrag zum Sprechdenken und Hörverstehen beim Argumentieren. IN: Kühlwein, Wolfgang/Raasch, Albert: Sprache und Verstehen Band 1. Kongreßbericht der 10.Jahrestagung der Gesellschaft für Angewandte Linguistik in Mainz 1979, Tübingen, S. 32 - 42

ders. (1980c): Anläßlich einer 'Nachlese' - zur Geschichte unseres Fachverbandes (1930 -1980). IN: Mitteilungen der Deutschen Gesellschaft für Sprechwissenschaft und Sprecherziehung, 2/80, S. 23 - 34

ders. (1981a): Sprechwissenschaft - Theorie der mündlichen Kommunikation. Königstein

ders. (1981b): Über die Entwicklung der Sprechwissenschaft und einige Grundfragen der Sprecherziehung. IN: Berthold 1981a, S. 30 - 49

ders. (1981c): Geprächsrhetorik. IN: Zeitschrift für Literaturwissenschaft und Linguistik LiLi, Heft 43/44, S. 66 - 89

ders. (1982a): Sprecherziehung - Didaktik und Methodik der mündlichen Kommunikation, Königstein

ders. (1982b): Die Bedeutung der Sprechhandlungstheorie für die Konzeptionen mündlicher Kommunikation in der Schule. IN: Bartsch 1982a, S. 229 - 262

ders. (1982c): Zwischen Geschwätzigkeit und Sprachlosigkeit. Zur Ethik mündlicher Kommunikation. IN: Lotzmann 1982, S. 9 - 33

ders. (1985): Mit Gründen streiten (Argumentationspraxis). IN: Diskussion Deutsch, Heft 82, 16. Jg., S. 140 - 151

ders. (1986): Rhetorik und poltische Bildung, 3. unveränderte, um ein Vorwort erweiterte Auflage, Königstein

ders. (1987): Norm und Rolle in der Sprecherziehung. IN: Krech, E.-M. u.a. 1987, S. 340 - 349

ders. (1988): communicare est participare. IN: Gutenberg; Norbert (Hg.): Kann man Kommunikation lehren? Konzepte mündlicher Kommunikation und ihrer Vermittlung (= Sprache und Sprechen 19). Frankfurt, S. 99 - 110

ders. (1989a): Von der Beredsamkeit in die Unredlichkeit? IN: sprechen, II/89, S. 4 - 18

ders. (1989b): Christian Winkler 1904 -1988 (mit einer Gesamtbibliographie).IN: Ockel 1989, S. 1 - 21

ders. (Hg.) (1990): Ermunterung zur Freiheit - Rhetorik und Erwachsenenbildung. Festschrift für Ilse Schweinsberg zur Vollendung ihres 70. Lebensjahres (= Sprache und Sprechen 23/24). Frankfurt

Geißner, Hellmut/Geißner, Ursula (1975): Trainerleitfaden zum Medienverbundkurs "Reden und reden lassen". Stuttgart

Gerathewohl, Fritz (1930): Die Freie Rede. IN: Lebede 1930a, S. 301 - 345

ders. (1934): Sprecherziehung im nationalsozialistischen Bildungsplan. IN: Reichszeitung der deutschen Erzieher, 5.Heft, Wonnemond 1934, S. 5 - 7

ders. (1935): Sprecherziehung im nationalsozialistischen Bildungsplan. IN: Reichszeitung der deutschen Erzieher, Julmond 1935, S. 8 - 11

ders. (1936a): Eine Arbeitsgemeinschaft für Sprecherziehung im NSLB. IN: Sprechen und Singen, 24. Jg., S. 53f

ders. (1936b): Reichssachgebiet Sprecherziehung. IN: Reichszeitung der deutschen Erzieher, 7. Heft, Juli 1936, S. 70 - 71

ders. (1937a): Der nationalsozialistische Umbruch in der Sprachbildungsarbeit. IN: Reichszeitung der deutschen Erzieher, 9. Heft, September 1937, S. 340 - 342

ders. (1937b): Rednerische Erziehung als Persönlichkeitsbildung. IN: NS-Erzieher Gau Hessen-Nassau, 5. Jg., Nr.17, S. 416 - 418

ders. (1937c): Grundlagen und Ziele der deutschen Sprecherziehung. IN: Nationalsozialistisches Bildungswesen, 2. Jg., S. 230 - 240

ders. (1938a): Unsere Aufgabe. IN: Das gesprochene Wort, 1.Jg., Heft 1, S. 2/3

ders. (1938b): Eine Ausstellung "Entartete Sprache"? IN: Das gesprochene Wort, 1. Jg., Heft 5, S. 158 (Artikel unterzeichnet mit F.G.)

ders. (1942): Charakterbildung und Rhetorik. IN: Das gesprochene Wort, 5. Jg., Heft 1, S. 13 - 16

ders. (1954): Das gesprochene Wort zur Förderung des Betriebsklimas IN: Nadig/Harmsen/Gerathewohl (Hg.) Darmstadt 1954, S. 170 - 182
ders. (1955): Sprechen - Vortragen - Reden. Stuttgart
Ginnekenen, Jaap van (1984): Massenpsychologie. IN: Helmut Lück u.a. (Hg).: Geschichte der Psychologie - Ein Handbuch in Schlüsselbegriffen. München/Wien/Baltimore, S. 68 - 74
Göttert, Karl-Heinz (1988): Rhetorik und Kommunikationstheorie. IN: Rhetorik - Ein internationales Jahrbuch, Band 7. Tübingen, S. 79 - 91
Gudjons, Herbert u.a. (Hg.) (1981): Didaktische Theorien. Braunschweig
Gumbrecht, Hans Ulrich (1975): Argumentieren - Interessen durchsetzen. IN: Badura u. a. 1975, S. 163 - 182
Gutenberg, Norbert (1981): Formen des Gesprächs - Gegenstandskonstitution und Methodologie von Gesprächs- und Redetypologie in Sprach- und Sprechwissenschaft (= Göppinger Arbeiten zur Germanistik Nr. 315; Diss. phil. FU Berlin 1980) Göppingen
ders. (1983): Phatisches Sprechen als Sprechtherapie ? IN: Allhoff 1983, S. 113 - 144
ders. (1985a): Über das Rhetorische und das Ästhetische - Grundsätzliche Bemerkungen.IN: Rhetorik - Ein internationales Jahrbuch, Band 4. Bad Cannstatt S. 117 - 131
ders. (1985b): Anmerkungen zum Argumentationsbegriff in deutschen Rhetoriklehrbüchern. IN: Kopperschmidt, Josef/Schanze,Helmut (Hg.): Argumente - Argumentation. München, S. 61 - 69
ders. (1986): Tätigkeit, Handlung, Operation - Zur sprechwissenschaftlichen Rezeption einiger Kategorien der sowjetischen Psychologie. IN: Slembek 1986a, S. 149 - 160
ders. (1988): Sprechdenken - Hörverstehen - Leselehre. Überlegungen aus sprechwissenschaftlicher Sicht. IN: Informationen Deutsch als Fremdsprache 15. Jg., Nr. 1, Februar, S. 3 - 24
Hadamovsky, Eugen (1933): Propaganda und nationale Macht. Oldenburg
Halberstadt, Gerhard (1974): Das Freie Wort - Sprechtechnik, Redetechnik, Gesprächstechnik und Technik der geistigen Arbeit (Reihe Praktische Demokratie, herausgegeben von der Friedrich-Ebert-Stiftung). Bonn - Bad Godesberg
Hansen, Klaus (1979): Die Sprache als Kulturbarriere - und was kann die Erwachsenenbildung dagegen tun? IN: Volkshochschule im Westen, 31. Jg., S. 72 - 75
Harth, Karl-Ludwig (1969): Gesprochenes Deutsch. Weimar
ders. (1973): Beiträge zur Steigerung der Informationseffektivität im Leitungsprozeß. IN: WZ PH Potsdam, 17. Jg., Heft 4, S. 731 - 735
ders. (1979a): Deutsch - sprechen, lesen, vortragen, reden. Ein Arbeitsbuch, 3. Aufl. Weimar
ders. (1979b): Reden - informieren - überzeugen, 3. Auflage. Berlin
Haug, Wolfgang Fritz (1987): Vom hilflosen Antifaschismus zur Gnade der späten Geburt.Berlin
Heck-Weinhart, Gertrud (1989): Rhetorische Kommunikation für Frauen - Konzeptionelle Überlegungen zu Theorie und Praxis. IN: Ockel 1989, S. 61 - 69
Heidack, Clemens (1989): Zum Verständnis von kooperativer Selbstqualifikation - Entwicklung, Konzept, Übersicht. IN: Clemens Heidack (Hg.): Lernen der Zukunft; Kooperative Selbstqualifikation - die effektivste Form der Aus- und Weiterbildung im Betrieb. München, S. 16 - 29
Heigl, Peter (1990): Trainerleitfaden für Rhetorik-Seminare. Lizenz, Know-How und Lehrmaterialien für drei Erfolgsseminare. Bremen
Heilmann, Christa M. (1992): Die Mauer im Kopf - Rhetorik unter der Glasglocke. IN: sprechen II/92, S. 25 - 31
Herrmann, Paul (1991): Reden wie ein Profi - Rhetorik für den Alltag. München
Heupel, Carl (1978): Linguistisches Wörterbuch, 3. Auflage. München
Hethey, Raimund (1988): Von der Mündlichkeit in die Unmündigkeit? Einige notwendige kritische Blicke auf die Geschichte der Rhetorik im 20. Jahrhundert. IN: Rhetorik - Ein internationales Jahrbuch, Band 7. Tübingen, S. 133 - 141
Hildebrand, Rudolf (1962): Vom deutschen Sprachunterricht in der Schule und von deutscher Erziehung und Bildung überhaupt, 27. Auflage. Bad Heilbrunn
Hinsch, Gerhard (1973): Sprecherziehung - Leselehre - Redeschulung. Heidelberg
ders. (1989): Sprechtraining. München
Hitler, Adolf (o.J.): Mein Kampf (Kriegsausgabe in einem Band). o.O.
Höffe, Wilhelm (1958): Sprechkunde. IN: Lexikon der Pädagogik, 3. Auflage, Band IV, Freiburg, S. 444f
Holtz, Günter (1977): Rhetorik und Mündigkeit. Voraussetzungen zur Arbeit mit politischen Themen und Texten im Deutschunterricht. IN: Günter Holtz/Marieluise Wolfanger: Sprachformen der Politik (Lehrerband). Stuttgart, S. 7 - 45
Holzheu, Harry (1990): Gesprächspartner bewußt für sich gewinnen, 3. Auflage. Düsseldorf
Hopster, Norbert/Nassen, Ulrich (1983): Literatur und Erziehung im Nationalsozialismus - Deutschunterricht als Körperkultur (= Informationen zur Sprach- und Literaturdidaktik 39). Paderborn

Hördt, Philipp (1926): Muttersprache und Volkserziehung. Karlsruhe
Humboldt, Wilhelm (1979): Über die Verschiedenheit des menschlichen Sprachbaues und ihren Einfluß auf die geistige Entwicklung des Menschengeschlechts. IN: Humboldt, Wilhelm: Werke in fünf Bänden, herausgegeben von Andreas Flitner und Klaus Giel, Band 3, Schriften zur Sprachphilosophie, 5. Auflage. Darmstadt, S. 368 - 756
Jackstel, Rosemarie (1973): Erfahrungen in der rednerischen Schulung Erwachsener.IN: Müller/Stock 1973, S. 57 - 60
dies. (1976): Ziele und Aufgaben der Redeschulung Erwachsener in der Deutschen Demokratischen Republik. IN: Stock/Fiukowski 1976, S. 134 - 147
dies. (1979): Besser sprechen, 4. erweiterte Auflage. Leipzig
Jamison, Robert/Dyck, Joachim (1983): Rhetorik - Topik - Argumentation. Bibliographie zur Redelehre und Rhetorikforschung im deutschsprachigen Raum 1945 - 1979/1980. Stuttgart - Bad Cannstatt 1983
Jesch, Jörg (1967): Grundlagen der Sprecherziehung. Berlin
Jesch, Jörg/Stoffel, Rainer M. (1977): Informierendes Sprechen - Überlegungen zu einem vernachlässigten Bereich der rhetorischen Kommunikation. IN: Ockel 1977, S. 183 - 204
Kallmeyer, Werner (1985): Ein Orientierungsversuch im Feld der praktischen Rhetorik. IN: Bausch/Grosse 1985, S. 23 - 50
Kant, Immanuel (1923): Beantwortung der Frage: Was ist Aufklärung? IN: Kants Gesammelte Schriften, Band VIII. Berlin, S. 35 - 42
Karstädt, Otto (1941): Beobachtung, Beschreibung, Schilderung. IN: Rudolf Murtfeld (Hg.): Handbuch für den Deutschunterricht, Band 1, Langensalza, S. 73 - 75
Kemper, Gerhard (1985): Politisches Handeln durch freies Reden - Rhetorik in der politischen Erwachsenenbildung der Friedrich-Ebert-Stiftung. IN: Bausch/Grosse 1985, 147 - 155
Kern, Peter (1988): Ganz neue Riten für die Rendite. Das Mythen-Management und die Unternehmenskultur. IN: Frankfurter Rundschau vom 6. 2. 1988
Kirsch, Hans-Christian (1980): Bildung im Wandel - Die Schule gestern, heute und morgen.Frankfurt
Klaus, Georg (1964): Die Macht des Wortes - Ein erkenntnistheoretisch-pragmatisches Traktat Berlin
Klein, Helmut (1974): Bildung in der DDR - Grundlagen, Entwicklungen, Probleme. Reinbek
Klein, Joachim (1991): Kein Rhetoriktraining ohne ein Verständnis von Kommunikation. IN: mangement & seminar, 1/91, S. 34 - 36
Kleist, Heinrich von (1962): Über die allmähliche Verfertigung der Gedanken beim Reden IN: Sämtliche Werke und Briefe, herausgegeben von Helmut Sembdner, Zweiter Band. Darmstadt, S. 319 - 324
Klemperer, Victor (1975): LTI - Notizbuch eines Philologen. Leipzig
Kopperschmidt, Josef (1973): Allgemeine Rhetorik - Einführung in die Theorie der persuasiven Kommunikation. Stuttgart
ders. (1975): 'Überlegungen zu einer handlungstheoretischen Grundlegung der Rhetorik'. IN: Hellmut Geißner (Hg.): Rhetorik und Pragmatik, Ratingen, S. 9 - 30
ders. (1977): Zwischen Sozialtechnologie und Kritik. Plädoyer für eine andere Rhetorik. IN: Jahrbuch für Internationale Germanistik, IX/1, S. 53 -89
Krause, Siegfried (1971): Leitfaden zur Sprecherziehung. Ratingen
Krech, Eva-Maria u.a. (1981): Hallesche Standpunkte zur gesprochenen Sprache - Ihre Grundlegung und ihr Werden. Halle
Krech, Eva-Maria/Stock, Eberhard (Hg.) (1982): Sprechwirkung, Sprecherziehung, Phonetik und Phonetikunterricht. Halle
Krech, Eva-Maria u.a. (Hg.) (1987): Ergebnisse der Sprechwirkungsforschung. Halle
Krech, Hans (1956): Kurze Einführung in die Grundlagen der Sprecherziehung. IN: Deutschunterricht, 9. Jg., S. 290 - 299 und 353 - 365
ders. u.a. (1964): Wörterbuch der deutschen Aussprache. Leipzig
Kremendahl,Hans (1975): Pluralismus - Strukturprinzip einer demokratischen Gesellschaft. Berlin (= Politik - kurz und aktuell 18)
ders. (1980): Das Unbehagen an der pluralistischen Gesellschaft.IN: Oberreuter 1980, S. 203 - 229
Krumb, H.H. (1939): Deutsche Sprechbildung und Volksbildung. IN: Das gesprochene Wort, 2. Jg., S. 17 - 20
Kruse, Jens Uve (und Broder Christiansen) (o.J.) [ca. 1920]: Die Redeschule. Leipzig
Kühn, Renate (1977): Rhetorik als Sozialtechnolgie. Kritische Überlegungen zu Rupert Lays 'Dialektik für Manager'. Bonn
Kühnl, Reinhard (1990): Ein schwieriges Erbe: Deutschtum - Zu einigen Besonderheiten des deutschen Nationalismus. IN: Materialien zur politischen Bildung, 1/1990, S. 23 - 28
Küpper, Heinz (1987): Wörterbuch der deutschen Umgangssprache. Stuttgart

Kurka, Eduard (1956): Zur Anregung und Pflege des Sprechdenkablaufs als Voraussetzung für die freie Rede. IN: WZ der Universität Halle, 5.Jg., 1955/1956, S.453 - 460
ders. (1960): Erziehung zum freien Sprechen in der Schule (Teil 1). IN: Deutschunterricht, 13. Jg., S. 402 - 410
ders. (1961a): Erziehung zum freien Sprechen in der Schule (Teil 2).IN: Deutschunterricht, 14. Jg., S. 15 - 25
ders. (1961b): Erziehung zum freien Sprechen in der Schule (Teil 3). IN: Deutschunterricht, 14. Jg., S. 73 - 82
ders. (1963): Aufgaben der Sprecherziehung in der sozialistischen Kulturarbeit. IN: Sprachpflege, 12. Jg., S. 33/34
ders. (1964a): Einleitung. IN: Kurka, Eduard u.a. 1964, S. 2 - 4
ders. (1964b): Rede und Redegestaltung als Forschungsgegenstand. IN: Kurka, Eduard u.a. 1964, S. 5 - 39
ders. (1964c): Redeschulung in der Erwachsenenbildung. IN: Kurka, Eduard u.a. 1964, S. 59 - 76
ders. (1965): Frei reden - besser überzeugen. IN: Sprachpflege, 14.Jg., S. 177 - 180
ders. (1970): Wirksam reden - besser überzeugen. Einführung in die sozialistische Rhetorik.Berlin
Kurka, Eduard u.a. (1964): Probleme der Rede und Ausdrucksschulung. Bericht über die 8. Sprechwissenschaftliche Fachtagung 11./12.Dezember 1964 in Halle (Saale) Herausgegeben von Eduard Kurka unter Mitarbeit von Ursula Stötzer und Ursula Limpert Halle (vervielfältigt)
Kurka, Eduard/Stötzer, Ursula (1969): Die Rhetorik in der Deutschen Demokratischen Republik. IN: Sprachpflege, 18. Jg., S. 208 - 211
Lämmermann, Hans (1938): Die Willens- und Charakterbildung in der Schule und der Schulaufbau. IN: Nationalsozialistisches Bildungswesen, VIII. Jg., S. 468 - 474
Landsberg, Georg von (1990): Weiterbildungscontrolling. IN: Winfried Schlaffke/Reinhold Weiß (Hg.): Tendenzen betrieblicher Weiterbildung - Aufgaben für Forschung und Praxis. Köln, S. 350 - 376
Lange, Gerhard (1975): Sprechkunde und Schule. IN: Bernhard Sowinski (Hg.): Fachdidaktik Deutsch. Köln, S. 79 - 82
Lausberg, Heinrich (1960): Handbuch der literarischen Rhetorik (2 Bände). München
ders. (1990): Elemente der literatischen Rhetorik. 10. Auflage. München
Lay, Rupert (1974): Dialektik für Manager. München
Lebede, Hans (Hg.) (1930a): Sprecherziehung - Rede - Vortragskunst. Berlin
ders. (1930b): Sprecherziehung ist not! IN: Lebede 1930a, S. 9 - 23
ders. (1938): Erziehung zum Sprechen - Im Anschluß an die neuen Lehrpläne 1938.Frankfurt
Lemmermann, Heinz (1986): Lehrbuch der Rhetorik, 3. völlig neu bearbeitete Auflage.München
Lenk, Kurt (1982): Politische Soziologie. Stuttgart
Leuck, Hans Georg (1984): Mündliche Kommunikation als Gegenstand der Management Weiterbildung. Spardorf
ders. (1986): Rhetorische Kommunikation in der Unternehmenspraxis. IN: Slembek 1986a, S. 203 - 214
Loebbert, Michael F. (1991) (Hg.): Rhetorik (Arbeitstexte für den Unterricht). Stuttgart
Lotzmann, Geert (Hg.) (1982): Mündliche Kommunikation in Studium und Ausbildung (Sprache und Sprechen Band 9). Königstein
ders. (1983): Zur Entwicklung und zum Stand der Sprechwissenschaft und Sprecherziehung in der DDR. IN: sprechen, Oktober 1983, S. 4 - 16
ders. (1985): Praktische Rhetorik - Rhetorische Kommunikation aus sprechwissenschaftlicher Sicht. IN: Bausch/Grosse 1985, S. 82 - 96
Lüschow, Frank (1989): Die sprachlich-kommunikative Dimension im Tätigkeitsfeld "Technik/ Ingenieurarbeit": Vorarbeit zu einer 'Sprechtätigkeits-Theorie' eines gesellschaftlichen Tätigkeitsfeldes. Dissertation Universität Duisburg
Maas, Utz (1974): Argumente für die Emanzipation von Sprachstudium und Sprachunterricht.Frankfurt
Maccoby, Nathan (1970): Die neue "wissenschaftliche Rhetorik" IN: Schramm, Wilbur: Grundfragen der Kommunikationsforschung, 3. Auflage. München, S. 55-70
Mayer, Hans (1967): Rhetorik und Propaganda. IN: ders. Zur deutschen Literatur der Zeit.Reinbek, S. 104 - 118
Mayser, Eugen (1938): Der deutsche Sprachunterricht im Dienste der Erziehung zur Volksgemeinschaft. IN: Zeitschrift für Deutschkunde, 52. Jg., S. 449 - 464
McGuire, Michael/Slembek, Edith (1987): An Emerging Critical Rhetoric: Hellmut Geissner's Sprechwissenschaft. IN: Quarterly Journal of Speech, 73, pp 349 - 358
Meixner, Hanns-Eberhard (1993): Soziale Kompetenz - Die Gruppe im Blick. IN: UNI Heft 19, Nov./Dez. 1993, S. 58 -61

Mertens, Dieter (1974): Schlüsselqualifikationen - Thesen zur Schulung für eine moderne Gesellschaft. IN: Mitteilungen aus der Arbeitsmarkt- und Berufsforschung. Heft 1/74 S. 36 - 43
Miéville, Henri-L. (1955): Toleranz und Wahrheit - ein philosophisches und politisches Problem (übers. aus dem Französischen). Bern
Mihm, Arend (1975): Mündliche Kommunikation im Deutschunterricht. IN: Bernhard Sowinski (Hg.): Fachdidaktik Deutsch. Köln, S. 83 - 102
Mitzscherlich, Beate (1990): 'Zwischen Schreib- und Kneipentisch liegen erhebliche Distanzen'- Auf der Suche nach neuen Organisationsformen in der DDR stehen alte Verhaltensweisen im Weg. (Vortrag, gekürzt dokumentiert) IN: Frankfurter Rundschau 30. März 1990, Seite 18
Müller, Horst/Stock, Eberhard (Hg.) (1973): Sprechwissenschaftliche Arbeit in der DDR - Aktuelle Probleme. Halle
Müller-Freienfels, Richard (1927): Zur Sprachpsychologie und Sprechpädagogik. IN: Zeitschrift für Deutsche Bildung, 3. Jg., S. 349 - 356
Münsterberg, Hugo (1913): Psychologie und Wirtschaftsleben. Zweite unveränderte Auflage. Leipzig
ders. (1914): Grundzüge der Psychotechnik. Leipzig
Nadig, Richard/Harmsen, Ronald/Gerathewohl, Fritz (Hg.) (1954): Leistungssteigerung und Betriebsklima (= Lebendige Wirtschaft - Veröffentlichungen der Volkswirtschaftlichen Gesellschaft, Band 6), Darmstadt
Naumann, Carl-Ludwig (1979): Sprecherziehung. IN: Lexikon zum Deutschunterricht, Hg. E.Nündel., S. 456 - 461
Naumann, Michael (1993): Privat auf der Straße - Deutsche Gemütlichkeit als Staatsdoktrin. IN: Frankfurter Rundschau, 3. 2. 1993
Nickisch, Reinhard M.G. (1975): Gutes Deutsch? Kritische Studien zu den maßgeblichen praktischen Stillehren der deutschen Gegenwartssprache. Göttingen
Nix, Udo H. (1992): Zuhören - Die wichtigste Eigenschaft erfolgreicher Redner.Düsseldorf/Wien
Oberreuter, Heinrich (Hg.) (1980): Pluralismus - Grundlegung und Diskussion. Opladen
Ockel, Eberhard (1974): Rhetorik im Deutschunterricht - Untersuchungen zur didaktischen und methodischen Entwicklung mündlicher Kommunikation (=Göppinger Arbeiten zur Germanistik Nr.134, Diss. Dortmund). Göppingen
ders. (Hg.) (1977): Sprechwissenschaft und Deutschdidaktik (= Sprache und Sprechen 6). Kastellaun
ders. (1984): Plädoyer für eine humane Rhetorik. IN: Congres & seminar 10/84, S.32- 36
ders. (1989) (Hg.): Freisprechen und Vortragen - Christian Winkler zum Gedenken. (Sprache und Sprechen 20). Frankfurt
ders. (1991): Zwischen Redner und Schauspieler ist ein großer Unterschied. IN: management & seminar, 2/91, S. 39 - 43
ohne Verfasser (1936): Rezension von Erich Drach: Redner-Schulung. IN: Reichszeitung deutscher Erzieher, Heft 10, Seite 45
ohne Verfasser (1938): Arbeitsgemeinschaft für Sprecherziehung im NSLB - Gau Südhannover-Braunschweig. IN: Das gesprochene Wort, 1. Jg., Heft 3, S. 89
ohne Verfasser (1980): Mundwerk - Welche Rhetorikkurse zu empfehlen sind. IN: Capital 10, S. 219 - 220
Otto, Ernst (1942): Sprecherziehung - Einst und jetzt. IN: Die Erziehung, 17. Jg., S. 49 - 62 und S. 77 - 82
Pabst-Weinschenk, Marita (1992): Anmerkungen zur 'guten' Tradition der Auseinandersetzung zwischen Sprecherzieherinnen - oder: 'sprechen' hat sich gemausert. IN: sprechen I/92, S. 4 - 18
dies. (1993a): Die Konstitution der Sprechkunde und Sprecherziehung durch Erich Drach. Faktenfachgeschichte von 1900 bis 1935. Magedeburg/Essen
dies. (1993b): Erich Drachs Konzept der Sprechkunde und Sprecherziehung. Ein Beitrag zur Theorie und Geschichte der Sprechwissenschaft. Magdeburg/Essen (Zugleich Dissertation Universität Duisburg 1993)
Panzenböck, Martin (1979): Rede, Gespräch, Diskussion. Berlin/New York
Pawlowski, Klaus (1974): Politische Sozialisation und Rhetorik. IN: Dyck, Joachim (Hg.): Rhetorik in der Schule. Kronberg, 1974, S. 70 - 85
ders. (1976a): Rhetorik. IN: Taschenlexikon der Literatur- und Sprachdidaktik, Karl Stocker (Hg.). Kronberg, Band 2, S. 383 -391
ders. (1976b): Sprecherziehung, Sprechkunde. IN: Taschenlexikon der Literatur- und Sprachdidaktik, Karl Stocker (Hg.). Kronberg, Band 2, S. 509 - 513
Peters, Elke (1972): Nationalistisch-völkische Bildungspolitik in der Weimarer Republik. Deutschkunde und höhere Schule in Preußen. Weinheim/Basel/Wien
Philippi, Adolf (1896): Die Kunst der Rede - Eine deutsche Rhetorik. Leipzig

Pickert (1937): "Deutsch ist herrlich und einzig schön!" IN: NS-Erzieher - Gaublatt des NS-Lehrerbundes Gau Hessen-Nassau, 5. Jg., Heft 17, S. 422/423
Plett, Heinrich F. (Hg.) (1977a): Rhetorik - Kritische Positionen zum Stand der Forschung (= Kritische Informationen Nr. 50). München
ders. (1977b): Perspektiven der gegenwärtigen Rhetorikforschung. IN: Plett 1977a, S. 9 - 22
ders. (1985): Einführung in die rhetorische Textanalyse. 6. Auflage. Hamburg
Preu, Otto/Stötzer, Ursula (1981): Sprecherziehung für Studenten pädagogischer Berufe, 2. Auflage. Berlin
Preußler, Karl (1936): Sondertagung des Sachgebietes für Sprecherziehung, 1. Stimmungsbericht. IN: Sprechen und Singen, 24. Jg., S. 73 [2. Tagungsbericht von Belster/Stolz, ebd. S. 74 - 78]
Rehm, Wolfgang (1976): Gesprächs- und Redepädagogik. Kastellaun
Reichart, Ilse (1948): Die Bedeutung lebendiger Sprachbildung für die Herdersche Bildungsidee. Dissertation (masch.) Frankfurt
Reumuth, Karl (1941): Deutsche Spracherziehung- die Aufgaben des muttersprachlichen Unterrichts und ihre Lösung = Wege zur völkischen Schule Band 4. Leipzig
Reuschling, Gisela (1979): Sprachunterricht in der Grundschule 1933 - 1945. IN: Schäfer, R. u.a. (Hg.): Germanistik und Deutschunterricht. München, S. 283 - 310
Richter, Günther (1978): Rhetorische Wirkungsforschung - Theoretische und methodologische Aspekte. Leipzig
ders. (1981): Standpunkte zur Rhetorik. IN: Krech, E. M. u.a. 1981, S. 114 - 153
Roedemeyer, Friedrich Karl (1938): Rede und Vortrag, 2. neubearbeitete Auflage. Berlin/Wien
ders. (1941): Sprecherziehung. IN: Rudolf Murtfeld (Hg.): Handbuch für den Deutschunterricht, Band 2, Langensalza S. 654 - 657
Römer, Ruth (1989): Sprachwissenschaft und Rassenideologie in Deutschland. 2. verb. Auflage. München
Rosenbaum,Beate/Zimmermann, Marlies (1982): "Notdürftig vom faschistischen Gedankengut gereinigt.. " - Nationalsozialistische Sprachdidaktik und ihre Nachwirkungen in der Bundesrepublik dargestellt am Beispiel Kurt Reumuths. IN: Linguistische Berichte 77, S. 62 - 79
Saage, Richard (1983): Neokonservatives Denken in der Bundesrepublik. IN: Iring Fetscher (Hg.): Neokonservative und 'Neue Rechte'. München, S. 68 - 116
Schau, Albrecht (1976): Besprechung von Hellmut Geißner: Der Fünfsatz [= Geißner 1968]. IN: Albrecht Schau: Aufsatzunterricht - Eine kommentierte Auswahl-Bibliographie.Baltmannsweiler, S. 88 - 90
Schieder, Wolfgang/Dipper, Christof (1984): Art. 'Propaganda'. IN: Geschichtliche Grundbegriffe - Historisches Lexikon zur politisch-sozialen Sprache in Deutschland Hg. Otto Brunner/Werner Conze/Reinhart Kosellek, Band 5, Stuttgart, S. 69 - 112
Schinke, Walter (1936): Volkstümliche oder volkhafte Hochsprache? IN: Zeitschrift für Deutschkunde, 50. Jg., S. 91 - 96
ders. (1937): Das gesprochene Wort im Deutschunterricht. IN: Zeitschrift für Deutschkunde, 51. Jg., S. 317 - 321
ders. (1938a): Sprecherziehung an erster Stelle ... ! IN: Das gesprochene Wort, 1. Jg., Heft 4, S. 97 - 101
ders. (1938b): Rudolf Hildebrand und das gesprochene Wort. IN: Das gesprochene Wort, 1. Jg., Heft 2, S. 38 - 41
ders. (1963): Rudolf Hildebrand - Wegbereiter der Sprecherziehung.IN: Sprachpflege, 12. Jg., Heft 6, S. 161 - 162
Schippan, Thea (1982): Kommunikationsbefähigung als 'Lernziel' im Sprachunterricht der BRD. IN: Zeitschrift für Phonetik, Sprachwissenschaft und Kommunikation, 35. Jg., S. 94 - 102
Schlaffke, Winfried (1990): Ordnungspolitische Positionen des IW zur Weiterbildung. IN: Winfried Schlaffke/Reinhold Weiß (Hg.): Tendenzen betrieblicher Weiterbildung - Aufgaben für Forschung und Praxis. Köln, S. 9 - 18 [IW = Institut der deutschen Wirtschaft, Köln]
Schmidt, Wilhelm/Stock, Eberhard (Hg.) (1979): Rede - Gespräch - Diskussion. Grundlagen und Übungen. 2. durchgesehene Auflage. Leipzig
Schmidt-Rohr, Georg (1933): Muttersprache und volkliche Bildung. IN: Die Deutsche Schule, 37. Jg., S. 49 - 55
Schoenfeldt, Eberhard (1975a): Berufliche Erwachsenenbildung. IN: Antonius Lipsmeier/Helmut Nölker/Eberhard Schoenfeldt: Berufspädagogik. Stuttgart, S. 64 - 73
ders. (1975b): Politikdidaktik. IN: Antonius Lipsmeier/Helmut Nölker/Eberhard Schoenfeldt: Berufspädagogik. Stuttgart, S. 128 - 136
Scholz, Günter/Siebert, Hans Joachim (1976): Methodische Aspekte der Rednerschulung in der Erwachsenenbildung. IN: Stock/Fiukowski 1976, S. 147 - 160
Scholze, Johannes (1939): Sprecherziehung und Sprachunterricht. IN: Das gesprochene Wort, 2. Jg., Heft 2, S. 78 - 82

Schönhammer, Rainer/Damolin, Rainer (1988): Psychologie für das Volk. IN: Psychologie heute, Februar 1988, S. 52 - 59
Schreiber, Erhard (1984): Kritik der marxistischen Kommunikationstheorie. München
Schüle, Klaus (1975): Die Sprechtätigkeitstheorie als ein Element der Gesellschaftstheorie, der Sozialisationstheorie, der Sprachtheorie und der Sprecherziehung. IN: Linguistik und Didaktik, Heft 21, S. 38 - 53
Schulz von Thun, Friedemann (1981): Miteinander reden: Störungen und Klärungen - Psychologie der zwischenmenschlichen Kommunikation. Reinbek
Schweinsberg, Fritz (1946): Stimmliche Ausdrucksgestaltung im Dienste der Kirche.Heidelberg
ders. (1947): Um das gesprochene Wort. IN: Die neue Ordnung, 1. Jg., 3. Heft, S. 224 - 239
ders. (1948): Rednerschulung (= Werkhefte zur Sprecherziehung, Heft 2) Heidelberg
ders. (1955): Öffentliche Wirksamkeit - Grundsätzliche Erwägungen. IN: Die Lehrgänge der Bundesschulen 1955 herausgegeben vom DGB Bundesvorstand; Hauptabteilung Bildungswesen. Düsseldorf, S. 20 - 22
ders. (1960): Sprechwirksamkeit und Versammlungswesen. IN: 10 Jahre Bildungsarbeit in den Bundesschulen 1950 bis 1960 herausgegeben vom DGB Bundesvorstand. Düsseldorf, S. 85 - 90
Schweinsberg-Reichart, Ilse (1963): Die rhetorische Unterweisung Erwachsener. IN: Hessische Blätter für Volksbildung, 13. Jg., Heft 1, S. 17 - 23
dies. (1966): Sprecherziehung - Voraussetzung, Grundlage und Methode politischer Bildungsarbeit. IN: DGB 1966, S. 25 - 55
dies. (1968): Die Versammlung (= Werkhefte zur Sprecherziehung, Band 4). Heidelberg
dies. (1970): Sprecherziehung in der Erwachsenenbildung. IN: Volkshochschule im Westen, 32. Jg., S. 153 - 157
dies. (1975a): Vorlesen - Erzählen. (= Werkhefte zur Sprecherziehung, Band 1)
dies. (1975b): Reproduzierendes Sprechdenken - Ein ausgewähltes kapitel der redepädagogik. IN: Geißner, Hellmut (Hg.): Rhetorik und Pragmatik (= Sprache und Sprechen 5). Ratingen, S. 131 -136
dies. (1978a): Rednerschulung - Wege zur 'freien' Rede, 5. durchgesehene und überarbeitete Aufl. [1. Aufl. 1948 von Fritz Schweinsberg] (= Werkhefte zur Sprecherziehung, Band 2). Heidelberg
dies. (1978b): Grundlagenbildende Lehrgänge in der Hans-Böckler-Schule, Hattingen IN: Gewerkschaftliche Bildungspolitik, 29. Jg., S. 192 - 197 (Autorinnenname: Ilse Schweinsberg)
dies. (1984): Das Rhetorik-Konzept der DGB-Bundesschule Hattingen. IN: Sprache und Beruf 2/84, S. 9 - 16 (Autorinnenname: Ilse Schweinsberg)
dies. (1985): Praktische Rhetorik in der gewerkschaftlichen Erwachsenenbildung. IN: Bausch/Grosse 1985, S. 156 - 164
dies. (1991): Sprecherzieher/Sprecherzieherin = Blätter zur Berufskunde 3 - III E 07
dies. (o.J.): Freie Rede (= Arbeitsmaterial für Bildungsobleute der Industriegewerkschaft Bergbau und Energie, Band IV). Bochum o.J. (ca. 1979) [zitiert als IV]
dies. (o.J.): Klar denken - folgerichtig argumentieren (= Arbeitsmaterial für Bildungsobleute der Industriegewerkschaft Bergbau und Energie, Band VI) Bochum o.J. (ca. 1979) [zitiert als VI]
dies. (o.J.): Freie Rede (4 Lehrbriefe). Die Briefschule (Bildungsinstitut des DGB).Düsseldorf
Schweinsberg-Reichart,I./Büscher, Günter/Hinz, Thomas (1981): BESCHREIBUNG des Lehrgangs Sprechwirksamkeit und Versammlungswesen; herausgegeben vom DGB Bundesvorstand Abt.Bildung (= Materialien zur gewerkschaftlichen Bildungsarbeit Nr.2) Mai 1981. Düsseldorf
Siebs, Theodor (1969): Deutsche Aussprache. Reine und gemäßigte Hochlautung. Bearbeitet und herausgegeben von H. de Boor/H. Moser/Chr. Winkler. Berlin [1. Auflage 1898]
Simon, Gerd (1989): Sprachpflege im 'Dritten Reich'. IN: Konrad Ehlich (Hg.) Sprache im Faschismus. Frankfurt, S. 58 - 86
Slembek, Edith (Hg.) (1986a): Miteinander sprechen und handeln (= Festschrift für Hellmut Geißner). Frankfurt
dies. (1986b): Nachdenken über Hellmut Geißner. IN: Slembek 1986a, S. 9 - 14
dies. (1990): "Blüh wie das Veilchen im Moose ...". IN: Geißner 1990, S. 277 - 295
Sluzalek, Ralf (1987): Die Funktion der Rede im Nationalsozialismus. Oldenburg
Soenke, Jürgen (1938): Wiedergeburt der Rede. IN: Nationalsozialistische Bibliographie NSB, 9. Heft, S. VII - XII
Sontheimer, Kurt (1983a): Antidemokratisches Denken in der Weimarer Republik - Die politischen Ideen des deutschen Nationalismus zwischen 1918 und 1933. München
ders. (1983b): Antidemokratisches Denken in der Weimarer Republik. IN: Der Weg ins Dritte Reich 1918 - 1933, 4. Auflage. München, S. 42 - 62

ders. (1989): Grundzüge des politischen Systems der Bundesrepublik Deutschland.12. völlig überarbeitete Auflage. München
ders. (1991): Deutschlands Politische Kultur. 2. Auflage, München
Spillner, Bernd (1977): Das Interesse der Linguistik an Rhetorik.IN: Plett 1977a, S. 93 - 108
Stabenau, Hans-Joachim (1991): Wer auf Tricks und Kniffe fixiert wird, handelt wie ein Roboter. IN: management & seminar, 2/91, S. 37f
Steinbrink, Bernd (1992): Stichwort 'Actio' IN: Historisches Wörterbuch der Rhetorik. Herausgegeben von Gert Ueding. Band 1: A - Bib, Tübingen, Sp. 43 - 74
Steller, Walther (1931): Die Krisis des gesprochenen Wortes - Ein Versuch zu ihrer Lösung. Breslau
Stetter, Christian (1989): Richtige Groß- und Kleinschreibung. Niedernhausen
Stelzig, Helmut (1973): Zur Konzeption der Lehrveranstaltung 'Rede und Redegestaltung'. IN: Müller/Stock 1973, S. 70 - 73
Stock, Eberhard (1969): Zwanzig Jahre Sprechwissenschaft in der DDR. IN: Sprachpflege, 18. Jg., Heft 10, S. 206 - 208
ders. (1973): Der gesellschaftliche Auftrag der Sprechwissenschaft in der Deutschen Demokratischen Republik. IN: Müller/Stock 1973, S. 11 - 21
ders. (1976a): Aufgaben und Grundlagen der Sprecherziehung. IN: Stock/Fiukowski 1976, S. 9 - 30
ders. (1976b): Wege und Ziele der Sprechwirkungsforschung. IN: Stock/Suttner 1976, S. 5 - 22
ders. (1981a): Die Entwicklung der Disziplin Sprechwissenschaft an der Universität Halle. IN: Krech, E.-M. u.a. 1981, S. 3 - 25
ders. (1981b): Standpunkte zur Phonetik. IN: Krech, E.-M. u.a. 1981, S. 26 - 67
ders. (1982): Probleme und Ergebnisse der Sprechwirkungsforschung IN: Krech, Eva-Maria/Eberhard Stock (Hg.): Sprechwirkungsforschung, Sprecherziehung, Phonetik und Phonetikunterricht. Halle, S. 3 - 20
ders. (1987): Sprechwirkungsforschung und Sprecherziehung.IN: Krech, E.-M. u.a. 1987, S. 36 - 40
Stock,Eberhard/Fiukowski, Heinz (Hg.) (1976): Ziele und Methoden der Sprecherziehung. Halle/Leipzig
Stock, Eberhard/Suttner,Jutta (Hg.) (1976): Sprechwirkung - Theoretische und methodische Probleme ihrer Erfassung und Optimierung. Halle
Stötzer, Ursula (1971): Bewußtseinsbildung, Sprache und Rhetorik. IN: Sprachpflege, 20. Jg., Heft 4, S. 71 - 73
dies. (1976): Beitrag zur Methodik des Stoffgebietes 'Rede und Redegestaltung' in Institutionen für Lehrerbildung. IN: Stock/Fiukowski 1976, S. 77 - 87
dies. (1979): 30 Jahre Redeunterricht in der DDR. IN: Sprachpflege, 28 Jg., Heft 11, S. 228 - 229
Stötzer, Ursula u.a. (1982): Großes Wörterbuch der deutschen Aussprache. Leipzig
Stoffel, Rainer M. (1978): Hören, Zuhören und Zuhörtraining aus sprechwissenschaftlicher Sicht IN: Lotzmann, Geert (Hg.) Aspekte auditiver, rhythmischer und sensomotorischer Diagnostik, Erziehung und Therapie (= Beihefte der Zeitschrift 'Psychologie in Erziehung und Unterricht' Heft 74). München, S. 54 - 69
ders. (1979): Sprechdenken und Hörverstehen. IN: Praxis Deutsch Heft 33, S.51-55
Stricker, Hans (1937): Zum Geleit! IN: Reichszeitung der deutschen Erzieher, Heft 9, S.339
ders. (1938): Zum Geleit! IN: Das gesprochene Wort, 1.Jg., Heft 1, S.1
Strobl, Ingrid (1978): Rhetorik im Dritten Reich. Diss. (masch.) Wien 1978
Teuchert, Brigitte (1992a): 1948 - 1954 Aspekte zur Fachgeschichte.IN: sprechen I/92, S. 19 - 27
dies. (1992b): Zur Theorie rhetorischer Kommunikation. IN: GAL-Bulletin 16/1992, S. 67 - 79
Thiele, Albert (1990): Die Kunst zu überzeugen: faire und unfaire Dialektik. 2. erweiterte und verbesserte Auflage. Düsseldorf
Tietgens, Hans (1981): Die Erwachsenenbildung (= Grundfragen der Erziehungswissenschaft, Band 14). München
Tillner, Christiane/Franck, Norbert (1990): Selbstsicher reden - Ein Leitfaden für Frauen.München
Ueding, Gert/Steinbrink, Bernd (1986): Grundriß der Rhetorik - Geschichte - Technik - Methode, 2. Auflage. Stuttgart
Umlauft, Olaf (1991): Drei Bemerkungen zum Artikel 'Sprechkunde und Ideologiewechsel um 1945 an der Universität Halle-Wittenberg' von S. Wachtel. IN: sprechen II/91, S. 24 - 28
Varwig, Freyr R. (1982): Der Gebrauch von Toulmins Schema. Theoretische Vorüberlegungen zu einer Argumentationslehre für die Sekundarstufe. IN: Bartsch 1982a, S. 113 - 143
Verein für Rhetorik (1931): Wegweiser für Rhetorik. Bretten
Vogt, Ludwig (1938): Sprecherziehung in der Volksschule. IN: Nationalsozialistisches Bildungswesen, 3. Jg., S. 746 - 753
Wachtel, Stefan (1990): Zur Kommunikationsfähigkeit unter idealen und konkreten Bedingungen. IN: sprechen I/90, S. 22 - 27

ders. (1991): Sprechkunde und Ideologiewechsel um 1945 an der Universität Halle-Wittenberg. IN: sprechen, I/91, S. 40 - 47
ders. (1992): Zur Rhetorik der Wende. IN: GAL- Bulletin 16/1992, S. 37 - 42
Wächteler, Fritz (1937): Zum Geleit ! IN: Reichszeitung der deutschen Erzieher, 9. Heft September, S. 338
Wagner, Roland W. (1987): Sprechen lernen in der Schule - Vorschläge zur Verbesserung der schulischen Gesprächs- und Redepädagogik. IN: Allhoff 1987, S. 132 - 139
ders. (1991): Rezension zu Heigl, Peter 1990. IN: sprechen I/91, S. 86 - 88
Wallaschek, Richard (1914): Psychologie und Technik der Rede, zweite verb. Auflage.Leipzig
Waterkamp, Dietmar (1975): Lehrplanreform in der DDR (Auswahl Reihe B 79/80). Hannover
Weber, Dieter (1988): Unternehmenskultur - Gerupft trotz aller Rituale. IN: Management Wissen, Nr.8, August, S. 21 - 33
Weber, Dieter/Popp, Margit (1989): Das Management als Sprechtheater. IN: Management Wissen, Nr.7, Juli, S. 67 - 78
Weber, Erika (1991): Uni-Sprecherzieher als Nachwuchstrainer. IN: management & seminar, 2/91, S. 36
Weber, Jürgen (1980): Gefährdung der parlamentarischen Demokratie durch Verbände. IN: Oberreuter (1980), S. 163 - 201
Weber, Max (1972): Soziologische Grundbegriffe. IN: Max Weber: Wirtschaft und Gesellschaft 5. Auflage. Tübingen, S. 1 - 30
Wedel, Maria von (1961): Sprecherziehung im Grundschulalter. München
Weisgerber, Leo (1929): Muttersprache und Geistesbildung. Göttingen
ders. (1963): Das Tor zur Muttersprache. 6. unveränderte Auflage. Düsseldorf
Weithase, Irmgard (1940): Geschichte der deutschen Vortragskunst im 19. Jahrhundert.Weimar
dies. (1964): Geißler, Ewald L. IN: Neue Deutsche Biographie Band 6. Berlin, S. 158/159
Weller, Maximilian (1935a): Gesprochene Muttersprache - Studien zur nationalpolitischen Grundlegung der Sprecherziehung. Köln
ders. (1935b): Die Sprecherziehung in ihrer nationalpolitischen Bedeutung. IN: Völkische Musikerziehung, 1. Jg., S. 492 - 500
ders. (1935c): Redeschulung des Ingenieurs - ein neues Feld der Berufserziehung. IN: Arbeitsschulung, 6.Jg., Heft 3/4, S. 97 - 107
ders. (1936): Der Einbau der Sprecherziehung. IN: Sprechen und Singen, 24. Jg., S. 1 - 13
ders. (1937a): Sprecherziehung im nationalsozialistischen Staate. IN: NS-Erzieher Gau Hessen-Nassau, 5.Jg., Nr. 17, S. 411 - 416
ders. (1937b): Die Sprechkunde als wissenschaftsfach der Universitäten. IN: Reichszeitung der deutschen Erzieher, 9.Heft, September, S.347 - 351
ders. (1939): Die freie Rede - Ein Grundriß für Lehrgänge. Berlin
ders. (1954): Das Buch der Redekunst - Die Macht des gesprochenen Wortes in Wirtschaft, Technik und Politik. Düsseldorf
ders. (1957) (unter Mitwirkung von Grete Keienburg-Weller): Das Sprechlexikon - Lehrbuch der Sprechkunde und Sprecherziehung. Düsseldorf
ders. (1960): Ich bitte ums Wort - Handbuch des gesamten Sitzungs- und Versammlungswesens. Düsseldorf
ders. (1963a) (unter Mitwirkung von Grete Keienburg-Weller): Die Kunst der Freien Rede - Von den Grundlagen der Sprechtechnik bis zur vollendeten Redekunst. Ein umfassender, systematischer Lehrgang mit 10 Langspielplatten und 2 Textbüchern. Gütersloh
ders. (1963b): Textbuch 1 zu 1963a
ders. (1963c): Textbuch 2 zu 1963a
ders. (1969): Wesen und Gegenwartsaufgabe der Sprechkunde, besonders der Rhetorik (Einleitung). IN: Weller, Maximilian: Die besten Regeln der Rhetorik aus zwei Jahrtausenden. Düsseldorf/Wien 1969, S. 14 - 39
ders. (1978): Das Buch der Redekunst. Neubearbeitet und erweitert von Dr. Grete Weller-Keienburg. Düsseldorf
ders. (o.J.): Das Buch der Redekunst (Taschenbuchausgabe). München
Winkler, Christian (1934): Gattungen der Rede. IN: Wort und Ton, S. 22 - 24
ders. (1937): Sprecherziehung im Deutschunterricht. IN: Niedersächsischer Erzieher - Halbmonatsschrift des NSLB Gau Südhannover-Braunschweig, S. 136 - 143 und 165 - 170
ders. (1938): Sprachbau und Sprechbildung. IN: Zeitschrift für Deutsche Bildung, 16. Jg., S. 182 - 189
ders. (1949a): Vorwort des Herausgebers. IN: Drach 1949
ders. (1949b): Die deutsche Sprechkunde seit Drachs Tod. IN: Drach 1949, S. 228 - 255
ders. (1954): Deutsche Sprechkunde und Sprecherziehung (unter Mitwirkung von Erika Essen). Düsseldorf

ders. (1957a): Arbeitstagung 'Das Gespräch' - Aus der Eröffnungsrede. IN: Ignaz Gentges/Christian Winkler (Hg.): Sprechkunde und Sprecherziehung, Band III. Vorträge und Aussprachen auf der Arbeitstagung 'Das Gespräch'. Emsdetten, S. 7 - 10
ders. (1957b): Sprecherzieherische Grundlegung (Nachruf auf Fritz Gerathewohl). IN: Ignaz Gentges/Christian Winkler (Hg.): Sprechkunde und Sprecherziehung, Band III Vorträge und Aussprachen auf der Arbeitstagung 'Das Gespräch'. Emsdetten, S. 45/46
ders. (1959): Drach, Erich. IN: Neue Deutsche Biographie, Vierter Band. Berlin, S. 94
ders. (1960): Zur Ausspruchsplanung. IN: Jürgensen, H.: Kongreßbericht der Gemeinschaftstagung für allgemeine und angewandte Phonetik Hamburg 1960. Hamburg, S. 183 - 194
ders. (1969): Deutsche Sprechkunde und Sprecherziehung (unter Mitwirkung von Erika Essen) 2. überarbeitete Auflage. Düsseldorf
ders. (1973): Die Klanggestalt des Satzes. IN: Duden - Grammatik der deutschen Gegenwartssprache. 3., neu bearbeitete und erweiterte Auflage. Mannheim, S. 637 - 666
ders. (1983): Festrede zum 50jährigen Bestehen der 'Deutschen Gesellschaft für Sprechwissenschaft und Sprecherziehung. IN: D.W. Allhoff 1983, S.9 - 15
ders. (Hg.) (1985a): Aus den Schriften von Erich Drach (= Sprache und Sprechen 14). Frankfurt
ders. (1985b): Vorwort des Herausgebers. IN: Winkler 1985a, S. 7 - 11
Winkler, Peter (1979): Aktuelle Tendenzen der sprechwissenschaftlichen Forschung in der DDR IN: Studium Linguistik Heft 7, S. 86 - 92
Wittsack, Richard (1935): Lerne Reden! Ein Weg zum Erfolg. Leipzig
ders. (1938a): Sprechkunde - Sprecherziehung - Ein Literaturbericht. IN: Zeitschrift für Deutsche Bildung, 14. Jg., S. 137 - 142
ders. (1938b): Muttersprachliche Sprechbildung als Teilstück nationalsozialistischer Erziehung. IN: Erzieher im Braunhemd = Gaublatt des NS.-Lehrerbundes im Gau Halle-Merseburg, 6. Jg., Heft 15, S. 337/338
Wittsack, Walter (1934): Erweckung des Wortes - Schrift und Rede im Dienst politischen Wollens. IN: Eckart, 10. Jg., S. 241 - 247
ders. (1935): Deutsche Sprechbildung - Sprachpflege und Nationalerziehung. Greifswald
ders. (1936): Die kranke und die gesunde Sprache - Neue Schriften zur Sprachpflege IN: Eckart, 12. Jg., S. 334 - 339
Wittwer, Wolfgang (1982): Weiterbildung im Betrieb - Darstellung und Analyse. München/Wien/ Baltimore
Wössner, Jakobus (1973): Soziologie - Einführung und Grundlegung. 5. durchgesehene Auflage. Graz
Wundt, Wilhelm (1900): Völkerpsychologie. Erster Band. Die Sprache (Erster Teil). Leipzig
Wuthe, Gerhard (1962): Gewerkschaften und politische Bildung. Hannover
Wygotski, Lew Semjonowitsch (1979): Denken und Sprechen. Frankfurt [russ. Original 1934]
Zacharias, Christina (1967): Sprecherziehung - Ein Leitfaden für Pädagogen. 2.Auflage. Berlin
Zimmer, Hasko (1983): Bedingungen und Tendenzen der Entwicklung des Deutschunterrichts im 19. und 20. Jahrhundert. IN: Anneliese Mannzmann (Hg.): Geschichte der Unterrichtsfächer I, München. S. 35 -64